기업과 인권

나디아 베르나즈 지음 | 김태은 윤석민 정현찬 조경재 조인호 진주 최정호 옮김 | 이상수 감수

BUSINESS AND HUMAN RIGHTS

기업과 인권

노예무역부터 기후위기까지, 기업을 변화시킨 법과 정책의 역사

태학사

기업과 인권

노예무역부터 기후위기까지,
기업을 변화시킨 법과 정책의 역사

초판 1쇄 발행 2023년 10월 20일

지은이 | 나디아 베르나즈
옮긴이 | 김태은·윤석민·정현찬·조경재·조인호·진주·최정호
감수 | 이상수

펴낸곳 | (주)태학사
등록 | 제406-2020-000008호
주소 | 경기도 파주시 광인사길 217
전화 | 031-955-7580
전송 | 031-955-0910
전자우편 | thspub@daum.net
홈페이지 | www.thaehaksa.com

편집 | 조윤형 여미숙 고여림
디자인 | 김현주
마케팅 | 김일신
경영지원 | 김영지
인쇄·제책 | 영신사

값 29,000원
ISBN 979-11-6810-211-8 93360

북디자인 | 임경선

"스물세 명의 피고인들은 (…) 검정색과 갈색을 띤 히틀러의 훌리건들[검정 제복의 친위대와 갈색 제복의 돌격대를 비유한 것으로 보인다. ‑ 옮긴이]이 아니라 독일의 산업 엘리트에 속했다. 그들은 민간 기업에서 과학적 천재성과 상업적 감각을 가진 비길 데 없는 이들의 결정체였다. 그들은 과학기술계와 상업계에서 이익공동체(Interessengemeinschaft; I.G)를 탁월하게 만든 경영진이었다. 그들은 가장 명망 있는 기업 이사회의 일원으로서 자국과 해외에서 역할을 다했으며, 그곳에서 그들은 경외심과 존경을 받았다. 정부가 요청했을 때, 그들은 공익사업 정신에 입각하여 관직을 수락했다. 도처의 다른 이들과 마찬가지로 그들은 자신의 이름, 시간과 돈을 기부하면서 문화, 자선과 종교의 주요 후원자에 속했다. 어떻게 해서 이 집단이 '악마의 화학자들'이라고 낙인찍히고 유례없는 잔혹행위로 소추되어 결국 뉘른베르크의 법정에 서게 됐는지는 세상에 의미심장한 교훈을 준다."

— 조셉 볼킨, 『이 게 파르벤의 범죄와 형벌』, 런던: 앤드루 도이치, 1978, 3~4쪽.

'ESG'가 묻고 '기업과 인권'이 답하다

나디아 베르나즈(Nadia Bernaz) 교수의 『기업과 인권(Business and Human Rights)』이라는 책을 처음 만난 곳은 내가 일하는 국가인권위원회 청사 안의 인권도서관에서였다. 당시 나는 대한민국 국회에서 한미FTA 개정 협상 등을 총괄하며 통상무역에서 인권을 옹호하기 위한 정책을 고민 하던 통상위원장실 선임비서관을 역임하고, 우리 위원회에서 새로운 공 직 생활을 이어 나가기 시작할 때였다.

  그때나 지금이나 나는 '기업과 인권 전문관(Business and Human Rights Specialist)'이라는 직함으로 일하고 있다. 유엔이나 국가인권기구 혹은 UNDP 같은 국제기구에도 기업과 인권 전문관이 한 사람씩은 있 다. 이런 기업과 인권 전문관들은 대부분 인권경영 전문가로서 다국적 기업과 인권 옹호자 사이에서 다양하게 활동하는 유명 인사들인데, 나 는 같은 스페셜리스트(Specialist)라는 직함을 가진 전문관으로서 실력과 고민이 부끄럽다는 생각이 들었고, 그래서 공부를 해 보자는 마음으로 이 책의 번역을 시작하게 되었다.

"시작은 미약했으나 끝은 창대하리라"는 말은 참으로 실현되기 어려운 일이었다. 낮에는 공무원으로, 밤에는 서강대학교에서 '기업과 인권'을 공부하는 학생으로 법학박사학위 과정에 재학 중이었기 때문이다. 그래서 가까이 공부하는 선후배들과 이 일을 함께하자고 제안했고, 동료들이 함께해 준 덕분에 이 책 번역의 초고가 완성될 수 있었다. 이 부족한 원고를 서강대학교 법학전문대학원 이상수 교수님이 감수해 주셨고, 강원대학교 법학박사학위 과정의 성한빛 선생님이 프랑스어 번역을 검토해 주셨다. 이분들이 아니었다면 이 책은 세상에 나오기 어려웠을 것이다. 태학사의 편집진을 포함하여 이 책 출간에 도움을 주신 모든 분들께 감사의 인사를 올린다.

대한민국에 ESG라는 새로운 유령이 떠돌고 있다. 국내 대기업을 중심으로 ESG 조직이 신설되고 있고, 주요 기업은 이사회의 명칭마저 ESG위원회로 변경하고 있다. 유럽에서는 ESG보다는 '인권이나 기후위기(환경)에 대한 영향평가를 포함한 실사(Due Diligence)'가 강조되고, 그에 대한 공시 방법의 하나로 보고서 등이 사용된다. 하지만 국내에서는 '지속가능 혹은 ESG 보고서'에만 치중한 채 막상 실사 자체를 거치지 않은 새로운 변이가 확산하게 된 것이다.

이러한 한국의 현실에서 소박한 목적으로 번역한 이 책은 결과적으로 매우 중대한 의미를 지닌다. 이 책을 통해 우리는 CSR부터 ESG까지 유사한 개념과 이론들을, 그리고 노예무역이나 기후위기와 같은 '기업과 인권'적 사건들과 만나며 어떻게 실사가 법제화되었는지를 알 수 있다. 또한 '기업과 인권'의 역사에 대한 통찰과 함께 국제법, 국내법, 정부 민간기구 등 인권경영과 관련된 법과 정책을 망라하고 있다. 특히 최근 한국의 흐름에 대한 시의성을 반영하고자, 베르나즈 나디아와 키아라 마키(Chiara Macchi)가 함께 ESG와 기후실사(Climate Change Due Diligence)

관점에서 발표한 최근 논문도 번역하여 이 책 말미에 수록했다.

기업은 세계 도처에서 인권을 침해할 수 있으며 실제로 침해하고 있는데, 책임 지지 않는 경우가 빈번하다. 나이저 삼각주(Niger Delta) 사태, 라나 플라자(Rana Plaza) 붕괴와 같은 상징적인 사건 및 상황은 기업의 인권침해에 대한 적절한 예방 및 구제가 이루어지지 않은 사례들이다. '기업과 인권'이라는 분야는 인권의 영역에서 기업과 경영자의 책임을 강화하고자 한다. 달리 표현한다면 책임의 공백을 메우고자 하는 것이다. 책임의 공백을 메우는 일은, 기준을 세우는 것 그리고 침해가 발생할 경우 기업과 경영자가 책임지는 것 모두를 포함하는 의미로 이해되어야 한다. 이 책은 이러한 이중의 과업이 그동안 수행되어 온 방식, 그리고 미래에 더 깊이 있게 수행될 수 있는 방식을 제시하고 있다. 그리고 이 분야의 다양한 이니셔티브가 어느 정도로 기업 책임의 공백을 메우는지를 평가한다. 또한 '기업과 인권' 분야의 역사적 배경을 살펴보고, 가장 중요한 시기, 사건, 소송 사례들을 검토한다. 그런 다음 국제인권법과 국제형사법이 글로벌 기업에 대해 갖는 관련성을 계속해서 짚어나간다. 최근 몇 년간 발전한 국제연성법(soft law)과 정책 이니셔티브는 사적 유형의 규제와 함께 평가된다. 또한 이 책은 국내법, 특히 다국적기업이 적을 두고 있는 나라의 국내법이 기업 관련 인권침해를 예방하고 대처하는 방식을 검토한다.

이 책은 자율성에서 시작하여 구속성이라는 방향으로 변증법적으로 통합되어 가는, 발생론적으로 변화해 가는 흐름을 검토하고 있다. 포스트 냉전 시기를 거치며 국제기구에서 '기업과 인권'에 관한 규범을 제정하고자 한 노력은 실패했다. 이에 민간이 주도하는 자율규제 방식의 기업과 인권 제도화가 모색되었고 그 명맥은 지금도 유지되고 있다. 이러한 맥락에서 경성법과 연성법의 조화(Smart Mix)인 '유엔 기업과 인권 이행원칙'이 제정되었고, 'OECD 다국적기업 가이드라인'이 개정되었다. 그리고 라나 플라자의 비극(방글라데시)과 로열 더치 셸 판결(미국) 등에 대한 반성적 고찰을 거쳐 프랑스에서 완성된 최초의 실사법에 이르기까지, 이 책이 다루는 영역은 실로 방대하고 깊다.

제2의 프랑스대혁명이라고 할 수 있는 실사법제화는 2021년 독일과 노르웨이로, 2022년 유럽연합으로 확산되었고, 최근에는 일본에서도 인권실사법이 정부에 의해 제정되어 산업계의 강력한 지지와 함께 발표되었다. 또한 기후위기라는 새로운 전 지구적 의제 역시 그 제도적 방법론으로서 '유엔 기업과 인권 이행원칙'을 차용하기 시작했다. 이미 복수의 국내 실사법제와 기업과 인권 조약 안(案, 초국적 기업과 인권 관련 법적 구속력 있는 국제규범)에도 기후실사가 확고하게 자리 잡고 있다. 하지만 지금 우리나라는 어디에 있는가.

한국에서는 '기업과 인권(Business and Human Rights)'이라는 용어보다 '인권경영'이라는, 기업의 능동성과 이해관계자의 주체성을 부여하는 용어가 더 일반적으로 사용되고 있다. 실사의 주요한 절차인 인권영향평가 역시 공공기관에 의무화되어 대부분의 공기업이 이를 매년 실시하고 있다. 21대 국회에서 발의한 공급망 실사법의 신속한 통과와 함께, 국가인권위원회가 공기업에 뿌리내린 인권경영 실사 제도를 민간기업에도 정착하기 위한 대한민국 정부의 노력이 절실한 때이다.

이 책이 부디 국제적 흐름에 맞는 인권(人權)의 국격(國格)을 세우기 위해 고민하는 기업인과 학자들의 성과에 작은 지렛대(leverage)가 되기를 바란다.

2023년 8월
옮긴이들을 대표하여 윤석민 씀

차례

1부
역사의 장면들: 한정된 책임

2부
국제법과 정책: 한계와 진보

3부
국내법과 정책: 기업 활동에 인권을 포함하기

일러두기

- 이 책은 나디아 베르나즈(Nadia Bernaz)의 『Business and Human Rights: History, law and policy - Bridging the accountability gap』(Routledge, 2017)을 완역한 것이다.
- 원문에서 이탤릭체로 강조한 것은 볼드체로 표기했다.
- 모든 각주는 저자의 것이며, 일부 옮긴이 주는 [ ] 안에 '옮긴이'라고 표기하여 구분했다.
- 책 말미에 나디아 베르나즈와 키아라 마키가 함께 집필한 최근의 논문 「Human Rights and Climate Due Diligence: Understanding the Responsibility of Banks」(Sustainability 2021)를 옮겨 수록했다.

제1장

서론

인권에 대한 기업의 영향

기업은 부와 복지를 창출한다. 일자리를 제공하여 빈곤한 나라의 사람들 수백만 명을 책임지면서 그들에게 나은 삶을 보장하고 그들의 먹을 권리, 건강할 권리, 아이들의 교육받을 권리를 충족시켜 준다. 이렇듯 기업이 인권에 끼치는 긍정적인 영향은 무시할 수도 없고 무시되어서도 안 된다. 그러나 '기업과 인권'은 본질적으로 인권에 대한 기업의 부정적 영향에 관한 것이다. 이는 기업이 악해서라기보다는, 인권을 다루는 학문적 특성상 침해에 주목하려는 경향 때문이다. 국가는 전형적인 인권침해자인데, 제2차 세계대전 이후 발전한 국제인권법은 이러한 전제 위에 있다. '기업과 인권'은 근본적으로 비국가행위자(non-state actors), 즉 민간기업[1]에 의한 인권침해에 대응한다.

기업은 다양한 방법으로 인권에 부정적인 영향을 미칠 수 있다. 내부적으로는 기업 내 사람들에게, 외부적으로는 그 회사 구성원 외의 개인 또는 지역사회에 영향을 미칠 수 있다. 내부적 인권침해에는 낮은 수준의 보건과 안전 정책으로 인해 생길 수 있는 건강권 침해, 노동자가 노조를 조직하지 못하도록 하거나 단념시키는 결사의 자유의 침해, 직원이나 고객의 개인정보가 노출되거나 팔려 나가는 프라이버시권의 침해, 또는 특정한 민족적·종교적 그룹 혹은 카스트(caste) 제도하에서 여성이나 사람들이 체계적으로 낮은 직종에 머물거나 전혀 고용되지 않는 차별받지 않을 권리의 침해 등이 있다. 외부적 인권침해의 범위는 훨씬 더 넓다. 토지 강탈(land grabbing)이나 오염으로 인한 건강권 침해 및 '물에 대한 권리(right to water)'의 침해를 비롯하여, 시설 보호를 위해 고용된 민간 보안회사가 그 지역 사람들을 학대하는 경우 비인간적이고 부당한 대우를 받지 않을 권리가 침해되고, 지역사회가 광업이나 기타 상업적 개발을 위해 공간을 내주는 경우 현지 주민이 동화정책에 강요당하거나 그들의 문화 파괴에 강요당하지 않을 권리가 침해된다. 또한 은행이 범죄에 사용되는 대출을 해 주거나 정부에 반대하는 사람들을 추적·구속하게 하는 자유권의 침해, 특히 분쟁지역에서 기업의 관리자가 군 장교에게 차량 등을 제공하여 한 마을의 민간인 살해와 강간에 조력하는 행위와 같이 전쟁범죄나 인도에 반한 죄에 해당하는 경우는 생명권의 침해까지 이른다. 요컨대, 이 기업과 인권 분야는 시민적 권리, 그리고 정치, 경제, 사회, 문화에 관한 인권 전반에 대한 침해를 들여다본다.

'기업과 인권'은 하나의 캐치프레이즈에서 학문적인 영역으로 지난 20년 넘게 성장해 왔다. 개발학 연구자(development scholar)뿐 아니라 국제인권·회사·형사·불법행위법 영역의 법률가 및 경영자가 자리 잡은 영역이다. 기업과 인권은 중국 공장의 건강과 안전, 라틴아메리카 현지 지역사회의 채굴 계획에 대한 합의, 프랑스의 소비자 보호, 두바이의 이

주노동자 지위 등의 이슈에서부터 초법적 살인과 심지어 전쟁범죄 및 반인륜적 범죄에 이르기까지 기업과 재무적 연루에 대한 금융이 어떻게 연관되는지에 대한 질문들을 포괄한다. 기업과 인권은 인권 −직원, 고객, 지역사회의 인권− 에 대한 부정적 영향을 최소화하기 위해 기업이 도입 가능한 변화를 다룰 수 있고, 또한 기업 활동을 규제하여 인권이 언제나 존중될 수 있도록 국가가 도입하는 규칙도 다룰 수 있다. 또한 기업과 인권은 법정에서의 기업과 개인의 책임에 관한 것이다. 요약하자면, 기업과 인권은 개인의 배경, 연구나 활동 분야에 따라 다르게 이해되는 다양한 영역이다.

중요한 것은, 기업과 인권은 때로는 해결하기 힘든 딜레마에 관한 연구 영역이라는 점이다. 이것은 성공적으로 성장하려는 국내·외 사업의 지속적 압력과 더불어 다양하고 때로는 충돌하는 권리들을 조화시키고자 한다. 현실적으로 정부, 기업, NGO 및 종업원들이 기업과 인권을 고려하는 것은 단순한 과정이 아니라는 의미다. 이것을 위해서는 다양한 이해관계자들의 지위, 회사와 산업의 특성, 적용 가능한 법률적인 구조 및 문화적·정치적 맥락의 이해가 요구된다. 즉, 기업과 인권 정책은 체크리스트를 만드는 것으로 한정할 수 없다. 이는 필연적으로 복잡하며 결과적으로 달성하기 어려울 수도 있다. 인권영향평가(human rights impact assessments)가 확대되어 시행되고 있더라도, 인권의 보호는 체크박스에 표시하는 것 이상을 요구한다. 2014년 6월 영국의 글로벌 콤팩트 네트워크 이벤트에 참가한 한 기업 측 참가자가 솔직히 말했듯이 "인권은 드릴로 구멍을 뚫는 일과는 다르다." 이렇게 뒤얽힌 기업과 인권에 대한 이슈를 이해하기 위해서는 보다 큰 그림을 볼 수 있어야 한다.

이 책은 기업과 인권이라는 숲을 보게 해 주며, 이에 관련된 논점을 제공한다. 이는 주로 법학 안에 위치하며, 국내·외의 법률적 시각을 통해 기업과 인권에 의해 제기된 이슈에 접근한다. 이 책은 관련된 법적 구조의 개관, 남겨진 과제 및 해결되지 않은 문제에 대한 시사점을 제공한다. 여기에는 기업과 인권이 발전해 온 배경이 되는 역사적인 사건들역시 포함된다.

기업과 인권, 기업의 사회적 책임 및 관련 개념

하나의 연구 분야로서 '기업과 인권'은 기업이 인권에 부정적인 영향을미치는 방법과 이러한 침해를 예방하고 해결하는 다양한 방안에 대한것이며, 기업의 책임을 포함한다. 기업의 사회적 책임(CSR)은 이와 관련된 연구 영역이다. CSR은 기업이 이윤 극대화를 넘어 사회 전반에 대한책임이 있다는 생각에 기초한다.[2] 이는 종종 기업이 모범 사례를 채택하고 공유하도록 장려하며 기업의 자선사업(philanthropy)과 같은 개념을포함한다.[3] CSR은 가치 창조에 대한 것이기도 하다. 이렇게 CSR은 기업과 인권의 영역보다 넓다. 기업과 인권의 초점은 가치를 창출하는 것이 아니라, 기업의 인권침해 방지는 물론, 주로 정부와 같은 다른 주체가 자행하는 인권침해에 연루되지 않도록 하는 것이다. '기업과 인권'은CSR에 비해 더 좁은 범위를 다루고, 이루고자 하는 목표도 더 소박하다. 이론의 여지는 있지만, '기업과 인권'은 윤리적 고려나 가치가 아닌식별된 인권 규범에 근거하기 때문에, CSR과의 경계를 획정하는 것은어렵지 않다.[4]

　CSR은 1930~1940년대 미국의 경영학 문헌에서 찾아볼 수 있지만, 1950년대에 이르러서야 독자적 영역이 된다.[5] '기업의 사회적 책임의 창시자'로 불리는 하워드 보엔(Howard Bowen)은 1953년 발간된 그의 영향력 있는 저서 『기업인의 사회적 책임(Social Responsibilities of the Businessman)』[6]에서 다음과 같이 적었다.

기업인이 수탈, 인간 착취, 재정적 속임수를 자행하던 시절은 대체로 지나갔다. 그리고 이윤 극대화가 성공의 유일한 척도인 시절 역시 **빠**르게 지나가고 있다. 우리는 오직 보편적 복지에 대한 객관적인 기여도로 사기업을 평가하는 시대에 접어들고 있다.[7]

노벨 경제학상 수상자인 밀턴 프리드먼(Milton Friedman)은 이러한 사상을 거부했고, 1962년 다음과 같은 유명한 주장을 했다.

> [자유경제에는] 단 하나의 기업의 사회적 책임이 존재한다. 그것은 기업이 게임의 규칙 안에서 머무는 한, 다시 말해 속임수나 기만 없이 공개적이고 자유로운 경쟁을 하는 한, 이윤을 증가시키기 위해서 자신의 자원을 사용하고 활동하는 것이다.[8]

누군가는 아직도 프리드먼의 사상에 머무른다. 일레인 스턴버그(Elaine Sternberg)는 2000년에 비상업적 목적으로 기업의 자원을 사용하는 것은 **절도**와 같은 것이라고 주장했고,[9] 데이비드 헨더슨(David Henderson)은 기업은 사회의 기대를 충족시키는 시도조차 하지 말아야 한다고 했다.[10]

이러한 비판이 있더라도, CSR은 현재 어느 때보다 널리 수용되고 있고, 제8장에서 논의된 것처럼 서구 기반의 다국적기업 사이에 CSR 정책은 예외 없는 규범이 되고 있는 것 같다.[11] '지속가능성'(sustainability), '기업시민'(corporate citizenship) 및 '기업 운영에 대한 사회적 허가'(social license to operate)와 같은 관련 개념들도 등장했다. 지속가능성은 '현재의 형태로는 (…) CSR과 어느 정도 유사하고, 어떤 맥락에서는 (…) 기업과 시민의 상호작용에 대한 노력을 나타내는 용어로 보인다.'[12] 기업시민은 '좋은 이웃이나 시민으로서의 기업을 의미한다.'[13] 기업 운영에 대한 사회적 허가 개념은 다음과 같이 설명할 수 있다.

> 기업이 자기 고유의 업무를 수행할 능력(또는 면허)을 유지하기 위해서 자발적으로 사회적 기대를 따라야 한다는 생각을 말한다. 기업이 사회적 기대에 부응하지 못하는 경우, 이러한 자유(또는 면허)는 제한되거나 박탈당할 수 있다. 즉, 사회적 기대에 스스로 부응하지 못한다면, 기업은 규제나 법적 수단을 통해 그 기대에 부응하도록 강요받는다.[14]

다른 연관 개념들로는 '깨어 있는 자본주의'(conscious capitalism), '공유가치 자본주의'(shared value capitalism) 및 '삼중 저지 기준'(tripple bottom line)이 있다. 깨어 있는 자본주의라는 말은 홀푸즈(Whole Foods)[유기농 식재료를 주로 파는 미국의 대규모 유통업체 - 옮긴이]의 공동창업자인 존 멕케이(John Mackey)가 만든 말이다. 깨어 있는 자본주의는 다음의 4가지 견해에 기초한다. 첫 번째로, 기업의 핵심이 돈을 버는 데에만 있을 수 없다는 것이다. 기업은 '더 높은 목적'을 필요로 한다.[15] 두 번째로, 모든 이해관계자가 만족해야 한다. 투자자와 다른 이해관계자도 마찬가지이다.[16] 이해관계자란 '기업에 영향을 주고 영향을 받는 모든 사람을 말한다.'[17] 즉, 소비자, 직원, 투자자, 공급자, 지역사회 그리고 심지어 환경 등의 내부 이해관계자(1차 이해관계자)[18]와 경쟁사, 활동가, 비평가, 노동조합, 언론과 정부와 같은 외부 이해관계자(2차 이해관계자)를 통칭한다.[19] 세 번째로, 깨어 있는 기업은 깨어 있는 리더십을 요구한다는 것이며,[20] 네 번째로, 이들은 깨어 있는 문화와 경영이 필요하다는 것이다.[21]

하버드대학 교수 마이클 포터(Michael Porter)는 2006년 발간된 『하버드 비즈니스 리뷰(Harvard Business Review)』[22]에 게재된 논문에서 '공유가치 자본주의'라는 말을 만들었다. 공유가치의 원칙에 대해 그는 다음과 같이 주장했다.

> 그것은 또한 사회의 필요와 도전에 기여하여 사회적 가치를 창출하는 방식으로도 경제적 가치와 관련된다. (…) 공유가치는 사회적 책임이나 자선 혹은 지속가능성이 아니라, 경제적 성공을 달성하는 새로운 방법이다. 이는 회사의 주변부에 있는 것이 아니고 중심에 위치한다.[23]

공유가치 자본주의는 사회를 위한 경제적 가치의 창출에 초점을 맞춘다는 점에서 깨어 있는 자본주의와 다르지만, 그렇다고 인간이라는 가치와 동떨어져 있는 것은 아니다.[24] 이 두 개념은 이들의 독창적 주장에도 불구하고 CSR(또는 지속가능성)과 같은 부류에 속한다.[25]

삼중 저지 기준은 1997년 존 엘킹턴(John Elkington)이 처음으로 발전시킨 개념이다. 그는 기업이 최저의 기준(예를 들면 이윤의 극대화)뿐 아니라, '경제적 번영, 환경의 질, 사회적 형평성의 동시 추구'로 구성된 세 가지 저지 기준 모두에 초점을 맞추는 체계인 지속가능한 자본주의 사상을 옹호했다.[26] 즉, 기업들은 '사람, 지구, 이윤'이라는 사고방식을 수용해야 한다는 것이다. 이러한 삼중의 저지 기준은 넓은 의미에서 CSR의 부류에 속한다고도 말할 수 있다.

이렇게 CSR은 너무도 다양한 분야이기에, 결과적으로 하나의 개념으로 정의하기 어렵다.[27] 2001년 유럽연합은 CSR을 '기업이 자발적으로 사업 운영과 이해관계자와의 소통에 있어 사회와 환경에 관심을 두는 개념'이라고 정의했다.[28] 2011년 유럽연합은 기업과 인권 영역의 발전을 반영하여 이 정의를 수정하였는데, 특별하게는 〈유엔 기업과 인권 이행원칙〉(2011년)의 채택을 들 수 있고, 이에 대해서는 제7장에서 세부적으로 논의한다. CSR에 대한 새로운 정의는 자발성으로부터 벗어나 책임이 중심이 되는 기업과 인권 분야로 근접해 간다. 유럽위원회

(European Commission)는 현재 CSR을 다음과 같이 이해한다.

> 기업의 사회적 영향력에 대한 책임이다. 관련되는 제정법에 대한 존중과 사회적 파트너들 사이 집단적 동의에 대한 존중은 이러한 책임을 충족시키기 위한 필수불가결한 조건이다. 기업의 사회적 책임을 다하기 위해 기업은 사회적, 환경적, 윤리적, 인권 및 소비자 문제를 이해관계자와 긴밀히 협력하여 비즈니스 운영 및 핵심 전략에 통합하는 프로세스를 갖추어야 한다. 그것은 다음을 목표로 한다.
> - 기업의 소유자들, 주주들 및 그들의 이해관계자와 사회 전반을 위해 공유가치를 극대화함.
> - 가능한 부정적인 영향력을 식별(identifying), 예방 및 완화함.[29]

그러나 이러한 CSR의 정의는 보편적으로 받아들여지지 않고 있으며, 많은 기업들은 CSR에 대하여 훨씬 덜 포괄적인 시각으로 바라보면서, CSR이 모든 사업에 영향을 미치는 개념이 아닌 주요 사업에 부수하는 것으로 바라본다. CSR에 대해서는 이런 다양한 시각들이 존재하므로, 일반적으로 CSR과 기업과 인권은 여전히 명백하게 구분되는 영역이라고 할 수 있다.[30]

단문의 메시지를 게시하는 웹사이트 트위터는 기업과 법 영역의 CSR 전문가, NGO, 인권변호사 및 학자들 다수가 활동하는 공간인데, 이러한 다원성을 직접 관찰할 기회를 제공하기도 한다. 이를 잘 설명해주는 어느 날의 일이다. 2013년 4월 17일 미국 연방 대법원은 다국적 정유 가스 회사인 로열 더치 셸(Royal Dutch Shell)에 대하여 선례를 남긴 판결을 했다.[31] CSR의 측면보다 인권에 치중하는 경향이 있는 그 분야의 변호사들은 트위터에서 바쁘고 흥미로운 하루를 보냈다. 해외에서의 인권침해를 근거로 미국 연방대법원에 소송이 제기될 수 있는가에 대한 아홉 대법관의 견해에 마치 이 연구 분야 전체의 미래가 맡겨져 있는 듯했다. 가능한 결과들과 이 결정의 귀결이 수없이 트윗 되었다. 동시에 이런 동요는 안중에도 없는 것 같아 보이는 지속가능 경영 및 CSR 분야의 전문가·학자 집단은 최신의 지속가능 보고서들이나 지역조직 간부의 다양성 촉진을 위한 최선의 방안에 관한 포스트를 계속 올렸다. 이것은 법률가와 CSR 전문가들의 관심사가 명백히 다르다는 것에 대한 하나의 일화라고 할 수 있다.

법률가는 잘못되어 있는 부분을 따진다. 인권, 형사법과 불법행위법과 같은 연구 영역은 침해에 초점을 맞춘다. 반면에 CSR은 인권, 환경, 윤리적 고려가 포함된 업무 과정(business process)에 주목한다. 이 일은 가능한 침해와는 동떨어져서 발생한다. 요컨대, 이 두 집단의 전문 영역은 유사하고 관련된 의제에 있지만, 전혀 다른 시각 위에 있다.

더욱 중요한 점은 CSR 분야에서도 기업이 책임감 있게 행동하도록 설득해야 한다는 것이다. 이것은 CSR이 협상 가능하며 자발적인 추가 기능으로 간주된다는 것이다. 이러한 자율성을 믿고 있는 사람들은 인권을 존중한 '경영 사례'를 발굴하여 발표하는 일에 집착한다.[32] 그러나 경영 사례의 전제인 '인권을 증진하여 더 많은 이익을 얻을 수 있다'는 전제는 기업에게는 매력적일 수 있지만, 이는 인권의 절대적(preemptory) 본질을 양보한다는 결점이 있다.[33] 대서양 노예무역, 홀로코스트에 연관된 기업, 인도의 보팔(Bhopal)에서 계속되는 비극, 남아프리카 백인 우월주의 체제와 관계되는 일부 다국적기업의 사업과 같이 - 모두 이 책에서 언급되는 것들은- 인권을 존중하는 경영 사례를 찾는다는 것이 부적절하다는 사실을 입증한다.

책임의 공백

나이저 삼각주(Niger Delta)와 라나 플라자(Rana Plaza)의 붕괴와 같이 상징적 사건·상황들은 적절하게 예방되거나 구제되지 못한 기업의 인권 침해 사례이다. 이러한 비극은 우려를 제기하고 법적 소송을 걸 수 있는 수단에 접근하기 어려운 힘 없는 피해자들의 모습을 보여 준다. 이는 또한 국제적인 사업 운영에 대한 투명성이 결여되었음을 보여 준다. 요컨대, 이러한 장면은 인권 분야에서 기업의 책임이 제한적임을 보여 준다. 기업과 인권은 인권 영역에서 기업 -회사들과 사업가들- 의 책임 강화를 추구한다. 달리 말하면 책임의 공백을 메우는 것이다.

책임(accountability)이라는 개념은 정의하기가 어렵기로 악명 높으며, 공적 또는 정치적 영향권에서 고려될 가능성이 더 높다.[34] 누군가가 선출될 때나 공적 자금으로 임금을 받을 때, 그 사람은 집단 안에 형성된 신뢰를 존중하도록 행동할 것이 기대된다. 그러한 행동을 하지 않으면 그 자리나 직업을 잃게 될 것이다. 이것은 바로 어떻게 책임을 지는지에 대한 것이다. 기업의 책임이라는 개념은 공적인 행위자의 책임과는 불가피하게 구별된다. 최고경영자는 선출되지 않았으며, 회사는 대중적 요구를 바탕으로 설립된 것이 아니기 때문이다.

이 책임을 정의하려는 시도에서 보브스(Bovens)는 미덕(virtue)으로서의 책임과 메커니즘으로서의 책임을 구분한다.[35] 미덕으로 이해할 때, 책임은 행위를 평가하기 위한 '규범적 개념' 또는 '일련의 기준'이며, 책임이 있다는 것은 '올바른 속성'을 지닌 것이 된다.[36] 메커니즘으로 이해할 때, 책임은 보다 협소한 개념이 된다. 이는 '대리인이 다른 대리인이나 기관에 의해 책임을 질 수 있는 제도적 관계 또는 약정'을 의미한다.[37] 보브스의 구조를 적용하면, 기업의 책임은 어떻게 경영자와 기업이 행동해야 하는지, 이상적으로 인권 기준을 존중하고 그들의 경영을 투명하게 하는지를 의미한다. 이는 잘못된 것들을 사후적으로 책임지게 하는 피해자와의 직접적인 대화, 중재, 고충처리, 소송의 메커니즘을 의미한다. 따라서 책임의 공백을 메운다는 것은 기준의 정립과 인권을 존중하기 위한 기업의 행동 변화 그리고 인권침해가 발생할 때 기업과 경영진이 책임을 지는 것으로 이해된다. 전자의 예로 회사가 인권 정책을 채택하게 하거나 인권영향평가를 독려하는 것을 포함한다. 후자의 예는 인권을 침해한 것으로 추정되는 기업을 상대로 한 민사소송을 제기하는 것, 범죄에 상당한 인권침해에 대해 기업의 리더를 기소하는 것 그리고 회사가 그 조정 절차의 과정에서 그 책임을 인정하도록 하는 것을 포함한다. 이 책은 두 가지 측면 모두를 다룬다.

책임의 공백은 미덕과 관련된 일련의 기준으로 책임의 개념과 결부될 때 분명해진다. 기업의 인권 의무는 불명확하고, 회사의 사업 방법은 투명하지 않을 수 있다. 이러한 공백은 그 책임을 기업이 부담하는 메커니즘으로 볼 때 분명해지는데, 취약한 지배구조에 있는 개발도상국에서 인권침해가 발생할 때가 더욱 그러하다. 이러한 책임의 결여는 세 가지의 주된 요인들의 결합 때문이다. 첫째로, 심각한 인권침해의 경우, 다국적기업과 그 자회사는 종종 투자유치국(host state)의 공범(accomplices)으로 인권침해에 연루된다.[38] 투자유치국은 침해의 주된 가해자이고, 투자유치국의 법원은 일반적으로 피해자들에게 적정한 구제책을 제공하지 못한다. 게다가, 정부가 그러한 잘못을 하지 않더라도 많은 개발도상국은 약한 집행 메커니즘과 결합된 신뢰하기 힘든 사법 시스템을 가지고 있기도 하다.[39] 두 번째로, 이 책에서 가장 중요한 제10장에 있는 것처럼 피해자가 모기업이 있는 국가의 구제책에 접근한다는 것은 어려운 일이다.[40] 셋째로, 현재 인권을 침해한 기업의 책임을 묻는 국제적인 메커니즘이 없다는 것이다.[41] 이러한 요인들이 결합되어 기업이 초래한 인권침해의 피해자가 의미 있는 구제책에 접근하지 못하게 되며, 따라서 책임의 공백이 생길 수밖에 없다.

　이 책은 인권을 존중하도록 기업 행동을 성공적으로 변화시키고 위반이 발생할 경우 기업과 기업인에게 책임을 물음으로써 주요 사업 및 인권 이니셔티브와 책임 메커니즘이 책임 공백을 성공적으로 연결하는 정도를 평가한다. 이러한 이니셔티브는 국제적이거나 국내적일 수 있으며 민간 규제 방식의 경우 다양한 공공 및 민간 이해 관계자가 포함될 수 있다.

이 책의 체제와 구성

'기업과 인권'이 상대적으로 새로운 연구 영역일지라도, '기업'과 '인권' 사이의 상호작용은 그렇지 않다. 유엔 사무총장의 기업과 인권 특별 대표(Special Representative)를 역임한 존 러기(John Ruggie) 교수가 비공식적으로 말했듯, '실체적인 쟁점으로서 기업과 인권은 과거로 끊임없이 돌아간다. 노예무역 역시도 기업과 인권에 관한 것이다.'[42] 유럽 국영기업이 부유한 자원의 땅에 대하여 자행한 식민지화와 야만적 착취, 대서양의 노예무역, 산업혁명 및 세계대전 모두 기업의 활동과 관련된 심각한 인권침해를 증대시켰다. 이러한 역사적인 사건들은 엄청난 경제적인 이익을 상인, 기업가, 은행에게 가져다주었다.

　새로운 영토의 정복과 지배는 돈벌이 되는 기업을 만든다. 천연자원과 값싼 노동력에 더 쉽게 접근하고, 새로운 시장을 연다. 그러나 탐욕만으로는 모든 형태의 영토 정복, 특히 식민지 기업을 설명하지는 못한다. 한 저자가 설명하기를 '신대륙 발견과 식민지화를 설명하는 목록에는 종교적인 열의, 모험에 대한 애정, 부에 대한 갈증, 정복자의 복수가 있는 것으로 알려져 있다.'[43] 식민지화는 권력, 종교나 사상적 지배의 원

대한 꿈 그리고 종종 이 세 가지의 결합으로 확실한 동기 부여가 된다. 예를 들어, 19세기 말에 있었던 프랑스의 가장 최근의 식민지 정복은 경제적인 이유보다는, 1870년 독일에게 패배하여 알자스-로렌 지방을 내어준 치욕으로부터 국민들의 관심을 돌리기 위한 목적이 컸다. 이러한 맥락에서, 프랑스 정치가 쥘 페리(Jules Ferry)가 남긴 '식민 정책은 신업 정책의 딸'이라는 유명한 말은 이러한 정복을 소급하여 성당화하기 위함이었다.[44] 이렇게 식민지화 과정에서 기업의 역할이 지나치게 강조되어서는 안 된다. 그럼에도 불구하고, 정복과 식민지화는 이를 통해 사업 기회를 엿본 자들에 의해 장려되었다. 더더욱 많은 예에서 경제계의 일부는 새로운 영토의 침범을 적극적으로 뒷받침하고 부분적으로 일부 자금을 지원했다.[45] 이렇게 역사적인 사업 운영에 따른 인명 피해도 자연스럽게 '기업과 인권'의 학문 영역에 속하게 된다.

이 책의 1부는 '역사적인 장면'이라는 제목인데, 철저하게 기업의 인권침해 역사를 체계적으로 제시하는 것을 목표로 하지 않는다. 이는 여러 가지 매력적인 역사책으로 채워질 수 있을 것이다. 대신에 이 편에서는 가장 중요한 시기, 사건, 소송 사례의 선택에 초점을 맞추어 과거에 인권과 기업이 다양한 방식으로 상호작용했다는 것을 설명하려고 한다. 이는 법률가가 아닌 독자들에게 법적인 질문들과 함께 광범위한 인권 침해에 맞서 국제인권 노동법이 발전해 온 배경을 제공한다. 이는 경제계가 주요한 역할을 했고 이에 대한 국제적인 반응이 이어진 심각한 권리 침해에 대해 설명한다. 이러한 기초 위에서 세 가지 서로 다른 에피소드가 선택되었는데, 대서양 노예무역(제2장), 산업혁명이 가져온 변화의 결과로서 국제노동법의 등장(제3장), 그리고 제2차 세계대전 후 나치와 손잡고 사업을 진행한 독일 기업가들과 은행업자들에 대한 전범 재판(제4장)이다.

2부는 이 책의 핵심을 형성한다고 할 수 있다. 이는 최근의 기업과 인권에 관한 국제법과 정책 프레임워크에 착안하여 기업의 해로운 인권 영향력에 대하여 제기된 도전과 이 분야의 진전을 강조하고 있다. 이를 네 가지 장으로 나누고 있는데, 각각의 장은 각 법과 정책 및 재정 분야 내에서 기업의 책임을 메우기 위한 범위에 초점을 맞춘다.

제5장은 연구 분야로서의 기업과 인권에 대하여 중점을 두고 있다. 이는 국제인권법이 기술적으로 국가를 인권 의무를 이행하는 유일한 주체로 만드는 방식으로 발전했다는 생각에서 출발한다. 인권법 관련 보수적인 견해에 따르면 일반 기업은 물론이고, 심지어 다국적기업조차 국제인권법의 대상이 아니므로 인권 조약을 준수해야 할 법적 의무가 없다고 보는 것이다. 기업들은 기껏해야 국제형사재판소 규정에 따라 국제범죄에 해당하는 위반 행위를 하지 않을 의무가 있는 정도이다. 앤드루 클래펌(Andrew Clapham) 교수와 같은 많은 저자들은 기업이 국제적 인권 의무가 없다는 주장에 이의를 제기해 왔다.[46] 제5장은 이 논쟁을 더욱 발전시키고, 한때 변하지 않는 영역으로 생각되었던 인권침해의 경계가 어떻게 기업에게 더 큰 책임을 묻도록 바뀌고 있는지 보여준다.

제6장은 인권과 국제경제법 사이의 상호작용에 집중하는데, 이 영역은 전체적인 국제법의 구조와는 동떨어져 발전해 왔다. 제6장 '점들의 연결'은 사업, 국제투자, 국제무역법 분야에서의 인권의 역할이 극히 중대하다는 점을 설명한다. 이 장은 이러한 법 분야에서 인권적 고려가 수행한 제한된 역할이 기업의 유한한 책임을 이끌었음을 조명한다.

제5장과 제6장은 국제적 집행력의 측면에서 현재의 법률구조의 한계를 강조한다. 이에 대한 응답으로 제7장은 유엔에서 1970년대에 시작된 다국적기업의 행동강령(code of conduct)을 정립하기 위한 노력에서부터, 기업의 인권침해에 대응하는 다양한 연성법과 입법 정책을 제시한다. 이러한 입법은 기업의 책임에 대한 공백을 메우기 위한 것이다.

이러한 입법 활동은 구속력이 있지는 않지만, 기업이 자기 규제를 통해 인권 기준을 존중하도록 독려하고 있다. 동일한 배경에서, 제8장은 기업의 책임을 강화하기 위한 보충적인 도구로서 민간 분야의 규제를 압축적으로 고찰한다.

3부는 이 책의 마지막 부분으로, 국내법과 정책을 다룬다. 국내 수준의 법적 정치적 개혁과 국제 수준보다 더 강력한 집행 메커니즘을 통해 기업의 책임을 더 높은 수준으로 달성할 수 있다. 제9장은 기업과 인권의 접근 방식이 어떻게 국내법과 정책을 형성하여, 해외사업 운영의 변화를 유도하고 책임을 강화하기 위해 치외법권에 영향을 미치는 규제를 채택하는지의 예를 보여 준다. 제10장은 국내 법원들에서의 기업과 인권 소송의 발전을 다룬다. 주목할 만한 민·형사소송 및 원고와 평범한 피해자들이 정의와 더 높은 수준의 기업의 책임을 가로막는 수많은 장애물을 극복한 방법을 제시한다.

역사의 장면들:
한정된 책임

BUSINESS
AND
HUMAN
RIGHTS

1부에서는 기업들이 주요한 역할을 했고 국제적 수준에서 이에 대응했던 악명 높은 권리 침해 사건들을 조명한다. 이를 위해 세 편의 에피소드를 골랐다. 대서양 노예무역, 국제노동법의 등장, 그리고 제2차 세계대전 후 나치와 손잡고 사업을 진행한 독일 기업가들과 은행업자들에 대한 전범 재판이다. 이 일들은 모두 기업이 인권침해에 대해 전혀 책임지지 않은 것은 아니라고 해도 지극히 제한적으로만 책임졌음을 보여 준다.

2장, 3장, 4장에서는 이러한 위반 행위에 대한 설명을 제공하는 것 외에도 비즈니스에 미치는 영향과 이로 인해 촉발된 국제적 대응에 대해 책의 나머지 부분에서 논의되는 법적 문제에 대한 기초적인 사항을 제공한다. 이러한 문제에는 국제법, 특히 국제인권법과 국제노동법이 민간 기업과 같은 비국가행위자를 직접 규제할 수 있는지 여부와 개인이나 회사가 정부와 사업적 관계를 맺고 거대한 인권침해를 저지르는 경우, 이에 대한 형사 책임을 물을 수 있는 조건에 대한 내용이 포함된다.

대서양의 노예무역: 기업과 인권 읽기

1500년부터 1870년까지 대서양 노예무역과 아메리카 및 카리브해의 노예 의존은 노예제 역사의 일부분일 뿐이다. 고대부터 중세까지 인간을 거래하고 인간을 모든 형태의 직업에 이용한 사례들은 잘 기록되어 있고, 노예는 오늘날에도 존재한다. [예나 지금이나] 세계 도처에서 사람들은 노예 상태가 되었고, 동시에 노예 소유자나 노예 거래상이 되어 왔다.[1] 돌이켜 살펴보면, 중세 유럽의 농노는 18세기 바베이도스 노예들과 비교하여 별반 나을 게 없었던 게 틀림없는데, 이 책의 독자들 대부분은 이 둘 다 상상하기 어려울 것이다.[2] 그러나 대서양 노예무역은 몇몇 요인들로 독특한 점을 띤다.

아메리카에서의 노예무역은 아프리카 노예 상인들은 물론이고 유럽의 노예 상인들이 아프리카인들을 거래하는 것이 대부분이었다. 1500년에서 1870년 사이 1,100~1,200만 명에 이르는 아프리카인들이 아프리카에서 신세계로 운송되었다.[3] 일단 신세계에 도착한 뒤에, 노예 상태의 아프리카인들에게 아이가 생기면 그 아이들도 자동적으로 노예가 되었고, 그러한 피해자는 천문학적인 수치에 달했다. 로런(P. G. Lauren) 교수는 다음과 같이 주장했다.

> 수백만에 달하는 사람들을 대상으로, 특정 인종을 중심으로, 인종적 우월성을 찬양하는 사상 및 주인과 노예로 구별하는 관습을 창조했다는 점에서, 금전적인 수익을 창출한다는 점에서, 네 대륙에 영향을 미쳤다는 점에서, 그리고 그 비극적인 잔혹함에 있어서, 흑인 노예는 확실히 역사상 전례가 없었다.[4]

대표적인 인권학자 몇 명에게 역사상 최악의 인권침해 사건이 무엇이냐고 묻는다면, 대부분은 홀로코스트와 같은 역사적 폭력과 함께 아메리카의 노예무역과 보편화된 노예노동을 꼽을 것 같다. 아메리카의 노예제와 대서양 노예무역에 많은 학자들이 주목한다는 것 자체가 이를 부분적으로 설명해 주지만, 이 노예제와 노예무역은 대규모로 이루어진 역사적 인권침해라는 점은 의심할 여지가 없다.

대서양 노예무역이 그런 방식으로 발달하고 살아남은 이유는 복잡하며, 부분적으로는 오늘날에도 논쟁이 되고 있다. 곧잘 내세우는 한 가지 근거는, 아메리카에 정착한 유럽인들 사이에 널리 퍼져 있던 믿음으로, 아프리카 노예를 대대적으로 들여오지 않고서는 신세계의 방대한 자원을 착취할 수 없었다는 것이다. 유럽인들은 아프리카 노예들이 신세계에서 발생하는 질병을 이겨내는 것은 물론이고 힘겨운 생활과 노동 조건에서 물리적으로 살아남을 수 있는 유일한 사람들이라고 보았다.[5] 이런 가설이 진실이든 아니든, 에릭 윌리엄스(Eric Williams)의 주장대로 이것이 사후적 합리화였든 아니든 상관없이,[6] 이윤을 창출하기 위해서 노동이 필요했다는 사실은 명백하다. 따라서 유일한 필요조건은 아닐지라도, 사업적 고려는 노예무역 역사의 필수적 요소 중 하나이다. 3백 년 넘게 수백만 명이 노예가 되고 동산(chattel)으로 취급되었는데, 이는 노예무역을 통해, 그리고 더 중요하게는 노예노동을 통해 이윤을 얻기 위한 것이었다.

그러나 욕심만으로 대서양 노예무역의 발전을 완전하게 설명할 수는 없다. 우선, 이 무역은 힘을 가진 유럽 국가들에 의한 신세계의 앞선 '발견'과 정복, 그리고 식민화 욕망의 결과였다. 신세계는 '발견된' 것이었다. 신세계는 유럽 군주들의 권력, 명성, 부를 증대하기 위해 정복되고 정착되고 착취될 필요가 있었다.[7] 역사학자 데이비드 엘티스(David Eltis)는 다음과 같이 논한다.

> 초기 근대 대서양에서 유럽인들의 행동은 무분별하게 이윤을 극대화하는 자본가들의 행동이 아니었다. 유럽인들과 비유럽인 모두의 뿌리 깊은 문화적 태도를 살펴보면, 단순한 이윤 추구 못지않게 새로운 대서양 세계의 창조에 통찰이 있었음을 알 수 있다.[8]

수 세기에 걸쳐 아프리카 노예무역이 지속된 이유는, '백인종'의 우월성에 대한 믿음을 포함한 것으로, 이 책이 다루는 범위를 벗어나는 문제이다.[9] 국가와 개인들, 그리고 나중에는 회사들의 '이윤 추구'가 아메리카에서 노예무역과 노예노동의 체계적 이용에 대해 적어도 부분적으로는 설명해 준다고 지적하는 것으로 충분할 것이다. 그래서 노예무역의 이야기와 그 폐지도 기업과 인권의 이야기다. 인간에 대한 고려보다 이윤을 구조적으로 우선시하는 것에서 나온 끔찍한 결과물들은 분명히 기업과 인권 분야가 연구하려는 것이다. 이를 염두에 두고 이 장의 목표를 세 가지로 한다. 첫째, 기업이 핵심적 역할을 한, 역사상 가장 심각했던 몇몇 인권침해에 관한 서사를 제공하고자 한다. 이는 기업의 인권침해가 현대의 경제적인 세계화와 연관되어 새롭게 발전된 것이 아니라는 것을 보여 준다. 오히려 반대로, 노예무역의 역사는 현시대 독자들이 친숙하게 느끼는 착취의 양상을 보여 준다.

둘째, 이 장은 '인권과 기업의 딜레마', 인권을 존중하는 '사업적 명분 (bussiness case)' 및 기업의 자선사업과 같이, 오늘날에도 여전히 관련된 쟁점들의 출발점으로써 노예무역을 살펴보고 있다. 셋째, 이 장은 노예무역이 수반한 인권침해 전반에 대한 책임이 거의 전적으로 무시되어 왔음을 인정하면서도, 일단 무역이 불법화되었을 때 책임의 공백을 메우려는 조심스러운 국제적 시도가 있었음을 보여 준다. 이러한 시도들은 노예를 운송하는 데 이용되었다고 생각되는 선박들을 색출 압류하라고 판결을 내리는 국제재판소의 형태를 취했다.[10] 이 장에서는 이 국제재판들에 대해 간략하게 언급했으며, 5장에서 더 자세하게 다뤄진다.

이 장은 5개 절로 나누어진다. 1절에서는 노예가 된 아프리카인들의 대서양 무역이 어떻게, 왜 시작되었는지를 서술한다. 2절에서는 아프리카에서 포획하여 신세계로 판매에 이르는 노예무역의 구체적인 실상을 다룬다. 3절에서는 노예가 된 아프리카인들의 거래가 확장되어 최정점에 달하는 시점과 이 무역에 관련된 특허회사들의 운영과 이 회사들이 직면했던 딜레마, 그리고 노예무역상들의 자선 활동을 살펴본다. 4절에서는 영국의 노예무역 폐지를 중심으로, 특히 폐지론자들이 노예무역 폐지를 위해 사업적 명분을 성공적으로 만들었는지 여부를 탐색한다. 마지막 부분은 어떻게 국가들이 합심해서 국제법상 노예무역을 불법으로 했고, 나중에는 노예제를 불법화했는지 설명한다. 처음으로 기업이 개입된 대규모 인권침해가 국제적 주목을 받은 것이다.

노예무역의 초창기

콜럼버스가 카리브해로 출항한 후 8년이 지난 15세기, 아프리카 노예무역 규모는 이후 수 세기 동안의 성장에 비하면 평범한 수준이지만 이미 번성하고 있었다. 역사학자 휴 토머스(Hugh Thomas)는 '유럽인들의 여행이 아프리카 서부로 전환되는 시점은 1415년으로, 포르투갈인들이 군 원정대를 이끌고 지브롤터 해협을 건너 아프리카 북부 해안에 있는 세우타를 점령했던 때'로 본다. 세우타는 이슬람 지배하에 있었고 사하라 루트를 통해 이미 노예가 된 아프리카인들이 거래되던 곳이었다.[11] 포르투갈 군대가 세우타를 점령하도록 움직인 뒷심에는 심정적으로는 기업가였고 대서양 노예무역 역사에서 주요 개척자였던, 포르투갈 왕자 헨리가 있었다.[12] 1440년대 포르투갈 항해자들은 아프리카 서부 해안선을 따라 남쪽으로 항해를 시작하면서 지역민들과 다양한 상품을 교역하기 시작했고, 나중에는 노예를 사기 시작했다.

1454년, 교황 니콜라스 5세는 포르투갈인들의 아프리카 서부 무역 독점을 확정하는 칙서를 공식 발급했다.[13] 1450년대에는 마데이라섬에 아프리카인 노예노동으로 설탕을 생산하는 지역이 형성되었다.[14] 또 다른 군도인 카보베르데는 오늘날의 세네갈에 접한 곳으로 1460년대 포르투갈인들이 정착하여 '16세기 최대 (…) 노예 거점'이 되었다.[15] 1480년 스페인과 포르투갈의 평화 조약은 포르투갈에게 마데이라, 아소르스 제도, 카보베르데 섬, 그리고 이 섬들을 마주하고 있는 아프리카 본토의 일부에 대한 전권을 부여함에 따라 포르투갈의 노예무역 지배를 더욱 강화시켰다. 이 조약은 스페인에게 카나리 제도에 대한 통제권 및 마주하고 있는 아프리카 본토의 일부에 대한 유사한 지배권을 부여했다.[16] 이 조약으로 포르투갈은 아프리카 남쪽 해안을 따라 더 탐험할 수 있는 기회를 갖게 되었다. 1486년에는 상투메(Sao Tome)에 거주하기 시작했다. 1487년 바르톨로메우 디아스(Bartolomeu Dias)는 희망봉 지역과 아프리카 동부 해안까지 항해하는 최초의 유럽인이 되었다.

이러한 초반기에서 18세기 말까지 유럽 국가들은 노예무역을 규제하였다. 초반에 무역상들은 포르투갈 왕에게 세금을 납부해야 했는데, 이를 통해 사실상 무역에 대한 권리를 부여했고, '이로써 그 사업에 뛰어들게 되었다'.[17] 피렌체의 바르톨로메오 마르키오니(Bartolommeo Marchionni)는 이러한 무역상 중 한 사람이었다. 마르키오니는 스페인 및 포르투갈 군주들과 좋은 관계를 맺었고, 그가 아마도 브라질의 대부분을 '발견한' 아메리고 베스푸치(Amerigo Vespucci)의 원정을 재정 지원했을 것이다. 휴 토머스가 말하듯이, '이 특별한 개인의 이력은 막스 베버(Max Webber)와 타우니(R. H. Tawney)가 국제자본가들이 북유럽 프로테스탄트의 산물이라고 생각한 오류를 상기시킨다'.[18]

신세계로의 노예 운송은 1492년 10월 12일 크리스토퍼 콜럼버스가 바하마 제도에 도착하고 이어 스페인 왕을 위해 히스파니올라(Hispaniola)와 푸에르토리코(Puerto Rico)를 점령한 뒤 바로 시작된 것은 아니었다. 애당초 스페인은 침략자들의 이익을 위해 카리브 제도 현지 주민들에게 탄광 작업, 특히 히스파니올라의 금광 작업을 시킬 생각이었다. 그리고 현지 주민의 일부는 스페인에 노예로 팔려는 것 같았다. 질병 때문에, 그리고 현지 주민들은 고된 노동에 적합하지 않다는 생각이 넓게 퍼지면서, 스페인은 계획을 변경해야 했다. 현지 주민들이 전쟁, 질병, 열악한 처우로 많이 죽어가면서, 식민지에 더 많은 노동력이 필요하다는 것이 곧 분명해졌다. 아프리카인을 아메리카로 실어 나르는 대서양 노예무역이 노동력 부족에 대한 해답이었다.

아메리카의 노예무역은 1510년 스페인의 페르디난드 왕이 400명의 아프리카 노예들을 신식민지로 수출하도록 명하면서 공식적으로 시작됐다.[19] 이 무역은 규제되고 세금이 부과되어, 국가를 위해 이윤을 창출하는 사업이 되었다.[20] 이는 아메리카에서 아프리카 노예무역을 '주요 사업'으로 바꾸는 것이었다.[21] 1518년 찰스 왕은 사보이가의 사업가인 로렌초(Lorenzo de Gorrevod)에게 신세계에서 4천 명의 흑인 노예를 사들이도록 허가해 주었다. 이 허가증은 여러 명의 손을 거쳤고, 휴 토머스는 다음과 같이 기록했다.

> 따라서 아메리카를 위한 최초의 노예 이송은 모든 의미에서 유럽의 사업이었다. 황제의 특허는 사보이 사람에게 주어졌고, 이 사보이 사람은 카스티야인을 통해 그의 권리를 제노아의 상인들에게 팔았고, 이 상인들은 다시 (…) 포르투갈인들이 노예를 운송하도록 주선해야 했을 것이다.[22]

이처럼 대서양 노예무역은 시작부터 본질적으로 다국적인 성격을 지녔다.[23] 1530년대 아프리카의 노예들을 매매할 수 있는 허가가 더 많이 승인되었고, '신세계로 노예 공급은 이제 전례 없이 증가하면서, 다음 350년을 위한 것이 되고 있었다. 이는 상인은 물론 왕을 위한 이윤의 원천이었다.'[24] 은행업자들은 노예무역의 중심인물들이 되었다. 노예무역은 거대한 자본을 요구했다. 위험한 사업이었기 때문에 보험이 있어야 했고, 이윤이라는 게 초기 투자 이후 몇 달이나 몇 년 뒤에 나타나기 때문에 신용장과 어음도 있어야 했다. 모든 은행업자들이, 특히 금융에 정통한 이탈리아에서 이 사업이 발달했고, 자연스럽게 노예무역에서 핵심 역할을 수행하게 되었다.[25]

노예무역의 현실

16세기부터 19세기까지 대서양 노예무역 전반에 걸쳐, 유럽 노예무역 상들은 여러 방법으로 아프리카 노예들을 확보했다. 노예들은 정복 전쟁 이후 포로, 지역 법에 따른 처벌, 가난(부모가 생존을 위해 아이들을 팔아야 하는 경우), 또는 납치의 결과로 노예가 되었다. 대부분의 노예는 유럽 노예무역상들이 매입한 것이었지, 직접 포획한 것은 아니었다.[26] 비록 논란의 여지가 있고 일부 폐지주의자들의 생각처럼 광범위하지 않았을 수 있지만, 몇몇 아프리카 통치자들은 자신들의 고유한 동기뿐만 아니라 노예들을 잡아 유럽인들에게 팔아넘기는 것을 주된 목적으로 하여 전쟁을 벌였다는 증거가 있다.[27] 포획에 관여한 유럽 노예무역상들은 거의 없었다. 대신 그들은 미래 사업을 위험에 빠뜨리지 않기 위해 아프리카 딜러들로부터 노예를 사들였다.[28]

노예로 잡혀서 신세계 최종 목적지에 도착할 때까지 노예가 된 아프리카인들은 여러 국면을 거쳐야 했고, 그 중 아프리카에서 아메리카까지의 '중간 통로(Middle Passage)'가 아마도 가장 잘 알려진 곳이다. 아프리카인들은 붙잡힌 뒤, 대개는 아프리카인들의 건물에서 아프리카 무역상들에 의해 쇠사슬에 묶여 노예무역 도시나 아프리카 서부 해안을 따라 있는 노예 창고까지 걸어야 했다. 그들이 잡힌 장소가 얼마나 먼 곳이냐에 따라 몇 주에서 몇 달이 걸리기도 했다. 그다음 그들은 노예선이 오기를 기다려야 했고, 이 또한 몇 달이 걸릴 수 있었다. 사망률은 이미 이 단계에서 높았고 반란이 일어났지만, '반란이나 저항을 하다 죽은 사람들보다 노예선을 기다리는 동안 사망한 노예들이 더 많았다'.[29]

대서양 횡단은 출발지점과 최종 목적지에 따라서 여러 변수와 함께 몇 달 동안 지속되었다.[30] 중간 통로에 대한 기록은 많다. 에릭 윌리엄즈는 17세기 대서양을 횡단한 백인 하인들에 관해 다음과 같이 기록했다.

'이 백인 하인들의 운송과정은 중간 통로의 공포를 절절히 보여 준다. 뭔가 특이하거나 비인간적인 게 아니라 그 시대의 일부로써 말이다.'[31] 다시 말해, 선상에서 아프리카 노예의 끔찍한 생활 상태는 당시에 사실상 흔한 것이었으며, 그들만 그러했던 것이 아니었다.[32] 그렇다고 덜 충격적인 것은 아니다.

노예가 된 남성들과 여성들은 따로 분리되어 있었지만, 기본적인 위생 관념 없이 낮은 천장과 제한된 공간에서 가능한 한 가깝게 옆에 눕게 해서, 질병과 죽음을 초래했다. 그래서 사업 관점에서 볼 때, 선박을 너무 과적 상태로 하지 않는 것이 보다 의미 있었을지도 모른다. 그러면 값어치 있는 노예들이 사망하거나 질병에 걸릴 가능성이 낮아져 신세계에서 그들의 시장 가치가 더 높아질 것이기 때문이다. 이 점은 노예무역회사의 고위경영자에게 종종 지적되었지만, 이 조언은 대개 무시되었다.[33] 어떻든 이 '과밀 포장'이, 당시 예측 가능했던 사망률에 큰 영향을 미치지 않았다는 연구 결과가 나왔다. 그러나 많은 노예가 배를 탔다는 사실은 필연적으로 음식을 저장할 공간이 적었다는 것을 의미했고, 이는 긴 항해 동안 노예들과 선원들 모두의 사망률이 더 높아질 수 있다는 것을 의미한다.[34] 데이비드 브라이언 데이비스(David Brion Davis)는 다음과 같이 말했다.

> 노예선의 선장들은 어려운 딜레마에 부딪혔다. 그들은 각 항해에 실은 노예 수를 최대로 하여 이익을 최대화하려 했다. 그러나 선장들은 치명적인 노예 폭동을 두려워했으며, 노예 사망률이 증가하여 신세계의 노예 시장에서 자신들의 몫이 줄어드는 것을 두려워했다.[35]

중간 통로의 현실이란 이렇게 모순되는 신념을 반영한다. 한편으로 노예가 된 아프리카인들은 가치 있는 상품이었다. 다른 한편으로 그들은 끔찍하게 열악한 처우에 놓였다. 그들이 가치 있는 것으로 여겨진다는 사실은 선장의 행동을 통해 파악할 수 있다. 아프리카 해안이 일단 시야에서 사라지면, 선장들은 노예들이 하루에 최소 몇 시간 정도는 갑판에 나갈 수 있도록 했다. 이는 노예들이 최종 목적지에 상대적으로 건강이 좋은 상태로 도착하도록 보장했거나 보장하려고 했다는 것을 의미했다. 노예의 사망은 손실로 이어지기 때문이다.[36] 그렇다고 학대가 드물었다는 것은 아니다. 어떤 선장들은 노예들을 매우 잔인하게 대했고 갑판에서 아프리카 여성들을 강간하는 게 보통이었다.[37] 노예들의 반란은 자주 일어났고 항해 기간의 10% 동안 발생했다. 대부분은 진압되었다.[38]

노예선에 탄 뱃사람들의 힘든 생활 환경을 언급하는 것도 의미가 있다. 어느 정도는 그들도 간접적으로 이 무역의 피해자들이었다. 가난은 이 젊은 뱃사람들을 위험한 노예선 생활로 내몰았고, 이들은 허리케인과 질병, 해적의 공격에 노출되었고, 관리자들은 선원들을 야만적으로 대했다.[39] 이러한 대우는 특별한 것이 아니었고 당시 노예선의 일반적인 모습이었다. 역사학자 로저 앤스테이(Roser Anstey)는 선원들의 노동 조건에 관해 이야기하면서 다음과 같이 말했다. '오늘날은 물론이고 그 당시에도 명백하게 잔혹하다고 여겨질 일들이 필요에 의해 받아들여졌다. (…) 선원들의 고된 처우는 통상적인 것으로 노예선에만 해당하는 것은 아니었다.'[40] 그들은 너무 처참한 대우를 받아서 '노예선 선원들의 사망률은 노예 사망률의 거의 두 배가 되었다.'[41] 더러운 비즈니스에서 도구 역할을 하면서 자신들도 더러운 처우를 받은 선원들이, 노예들의 건강을 중요한 문제로 인식하지 않았고 선박의 과밀에 관해 별로 생각하지 않았다는 것은 놀랄 일이 아니다.[42] 선원과 노예화된 사람들 모두에 대한 이런 야만적인 맥락에서, 각 선박에 수용할 노예의 수에 관한 정부의 규제를 보면 사실상 네덜란드가 노예선에서 가장 낮은 사망률을 보였

음에도,[43] 포르투갈이 '유럽의 노예선들 가운데 가장 인간적'이라는 평판을 받았다.[44]

도착 즉시 노예들은 소집되고, 검사받고, 씻겨지고, 좀 더 좋아 보이게 먹이고 나서, 구매자를 찾는 과정이 시작되었다. 이 과정은 시간이 소요될 수 있었고, 이 지점에서 노예들이 좀 더 좋은 대우를 받았음에도 불구하고, 이 단계에서도 사망하는 일이 잦았다. 질병은 널리 퍼져 있었고 아픈 사람들은 거의 치료받지 못하거나 아예 치료를 못 받았다. 너무 병약해져서 구매자의 눈길을 끌 사람들은 죽게 버려졌고, 이는 금전적 손실을 의미했다.[45] 휴 토머스가 말했듯, '의문으로 남아 있는 것은, 보통의 인간성에 대한 의문은 제쳐두고, 그렇게 고생하고 비용을 들여가면서 잡아놓은 노예들을 운송한 상인들이 좀 더 제대로 돌보지 않았다는 점이다.'[46] 노예무역의 규모가 확대됨에 따라 노예들은 매우 귀해졌고 점점 더 비싸졌다는 점에서 이는 더 충격적이다. 노예들이 너무 비싸져서 초기 이민자들은 노예를 구매하기 위해 빚을 졌고 곧바로 그 빚을 다 갚는 경우는 드물었다.[47]

노예무역의 확장과 정점

1550년대에 아메리카는 아프리카 노예의 가장 큰 수입 지역이 되었다. 그때까지 노예 대부분은 유럽이나 상투메, 카보베르데, 마데이라, 카나리아섬으로 보내졌다.[48] 신세계 내에서 브라질이 가장 큰 노예 수입국이었다. 포르투갈 식민지는 아프리카 노예노동에 거의 전적으로 의존하면서 설탕 생산 산업을 하고 있었고, 16세기 후반에 세계에서 가장 큰 설탕 공급지가 되었다. 브라질의 설탕 플랜테이션 모델은 나중에 카리브해 섬들에서 재생산되었고,[49] 설탕 경제의 발전이 세계를 변화시켰다고 해도 과언이 아니다. 데이비드 브라이언 데이비스(David Brion Davis)는 다음과 같이 말했다.

> 초기 단계에서도 대서양 노예제는 우리의 근대 세계 경제의 특징을 일정 정도 예시했다. 혹자는 멀리 떨어진 식민 지역에서 자본의 국제투자를 본다. 거기에서 노예무역은 대서양 지역 시장에 팔 상품을 생산하기 위한 극도의 저임금 노동을 초래했다. 소비의 관점에서 보자면 노예들이 생산한 설탕, 럼, 커피, 담배, 초콜릿이 유럽인들의 식생활을 상당히 변화시켰음은 이제 분명하다. 설탕이 유발한 치아 부식에서 폐암에 이르기까지 악영향을 미친 것과는 별개로, 이 사치품들은 18세기 말까지 특히 영국에서 대중들 사이에 소비 욕망을 형성하여, 노동자들이 사치성 자극물들을 구매하기 위해 더욱 순종하게 되었고 공장 규율을 기꺼이 받아들였다.[50]

1580년 스페인 왕은 포르투갈 왕이 후계자 없이 사망한 뒤 포르투갈에 대한 통제권을 장악했다. 이는 스페인에 일방적으로 유리한 결합이었다. 스페인은 이미 남미의 막대한 영토를 통치하고 있었고, 포르투갈과 이 동맹으로 국제무역에 대한 지배력도 갖게 되었다. 왕은 포르투갈 상인들과 계약하여 신세계에 아프리카 노예를 공급했다. 16세기 말 즈음 계몽된 사람들이 아프리카인들의 노예화와 노예무역에 반대하며 폐지를 호소했지만 '고대 제도 [노예제]에 반대하는 이러한 이질적인 도전은 (…) 쇠귀에 경 읽기였다. (…) 모험의 시대는 끝났고, 사려 깊은 자선의 시대는 아직 오지 않았다.'[51] 16세기 후반에도 대서양 노예무역에 도착한 국가들이 있었다. 프랑스, 영국, 네덜란드, 스웨덴, 그리고 덴마크였다.[52] 노예무역에서 스페인과 포르투갈 간 준독점체제는 17세기 상반기에 종식되었다.

1640년대까지 아메리카와 아프리카에서 일어난 정복 전쟁 덕분에, 네덜란드가 '대서양 양측에서 포르투갈의 계승자이자 세계를 지배하는 권력'이 되었다.[53] 그러나 그들은 곧바로 많은 영토를 잃었고, 그 영토들은 포르투갈로 되돌려졌다. 그렇긴 하지만, 군사적 패배에도 불구하고 1650년대에 네덜란드는 서인도제도의 노예 시장에서 지배적 지위를 유지하고 있었다.[54] 이를 염두에 두고 보면, 네덜란드가 설립한 서인도회사의 초창기는 특히 흥미롭다.

네덜란드 서인도회사와 인권, 그리고 기업의 딜레마

네덜란드 서인도회사(WIC)의 운영은 오늘날 우리가 '인권과 기업 딜레마'라고 부르는-소박하지만- 초기의 사례를 제공해 준다.[55] 빌렘 우젤린(Willem Usselinx)은 1621년 서인도회사를 회생시킨 사업가로 노예제에 반대했던 것 같다. 칼뱅주의자인 그는 단순한 상업적 회사가 되는 것에는 반대했기 때문에, 회사가 농업식민지 발전과 신세계에 칼뱅주의의 영향을 지원하는 데 활용되어야 한다고 생각했다.[56] 그 회사는 원래 스페인에 대한 지배를 보장하는 길은 물론 식민화의 도구로써 생각되었다. 또한 '포르투갈 사람들은 이제 스페인의 일부가 됐으므로, 그들의 소유물은 당연히 (…) 전리품이었다.'[57] 따라서 '서인도회사는 처음부터 그 주요 목적이 포르투갈로부터 브라질을 빼앗는 것이었다.'[58] 휴 토머스에 따르면, 노예에 대한 우젤린의 입장은 '애덤 스미스(Adam Smith)가 한 세기 반 이후에 생각했을 것처럼, 비경제적이면서 동시에 그의 시대에는 가장 비정상적이게도 비인간적'이라는 것이었다.[59] '서로 다른 경제체제 하에서 아무것도 요구하지 않는 노예를 가진 서인도제도는 장기적으로 유럽의 제조업자를 위한 훨씬 좋은 시장이 될 수도 있다'는 것이 1608년 출판한 팸플릿에서 노예제가 바람직한가에 대해 우젤린이 밝힌 경제적 논점의 요지였다.[60] 우젤린이 정말로 노예가 비인간적이라고 생각했는지에 관한 시각은 다양하다. 고슬링가(Goslinga)는 우젤린의 반노예적 입장이 인도주의와 아무런 관련이 없고 그의 전체 계획의 부작용 중 하나일 뿐이라고 단언한다. 그 계획은 아메리카에 지속가능한 네덜란드의 정착지를 건립하는 것이었고, 그 곳에서 개신교들이 땅을 일구고 현지 주민들을 교화하려는 것이다.[61] 우젤린의 팸플릿에 관해 쓰면서 제이미슨은 이렇게 말했다. '노예제가 올바른 것인지 아닌지 그는 논하지 않을 것이다. 그러나 만일 노예가 우리 이웃에의 사랑에 반하는 것으로 생각된다면, 그 악은 조절될 수 있고 몸과 영혼의 점진적 해방이 준비될 수 있다.'[62] 이는 노예에 관한 우젤린의 입장이 단지 경제적 고려에만 의존하지 않았다는 것을 주장하는 듯하다.

그의 진실한 입장이 뭐였든지 간에, [서인도] 회사의 다른 사람들은 우젤린의 노예제에 관한 의심을 공유했다. 회사 창립 직후, 이사들은 회사가 노예무역에 관여하는 것이 도덕적으로 수용할 수 있는 것인지 아닌지를 결정하기 위해 칼뱅주의 신학자들의 자문을 받았다. 이때까지, 그리고 우젤린과 몇몇 사람들이 제시했을지도 모르는 장기적인 경제 논쟁에도 불구하고, 노예무역과 노예노동 과정에서 교역은 이윤을 낳는 사업이었다. 그래서 신학자들과 이에 관해 의논하는 것은 인권침해 위험 요소가 존재할 것으로 생각되는 수익 사업 참여에 앞서 컨설턴트나 변호사들의 자문을 받는 현대의 활동과 닮아 있다.

처음에 신학자들은 이사진에게 인간을 거래하는 것에서 거리를 두라고 조언했고, 이사들은 이 조언에 따랐다. 회사는 거의 십여 년 동안 이 정책을 유지했지만 1630년 브라질 북부를 정복한 뒤에는 결국 포기했다. 노예들은 식민지에서 이윤을 창출하는 데 필요했다.[63] 포스트마(Postma)는 이렇게 말했다. '신학자들과 의논한 내용은 오늘날 기록에서 찾아볼 수 없다. 처음에 회사를 노예무역에서 배제시키게 했던 도덕적 의구심을 모두 지워버릴 만큼 경제적 이득이 충분했던 것은 분명했다.'[64] 고즐링가에 따르면, '이는 특별한 게 아니었기 때문에, 도덕적 반대에 대한 우려는 이윤에 대한 달콤한 유혹에 비하면 아무것도 아니었다.'[65]

생각보다 빨리 생각을 바꾸긴 했지만, 도덕적으로 모호하다는 점 때문에 노예무역에 대한 결정을 망설였던 이사진의 고민은 강조할 만하다. 그들은 딜레마에 직면했던 것이다. 당시 그들의 의심에 대한 자문가로 여겨졌던 신학자들과 의논하는 방식은 오늘날 기업과 인권 분야에서 일하는 사람들에게 친숙한 느낌이 들 것이다.

특허회사의 성공과 실패

네덜란드뿐만 아니라 노예무역을 한 모든 주요 나라들이 아프리카와 교역하는 회사를 창립했는데, 이들은 아프리카 노예무역을 포함했다. 영국 회사들은 특정한 무역과 특정한 영토에 관한 독점권을 부여받았다. 이 회사들 가운데 왕립아프리카회사(RAC)가 가장 두드러졌다. 이 회사의 주주들 가운데 철학자 존 로크(John Locke)는 물론 영국왕실 가족들도 있었다.[66] 노예무역에 참여한 다양한 나라들에 설립된 여러 특허회사 모두 재정적으로 지속불가능하지만 않으면, 그냥 보통 수준에서 성공한 것으로 나타났다. 매클레인(Mclean)은 왜 이 회사들이 오랜 기간 지속적으로 이윤을 창출할 수는 없었는지에 대한 이유를 이 독점제가 부분적으로 설명해 준다고 주장한다.

이 독점적 지위는 투자자들을 부추겨 곧잘 고위험의 모험에 투자하게 했다. 처음에 자금은 주식 판매로 모을 수 있었고, 이윤은 주주들 사이에 나눠질 수 있었으며, 주식은 다른 구성원과 외부인에게 이전될 수 있었다. 중요한 것은 상류사회의 새로운 투자자들이 상인들과 함께 사업가로 참여할 수 있었다는 점이다. 이윤은 이런 회사들 대부분의 지배적인 원동력이었고 이 사업의 상업적 위험은 컸다.[67]

노예무역은 중간 통로에서 너무 많은 노예가 사망하는 것에서부터 해적의 공격에 이르기까지 많은 일이 잘못될 수 있었기 때문에 정말로 위험한 사업이었다. 사실상, 대서양 노예무역이 이루어진 전 시기에, 불법 무역이 - 독점의 밖에서 - 대규모로 발생했고 노예가 된 아프리카인들을 신세계에 공급했다.[68] 결과적으로 유럽 정부들은 새로운 자본금을 회사에 투입하기 위해 꾸준히 개입해야 했다. 스페인 식민지 무역을 위한 아시엔토(Asiento)의 사례와 같이, 국가의 수익을 보장하기 위해 독점 계약으로 무역을 규제하는 것은 그 한계를 보여 주고 있었다.[69] 1713년 프랑스, 스페인, 대영제국, 포르투갈과 네덜란드 간 체결한 위트레흐트 조약으로 영국은 모두가 탐내던 아시엔토를 30년 동안 차지하게 되었다. 영국은 다시 이 독점권을 새롭게 설립된 남해회사(South Sea Company)에게 판매했다.[70] 휴 토머스는 다음과 같이 기록한다.

> 1720년 회사 가입자 명부를 보면 현대 영국의 전화번호부 같다. 하원의원(House of Commons)의 대부분 (…) 그리고 100명의 상원의원(House of Lords)이 포함되었다. 서자(bastards)를 포함한 모든 왕족도 있었다. 서민원의 대변인, 귀족원의 블랙 로드(Black Rod), 대법관도 목록에 있었다. (…) 스위스 베른은 남해회사의 대주주였다. (…) 킹스 칼리지, 케임브리지도 목록에 있었다(…).[71]

1720년 이 회사가 아메리카에서 그 노력에 비해 고만고만하게 성공하는 동안, 주가는 두 달이 못 되어 천 파운드에서 180파운드로 급락했

다. 믿을 수 없게도, 남해회사는 이 폭락에서 생존했고 그 이후 적정 규모로 노예무역을 이어나갔다.[72]

프랑스에서 존 로(John Law)는 '뛰어난 스코틀랜드 모험가'[73]로 1719년 신인도회사(Nouvelle Compagnie des Indes)를 창립했다. 이 회사는 프랑스 동인도회사와 같은 기존의 수많은 회사를 흡수했다. 1720년 생도맹그와 기니아회사도 통합시켰다. 이로써 '이 새로운 회사는 그 당시 가장 큰 회사였고, 오늘날에도 시대를 통틀어 가장 큰 규모의 회사 중 하나로 여겨질 것이다'.[74] 이 회사도 거품 효과로 붕괴되었고, 존 로의 생은 망가진 채 끝났다. 회사가 생존하는 동안, 이 대규모의 실패로 1630년 프랑스는 독점에 대한 생각을 포기했고, 대신 대서양 무역사업에 참여할 준비가 되어 있는 모든 프랑스 상인들에게 시장을 개방했다.[75] 노예무역의 자유화는 네덜란드에서도 이루어져 서인도회사는 1734년과 1738년 각각 아프리카와 서인도제도에서 독점권을 잃었다. 영국에서는 상업의 완전 자유화에 관한 법령이 1750년에 채택되었다.[76]

영국에서 노예와 관련된 상당수의 거래는 런던에서 이루어졌다. 런던 외에 브리스톨과 리버풀이 노예무역업자들의 거점을 이루면서, 18세기 동안 노예무역의 전성기를 이루었다.[77] 맨체스터는 생산한 상품들, 특히 면화 제품이 리버풀로 운송되어 미대륙과 카리브해로 판매되거나 아프리카에서 노예들과 교환되면서 리버풀의 입지로부터 큰 이익을 얻었다.[78] 영국의 무역상들도 북미 노예 상인들과 마찬가지로, 북미의 영국 식민지로부터의 노예 수입을 통해 막대한 이익을 챙겼다.[79]

자선사업가였던 노예무역상들

노예무역 종사자들 다수가 특별히 잔인하거나 비정상적으로 잔인한 사람들은 아니었다. 에릭 윌리엄즈에 따르면, '이러한 교역에서 가장 활동적인 사람들은 가치 있는 남성, 아버지, 그리고 훌륭한 시민이었다'.[80] 몇몇은 '그 세대를 이끄는 인도주의자들 사이에서'[81] 자선 활동에 헌신하기도 했고, 의미있는 자선 프로젝트에 관여했다.[82] 이 프로젝트는 개인 기부에만 의존하는 방식이 아닌, 주주와 이사가 구분되는 주식회사 모델에 따라 전문가가 운영하는 자선 단체를 통해 수행되었다.[83] 이 새롭고 더욱 효과적인 자선 기술들은 상인들의 자발적인 통 큰 기부를 통해 리버풀과 같은 곳에 가장 취약한 계층을 돌보기 위한 학교와 병원을 세우면서 가난한 사람들의 삶에 중요한 영향을 미쳤다.[84]

언뜻 보기에 노예무역상들의 사업이 인간의 불행을 착취하기도 하고, 다른 한편으로는 많은 사람이 자신들보다 불운한 사람들의 삶을 향상시키기 위해 노력하고 있어 모순처럼 보인다. 그러나 당시 대개는 노예무역이 비도덕적인 것으로 여겨지지 않았다는 점을 생각한다면 모순될 게 거의 없다. 모든 노예무역업자가 이 사업을 편하게 여긴 것은 아니었지만,[85] '이 사업이 영국 상업에서 아주 존경할만한 분야가 아니었다는 것은 명백했다.'[86]고 1898년 본(Bourne)은 다음과 같이 기록했다.

> 매우 궁금한 건 이 사람들이 사악한 일에 참여할 때 가진 경건함이다. 이 일을 무해하다고 생각했거나, 영국군의 해군력과 영광에 크게 기여한 결과를 가져왔다고 해서 노예무역이 그 자체로서 정당화되는 것은 아니다.[87]

노예무역업자들이 이 사업을 그러한 관점으로 보지 않았을지라도, 모든 시기에 몇몇 최악의 인권침해에 적극적으로 가담했고, 동시에 가난한 개인들에게 인생에서 더 나은 기회를 주려고 노력했다. 기업과 인권에 대한 객관적인 관점을 유지해야 하는 현대의 관찰자에게도, 오늘날 인권침해를 자행하는 다국적기업들의 CSR 활동과 노예무역의 모순들 사이에서 유사점을 찾고 싶어하는 유혹이 있다. 의심할 여지 없이, 오늘날 기업들이 관련된 인권침해는, 그 침해가 얼마나 심각하든지 간에 노예무역과 관련된 수준까지는 이르지 않는다. 게다가 노예무역은 전적으로 개인들의 착취에 관한 것이지만, 오늘날의 인권침해 사례 대부분은 사업의 부작용에 해당한다. 그러나 비교할 만한 특징이 발견되는데, 예컨대 대중적 관계의 고려나, 사업 내에서 몇몇 개인들의 진정성 있는 노력, 때때로 기업의 운영과 자선사업이 각각 분리되어 기능한다는 점 등이다.

노예무역의 정점

18세기는 더 크고 튼튼한 선박의 제조에서부터 유럽 내 설탕 수요의 엄청난 증가에 이르기까지 여러 이유로 노예무역이 정점에 이르렀다.[88] 노예무역을 했던 나라나 영토들, 서아프리카 해안지역을 따라 동아프리카 모잠비크에 이르기까지, 그리고 영국, 프랑스, 네덜란드, 스페인, 포르투갈, 새로 건국한 미국, 세인트 도밍고, 쿠바, 바베이도스 등의 무역상 가족들 및 초기 이민자들과 통치자들은 특히 설탕, 쌀, 담배, 인디고, 면화 등 생산을 위해 직간접적으로 노예무역과 노예노동에 의존하여 재산을 증식했다. 그러나 노예무역은 전형적으로 고위험 고소득 사업이었다. 독점체제가 종식되고 자유무역이 형성된 이후에도 많은 일이 잘못될 수 있었으며 그에 따라 이윤은 제한적이었다. 많은 사람이 잘못된 투자 결정으로 모든 걸 잃고 끝났지만, 계획대로 일이 진행되면 큰 수익을 얻을 수 있었다. 로저 앤스테이(Roger Anstey)는 1761년에서 1807년 사이 영국 노예무역의 수익성을 살펴보았는데 투자 대비 평균 수익률은 10%

에도 못 미쳤다.[89]

18세기에 발발한 7년 전쟁(프랑스와 인도 간 전쟁)과 미국 독립 전쟁은 사업에 영향을 미쳤지만 이러한 방해물들은 일시적인 듯 보였다. 국가들이 평화롭게 살 수만 있다면, 1780년대 노예무역의 장기적인 전망은 아주 밝았다.[90] 1780년대에 노예무역은 정점을 찍었다.[91] 그러나 변화의 움직임이 있었다. '대서양 노예무역이 가장 왕성했던 이 시기는, 이 무역이 결국에 문명화된 인간이 재산을 증식하는 올바른 방식인지 아닌지에 관한 토론이 시작되는 시기이기도 했다.'[92] 게다가 17세기에서 18세기 초 매우 수익이 높았던 이 무역은 18세기 동안 아프리카에서 노예에 대한 가격이 상당히 치솟아, 그 수익이 낮아지기 시작했다.[93]

영국 식민지, 노예무역을 폐지하고 사업상의 명분을 찾다

아메리카에서 노예가 된 아프리카인들의 무역과 노예노동의 급진적 폐지에 관한 것은 이 책의 범위보다 훨씬 넓은 영역으로 매력적인 연구 대상이다. 이 절의 목적은 영국의 노예무역 폐지에 관해, 그리고 이 안에서 학문 분야로서 '기업과 인권'이라는 관점과 관련된 측면에 중점을 두고 있다. 다시 말해 노예 폐지론자들이 자신들의 명분을 위해 사업상 명분(business case)을 찾아야 하는지 아닌지에 초점을 둔다. 오늘날 기업과 인권에 관한 수많은 논의는 인권 존중이 사업상 명분을 위해 필요하거나, 최소한 바람직하다는 점을 강조한다. 인권을 존중하는 것은 왕실 직원, 고객, 그리고 사업 파트너들을 끌어들이면서 회사를 위한 좋은 명성을 쌓는 데 도움이 되기 때문에 기업을 위해 좋을 것이라고 주장한다. 결과적으로 인권침해 위험성을 완화시키는 전략을 통해 더 지속가능하고 더 많은 이윤을 창출할 수 있다.[94] 적절한 국제법 준거가 부재하고 국내법과의 차이가 있는 상태에서,[95] 사업상 명분은 기업과 인권 분야에서 사업을 운영하는 과정에서 기업이 인권을 고려하도록 유도할 수 있는 유일한 주장일지도 모른다.

영국 의회는 외국 식민지들에 대한 노예무역을 1806년에 폐지했고,[96] 1807년에는 자국 식민지에 대한 노예무역을 폐지했으며,[97] 1833년에는 모든 노예제를 폐지했다.[98] 영국은 이 점에서는 선지자였다.[99] 노예무역의 폐지와 이후 노예제의 폐지는 대규모 캠페인이 성공한 뒤에 이루어졌다.

노예해방을 위해 활동가들은 NGO를 조직했고, 팸플릿과 소책자 출판, 설교, 대중강연, 회의와 행진, 대중강연, 기금 모집, 청원서 서명활동, 보이콧 참여 등 적극적인 선동과 시위 캠페인을 시작했다.[100]

다시 말해 폐지론자들은 오늘날에도 인권 분야에서 다양한 방식으로 여전히 사용되는 현대적인 캠페인 기법을 활용했다. 크리스토퍼 브라운(Christopher Brown)은 영국의 초기 반노예 운동은 잘 조직된 것처럼 보였지만, 이는 '도덕적 문화적 진보로 인한 필연적 결과라기 보다는 독특한 조직'이었다는 점을 강조했다.[101] 이런 맥락에서 폐지론자들이 성공할 가능성은 낮아 보였다.

우선 영국 사회는 평등주의와는 거리가 있었다. 그와 반대로, 권력의 불평등이 형성되었었고 (…) [그것은] 거대한 피라미드 같았고,[102] 영국 내 노동자 계급의 생활 여건은 매우 열악했다. 그래서 다양한 계급의 영국인들이 단결하여 노예무역과 노예제도를 공격했다는 것은 놀라운 일이다.

둘째로 아마도 더 중요한 것으로, 18세기 말 영국의 노예무역은 반세기 전보다는 이윤이 줄었을지라도 여전히 성공적이었다. 에릭 윌리엄스와 같은 몇몇 역사학자들은 영국 식민지의 플랜테이션 시스템을 통한 수확이 감소하고 있었다고 주장했다.[103] 윌리엄스가 볼 때, 1807년 노예 무역의 폐지와 1833년 노예가 된 아프리카인들의 해방은 순수하게 경제적 이해에서 비롯된 결정이었다. 설탕 무역의 독점은 서인도 이주민들이 혜택을 받은 분야로 인위적이었고, 노예 의존적인 설탕 생산을 하는 섬들은 영국 자본가들에게 부담이 되었다.[104] 그는 이렇게 확신한다.

> 인도주의자들은 시스템의 가장 취약하고 가장 방어하기 어려운 부분을 공격할 때 대중이 이해할 수 있는 언어로 말한다. 이들은 모든 중요한 자본주의적 이해가 식민 체제의 편에 서 있던 100년 전에는 결코 성공할 수 없었을 것이다.[105]

하지만 '자본가들은 처음엔 서인도 노예제를 장려했다가 나중엔 무너뜨리는 데 일조했다'[106]는 윌리엄의 주장은 그 이후 강하게 비판을 받았다. 특히 시모어 드레셔(Seymour Drescher)는 1977년 출판한 책 이코노사이드(Econocide, 경제적 자살)에서 노예무역 폐지 결정을 경제적 자살과 동등하게 다루었다. 삼각무역은 노예무역 폐지 전에 전례 없이 수익성이 높았다고 시모어는 주장한다.[107] 1987년, 데이비드 엘티스(David Eltis)는 노예무역에 대해 다음과 같이 저술했다.

> 노예무역은 역사적으로 미국에서, 그리고 그보다 덜 하긴 하지만 영국에서도 그 중요성이 가장 컸던 시기에 폐지되었다. 산업화 초기에 영국은 물론 아메리카에서, 경제적 자기 이해와 반노예 정책 간에 심각한 모순이 있었다.[108]

그래서 영국의 폐지론자들이 직면했던 주요 난관 중의 하나는 노예제와 노예무역이 여전히 일반적이었고, 역사학자 대부분이 주장하듯이

18세기 말까지 여전히 수익성이 높았다는 점이다. 그런 환경에서 정치인과 사업가를 노예제나 노예무역에서 확실히 떠나도록 하는 것은 쉬운 작업이 아니었다. 다시 말해 노예 폐지를 위해 사업적 명분을 명확히 하는 것은 하나의 도전이었다.

이 캠페인이 결국에 왜 성공했는지 설명하는 몇 가지 요인들이 있다. 먼저 윌리엄 윌버포스(William Wilberforce) 의원과 같이 카리스마 있는 지도자들이 일생을 바쳐 노예무역과 노예제 폐지를 위해 싸웠다. 둘째, 역사가 재미있게 꼬인 덕분에, '나폴레옹이 노예제와 노예무역을 부활시킨 것이 갑자기 프랑스인들의 애국적 적개심이 노예제 폐지에 호응하게 만들었다.'[109] 셋째, 캠페인 활동가들의 전략이 주요했다. 그들은 노예제 폐지가 달성하기 훨씬 어렵다는 것을 알게 되면서 노예제가 아니라 노예무역 폐지에 중점을 두었다.[110] 구체적으로 캠페인 활동가들은 초기에 외국 식민지에 대한 영국 노예무역을 중심으로, 영국이 필요로 하는 노동력을 적국과 사업 경쟁자들에게 제공하는 것이 종국에는 영국의 이해를 해치고 있다고 주장하면서 활동을 벌였다. 그래서 사업적 명분이 폐지론자들의 첫 번째 승리인 1806년 외국 식민지에서 노예무역을 불법화하는 외국노예무역법(Foreign Slave Trade Bill) 채택의 도구가 된 것으로 보인다. 이 논쟁에서 폐지론자들은 노예에 대한 인간성과 연민에 기반한 논쟁을 의도적으로 감추고, 철저히 영국의 이해관계만을 중심으로 했다.[111]

1806년 첫 번째 승리를 쟁취하자마자, 폐지론자들은 그다음 단계로 눈을 돌렸다. 영국 식민지를 포함한 모든 노예무역을 폐지하는 것이었다. 1806년 법이 통과된 이후 몇 달 동안 구속력 없는 결의안을 확보한 후에, 두 번째 승리가 일 년 뒤인 1807년에 이루어졌다. 노예무역법 즉, '노예무역폐지에 관한 법령'이 채택된 것이다.[112] 그러나 성공을 보장하기 위해 폐지론자들은 전략을 바꿔야 했다. 실제 영국 식민지 무역은 영국에 수익을 주었기 때문에, 경제·군사적 자기 이익 논쟁은-사업적 명분-은 노예무역의 폐지와 상관이 없었다. 상하원 모두에서 폐지론자들이 인도적인 차원에서 열정적으로 법안을 방어한 결과 그들은 승리했다.[113] 로저 앤스테이는 이렇게 기술한다.

> 건전한 정책에 호소함으로써 외국인들에 대한 영국의 노예무역을 종식하여 영국의 노예거래를 중단시킨 후, 정의와 인간성에 근거한 선언을 통해, 동요하는 독립적인 계층의 사람들을 전면 폐지로 이끌자는 결정은 엄청나게 중요했다.[114]

연구자들은 이 전략의 중요성에 대해 동의하지 않는다. 예를 들어 시모어 드레셔(Seymour Drescher)는 1806년 법에 관해 다음과 같이 주장했다.

> 1806년 논쟁을 자세히 읽어 보면 폐지론자들의 "중상주의" 전략은 법안이 의회에서 통과되기도 전에 그 중요성이 낮아졌고, 폐지론자들은 중상주의를 이용해 불과 몇 표를 얻는 데 그쳤다.[115]

그 전략이 필요했든 아니든, 의회 논쟁에서 폐지론자들은 초기에 상대적으로 협소한 사업적 명분을 이용했고, 나중에 보다 인도주의적 논쟁으로 전환해서 마침내 성공했다.

대중적 지지를 얻어내는 캠페인에서 폐지론자들은 더욱 일반적이고 비즈니스 지향적인 다른 방식의 주장에 기댈 수도 있었다. 18세기 경제학자인 애덤 스미스(Adam Smith)는 자유노동이 노예노동보다 더 수익을 낼 수 있다고 주장했다. 애덤 스미스는 1776년에 그 유명한 『국부론(The Wealth of Nations)』을 저술했는데 노예를 구매한 뒤 자유롭게 일하도록 하는 것이 자유 노동자들에게 임금을 지불하는 것보다 비용이 높다고 썼다. '따라서 내 생각에 모든 시대와 국가의 경험으로 보면, 결국 노예가 행한 일보다 자유로운 인간이 한 노동이 더 저렴할 것이라 믿는다.'[116] 이는 매우 논쟁적인 주장으로 사실상 체계적으로는 진실이 아니다. 시모어는 이에 관해 논평하면서, 스미스가 영국에서 광부들의 생산성에 관한 토론에서 자유노동의 우월성을 역설했으며, '확실히 그가 광부 대신 서인도제도에서 설탕 생산을 살펴볼 것을 선택하지 않았다는 것은 우연이 아니다. 왜냐하면 스미스의 논쟁은 그 맥락에서는 아마도 진실로써 입증되지 않았을 것이기 때문이다.'[117]라고 주장했다. 더욱이 '국부론은 서인도의 이민자들이 노동력을 해방시킴으로써 실제 더 높은 이윤을 여전히 더 많이 창출할 거라고 직접적으로 주장한 적은 없었다.'[118] 노예무역과 같은 문제에 관해 그 역할을 했을지라도, 사업상 명분은 한계가 있었던 것으로 보인다. 노예무역은 수익이 있었고 보편적이어서 폐지시키기 위해서는, 다음과 같은 다른 논쟁들을 탐색해야 했다.

> 1787년에서 1807년 사이의 노예제는 영국 정부가 도덕적 자본을 축적하는 대가로 파산시킨 벤처기업들처럼 못쓰는 기계가 아니었다. 폐지론자들은 역동적인 체제에 직면하고 있었다. (…) 실제로 그들은 제국의 경제 발전 지표에 근본적인 변화를 도입해야 했다. (…) 그들은 정치 체제가 때 이른 죽음, 공동체와 가족으로부터의 강제 분리, 카리브해 노예 제도 핸드북에 드러난 고통의 양을 측정하도록 강요해야 했다.[119]

영국의 폐지론은 복잡한 사안으로, 다른 많은 요인이 노예무역과 노예제의 궁극적 폐지에 역할을 했다.[120] 그럼에도 적어도 몇몇 폐지론자들은 사업상 명분에 의존하는 것이 성공을 보장하지는 않더라도 그들의 대의명분에 도움이 될 것으로 생각했다는 점은 흥미롭다. 전략적인 관점에서 보자면, 사업상 명분은 오늘날 기업과 인권 분야에서 강력한 도구이다. 이 책의 후반부에서 논의된 기업과 인권의 법적 프레임워크가 취약하기 때문에, 도덕적으로 명백히 잘못된 엄청난 인권침해를 다룰 때조차도, 이 프레임워크는 사업적 관점의 주장을 바탕으로 평판 위험에 의존하는 변호인들에게 영향을 줄 수가 없다.

1807년의 성공은 폐지론자들이 합리적으로 낙관하게 만들었다. 사실 노예무역법이 채택된 직후 폐지론자들은 새로운 노예의 유입을 멈추는 것이 자연스럽게 영국 식민지에서 노예제의 폐지를 가져올 것이라고 생각했다. 이러한 이상적인 시나리오는 구체화되지 않았고 폐지론자들은 영국 의회에서 싸워서 다른 전투에서 승리해야 했다. 이것이 1833년 노예폐지법이 채택되도록 이끌었다. 이는 엄청난 비용을 지불하고 나온 결과였다. 법령에는 '그런 노예 서비스를 지금까지 누릴 자격이 있는 사람들(노예주와 채권자)'에게 총 2천만 파운드라는 천문학적인 금액의 재정적 손실에 대해 보상하는 내용이 포함되었다.[121] 그러나 영국의 식민지에서 노예무역과 노예제의 일방적인 폐지만으로는 이 이윤 높은 사업을 완전히 끝낼 수 없었다. 국제적인 행동이 필요했다.

국제법에서 노예무역과 노예제의 불법화

대서양 노예무역은 먼저 1815년 비엔나 회의를 통해 국제적 수준에서 논의되었다. 이 회의에 참석한 유럽 국가들은 구속력이 없는 노예무역의 보편적 폐지에 관한 선언(Declaration Relative to the Universal Abolition of the Slave Trade)에 서명했다. 선언은 노예무역이 '인류와 보편적 도덕성의 원칙에 반하고 있다'는 것을 인식했지만, 공식적으로 법제화하지는 않았다.[122] 그러나 1817년에 시작해서 영국은 동맹국과 협력하여 노예무역폐지를 법제화하는 양자간 조약에 서명하도록 일을 추진했다.[123]

다자간 조약을 통한 노예무역의 부분적 폐지는 오스트리아, 대영제국, 프러시아, 리시아가 체결한 아프리카 노예무역의 억제에 관한 조약으로 1841년에 이루어졌다.[124] 제1조에 따라, 비준국들은 '모든 무역에서 각각의 국민에 의한, 각 국민 소유의 자본에 의한 노예무역을 금지하고 그러한 거래상의 약탈행위를 신고하기로 약속했다. 선박을 수색하고, 혐의 있는 중개업자들을 구금하고 심의할 각 비준국의 권리에 관한 내용도 담겼다. 주로 영국의 노력 덕분에 노예무역을 금지하는 조약이 채택되었음에도 불구하고, 불법 무역은 19세기까지 지속되었다. 제니 마르티네즈(Jenny Martinez)는 저서에서 노예를 운송하는 데 사용된 것으로 생각되는 선박의 탐색과 압류를 판결한 국제재판소의 작업을 기록했다.[125] 이러한 과정은 제한된 방식이긴 하지만 기업과 인권 의제가 국제재판소에서 검토된 첫 번째 사례로써 제5장에서 자세히 설명된다.

다음으로 중요한 다자간 조약은 1890년의 아프리카 노예무역과 관계있는 브뤼셀 회의의 일반법(General Act of the Brussels Conference Relating to the African Slave Trade)이었다.[126] 이 조약은 1841년 아프리카 노예무역의 억제에 관한 조약보다 훨씬 더 광범위했다. 17개 국가가 비준했으며, 일반법은 노예무역을 금지하기 위해 아프리카에서 식민지 권력이 취한 조치들에 관한 두 개의 장(I과 II)과, 노예제가 여전히 존재하는 영토에서 비준국들에게 노예를 거래하고, 운송하고, 수입 및 수출을 금지할 것을 요구하는 내용(IV장)을 포함하고 있다. 브뤼셀 회의의 일반법에 담겨진 노예제와 노예무역을 반대하는 강력한 입장은 당시의 사고방식을 반영한 것이다. 유럽의 국가들은 수 세기 동안 성심을 다해 사업을 목적으로 노예무역을 하고 노예노동이 확산되도록 장려한 뒤, 노예제가 악질적이므로 '문명화된' 나라들은 이를 폐지해야 한다고 믿게 되었다.

이러한 입장의 결과는 이중적이었다. 첫째, 노예제와 '다른 형태의 지배와 착취' 간의 뚜렷한 구별이 도입되었다.[127] 노예제는 엄격하게 동산 노예로 이해되었다. 이 엄격한 접근은 궁극적으로 가장 폭넓게 비준된 노예에 관한 국제조약이 된, 1926년 노예제 협약(League Nations Slavery Convention)의 채택으로 절정에 이르렀다.[128] 협약의 제1조는 노예제를 '한 개인에게 소유권에 관련된 어떤 권력 또는 모든 권력의 지위나 조건을 행사하는 것'으로 규정하고 있다. '노예제를 다른 형태의 노동 통제 및 다른 형태의 권력 행사와 구별 지으면서, 인정된 악은 확실히 엄밀하게 제한된 악이었기 때문에', 노예제에 관해 그런 협소한 규정을 채택한 것은 왜곡된 결과를 가져왔다.[129] 계약강제노동(indentured labour)은 아시아 및 아프리카 노동자들이 식민 모국, 식민지들 및 개인 회사들의 이익을 위해 전 세계의 다른 곳에 계약을 맺고 일하러 가는 제도로 노동을 통제하는 다른 양식의 가장 명확한 예시 중 하나이다.

둘째로, 노예제가 폐지되어야 한다는 생각은 19세기 후반의 식민지 사업에 도덕적 정당성을 제공했으며, 이는 많은 다른 인권침해를 낳고, 그중 많은 것은 기업 활동과 관련된 것이었다.[130] 사람들을 예속시키고, 식민화하고, 자신의 이익을 위해 일하도록 강요하는 행동 계획에 내재한 모순은 그 당시 분명하지 않았으며, 당시의 상황은 다음과 같았다.

> 1890년대 노예제와 식민주의가 유사하다는 발상은 유럽 내 관련자들 사이에서는 거의 상상할 수가 없었다. 사실, 반노예 전통의 상속자들은 문명화된 힘으로 아프리카에 적극적인 개입을 하는 것이 아프리카인들이 노예가 되는 것을 멈추게 하는 유일한 방법이라고 주장하고 있었다.[131]

결론

이 장은 대서양 노예무역에서 기업의 역할과 이 무역에서 기업과 인권의 몇몇 측면을 부각했다. 이미 살펴보았듯이 1620년대에 네덜란드 서인도회사의 이사들은 당시 인간을 거래하는 것의 도덕성을 의심하고 회사가 그 무역에 관여해야 할지를 고민했을 때, 오늘날 우리가 기업과 인권의 딜레마라고 부르는 것에 직면했다. 영국의 폐지론자들은 초반에 의회가 노예무역을 폐지하도록 사업상 명분을 찾는 작업을 했다. 마침내 몇몇 영국 노예무역상들은 아주 존경받는 자선사업가로 여겨졌고, 이들의 관대한 기부가 영국에서 이를 필요로 하는 사람들에게 상당한 도움을 주었다.

이 장은 영국의 역사와 영국 법률 하의 노예무역 폐지에 중점을 두었다. 다른 나라들은 이를 따라 국내법을 바꾸었지만, 노예무역을 종식시키는 데는 충분하지 않았다. 국제법이 노예 폐지를 위해서 끼어들어야 했다. 노예무역과 노예제가 점차 악질적인 활동으로 여겨짐에 따라, 비즈니스 영역이 주요 역할을 했고 결과적으로 국제적 행동도 촉발시켰던 다른 형태의 반인권적인 관행들이 유럽 국가의 식민지에서 성장해 갔다. 식민지에서의 강제노동과 '진짜 국제노동법'의 발전은 다음 장에서 다뤄진다.

제3장

국제노동법: 기업과 인권 분야의 초기 발전과 현대적 중요성

국제 노동권의 부상은 '기업과 인권'의 역사에 있어 필수적인 장이다. 국제 노동 규범을 개발함으로써 일부 국가들은 국제 수준에서 기업과 자본주의(일반적으로는 통제되지 않는)가 인간의 삶에 미치는 부정적인 영향을 인정하고 다루려고 시도하였다. 산업혁명은 점차 많은 사람들에게 일할 수 있는 기회를 제공했지만 동시에 빈곤한 노동계급을 만들어 내었고, 그러면서 노동권은 형성되었다. 다가올 혁명에서 중심적인 역할을 할 공장 프롤레타리아에 초점을 맞춘 칼 마르크스의 영향력 있는 이론에도 불구하고, 공장에서 일하는 사람들은 대체로 '수공업자들과 그 밖의 전통적인 노동자들'에 비해 훨씬 그 수가 적었다.[1] 세벤 (Cévennes)의 탄광, 맨체스터(Manchester)의 면화공장, 루트비히스하펜 (Ludwigshafen)의 염색공장에서 일하는 사람들의 삶은 가혹하고 짧았으며, 19세기의 많은 저자들과 활동가들은 산업혁명 시대와 그 직후 유럽의 남성, 여성, 어린이 노동자들의 노동 환경은 신대륙 노예들의 그것과 유사하다고 주장하였다.

산업혁명이 초기에는 영국 그리고 이후에 유럽 대륙의 현상[2]이었던 것처럼, 국제 수준의 노동 기준의 초기 개발은 유럽과 북미와 일본의 노동 기준의 발전으로 보다 정확하게 묘사될 수 있을 것이다. 20세기 초 유럽에서 노동자들의 곤경이 진보적으로 고려되고 있을 때, 식민지 정책 입안자들과 통치자들은 강제 노동을 정당화하고 사용하였으며, 아프리카와 아시아에서 현지 주민들을 끔찍한 노동 조건 하에 두었다. 유럽에서 교섭한 노동 기준의 적용을 그들의 식민지에 적용하는 것을 단호하게 거부한 식민지 강대국들과 직면하여, 제1차 세계대전 후에 창설된 국제노동기구(ILO)는 유럽 노동자로 이해되는 '정상적인' 노동자들에게 적용하는 '국제노동법'과 함께 '현지 주민 노동법'을 개발하도록 강요받았다. ILO는 본질적인 한계에도 불구하고 주도적인 국가들이 조직의 고유한 특징인 노사정 3자주의(tripartism) 원칙에 따라 고용주 및 노동자와 체계적으로 협상되는 노동 기준을 채택하는 데 큰 기여를 하였다.

1900년대 초 국제 노동권의 부상은 일반적으로 제2차 세계대전 이후 발생한 국제 인권의 부상보다 앞서 있다. 더 나아가 국제노동법은 노동자에 대한 부정적 영향을 규율하기 위해 기업이 사업을 수행하는 방식을 규제하는 것을 주된 목표로 하는 국제법의 한 분야다.[3] 그러므로 연구 분야로서의 기업과 인권의 파노라마를 제공하고자 하는 이 책에 국제노동법의 발전에 관한 장을 포함하는 것은 논리적으로 보인다. 국제노동법제의 발전은 기업이 저지른 침해로부터 권리를 보호하기 위한 분명한 초기 시도로 오늘날에도 여전히 큰 관련성을 가지고 있다. 그러나 국제 노동권은 인권과 구별되는 것으로 보일 수도 있다.

이를 염두에 두면서 이 장은 다음 3가지를 목표로 한다. 첫 번째, 현대 기업과 인권 논쟁이 진화해 온 역사적 배경을 제공하도록 국제 노동권 발전의 간결한 역사를 제공한다. 두 번째, 노동 기준과 노동 원칙뿐만 아니라 노동권과 인권에 대한 개념을 둘러싼 용어적 질문을 명확하게 하고자 한다. 이 책이 현재의 논쟁에 더 심도 있게 접근하고 있기 때문에 이러한 개념에 대한 정확한 정의를 세우는 것은 중요하다. 세 번째, 국제노동법의 현대적 관련성 및 기업과 인권의 관계에 대한 논의에 기여한다.

국제노동법 : 간략한 역사

19세기 유럽의 근로 조건에 대한 설명은 종종 공장에 초점을 맞추는데, 윌리엄 블레이크(William Blake)는 그의 유명한 시에서 전형적인 '어두운 악마 같은 공장'으로 묘사했다.[4] 위에서 지적한 바와 같이 공장 노동자들은 실제로 소수였지만, 그들의 독특한 운명은 당시 유럽의 임금노동자 대다수가 공장에서 일한다는 인상을 받을 정도로 역사가들의 관심을 끌었다. 역사책에는 아동노동, 하루 16시간 노동, 불결한 작업장, 열악한 식생활, 극심한 빈곤에 대한 무서운 이야기들로 가득하다.[5] 더 나아가 노동자들은 변화를 요구할 처지가 아니었는데, 그 까닭은 그들이 그렇게 하는 것을 법이 명확하게 금지했기 때문이었다. 한 저자는 다음을 언급한다.

산업혁명의 최초 10년 동안 노동자들이 스스로 자신들의 조건을 향상시키기 위해서 할 수 있는 것은 거의 없었다. 농업 사회에 끌려 나온 그들은 스스로가 낯선 환경에 있었고, 친구도 없고 여가도 거의 없다는 것을 알게 되었다. **자유방임** 국가(The laissez-faire State)는 개인의 힘의 자유로운 사용을 보장하면서도, 임금을 인상하거나, 노동 시간을 단축하거나, 다른 사람에게 작업 중지를 권유하거나 다른 직원과 함께 일하는 것을 반대하기 위하여 힘을 모으려는 사람을 형사 처벌했다. 이에 따라 노동조합은 프랑스 대혁명에서조차 위법이었다.[6]

노동자들이 침묵을 당하면서, 그들의 운명은 노동자 계층의 명분을 적극적으로 옹호하는 몇몇의 진보적인 기업가, 정치인, 과학자들의 관심을 끌었다. 이와 같은 규범에 반대하지 않는 사업주들은 직원들의 노동 조건을 잘 알고 있음에도 불구하고 더 나은 조건을 부여하면 외국 경쟁자들과 비교해서 그들의 사업이 불리해질 것을 우려했다. 자선의 동기를 넘어 공평한 경쟁의 장을 만들려는 의지가 국제 규범의 발전에 강력한 동기부여가 된 것으로 보인다.[7] 더 나아가 다음과 같은 상황도 있었다.

> 입법을 시행하는 또 다른 이유는 대규모 인구의 신체 능력이 악화되는 것과 관련이 있었다. 노동 및 생활환경으로 인해 젊은 노동 계급 남성의 건강이 급격히 악화되고 있다는 징후로 이들 다수가 병역 부적격 판정을 받았다는 것은 어느 정도 알려진 사실이다. 일부 노동 하층민들은 신체적으로 너무나 지쳐서 그들의 상태가 해당 국가의 생산성 및 전략적 능력에 영향을 미칠 수 있었다.[8]

영국의 제조업자인 로버트 오언(Robert Owen)은 노동 분야에서 국제적인 규범을 공개적으로 요구한 첫 번째 인물이라고 한다. 이상주의자이자 작가로서, '그의' 노동자들의 삶을 향상시키는 데 헌신한 오언은 유토피아적인 사회주의 형태를 발전시키며 스코틀랜드의 뉴라나크(New Lanark) 마을에서 처음으로 자신의 사상을 구현했고, 1800년에 그곳에서 방앗간 관리자가 되었다. 1818년 엑스라샤펠(Aix-la-Chapelle)의

의회에서 그는 유럽 국가들에게 연설을 했고, 노동자 계층의 운명을 개선할 필요성을 그들에게 설득하려고 노력했다.[9]

이후 1835년부터 1857년까지 영국의 기업가 겸 의회 의원인 찰스 힌들리(Charles Hindley)는 노동 분야에 대한 국제 규범을 요구했고, 그러한 규범이 노동 조건과 관련하여 유럽 국가들과 고용주들 사이의 파괴적인 경쟁을 피하기 위한 필수 조건이라는 생각을 분명히 했다.[10] 1833년 왕립 공장조사위원회 작업의 일환으로 노동시간을 제한하는(생산비를 증가시키는) 법률을 도입하는 것의 위험성에 대해 질문을 받은 그는 영국의 면화 생산업자들이 경쟁할 수 없을 것이고 결국 망하게 될 것이라는 생각을 일축했다. 그리고 그는 다음과 같이 덧붙였다.

> 그러나 우리 국민을 그들의 편안함과 사회의 이익을 위해 바람직한 정도보다 오래 노동시키지 않아서, 외국과의 지나친 경쟁이 우리의 무역을 위태롭게 하는 일이 불행하게도 일어난다면, 나는 그것이 노예무역의 철폐만큼이나 외국과의 조약의 적절한 대상이 될 것이라고 생각한다.[11]

1840년 프랑스의 의사 루이 르네 빌레르메(Louis René Villermé)는 '면화, 양모, 실크 공장 노동자들의 신체적 및 도덕적 상태'에 관한 연구를 발표했다. 그는 지나치게 긴 노동시간 문제를 해결하려면 가능성은 낮다고 생각되지만, 프랑스와 외국 제조업자가 '성스러운 연합(holy alliance)'을 조직하고 노동시간 제한을 함께 결정해야 한다고 제안했다.[12] 빌레르메와 힌들리의 차이점은 힌들리는 외국과의 조약에 의한 노동 입법을 제안했고, 빌레르메는 제조업자들의 국제적인 연합을 제안했다는 것이다.[13] 두 제안은 모두 국제적인 요소를 가지고 있으나 전자는 국제법 - 국가를 구속하는 조약 - 에 의지하는 반면, 후자는 민간 주체들 간의 강력하고 성실하며 결연할 수도 있는 비법률적인 약속 - 연합 - 이다. 이 책의 후속 장에서 알 수 있듯이 공공과 민간 규제 방식의 비교 우위는 여전히 현대 기업과 인권 논의에 양분을 공급하고 있다.

프랑스의 정치경제학자 제롬 아돌프 블랑키(Jérôme Adolphe Blanqui), 프랑스 제조업자 다니엘 르그랑(Daniel Legrand), 벨기에 사회개혁가이자 교정학자 에두아르 뒤페티오(Édouard Ducpétiaux) 등 지성계 인사들도 국제 규범의 이념을 노동 조건을 지속해서 개선하기 위한 방안으로 옹호하였다.[14] 블랑키와 레그란드는 정부의 개입이 명분을 진전시킨다고 믿었고, 뒤페티오는 진보적인 지식인들의 연합이 변화를 가져오는 데 성공하기를 희망했다.[15] 레그란드와 뒤페티오 둘 다 노동 문제에 대한 국제적인 행동을 정당화하기 위해 노예무역의 국제법 위반과의 유사점을 이끌어 냈다.[16]

개혁적인 지식인들과 함께 노동자들도 조직화하기 시작했다. 1864년 런던에서 노동자, 노동조합원과 무정부주의자와 사회주의자와 같은 다양한 정치운동의 회원들은 마르크스와 엥겔스(Engels)의 유명한 외침 - '전 세계의 프롤레타리아들이여 단결하라!' - 에 따라 행동했고, 제1인터내셔널(the First International)로도 알려진 국제노동자협회(IWA, the International Workingmen's Association)를 만들었다. 마르크스는 설립자 중 한 명이었다.[17] 그들이 선호하는 변화의 길은 개혁자들이 제안했던 것과는 많은 차이가 있었다. IWA의 많은 회원들은 국제 입법이 필요하지 않다고 보았고 그것이 사업에 도움이 된다는 것, 다시 말해 그것이 불공정 거래에 대처하는 방식이 될 수 있다는 것을 무시했다. 더 나아가 어떤 회원들은 사회 개혁을 요구하기 위해 정부와의 대화에 참여하는 것을 믿지 않았다.[18] 최선의 운영 방법에 관한 불일치는 결국 1872년 헤이그 의회에서 마르크스주의자들과 바쿠닌(Bakunin)이 이끄는 무정부주의자들 사이의 분열로 이어졌다. 제1인터내셔널은 결국 1876년에 붕괴되었다.[19] 제1인터내셔널의 개혁가들은 1889년 제2인터내셔널(the Second International)을 만들었다. 무정부주의자들은 제2인터내셔널에 가입하지는 않았지만, 그것은 답을 하지 못한 채 남겨진 '사회주의자들이 부르주아 정부에 참여해야 하는가'와 같은 단일하고 근본적인 질문 때문은 전혀 아니었다.[20]

아마도 '사회적 불안의 위협과 개별 경제학자들과 자선가들의 자극'에 고무된 19세기 말, 유럽 정부는 국제 노동 법제의 개발에 관심을 보이기 시작했다.[21] 스위스 정부는 앞장서서 1897년에 정부가 지원하지만 민간적이며 과학적인 기관인 국제노동자보호협회(the International Association for the Protection of Workers)를 설립했다.[22] 이 첫 번째 협회는 1900년에 국제노동법제정협회(the International Association for Labour Legislation)로 대체되었다. 국제노동법제정협회의 주요 임무는 유럽 전역의 노동 법제에 관한 연구에 착수하고 각국이 채택할 국제 입법을 제안하는 것이었다.[23] 협회의 전략은 국제 조약의 빠른 채택을 장려하기 위해 상대적으로 논란의 여지가 없고 좁은 주제에 초점을 맞추는 것이었다.[24] 1906년 협회의 작업 결과, 베른에서 국제회의를 소집하고 최초로 두 개의 다자간(non-bilateral) 국제 노동 조약인 성냥의 제조에 있어 백색(황색) 인의 사용 금지를 주제로 한 국제 협약(the International Convention on the subject of the Prohibition of the Use of White (Yellow) Phosphorus in the Manufacture of Matches)과 산업 고용에 있어 여성의 야간 노동 금지를 존중하는 국제 협약(the International Convention respecting the prohibition of night work for women in industrial employment)[25]의 채택으로 이어졌다.

제1차 세계대전은 국제 노동권의 부상에 결정적인 것으로 증명되었다. 영국과 프랑스에서 1916년에 노동운동의 대표들이 정부에 참여했다. 이것은 특히 어려운 시기 동안 노동 계층이 정치 업무를 담당할 만큼 신뢰를 받았다는 것을 보여 준 중요한 발걸음으로 기록되었다.[26] 노동운동의 이념은 더욱 널리 받아들여지고 있었다. 그러나 많은 사람들이 미래의 평화 협정이 노동자들을 보호해야 한다고 생각했지만, 그러한 보호가 취할 형태에 관해서는 의견이 나뉘었다. 1917년 미국의 전쟁 참가와 러시아 혁명은 이 문제를 더욱 복잡하게 만들었다. 실제로 다음과 같은 상황이 벌어졌다.

> 이것은 평화 회담에서 노동을 위한 발언권에 있어 3개의 주장이 있었고, 각각은 강한 지지를 받았다는 것을 의미했다. 제2인터내셔널의 전통적인 사회주의자와 IFTU(1913년에 만들어진 국제노동조합연맹 International Federation of Trade Unions)는 점진적으로 자본주의와 함께 나아가고 싶었고 그 목적을 위해 부르주아 국가의 틀 안에서 일할 준비가 되어 있었다. 왼편에는 1914년 11월 전쟁 문제로 제2인터내셔널과 결별하고 라이벌인 제3인터내셔널을 창설하였으며, 자본주의와 이를 지지하는 부르주아 국가의 즉각적이고 폭력적인 전복에 헌신한 레닌이 이끄는 공산주의자들이 위치해 있었다. 오른편에는 이제 미국 노동에 대한 견해가 고려되어야 했다. 이것들은 대체로 자본주의적 체제의 유지와 국가의 개입 없이 합법적인 노동조합 활동을 통해 노동자가 그들의 이익에 점진적으로 접근하는 것이었다.[27]

노동 문제에 대한 논의는 평화 회의의 노동위원회 내에서 이루어졌다. 토론의 결과 베르사이유 조약에 '노동'에 관한 제13부가 포함되게 됐다. 제13부의 섹션 1은 국제노동기구(ILO, the International Labour Organization) 헌장을 구성한다. 영국의 초안에 따라 대표단은 미래의 조직 내에서, 각 국가별 정부가 2표씩을 행사하고 노동자와 고용자들의 대표가 각각 1표씩 행사하기로 결정했다.[28] 이 3자주의 원칙은 현재까지 남아있고 ILO의 고유한 특징을 구성하고 있다. 노동 문제 전담 기구의 설립은 노동자들, 적어도 유럽 노동자들에게는 승리였다. 그들의 요구는 마침내 국제적인 주목을 받았다. 새로 만들어진 기구는 지속적인 노동 기준의 향상을 위한 영구적인 포럼을 제공했다.

모든 사람이 그 조직의 기본 전제에 동의한 것은 아니다. 일부 사람들은 국가 주권이 너무 널리 유지된다고 생각했고, 혁명가들은 ILO의 합의된 계급 협력에 맞춰진 주안점에 동의하지 않았다.[29] 어려움에도 불구하고 ILO는 즉시 업무를 시작했으며 1919년 말 워싱턴에서 열린 첫 번째 제1차 ILO 회의에서 노동시간, 해고, 임산부의 노동, 여성의 야간 노동, 산업에서의 최저 연령 및 청년의 야근과 관련한 6개의 협약이 채택되었다.[30] 개발 중인 '국제노동법'을 구성하는 60개 이상의 다른 협약은 1939년 제2차 세계대전이 발발하면서 채택되었다.[31] ILO는 또한 식민지에 적용하기 위한 4개의 조약을 채택하는 것에 성공했다. 이들은 강제 노동 협약[the Forced Labour Convention(1930)], 현지 주민 노동자 채용에 관한 협약[the Recruiting of Indigenous Workers Convention(1936)], (현지 주민 노동자) 고용 계약에 관한 협약[the Contracts of Employment (Indigenous Workers) Convention(1939)] 그리고 (현지 주민 노동자) 형사적 제재에 관한 협약[the Penal Sanctions (indigenous workers) Convention(1939)]이며 이들은 함께 현지 주민 노동법을 구성하고 있다.[32] 강제 노동 협약은 현재에도 핵심 조약으로 남아있다. 이것은 비준 여부와 상관없이 모든 ILO 회원국에게 적용되는 8개의 '핵심 ILO 협약' 그룹의 한 부분이다. 이들이 정한 기준이 1998년 ILO '노동에서의 기본 원칙 및 권리에 관한 선언(Declaration on Fundamental Principles and Rights at Work)'에서 그대로 재현되었기 때문이다. 이 선언은 모든 상황에서 적용 가능한 절대 최소 노동 기준을 상세히 설명한 중요한 문서다.[33]

1939년과 1946년 사이에는 제2차 세계대전으로 인해 ILO에서 어떠한 협약도 채택되지 않았다. 1946년에 ILO는 기준설정 작업을 재개하고, 69번 협약인 선박 조리사 인증 협약(the Certification of Ships' Cooks Convention)을 채택했다.[34] 작성 당시 189개의 ILO 협약과 204개의 ILO 권고가 있었다. 이들 ILO 노동 기준과 더불어, 1977년 기구는 다국적기업 및 사회 정책에 관한 원칙의 3자 선언을 채택했다. 이 선언은 2006년에 업데이트 되었다.[35] 국가에 적용되는 노동 기준과는 달리, 이 선언은 정부와 국제법적 지형의 특이점을 구성하는 고용주 즉, 다국적기업에게 직접 적용되도록 되어 있기 때문에 이 책과 관련이 있다. 이 선언은 단체교섭, 아동노동 및 건강과 안전과 같은 다양한 분야를 포괄한다. 특히, 원칙 8에 따르면, 다국적기업들을 포함한 선언에 의해 '관련된 모든 당사자들'은 다음이 적용된다.

> 유엔 총회에서 채택한 세계인권선언(the Universal Declaration of Human Rights)과 그에 상응하는 국제규약을 존중해야 한다. (…) 그들은 1998년에 채택된 노동에서의 기본 원칙 및 권리에 관한 선언과 그 후속 조치의 실현에 기여해야 한다.

제5장에서는 다국적기업이 국제법상 인권 의무를 지고 있는지에 대한 문제를 상세히 알아본다. 현재로서는 국제노동법이 원칙에 관한 3자 선언을 통해 다국적기업에 어느 정도 책임을 부여하고 있다는 점에 주목하는 것으로 충분하다.[36]

국제노동법 및 기업과 인권

연구 분야로서 기업과 인권이 부상하기 전에는 기업 운영의 맥락에서 권리에 대한 논의가 노동권에 집중되었다. 이것은 각 분야에서 저마다의 경계에 관한 질문을 가져온다. 인권과 노동권을 구별하기 위해 '인권은 주로 국가의 힘을 제한하는 데 초점을 맞추고 있는 반면, 노동권은 주로 시장에서 개인의 힘을 제한하는 데 초점을 맞추고 있다'는 점에 주목할 수 있다.[37] 이러한 초점의 차이를 넘어, 일부의 사람들은 '주장컨대, 인권이 개인과 관련이 있고, 더 나은 노동 조건과 같은 결과를 달성하는 반면, 노동권은 더 집단적으로 지향되며 노동자 동원과 협상 과정이 우선한다'는 의미에서 두 권리의 집합 사이에 본질적인 차이가 있다고 주장하기도 했다.[38] 어떤 저자들은 이러한 차이를 부인하고 노동권은 단순하게 인권의 하부 카테고리라고 주장한다.[39] 이 장은 국제노동법이 '원칙', '표준', '권리'와 같은 법적인 자격에 대해 언급하는 다양한 용어뿐만 아니라 이 논쟁에 대해 어느 정도 조명하고자 한다.

노동권은 인권인가

이 장에서 보듯이 노동자는 노동권을 가지고 있고 노동자는 보호받아야 한다는 생각은 19세기 유럽에서 점진적으로 발전하여 1919년 전문적인 기구인 국제노동기구(ILO)의 설립을 통해 국제적인 인정을 받았다. 이러한 발전은 1948년 세계인권선언의 채택에 앞선다. 흔히 말하는 견해는 이 두 가지 별개의 발전이 국제법의 두 가지 뚜렷한 가지인 국제노동법과 국제인권법을 낳았다는 것이다. 이 의견을 고수하는 사람들은 노동권은 직장에 국한되어 있고, 노동자들이 그들의 고용주를 상대로 요구하는 것인 반면, 인권은 삶의 다른 영역에 적용되며 국가에 대해 개인이 요구하는 것이라고 주장한다.[40] 그러나 전통적이긴 하지만 이러한 구별은 불확실한 근거에 의존하고 있다. 첫 번째, 국제법상 노동 협약의 당사자가 되는 것은 기업이 아닌 국가다. 따라서 노동자들은 고용주가 노동권을 존중하기를 기대하지만, 고용주가 노동권을 존중한다는 것을 보장할 국제적인 의무는 무엇보다도 국가에게 달려있다. 다시 말해, 일반적으로 국제법과 관련하여 제5장에서 더 자세히 설명하듯이, 국제노동법은 간섭적인 방식으로 기업을 구속한다. 틀림없이 국제노동법과 국제인권법 양자는 국가만을 구속한다. 두 번째, 국제법적인 고려는 차치하고 노동권은 직장에서만 적용된다고 말하는 것이 옳다. 그러나 인권이 직장 이외의 상황에서만 적용되도록 되어 있다고 말하는 것은 옳지 않다. 예컨대, 세계인권선언은 노동조합의 결성 및 가입권을 인정하고 있으며, 노동조합은 이 선언문 초안 작성 과정에 참여했다.[41] 다시 말해, 인권 주장은 직장까지 확대되는 것이며 노동권의 배타적인 영역이 아니다. 개념적으로 두 가지는 동일하지 않지만 그들은 비슷한 근거를 다루며 상당 부분 겹친다. 이 때문에 필립 올스턴(Philip Alston)은 노동권이 인권인가에 대한 질문이 무의미할 수도 있다고 지적했다.[42]

노동권의 특수성을 옹호하는 사람들이 자주 제기하는 또 다른 주장은 노동권은 본질적으로 집단적인 반면, 인권은 개인주의적이어서 노동의 맥락과 맞지 않는다는 것이다.[43] 이것은 논란의 여지가 있다. 직장에서의 프라이버시와 같은 권리 등 일부 노동권은 개별화된 방식으로 적용되는 반면, 결사의 자유권과 같은 일부 인권이나 현지 주민의 권리와 같은 일부 소수를 위한 권리는 분명히 집단적이다.[44] 2009년 신노동포럼(New Labor Forum)에서 두 권리의 성격 차이가 격렬하게 논의되었다. 한 저자는 노동권은 인권과 같지 않으며 노동권은 그 특수성을 유지해야 한다는 생각을 옹호하며 아래와 같이 경고했다.

인권 접근법을 옹호하는 사람들의 동기는 칭찬할 만하지만, 노동 투쟁을 가장 중요한 인권 투쟁으로 간주하려는 시도는 잘못된 것이다. 노동 정의를 위한 정신적 거점으로서의 연대와 단결을 개인 인권으로 대체하는 것은 우리가 알고 있는 노동조합 운동의 종식을 의미한다고 해도 과언이 아니다. 이것은 전술적으로, 전략적으로 그리고 철학적으로 사실이다. 권리 담론은 직장에서의 투쟁을 개인화한다. 그러나 노동조합 운동은 연대와 공동체에 의해 건설되고 양분을 얻는다. 힘없는 자는 혼자가 아니라 오직 서로 힘을 합쳐 직장 생활을 진보시킬 수 있다. 개별적으로 싸우면, 노동자들은 패배하고 함께 싸우면 노동자들은 이길 수 있다.[45]

또 다른 저자는 이에 대해 노동권과 인권이라는 두 프레임워크가 '상호 강화'되고 있으며, '노동자의 권리는 인권'이라는 용어는 노동운동을 위한 중심사상인 '영원한 연대'에 동참할 수 있다고 주장했다.[46] 구체적으로, 그는 인권 담론을 이용하는 것이 당파주의와 관련된 비판을 해소하고 대중의 폭넓은 지지를 얻는 데 도움을 줄 수 있기 때문에, 노동자들이 자신들의 주장을 노동 주장으로만이 아니라 인권 주장이라는 틀을 씌움으로써 얻을 수 있는 이익이 더 많다고 주장했다.[47] 다시 말해 '노동권에 인권의 틀을 씌움으로써 노동 담론을 경제와 특정 이익집단을 위한 정치에서 윤리와 도덕성으로 전환시킨다'는 것이다.[48] 이것은 케빈 콜벤(Kevin Kolben)이 2009년에 출판한 문서에 기록한 여러 발전에 근거한 영향력이 큰 진술이다. 그는 노동과 인권운동 간의 역사적 주요 차이점을 인정하는 것으로 시작했다. 첫 번째, 그는 노동운동의 정치와는 반대로 인권운동에서 법의 지배적인 역할에 주목했다.[49] 두 번째, 그는 자선의 가치에 의지하는 것처럼 보이는 인권운동과 억압에 고통받는 바로 그 집단에 대한 권한 부여와 직접적인 행동에 의존하는 노동운동의 접근 방식의 차이를 강조했다.[50] 마지막으로, 그는 지나치게 단순화 되었기는 하지만, '엘리트'로 특징지어지는 인권 전문가와 '노동

자 계층 출신의' 경향이 있는 노동 전문가들 사이의 사회학적 차이점을 관찰했다.[51]

이리한 차이에도 불구하고, 그는 어떤 전개 과정들이 인권과 노동권의 구분을 모호하게 하는 데 기여했다고 주장한다. 이러한 발전에는 공정노동연합과 같은 비노동조합 노동기구의 부상, 엠네스티 인터내셔널이나 휴먼 라이트 워치와 같은 인권 기구의 노동권 집중, 미국의 노동조합이 점점 더 인권 언어를 사용하고 있다는 사실이 포함된다.[52] 아마도, 노동운동은 '다국적기업이 특히 인권 담론에 민감하고 순종하게 되었다'는 점에서 '더 효과적으로 다국적기업을 대상으로 기업 캠페인을 수행하기 위해' 인권 언어를 사용한다.[53] 콜벤은 더 나아가 다음과 같이 언급했다.

> 이리한 기업들이 인권운동으로 묘사된 보다 광범위한 인권 이니셔티브 및 노동권 이니셔티브로 연결되면서, 노동운동은 기업이 인권과 노동권을 침해했다는 공격에 대해 더 취약해질 것이고 즉각적인 반응을 보일 것이라 믿는다.[54]

인권과 노동권의 구분을 흐리게 하는 데 기여하는 또 다른 발전은 현지 주민 및 부족민에 대한 169호 ILO 협약의 채택이며, 이는 노동 조약임에도 불구하고 이와 같은 사람들의 인권을 더욱 명백하게 언급한다.[55]

그러므로 두 범주는 상당히 겹친다. 이는 ILO 자체가 인권 언어를 사용하며, 노동권과 인권의 범주가 완전히 단절됐다는 생각을 고수하지 않는다는 사실에 의해 더욱 강화됐다. 더욱이 ILO는 권리에 위계질서가 있으며, 인권이 그중 가장 위에 있다고 생각하는 것처럼 보인다. 1998년에 ILO는 국가가 해당 노동 협약을 비준했는지 여부와 관계없이 적용되는 노동 기본 기준을 대변하기 위해, 핵심 노동 표준, 4대 핵심 권리를 분리하는 '노동에서의 기본 원칙 및 권리에 관한 ILO 선언'을 채택했다.[56] 그렇게 함으로써 결사의 자유, 단체교섭권, 강제 노동을 당하지 않을 권리, 아동노동을 당하지 않을 권리, 고용 차별을 당하지 않을 권리 등을 인권 수준으로 끌어올렸다. 다시 말해, 많은 논란이 있지만, 이는 왜 다른 권리는 최종리스트에 올리지 않았는지에 대한 의문처럼 선택되지 않은 다른 노동권의 가치가 더 낮다는 것을 의미할 수 있다.[57]

ILO 선언을 둘러싼 논의를 넘어, 노동권과 인권은 유사한 근거를 가지고 유사한 가치를 공유하는 것이 현실이다.[58] 만투발루(V. Mantouvalou)는 다음과 같이 표현했다.

> 일부 노동권이 인권이라는 인식은 인권이 연구 분야로서 노동법을 모두 다룬다는 것을 의미하지 않는다. 그것이 의미하는 바는 일부 노동권이 엄격한 규범적 자질을 갖추고 있으며, 이것이 법에 반영되어야 한다는 것이다.[59]

특히 시민적, 정치적, 경제적, 사회적, 문화적 권리를 포괄하는 광범위한 인권의 정의를 채택한다면 더욱 그렇다.[60] 따라서 연구 분야로서의 '기업과 인권'은 직장 내부와 외부의 기업에 의한 권리 침해에 관한 것이다.

원칙, 기준과 권리

논란이 되는 1998년 ILO 노동에서의 기본 원칙 및 권리에 관한 선언에는 제목에 '원칙'과 '권리'라는 용어를 사용하며 4대 핵심 노동 기준을

구체화하고 있다. 이는 노동권과 노동 원칙, 노동 기준의 의미에 대해 질문을 불러일으켰다

시작하기에 앞서, '권리'라는 단어는 '원칙'이라는 단어보다 더욱 강한 자격을 내포하고 있다. 간단히 말해 원칙은 '규범적 명제이며 이는 인권의 지위에 미치지 못한다.'[61] 이러한 생각은 특정 노동 기준만이 권리의 자격을 가질 만하다고 간주되었다는 사실에 대한 ILO 선언과 관련된 논쟁에서 발생했다. '기준'과 '원칙'을 구분하기 위해서 만투발루는 '고용 관계의 세부적인 규제를 포함하는 권리도 있는 반면, 일부 노동권은 규범적 분석에서 인권이며, 이는 노동 기준이라 부르기도 한다.'고 제안한다.[62] 이러한 연유에 따라 '노동권'은 직장 내 맥락에서 특정한 권한에 대해서만 사용되어야 한다. 이러한 해석의 문제점은 선언문에 포함된 기준의 목록이 논란의 소지가 많다는 것이고, 많은 사람들은 추가 기준이 포함되어야 했다고 주장한다.[63] 다시 말해 엄격하게 정의된 '노동권'의 근거에 관해 여러 불확실한 점이 있다.

더 나아가 선언문은 원칙과 권리에 대한 것이지, 단지 권리에 관한 것만은 아니다. 올스턴은 이러한 구분이 관련 구속력 있는 ILO 협약을 비준한 국가에게는 '권리'이지만 그렇지 않은 경우에는 단지 '원칙'에 불과하다는 것을 나타내기 위해 만들어졌다고 주장한다. 그는 이러한 구분이 '철학적으로 볼 때, 정부가 비록 그 사실을 인정하지 않더라도, 권리는 권리'이기 때문에 불분명하다고 주장한다.[64] 그에게 있어 선언문 제목에 '원칙'이라는 애매한 단어를 사용하는 것은, '모든 관련 기준이 오랫동안 인권으로 인식돼 온 것을 생각해 볼 때 일종의 후퇴라고 볼 수 있다.'[65] 명확성을 위해 이 책의 남은 부분에 사용된 '노동권'이라는 문구는 직장의 맥락에서 적용되며 협약 및 (또는) 권고 사항을 통해 ILO에서 국제적으로 인정받은 권리를 가리킨다.

결론

연구 분야로서 기업과 인권은 부분적으로는 기업들이 그들의 피고용인을 어떻게 대우하는지에 관한 것이다. 비록 '기업과 인권'이라는 말이 20세기 말에 만들어진 것처럼 보이지만,[66] 노동권은 1919년 국제노동기구의 창설에서 예시된 바와 같이 훨씬 이른 시기에 국제적인 인정과 보호를 얻었다. 이런 맥락에서 노동권과 같은 역사적 자격에 대한 논의를 기업과 인권에 관한 최근의 논쟁과 차별화하는 것이 무슨 의미가 있는지 당연히 궁금해 할 수 있다. 적어도 이 책의 목적상 이러한 의문에 대한 답은 노동권은 인권이며, 이를 바탕으로 기업과 인권은 국가와 기업이 노동 기준을 준수하는지 여부를 조사하는 것을 포함한다는 것이다. 그러나 기업과 인권은 노동권에 관한 것뿐만 아니라 직장 안팎에서의 부정적 영향에 관한 것이기도 하다.

이를 넘어서, 최종 요점은 만들어져야 한다. 국제 수준의 기업과 인권에 대한 현대적 논쟁의 한 가지 특징은 국제 노동조합이 수행하는 사소한 역할과, 전반적으로 노동권과 ILO의 업무에 대한 관심이 크지 않다는 것이다. 이는 기업과 인권 분야에서 가장 두드러진 국제 기준인 2011년 유엔 기업과 인권 이행원칙(UN Guiding Principles on Business and Human Rights)을 고심 끝에 완성하여 최종적으로 채택한 당시의 논의에서 비롯된다.[67] 기업과 인권 리소스 센터(The Business and Human Rights Resource Centre)는 이행원칙과 관련된 문서의 저장소와 같은 역할을 하며, 이 문서들을 주제별로 분류한다. 노동권이 이 문서 중 많은 부분에서 언급되었지만, 그것은 노동권이 독립적인 주제를 구성할 만큼 충분히 중요하게 생각되지 않았다는 것을 말해 주고 있다.[68] 이 장에서 볼 수 있듯, 노동법이 기업과 인권의 영역 안에 깔끔하게 들어간다는 점을 감안하면 이는 놀라운 일로 보일 수 있다. 이러한 상황에 대한 심오한 이유를 분석하려면 이 책의 범위를 넘어서는 연구를 수행해야 할 것이다. 그러나 기업과 인권에 관한 최근의 논의에서 노동권에 대한 미미한 관심을 어느 정도 설명할 수 있는 몇 가지 요점은 언급할 가치가 있다.

지난 수십 년간 국제 및 국내 노동조합은 꾸준히 감소해 왔다. 이것에 대해 제기되는 여러 가지 이유로는 서구에서의 탈산업화(제조 분야가 전통적으로 노동조합화가 이루어졌을 때)와 현재 대형 제조업체는 노동조합화가 완전히 허용될 경우 노동조합 조직율이 훨씬 낮은 국가에서 생산하려는 경향이 있다는 사실이다.[69] 이러한 감소에 직면하여 조직화된 노동운동은, 고립된 상태로 남아있으며 어떤 사람들은 심지어 '경직적(sclerotic)'이라고 말했다.[70] 이와 병행하여 국제적인 차원에서 1990년대는 1993년 비엔나에서 열린 세계인권회의(World Conference on Human Rights)와 같은 서구의 경제 및 사회 권리에 대한 인식이 높아졌다. 런던에 본부를 둔 유명한 NGO인 앰네스티 인터내셔널이 이전까지 시민적 및 정치적 권리만을 다루었다가 2000년대 초 그들의 임무를 경제적 및 사회적 권리를 포함하는 모든 범위의 인권을 통합하는 것으로 변경했다는 사실은 이러한 경향의 상징적인 사례가 된다.[71]

이러한 맥락에서 고차원적인 기업과 인권에 관한 논의 중 '인권'의 측면이 노동운동보다는 인권 전문가들에 의해 대표되는 경향이 있다는 것은 아마도 놀라운 일은 아닐 것이다.[72] 그러나 이것은 불행한 상황이다. 인권단체와 노동운동은 인간의 존엄을 고양하기 위함이라는 그들의 최종 목표가 본질적으로 같으므로 그 과정에 온전히 참여해야 한다. 게다가 ILO는 거의 100년 가까이 존속하면서 직장 내 권리와 관련된 매우 중요한 협약을 만들어왔고 이 문제에 대한 축적된 경험이 있다. 노동권과 기업과 인권 두 분야는 중첩되면서 상호 보완하고 있으므로 이 둘의 논의를 인위적으로 구분하는 것은 자원과 인재의 낭비라고 볼 수 있다.

제4장

나치와 거래하기: 제2차 세계대전 이후 독일 기업가들에 대한 형사소추

제2차 세계대전과 그에 따른 여파는 특히 인권법과 인도법의 영역에서 국제적 법과 원칙을 발전시키는 데에 가장 중요한 영향을 미쳤다. 국제 연합기구(United Nations Organization)의 창립과 1948년 세계인권선언 및 1949년 제네바 협정의 채택 모두가 이 분야의 획기적인 사건이었다. 이 시기는 오늘날 확고하게 수립된 국제법 분야인 국제형사법의 초창 기이기도 했다. 국제형사법은 무력 충돌 상황 중에 그리고 간혹 그 상황 밖에서 발생한 잔혹범죄(atrocity crime)에 대한 개인의 형사책임에 주로 관련되는 법 분야이다. 현대 국제형사법은 집단살해죄, 인도에 반한 죄, 전쟁범죄와 침략이라는 네 가지 핵심 범죄에 주력한다.[1] 최초로 설립된 국제 형사재판소인 국제군사재판소(IMT, International Military Tribunal) 는 뉘른베르크에서 주요 나치 전쟁범죄를 심판했다. IMT 헌장에 구현되고 나아가 IMT 재판에서 확인된 원칙들은 이 분야에 지속적으로 스며들었다.

IMT의 판결은 나치 체제 고위 인사들의 형사책임을 확정지었다. 나아가 나치 정부(state)의 핵심 기관들, 나치당의 지도부, 그리고 국가비밀경찰(Gestapo), 보안대(SD) 및 무장친위대(Waffen-SS)에서 권좌에 있는 이들은 '범죄자'로 선언되었으며, 이런 이유로 집단 범행이라는 의미에서 '기업' 범죄라는 관념에 관한 꽤 초기의 징후를 보여 준다 [IMT 헌장에 따라 뉘른베르크에 설치된 IMT에서 이루어진 이 재판이 '뉘른베르크 재판'이며, 독일군 장군, 관료, 기업인 등 24명의 주요 A급 전범을 기소했고, 나치당 등 7개 단체를 범죄단체로 기소했다. IMT 헌장 제9조에 따르면, 어느 조직에 속한 개인이 범죄를 저지른 경우, IMT는 그 개인이 속한 집단을 '범죄 조직'(criminal organization)으로 선언할 수 있다. – 옮긴이].

IMT[의 검사]는 저명한 독일 기업가 구스타프 크루프(Gustav Krupp)를 기소했지만, 그는 건강상의 이유로 법정에 출석하지 않았다. 이런 이유로 나치 체제 하에서 높은 정치적 지위가 없었던 기업인들은 IMT에 소추되지 않았다. 그러나 IMT 재판이 종결된 후에 연합국은 독일 내 그들의 각 점령지역에서 추가적인 형사절차를 개시했다. 이들은 다수의 독일 기업가들과 은행가들을 겨냥했다. 프랑스, 영국과 소비에트도 유사한 재판을 수행했하였지만, 미 군사법원에 의해 수행된 재판들이 가장 잘 기록되어 있다.[2] 이러한 절차들은 [그 성격이] 조금도 국제적이지 않았는데, 그 까닭은 그것들이 IMT가 아니라 미국의 군사법원에서 계속되었기 때문이다. 반면에 초기 계획은 많은 기업인들을 IMT에 기소하는 것이었고, IMT 소추위원회[prosecution team; 주요 전쟁범죄자의 수사와 기소를 위한 위원회(Comittee for the Investigation and Prosecution of Major War Criminals)에 관하여는 IMT 헌장 제3장이 정한다. 제14조에 따르면 각 체약국은 주요 전범을 수사하고 기소하기 위한 수석검사를 한 명씩 지명하고, 이들은 위원회를 이루어 스텝들과 함께 업무를 수행한다. – 옮긴이]가 이들에 대해 공동으로 수행한 소송사건은 군사법원으로 이송되었다. 이러한 후속 재

판은 국제적 협력에 기인하며, 따라서 이 책의 목적에서 하나의 '국제적 대응'으로서 고려될 수 있다.[3]

이 재판들은 역사상 유례가 없는 것이다. 그것은 기업인들이 나치 체제 하에서 역사상 최악의 인권침해 중 몇몇과 관련되는 상황을 보여 주며, 형사책임이 발생하기 위해 충족될 필요가 있는 조건들을 해명한다. 이 정도 규모의 기업 범죄를 다루는 법원의 판례가 부족하다는 점을 고려해 볼 때, 그것은 기업과 인권의 역사에서 핵심적인 장을 형성한다.[4] 이번 장은 이러한 소송의 핵심 요소를 기업과 인권이라는 관점에서 도출해내는 것을 목표로 한다. 제1절에서는 기업 부문과 나치 체제 사이의 관계를 기술한다. 그것은 소추위원회가 뉘른베르크에서 제기한 '경제사건'의 중요한 측면을 다루며, 그들이 직면한 법적 및 정치적 도전을 두드러지게 한다. 제2절은 그 판결들이 현대 기업과 인권 소송에 여전히 중요한 영향을 미치는 두 측면에 집중한다. 그것은 연루책임(complicity liability)에 대한 인식 심사(the knowledge test), 그리고 긴급피난(necessity)이 항변으로서 성공할지 여부이다[영미법상 항변은 범죄 성립 자체를 다투는 소극적 항변(negative defense)과 범죄 성립에 불구하고 다른 사유로 다투는 적극적 항변(affirmative defense)으로 나뉜다. 인식 심사는 범죄 성립의 정신적 요소로서 우리의 '고의'에 준하는 mens rea 단계에서의 다툼으로서 소극적 항변이며 우리에게는 '구성요건 해당성' 문제로 쉽게 이해될 것이다. 긴급피난(necessity)은 그 이후의 적극적 항변의 문제이다 – 옮긴이].

뉘른베르크의 '경제사건'

제2차 세계대전이 끝날 무렵, 화학 및 중공업에 종사하는 많은 기업 경영자들은 그들이 나치 체제와 관여되었다는 이유로 기소되었다. 경영자들은 아돌프 히틀러에게 정치적 및 재정적 지원을 제공함으로써 그가 권력을 잡는 데에 핵심적인 역할을 했다고 여겨졌다. 일부 독일 경영자들이 의심의 여지 없이 그러한 지원을 제공했지만, 역사가들은 그보다는 나치와 기업계, 특히 거대 기업이 최소한 히틀러가 집권하기 전 몇 년 동안에는 불편한 관계에 있었음을 강조했다.[5] 국가사회주의 이데올로기는 애국심, 강한 정부, 반유대주의 그리고 소규모 기업가, 피고용인 및 농부와 같은 사회적 하위 계층으로부터 등장하는 새로운 엘리트 창출에 토대를 두고 있었다.[6] 반면에 독일의 대기업은 보호주의보다는 자유무역을 선호하는 경향이 있었고, 고위 경영진을 포함하여 그들의 작업장에 속한 많은 유대인들을 중요하게 생각했다. 그리고 소규모 기업과는 완전히 다른 이해 관계를 가진 강력한 카르텔과 대기업 집단으로 조직되었다. 게다가 역사가 헨리 터너가 강조했듯이, 새로운 엘리트 창출에 관한 담론은 당연히도 이미 엘리트인 사람들에게는 큰 호소력이 없었다.[7] 따라서 1920년대와 1930년대에 국가사회주의 정당의 점증하는 영향력에 대한 대기업의 일반적인 태도는 노골적으로 적대적이지는 않더라도 의심하는 정도는 됐다.[8] 일부 나치 지도자들이 결연한 반자본주의자였으므로, 그 불신은 상호적이었다.[9]

상황은 1933년에 히틀러가 독일 수상이 된 후로 바뀌기 시작했다. 그 변화는 새로운 체제와 대기업이 서로를 필요로 하면서 점차 모습을 드러냈다.[10] 나치 체제는 유럽 전역에 걸친 침략전쟁에 착수할 계획이었고, 이를 위한 장비가 필요했다. 당시 대부분의 선진국에서와 마찬가지로, 1930년대의 경제 위기는 독일 기업을 강타했다. 따라서 대개의 기업은 이 기회를 반겼다. 우선, 새로운 인종주의 정책(racial policies)을 준수하기 위해서, 독일 기업의 경영자들(leadership)은 철저한 '아리아인화' 절차를 수행하고 유대인 피고용인을 해고했다. 후에, 그들은 국방군[Wehrmacht; 1935~45년간 나치 독일의 국방군을 말한다. - 옮긴이]이 정복한 국가에서 외국의 산업 재산을 장악했고, 적어도 강제 노동 프로그램으로부터 이득을 봤다. 화학 회사인 이 게 파르벤(I.G. Farben) [독일의 염색 공업 주식회사로서 1925년에 창립되어 1953년 해체되었다. 독일 최대의 화학 공업 회사였다. - 옮긴이]은 대기업이 어떻게 나치 체제에 적응했는지에 대한 인상적인 사례를 보여 준다. 나치 체제 초기에 '비 아리아인'으로 분류된 이 게 파르벤은 2만 5천 명 이상의 수용자를 희생시킨 건축물인 산업 단지를 의도적으로 아우슈비츠에 건설했다.[11] 터너는 다음과 같이 말한다.

> 대기업에 속한 대부분의 사람들은 근시적이고 기회주의적으로 나치즘을 보았다. 전쟁에 따른 예기치 않은 손실과 굴욕적 평화조약으로 민족적 자부심에 상처를 받은 많은 독일인들과 마찬가지로, 그들은 나치즘의 도전적인 민족주의에 감탄했고, 자신들이 강대국들 사이에서 자국의 정당한 위치라고 여기는 것을 다시 주장하는 데에 민족주의가 사용될 수 있기를 바랐다.
>
> [나치당을] (…) 편협한 사리사욕의 측면에서 바라보았기 때문에, 대부분은 문명화된 삶의 근저에 초래하는 위협을 감지하지 못했다. 거기에 기업인들의 가장 무거운 책임이 있었는데, 이것은 대다수의 독일 엘리트들이 공유한 것이다.[12]

제럴드 펠드먼(Gerald Feldman)은 자신의 집필 부분에서 나치 체제의 초기 상황을 다음과 같이 적었다.

> 기업인들, 특히 재정 부문에 종사하는 기업인들은 그들이 정치와 무관하게 정상적인 경영을 수행할 수 있을 것이라고 계속해서 믿었다. 문제는 제3제국이 오래 지속될수록, 광범위한 영역에 걸쳐 정상적인 경

영과 범죄적 경영을 구분하기가 점점 더 어려워 졌다는 점이었다. 즉, 경영의 기회는 점차 체제가 창출한 조건, 다시 말해 전쟁, 정복, 조직적 수탈, 인종적 구분에 따른 재산 이전, 그리고 대량 학살이라는 조건에 의해 규정되었다.[13]

대기업과 나치 체제 사이의 복잡한 관계에 관하여 위센(Wiesen)은 다음과 같은 결론을 내린다.

> 그 전반적인 계획은 전쟁이 갖는 예측하기 어려운 변화를 기업이 이용하여 공장을 가동하고 이윤을 창출했던 일종의 기회주의이다. 그러나 노골적인 탐욕, 위협, 도산 당하지 않고 사업을 유지하려는 욕구, 반유대주의 및 반슬라브 정서를 조합할 때 비로소 나치 경제와 홀로코스트에 대한 독일 기업의 강력한 공범 관계를 진정으로 헤아릴 수 있다.[14]

이러한 계획은 IMT 소추위원회가 제기한 경제사건의 배후에 놓인 핵심 아이디어와는 배치되는 것이다. 그 아이디어에 따르면 대기업은 히틀러를 초기부터 지원했으며 침략전쟁을 준비하려 공모(conspiracy)하는 데에 중요한 관여를 했다. 그들의 책임은 그런 상황으로부터 이익을 취하는 것을 넘어서며, 그들은 실제로 그런 상황을 창출하는 데에 적극적인 역할을 수행했다고 여겨졌다. 그것이 정확하지 않음에도 불구하고, 이 생각은 범죄 때문에 재판을 받게 될 기업가와 은행가들에 대한 경제사건 수행을 정당화하기에 충분해 보였다.

독일 산업의 힘과 카르텔 속 그들의 조직은 최소한 미국에서는 전쟁이 끝나기 전부터 고려된 문제였다.[15] 1944년에 미국 재무장관 헨리 모건도(Henry Morgenthau)는 논란의 여지가 있는, 독일에 대한 항복 후 계획을 공개했다. 그 계획의 핵심 측면 중 하나는 '항복 후 가능한 한 가장 단기간에 독일의 무장해제를 완성'하는 것이었다.[16] 이것은 '전체 독일의 군비 산업을 총체적으로 파괴하고, 군사력의 바탕이 되는 여타의 핵심 산업을 제거 또는 파괴'함으로써 달성할 수 있었다.[17] 모건도의 계획만큼 포괄적이지는 않지만, 1945년 8월에 주요 연합국들이 서명한 포츠담협정은 '독일의 전쟁 잠재력 제거'를 목표로 하는 엄격한 군비 축소의 견지를 포함하고 있었다.[18] 이것은 동맹국들이 2차 대전과 독일 산업부문 사이의 분명한 연결 고리를 인식했음을 보여 준다. 이러한 맥락에서, 주요 전쟁범죄에 대한 형사소송을 수행하기 위해 IMT를 설립한 연합국들[미국, 영국, 프랑스, 소련 – 옮긴이]이 뉘른베르크에 소추할 피고인들의 명부에 처음부터 기업가들을 포함하여 파악했음은 놀라운 일이 아니다.

경제사건은 네 가지 주요 측면으로 구성된다. 첫째, 일부 검사들은 일부 기업가들이 침략전쟁을 준비하려는 공모에 어떠한 역할을 수행했다고 믿었다. 이는 IMT에서 가장 중요하게 고려되었음에 틀림없다. 둘째, 대부분의 기업가들이 아리아인화에 관여되었다. 셋째, 그들 중 다수는 독일이 점령한 외국 영토에서 산업 공장을 장악하고 설비를 징발하는 이익을 취했다. 마지막으로, 기업가들에 대한 가장 명백한 공소사실은 '약 5백만 명의 노예 노동자를 모집 및 배치하고, 이들 중 일부는 나치 절멸수용소[exterminatiom camps; 공식 용어가 존재하지는 않으나 기능상 분류되는 용어이다. '국가의 적'을 투옥해 제재 목적으로 강제 노동을 실시하는 '강제 수용소' 또는 포로 등에게 노동을 실시하는 목적의 '강제 노동 수용소(Arbeitslager)'와 달리 절멸 자체가 목적이었다. – 옮긴이]에서 죽음에 이르는 노동(work-to-death labour)에 배치'됐다는 것이다.[19]

미국 측 소추위원회 내부에서, 그 소송사건의 경제적 측면은 법무부 보좌관(Assistant Attorney Gernal) 프랜시스 세이(Francis Shea)에게 인계되었다.[20] 1945년 7월 세이는 다음과 같이 파악되는 보고서(memorandum)

를 발행하여 수석검사(Chief Prosecutor) 로버트 잭슨(Robert Jackson)에게 송부했다[IMT 헌장 제14조를 근거로 각 체약국은 주요 전범을 수사하고 기소하기 위한 수석검사 한 명씩을 지명하게 되어 있다. 미국 측 수석검사로는 당시 미 연방대법원 대법관이었던 로버트 잭슨이 수석검사로서 주도적 역할을 수행했다. - 옮긴이]

> 그의 '경제사건' 개념의 개요를 그리며, 그리고 알프리트 크루프와 6인의 지도적인 독일 산업 및 재정의 경영자들뿐만이 아니라, 얄마르 샤흐트(Hjalmar Schacht), 프리츠 자우켈(Fritz Sauckel), 알베르트 슈페어(Albert Speer)와 발터 풍크(Walter Funk) (그들 모두는 IMT에 기소될 피고인으로 빈번히 거명되었다)를 피고인으로 제안한다.[21]

잭슨은 경제사건의 아이디어를 지지했고 '침략전쟁의 계획과 유지를 위한 산업의 연루를 폭로하기로 결심했다.'[22]

세이는 그의 1945년 7월 보고서에서 경제사건은 확실치 않은 증거에 기반하고 있으며, 소추위원회 중 일부는 그에 대해 거의 열의가 없음을 인정했다.[23] 예컨대, 텔포드 테일러(Telford Taylor)가 그의 회고록에 적은 바에 따르면, 소추위원회의 구성원 중 한 명인 존 할란 아멘(John Harlan Amen)은 '맡은 업무는 (…) 유럽 경제를 개혁하는 것이 아니라, 주요 전쟁범죄자들에 대해 유죄 판결이 선고되도록 한 후 집으로 가는 것'이라고 선언했다. 세이의 기획은 '과부하'할 것이고 전쟁범죄를 '독점금지 사건'으로 변질시킬 수 있었다.[24] 영국 외무부도 기업가들을 IMT에 기소하는 데에 유보적 입장이었다. 결국, 4인의 연합국 대표단은 1945년 8월 말에 만나 IMT에 소추될 피고인의 최종 명단에 동의했다. 구스타프 크루프(Gustav Krupp)는 명단에 오른 유일한 기업가였다. 1945년 11월에 변호인이 제출한 제안(motion)에 따라 IMT는 구스타프 크루프가 의학적 사유로 재판에 부적합함을 선언했다.[25] 이에 수석검사 잭슨은 구스타프를 그의 아들인 알프리트(Alfried)로 공소장을 변경하려 시도했지만, 재판소는 이 신청을 기각했다.[26]

따라서 기업가들은 후속적인, 비-국제적 절차(non-international proceeding)에 따라 재판을 받게 되었다.[27] 그러나 1947년 4월에 미국이 수행하여 뉘른베르크에서 열린, 기업가들을 대상으로 하는 최초의 재판(플릭 사건)에 즈음하여 정황이 급격히 바뀌었다. 유럽에서 공산주의의 확산을 억제하기로 결심한 미 정부는 번영하는 자본주의적 유럽이라는 아이디어를 옹호하고 있었다. 이 아이디어는 기업 경영자들을 재판에 회부하겠다는 계획과는 전혀 어울리지 않았다. 이러한 배경에서, 침략 전쟁을 개시하려는 공모에 독일의 대기업이 가담했다는 검사의 의견을 재판소가 기각했다는 사실은 그다지 놀랍지도 않은 일이다.[28] 아마도 이러한 결정들은 미국의 기업들이 그들 자신의 현재와 미래의 관행에 대해 안심할 수 있도록 하려는 목적도 있었던 듯하다. 바(Baar)는 다음과 같이 말한다.

> 만일 크라우흐(Krauch) [이 게 파르벤 사건의 주요 피고인]의 인식 (knowledge) 수준이 그를 유죄로 인정하기에 충분하지 않았다면, 듀 퐁 (du Pont)[미국의 대표적 화학회사 듀폰(DuPont)을 설립한 가족의 일원 - 옮긴이]과 다른 미국 기업가들은 [그들이 기소되지 않을 것이라고 - 옮긴이] 안심할 수 있었을 것이다.[29]

기업가들과 은행가들에 대한 [후속] 뉘른베르크 재판

미국은 기업가들과 은행가들을 상대로 하는 네 건의 후속 재판을 수행했다 [앞의 내용이 국제형사절차로서 IMT 관할 사건을 다루고 있는 반면, 이하의 내용은 비-국제적 절차로서 미 군사법원 관할 사건을 다룬다. 뉘른베르크 재판에 이어진 비-국제적 절차를 '뉘른베르크 후속 재판' 또는 '후속 뉘른베르크 재판'이라 부른다. 후속 뉘른베르크 재판은 1946년부터 1949년 사이에 진행되었다. 이 역서의 내용과 관련해서는 2차 대전 당시의 기업 활동이 동일하게 문제되며 재판이 열린 장소도 뉘른베르크 소재 정의궁이라는 점이 같아서 혼동하는 일이 없도록 주의해야 한다. - 옮긴이]. 그 첫째는 플릭 재판이었는데 - 후속 뉘른베르크 소송의 사건번호 5 - 1947년 4월부터 12월까지 계속되었다. 그 사건은 석탄과 철강 생산을 주된 사업으로 하는 그 기업의 임원 5명뿐만 아니라 프리드리히 플릭(Friedrich Flick) 자신에 대한 것이기도 했다. 죄목은 (1) 노예노동, (2) 약탈, (3) 전쟁 개시 전의 인도에 반한 죄 (플릭 사건 재판소는 결국 이에 대해서는 관할권이 없다고 판단했다), (4) 친위대(SS)의 범행에 대한 교사(aiding)와 방조(abetting), 그리고 (5) 친위대에의 입대였다. 3명의 임원은 무죄 판결을 받았고, 1명은 위 4번과 5번 죄목에 대해 유죄 판단을 받아 5년 형을 선고 받았으며, 마지막 1명은 1번 죄목에 대해 유죄 판단을 받아 2년 6월의 형을 선고 받았다. 프리드리히 플릭은 1번, 2번 및 4번 죄목에 대해 유죄 판단을 받아 7년 형을 선고 받았다.[30]

이 게 파르벤 재판(사건번호 6)은 1947년 8월부터 1948년 7월까지 1년 가까이 계속되었다. 이 사건은 24명의 피고인을 대상으로 했는데, 이들은 이 게 파르벤 복합기업(conglomerate)의 임원 전부였다. 죄목은 (1) 침략전쟁에 대한 계획 및 그 유지, (2) 약탈, (3) 노예노동, (4) 친위대에 입대, 그리고 (5) 침략전쟁 수행에의 공모였다. 10명의 피고인은 무죄 판결을 받았다. 다른 이들의 경우 이미 구금되어 보낸 시간에 대해 주어진 단순 감경(credit)에서부터 8년 형까지 범위에 걸친다. 가장 중한 선고형(6년에서 8년)은 3번 죄목에 대해 유죄 판단을 받은 5명의 피고인에게 내려졌는데, 이들 모두는 아우슈비츠에 이 게 파르벤 부나 베르케(I.G. Farben Buna Werke) 합성 고무 공장을 세우면서 그 수용소에서 차출된 노예노동을 공장에 사용하려는 계획에 관여하였다.[31]

크루프 재판(사건 번호 10)은 1947년 10월과 1948년 7월 사이에 열렸다. 재판에는 알프리트 크루프 자신뿐만 아니라 11명의 크루프 그룹 소속 임원을 포함하는 12명의 피고인이 세워졌다. 죄목은 (1) 침략전쟁을 계획 및 유지함으로써 평화에 반한 죄, (2) 약탈, (3) 노예노동, 그리고 (4) 평화에 반하는 죄를 범하려는 공모였다. 이하에서 설명되겠지만, 크루프 사건 재판소는 긴급피난 항변(the defence of necessity)을 기각했는데, 이것은 6년에서 12년 사이의 징역형 보다 무거운 형이 선고된 이유를 설명해 준다. 피고인 중 한 명은 그가 이미 구금되어 보냈던 시간에 대해 감경을 받아 즉시 석방되었다. 반면에 다른 피고인은 무죄 판결을 받았다.[32]

마지막으로 빌헬름 가 재판(the Ministries) (사건 번호 11)은 가장 긴 사건이었다. 그것은 1948년 1월부터 1949년 4월 사이의 1년 넘는 시간이 소요되었다. 그 죄목은 (1) 침략전쟁을 계획하고, 착수하고, 유지한 것, (2) 평화에 반하는 죄를 공모한 것, (3) 교전 집단 및 전쟁 포로에 대한 모살[murder; 계획적 살인을 뜻하며 계획 없이 이루어지는 고의에 의한 살인인 고살(manslaughter)과는 구분된다. 한국 법에서는 양자의 구별 없이 살인으로 표현하나 영미법에서는 구분 취급된다.- 옮긴이]과 학대, (4) 1933년과 1939년 사이 행해진 독일 국민에 대한 잔혹 행위, (5) 민간인에 대한 잔혹 행위, (6) 강탈과 약탈, (7) 노예노동, 그리고 (8) 범죄 조직 가입이었다. 21명의 피고인 중 2명은 이 책의 목적과 관련해 중요하다. 그 첫째는 제국은행(Reichbank)[제국은행은 1876년부터 1945년까지 존재한 독일 중앙은행이다. - 옮긴이]의 부행장 에밀 풀(Emil Phul)이며 5번 죄목에 대해 유죄 판단을 받은 후 5년 형을 선고받았다. 둘째는 드레스트너(Dresdner) 은행의 임원인 카를 라셰(Karl Rasche)이며 6번과 8번 죄목에 대해 유죄의 판단을 받고 7년의 징역형에 처해졌다.[33]

연루책임에서 정신적 요소로서의 '인식'

국제범죄는 국가행위자 및 비국가 불법 무장 단체에 의해 범해지는 경향이 있고, 정치적 측면을 갖는다. 기업이 그러한 범죄에 관여하는 방식은 종종 공범으로서, 달리 표현하면 도와준 자(aidor) 및 부추긴 자(abettor)로서, 그리고 정범(main perpetrator)이 아닌 자로서 성립한다. 법적으로 신체적 요소 (기업 또는 기업인이 행한 것) 및 근접성 (시간과 공간적으로 기업 또는 기업인이 학대에 근접한 정도) 외에, 공모 책임이 발생하기 위한 셋째의 핵심 요소는 정신적 요소, 다시 말해 범죄 주체(person)가 작위 또는 부작위(acted or refrained from acting)를 할 때의 마음 상태이다. 이 요소들은 현대 기업과 인권 관련 소송사건들에서 주요한 요소이며, 그것은 뉘른베르크에서도 가장 중요했다. 정신적 요소는 세 가지 다른 심사 또는 기준을 이용하여 확인된다. 그것은 (1) 인식(knowledge) (기업 또는 기업인이 알았거나 알았어야 했는지 여부), (2) 의도(intent) (그들이 정범의 의도를 공유했는지 여부), 그리고 (3) 목적(purpose) (그들이 목적성을 가지고 행위를 했는지 여부)이다.[34] 목적 기준은 단순 인식과 의도를 절충한 것이다.

기업인을 대상으로 한 뉘른베르크 재판에서, 정범의 의도를 공유할 것이 요구되지 않는, 인식은 책임이 발생하기 위한 정신적 요소로서 충분하다고 일반적으로 여겨졌다.[35] 예를 들어서, 이 게 파르벤 사건에서 검사는 이 게 파르벤 임원 중 일부가 치클론 베(Zyklon B) 가스[치클론은 청산을 함유한 살충제를 뜻한다. 치클론 베 가스는 독일에서 만들어져 살충제로 사용되었다가 나중에 독가스로 사용되었다. 보관 시간에 비례하여 독성이 줄어들어 대량으로 생산할 수 없었고, 그 영향으로 죽은 시체를 처리하기 위한 대규모 소각로 내지 매몰지가 필요한 등의 이유로 아우슈비츠 등 큰 수용소에서만 사용되었다. - 옮긴이]를 생산하는 기업의 이사진이었다는 점과, 결과적으로 그들은 수백만 명이 가스실에서 그 가스에 질식되어 사망한 데에 책임이 있다고 주장했다. 재판소는 그 가스가 이용되는 이유에 대해 당해 이사들은 어떠한 인식도 갖지 않았다고 판단하여 검사의 주장을 기각했다.[36] 그와는 반대로 그 임원들이 이 살충제가 실제로 이용되는 이유를 알았다면, 단순한 인식을 범죄 성립에 충분한 정신적 요소로 만듦으로써 그들의 책임(guilt)은 규명되었을 것이라는 점이 여기에서 암시되고 있다. 여타의 제2차 세계대전 이후 재판소의 판결들도 이러한 입장을 따른다.[37] 일각에서는 빌헬름가 사건 공소장의 다섯 번째 죄목(민간인에 대한 잔학한 행위)과 관련하여 은행가 칼 라셰가 무죄로 선고된 것은, 그것이 더 엄격한 목적성 심사를 수용한 것으로 알려졌다는 점에서 예외적이라고 주장한다.[38] 빌헬름가 재판소의 판단에 따르면, 라셰는 친위대가 관여하는 범죄 사업에 대해 완벽하게 잘 알고 있었음에도 친위대에 기부와 대부의 방식으로 자금을 지원했다. 그러나 재판소는 그에게 무죄를 선고했다. 일부에서는 이 판결을 두고 인식이 범죄(offence)의 정신적 요소로서 충분하지 않다는 점과, 책임(guilt)은 피고인도 정범의 범죄 의도를 공유할 때만 규명된다는 점을 보여 주는 선례로 이용되었다.[39] 그러나 이러한 해석에는 논쟁의 여지가 있다. 이 판결에서 중요한 부분을 인용하면 다음과 같다.

피고인은 오랜 경험을 가진 은행가 겸 기업인이며, 열정적이며 적극적인 사고의 소유자이다. 은행가들은 대출의 목적과 사용처에 관한 정보 내지 지식을 확인, 획득 또는 습득하지 않고는 드레스트너 은행이 만든 숫자와 금액의 대출을 승인하거나 대여해주지 않는다. 피고인이 그러한 인식을 갖지 않았다는 사실을 우리로서는 상상조차 할 수 없으며, [오히려] 그가 알고 있었다고 생각한다.

진정으로 문제시되는 것은 차주가 자금을 국내법 또는 국제법을 위반하여 노동력을 사용하는 재무 기업에 사용할 것이라는 점을 [은행이 알거나 그렇게 믿을만한 타당한 이유가 있는 채로 내어해 주는 것이 범죄냐는 것이다. 그러한 사람은 건물이 불법적인 목적을 위해 이용될 것이라는 점을 아는 채로 건축가에게 물품이나 원자재를 판매하는 사람과는 다른 입장에 서 있는 것인가? 상인이 여타의 다른 상품을 판매하는 것과 같은 방식으로 은행은 금전과 신용을 판매한다. 은행은 사업상 동업자가 되지 않으며 부과된 이자는 은행이 거래를 통해서 실현한 단순한 전체 순익일 뿐이다. 은행은 그 수익으로 경영비용에 충당하며 순이익을 실현하고자 한다. 불법적인 경영에 사용될 [자금] 대출이나 상품 판매는 도덕적 관점에서 비난받을 수 있고, 어느 경우에도 대출자 또는 판매자에게 칭찬거리라고 할 수 없지만, 그 거래가 범죄라고 말하기는 어렵다. 우리의 의무는 그러한 국제법 위반으로 유죄인 자의 범죄를 심리하고 처벌하는 것일 뿐이고, 우리는 그러한 대출이 그 법을 위반한 것이라고 말할 준비가 되어 있지 않고, 우리의 관심이 그 반대의 판결로 향해 있지도 않다.[40]

어느 저자가 말했듯이, 불충분한 정신적 요소라며 인식을 거부하는 대신에, 이 발췌문은 단순히 범죄의 신체적 [국제법상 연루책임의 행위 요소로서 구체적 사건에서의 상당한 기여로서 중대성 요건이 필요하다. − 옮긴이] 요소가 존재하지 않았음을 보여 주는 것일 수 있다.[41] 다시 말해, 칼 라셰가 다섯 번째 죄목에 관하여 무죄 판결을 받은 이유는 단지 (그가 가진) 인식이 정신적 요소로서 불충분하다고 여겨졌기 때문이 아니라, 돈을 빌려주는 것이 만족스러운 신체적 요소로 고려되지 않았기 때문이다. 이 사건은 이제 범죄적 정권에 재화와 용역을 제공한 사람들보다 금융가가 더 낮은 수준의 책임(responsibility)을 떠맡는다는 논란의 여지가 있는 생각에 권위를 준다. 인식 문제에 대한 뉘른베르크 선례에 대한 혼란은 이 책의 제10장에서도 다루어지듯이 오늘날까지 지속되고 있다.

긴급피난 항변

기업인 대상 재판에서의 피고인 모두는 강제노동이나 노예노동을 언급하는 기소에 관하여 긴급피난 항변을 쓰려 시도했다. 노동과 그 밖의 것과 관련한 정책을 포함하여 제국의 정책에 그들은 반대할 수 없었고, 어떤 면에서는 수용자들로 하여금 자신들의 공장(factories and plants)에서 일하도록 강요당했다고 기업인들은 주장했다.[42] 플릭 사건 재판소는 6명의 피고인 중 4명에 대해 긴급피난 항변을 인용하면서, -모든 후속 뉘른베르크 재판의 법적 근거인- 관리위원회법률(Control Council Law) 제10호에서 상관의 명령 항변이 피고인에 의해 원용될 수 없다고 규정함에도 불구하고 이 항변은 가능하다고 주장했다 [관련한 것은 관리위원회법률 제2조 제4항 (b)호에서 "정부나 상관의 명령에 따른 행위라는 사실이 그를 형사책임에서 자유롭게 하지 못한다. 다만 감경 요소로 고려될 수 있다"고 규정한다. 나치독일 패전 후 연합군은 독일 전체에 관련된 사안에 관하여는 연합군관리위원회가 관할하도록 했다. 관리위원회는 총 62개의 관리위원회법률을 제정하였다. 미군법정의 설치 근거는 연합군관리위원회법률 제10호(1945.12.20.)와 군사법원 설치를 정하고 있는 미군정청령 제7호(1946.10.26)이다. 연합군관리위원회법률은 평화에 반한 범죄, 전쟁범죄, 인도에 반한 범죄, 범죄단체관여죄 등을 처벌범죄로 규정하고 있다. - 옮긴이]. 플릭 사건 재판소는 '피고인들이 자신의 이익을 위해서 여기에서 주장한 긴급피난 항변을 할 수 없다고 선언한다면, 법을 집행하는 대신 복수를 했다고 비난받을 수 있다'고 우려했다.[43] 재판소가 고려한 것은 피고인 슈타인브링크(Steinbrinck), 부르카르트(Burkart), 칼레취(Kaletsch)와 테르베르거(Terberger)가 '명백하고 현존하는 위험' 아래에 있었기 때문에 항변을 이용할 수 있으리라는 점과 제국의 강제노동 프로그램 실행에 저항했다면 커다란 곤경에 처했으리라는 점이었다. 재판소의 말을 인용하면 다음과 같다.

> 우리는 이미 그 제국의 공포정치를 논했다. 피고인들은 그 제국에서 살고 있었다. 그 제국은 그 일군의 집행기관 및 비밀경찰을 통해서 언제나 '현존'했고, 즉시 출동하여, 정부의 규제나 결정을 집행하는 것을 방해하거나 저해한다고 해석될 수 있는 일체의 것을 행하는 누구에 대해서든 야만적이고 즉각적인 처벌을 할 준비가 되어 있었다.[44]

그러나 플릭 재판소는 피고인 바이스(Weiss)와 플릭이 달리 취급되어야 한다고 판단했다. 이 두 사람은 비자발적 노동자들을 수동적으로 받는 것에 그치지 않고, 그 대신에 앞장서서 더 많은 노동자들을 요청하는 모습을 보여 줬다. 그 결과 재판소는 그들이 완전하게 긴급피난 항변을 하는 것을 허용하지 않았다. 플릭 재판은 기업가들을 대상으로 한 첫 번째 재판이었고, 긴급피난 항변에 대한 플릭 재판소의 입장은 후속 재판, 특히 이 게 파르벤 재판에서 선례로서 인용되었다. 이 게 파르벤 재판에서 재판소는 그들에 대해 다음과 같이 주장했다.

> 노예노동 프로그램에 따라 히틀러 정권의 명령을 따르는 것 외에 다른 선택의 여지가 없다고 주장했을 때, 당 재판소는 이 피고인들이 진실을 말하지 않았다고 말할 준비가 되어 있지 않았다. 그러나 그 제국의

생산 일정을 수행하거나 그 목적을 달성하기 위해 노예노동을 사용하기를 파르벤의 어느 임원이 저항하여 거부하는 것은 반역적인 방해행위로 취급될 수 있고 즉각 과격한 보복을 초래했을 수 있다는 점에 대해 거의 의심의 여지가 없다. 실제로 파르벤의 대표(leader)를 본보기로 삼아 처벌할 기회를 히틀러가 반겼을 것이라는 믿을 만한 증거가 있었다.[45]

판사 허버트(Herbert)는 피고인들의 긴급피난 항변에 대한 허용에 관하여 다수의견에 동의하지 않았다. 설득력 있는 반대의견에서 그는 다음과 같이 적었다.

피고인 크라우흐(Krauch)가 이끄는 파르벤의 계획자들은 파르벤의 잠재력을 실제 전쟁의 필요에 맞추어 조정했다. 피고인들이 독일인 노동자를 선호했으리라는 점은 전혀 중요치 않다. 그들이 범죄를 저지르지 않기를 원했다는 것은 방어 논리가 될 수 없다. 중요한 사실은 파르벤의 경영이사회(Vorstand)가 강제노동을 활용하는 데에 자발적으로 협력했다는 점이다. 그들은 그렇게 하도록 강요받지 않았다. 도덕적 선택[의 여지가 없었다는 데에 나는 동의할 수 없다. 파르벤 내에서 노예노동을 활용함에 있어 관계자들의 의지는 정부를 통제하는 사람들의, 그리고 범죄 행위를 지시하거나 명령한 사람들의 의지와 일치했다. 이러한 정황 아래에서 긴급피난의 항변은 인정될 수 없음이 분명하다.
나는 권력과 영향력 있는 지위에 있었던 피고인들이 무수한 방식으로, 파르벤 조직 전체에 만연한 [것과 같은], 노예노동 활용에의 광범위한 참여를 회피했을 수도 있었다고 확신한다. 나는 이 피고인들이 히틀러 정권의 명령을 준수하는 것 외에 다른 선택의 여지가 없었다는 주장에 동의할 수 없다. 노예화 범죄에 대한 이토록 포괄적인 참여에 저항하려는 진정한 의지가 있었다면, 지금에 와서 방어적 자세로 문제 삼고 있는 이 극단적인 결과를 회피하기 위해 각자의 복잡한 기술 분야에서 탁월한 지식을 보유하고 있는 피고인들은 눈에 보이지 않는 다양한 장치들을 활용하여 그러한 참여를 피할 수 있었을 것이다. 실제로 그 항변은 나중에 덧붙인 것이고, 그 타당성은 파르벤의 전체 행동 방침에 의해 거짓으로 드러난다. 히틀러가 '파르벤의 대표를 본보기로 삼아 처벌할 기회를 반겼'으리라 주장하는 것은, 내 생각에는 순전한 추측이며 이와 관련된 사실에 대해 긴급피난의 항변은 성립하지 않는다.[46]

플릭과 이 게 파르벤 사건의 재판소가 강제 노동의 사용과 관련하여 긴급피난의 항변을 인정했다는 사실은, 비록 모든 피고인에 대해서도 아니고 공소사실의 모든 측면과 관련한 것도 아니었지만, 학계와[47] 몇몇 검찰팀 구성원[48] 둘 다로부터 비판을 초래했다. 이러한 맥락에서 크루프 재판소가 강경하고 계몽적인 용어로 긴급피난의 항변을 기각했다는 점은 주목할 가치가 있다. 크루프 사건의 피고인들에 관해 말하면서, 그들은 회사를 소유한 주요 피고인 알프리트 크루프를 제외하면, '그들 중 누구라도 위태로웠던 것은 직업이었다(the most that any of them had at stake was a job)'고 지적했다.[49] 따라서, 다음과 같이 말할 수 있다.

개별 피고인의 관점으로부터의 문제는 다음의 주장으로 귀결된다. 즉, 직장이나 내 재산의 통제력을 잃지 않기 위해 수천 명의 민간인 추방자, 전쟁 포로 및 강제 수용소 수용자를 고용하고, 그들을 비자발적 노예 상태의 지위 속에 유지하고, 실제로 그들 중 다수의 죽음을 야기한 환경에서 죽음이나 중대한 신체적 위해에 그들을 매일 노출시키고, 그리고 그들을 해방시킬 사람들과 실로 그들의 고국에 있는 사람들에게조차 사용할 군비 생산에 영양 결핍 상태에서 일하도록 할 권리가 있다.

만일 제국의 정책들에 반대한 결과로서 크루프가 그의 공장의 통제권을 잃고 그 임원들이 직을 잃었을 것이라고 추정해 볼 수 있다고 하더라도, 긴급피난 법리(the law of necessity)가 그들 스스로에게 유리한 반면, 그 문제에 있어서 선택의 여지가 전혀 없었던 불행한 피해자들에게 불리한 선택을 정당화한다고 결론짓기는 어렵다. 또는, 법률의 언어로 말하면, 그 구제가 악에 비례적이지 않은 것은 아니었다고 결론짓기는 어렵다.[50]

재판소는 훨씬 더 나아가 크루프 사건의 피고인들이 협력하기를 거부했더라면 강제수용소로 이송될 수도 있었을 희박한 가능성을 고려했다. 그럼에도 불구하고, 재판소는 피고인이 그러한 수용소에 보내졌을 때의 그들의 처우를 다음과 같았을 것으로 믿었다.

죽음의 위험, 굶주림으로 인한 중대한 신체적 위험, 군수 공장에 대한 가차 없는 공습에 날마다 노출된 수천 명의 무력한 희생자들보다 더 못한 곤경에 처하지는 않았을 것이다. 원치 않은 노예 상태와 그들이 겪는 여타의 수모에 대해서는 말할 것도 없다. 실제적 및 잠재적 희생자의 수에 있어서 불균형 또한 자극적이라 간과할 수 없다고 여겨진다.[51]

따라서 기업인들 대상 재판은 긴급피난 항변에 대한 대조적 장면을 그리며, 강제노동의 공소사실에 대해 그 적용이 가능하다. 한편으로 플릭 사건과 파르벤 사건의 재판소는 피고인들이 그 항변에 기대도록 허락함으로써 그들 중 얼마간을 갈고리에서 풀어주었다. 다른 한편으로 크루프 사건 재판소는 피고인의 특권적 상황과 그들의 이익을 위해 일하도록 강요받은 수용자들의 비참한 운명을 설득력 있게 비교하여 분명히 그 항변을 기각했다. 논란의 여지가 남아 있지만, 긴급피난 항변은 기업과 인권 소송사건에서, 특히 정부가 기업 또는 기업인으로 하여금 특정한 방식으로 행위하도록 요구한 상황에서의 항변으로 제기될 듯하다.[52]

결론

재판, 판결 및 반대 의견 외에도 뉘른베르크 법정 밖에서 발생한 전개도 유익하다. 역사가들은 재판 당시에 시작해서 이후 수십 년간 지속되었던 독일 기업의 복권을 위한 홍보 캠페인을 기록했다.[53] 예컨대 킴 프리멜(Kim Priemel)은 '죄의 예봉(the brunt of the guilt)은 (⋯) 노동계급에 할당'[54]된 반면에 일류 기업가들은 '히틀러는 프롤레타리아트 계급에서 시작하여 그 구세주가 되었다. 그리고 무책임한 대중에 대해 부르주아 기업 엘리트는 무력할 수밖에 없었다.'[55]고 말했다. 요컨대, 그들은 스스로를 '전통적인 기업 윤리에 여전히 충실한, 정치와는 무관한 전문가로서'[56] 묘사한다. 그들은 또한 어느 정도의 성공을 거둔 반공 카드를 사용하여, 그 재판들이 본질적으로 반자본주의적이었고, 경험이 풍부한 기업 전문가인 그들은 서독을 자본주의 진영으로 정박시킬 필요가 있었다고 주장했다.[57] 이러한 입장은 얼마간 결실을 보았다. 상원의원 맥카시(McCarthy)와 같은 개인들뿐만 아니라 일부 미국 언론도 전쟁범죄 재판을 개최하는 원칙 자체를 혹독하게 비판했고, 미국 검찰팀 멤버 중 일부가 공산주의자라며 비난했다.[58] 기업가들과 은행가들이 나치가 저지른 범죄에 관여되었음에 대한 재판들은 현대 기업과 인권 분야의 학생들 및 관찰자들에게 큰 시사점을 준다. 그 판결들은 이 역사 속 암흑기에 대한 귀중한 역사적 기록을 구성할 뿐만 아니라, 이 장에서 설명했듯이 중요한 법적 주장을 다룬다. 더 일반적으로 말하면, 그것들은 그 분야에서 가장 근본적인 문제 중 하나와 대결하기 위한 몇 가지 요소를 제공한다. 즉, '사업을 하는 것'과 인권침해의 원인이 되는 것 사이에서 어디에 선을 그을 것인가?[59] 니코시아(Nicosia)와 휘르너(Huerner)는 그들의 책인 『나치 독일에서 기업과 산업』의 서론에서 이 질문이 제기하는 불확실성을 깔끔하게 요약했다. 그들의 말을 인용하며 이 장을 마친다.

이 책에서 제기된 많은 질문들은 세계화, 기업과 국가의 관계, 기업의 노동 관행, 기업의 부패 및 기업의 사회적 책임 개념에 대한 현대적 논쟁과 직접적인 관련이 있다. (…) 물론 이 책에서 드러나는 가장 강렬한 쟁점은 국가사회주의 하에서 기업과 산업의 경험이 오늘날 우리가 직면한 딜레마에 대해 어느 정도로 유익한지에 대한 것이다. 오늘날 이윤을 추구하는 것은, 그리고 그러한 추구가 미치는 사회적 영향은, 유대인 소유 기업을 징발하거나 노동력을 착취하고 또는 히틀러에 의한 희생자들의 자유와 존엄성에 가해진 여타의 폭력에 일부 독일 기업이 연루했던 것과 유사(mirror)하지는 않은가?[60]

2부

국제법과 정책:
한계와 진보

BUSINESS
AND
HUMAN
RIGHTS

이 책의 1부는 어떻게 해서 기업이 대규모 인권침해와 관련될 수 있는지를 권리에 대한 역사적인 침해에 초점을 맞춤으로써 보여 주었고, 이에 어떻게 대처했는지를 보여 주었다. 이러한 역사적 이해를 바탕으로 하여 2부에서는 현대의 법과 정책 이슈에 대해, 그리고 기업과 인권 분야에서 더 큰 책임을 향한 진보의 발걸음에 초점을 맞춘다. 제5장은 글로벌 기업(global business)에 대한 국제인권법과 국제형사법의 관련성을 연구한다. 제5장을 기반으로 하여, 제6장은 기업, 국제투자, 그리고 국제무역법에 대해 지극히 중요한 국제법의 다른 영역과 인권 사이의 상호작용을 들여다본다. 이들 두 장은 현재의 법적 프레임워크의 한계들을, 특히 국제적 집행의 측면에서 강조한다. 반대로 제7장은 기업의 인권침해에 대한 대처를 목표로 하는 다양한 국제 연성법과 정책 이니셔티브를 보여 준다. 마지막으로 제8장은 기업의 책임을 높이기 위한 상호보완적인 도구들로서 사적 규제 양식들을 연구한다. 최소한, 미덕(또는 기준의 설정)으로서의 책임과 메커니즘으로서 어느 정도의 책임에 대해 말한다면, 이들 두 영역에서의 진보는 분명하다.

제5장

기업, 국제인권법, 그리고 국제형사법: 경계선의 이동

이번 장은 글로벌 기업에서 국제인권법과 국제형사법의 관련성을 연구한다. 국제인권법은 기술적으로 국가들을 인권 의무의 유일한 의무주체들(the only duty-bearers)이 되게 하는 방식으로 발달했다. 그러한 의무들은 조약법에서 그리고 관습국제법에서 유래한다. 그 체계의 전통적인 이해 아래에서 기업들은, 심지어 다국적기업들조차도 국제인권법의 주체가 아니며, 따라서 인권조약에 따를 법적 의무 아래에 있지 않다. 기껏해야 국제형사재판소 규정(Statute of the International Criminal Court)에 의해 정의된 국제범죄에 해당하는 침해행위를 하지 않을 의무 아래에 있다. 그 주장에 의하면, 기업들은 인권 의무를 갖지 않는다. 그리고 피해자들이 기업에 대항하여 그 앞에 권리를 청구할 수 있는 국제법원이 존재하지 않는다는 사실은 이를 훨씬 더 분명하게 해 주었다.

그러나, 국제적 집행 메커니즘의 부재가 심각한 한계를 구성하는 반면에, 이것은 기업들이 인권 책임(responsibilities)을 갖지 않는다는 것을 뜻하지는 않는다. 이번 장은 국제인권법과 국제형사법 아래에서 기업들의 책임을 고찰하고, 그리고 어떻게 해서 불변이라고 한번 생각되었던 경계선들이 이동하여 기업 책임의 관념을 형성하고 있는지, 인권 영역에서 더 커다란 책임(accountability)을 낳는지를 보여 준다. 제1절은 국제인권법의 간단한 소개를 제공한다. 이러한 법의 영역은 국제법의 유일한 주체로서 국가에 배타적으로 적용된다고 전통적으로 말해진다. 이러한 주장에 도전하면서, 제2절은 기업들 또한 국제법의 주체인지의 물음에 초점을 둔다. 이러한 이론적 논의를 넘어서 제3절은 기업의 인권 책임의 윤곽을 연구한다. 마지막 절은 국제 집행 메커니즘의 한계를 다룬다.

세계인권선언 그리고 국제인권법의 발전

1948년에 채택된 세계인권선언(the Universal Declaration of Human Right; 원문의 의미를 더 잘 살리기 위해서는 universal을 '보편적'이라 해석할 수 있지만, 이를 세계라고 번역한 '세계인권선언'이라는 용어가 이미 국내에 자리잡혀 있고, 법제처나 외교부 번역본의 표제 역시 그러하다. 이를 존중하여 본서에서도 같은 번역어를 사용하나, 이하의 내용에서 '보편적'이라는 말이 계속 등장하는 맥락이 이와 연관되므로 간단히 일러둔다. 아울러 특별한 사정이 없는 한 선언문의 번역은 국가법령정보센터의 번역본을 따랐다. - 옮긴이)은 그들의 국적이나 지위를 막론하고 전 세계 인간의 권리에 대한 공통된 기준을 창출하려는 최초의 시도이다.[1] 이 획기적인 문서는 모든 인간이 평등하고 그들 사이에 어떠한 차별(distinction)도 있어서는 안 된다는 사실을 승인한다. 보편 선언(the Universal Declaration)이 주로 노예상태에 처하지 않을 권리(the right not to be held in slavery)와 공정한 재판을 받을 권리와 같은 시민적·정치적 권리에 초점이 맞춰 진 동시에, 그것은 또한 사회적 안전과 교육의 권리와 같은 경제적, 사회적 그리고 문화적 권리도 보호한다. 그러한 점에서 그것은 비록 완전하지는 않더라도, 이 두 개의 주요한 범주의 권리들을 조화시키려 시도한다.

'보편'이라는 용어의 사용은 주목할 만한 가치가 있다. 그것은 의도적으로 '국가 사이(international)'라는 단어에서부터 변화했는데, 이는 초점을 민족국가들로부터 '인간 가족'이라는 실제적인 호칭으로 이동하기 위한 것이다.[2] 그것을 채택하던 당시에 세계의 대부분이 여전히 식민지배하에 있었다는 점을 감안하면, 세계인권선언을 '보편적'이라고 부르는 데에는 어느 정도 아이러니가 존재한다. 예컨대 보편 선언의 채택을 위한 유엔 총회 투표 중 아프리카에서는 세 나라만이 출석했다. 그들 중 하나는 백인우월주의자 남아프리카였는데, 보편성이라는 이상에 전형적인 나라라고 하기엔 어려웠다.[3] 그 때문에 그 선언을 처음부터 진정으로 보편적인 문서로 만들었는지가 논란이 될 수 있다. 이러한 결함에도 불구하고, 채택 시부터 보편 선언은 스스로의 생명이라고 할 만한 것을 발전시켰고 그 과정에서 보편성이 자주 인정됐다[4] 그것의 단순하고, 비-법적인 언어로 인해 그것은 법원 밖에서도 유용했다. 하나의 제정법 이상으로, 세계인권선언은 전 세계적으로 인권옹호자들을 위한 참고문서가 되었다. 그것은 관할권, 조약 비준 상태, 또는 국내적(local) 구제를 모두 거쳤는지와 같은 법적 고려를 언급함이 없이 인권 주장을 분명하게 표명하는 데에 사용될 수 있다.[5] 요컨대, 인권 분야에서, 세계 인권선언은 순전히 법적 고려를 넘어 독특한 지위를 점한다.

게다가 이것은 국가들에 대해서만 행동 기준을 설정하는 것을 뜻하는 것이 아니라, 오히려 서문에서 언급했듯이 기업을 포함한 '모든 개인과 사회의 모든 기관'에 대해서도 그렇다.[6] 실제로 이 표현은 '어떠한 개인도, 회사도, 시장도, 사이버 공간도 배제하지 않는다.[7] 세계인권선언이 단지 국가에만 초점이 맞춰져 있지는 않다는 생각은 다음의 제30조에도 드러난다. '이 선언의 어떠한 규정도 어떤 국가, 집단 또는 개인에게 이 선언에 규정된 어떠한 권리와 자유를 파괴하기 위한 활동에 가담하거나 또는 행위를 할 수 있는 권리가 있는 것으로 해석되어서는 아니된다.' '집단(group)'이란 단어를 포함한 것은 1948년 12월 10일 유엔 총회가 선언문을 채택하기 한 달도 안 남은 시점에 제안된 프랑스의 개정안에서 비롯되었다.[8] 프랑스 대표단은 '집단'이라는 낱말을 포함시키는 것이 '필수적이라 간주'했는데, 그 까닭은 '인권 파괴를 목적으로 한 행위를 수행한 것에 국가나 개인은 드물었다는 점을 경험이 보여 주었기' 때문이다.[9] 수정안에 대해 논의하는 동안, 소비에트 대표는 '대형 금융기관'을 '유엔의 실존과 평화에 대한 심각한 위협'으로 예증하며, 기업 부문을 수정안에 의해 다뤄지는 집단 중 하나로서 언급했다.[10] 우크라이나 대표의 경우, 예컨대 '파시즘의 등장에 큰 책임이 있는 대형 금융 및 산업의 거물'을 포괄하기 위해 '집단'이라는 단어를 포함시키는 것이 필요했다.[11] 이러한 지적은 사적 부문에 대해 편향되었다고 말할 수 있는 공산국가의 대표들에 의해 만들어졌지만, 다른 대표들이 그러한 해석을 거부하지는 않았다. 따라서 1948년 세계인권선언의 기초자들은 그것이 기업 부문의 행위에 한계를 설정하려 의도했다고 추론해도 무방하다. 사실 기업들 스스로는 보편 선언을 그들의 인권정책이나 행동강령에서 행위의 기준으로 자주 언급한다.[12] 비준한 국가들을 구속하는 조약의 형태와 모든 국가를 구속하는 불문의 관습법의 형태 모두에서 국제인권법의 발전은 바로 세계인권선언의 기초 위에서 이루어졌다. 1948년 12월에 세계인권선언이 채택된 직후, 유엔 인권위원회는 초안 작업을 재개했다.[13] 초기 아이디어는 시민적, 정치적, 경제적, 사회적 및 문화적인 모든 범위의 인권을 망라하는 단일의 인권조약을 제정하려는 것이었다. 서구 진영과 소비에트 진영이 그 점에서 타협할 수 없는 입장을 이미 채택했기 때문에, 위원회는 그 아이디어를 포기했다. 간단히 말하면, 서구권은 시민적 정치적 권리들을 선호했고, 반면에 동구권은 경제적, 사회적 그리고 문화적 권리들을 선호했다. 이러한 이데올로기적 불화는 단일의 조약을 정교하게 발전시키는 것을 방해했으며, 결국 위원회가 1966년에 최종적으로 채택된 두 개의 분리된 조약인 '시민적 및 정치적 권리에 관한 국제규약'[14]과 '경제적 사회적 및 문화적 권리에 관한 국제규약'[15]에 착수한 이유를 설명해 준다(이하 각 '자유권규약'과 '사회권규약'으로 표기한다). 세계인권선언과 함께 이 조약들은 국제 권리장전을 형성한다. 이들은 모든 인간 존재에게 보장되는 최소한의 권리를 공통적으로 나타낸다고 한다. 그보다 한 해 전인 1965년에 유엔 총회는 '모든 형태의 인종차별 철폐에 관한 국제협약'을 채택했다(이하 '인종차별철폐협약').[16] 이러한 확고한 배경의 결과로 유엔은 1979년과 2006년 사이 여섯 가지 다른 유엔 조약을 채택함으로써 더욱 취약한 집단들 (여성,[17] 아동,[18] 이주노동자[19] 및 장애인[20])의 보호와 특별한 권리들 (고문을 당하거나[21] 및 강제 실종[22] 되지 않을 권리)을 장려했다.

이와 동시에 세계의 특정 지역들은 그들 고유의 인권조약들을 채택했다. 이들 조약에는 유럽인권협약,[23] 미주인권협약,[24] 아프리카인권헌장이[25] 포함된다. 마지막으로 제3장에서 논의되었듯이, ILO가 정교하게 발전시킨 수많은 협약들은 광의의 국제인권법의 일부를 형성한다고도 할 수 있다. 따라서 국제인권법은 시민적, 정치적, 경제적, 사회적 및 문화적인 전체 범위의 인권들을 포괄한다.

이러한 조약들, 그리고 유럽인권재판소(the European Court of Human Rights) 및 유엔 고문방지위원회(the UN Committee against Torture)와 같이 조약에 따라 설립된 다양한 감시 메커니즘 모두는 국제인권법의 일부를 형성한다. 또한 특정 조약과 관련 없는 인권의 감시와 보호 메커니즘도 존재한다. 여기에는 유엔 특별절차(UN Special Procedures) 및 보편적 정례 검토(the Universal Periodic Review) 메커니즘과 같은 것들이 포함된다. 전형적으로 국제인권법은 자국민이나 영토 내 거주민들처럼 국가의 관할권 내에 있는 개인 또는 집단과 관련하여 국가에 적용된다. 국제인권법은 국가 상호간에 들어서는 법적 합의인 조약의 형태를 위주로 발전했기 때문에, 그것은 주로 국가들을 구속하며, 일각에서는 오직 국가만을 구속한다고 주장한다. 국제인권법을 엄격하게 접근하면, 고문하지 않을 의무(자유권규약 제7조)와 노동조합을 결성할 모든 사람의 권리를 보장할 의무(사회권규약 제8조)와 같은 조약에서 제시된 의무들을 준수할 것을 오직 국가들만이 보장해야 한다. 이러한 접근은 논란의 여지가 있다. 그것은 [다른 여러] 조약들과 관련해서는 장점이 있는 반면, 국가들만이 아니라 광범위한 행위자들에게 의무를 부과하는 세계인권선언과 관련해서는 온당하지 못하다. 국제인권문서들에 대해 말하면서, 요하네스 모르싱크(Johannes Morsink)는 전부를 인용할 가치가 있는 글로 다음과 같이 언급했다.

이 전체 시스템은 인간이 만든 것이다. 따라서 그것은 인권의 천부적(inherent) 성격을 수용하는 데에 어려움이 있다. 즉, 세계인권선언에 따르면, 인권은 우리를 세상에 데려다주는 (자연적 또는 인공적) 임신이라는 행위를 제외하곤, 인간에 의해 만들어지거나 수행된 그 어떤 간섭도 없이 태어날 때부터 자동적으로 생겨난다. 국가의 의무에 대한 이러한 새로운 강조는 천부적 인권과 그에 상관하는 의무 사이의 부조화를 심화시켰다. 그 까닭은, 권리주체들(the rights-holders)은 여전히 개별 인간인 반면에, 이 새로운 국제적 시스템에서 1차적인 의무주체들(the primary duty-bearers)은 개별적 인간이라기보다는, 비록 전적이지는 않더라도 여전히 주로 국가들과 그 기관들이기 때문이다. 우리는 인간이 만들지 않은 천부적 권리의 주체들과, 인간이 만들었으며 따라서 경험적인 국가 의무주체들 사이에서 상호관계를 갖는다. 주로 경험적이며 인간이 만들어낸 국가들과 짝을 이루는 천부적이고 도덕적인 권리들의 이러한 하이브리드는 인권 이론가들 사이에서 당혹감과 불편함을 불러 일으켰다.[26]

국가에게 주권이 있기 때문에 국가가 자신이 비준할 조약들을 신중히 고른다는 사실과 인권이라는 이상 사이의 부조화는 국제인권법이 갖는 중요한 특징이다. 게다가 준수를 보장하기 위한 강력한 집행 메커니즘의 부재는 구속력 있는 법과 그렇지 않은 법 사이의 구별을 모호하게 한다. 예컨대 조약법 및 관습 국제법과 같은 것이 전자에 해당하고, 세계인권선언, 그리고 채굴 부문에 특별한 관련을 예로 들자면, 현지 주민의 권리에 관한 유엔 선언문[27]과 같은 것이 후자에 해당한다. 국가가 유엔 인권이사회 앞에서 그의 보편적 정례 검토를 하는 동안 그의 인권 조약상 의무 중 하나를 위반한 것으로 밝혀진다고 해도, 국가가 그 의무를 준수하고 발생한 위반을 구제하도록 강제될 수는 없다. 준수를 보장할 수 있는, 국내 시스템에서의 경찰과 유사한 국제 경찰력은 존재하지 않는다. 이러한 맥락에서, 구속적인 법과 구속적이지 않은 법 사이의 구분은 국가가 준수하도록 강제되는지 여부에 기초하지 않고, 구속적인 법의 경우에는 준수해야만 하는지 여부에 그리고 구속적이지 않은 선언이나 문서의 경우에는 단순히 그렇게 할 것이 장려되는지 여부에 기초한다. 실제로 일부 국가들은 대부분의 의무를 준수하고, 다른 국가들은 이 중 극히 일부만을 준수한다. 법적 관점에서 국가가 준수하는지 여부와 무관하게 의무는 남아 있다.

그렇다면 국제인권법은 국가의 의무와 국가의 행동에 중점을 둔다. 이 것은 국제법 하에서 기업의 인권 책임이라는 바로 그 존재에 관하여, 그리고 보다 광범위하게는 국제법 체계에서 기업의 지위에 관한 의문을 제기한다.

다국적기업은 국제법의 주체인가

전통적 견해에 따르면, 국제공법은 국가 간의 관계를 관리하는 법이며 국가만이 국제법의 유일한 주체이다.[28] 국가는 그 스스로의 행위를 규제하기 위해 국제법을 만들 능력을 갖고 있다. 국가는 다른 어떤 독립체(entity)도 갖지 않는 속성을 갖고 있으며, 그것은 국제 법질서의 핵심인 주권을 가진다는 점이다. 유엔 헌장의 체계는 국가가 갖는 주권평등이라는 신성불가침의 원칙 위에 구축되어 있다.[29] 국제문제의 다른 참가자들은 소극적으로 '비국가행위자'로서 기술되어 있다. 비국가행위자들의 주된 특징은 그들이 국가가 아니라는 데에 있다.[30] 따라서 국제법의 지형은 한편에는 적극적인 법 주체로서 국가로 구성되고, 다른 한편에는 기업과 개인을 포함한 다른 모든 독립체들로 구성되는데, 그렇게 함으로써 [후자는] 수동적인 법적 객체의 지위로 축소된다. 그러나 이 모델은 논란의 여지가 있다.[31]

일부 저자들은 완전한 패러다임 전환을 선호한다. 그들에 따르면 국가가 아닌 개인이 새로운 형태의 법인 지구적 법(global law)의 중심에 놓여야 한다. 지구적 법은 지구화의 도전에 국제법보다 더 잘 대처할 것이다.[32] 그들은 지구화된 세계에서 국가를 한물간 것으로 여기고, 국제법의 중심점으로서 국가의 종말을 희망하고 예견한다.[33] 지구적 법이론을 고수하지 않더라도, 20세기는 국제인권법과 국제형사법의 발전을 통해 개인과 같은 국제법상 다른 주체들의 등장을 보았고, 그들이 국제법에 영향을 미치는 주도적 역할의 확장에 대해 많은 글이 쓰였다는 사실은 논란의 여지가 없다.[34] 국제관계 이론을 국제법에 적용하는, 정책 중심적인 뉴헤이븐 학파(the policy-oriented New Haven School)의 이론을 일부 인용하여, 일부 논자는 인위적으로 정태적이라 여겨진 법의 주체라는 관념 자체를 비판했고, 그 대신에 보다 동태적인 개념인 참여에 초점을 맞추었다.[35] 아무튼, 국제법에서 주체성은 기업이 국제법의 주체일 수 있는지를 결정하는 작업을 더욱더 복잡하게 만드는 불안정한 관념임이 분명하다.

일찍이 1949년에, 새로 창설된 유엔 기구가 국제법의 주체였는지를 검토하면서, 국제사법재판소(International Court of Justice; ICJ)는 '어떠한 법체계에서도 법의 주체는 그 성질이나 그 권리의 범위가 반드시 동일하지는 않으며, 그 본성은 공동체의 요구에 달려있다'고 확인했다.[36] 재판소는 유엔 기구가 국제법의 주체이며, '국제적인 권리와 의무를 보유할 능력이 있'고 '국제법적 소송을 제기함으로써 그 권리를 주장할 능력'을 가지고 있다고 결론지었다.[37]

이러한 기준을 개인(자연인)에게 적용한다면, 확고한 국제규범들이 국제인권법을 통해 국가에 대해 소를 제기할 수 있는 권리를 개인에게 주었음이 분명하다. 또한 국제법은 비록 제한적이지만 개인에게 의무도 부과한다. 예컨대, 집단살해죄를 범하거나 다른 인간 존재를 노예로 만들어서는 안 된다. 어떤 경우에는, 국제형사법상의 핵심 전제인 이러한 의무들을 개인이 위반한다면, 그들은 심지어 국제적 수준에서 소추될 수도 있다. 그들이 개인이기 때문에 국제법은 기업 경영자들에게 권리를 부여하고 의무를 부과하며, 그런 의미에서 국제법은 기업 활동에 영향을 미칠 수 있다. 예를 들어, 전쟁 지역에서 거래하는 개인은 로마규정에 정의된 전쟁범죄에 연루되어 죄를 범할 수 있고, 따라서 국제형사재판소 또는 국제법 원칙을 적용하는 국내 법원에 의해 소추될 수 있다. 그러므로 특정한 상황 아래에서는 국제법이 기업인들에게 인권 의무를 부담시킨다는 것은 논란 여지가 없다.

우리가 개인을 넘어 기업에 시선을 집중한다면 상황은 더욱 복잡해진다. 국제법에서 기업의 지위에 관한 물음도 다소간의 주의를 끌고 있다.[38] 권리, 의무, 그리고 국제적으로 소를 제기할 능력이라는 ICJ의 기준을 기업에 적용하면서, 제한적인 방식으로 국제법이 그들에게 권리를 부여했다고 언급하기도 한다. 예컨대, 기업들은 그들의 '인'권 침해를 이유로 국가들을 상대로 유럽인권법원에 소를 제기했다.[39] 양자간투자협정(bilateral investment treaties)은 기업에게 실체적 권리와 중재판정부에 분쟁을 제기할 권리를 부여한다. 그런 의미에서 기업은 국제적 차원에서 소를 제기할 수 있다. 그렇다면 남겨진 문제는 국제법이 기업에게 의무도 부과하는지 여부이다.

국제법적으로 가능한 기업의 의무에 관한 논의는 최근 몇 년 간 인권의 영역에 초점을 맞추었다. 많은 서적들은 그 문제를 탐구하고, 다음 절(기업 인권 책임의 윤곽)에서 그것을 자세하게 파고든다.[40] 여기에서는 만일 우리가 3중의 ICJ 개념 정의를 채택한다면 기업이 최소한 집단살해죄를 범하거나 국제인권법을 중대하게 위반하지 말아야 할 의무를 가진다고 결론을 내릴 수밖에 없다는 점까지만 언급해 둔다.[41] 이 의무가 자연인인 개인에 대해서만 존재하고 법인인 기업에 대해서는 그렇지 않다면, 법적 관점에서 타당하지 않을 것이다.[42] 법적 논거를 넘어서 그리고 바이스브로트(Weissbrodt)와 크루거(Kruger)가 언급했듯이, 기업의 유일한 사회적 책임은 이윤 창출이라며 잘 알려진 글을 쓴 노벨상 수상자 밀턴 프리드먼(Milton Friedman) 조차도 기업이 집단살해죄를 범하거나 강제노동을 사용하지 말아야 한다는 데에 동의했을 것이다.[43] 따라서 기업이 국제법 아래에서 권리와 의무를 가지며 국제소송을 제기할 수 있기 때문에, 기업은 국가와는 다른 성격에도 불구하고 법의 주체로 간주될 수 있다.[44]

국제법 체계에서 국가들과 다른 참가자들 사이의 본성의 차이, 다시 말해 국가만이 주권을 갖는다는 사실은 한 저자로 하여금 주체의 하위 범주를 창출하도록 이끌었다. 그것은 '1차적 완전한 주체(primary full subjects)'(국가)에 대비되는 것으로서 '2차적 제한적 주체(secondary limited subjects)'이다.[45] 다른 저자들은 기업을 포함한 '비국가행위자'가 국제법의 주체인지에 관한 논의는 무의미하다고 주장했다. 실제로 고전적 이론은 본성상 순환적으로 보인다. 그에 따르면 국제법의 '완전한' 주체가 되기 위해서는 하나의 독립체가 주권을 가져야 하며, 오직 국가만이 주권을 가지기 때문에 국가는 국제법상 유일한 주체이다. 예컨대 전직 국제사법재판소 소장 로잘린 히긴스(Rosalyn Higgins)는 '주체-객체 이분법'에 비판적이며, 다국적기업을 포함한 모든 행위자들을 위해 '참가자(participants)'에 관해 말하기를 선호한다.[46] 법적 주체의 지위를 획득할 때에 국가 외의 참가자들이 갖는 소위 불가능성에 대해 언급하면서, 그녀는 다음과 같이 단언한다. '우리는 우리 스스로의 선택에 대한 지적 감옥을 세웠고, 이것을 대체할 수 없는 제한으로 선언했다.'[47] 앤드루 클래펌(Andrew Clapham)은 비슷한 생각을 전개했다. '비국가행위자'의 역할은 무시되기엔 너무 중요하지만, 아직 국제법 아래에서 비국가행위자들의 권리와 의무를 설명할 프레임워크를 개발하기에는 주체성에 관한 '규칙'에 의한 제약을 느낀다는 점을 국제 변호사들은 깨닫는다.'[48] 따라서 그는 주체성에 관한 논의를 제쳐두고 특정한 행위자가 국제법 아래에서 권리와 의무를 획득할 능력에 집중할 것을 제안한다. 그는 다음과 같이 주장한다.

우리는 국가가 국제법상 유일한 주체가 아님을 받아들이는 국제법질서를 갖고 있다. 비-국가 독립체들은 국가가 국제법상 향유하는 모든 권한, 특권, 그리고 권리들을 완전히 향유하지 않는다. 그것은 마치 개인들이 국제법상 갖는 모든 권리를 국가가 갖지는 않음이 명백한 것과도 같다. 국가는 인권의 법 아래에서 고문을 받았다고 주장할 수 없을 것이다. 국가는 그녀[국가 - 옮긴이]가 결혼할 권리를 부정당했다고 주장할 수도 없을 것이다. 우리는 국제적 권리와 의무란 독립체가 그러한 권리를 향유하고 그러한 의무를 부담할 능력에 달려있음을 받아들일 필요가 있다. 그러한 권리와 의무는 주체성이라는 신비함에 의존하는 것이 아니다.[49]

후에 그는 다음과 같이 결론짓는다.

국제법의 주체를 거론하는 것은 분명히 오해의 소지가 있다. 주체성 문제를 국제적 법인격 및 국제적 능력의 개념과 융합시키는 것은 비국가행위자들이 국제적 권리와 의무를 (그들이 국가와 같은 특징이나 자격이 없는 경우에도) 가질 수 있다는 사실을 명확히 인식하지 못하게 방해했다. 국제적 행위자들을 국가와 같은 독립체라는 상자로 밀어 넣는 시도는 고작 둥근 말뚝을 사각의 구멍에 우격다짐으로 넣는 것과 같으며, 최악의 경우 국제무대에서 강력한 행위자들을 간과하게 된다.[50]

비국가행위자의 법적 인격성 쟁점에 관한 실증주의적 관점을 제시하면서 장 다스프레몽(Jean d'Aspremont)은 그것이 권리와 의무를 가지고, 게다가 국제법의 제정 과정에 어느 정도의 영향력을 가지는 반면에, 그러한 사실은 여전히 그들에게 입법 권한을 수여하지 않는다고 지적했다.[51] 그에게는 권리를 주장하고 의무를 가질 국제적 능력과 별도로, 바로 이 점이 국가와 국제기구를 다른 행위자들과 구별해 주는 것이다. 그는 다른 행위자들이 법적 인격성을 가질 수 있지만, 그들은 국제문제에 대한 그 영향력에 불구하고 여전히 입법 권한을 부여받는 데에는 이르지 못함을 인정한다.[52] 1983년에 차니(Charney)는 기업에 관련된 국제법 규칙의 제정에 기업의 참여가 없음을 비판하면서, 만일 그들이 공식적으로 참여하여 목소리를 내고 의견을 대변하기 위해 로비에 의존할 필요가 없어진다면 더욱 잘 준수할 것이라고 주장했다.[53] 한 예로 유엔 기업과 인권 이행원칙의 초안 작성 과정에서 진행된 대대적 조사 과정을 통해 살펴본 결과 이는 어느 정도 변화했다.[54] 유엔 인권이사회에 의해 그 원칙을 채택하고 따라서 공식적으로 (연성) 입법 권한을 보유하는 주체는 바로 국가이지만, 이행원칙의 내용은 그것을 공들여 만듦에 있어서 비국가행위자들의 커다란 참여를 반영한다. 논란의 여지가 있는 것은 그것이 비국가행위자들을 국제법의 완전한 주체로 고려하였는지 여부이다.

앞서 살펴본 바와 같이, 기업이 국제법의 주체인지에 대해서는 많은 논란이 있다. 이는 이 책의 목적과 관련하여 중요한데, 그 까닭은 기업이 국제법의 주체가 아니므로 국제 인권 조약들을 기업에 적용할 수 없다고 일각에서 주장했기 때문이다. 학설적인 논쟁을 넘어서, 이는 실천적인 영향력을 가졌으며, 인권조약들을 기업 활동에 직접 적용할 수 있도록 함으로써 인권 영역에서 기업 활동을 규제하려 시도한 2003년 유엔 규범을 보류하는 원인이 되었다.[55] 킨리(Kinley)와 체임버스(Chambers)가 다음을 언급했듯이 말이다.

> 규범반대 로비의 슬로건은 국가가 국제법의 유일한 주체라는 점과 이러한 정설에도 불구하고 그 규범이 다국적기업들의 행동을 규제하려 시도함으로써 국제법적 정설에 배치된다는 것이다.[56]

이 유감스러운 일화는 국제법에서 주체성에 관한 고전적 모델이 일반적이지 않더라도 여전히 영향력이 있음을 보여 준다.

기업 인권 책임의 윤곽

주체성을 넘어서 기업과 인권 관점에서 하나의 중요한 물음은 기업이 국제법 아래에서 인권 책임을 갖는지 여부이다. 앞 절(다국적기업은 국제법의 주체인가?)에서 언급했듯이, 국제법 아래에서 기업의 의무에 관한 논의는 최근 수년간 인권 의무에 초점을 맞추었다. 여기에는 두 가지 주요한 이유가 있다. 첫째, 기업이, 특히 다국적기업이 그 재정적 정치적 비중 때문에 국제무대에서 주요한 지위를 획득했다고 말하는 것이 다반사가 되었다. 대기업의 영향력이 점증하는 맥락에서 비-정부 기구는 이들 기업이 개발도상국에서 범했거나 연루된 인권침해를 기록하기 시작했다. 옹호하는 관점에서 그 주장은 기업이 많은 이윤을 창출하기 때문에 그들은 인권법을 준수해야 한다는 것이다. 바꿔 말하면, 권력을 가진 자에겐 책임이 따른다.

둘째로는 첫째 이유와 관련하여, 중대한 인권침해는 국가 또는 불법 무장 단체와 같은 비국가행위자에 의해 인권이 일상적으로 침해되는 곳에서 자주 발생한다는 것이다. 국가도 반란단체도 그 국제적 의무를 준수하도록 강제될 수는 없고, 옹호 집단에 의한 영향도 아주 제한적이다. 네이밍 앤드 셰이밍 전략은 거의 틀림없이 국가에 대해서보다는 기업에 대해서 더욱 효율적이다. 실제로 공적 이미지는 기업의 실적에 그리고 궁극적으로는 생존에 직접적으로 관련된다. 그 주장은 기업의 인권침해를 폭로하는 것이 기업을 반응하게 하고 그 작동 방식을 변화시키는 역할을 한다.

도덕적 관점에서 기업이 인권을 고려해야 하는지 여부를 논의하는 것은 국제법 아래에서 기업이 인권 의무를 갖는지, 만약 그렇다면 어떻게 국내 법원이나 국제 메커니즘에 의해 그것이 집행될 수 있는지에 대한 물음과는 다르다. 뒤의 질문은 본질적으로 앞 절에서 논의된 더 넓은 이론적 문제와 관련되어 있는데, 그것은 국제법 아래에서 기업의 지위와 관계가 있다. 국제법의 한 분야로서 국제인권법은 추정컨대 국가들만을 구속하고 개인과 기업과 같은 다른 독립체에게는 의무를 부과하지 않는다. 그것은 주로 국가에 의한 인권침해에 대처하기 위해 고안되었다.

그렇다면 기업은 이 그림의 어디에 들어맞는가? 비국가행위자로서 기업은 다른 무엇보다도, 기업이 다른 나라들에서 운영되는 경우에는 그들이 운영하고 있는 국가의 법뿐만 아니라 법적으로 등록된 국가의 국내법의 지배도 받는다. 국내법은 순수하게 성질상 상업적인 영역과, 넓게 보아 인권에 관계되는 노동법과 환경 규제와 같은 다른 영역의 규정을 모두 포함한다. 일부 국가들은 기업에 적용할 수 있는 정교한 법적 프레임워크를 발전시켰다. 다른 국가들은 거의 규제가 없으며 많은 부분에서 기업이 스스로 규제하도록 한다. 국가들은 국제인권법이나 노동법의 의무들을 준수하기 위해 제정되거나 만들어진 규정들을 가지고 있을 수도, 그렇지 않을 수도 있다. 국가가 스스로 준수할 규정을 채택하는 이유는 대체로 기업의 경우에 해당되지 않는다. 기업은 국내법에 구속되며, 따라서 국제인권법은 기업에 간접적으로 관련된다. 따라서 국제인권의 엄격한 이해 아래에서는 국가만이 직접적으로 구속된다.

아래 첫 하부 절에서는 직접적 그리고 간접적 의무의 이분법을 해명하려 시도한다. 둘째 하부 절은 그 논의에 또 다른 층의 물음을 추가한다. 만일 기업이 직접적인 인권 의무를 갖는다고 한다면, 이것은 국제인권법이 다루는 모든 범위의 인권에 관련되는 것인가?

직간접적 의무 이분법

직간접적 국제 인권 의무 사이의 이분법은 기업과 인권 분야에서 특히
중요하다. 기업과 같은 비국가행위자는 법의 주체일 수 없다는 보수적
인 법 해석 하에서, 국제법은 인권의 영역에서 기업에게 기껏해야 간접
적 의무를 부과한다. 즉, 국제인권법은 국가가 기업에 영향을 미치는 이
행 조치를 채택한 범위 내에서만 관련이 있다는 것이다. 기업에게 단지
간접적 의무만을 부과함에도 불구하고, 국제법은 모든 실천적 목적을
위해 기업을 동일한 방식으로 규제하지는 않는다. 이러한 엄격한 접근
법은 개선될 필요가 있다. 국제인권법이 기업에게 직접적 의무를 부과
하지 않는다는 생각을 고수하더라도, 인권조약은 제한적 방식이긴 하지
만 기업을 그 적용 범위에 포함하는 방식으로 해석되어 왔다.

유럽의 시스템에서는 유럽인권협약(the European Convention on
Human Rights'; ECHR's)의 기업에의 적용 가능성과 관련한 핵심어는 독
일의 법 개념인 제3자효(Drittwirkung)이다. 제3자효는 '협약이 비국가
행위자의 행위에 적용되는 범위'로서 정의된다.[57] 협약 시스템 아래에
서 인권의 **사적** 침해 문제는 다양한 방식으로 발생하지만,[58] 두 가지가
기업과 인권 사이의 상호작용에 관한 논의에서 특별히 중요하다. 첫째,
법원은 사적 당사자를 포함한 제3자에 의해 발생할 수 있는 침해를 국
가가 예방해야 할 적극적인 의무를 특정 조항들이 창출한 것이라고 해
석했다. 둘째, 법원은 그 협약을 적용하기 위해 특정한 독립체가 사적인
것인지 또는 공적인 것인지를 결정해야 했다.

첫 번째 시나리오는 조약의 간접적 수평효로서 제3자에게 부과된
간접적 인권 의무의 한 예이다. 이러한 상황은 사적 당사자가 다른 사적
당사자에 대해 침해하는 것을 예방 또는 구제하지 않은 데에 책임을 지
는 국가에 관한 것이다. 다양한 인권 시스템으로부터의 사례들은 이 시

나리오를 잘 보여 준다. López Ostra v Spain 사건에서 유럽인권법원(the European Court of Human Rights; ECtHR)은 오염을 사생활 및 가족생활에 관하여 규정한 협약 제8조에 대한 침해와 동일시했다. 이 사례에서 법원은 사적 소유인 쓰레기 처리장을 특정한 방식으로 운영하도록 허용함으로써 청구인의 사생활과 가족생활에의 권리를 국가가 침해했다고 결론지었다.[59] 마찬가지로 Tatar v Romania 사건에서 정부당국은 채굴회사가 수반할지 모르는 위험에 대한 국민의 사생활과 가족생활에의 권리를 보호하기 위한 적합한 조치를 취하는 데에 실패했다고 결론지었다.[60] 아프리카의 인권 보호 시스템에서는 오고니(Ogoni) 주민의 대표자들이 나이지리아를 상대로 제기한 소송에서, 아프리카인권위원회는 그 지역에서 운영하는 공적–사적 벤처인 NNPC 셸 컨소시엄이 유발한 해악으로부터의 오염을 나이지리아가 방지하는 데에 실패했다고 보았다. 그리고 석유 작업이 야기하는 환경 및 건강에 대한 잠재적 또는 실제적 연구를 제공하거나 수행하는 데에도 실패했다고 보았다. 그러한 석유 작업은 부분적으로 다국적기업 로열 더치 셸(Royal Dutch Shell)의 자회사인 어느 사기업에 의해 착수되었다. 이 사건도, 실은 주로, 국가에 의한 직접적인 침해와 관련되었지만, 국가는 사기업의 운영에 대한 통제에 실패한 점에 책임을 졌으며, 이는 그런 경우에 아프리카 헌장 아래에서 그의 간접적 책임을 위반한 것이라고 말할 수 있다.[61] 미국 대륙 간의 시스템에서 일련의 사례들은 석유 및 벌목회사에 의해 그들의 삶의 방식이 위협받고 있는 현지 주민의 권리를 보호할 국가의 적극적 의무를 다룬다.[62] 유엔 인권위원회도 핀란드 현지 주민인 사미(Sami)족에 대한 유사한 사례를 접수했다.[63]

2014년 유엔 인권이사회는 구속력 있는 기업과 인권 조약을 고안해 내는 작업을 개시하기로 결정했다.[64] 조약이 국가를 구속할 것인지, 또는 창출된 의무가 기업에게도 직접적으로 적용될 것인지의 물음은 확실히 다가올 논의에서 두드러질 것이다. 신중한 태도를 취한다면 지금 까지 인권법원들과 기구들이 채택한 접근법이 유지될 것이고, 어느 정도까지 그 조약에 대해서 구체화하여 국가의 영토 안에서 운영하는 기업과 아마도 그 영토에 등록되었지만 해외에서 운영하는 기업들에 대해 규제하고 통제할 국가의 의무를 창출하려 할 것이다. 사실 뒤의 사항은 현재의 국제법 분야에서 흥미로운 추가사항이 될 수 있다. 구체적인 기업과 인권 조약 없이도, 위에 논의된 판례법이 보여주듯이, 국가는 그 관할권 내에서 기업의 인권침해 방지를 보장할 의무를 갖는다는 점은 분명하다. 국가가 그 영토에 등록된 기업의 외국에서의 활동에 대해서도 의무를 부담하는지에 관하여 국제적 차원에서 논쟁이 있었다. 유엔 인권 조약에 대한 국가의 이행에 대해 감시 기능을 하는 몇몇 유엔 인권 조약 기구들은 그것을 인정하는 듯 보이는 문서들을 채택했다. 이 기구들은 경제적·사회적 및 문화적 권리에 관한 위원회,[65] 인종차별철폐위원회,[66] 아동권리위원회,[67] 그리고 인권이사회이다.[68] 이 점은 유엔 기업과 인권 이행원칙의 초안 작성으로 이어진 논의 내내 맹렬한 논쟁거리였다. 결국 이행원칙은 '자국' 기업의 외국에서의 활동을 국가가 규제할 의무를 요구하지 않게 되었고, 그렇게 할 수 있도록 했다고 한다.[69] 어느 경우든 이행원칙은 구속력 있는 법을 구성하지는 않는다. 이 점을 염두에 두고, 미래의 기업과 인권 조약은 한 발짝 더 나아가서 당사국들로 하여금 그 영토 내에 등록된 다국적기업의 해외 활동을 규제하도록 실제로 요구할 수 있을 것이다. 제9장은 국제인권법 아래에서 이렇게 발생한 의무를 준수하기 위해 국가가 착수한 조치의 유형에 대한 개요를 제공한다.

기업의 인권 의무라는 관념에 관한 두 번째 시나리오는 사적 또는 반(半)-사적(semi-private) 독립체가 전통적으로 국가기능의 범주에 속하는 기능을 수행하고 그 과정에서 인권을 침해하는 경우의 문제이다.

국가가 사실 기업을 통제하고 있고 기업의 행위가 국가로부터 기인할 수 있다면, 국제적 차원에서 이것은 국가책임을 수반할 것이다. 국제법 위원회의 국가책임초안 제5조 내지 제8조는 이것이 가능한 상황의 윤곽을 그린다.[70] 어느 기업이 가령 구치소 운영처럼 국가와 유사한 의무를 수행하도록 국가에 의해 지시받는 경우를 예로 들 수 있다.[71] 국내 차원에서는 이러한 사적 독립체가 국가의 의무를 수행한다는 이유로 이들에게 직접 인권 조약을 적용할 수 있는지에 관하여 일부 논의가 있었다. 영국에서는 요양원과 교도소의 사적 운영, 그리고 유럽인권협약을 국내법 체계에 구현한 인권법(the Human Rights Act)이 그러한 기능을 수행하는 사기업에 적용되는 범위에 논의의 초점이 맞춰졌다.[72] 기업의 인권 의무에 관한 논의라는 점에서 흥미롭지만, 이것은 오히려 기업이 국내법을 준수할 의무에 대한 고전적 사례라고 할 수 있으며, 기업에 직접적 인권 의무를 부과하는 국제법적 사례는 아니다.

이러한 **개관(tour d'horizon)**은 국제인권법이 최근에야 스스로를 기업체에 관련시키기 시작했다는 점과 국제법 분야에서 기업에 대한 언급은 여전히 부족하다는 점을 강조했다. 그러나 이것이 국제법 전체에서의 사례는 아니며, 부패에 대한 투쟁,[73] 테러리즘,[74] 환경법[75]과 같은 다양한 영역에서 여러 조약들은 기업을 언급하며 그 행동을 규제하려 한다. 그러한 규제가 여전히 간접적인지 그렇지 않고 실은 직접적이라고 간주될 수 있는지에 관한 논쟁이 존재한다. 전통적 견해는 이러한 조약들이 기업을 규제하는 원천이며 때로는 기업에 직접적으로 대응하는 것으로 보임에도 불구하고, 그러한 환경에서 국제법은 직접적으로 기업 활동을 규제하지 않을 것을 제안한다.[76] 가령 특정한 행위를 범죄화하는 것과 같이 국가가 법을 시행하는 때에만, 기업은 그에 직접적으로 영향을 받게 될 것이다.

다른 이들은 다음과 같이 주장한다. '이러한 발전은, 아직도 국제적 차원에서 책임이 (…) [기업에게는] 없지만, (…) [기업에] 적용할 수 있는 규범의 제정을 향한 국제적 규제 체계의 진화를 보여 준다.'[77] 즉, 국제법은 기업에 대해 직접적 의무를 부과한다는 결정적 증거를 이들 조약이 구성하지 않는다고 하더라도, 그것은 국제법이 기업의 행동을 규제하려는 의도가 있음을 보여 준다.

마지막으로 래트너(Ratner)는 예컨대 환경조약의 경우 '기업에 국제적 기준의 책임을 부과한다'고 주장한다.[78] 그가 말했듯이 '이러한 입법과 적용의 누적적 영향이 제안하는 바는 기업의 활동이 국제적 규제에 적합한 주제라는 점이 많은 정책결정자에 의해 승인되는 것이다.'[79] 래트너가 보기에 이러한 조약은 그 실행과 집행을 위해 국내의 메커니즘을 요청한다는 사실과 관계없이 기업에게 직접적 의무를 부과한다. 국제 집행 메커니즘의 부재는 그 의무가 간접적일 수밖에 없다는 증거라고 생각하는 이들에 대한[80] 응답으로, 그는 다음과 같은 이유에서 이것이 요점을 벗어난 것이라고 주장한다.

> 그것은 책임의 존재와 그것을 구현하는 방식을 혼동한다. 그것은 집행 메커니즘이 하나 혹은 다수의 국가에서 사적 소송으로 이루어진다는 이유로 국제법이 스스로 기업에 대해서 책임 -몇몇 조약이 바로 이런 언어를 사용하고 있음에도 불구하고- 을 부과하지 않는다고 말하는 것이다. 그러나 그 조약들은 오염자에게 정말로 책임을 부과한다. 이 책임을 집행하기 위해 국내 법원을 이용하는 것이 이러한 현실을 바꾸지는 않는다. 이는 -예컨대, 비록 범죄인을 인도하거나 소추할 책임에 의해서- 그러한 국제형사책임을 집행하기 위해 국내 법원을 이용하는 것이 법이 부과한 개인 책임을 탈락시키지 않는 것과 마찬가지이다.[81]

같은 맥락에서 앤드루 클래펌은 다음과 같이 말한다.

기업을 재판할 국제 관할권이 없다는 사실은 기업이 국제법 의무 아래에 놓이지 않음을 뜻하지는 않는다. 또한 그것은 국제법을 위반한 기업에 관하여 말할 수 없다는 것을 뜻하지도 않는다.[82]

게다가 환경 보호, 테러 및 부패에 대한 투쟁, 노농권 영역에서의 국제조약 외에도 유엔 안전보장이사회 결의안 중 일부는 기업에 대한 직접적 의무를 부여했다. 시에라리온(Sierra Leone)에서 다이아몬드 무역이 분쟁을 촉발시킨다는 점을 인식하면서, 안보리는 시에라리온 지역의 다이아몬드 원석 수출입을 금지했고 그러한 무역을 금지하도록 국가들에 요청했다.[83] 결의안은 또한 테러리즘과의 투쟁과 관련하여 비국가행위자에 대한 제재를 채택했다. 알카에다 제재 위원회는 표적이 된 개인과 독립체의 목록을 유지한다.[84] 이러한 독립체들이 현재에는 이윤 지향적이라기보다는 오히려 자선적으로 보이지만, '알 카에다, 오사마 빈 라덴 또는 탈레반과 관련된 개인, 집단, 기업 또는 독립체와 같은 것에 의해 직접 또는 간접으로 소유 또는 통제되는, 또는 이들을 지원하는 어떠한 기업 또는 독립체든' 이 목록에 기록될 것이라는 점을 안보리는 분명히 했다.[85] 따라서 기업이 추가될 수 있다. 이러한 추세는 계속될 것으로 보이는데, 그 까닭은 북한에 대한 제재 프레임워크 내에서 은행을 포함한 많은 기업들이 이미 목록에 올랐기 때문이다.[86] 국제사법재판소는 안보리 결의가 비국가행위자를 구속할 수 있다고 확인했다. 비록 그 결정이 특히 기업에 관한 것은 아니었지만, 재판소는 코소보에 관한 권고적 의견에서 안보리 결의가 비국가행위자들에게 의무를 부과할 수 있음을 지적했다. 그렇게 함으로써 재판소는 이스라엘 장벽(Israeli Wall) 문제에 관해 취했던 입장을 뒤집었다.[87]

보통의 인권 분야로 다시 돌아오면, 바스케스(Vasquez)와 같이 기업에 대한 간접적인 국제적 규제를 확고하게 신봉하는 자들조차도 전통적인 견해에 예외가 있다고 주장한다.[88] 국제인권법은 인간이 존엄성과 권리를 받을 동등한 자격이 있다는 전제 위에서 전개되었다. 인권은 모두가 존중받고, 기본적 자유를 향유하고, 그들의 기본적 욕구가 충족되는 이상을 대변한다. 인권은 조약상의 의무나 국내법의 기술적 의무와 무관하게 존재하며, 국제인권법이 법전화 되기 훨씬 전에 정치적·철학적 본성의 논의 주제를 형성했다. 인권은 법적 고려를 초월한다. 세계인권선언과 인권 조약들이 대서양 노예무역 시대에는 존재하지 않았기 때문에 이 비인간적 사업이 인권침해를 구성하지 않는다고는 그 누구도 감히 주장하지 않을 것이다. 당시와 지금의 차이는 오늘날 우리는 이러한 침해를 세계인권선언 및 인권 조약들과 같은 문서를 참조하여 분명하게 설명할 수 있다는 데에 있다.

국제인권법은 국가를 전적이진 않더라도 주된 의무 주체로 만드는 방식으로 발전했다. 그러나 '인권침해에 완전하게 대처하기 위해서, 국가 외에 다른 의무 주체가 필요하다. 국가만이 강조되어야 할 근본적 이유는 없다. 그것은 단지 역사적으로 상황이 그렇게 발전했을 뿐이다.'[89] 국제법은 인권이라는 관심사를 표현할 기준과 도구들을 제공했지만, 인권은 국제법의 외부에도 존재한다. 이미 보았듯이 세계인권선언 스스로는 국가에 대해서만이 아니라 '사회의 모든 기관'에 대해서도 기준을 설정하기로 되어 있다. 게다가 시민적·정치적 권리에 관한 국제규약과 경제적·사회적 및 문화적 권리에 관한 국제규약의 둘 다에서 전문(前文)은 개인들이 '타 개인과 자기가 속한 사회에 대한 의무'를 지며, 이 각각의 조약에서 '인정된 권리의 증진과 준수를 위하여 노력하여야 할 책임'이 있음을 명시한다.[90] 전문은 구속력이 없지만, 이는 인권 책무가 국가만이 아니라 모두의 관심사여야 한다는 점을 보여 준다.[91] 요컨대, '국가 행위자/비국가행위자에게 의무를 부과하는 데에 개념적 장벽은 존재하지 않는다.'[92] 제안된 기업과 인권 조약이 이 노선을 택할 것인지 아니면 더

보수적인 접근법을 채택해서 스스로를 간접적 의무에 제한할 것인지는
지켜봐야 할 문제이다.[93]

어떤 권리가 관련되는가

국제인권법은 광범위한 권리를 다룬다. 일부는 공정한 재판을 받을 권
리, 자유에의 권리와 같은 시민적·정치적 성질을 가진다. 다른 것들은
일할 권리 및 건강권과 같은 경제적·사회적 또는 문화적 성질을 갖는
다. 냉전과 관련한 정치적 이유에서, 1948년 세계인권선언의 채택에 이
어 두 묶음의 권리들에 관련한 법이 분리되어 발전했음에도 불구하고,
오늘날 유엔의 입장은 인권들이 '불가분적, 상호관련적, 상호의존적
(indivisible, interrelated and interdependent)'이라는 것이다.[94] 무력 충돌, 민
간인에 대한 공격과 같은 특정 상황에서는, 이러한 권리들 – 특히 생명
권, 고문받거나 노예가 되지 않을 권리 – 중 일부에 대한 중대한 침해는
국제범죄를 구성할 수 있다. 이러한 침해는 '단순' 침해와는 다른 성질
을 가지며, 국제법 아래에서 개인의 형사책임을 수반한다.

　이러한 모든 권리는 조약 및 연성법 문서에 구체화되어 있으며, 일
부는 관습국제법의 일부이기도 하다. 언급했듯이 국제법의 엄격한 독법
아래에서는, 국가는 그들이 비준한 조약과 관습국제법에만 구속되고,
세계인권선언이나 현지 주민의 권리에 관한 유엔 선언문과 같이 엄격히
말해 비구속적 문서에는 구속되지 않는다. 실제로 국제인권법적 의무는
국가마다 다르며, 어떤 국가는 스스로 다른 국가에 비해 더 많은 의무를
약속했다. 이를 염두에 둔다면, 무엇이 기업의 인권 의무여야 하는지 구
분하는 것은 간단하지 않다. 국가들이 모든 인권법에 구속되지는 않는
다는 사실과 그 대신에 그들 서로는 다른 의무를 부담한다는 사실을 우

리가 받아들인다면, 기업이 모든 인권을 존중해야 한다고 주장하기는 어렵다. 옹호적 관점에서 보자면 불가분성에 관한 유엔의 입장을 고수하는 것이 합당해 보이지만, 그것은 실제로 어려움을 낳을 수 있고 비현실적으로 보일 수 있다.

기업이 준수해야 하는 권리를 결정하는 보수적인 방식은 기업이 활동하는 국가에서 시행 중인 인권 조약을 존중하는 것이다. 아마도 법적 관점에선 보다 만족스러울지라도, 이러한 접근법은 보호의 공백을 좁히고 기업의 직접적 의무를 확인한다는 목적을 다소 놓친다. 만일 국가가 조약들을 거의 비준하지 않고 인권 기록이 열악한 경우에, 기업의 인권 책임을 옹호하기 위한 이유 중 하나는, 그것이 기업을 불안정한 지위에 놓을 수 있음에도 불구하고, 기업은 존중받는 특정한 권리를 보장하는 데에 어떤 역할을 할 수 있다는 것이다.[95] 반대로, 이러한 접근은 권리주체가 국제소송을 국가에 대해서도 기업에 대해서도 제기할 수 없는 장소가 존재함을 용인한다. 그 결함에도 불구하고 이러한 접근법은 2000년 개정된 OECD 다국적기업 가이드라인(the OECD Guidelines for Multinational Enterprises)에 포함되었지만 그 후에 폐기되었다.[96]

기업은 어떤 권리를 침해할 가능성이 더욱 높고 다른 권리에 대해서는 적다. 자유로운 집회의 권리나 건강권과 같은 작업장과 관련된 권리들은 애당초 결혼할 권리보다는 관련성이 높다. 게다가 어떤 권리의 침해는 거의 항상 주로 국가와 같은 다른 행위자들과 협력하여 범해진다. 예컨대 기업은 자유에의 권리를 단독으로는 거의 침해하지 않는다. 그러나 기업은 예컨대 노동조합원을 체포하고 불법적으로 구금할 수 있는 정보를 정부 당국에 제공함으로써 침해에 연루될 수 있다.[97] 비록 염두에 두어야 할 중요한 사항이지만, 침해의 가능성은 어떤 권리를 기업이 존중해야 하는지를 결정하는 데에 근거가 될 수는 없다.

문제에 대처하는 또 다른 방식은 기업이 관습법적 지위를 획득한 인권을 존중해야 한다고 말하는 것이다. 학자와 실무가 모두는 빈번히 세계인권선언의 가능한 관습법적 성질 문제를 논의했는데, 그렇다면 국가들이 조약에 대한 약속을 했는지와 무관하게 모든 국가들을 구속할 것이다.[98] 일부 국가의 저항이 있었기 때문에 이 입장은 유지하기 어려웠다. 그렇지만 인권의 불가분성에 관한 유엔의 공식 입장에도 불구하고, 분명한 사실은 다른 권리에는 분명하지 않을 수 있지만 어떤 권리들은 관습적 지위를 획득했다는 점이다. 앤드루 클래펌은 다음과 같이 적었다.

> [세계인권선언]의 각 조항이 어느 정도로 (⋯) 관습법적 지위를 획득했는지에 대해 논쟁이 계속되고 있지만, 자의적 살인, 노예, 고문, 구금, 그리고 - 아파르트헤이트(apartheid)와 같은 - 체계적 인종차별을 금지하는 규칙들은 오늘날 모든 국가에 대해 구속력 있는 관습국제법의 규칙으로서 승인된다.[99]

즉, 엄격한 법적 고려를 초월하고 국제법 시스템 안의 모든 참가자들, 다시 말해 국가와 기업을 포함한 비국가행위자를 무차별적으로 구속하는 일군의 핵심적 인권 의무가 존재하는 듯 보인다. 넓게 보면 이들 권리에 대한 중대한 위반은 국제형사법의 영역에 해당할 것이다. 그러한 침해가 국제법 아래에서 개인의 형사책임을 수반한다는 사실을 고려하면, 침해는 기업의 형사책임도 수반해야 한다는 거의 당연한 결론에 이르게 된다. 가령 기업이 집단살해를 범하는 것이 금지되지 않았다고 주장한다면 이는 터무니없을 것이다.[100] 국제형사재판소가 기업에 대해 관할권을 갖지 않는다는 사실은 기업이 국제범죄를 범할 수 없음을 뜻하는 것이 아니라, 오히려 집행결손이 존재함을 뜻할 뿐이다.[101] 당시 기업과 인권에 관한 유엔 사무총장의 특별대표였던 존 러기(John

Ruggie)는 2007년 인권이사회에 제출한 보고서에서 다음과 같이 적었다. '국제적 책임 메커니즘의 부재가 국제범죄에 대한 개인의 책임을 배제하지 않았던 것과 마찬가지로, 그것이 오늘날 기업 책임의 출현을 배제하지는 않는다.'[102]

국제범죄에 해당하는 정도의 중대한 인권침해에 대해 기업은 의무를 갖는다. 이것은 중요한 점이지만, 그러한 중대한 침해가 기업의 '단순한' 인권침해에 비해 훨씬 덜 자주 발생할 것이므로 그 실천적 결론은 제한적이다. 논란의 여지가 있지만, 기업의 인권 의무를 국제형사법의 영역으로 제한하는 것은 지나치게 협소하며, 대부분의 침해를 포괄하지 못한다.[103] 국제형사법에 의존하면 기업의 인권 의무의 윤곽 중 일부를 추적할 수 있지만, 그것이 문제를 해결하는 것은 아니다. 가장 논란의 여지가 있는 문제는 예컨대 노동권 및 물에 대한 지역사회의 권리와 같은 것은 다뤄지지 않는다는 점이다.

기업과 인권에 관한 최근의 유엔 이니셔티브인 2011년 유엔 기업과 인권 이행원칙은 기업의 인권 의무에 관한 물음을 회피했으며, 인권을 존중할 기업의 책임 대신에 법적 의무가 아닌 사회적 기대를 이야기한다.[104] 이는 이행원칙으로 하여금 광범위한 인권을 포함하도록 했다. 이행원칙 12는 다음과 같다.

> 기업의 인권 존중 책임은 국제적으로 승인된 인권에 의거한다. 그 인권은 적어도 국제인권장전에 표현된 권리와 작업장에서의 근본원칙과 권리에 관한 ILO 선언에 규정된 기본권리에 관한 원칙으로 이해되어야 한다.[105]

제7장에서 논의되겠지만, 이행원칙은 전폭적인 합의를 이끌어 냈기 때문에 중요한 진전을 이뤘다고 할 수 있다. 그러나 이것이 기업의 인권

의무에 관한 완전한 승인은 아니다. 이행원칙을 설계한 존 러기는 기업의 인권 존중 책임의 비-법적 성격을 다음과 같이 적었다.

> 명백히 이 특징이야말로 존중 책임의 내용을 국제 인권 규범과 바로 연결시키는 것을 국가와 기업이 수용하도록 만들었다. 물론 모든 국가가 모든 조약을 비준했다거나 모든 관련된 선언에 찬성표를 던진 것도 아니고 그러한 문서들이 직접 기업에 법적으로 적용되지 않음이 일반적이긴 하다.[106]

국제적 집행

앞 절(기업 인권 책임의 윤곽)에서는 기업의 인권침해에 대응하기 위한 국제적 집행 메커니즘의 부재를 언급했다. 지금까지 기업의 인권 책임 소송은 국내 법원에만 제기되었는데, 제10장에서 이 사례들을 다룬다. 이절은 국제형사재판소와 같은 미래의 가능한 전개와 더불어 세계인권재판소 창설을 포함하여 기업이 책임지게 할 수 있는 다양하게 제안된 국제적 메커니즘에 초점을 둔다. 이번 절은 19세기 동안 노예무역의 금지를 집행한 국제재판소에 관한 논의로 시작한다. 재판소가 인권 주장을 판결하고 있지는 않기 때문에 그 절차를 '기업과 인권' 소송이라고 부르는 것이 과도할 수 있지만, 그럼에도 불구하고 기업의 인간거래를 금지한 사건들을 다루고 있다. 따라서 재판소는 국제 수준에서 기업의 인권 의무 집행에 관한 현대적 쟁점을 설명하기 위한 중요한 참고 사항을 제공해 준다.

공동위원회: 노예무역 재판

1807년 노예무역의 폐지에 이어서 그 무역을 국제적으로 종결짓고자 영국은 몇몇 국가와 협상에 들어갔다. 1817년에 3개의 독립된 양자 조약이 스페인, 포르투갈과 네덜란드 사이에 체결되었다. 그 조약들은 노예무역을 불법화했고, 상호 간 선박 수색과 압수의 권한을 승인했으며, 그리고 국제재판소('공동위원회', Mixed Commissions)를 창설하여 수행하려는 수색과 압수의 합법성에 관한 최종적 결정을 내리도록 했다.[107] 공동위원회는 시에라리온, 쿠바, 브라질과 수리남에 처음 설립되었다.[108] 총 600건의 사건 중 500건은 시에라리온에서 심리가 진행되었다.[109] 후에 칠레, 아르헨티나 연방, 우루과이, 볼리비아, 에콰도르 그리고 마침내 1862년 미국과 조약이 체결되어 루안다, 보아비스타 섬(카보베르데), 스페인 마을(자마이카), 케이프타운 그리고 뉴욕에 추가로 위원회가 창설되었다.

특히 위원회의 초창기 동안에는 특정한 상황 아래에서 아프리카인의 거래는 여전히 합법이었는데, 예컨대 조약에서 합의된 아프리카 해안의 특정 지역 내에서 선박에 실려 온 경우가 그러했다. 다른 제한들도 존재했다.[110] 즉, 노예무역은 부분적으로만 폐지되었고, 많은 경우 선박의 국적을 결정하는 일이 중요한 관심사로 다뤄졌다.[111] 초기에 선박이 영국, 스페인, 포르투갈 또는 네덜란드 선적이 아니라면, 노예를 수송 중이었더라도 수색과 압수는 불법이었으며, 그때에는 결국 그 선박이 노예화물과 함께 소유자에게 반환되었다. [따라서] 예컨대 선박을 프랑스 선적으로 보이게 하기 위한 위조 등록 서류를 이용하는 일이 다반사였다.[112]

만일 위원회가 그 선박이 실제로 불법 노예무역에 이용되었다고 결정한다면, 선박은 경매에서 매각되고 그 가액은 정부 간에 분배되었다. 처음 수색과 압수를 수행한 순찰선의 선장은 재정적 보상을 받을 자격이 주어졌다. 그 노예들은 해방되고, 조약에 의거하여 자유의 증서를 받았다.[113] 위원회는 노예무역선의 승무원들에 대한 형사재판 관할권을 갖지는 않았다.[114] 그 한계에도 불구하고 가장 명백한 한계는 프랑스의 불참과 미국의 늦은 참여이다 위원회는 수천 명의 아프리카인들의 삶을 변화시켰다. 마르티네스(Martinez)는 다음과 같이 강조한다.

> 이들은 정말로 사람이었고, 노예무역에 대항하는 국제 조약을 시행하려는 노력 덕분에 그들의 삶은 최소한 약간 더 나아졌다. 순전히 인간에 대한 영향 면에서, 다른 어떤 국제법원도 그렇게나 많은 개인들에게 직접적인 영향을 주지는 않았다. 실제로 대서양을 횡단하는 노예무역 전반에 대한 그 효과 면에서 공동법원들이 '성공적'이었는지와는 무관하게, 법원에 의해 그들의 법적 자유를 인정받은 8만 명에 달하는 개인들에 대한 그 영향은 성공적이었다.[115]

이러한 메커니즘은 권리주체가 의무 주체에 대하여 권리를 주장하는 오늘날의 사법적 및 준사법적 인권 집행 메커니즘과는 같지 않다. 노예들은 공동위원회에 거의 출두하지 않았으며 절차에서 부차적으로 고려되어서, '틀림없는 시스템의 수혜자였지만 도저히 시스템 내의 적극적 참가자라고는 할 수 없었다.'[116] 그러나 마르티네스는 공동위원회가 국제 인권 메커니즘이었다고 주장한다. 국제 사법 또는 준사법 기관에 직접 제소하는 것이 아니라 예컨대 유엔 특별절차의 조사를 통해 논의되는 광범위한 이슈들로서 현대의 인권침해에 대처하는 다양한 방식들을 그녀는 위원회의 절차들과 비교한다. 피해자들은 오늘날에도 여전히 중심적인 역할을 하지 않는 것이 보통이다.[117]

이 책에서 가장 중요한 것은 국제인권법이 제2차 세계대전에 뒤따른 시기의 발명품이 아니라는 마르티네스의 주장이다. 그 대신, 그것은 반노예제 운동으로, 결과적으로 공동위원회까지 거슬러 올라갈 수 있다. 제2차 세계대전 이후 국제인권법은 국가만이 인권을 침해한다는 생각에 기초하고 있지만, 이러한 관점 전환의 귀결 중 하나는 '비국가행위자에 대한 특별한 강조'이다.[118] 마르티네스는 다음과 같이 주장한다.

> 국제인권법의 기원에 대한 초국가적인 사적 행위자의 중심적 역할을 환기하는 것은 오늘날 사적 행위자에 의한 인권침해를 해결하기 위한 중요한 도구로서의 국제 인권 메커니즘의 가능성을 강조한다. 전쟁범죄, 인도에 반하는 죄를 범하는 비-국가 테러 조직이나 현대적 형태의 강제노동 불법 거래에 종사하는 개인 또는 기업은 어떤가? 이는 국제인권법과 국제인권운동에서 극적인 전환을 보여 줄 것이다.[119]

이 장의 앞에서 보았듯이, 인권의 영역에서 국가가 유일한 의무 주체여야 할 근본적 이유가 있는 것은 아니다. 개인과 기업도 역시 의무주체가 될 수 있다. 그러한 맥락에서 공동위원회의 역사는 다음과 같은 사실에 대한 당대 관찰자의 관심을 끈다. 즉, 인권 영역에서 기업의 비행을 다루기 위한 국제 메커니즘의 창설이 개념적으로 불가능하지는 않다는 것이다. 이러한 메커니즘이 만들어지는 것은 단지 시간문제일 수 있다.

국제형사재판소와 기업 범죄

로마규정에 의해 1998년 설립된 상설법원인 국제형사재판소는 개인이 범한 침략, 집단살해죄, 인도에 반한 죄, 전쟁범죄에 대해서만 관할권을 갖는다. 재판소는 기업과 같은 법인이 행한 범죄에 대한 관할권을 갖지 않는다. 그러나 국제형사재판소에 소추될 수 있는 독립체로서 법인을 배제한 것은 견고한 이론적 근거에 기반을 두지는 않는다.[120] 그것은 단순한 누락도 아니다. 오히려 그것은 다른 결과를 가져올 수도 있었을 협상 절차의 결과이다. 1998년 로마회의에 앞서 준비위원회가 작성한 규정의 최종 초안 제23조는 괄호로 묶은 다음 두 문장을 포함했다.

> [5. 재판소가 국가를 제외한 법인에 대해서도 관할권을 갖는 경우는, 행해진 범죄가 그러한 법인을 위해서 또는 그 기관 및 대표에 의하여 범해진 때이다. 6. 법인의 형사책임은 같은 범죄의 정범 또는 공범인 자연인의 형사책임을 배제해서는 안 된다.][121]

규정 초안에 대한 주석은 '기업의 형사책임을 규정에 포함하는 것이 타당한지에 관한 극심한 견해 차이'를 지적했다. '많은 대표단[이] (…) 강력하게 반대했지만, 일부는 그것을 포함시키는 것에 크게 찬성[했다.]'[122] 탄자니아는 지지국 중 하나였다. 탄자니아 대표는 다음을 강조했다.

> 르완다에서의 집단살해죄에 관한 혐의점 중 하나는 기업의 수익으로 구입한 무기를 자신의 창고에 저장하고 그로부터 유통시킨 기업이 존재했으며, 그 기업들의 대표자들은 명백히 이를 알고서 행했다는 것이다.

그는 기업과 같은 법인이 '벌금을 납부하거나 청산하는 것밖에 없다고 하더라도 그럼으로써 형사적으로 책임을 부담해야 한다'고 생각했다.[123]

결국 기업의 책임을 포함하기로 찬성하는 합의는 이루어지지 않았으며, 규정 제23조는 개인에 대한 재판소의 관할권을 부여하는 것에 그쳤다. 이 개인들은 기업의 임원일 수 있다. 따라서 이론적으로는 재판소가 기업과 인권 소송사건을 심리할 수 있다.[124] 그러나 실제로는 그런 일이 일어나지는 않을 듯하다. 국제형사재판소는 범행에서 가장 큰 책임이 있는 최악의 범죄자들을 다루기 위해 창설되었고, 이미 보았듯이 기업 임원들은 정범이 아니라 방조범 또는 교사범으로서 범죄에 관여하는 경향이 있다. 로마에서의 협상 결과, 법원이 기업에 대한 관할권을 행사하기 위해서는 규정이 개정되어야 한다. 기대하기는 어렵겠지만, 2010년에 침략 범죄의 정의를 포함하기 위해 규정이 개정되었다는 점은 언급할 가치가 있다. 이는 정치적 의지가 있다면 국가 간의 새로운 합의를 고려하고자 국제법이 수정될 수 있음을 보여 준다. 법원에 기업 범죄에 관한 관할권을 승인하는 것은 특정한 행위가 용납되지 않는다는 강력한 신호를 보내는 것이다. 비록 소추가 개시되는 일이 없다 할지라도, 그것은 기업이 의무 주체로서 국제법의 적용에서 배제되지 않음을 분명히 하며, 가장 환영받을 책임감을 조성할 수 있을 것이다. 국제형사재판소 규정의 개정은 국제 인권침해에 대한 기업의 책임을 둘러싼 광범위한 논의 중 일부이며, 미래의 기업과 인권 조약의 채택에 관한 논쟁에 등장한다.[125]

감시 메커니즘과 세계인권재판소

기업과 인권에서 최근의 법적 환경은 어떠한 국제적 감시 메커니즘도 포함하지 않는다. 그것은 시민사회가 기업과 인권 조약을 지지하는 배경이 되는 이유 중 하나인데, 그것은 조약이 그러한 메커니즘을 포함할 거라 기대하기 때문이다. 유엔 인권위원회를 유엔 인권이사회로 대체토록 이끈 유엔 인권 메커니즘의 개혁이라는 맥락에서, 2007년에 만프레트 노박(Manfred Nowak)은 세계인권재판소의 창설을 제안했다.[126] 세계 재판소는 국제형사재판소를 설립한 로마조약의 규정과 동일한 모델에 따라, 국가가 자발적으로 준수하게 될 조약에 의해 창설될 것이다. 우리의 목적을 위해 더욱 중요한 것은, 기업을 포함한 비국가행위자에 의한 '비준'에 그 규정이 열려 있을 것이라는 점이다. 그 결과는 다음과 같다.

> 초국적 기업은 (⋯) 그들 각각의 영향력 있는 영역에서 선별된 인권과 관련하여 세계재판소의 구속력 있는 관할권을 채택하도록 요청받고 권장될 수도 있다. 그러한 것으로는 강제 또는 아동노동의 금지, 노동조합을 결성하고 가입할 권리, 단체교섭권 그리고 차별금지와 같은 것이 있다. 세계재판소는 그 관할권에 속하는 기업이 피용자, 고객 또는 영향을 받는 다른 어떤 사람이 갖는 어느 인권이라도 침해했는지에 대해 구속력 있는 판결을 내릴 지위에 있을 뿐만 아니라, 관련 피해자에게 적합한 배상을 제공할 수도 있다.[127]

세계인권재판소 규정 초안의 제51조 제1항은 독립체에 의한 선언이라는 표제를 두고 다음과 같은 선택 시 인정(opt-in) 메커니즘을 수립한다.

> 제5조 제1항에 열거된 어떠한 인권 조약에서 제공된 어떠한 인권의 각 독립체에 의한 침해의 피해자라고 주장하는 어느 사람, 비정부기구, 또는 개인들로 구성된 단체가 제기한 사건을 접수하고 심리할 재판소의 권한을 승인함을 (⋯) 어떤 독립체도 언제든지 선언할 수 있다.[128]

기업에 대한 소 제기를 접수할 수 있는 세계인권재판소라는 아이디어는 다음의 두 가지 이유에서 아마도 구체화하기에는 어려울 것이다.

첫째, 현재로서는 그 설립에 대한 국가의 지지가 제한적이다. 둘째, 기업이 그러한 시스템에 가입하는 것을 긍정적으로 여길지에 대해 논란의 여지가 있다. 기업은 유엔 글로벌 콤팩트와 같은 다른 시스템에는 자발적으로 참여했고, 전체적으로 보아 유엔 기업과 인권 이행원칙에 대해 적어도 어느 정도는 지지하는 듯 보인다.[129] 그러나 스스로를 적합한 법원의 관할권에 복종시키는 것은 전적으로 다른 문제이다. 이러한 어려움을 극복하기 위해서, 국제형사재판소와 유사한 방식으로, 기업이 이에 동의하는지와 무관하게 국가의 비준이 국가의 영토에 등록된 기업에 관한 세계재판소의 관할권을 포함하는 시스템을 상상할 수 있다. 이 아이디어는 이전의 초안에서 제안되었다.[130] 이러한 접근방식의 문제점은 국제형사재판소의 관할권을 벗어나기 위해 국적을 변경하지는 않을 개인과는 달리, 기업은 그 등록지를 자유자재로 다루는 데에 익숙하며 재판소에 가입하지 않은 국가에 스스로를 설립함으로써 스스로를 재판소의 관할권으로부터 방어할 수 있을 것이라는 데에 있다. 저명한 기업과 그들이 가져오는 일자리 및 세수를 잃는 두려움 때문에 국가는 주저할 수 있다. 이 결함에도 불구하고, 그것은 여전히 연구할 가치가 있는 의견이다. 기업의 인권침해에 대해 피해자가 제기한 소를 심리할 국제재판소의 존재는 기업과 인권 분야에서 중요한 진전이며, 경계가 실제로 바뀌었음을 확고하게 보여 주는 것이다. 아마도 기업 피고(인)에 초점을 둔 유사한 사법 시스템이 기업과 인권에 관한 미래의 조약에 포함될 것이다.

결론

이번 장은 국제적 차원에서 기업과 인권 논의의 복잡성 중 일부를 부각시켰다. 그것은 어떻게 해서 이제 우리가 국제인권법에서 국가를 유일한 의무 주체로 보는 전통적 모델을 넘어서 볼 수 있는지를, 그리고 자발적 경계가 얼마나 큰 폭으로 변화하여 더 큰 기업의 책임에 이르고 있는지를 보여 주었다.

그러나 이것은 그림의 일부일 뿐이다. 기업의 인권 의무에 관한 논쟁이 무르익어 가는 동안에도, 기업 운영에 직접 영향을 미치는 여타의 국제법 분야는 인권에 대해 관심을 거의 보이지 않으며 발전했다. 다음 장은 국제경제법과 국제인권법과의 관계에 집중한다. 그리고 이 장에서 언급되었듯이, 국제연성법 문서들도 기업과 인권 영역에서 발전되었기 때문에, 국제경제법과 기업 인권의 관련성에 관한 전체적인 모습은 제7장에서 다루는 연성법에 관한 논의 후에만 완성될 수 있다.

제6장

인권과 국제경제법: 점들의 연결

연구 분야로서의 기업과 인권의 부상은 기업의 글로벌 운영에 대해 새롭게 주목하게 했다. 1960년대와 1970년대에 국제 수준의 기업들에 관한 논의는 소위 신국제경제질서(New International Economic Order)에 대한 논쟁의 맥락에서 자본을 끌어들이는 개발도상국들과의 복잡한 관계에 초점을 맞추는 경향이 있었고, 그들이 인권에 미치는 영향은 중요시하지 않았다.[1] 외국 투자자들의 국유화와 수용[외국인 재산에 대한 수용], 그리고 천연자원에 대한 투자유치국의 주권이 당시 주요 관심사였다. 이후 1980년대와 1990년대에 경제 자유화 이데올로기의 확산이 특징인 시기가 도래했다. 실무적으로 보자면, 이로 인해 수백 개의 양자간투자협정(BITs)이 이루어져 해외 직접 투자가 기하급수적으로 증가하였고, 또한 국제 무역에 대한 모든 장애물을 제거하고 그 목표에 도달하는 데 도움을 주는 정교한 기구인 세계무역기구(WTO)가 설립되었다. 규제 완화뿐만 아니라 기술 발전과 새로운 금융상품은 점점 자본의 흐름을 촉진시켰다. 한 저자는 다음과 같이 언급했다.

> 이러한 발전으로 인해 투자자와 기업 그리고 금융 서비스 전문가들은
> 그들의 사업을 어디서 운영할지에 대해 어느 때보다도 더 많은 선택권
> 을 누리고 있으며, 국적과 국경을 불문하고, 사실상 어디서든 즉시 멀
> 리 떨어진 시장에 참여할 수 있다.[2]

규제의 부재는 부정적인 인권 영향[3]의 근본 원인으로 지목된다.
WTO뿐만 아니라 세계은행 및 국제통화기금(IMF)과 같은 국제금융기
관은 운영이 불투명하고 사람보다 금융을 먼저 고려한다는 비판을 받
고 있다.[4]

국제경제법은 법의 각기 다른 영역으로 나누어진 분절된 규칙으로
구성된다. 국제경제법의 핵심 영역은 국제무역법과 국제투자법이다. 인
권법과 국제법 분야 간 상호작용에 대해 논의하는 경우, 국제법의 파
편화를 지적하는 것이 일반적이다. 이러한 국제법의 하위범주들이 '자
기 완결적 체제'를 형성하고 있다는 것이다.[5] 국제법위원회(International
Law Commission)는 다음과 같이 언급했다.

> '무역법'은 국제경제 관계를 규정하는 도구로 개발되고 '인권법'은 개인
> 의 이익을 보호하기 위한 것이다. (…) 각 규칙 복합체 또는 '체제'는 그
> 것만의 원칙과 전문성과 정신(ethos)을 가지고 있는데 그것이 이웃한
> 전문 분야와 반드시 일치하는 것은 아니다. 예를 들어, '무역법'과 '인권
> 법'은 매우 구체적인 목표를 가지고 있으며 자주 그 원칙은 다른 방향
> 을 가리킨다. 새로운 법은 효율적이기 위해, 종종 오래된 일반법이나
> 일부 다른 법률과 양립할 수 없는 새로운 형태의 조항이나 관행을 포
> 함한다. 종종 새로운 규칙과 체제는 기존의 일반법에 의해 제공된 것

에서 벗어나기 위해서 만들어진다. 그런 탈선이 일반적이고 빈번해지면 법의 통일성은 훼손된다.[6]

국제무역법, 국제투자법, 국제인권법 등이 서로 다르게 독립적으로 발전해 왔지만, 이들 분야는 독자적이지 않고 모두 국제법 우산 아래서 운영되고 있다. 이 장의 목적은 여러 분야를 연결시킴으로써 국제투자 및 국제무역법과 관행이 인권법과 얼마나 잘 조정되어 왔는지를 보여주는 것으로, 이는 결국 기업의 책임 공백을 해소하는 데 기여할 수 있을 것이다. 제1절에서는 두 영역(국제무역법 및 국제투자법)과 인권의 상호작용을 설명하고, 국제경제법과 인권 고려 사이의 갈등 지점에 주목한다. 제2절은 국제투자 및 국제무역법의 분쟁해결 과정에서 인권의 위치를 설명한다. 제3절은 한편으로는 국제경제법 분야의 다양한 법적 체제와, 다른 한편으로는 국제인권법 간의 조화를 위해 도입될 수 있는 변화를 미래지향적으로 전망하고 검토한다. 이러한 변화는 예를 들어, 국가와 투자자의 인권 의무를 처음부터 명확하게 투자조약에 기술하고, 노동권 조항을 무역협정에 넣는 것을 포함한다. 마지막 절에서는 국제경제법 분야에서 주요 국제기구의 인권 의무와 그들이 설정한 책임 메커니즘을 살펴본다. 이러한 메커니즘은 비록 간접적인 방법이지만 기업의 책임도 강화한다.

국제경제법: 주요 특징 및 인권과의 상호작용

국제무역법

국제무역법은 상품 및 서비스의 국가 간 무역에 적용되는 일련의 규칙을 규정한다. 기업 등 민간행위자와는 관련성이 크지만 국제무역법은 국가 간 관계에 관한 것이다. 국제무역법의 주요 원천은 관세, 수출입 한도 및 보조금과 같은 국가 간 자유무역에 대한 장애물을 제거하기 위한 관세 및 무역에 관한 일반 협정(GATT)과 같은 무역협정과 관련된 협정들이다. 세계무역기구(WTO)는 국가 간 추가 협상을 위한 포럼과 분쟁해결 메커니즘을 제공한다. 국제무역법은 기업이 상품과 서비스를 수입하고 수출할 수 있는지 여부와 방법을 규정하기 때문에 기업들에게 가장 큰 관심사다. 그러나 국제무역법은 국가가 국가 간 무역을 규제할 권한을 가지고 있기 때문에 간접적으로 기업과 관련 있지만 기업은 국제무역법에 따라 소송을 제기하거나 소송을 당할 수 없다. 전형적인 분쟁은 한 국가가 다른 국가를 상대로 소송을 제기하는 것인데, 한 국가가 국제무역법을 위반했다고 생각하는 경우이다. 예를 들면, 불법적으로 국내 산업 분야에 보조금이 지급되어, 그 산업 분야가 해외 경쟁국에 비해 국제 시장에서 불공정한 우위를 점할 때이다. 비록 기업이 직접 참여하는 것은 아니지만 무역 분쟁은 기업과 관련이 있으며 그 결과는 비즈니스에 중대한 영향을 미칠 수 있다. 사실, WTO 분쟁해결 기구에서 국가 간 분쟁의 배후에 산업계의 로비가 종종 있다.[7]

국제무역 규정은 다양한 방법으로 인권에 영향을 미칠 수 있다.[8] WTO는 성장과 경제적 복지를 조성하는 것을 목표로 하고 있는데, 두 가지 모두 인권의 관점에서 분명히 긍정적이다. 이론적으로 자유무역의 약속은 인권의 약속과 정확하게 일치한다.[9] 그러나 자유무역 이데올로기는 한계가 있는 것으로 알려져 있으며, WTO 법은 특히 빈곤 국가들의 인권 실현에 부정적인 영향을 미칠 수 있다. 건강권을 예로 들면, 세계 각국의 빈곤 지역에서 일반 HIV/AIDS 약물에 대한 무역 관련 지적재산권에 관한 협정(TRIPS)의 영향은 잘 정리되어 있다.[10] 마찬가지로, 일부 사람들은 농산물 무역에 관한 규칙이 극빈층의 식량권을 위태롭게 할 수 있다는 것을 강조해 왔다.[11] 규칙은 국가들에 의해 협상되고 주로 국가들에 적용되지만 비록 간접적이어도 기업의 비즈니스에 영향을 미치는 것은 분명하다. 예를 들어, 제약 회사가 수백만 달러를 투자하여 의약품을 개발하고, 그것을 특허로 성공적으로 보호했을 때, 이것이 비록 극빈층의 생명을 구하는 약품을 빼앗는 것으로 해석된다 하더라도, 제약회사는 그 약의 판매로 얻은 이익을 합리적이라고 생각한다.

근본적인 질문이 이 논쟁의 핵심에 있다. 무역 자유화는 '본질적으로 인권의 발전 목표에 반대되는 것'인가?[12] 아니면, 그보다는 '경제적 효율성이 증대되는 것이 세계복지 증진을 통해 인권의 궁극적인 발전에 유용한 전제 조건이 된다고 주장할 수 있는가?[13]'라는 것이다. 이 질문들을 상세히 다루는 것은 이 책의 범위를 벗어나지만, 이 장의 나머지 부분을 문맥적으로 설명하기 위해서는 그것을 다루는 것은 중요하다.

국제투자법

국제투자법은 기업에게 국제무역법보다 더 적극적인 역할을 부여한다. 이 법의 주요 국제법적 수단은 국제투자협정(IAAs)이고, 그 중 대다수는 양자간투자협정(BIT)이며, 이는 한 국가가 상대 국가의 투자자(개인 또는 기업)를 특정 방식으로(우호적으로) 대우하기로 합의하는 것이다.[14] 이들 협정의 목적은 특정 국가의 외국인 투자자에게 안정적이고 예측 가능한 법적 환경을 제공함으로써 경제성장을 촉진하는 것이다. 실제로 투자 결정에서 경제적 고려가 결정적이기는 하지만 법적 안전성도 중요하다.[15]

기업과 해외 국가 사이의 상호작용을 최소화하는 무역과 달리 투자의 경우는 거의 장기적이며 기업이나 민간 투자자는 명확한 규칙의 개발에 직접적인 관심을 갖는다. 투자자와 국가 간의 투자 계약은 국제투자법의 또 다른 주요 원천이며, 복합적인 성격(공공/민간/국제/국내)을 띠고 있다.[16] 해당 법률 분야의 분쟁해결은 국제중재를 통해 이루어지는데, 두 개의 국가가 관련될 수 있지만 일반적으로 BITs 조건이나 투자 계약을 존중하지 않는다는 이유로 기업이 국가를 상대로 소송을 제기하는 것을 포함한다.

국제무역법과 마찬가지로 투자법의 약속은 투자유치국이 세금 수입, 현지인 고용 창출, 기술이전을 통해 투자로부터 이익을 얻는 동시에 투자자도 이익을 얻는 윈윈(win-win) 상황이다. 실제로 국제투자법은 인권을 희생시키면서 지나치게 기업 친화적이라는 거센 비판을 받아왔다.[17] 국제투자법과 인권의 상호작용은 세 가지이다. 첫째, 투자자는 인권 요구, 예를 들어 공정한 재판을 받을 권리나 재산권을 투자한 국가에 제기할 수 있다.[18] 둘째, 투자유치국이 투자에 영향을 미칠 수 있는 국내 법적 보호를 채택하지 못하게 할 경우 투자법은 인권의 완전한 실현에 장애물이 될 수 있다. 예를 들어, 한 국가가 광산업의 보건 및 안전 요건을 강화하기로 결정하면 투자자에게 추가 비용이 수반될 수 있으며, 투자자는 이 조치가 초기 투자 계약에 위배되는 것으로 간주해 이의를 제기할 수 있다. 셋째, 투자자는 물에 대한 권리 또는 현지 주민의 권리와 같은 인권을 국가와 함께 혹은 단독으로 침해할 수 있다.[19] 이 세 가지 시나리오는 분쟁해결에 대한 다음 절에서 자세히 검토될 것이다.

지금으로서는 중재판정부가 인권을 우선적으로 고려하지 않는다는 것을 지적하는 것으로 충분하다. 이들은 오히려 그와 반대로 '공공정책 문제를 간과하려는 뿌리 깊은 성향'과 '국제인권법에 관해 매우 논란이 많은 이슈를 회피하려는 경향'을 지니고 있다.[20] 이것은 논란의 여지가 있지만, 공익 변호사가 아닌 기업 변호사가 판사 및 변호사로서 투자 소송 분야를 담당하기 때문일 수 있다.[21] 한 저자가 지적했듯이 확실한 것은 이들 중재판정부들은 '인권과 투자 수단의 관계에 관해 일관된 규칙 체계를 개발하지 않았고', '그들의 법리는 아직 형성기에 있다'는 점이다.[22] 아르헨티나에 대한 다수의 사례에서 피신청 국가는 직면한 재정 위기로 인해 국제 인권 의무나 필요한 상황에 따라 인권 고려 사항을 제기하여 일부 외국인 투자자들에게 불리한 조치를 정당화하려고 시도했다. 이러한 아르헨티나의 전략은 체계상의 이유로 작동하지 않았다. **아즈릭스(Azurix)**에서 아르헨티나는 인권법과 BITs가 양립 불가능할 경우 전자가 우선해야 한다고 주장해 왔다. 중재판정부는 '그 점은 충분히 입증되지 못'했으며 어쨌든 아르헨티나는 '현재 사건[23]의 사실관계에 그것이 적용되지 않는다는 것을 이해하지 못했다.'는 점을 지적하면서 신청을 기각했다. 비슷한 맥락에서 **지멘스(Siemens)** 사건에 대한 판정은 다음과 같다.

> 중재판정부는 아르헨티나가 1994년 개헌 이후 헌법적 지위의 국제인권법을 거론했고, 그로써 본 중재에서 청구된 재산권이 인정된다면 이는 국제인권법의 위반이 된다고 암시한 점을 주목한다. 이러한 논리는 아르헨티나에 의해 개발된 것이 아니다. 중재판정부는 당사자들에 의한 추가적인 설명과 증명이 없다면, 그것은 이 사건의 본안과 당연히 관계된 주장은 아니라고 생각한다.[24]

마지막으로 아르헨티나는 셈프라에서 헌법 질서가 붕괴될 위기에 처했고, 따라서 BITs와 투자 계약을 정당하게 무시했다고 주장했다. 중재판정부는 '이런 맥락에서 긴급 입법이 필요하게 되었다 하더라도 합법적으로 취득한 권리는 임시 조치와 재협상을 통해 여전히 유지될 수 있다'고 언급했다.[25]

아르헨티나를 상대로 한 이 일련의 사건들은 예측 가능한 투자환경을 보존해야 할 필요성과 환경 및 인권 고려 사항 조정의 어려움을 잘 보여 준다. 이는 외국인 투자자의 저항에도 불구하고 모든 투자유치국이 인권 목표를 추구하고 있다고 말하려는 것이 아니다.[26] 그와는 정반대로 국제투자법에 따른 일련의 보호 원칙을 개발하는 주요 이유 중 하나인 투자유치국에서 투자자들의 취약한 입장이 때때로 과장되어 있다.

투자 및 무역 분쟁에서 인권 고려

이 절은 투자 및 무역 분쟁에서 인권을 고려한 사례의 예를 제공한다. 그것은 국가와 기업의 인권 의무를 국제투자 및 무역법과 조화시키는 것과 관련된 어려움을 강조한다. 두 법률 영역에 공통되는 한 가지 문제는 국가의 '정책 공간' 즉, 국가가 국제무역 및 투자법에 따른 의무에도 불구하고 인권 친화적 법률을 채택할 가능성을 유지하는 범위와 관련이 있다. 다른 두 가지 이슈는 구체적으로 국제투자법에 고유한 것으로 투자자에 의한 그리고 투자자에 대한 잠재적 인권 요구에 관한 것이다.

투자 및 무역 분쟁의 정책 공간

위에서 논의한 바와 같이 국제투자법과 국제무역법은 국제 비즈니스에 일정한 이익을 부여하는 효과가 있다. 예를 들어, BITs는 대개 미래의 분쟁이 중재판정부에 의해서 해결된다고 규정한다. 외국 투자자의 입장에서는 투자유치국의 국내법원에 의지해야 하는 것 보다 이것이 낫다. 국내법원은 그들에게 덜 우호적이며, 열악한 인프라와 불투명한 절차 혹은 심지어 부패로 인해, 그렇지 않다고 하더라도, 완전히 신뢰하기 힘들다. 마찬가지로, 국제무역법은 외국 상품에 대한 국내시장의 개방을 장려하기 때문에, 그러한 상품을 수출하려는 사람들과 큰 관련이 있다. 투자조약, 투자 계약 및 무역협정에 따른 국가의 의무에도 불구하고 국가가 인권 보호를 강화하거나 인권을 핑계로 삼아 기업에 유리한 상황을 방해하는 조치를 채택하기로 결정할 때 문제가 발생할 수 있다. 만약 그 방해가 너무 중대하다고 생각되면, 피해 당사자들은 그 분쟁을 사법기관으로 가져갈 수 있는데, 사법기관은 국가가 입법권을 보유하고 있는지, 그들의 '정책 공간'은 어느 정도인지에 대해 답해야 한다. 권리를 요구하는 피해 당사자는 투자법 사건에서 투자자 자신일 수도 있고, 분쟁이 공식적으로 국가 간 성격으로 보이는 무역법의 사건에서 그 조치들로 인해 어려움을 겪는 기업이 속한 국가일 수도 있다. 이 두 상황에서, 조치를 취한 국가는 인권 의무를 이용하여, 즉 반대 주장 혹은 방어 논리(defences)로서 정책 공간 논의(policy space argument)를 이용하여 자신을 정당화하는 경향이 있다.

위 시나리오에서 발생하는 첫 번째 쟁점은 WTO의 중재판정부나 분쟁해결기구가 인권적 성격을 갖는 방어 논리까지 고려하는지에 대한 관할권 문제이다. WTO 체제에서는 쟁점들이 비교적 정리되어 있다. 분쟁해결패널과 상소기구는 엄격하게 무역 관련이 아니라고 하더라도 인권 주장이 방어 논리로서 제기되기만 하면 그 문제에 관해 결정을 내릴 수 있다.

예를 들어, A국은 B국이 수출할 상품의 생산에 노예노동력을 이용하고 있다는 혐의에 대해 WTO 패널에 이의를 제기할 수 없다. WTO 패널 역시 B국이 저렴한 의약품에 대한 접근성을 제공하기 위해 의무적 면허를 사용하지 않았다는 A국의 주장에 대해 판결하기 위한 관할권을 갖고 있지 않다. 위의 두 경우 모두 무역에 기반한 요청이 아니다.

비록 그 요청이 무역 문제를 포함하기는 하지만 오히려 두 경우 모두 다른 나라의 인권 보호에 대한 한 국가의 주장이다. (…) 하지만, WTO 분쟁해결절차 내에서 인권 조치가 방어 차원에서 제기될 수도 있다. 따라서, [B국]이 노예노동에 의해 만들어진 제품을 금지하는 관세 및 무역에 관한 일반협정(GATT)의 비차별 조항을 위반하고 있다고 (만일) A국이 B국에 대해 소송을 제기한다면, WTO 패널은 잠재적으로 B국이 인권을 근거로 차별을 정당화시키는 방어 논리에 대해 판단을 내릴 수 있다.

마찬가지로, A국이 의무적 면허의 사용에 있어 B국에 의한 무역 관련 지적재산권에 관한 협정 (TRIPs) 위반을 주장한다면, 국가 B가 제기한 방어 논리인 자국 국민의 건강권을 보호하기 위해 의무적 면허를 이용하고 있다는 것에 대해 판단하는 것은 WTO 패널 관할권에 속할 것이다. 따라서 WTO의 의무를 위반했다는 비난을 받고 있는 국가들에 의해 방어 논리로 제기되는 인권 문제에 대해 판결을 내리는 것은 WTO 분쟁해결 패널의 관할권 내에 있는 것으로 보인다.[27]

국제투자법과 관련해서는 상황이 그 정도로 명확하지는 않다. 분명하게, 중앙 집중화된 분쟁 해결 메커니즘은 없지만, 반대로, 각각의 분쟁은 특정 BITs 그리고/또는 투자 계약에서 발생하며, 관할권에 대한 고유한 견해를 가질 수 있는 특정 중재판정부에 의해 처리된다는 사실이 그 상황에서 중요한 역할을 한다. 중재판정부의 관할권은 BITs의 재판조항(compromissory clause)이나 투자 계약의 내용 및 어떤 관할권이 발동되는가에 따라 달라진다. 만약 그 조항이 종종 그렇듯이, 투자 그 자체에 관한 분쟁만을 포함하도록 협소하게 규정되어 있다면, 중재판정부는 인권 방어와 반대 주장을 다룰수 없다고 선언할 수 있다.

그러나 논쟁은 단지 관할권 문제에 그치지 않는다. 왜냐하면 중재판정부는 국가가 BITs나 투자 계약에 따른 의무를 위반했는지 여부를 결정하는 과정에서 인권 주장을 검토할 수 있기 때문이다. 다시 말해, 좁게 해석된 사법적 근거에도 불구하고, 중재판정부는 여전히 침해의 발생 여부에 대한 평가의 일환으로 인권 방어 논리를 검토할 수 있다. 판정부의 능력은 당사자들이 동의한 대로 분쟁에 적용되는 법률에 따라 달라진다. 예를 들어, 국제투자분쟁해결센터(ICSID) 협약은 당사자들이 적용할 수 있는 법률에 대해 동의하지 않는 경우, 판정부에 '계약 당사국의 법률과 (…) 관련 국제법 규칙을 해당 분쟁에 적용하도록' 요청할 수 있도록 규정하고 있다.[28] 이것은 적어도 국가가 당사국인 국제인권조약과 관습 국제인권법을 포함한 광범위한 맥락에서 투자를 바라보는 당사국의 개방성을 보여 준다. 요컨대 '투자 중재라는 맥락에서 현재 인권의 역할은 기껏해야 지엽적인 것'이지만,[29] 인권 고려 사항은 여전히 중재판정부의 추론 과정에서 역할을 할 수 있다.

더구나 재판 조항이 국제법을 언급하지 않더라도 인권법을 여전히 고려할 수 있다. 첫째, 투자유치국 헌법이 국제법에 우선권을 준다면 국제인권법이 분쟁에 적용될 수 있다.[30] 둘째, 인권은 국가 간 또는 국제 **공공정책(일반적인 공공정책)**의 보다 광범위한 고려 사항에 포함될 수 있다. 중재 결정에서 초국가적이거나 국제적인 공공정책적 고려를 언급하는 것은 새로운 관행이 아니다. 1986년에 발행된 기사에서 피에르 랄리브(Pierre Lalive)는 1854년 **크레올**호 사건 중재판정을 언급하고, 이 사례에서 이제 막 싹트기 시작한 초국가적 공공정책 개념을 포착했다.

이 사건에서 중재인은 다음과 같은 질문에 직면하게 된다. 노예의 반란으로 목적지에 도착하지 않은 배에서 '소유주'가 운송한 노예화된 개인에 대한 재산권을 인정하는 것이 옳은가?

판정에서 결국 노예 소유주에게 유리한 재산 손실을 인정하면서도 중재인은 노예 제도를 끔찍하고 정의와 인류의 원칙에 위배되는 것으로 언급했다.[31] 랄리브에 따르면 중재인이 이것을 작성하면서 현재 초국가적 공공정책의 고려 사항이라고 불려지는 것을 염두에 두고 있었고, 그러한 성격의 용어를 사용하게 되면 오늘날 중재 실무에서 다른 결과가 나올 것이라는 데는 의심의 여지가 없다.[32] 우리에게 더 잘 알려진 1963년의 유명한 판정에서 중재인은 '부패는 국제 악이다; 그것은 선량한 도덕과 국제 공동체에 공통된 국제 공공정책에 반한다.'[33] 그리고 '**선량한 관습** 또는 국제공공정책을 심각하게 위반하는 계약은 효력이 없거나 적어도 집행할 수 없다'고 강조했다.[34] 랄리브에게 이러한 고려 사항은 '문명국이 인정하는 일반 법칙', '즉시 적용 가능한 규칙', '초국가적인 공공정책' 등 용어에 관계없이 동일한 관념의 문제이다.[35] 요컨대 다음과 같다.

> 중재인들은 자신의 주도하에(…) '초국가적 공공정책'과 양립할 수 없는 것으로 간주되는 기본적 인권에 대한 노골적인 침해 문제를 제기할 수 있다. 더 나아가 놀랄 것도 없이 이와 같이 확인된 금지사항들은 오늘날 국제공법에 기초하여 관습적 국제 강행법규(jus cogens)에 속하는 것으로 인정된 국제인권과 전적으로는 아니더라도 대체로 일치한다는 점에 주목할 수 있다.[36]

중재인뿐만 아니라 WTO 분쟁해결 패널 위원들도 특정 분쟁에서 국가가 보유하고 있는 정책 공간의 범위에 대한 평가에서 인권법 또는 인권고려 사항을 언급할 수 있지만, 그 일이 일어났을 때 실제로 의무들 사이의 저울질은 인권 보호의 이익쪽으로 기운적이 거의 없다.

투자법에 따라 투자자들은 두 가지 주요 주장에 근거하여 조치를 취한 국가들에 대한 소송을 제기해 왔다. 투자자들은 국가의 조치가 외국인 투자의 공정하고 공평한 대우(FET)와 양립할 수 없다고 주장했다.

아무튼 인권 고려 이외에는 외국인 투자의 FET가 투자 분쟁에서 가장 일반적으로 고려되는 기준이다.[37] 투자자들은 또한 국가의 조치가 간접 수용(indirect expropriation)에 해당한다고 주장해 왔다.

외국인 투자(또는 일반적으로 외국인)에 대한 공정하고 공평한 대우는 국제법의 확립된 원칙이지만 그 형태는 많은 논의의 대상이다. 1926년 고전적인 니어 사건(Neer case)에서는 다음과 같이 판정했다.

> 외국인에 대한 대우가 국제적인 의무 불이행에 해당하기 위해서는 분노, 불신, 고의적인 의무의 태만, 또는 모든 합리적이고 공정한 사람들이 그것의 불공정성을 쉽게 알아볼 수 있는 국제 기준에 훨씬 못 미치는 정부의 불충분한 조치에 해당해야 한다. 그 불충분함이 제대로 된 법(an intelligent law)의 부족한 실행에서 발생한 것인지, 법 자체가 국제 기준에 부합하는 권한을 정부 당국에게 부여하지 않아서 생긴 것인지는 중요하지 않다.[38]

공정하고 공평한 대우의 원칙에 대한 이러한 해석은 국가에게 편안한 정책 공간을 허용해 준다. 예를 들어, 한 국가가 광업 분야에 적용되는 더 엄격한 보건안전표준을 채택하기로 결정하여 외국인 투자자에게 추가 비용이 수반되는 경우, 외국인 투자자에 대한 처우는, 이 규정이 그들을 처벌하기 위한 것이 분명하고, 명확한 이유 없이 터무니없는 비용을 수반하지 않는 한 공정하고 공평한 것으로 간주될 것이다. 그러나 최근에는 중재판정부가 이 원칙의 범위를 상당히 확대했다. 예를 들어 2003년 테크메드 사건의 중재판정부는 스페인과 멕시코 사이에 체결된 양자 조약의 FET 조항은 다음을 요구한다고 결정했다.

당사국은 외국인 투자자가 투자하기 위해 고려한 기본적인 기대에 영향을 미치지 않는 국제투자 절차를 제공해야 한다. 외국인 투자자는 투자유치국이 모호함이 없고, 외국인 투자자와의 관계에서 완전히 투명하고 일관적인 방식으로 행동하기를 기대한다. 그러기 위해서는 투자 계획을 수립하고 그러한 규제를 준수할 수 있도록 투자를 통제할 모든 규칙과 규제를 투자자가 사전에 알 수 있어야 한다.[39]

이 해석은 법의 어떠한 변화도 불공정하고 불공평한 것으로 간주될 것이라고 말하는 것과 같다. 부수적으로 '가장 선진화된 국가들조차도 충족하기 어려울 수 있는' 기준이며, 완전히 불합리한 '전면적인 안정화 조항'(stabilization clause)을 효과적으로 만든다.[40] 안정화 조항은 투자조약에서 일반적이며, 투자유치국의 향후 법률 및 규제 변화로 인한 부정적 영향을 피하기 위해 특정 시점에 법을 '동결'(freeze)하는 것을 목표로 한다. 안정화 조항은 국제투자법의 공통적인 특징이지만, 그것들의 형태는 매우 다양할 수 있고 그것들을 어떻게 해석할 것인가에 대해서는 의견이 불일치한다.[41] 예를 들어, 투자자들의 '기본 기대'에 대한 중재판정부의 의도는 해석에 여지가 있다는 것이다. 확실히, 국가가 인권 의무를 가지고 있다는 사실은 투자자들에게 놀라운 일이라고 말할 수 없다. 우터스(Wouters)와 하체스(Hachez)의 표현은 충분히 인용할 만한 가치가 있다.

인권과 관련하여 우리는 투자유치국이 투자자의 사업 이익을 위해 국제 인권을 점진적으로 실현할 의무를 보류하는 것이 기본적 기대라는 생각을 옹호하는 것은 상당히 어려울 것이라고 개진한다. 투자자는 투자유치국이 투자자의 사업이익을 해칠 위험이 있을 때마다 적용 가능한 국제인권 프레임워크에 따라 보증된 인권 조치를 억제하는 것을 합리적으로 기대할 수 있는가?

투자자들은 환경 분야든 인권 분야든 규제 프레임워크가 영원히 유지될 것이라는 가정 하에 투자를 하지 않을 수도 있다. 투자자들은 반대로 규제가 투자유치국의 국제적 의무에 구속되는 것과 마찬가지로 경제적, 사회적, 환경적 변화에 따라 진화할 수 밖에 없다는 점을 고려해야 한다. 이는 투자자가 낮은 인권 기준을 적용하고 있고 인권 관련 국제 약속에 따라 기준 적용을 강화하기 위한 조치를 취하도록 국제 사회로부터 압력을 받고 있는 국가에 투자할 때 더욱 사실로 나타난다. (⋯)

즉, 투자자가 가질 수 있는 유일한 기대는 자신에게 적용될 수 있는 규제 프레임워크가 합리적으로 공정하고 공평하게 발전할 수밖에 없다는 것이다. 이런 의미에서 공정하고 공평한 대우라는 정당한 기대 요소를 해석해야 하며, 중재판정부는 선의로 취한 공익적 조치에 적용될 정도로 이를 확대하는 것은 삼가야 한다.[42]

살루카(Saluka) 중재판정부는 일련의 추론에 따라 다음과 같이 강조했다.

어떤 투자자도 투자 시점에 지배적인 상황이 완전히 변하지 않을 것이라고 합리적으로 기대할 수 없다. 외국인 투자자의 기대에 대한 불이행이 정당하고 합리적인지를 판단하기 위해, 공익을 위해 국내 사안을 규제할 수 있는 투자유치국의 정당한 권리 또한 고려해야 한다.[43]

투자재판소에 제기되는 다른 일반적인 주장은 국가가 (간접) 수용 방식으로 행동했다는 것이다. 수용은 투자법의 중심 개념이다. 수용권은 국가의 영토 주권의 논리적 결과이지만, 대부분의 조약에서 수용이 합법적으로 간주되기 위한 이행 요건을 포함하고 있다. 관습적 국제법

부분으로 고려되어지는 요건은 네 가지이다. 첫째, 외국인 투자자의 수용으로 이어지는 조치는 공공의 목적에 부합해야 한다. 둘째, 독단적이고 차별적이어서는 안 된다. 셋째, 적법한 절차(공정하고 공평한 대우 등)의 원칙을 준수해야 한다. 마지막으로, 이 조치는 신속하고 적절하며 효과적인 보상을 수반해야 한다. 이 최종 요구 사항은 가장 많은 분쟁을 발생시키는 요구 사항이다.[44] 이 책의 목적상, 이 요구 사항은 첫 번째 요건과 관련하여 조치에 대한 정당성을 부여한다는 이유로 특별히 중요하다.

논의는 중재판정부들이 조치의 효과만을 보아야 하는지의 여부 즉, 그것이 수용인지 아닌지 여부 또는 그것의 적법성 그리고 결정적으로는 그에 수반되는 보상의 수준에 관해 결정하기 위해 해당 조치의 더 넓은 그림과 동기를 볼 수 있는지에 관한 것이다. 사례들은 인권 보호가 아닌 환경 보호에 관한 것이지만, 추론은 두 영역 모두에 쉽게 적용될 수 있다. 이와 관련하여 중요한 사례는 **메탈클래드(Metalclad)**이다. 이 사건에서 판정부는 회사가 운영하기로 한 유해폐기물 매립장 공사를 완료하지 못하게 한 조치의 '채택 동기나 취지를 결정하거나 고려할 필요가 없다'고 결론 내렸다.[45] 비슷한 맥락에서 **산타엘레나** 판정부는 다음을 주목했다.

> 이러한 관점에서, 수용적 환경 조치는 얼마나 칭찬할 만하고 사회 전체에 유익한가에 관계없이 국가가 정책을 이행하기 위해 취할 수 있는 다른 수용 조치와 유사하다. (…) 국가의 보상 의무는 남아 있다.[46]

여기서 보상은 수용에 따르는 조치로 논쟁의 여지가 없다. 그것은 투자법의 필수적인 특징이며 투자자들이 합법적으로 보호하고자 하는 것이다. 이것은 국가가 환경이나 인권 보호와 관련된 유일한 당사자가 되어야 한다는 것을 의미하지는 않는다. 우리는 수용이 정당한 공적 동기가 수반된다며 합법적인 제도라고 생각할 수 있다. 이 경우 보상은 지급되지만 총액은 감소한다. 요컨대, 재산을 수용당한 투자자들은 '인권에 기인한 조치에 대한 부담을 분담'할 것이다.[47] 이것은 단순한 학문적 가설이 아니다. 2012년, **옥시덴탈 v 에콰도르 II**(Occidental v Ecuador II) 사건에서 중재판정부는 신청 회사 측의 과실을 고려하여 손해배상을 25% 줄여야 한다고 결정했다.[48] 이 사례는 인권에 기인한 조치와 아무 관련이 없지만, 신청자와 피신청국가 간의 부담을 분담하는 원칙이 국제투자법에 따라 어느 정도 수용되고 있음을 보여 준다.[49]

국가의 동기와 상관없이 수용이 공정하고 공평한 대우와 완전 보상의 권리를 너무 넓게 해석하는 것은 인권 보호에 해가 된다. 중재판정부는 특정 사례에서 합법적 조치를 배제할 수 있을 뿐만 아니라 투자자 이익의 과잉보호는 우터스(Wouters)와 하체스(Hachez)가 '된서리 효과'(regulatory chill)[정부가 자유무역협정(FTA)에 포함된 투자자와 국가의 소송제 때문에 제소 대상이 될 가능성이 있는 새로운 공공정책 도입을 꺼리는 현상 – 옮긴이] 라고 부르는 결과를 초래할 수 있다.[50] 즉, 국가는 인권 문제 해결을 자제할 수 있으며, 따라서 투자자나 잠재적 투자자를 화나게 하지 않고 계속해서 외국인 투자에 개방적인 것으로 보이기 위해 국가 스스로 인권 의무를 위반할 수 있다.

제5장에서 보았듯이 국제인권법의 집행 메커니즘은 심지어 국가들에 대해서도 다소 제한적이다. 반대로 국제투자법은 정교하고 효율적인 분쟁해결 메커니즘에서 오는 장점이 있는데, 이는 잘못된 투자자에게 편안한 보상 패키지를 지급하게 할 수 있다. 이런 점을 염두에 두고, 특히 둘 사이의 선택에 직면해 있는 국가들, 특히 개발도상국가는 인권 규칙보다는 투자 규칙을 고수하기 쉽다.[51] 이는 더욱 유감스러운 일이다. 왜냐하면 '이들 국가들은 인권과 관련된 적극적 입법이 가장 필요한 국

가들이며, 보다 더 넓게 보자면 개발 문제에서는 또한 종종 일어나는 외국인 투자자들을 위해 가장 엄격한 보호를 약속하는 것들'이기 때문이다.[52]

국가는 국제무역법에 따른 의무 때문에 인권 분야에서 입법을 주저할 수 있다. 이 영역에서 국가 정책 공간의 범위에 대한 토론도 진행 중이다. 첫째, 지금까지 WTO 분쟁해결기구는 국제인권법 규범과 국제무역 규칙 사이의 명백한 충돌이 제기된 경우를 다루지 않았음을 주목해야 한다. 그렇긴 하지만, WTO에 제기된 사례들은 환경, 공중 보건 및 식품 안전과 관련이 있으며, 이는 인권에 대한 광범위한 논의와 관련이 있다.[53] 이러한 영역을 넘어서, 아래에서 논의된 흥미로운 사례는 인권 기준에 근거한 선택적 조달에 관한 것이지만, 그 신청은 철회되었다

WTO 규칙과 인권 고려 사항 사이의 충돌 가능성을 보여 주는 분명한 예는 생산물과 관련된 인권 우려로 인해 국가가 특정 생산물에 대한 금지 조치를 채택하는 것이리라.[54] 이러한 조치들은 내부적으로 생산물의 위험으로부터 국가의 국민 보호를 목표로 하거나 또는 외부적으로 국제 사회에서 인권을 보호하는 것이 목적이다. 후자에 더 문제가 있다. 왜냐하면 국가가 국민에 대한 인권 의무를 가지고 있지만, 사법권 밖에 있는 개인에 대한 의무를 가지고 있는지에 대해서는 여전히 논란이 있기 때문이다.[55]

국제무역법에 따른 주요 원칙 중 하나는 국내에서 생산된 '유사' 생산물과 해외에서 생산된 것 사이에 차별이 없어야 한다는 것이다. 그것들은 모두 주어진 시장에서 동등하게 대우받아야 한다. 1989년 미국은 '거북 배출장치'로 잡은 게 아닌 새우의 판매를 금지하는 규제를 도입했다. 이 조치의 목적은 새우를 잡는 과정에서 멸종 위기종인 바다거북이 죽지 않도록 하는 것이었다. 이는 일부 개발도상국 어민이 미국에서 새우를 팔지 못하도록 막는 효과를 가져왔으며, 미국에서 잡은 새우를

간접적으로 우대하는 결과를 낳았다. 그 규제는 카리브해 국가들에게 그 조치에 따를 수 있도록 더 많은 시간을 주었으며 또한 그에 필요한 기술적 지원을 제공했기 때문에 차별적이었다는 점이 중요하다. 인도, 말레이시아, 파키스탄, 태국은 미국을 상대로 소송을 제기했다. 거북 배출장치를 사용하거나 사용하지 않고 잡은 새우가 유사 제품인지에 대한 질문에 대해 상소기구는 양자가 같으며 따라서 미국이 그것을 다르게 취급함으로써 의무를 위반했다고 대답했다. 미국은 수입 제한을 금지하는 GATT 제11조를 위반한 것이다.

GATT 제20조는 공중도덕, 인간, 동물 또는 식물의 생명과 건강 같은 비무역 목표를 추구하기 위해 국가가 의무에서 벗어날 수 있도록 허용하는 예외들을 규정하고 있다. 이 조항은 GATT가 포함하고 있는 인권 조항과 가장 가까운 것이다.[56] 그러나 [미국이 시행한] 그 조치는 제20조 때문에 구제될 수 없었다. 왜냐하면 제20조의 적용 요건 중의 하나는, 샤포(chapeau)에 상세히 기술되어 있듯이, 이 조치들은 같은 조건이 적용되는 국가들 사이에서 자의적이거나 부당한 차별의 수단이 되거나 위장된 무역장벽이 되지 않도록 적용되어야 한다는 것이기 때문이다. 이 조치는 다른 국가들보다 특정 국가를 우대하기 때문에, 국제무역법을 위반하는 것으로 간주되었다.

생산 방식에 따라 생산물을 차별하는 것은 국제 무역과 인권에 관한 논의와 관련이 있다. 만약 미국이 거북이를 보호하는 대신에 안전하지 않은 작업장에 대한 노동자들을 보호하려고 노력했다면, 분쟁해결 기구는 기업과 인권 사건을 목전에 두고 있다는 것을 스스로 발견했을 것이다. 그럼 뭘 결정할까? 제20조는 어떤 조치가 WTO의 위법행위에서 면제되는지 여부를 판단하는 3단계 테스트를 제공한다.[57] 첫째로, 그 조치는 공중도덕이나 인간의 건강을 보호하기 위한 조치와 같이 제20조에서 기술된 성질의 것이어야 한다. 둘째, 조치가 반드시 필요하다. 사라

조셉(Sarah Joseph)은 다음을 지적했다.

> 내부적 조치, 특히 건강을 보호하기 위해 고안된 조치는 제20조의 목표를 달성하는 데 합리적이고 효과적이라면 필요성 테스트를 통과할 것으로 보인다. 외부적 조치는 필요성 기준을 거의 충족시키지 못할 것이다. 실제로, 일방적인 경제 제재가 대상 국가에서 인권 준수를 회복하는 데 종종 비효과적(또는 심지어 역효과적인)인 것을 감안할 때 외부 조치는 테스트를 거의 충족하지 않을 것이다.[58]

셋째, **미국 새우(US-Shrimp)** 사례에서 보듯이, 이 조치는 반드시 **샤포**의 요건을 충족시켜야 한다. 그러므로 국가들은 인권 중심의 입법을 채택할 수 있는 정책 공간이 제한적이다.

한 가지 사례가 분쟁해결기구에 이러한 문제를 직접 해결할 수 있는 좋은 기회를 제공할 수도 있었다. 비록 이 사례는 GATT가 아닌 **정부조달협정(GPA)** 위반 혐의와 관련이 있지만, GPA에는 GATT 제20조와 유사한 예외 조항이 포함되어 있다. 따라서 위에서 설명한 3단계 테스트는 그 맥락에서도 관련이 있었다.[59] 이 사건은 1996년 미국 매사추세츠주에서 채택된 법률, 즉 **버마(미얀마)와 거래하는 기업과 주정부 계약을 규제하는 법률**에서 비롯됐다.[60] '버마와의 사업'은 넓게 정의되었고, 단순히 국가에서 운영하는 기관이 관계된 것만으로도 대상이 되기에 충분했다.[61] 본질적으로, 이 법은 이 범주에 속하는 기업의 목록을 제시하도록 하고, 매사추세츠주의 공공기관은 구매가 '필수'로 간주되지 않는 한, 이들 기업으로부터 상품이나 서비스를 구매하는 것을 금지했다. 이 법은 인권에 영감을 받았으며, 버마 독재로부터 이익을 얻는 기업에 심지어 느슨하게나마 공적자금이 사용되지 않도록 하기 위한 것이었다. 이 불매운동형 입법의 근거와 실효성은 제9장에서 더 상세하게 논한다.

여기서는 이 법과 WTO법의 관계에 초점을 맞추고자 한다.

이 법은 미국 대법원이 헌법상의 이유로 파기하기 전까지 2년 동안 시행되었다.[62] 그 전에, 애플과 휴렛팩커드 같은 몇몇 유명한 회사들은 이 리스트에 오르지 않기 위해 버마에서 그들의 사업을 끝냈다. 다른 기업들은 이 법과 관련이 없음에도 불구하고 나쁜 평판을 피하기 위해 버마에서 철수했다.[63] 이 법이 아직 시행 중이던 1997년 일본과 유럽연합은 WTO 분쟁해결 메커니즘에 미국을 상대로 국제무역법에 따른 의무 위반을 이유로 이 법의 철회를 요구하는 소송을 제기했다.[64] 구체적으로, 그들은 **정부조달협정** 제8조(b)의 위반을 주장했는 데, 공급자 간 차별금지 원칙을 확립한 후, '입찰절차에 참여하기 위한 모든 조건은 기업의 계약이행능력을 보장하는 데 필수적인 것들로 제한해야 한다는 규정을 문제 삼았다.'

이 법은 일본과 EU가 절차를 개시할 정도로 일본과 EU 기업에 부정적 영향을 미쳤다. 그 무렵 미국 주변의 다른 국가와 도시에서도 비슷한 선택적 구매법이 채택된 것도 한몫했을 것이다.[65] 만약 이 관행이 전국적으로 퍼졌고 메사추세츠 주에서만 무효로 됐다면 그 결과는 많은 기업들에게 훨씬 더 심각했을 것이다. 불행하게도, 미국 대법원이 이 법을 파기했기 때문에, WTO에서의 절차는 종료되었고 어떤 분쟁해결 패널도 WTO 협정 중 하나와 이 인권 중심 법안의 호환성을 조사할 기회를 얻지 못했다. WTO 패널이 어떤 결론을 내렸을지 추측해 보지도 않고,[66] 법의 정당성과 관련된 쟁점과 무관하게, 일부 WTO 회원국이 법에 이의를 제기하는 데 시간과 자원을 소비했다는 사실은 WTO 회원국을 위한 정책 공간에 대해 의문을 제기한다. 유사한 입법을 염두에 둔 WTO 회원국들은 투자법과 관련하여 그것을 채택하기 전에 주저할 수 있다. 이것이 위에서 논의한 된서리 효과의 한 사례이다.

투자자들에 의한 인권 요구

인권과 투자법의 상호작용을 논의하기 위해서는 투자자들에 대한, 또한 투자자들에 의한 인권 요구에 대한 검토가 필요하다. 비록 전자에 관한 것보다 후자에 대한 할 말이 많지 않지만, 처음에 주목해야 할 것은 투자 중재 관행에 인권 고려를 더 잘 통합하는 것이 투자자들에게 가장 우선시 되어야 하고, 무엇보다 이득이 되어야 한다는 것이다. 비록 논의의 여지는 있지만[67], 투자자들은 일반적으로 자신들을 국가와의 투자 분쟁에서 보다 약한 당사자로 여기기 때문에 더욱 중요하다. 정의, 법원의 공정한 대우, 재산권에 대한 접근은 그러한 권리들 중 가장 관련성이 높은 것으로 보인다.

흥미롭게도, 외국인 투자자들은 제2차 세계대전 이후 현대 국제인권법이 발전하기 전에 국제법 보호로 이득을 보았다. 다시 말해서, '현대 국제법의 역사는 인간으로 이해되는 **개인**보다 **외국인**이 연대순으로 앞서 있다는 것을 보여주는데, 이는 국가가 국제법의 유일한 주체라는 것을 전제하고 있는 고전적인 베스트팔렌 국제법 체계[68] 구조로 쉽게 설명될 수 있는 사실이다.' 그런 맥락에서 개인들은 그들의 인간 조건과는 반대로 그들이 속한 관할권에 따라 국적별로 국민이나 외국인으로 정의된다. 국제투자법상 투자자 권리로서 사법 접근의 발전은 투자자가 외국인(기업)이 아닌 개인(또는 기업)으로서 허용하기 때문에 외국인의 권리와 인권을 이어 주는 변화라는 점에서 의미가 크다.[69]

투자자는 투자 분쟁에서 거의 인권을 적용하지 않는데, 이는 아마도 대부분의 투자자들이 기업 투자가들이기 때문이며, 기업이 '인권'을 가질 수 있다는 생각이 일부 사람들에게는 여전히 이상하게 느껴지기 때문이다.[70] 또 다른 요인은 인권 규범에 의해 부여된 보호가 일반적으로 투자조약 및 계약에 부여된 보호보다 낮다는 것이다.[71] 그래서 투자자들이 인권 조약을 사용하도록 하는 유인책이 낮다.

소수의 중재판정부가 투자자들의 인권과 관련된 문제들을 다루었다. **텍메드(Tecmed)**에서 중재판정부는 외국인 투자자의 취약한 위치를 강조했다.

> 외국인 투자자는 인권에 영향을 미치는 결정에 참여할 수 없거나 기회가 줄어든다. 부분적인 이유지만 투자자에게 영향을 미치는 결정을 내릴 수 있는 감독기구에 투표하는 것과 같이, 국가의 국민으로서 정치적 권리를 행사할 수 있는 자격이 없기 때문이다.[72]

이 과정에서 그들은 유럽인권재판소의 제임스 대 영국(James v UK) 판결을 인용했다.[73]

몬데즈(Mondez)에서 중재판정부의 또 다른 결정은 캐나다 회사가 미국법원에 대한 접근권을 거부당했다고 주장한 건이다. 판정부는 유럽인권재판소의 판례를 심사하여 '다른 지역에서 나온' 결정이므로 기껏해야 '유추에 의한 지침을 제공할 수 있다'고 언급했다.[74] 결국 그 주장은 기각되었다. 유럽인권재판소(European Court of Human Rights) 판례는 캐나다 기업과 미국 간의 분쟁과는 거의 관련이 없기 때문에 이것은 일리가 있다. 판정부는 선택의 여지가 많지 않았고 결국 이 판례를 완전히 무시했다. 그러나 캐나다와 미국이 모두 비준한 '시민적·정치적 권리에 관한 국제규약' 제14조가 적용됐다면 결과는 달랐을 수 있다.

마지막으로 **라우더(Lauder)**에서 중재판정부는 재산권과 관련하여 직접적 수용과 간접적 수용의 구분을 명확히 하기 위하여 유럽인권재판소의 판결을 인용했다.[75] 원고 회사는 패소했다.

비록 위에서 강조된 사례가 중재판정부에 원고측이 성공적으로 인권기구에 의존한 것처럼 보이지 않지만, 이러한 포럼에서 일부 인권적 성격을 가진 투자자들이 이의를 제기할 수 있는 가능성은 의미있는 진전이다. 반면에 국가별 인권침해 피해자들은 국제인권법원에 접근하기 전에 해당 국가의 구제책을 모두 거쳐야 하는데, 투자자가 직접 접근할 수 있는 투자 중재에는 이 필수 규정이 없다. 더구나 투자는 인권기구의 결정보다 더 효율적인 집행으로 이익을 준다.[76]

투자자들에 대한 인권 요구

투자 중재는 주로 외국인 투자자가 투자유치국을 상대로 양자 간의 투자조약과 투자 계약, 그리고 어느 정도 관습적인 국제법에 따른 그들의 의무를 준수하지 않았다고 신청을 제기할 수 있도록 하기 위한 것이다. 투자유치국은 인권 여부에 관계없이 투자자를 상대로 청구를 제기할 자격이 없다.[77] 국가를 상대로 한 기존 중재 신청에서 해당 국가가 투자자의 행동에 대해 우려할 경우 반대 신청을 할 수 있다. 그러나 국가들은 엄격한 관할권 제약 때문에 이것을 하기가 어렵다. 국가에 남겨진 정책 공간과 관련하여 위에서 본 바와 같이, 중재재판 조항은 일반적으로 중재판정부의 관할권을 투자 자체로 제한하여 인권 반대 신청을 포함한 다른 측면에 대한 여지를 거의 남기지 않는다. 더욱이, 국가는 반대 신청을 제기할 여지가 거의 없지만, 인권침해의 직접적인 피해자도 어떠한 신청을 제기할 수 없다. 간단히 말해, 투자자는 중재를 통해 정의에 접근할 수 있지만 투자자의 활동으로 인해 부정적인 영향을 받는 사람들은 종종 투자 관련 사건을 처리하는 것이 금지된 투자유치국의 법원[78]이나 중재판정부[79]에 일반적으로 신청을 제기할 수 없다. 그렇다면 투자자들의 인권침해를 어떻게 해결할 수 있을까? 이 질문에 대한 답은 네 가지다.

첫째, 이미 언급한 바와 같이, 국가는 중재판정부에 현재 진행 중인 투자 분쟁의 맥락에서 반대 신청을 제기할 수 있다. 이것은 중재판정부가 투자 그 자체와 무관하다고 고려되어 그들의 신청에 대한 관할권을 갖지 않을 수 있기 때문에 어렵다. 이것은 심각한 장애가 된다. 더 심각한 건 기업의 인권침해 현실은 특히 회사를 위해 일하지 않는 개인(노동과 관련 없는)에게 자행된 인권침해에서 회사가 정범이 아니라 공범자라는 것이다. 대게 국제범죄에 해당하는 특히 중대한 위반에서 정범은 국가인 경우가 많다. 좀 덜 심각한 위반에 있어서, 국가들은 단순히 그들 국민의 신청을 타당하거나 중요하다고 보지 않고, 위반을 외면하거나 최악의 경우에는 위반을 장려하는 것이 일반적이다. 이러한 맥락에서 투자 분쟁이 진행되는 동안 국가가 반대 신청을 제기할 가능성은 거의 없다.[80] 보다 근본적인 차원에서, 개인이나 단체를 대신하여 국가가 신청을 제기하는 것은 개인이나 단체에 대해 권한을 박탈하는 것이다. 진정한 피해자는 청구를 한 사람이 아니다. 그것은 외교적 보호장치의 특징인 후견적 모델, 즉 '사적 청구를 정부가 보호하는 모델을 재생산'[81]한 체계이고, 이것이 바로 인권법이 문제 삼고자 하는 것이다.

둘째로, 피해자들은 국제인권기구에 가능한 때에 신청 제기를 결정할 수 있다. 이러한 신청들은 제3자에(이 경우에 투자자) 의한 침해를 막지 못한 국가에 대해 제기된다. 그러한 사례들은 5장에서 논의하였다.[82] 많은 국가들이 인권법원 및 기구의 관할권을 인정하지 않았기 때문에 방법적 한계가 있을 뿐만 아니라, 이 주장들은 또한 투자자들을 겨냥한 것이 아니다. 더욱이 국가들 역시 종종 위반 행위를 저질렀기 때문에 투자자의 행위에 따른 부정적인 영향에 대해서는 주의를 덜 기울인다. 이것은 국제인권법의 국가 중심적 특성의 단점 중 하나이다.

셋째, 인권침해 피해자들은 투자 분쟁을 관할하는 중재판정부에 **법률조언자(Amicus curiae)**를 통해 변론취지서를 제출할 수 있다. **아미쿠스**

쿠리에(amicus curiae)는 '법정의 친구'라는 뜻이다. **법률조언자**가 판정부에 변론취지서를 제출하는 것은 조직, 정부,[83] 국제기구[84] 및 심지어 미국의 인디언(현지 주민 공동체)[85]에 사건에 대한 견해와 전문 지식을 판정부에 제공하는 방법이다. 그것은 분쟁을 둘러싼 보다 광범위하고 엄격하지 않은 투자 관련 이슈에 판정부의 관심을 끌기 위한 방법이다. 여기에는 환경, 보건 및 인권 전반에 대한 우려가 포함될 수 있다. 따라서 제3자, 즉 인권침해의 잠재적 피해자들이 투자 중재에 참여하는 것은 비교적 최근의 추세다. 2005년 논란이 되는 **아구아스 델 투나리**(Aguas del Tunari SA) 판결에서 중재판정부는 절차에 개입할 수 있는 허가를 요청하는 환경 NGO의 진정을 기각했다. 판정부장은 기구에 보낸 서한에서 '중재 합의적 성격은 중재판정부가 아닌 당사자들과 함께 제기한 문제(…)를 조정하고', '요청을 승인하기 위해 요구되어지는 당사자들의 동의 (…)가 존재하지 않는다'며 기구의 요청이 '판정부에 부여된 권한을 넘어선다'고 주장했다.[86]

그러나 변화의 바람이 불고 있다. 2003년 초 북미자유무역협정(NAFTA)의 당사자들은 판정부가 중재 절차에 제3자의 참여를 받아들이도록 허용했다.[87] 더욱이 2006년에 ICSID 규칙은 국제투자분쟁해결센터 중재판정부가 제3자 변론취지서 제출을 고려할 수 있도록 개정되었다. 결정적으로, 당사자들과 협의해야 하지만, 새로운 규칙 37(2)는 제3자의 변론취지서 제출이 당사자들의 동의에 의존하지 않는다고 규정하고 있다.[88]

많은 중재 분쟁에서 **법률조언자**의 변론 취지서가 제출되었고 이것은 이제 확립된 추세다.[89] 2001년 북미자유무역협정(NAFTA) 분쟁에서 **메타넥스**[Methanex 화학제품업체 - 옮긴이]가 이를 허용한 첫 사례[90]로, 같은 해 **UPS**(United Parcel Service 미국 물류 운송업체) 사건이 뒤를 이었다.[91] ICSID에서 새로운 규칙 37(2)가 **바이워터**[Biwater 물처리 전문 기업 - 옮긴이]에서 처음으로 적용되었다.[92] 비록 분쟁에 엄격히 적용되지는 않았지만 그것은 **수에즈(Suez)**에서도 검토되었다.[93] 수에즈에서 판정부는 다음과 같이 언급했다.

> 투자 분쟁은 대도시 지역, 부에노스아이레스시와 주변 자치체의 상하수도 시스템을 중심으로 한다. 그러한 시스템은 수백만의 사람들에게 기본적인 공공 서비스를 제공하고 그 결과에 따라 인권 고려 사항을 포함한 다양한 복잡한 공적이고 국제법적인 문제가 제기될 수 있다. 원고 또는 피고에게 유리한지 여부에 관계없이 이 경우에 내려진 모든 결정은 해당 시스템의 운영과 그들이 서비스를 제공하는 대중들에게 잠재적으로 영향을 미친다.[94]

이러한 사건들의 공통점은 개입 당사자들에게 부여된 권리가 절차적인 것일 뿐 실질적이지 않고, 변론취지서 제출에만 한정되어 있다는 재판부의 주장이다. 따라서 구두 변론에 참여하는 것은 포함되지 않는다.[95] 다시 말해, 법률조언자의 변론취지서 제출은 피해자들을 적절하게 구제하는 것과는 거리가 멀다. 기껏해야 변론취지서로 재판부에 투자의 부정적인 영향을 경고할 수 있으며, 그것이 사건의 최종 결과에 영향을 미칠 수 있을지는 논란의 여지가 있다.[96] 아마 법률조언자 변론취지서의 가장 중요한 역할은 전통적으로 투명성이 결여되어 있는 중재 절차에 대중의 인식을 높이는 것과 절차적 합법성을 증대시키는 데 어느 정도 기여한다는 것이다.[97] 제한적이긴 하지만, 제3자를 위한 이러한 새로운 역할은 비판의 물결을 불러왔고, 일부 사람들은 투자 분쟁의 정치화로 보이는 것에 대해 투자자들이 위협을 느낄 수 있으며, 심지어 폭넓은 참여를 허용하면 비용이 증가하고 절차가 길어질 것이라고 주장한다.[98]

투자자에 대한 인권 요구를 판단 할 수 있는 네 번째이자 마지막 잠재적인 방법은 투자자 국적 국가의 국내 법원을 이용하는 것이다. 이러한 유형의 구제와 관련된 장애물은 수없이 많으며 제10장에서 자세히 검토될 것이다. 지금은 이것이 투자자들의 투자유치국 인권침해 피해자에 대한 신뢰할 수 있는 구제 수단이 아니라고 말하는 것으로 충분하다.

국제경제법에서 인권에 대한 더 큰 강조

지금까지 이 장에서는 기존 판례법에 중점을 두고 인권고려 사항과 국제무역 및 투자법 간의 상호작용의 주요 특징을 강조했다. 중재인과 WTO 패널 구성원이 인권 고려 사항을 국제경제법에 더 잘 통합 할 수 있지만, 예를 들어 국가에 일정량의 정책 공간을 남겨 두는 방식으로 조약을 해석하는 조약법(및 투자 계약)의 변화는 장기적으로는 더 신뢰할 수 있다. 이는 중앙 집중식 분쟁해결 메커니즘이 없고 결과적으로 상충되거나 적어도 일관성이 없는 판례가 개발되었을 수 있는 투자법에서 특히 그렇다. 아래의 첫 부분은 인권 원칙을 통합하는 투자협정 및 투자 계약의 개발에 초점을 맞춘다. 두 번째 부분은 국제무역협정에 노동 권리 조항을 포함시키는 아이디어를 소개한다.

투자법에서 주류화한 인권 고려

논평가들은 투자법에서 인권에 대한 주요 고려 사항을 제시하는 몇 가지 다른 방법을 제안했다. 한 가지 방법은 다자간 투자협정(MAI) 체결 협상이 결렬되면서 1990년대 말 폐기한 다자간 합의 구상을 되살리는 것이다. 어떤 이들은 이러한 의견 불일치 중 많은 부분이 과장되었다고 주장하지만, 국가들의 공식 입장은 편의상 인권고려 사항을 포함하는 것은 고사하고 조약을 만드는 방편에 대해서도 많은 차이를 보인다.[99] 더욱이 NGO들은 본문에 인권이 포함되는 것에 대해 큰 기대를 가질 것이고 다자간 투자협정에서도 그랬던 것처럼 협상을 상당히 지연시킬 수 있다.[100] 요약하면, 국제투자법에서 인권을 주류화하기 위해 가상의 다자간 합의에 의존하는 것은 비합리적으로 보인다.[101] 한 저자는 ICSID 협약을 개정하여 GATT 협약에 제20조와 유사한 일반 예외 조항을 포함시킬 수 있다고 제안한다. 이를 통해 ICSID 절차 규칙에 따른 중재판정부가 인권, 환경문제를 고려해 투자 관련 고려 사항과 균형을 맞출 수 있게 된다.[102] 이에 대한 장애물이 많음으로 인해 패트릭 덤베리(Patrick Dumberry)는 이 방법을 '상당히 허구적'(rather illusionary)이라고 묘사한다.[103] 결국 투자법의 주요 원천인 BITs 개정으로 변화가 일어날 가능성이 가장 높다. 2011년 유엔 인권이사회(UN Human Rights Council)가 승인한 유엔 기업과 인권 이행원칙(Guiding Principles of UN Business and Rights) 제9조는 이를 인식하고 있다. '국가는 다른 국가 또는 기업들과 비즈니스 관련 정책 목표를 추구할 때, 예를 들면 투자 조약이나 계약을 통해 인권 의무를 충족시키기 위해 적절한 국내 정책 공간을 유지해야 한다.'[104]

인권 고려 사항을 BITs에 통합하는 것은 두 가지 상호보완적인 형태를 취할 수 있다. 첫째, 조약 내에서 인권에 대한 구체적인 언급이 있을 수 있다. 둘째, 조약이 피해자가 투자자를 상대로 인권 주장을 제기하는 방안을 도입할 수 있다. 투자 조약에서 인권을 언급하는 것은 언뜻 보기보다 더 복잡하다. 이를 위한 부드러운 방법은 조약의 서문에 국가의 인권 의무를 언급하는 것이다. 예를 들어 2012년 미국 양자간투자협정 모델(2012 Model US BIT)의 서문은 당사자들이 '건강, 안전 및 환경의 보호와 국제적으로 인정받는 노동권의 증진에 부합하는 방식으로 이러한 목표를 달성하고자 한다'고 규정하고 있다.[105] 조약법에 관한 비엔나 협약 제31조는 조약은 서문에 포함된 맥락에서 해석해야 한다고 규정하고 있다.[106] 따라서, 환경 보호 및 노동권에 대한 언급은 주어진 분쟁 과정에서 조약을 해석할 때, 예를 들어 투자유치국에 남겨진 정책 공간의 범위가 논의될 때 중재판정부가 이를 고려할 수 있다. 국제적으로 인정된 인권에 대한 유사한 언급이 만들어질 수 있으며, 이는 미래의 서문이 될 수도 있다.

보다 강력한 방법은 투자자뿐만 아니라 당사국들이 존중해야 할 권리를 열거한 조약에 맞춤형 인권 조항을 포함시키는 것이다. 국가만이 양자간투자협정의 당사자이므로 이러한 의무는 투자자들을 간접적인 방식으로만 구속한다.[107] 긍정적인 측면에서, 이것은 인권법이 완전히 잊히지 않도록 해 준다. 즉, 특정 권리를 열거한 인권 조항이 이상적이지 않은 것은 인권은 그러한 '선별적 접근방식'과 조화되기 어렵기 때문이다.[108] 또한 각 국가가 각 양자간투자협정에 포함할 권리와 정확한 형태를 결정해야 하는 것은 시간상으로도 효율적이지 않다고 주장할 수 있다.

보다 쉽고 효율적인 방법은 당사자들이 국제 권리장전 및 핵심 국제 노동기구 협약에 열거된 권리를 보호하기로 약속하고 투자자들은 이러한 권리를 존중해야 한다는 것을 양자간투자협정에 포함하는 것이다. 이는 인권 분야에서 국가의 의무와 기업의 책임을 개괄적으로 설명하는 유엔 기업과 인권 이행원칙과 일치한다.[109] 양자간투자협정에 이런 조항이 있으면 인권 보호가 더 잘 통합되는 투자 계약 협상이 이뤄질 수 있다. 예를 들어 투자 계약에는 투자자를 보호하기 위해 국가가 규제 지형을 수정하지 않기로 약속하는 안정화 조항이 포함될 수 있지만, 이는 인권 증진을 목적으로 하는 합리적인 조치가 채택될 수 있음을 명확히 할 것이다. 분쟁의 경우, 중재판정부는 그 조치가 합리적인지 여부를 결정하고, 그 조치가 투자자에게 해를 끼쳤는지 여부뿐만 아니라 인권 보호를 강화하기 위해 필요한지 여부를 살펴볼 것이다.

실제로 권리를 언급하는 소수의 BITs에서 사용되는 언어는 훨씬 더 부드러우며, 의무는 훨씬 더 적다. '2012년 미국 모델 BIT' 제13조는 '투자 및 노동'이라는 제목으로 다음과 같이 되어 있다.

1. 당사국은 국제노동기구(ILO)의 구성원으로서의 그들 각자의 의무와 작업장에서의 기본원칙 및 권리에 관한 ILO 선언과 후속 조치에 대한 그들의 약속을 재확인한다.

2. 당사국은 국내 노동법의 보호를 약화시키거나 감소시킴으로써 투자를 장려하는 것이 부적절하다는 것을 인정한다. 따라서 각 당사국은 자국에 대한 투자의 실시, 확보, 확장, 유지를 권장하기 위해 포기(waver)나 적용 배제(derogation)가 아래 조항에 언급된 노동권에 부합하지 않은 경우에 노동법을 포기 혹은 적용 배제하지 않으며, 포기나 적용 배제도 제안하지 않도록 하며, 지속적이고 반복적인 작위나 부작위를 통해서 노동법을 효과적으로 집행하지 않는 일이 없도록 해야 한다.

국제적 의무는 언급되지만 노동권의 영역에만 해당되며, 투자자의 책임에 대한 언급은 없다. 이와 비슷한 조항은 환경 협정에 적용된다.[110] 더구나 두 조항은 모두 중재의 범위를 벗어난다.[111] '기업의 사회적 책임'이라는 제목의 캐나다 2012 양자간투자협정 모델 제16조는 투자자의 책임을 다음과 같은 용어로 모호하게 언급한다.

각 당사국은 자국 영토 내에서 또는 관할구역 내에서 운영되는 기업에게 국제적으로 인정된 기업의 사회적 책임 기준을 당사국들에 의해 지지되거나 지지했던 원칙의 성명과 같은 내부 정책 및 관행에 자발적으로 포함하도록 권장해야 한다. 이 원칙들은 노동, 환경, 인권, 지역사회 관계, 반부패와 같은 문제들을 다룬다.[112]

분명히 말하면, 투자자에게 자발적으로 표준(Standard)을 포함시키도록 권장하는 것은 투자자에게 인권 의무가 있다는 것을 인식하는 것과는 거리가 멀지만, 좋은 출발이다. 불행하게도 이름에서 알 수 있듯이, 양자간투자협정 모델은 조약 모델일 뿐이다. 이들은 협상의 출발점을 형성하지만 약간 더 인권 친화적인 모델 BITs를 채택한다고 해서 서명된 실제 양자간투자협정이 더 인권 친화적인 측면을 포함한다는 것을 의미하지는 않는다. 예를 들어, 2013년에 서명되고 그 이후 BITs 모델에 제16조를 도입한 캐나다-탄자니아 양자간투자협정은 기업의 사회적 책임을 언급하지 않고 있다.[113]

인권과 인권 관련 고려 사항을 최대한으로 많이 포함시킨 양자간투자협정 모델이 노르웨이 2007 양자간투자협정 모델 초안인데 NGO와 기업 모두의 반대로 2009년에 보류되었다.[114] 서문에서는 기업의 사회적 책임, 노동권, 인권, 유엔 헌장, 세계인권선언 등을 언급했다. 2012년 미국 양자간투자협정 모델의 제13조 (1)과 마찬가지로 초안 제11조에는 국가가 외국인 투자를 유치하기 위해 노동 기준을 낮추어서는 안 된다고 규정하고 있다. 초안 제12조는 '보건, 안전 또는 환경적 우려'에 민감한 방식으로 투자가 이루어지도록 국가의 '규제 권한'을 확립했다. 관세 및 무역에 관한 일반협정(GATT)의 제20조를 모델로 한 초안 제24조는 조치가 차별적인 성질의 것이 아니라면 양자간투자협정의 어떤 조항도 국가가 인간의 건강과 환경을 보호하기 위해 필요한 조치를 시행하는 것을 방해하는 방식으로 해석해서는 안 된다고 규정하고 있다. '기업의 사회적 책임'이라는 제목의 초안 제32조는 당사국들이 '투자자가 OECD 다국적기업 가이드라인을 따르거나 유엔 글로벌 콤팩트에 참여하는 투자 활동을 이행하도록 장려할 것'을 규정했다.

투자법에 있어 인권 주류화는 어려움을 겪고 있으며 인권 보호를 자신의 권리와 이익에 대한 위협으로 볼 수 있는 투자자의 반대에 직면할 가능성이 있다. 그런데도 중요한 자본 수출국인 미국의 2012년 조약 모델은 노동권과 환경 보호에 대해 언급하고 있다. 일부 저자들이 지적했듯이, 미국의 환경 보호에 대한 이 언급은 2012년 양자간투자협정 모델 채택이 진행되던 몇 년간 기존의 특정 BIT가 특히 환경 보호 분야에서 법제화를 원천적으로 금지했을 때 문제가 있었다는 사실이 일부 이유이다. 따라서 그들은 새로운 양자간투자협정 모델을 작성할 때 그들의 정책 공간을 보호하기로 결정했다.[115]

인권을 언급하고 국가가 인권 보호에 필요한 정책 공간을 보유하도록 허용하는 것을 넘어 양자간투자협정은 투자자의 인권 의무 이행에 관한 규정을 포함할 수 있다. 이는 국제투자법이 투자자들에게 유리하게 작용하는 경향을 감안할 때 상당한 의미가 있을 것이다. 투자자들의 인권 의무를 강제하는 한 가지 방법은 위에서 강조된 바와 같이 국가들이 인권에 대한 반대신청을 제기할 수 있도록 하는 것이다. 보다 급진적인 방법은 국가들과 피해자들이 투자자들을 상대로 제소할 수 있도록 하는 것이다.[116] 중재는 특히 당사자들의 동의에 기초하기 때문에 이것은 실현될 것 같지 않다.[117]

정책 관점에서, 존 러기는 정부 내 분열, 즉 인권과 투자 문제가 의사소통이 거의 또는 전혀 없는 별개의 정부 기관들에 의해 처리된다는 사실이 투자협정에 인권 친화적인 조항을 성공적으로 포함시키는 데 장애물 중의 하나라고 지적했다.[118]

무역협정에 노동권 조항을 포함시키기

일부는 인권에 대한 고려가 국제무역법의 핵심에 놓여야 한다고 주장해 왔다. 에른스트 울리히 페테르스만(Ernst-Ulrich Petersmann)은 다음과 같이 표현한다.

> 민주적으로 받아들일 수 있는 상태를 유지하기 위해서, 글로벌 통합법 (예: WTO)은 인권에 의해 정의된 '경제적 효율성'뿐만 아니라 '민주적 정당성'과 '사회적 정의'를 추구해야 한다. 그렇지 않고 통합법이 사회적 인권을 고려하지 않고 경제적 복지를 추구한다면 시민들은 통합법의 민주적, 사회적 정당성에 당연히 도전할 것이다.[119]

노동권 조항을 무역협정에 포함시키는 것은 국제무역법에서 인권을 더 많이 강조하도록 권장할 수 있는 자주 인용된 개혁안이다.

> 이러한 포함의 근거는, 국가가 (…) 무역 경쟁력을 유지하기 위해 노동 조건을 억누르게 될 것이라는 점에서, 억제되지 않은 자유무역이 '바닥치기 경쟁'[race to the bottom; 경제학 용어로 정부의 과한 규제 완화 또는 비용 절감을 통한 개체들 간의 경쟁으로 편익이 감소하는 상황 - 옮긴이]을 유발한다고 한다. 만약 '바닥치기 경쟁' 이론이 사실이라면 노동권의 진보적 실현이 훼손되고 자유무역이 인권침해의 촉매제로 작용한다. 그러한 경우, WTO 규칙이 어떤 방식으로든 노동권을 보호함으로써 그러한 영향을 완화시키는 것이 적절할 것이다.[120]

현행 국제무역법이 바닥치기 경쟁을 조장한다는 발상은 그 자체로 논란이 되고 있는데, 스펙트럼의 양 끝에는 극단적인 입장이 있고 중간에는 다양한 음영이 있다.[121] 이러한 분열적 논의는 이 책의 범위를 벗어나지만 노동권 조항에 대한 제안이 발전한 맥락을 이해하기 위해 언급할 가치가 있다.[122]

그 조항은 크게 두 가지 형태를 취할 수 있다. 첫째, 그것은 지적재산권에 관한 무역협정(TRIPS)에 의거해서 보장해야 하는 보호 국가의 최소 기준과 유사한 최소 기준을 도입할 수 있다. 둘째, 노동권은 GATT 제20조에 따른 특정 조치와 위에서 언급된 정부조달협정 제23조 (2) 같은 다른 협정서의 유사한 조항에 대한 정당성으로 언급될 수 있다. 만약 두 번째 유형의 조항이 채택되어 진다면, 최소 노동 기준에 따라 수입 제품이 생산됨을 보장하기 위한 조치를 도입한 국가는 이 표준에 따라 생산되지 않은 생산물의 유통을 방지함으로써 상품의 자유로운 흐름을 방해하는 GATT와 다른 무역협정들의 의무를 위반하지 않을 것이다. 이 조항은 인권에 영향을 미치는 무역 제제를 허용하는 인권 예외의 역할을 할 것이다. 애덤 맥베스는 다음과 같이 언급했다.

그러한 개정안이 도입 가능하다면, 무역 체제의 중심 목표라기 보다 추가적 조치로써 인권과 사회적 관심을 갖는 접근 방식을 유지한다. 그것은 또한 기존의 두문(chapeau) 아래에 위치할 것이며 자의적이거나 정당하지 않은 차별 조항에 예속된다.[123]

이 조항의 편의성은 논란의 여지가 있는데, 일부 저자는 제안된 조항이 개발도상국과의 경쟁에서 선진국을 보호하는 것을 목표로 하는 반면, 다른 사람들은 사회적 긴급성의 문제로 채택되어야 한다고 주장한다.[124]

1996년 WTO의 전체 기구인 각료회의는 불확실한 조건의 노동권 조항에 대한 아이디어를 거부했다.

우리는 국제적으로 인정된 핵심 노동 기준을 준수하기 위한 우리의 약속을 갱신한다. 국제노동기구는 이러한 기준을 설정하고 처리할 수 있는 유능한 기관이며, 우리는 그것들을 촉진하는 작업에 대한 우리의 지원을 확인한다. 우리는 무역 증대와 무역 자유화에 의해 촉진된 경제 성장과 발전이 이러한 기준의 촉진에 기여한다고 믿는다. 우리는 보호주의적 목적으로 노동 기준의 사용을 거부하고 국가, 특히 저임금 개발도상국의 비교 우위는 절대로 의문의 여지가 없어야 한다는 데 동의한다.[125]

최소한 관세 및 무역에 관한 일반협정을 개정해야 하는 노동권 조항 채택은 특히 가능성이 낮아 보이며, 이에 대한 논의는 현재 세계무역기구의 의제에는 없는 것으로 보인다.[126]

국제기구의 인권 의무

국제법의 주체로서 국제기구는 특정한 인권 의무가 있다. 비록 국제기구가 인권 조약의 당사자가 되지는 않았지만,[127] 명백히 관습적으로 국제법에 구속된다. 많은 저자들이 이 입장을 지지한다.[128] 어떤 저자들은 국제기구 회원국으로서 국가의 의무가 더 중요한 역할을 한다고 주장한다. 예를 들어, 애덤 맥베스(Adam McBeth)는 국제기구의 특성상 '국제기구는 회원국의 인권 의무(obligation)를 좌절시키지 말아야 할 의무(duty)가 있어야 한다'고 주장한다.[129] 그는 또한 국가가 인권 의무를 가지고 있기 때문에 경제, 사회, 문화적 권리위원회가 일반 논평[130]에서 명확하게 밝힌 것처럼 '그들이 회원인 국제경제기구의 사업에 관여하는 동안'[131] 국제기구는 회원국을 따라야 한다고 주장한다. 일부에서는 국제기구가 인권 의무를 가지고 있다는 생각에 저항해 왔다.[132] 그러나 이러한 단호한 거부는 더 이상 일반적이지 않다. 세계은행이나 국제금융공사와 같은 조직에서 책임 메커니즘을 확립하는 것은 이러한 측면에서 중요한 발전이며, 비록 간접적이지만 기업의 책임도 강화한다.[133]

세계은행 조사 패널과 국제금융공사(IFC) 컴플라이언스 어드바이저 옴부즈맨(CAO)은 인권 고려가 중요한 역할을 하는 프로젝트 금융 분야의 책임 메커니즘이다.[134] 이는 비사법적 메커니즘으로 기업 인권침해 피해자에게 배상을 제공하지 않는다. 그러나 그들은 국제금융공사와 세계은행이 인권을 더 제대로 고려토록 하기 위해 자금후원을 고려하거나 이미 자금을 지원하고 있는 프로젝트에 상당한 변화를 가져올 수 있다. 기관들이 돈을 빌려주는 방식의 변화를 유도함으로써, 이러한 메커니즘은 기업들이 돈을 쓰는 방식에 상당한 변화를 목표로 한다.

세계은행은 1993년 사회와 환경에 부정적인 영향을 끼친 인도의 사르다 사로바르댐과 운하 사업 등 그동안 자금 지원한 여러 사업에 대해 시민사회단체의 날카로운 비판에 따라 조사 패널을 설립했다. 은행은 지역 주민에게 치명적인 결과를 초래하는 데 영향을 미치는 자체 정책을 수 차례 준수하지 않았다.[135] 이러한 맥락에서 패널의 주요 기능은 은행이 자체 정책을 준수하고 있는지 확인하고, 자신이 진행하는 프로젝트가 사회와 환경에 미치는 잠재적인 영향이나 이행의 효과를 적절하게 고려하지 않고 가능한 많은 프로젝트를 진행하는 직원을 보상하는 승진 인센티브 체계에 따라 작동하는 조직 내 '승인 문화'를 깨트리는 것이다.[136] 인권과 관련하여 가장 관련 있는 은행 정책은 예를 들어 현지 주민에 대한 운영 정책을 포함하는 세이프가드 정책이다.[137]

조사 패널은 3명의 위원으로 구성되며 비록 은행 구조의 일부지만, 독립된 기관으로서 활동한다. 프로젝트에 영향을 받은 사람들은 세계은행이 자금 지원한 프로젝트의 결과로 인한 피해를 주장하며 패널에 진정할 수 있다. 패널은 진정을 조사하지만(일반적으로 조사 요청서 또는 요청서라고 함) 은행이 자체 정책을 준수했는지 여부만 검토한다. 이 과정에서 민간 또는 국가의 행위와 같은 다른 행위자들의 행동을 볼 수 있지만, 이런 행위에 대해 결정을 내리지는 않는다.[138] 요청서가 적격하다고 판단되면, 패널은 일반적으로 은행 이사회로부터 이 사건을 조사하기 위한 승인을 받아야 한다.[139] 조사의 마지막에, 패널은 공개 가능한 최종 보고서(조사보고서)를 작성하는데, 이 보고서는 은행이 자체 정책을 준수하였는지 여부를 결정하지만, 결정적으로 진정인의 인권이 침해당했는지에 대해서는 판단하지 않는다. 트레클(Treakle), 폭스(Fox), 클라크(Clark)는 '진정인들이 그들이 진정한 상황과 특정 은행 정책 위반 사항을 연결하지 않았기 때문에 패널이 기각했어야 했던 요청서의 사례를 보여 준다.'[140] 은행 경영진은 조사 보고서에 응답할 의무가 있다. 이 응답은 일반적으로 실행 계획을 '포함'한다.[141]

조사 패널은 설립 당시 은행의 업무를 크게 개선했으며 많은 사람들의 삶에 긍정적인 영향을 미쳤다. 그러나 '가처분을 명령하거나, 사업을 중단하거나, 고통받은 피해에 대해 금전적 보상을 할 수 없'는 기대에 못 미치는 조사 패널의 제한적 역할 때문에 진정인들은 그 결과에 종종 실망한다.[142] 또한 패널은 은행 경영진의 손에 맡겨진 실행 계획도 이행할 수 없다. 이것은 많은 프로젝트에서 구체적인 문제를 초래했다.[143] 다른 비평가들은 패널의 독립성 결여와 전반적인 권한의 부족을 지적했다. 궁극적으로, '패널은 밝혀낸 문제를 해결할 권한이 없기 때문에, 지역사회가 성과를 내는 데 도움이 되는 패널의 어떤 해결책도 은행의 필요와 맞아야 한다.'[144] 또 다른 중요한 점은 조사 패널은 프로젝트가 '종료되지 않거나 실질적으로 지출되지 않는' 경우에만 조사할 수 있다는 점이다.[145] '프로젝트의 많은 문제들이 자금이 지출된 후 수년동안 나타나지 않기 때문에 이것은 주요 제약 조건이다. (…) 피해를 입은 사람들에게, 공식적인 대응은 전혀 없다.'[146] 이 규칙의 이면에 있는 논리는 은행이 더 이상 금융을 통제하지 않으면 정부 시행에 미칠 수 있는 영향력을 잃어버린다는 것이다.[147] 마지막으로 위에서 언급한 바와 같이, 패널의 임무가 은행의 내부 정책 위반 여부에 대한 결정에만 제한되기에는 그 범위가 협소하다. 은행 자체나 은행으로부터 돈을 받은 사람들이 인권을 침해했는지 여부에 대해서는 판단하지 않는다.

국제금융공사 컴플라이언스 어드바이저 옴부즈맨(CAO)은 1999년 조사 패널 설립 배경과 유사한 이유로 설립됐다.[148] CAO 역할은 세 가지로 나누어진다. CAO 어드바이저의 역할은 사회 및 환경 문제에 대해 세계은행 그룹과 국제금융공사 및 국제투자보증기구(Multilateral Investment Guarantee Agency, 이하 'MIGA')의 고위경영진에게 조언하는 것이다. CAO 옴부즈맨은 국제금융공사가 자금을 지원했거나 자금 지원을 고려 중인 프로젝트의 영향을 받은 사람들의 진정을 처리한다.[149] 세계은행 조사 패널처럼, 사업이 종료되면 CAO는 솔루션 제공을 중단한다. 이 접근법은 문제 해결 방식으로서, 보다 잘못된 것을 찾아 내는 것에 가까운 조사위원회의 접근법과 대비된다.[150] CAO 옴부즈맨은 분쟁을 종결시키기 위해 정보를 수집하고 국제금융공사/국제투자보증기구 민간 고객과 지역사회와 함께 대화에 참여한다. 그 과정에서 CAO는 회사에 직접 권고할 수 있다.[151] 일부에서는 만약 – 투자자를 포함한 모든 당사자들이 동의한 합의된 해결책을 찾으면 '이러한 서면 타협은 지방법원이나 중재에서 집행 가능한 계약상 의무를 발생시킬 수 있다'고 주장한다.[152] 그러나 합의된 해결책을 찾지 못하면 그 사건은 CAO 컴플라이언스 사무소로 이관된다.

CAO 컴플라이언스는 국제금융공사와 국제투자보증기구에 대한 감사를 실시하고 자체 정책들이 준수되었는지 여부를 점검한다. 예를 들어 그들의 고객이 자금 후원을 받을 자격이 되기 전에, 프로젝트가 인권 관점에서 가장 관련성이 있는 8개 국제금융공사 실행 기준 부합 여부를 국제금융공사와 국제투자보증기구 고객들에게 요구하는 정책이다.[153] 감사는 세 가지 방법으로 시작될 수 있다. 첫째, 세계은행그룹 회장이나 국제금융공사 및 국제투자보증기구의 고위 경영진이 감사를 요청할 수 있다. 둘째, CAO 부회장이 요청할 수 있다. 셋째, 우리의 목적을 위해 더 중요한 것은 CAO 옴부즈맨에게 진정한 후 CAO 옴브즈맨에게 제기된 문제가 해결되지 않았을 때 시작된다. 이 경우 CAO 컴플라이언스 감사가 관련 정책을 준수했다고 결론을 내면 프로젝트가 실제로 지역 주민에게 부정적 영향을 미쳤거나 계속 영향을 미치는지 여부에 관계없이 사건이 종결된다. 그런 의미에서, CAO 옴부즈맨의 첫 단계에서 분쟁이 해결되면 진정인에게 이익이다. 따라서 첫 단계는 중요하다. 그것은 국제금융공사 CAO 메커니즘이 세계은행 조사 패널 메커니즘보다 더 효과적이라 볼 수 있다. 살펴본 바와 같이, 패널의 유일한 옵션은 정책이 준수되었는지 확인하는 것이고 정책 준수 여부를 확인한 경우 프로세스가 종료된다. CAO 역시 정책이 준수된 것으로 판명될 경우 절차를 종료하지만, 그것은 조정 단계가 실패했을 경우에 두 번째 단계에서 이루어진다. 즉, CAO 컴플라이언스가 진정을 다루기 전에 CAO 옴부즈맨은 불만이 접수되면 특정 정책 위반과 상관없이 어떤 식으로든 해결하려고 노력해야 한다.

> CAO 컴플라이언스 감사 결과, 정책이 준수되지 않았다고 판단할 경우 국제금융공사/국제투자보증기구의 조치가 그들의 미준수 문제를 해결하고 있음을 CAO가 확인할 때까지 컴플라이언스 조사를 계속 열어 놓고 상황을 모니터링한 이후에 컴플라이언스 사건은 종결된다. CAO는 모든 컴플라이언스 사건들의 진행 상황을 공개한다.[154]

이 점에서, 사건을 종료하지 않는 것 외에 CAO는 아무것도 할 수 없다는 시스템적 한계에 봉착한다. 예를 들어, 모잠비크의 모잘(Mozal) 프로젝트 사건의 경우 NGO들은 글로벌 광산회사인 BHP 빌리톤이 운영하는 알루미늄 용광로가 인간 건강에 미치는 영향에 대해 CAO 옴부즈맨에 진정을 제기했다. 첫 단계에서는 합의가 이루어지지 않았고 CAO 컴플라이언스에 사건이 배당되었다. 감사에서 CAO 컴플라이언스는 국제금융공사가 일부 정책을 위반했다고 결론을 내렸다. 감사에 대한 국제금융공사의 반응은 다음과 같다. 즉. '국제금융공사는 CAO의 관점을 인정하지만, 임원이 정책과 절차에 합치하게 합리적으로 적시에 행동을 했다고 믿는다'[155]는 것으로, 이로써 토론이 종결된 것으로 보인다는 것이다. 국제금융공사가 그 결론에 동의하지 않기 때문에, CAO는 사건을 열어 두는 것은 물론이고 더 이상 진행할 수도 없다. 이러한 부정적인 결과가 체계적이라는 것은 아니다. 인도네시아의 팜유 산업에 대한 투자와 관련된 또 다른 사례에서 국제금융공사가 자체 정책을 준수하지 않았다고 발견한 것이 긍정적인 결과를 유도했다. 현재 국제금융공사는 결점을 공식적으로 인정한 후[156] 팜유 산업과 관련한 전략을 변경하고 업계와 지역 주민들 모두 만족시킬 수 있는 해결책을 찾기 위해 적극 노력하고 있다. 이는 여전히 논쟁의 여지가 있는 주제이지만, 국제금융공사의 긍정적인 태도는 CAO 컴플라이언스로 하여금 사건을 종결하도록 만들었다.[157]

세계은행과 국제금융공사가 국제법에 따라 인권 의무를 준수했는지 여부를 규명하는 메커니즘과는 거리가 멀지만 그럼에도 불구하고 조사 패널과 CAO 메커니즘은 이들 조직 업무에 인권 고려 사항를 통합하도록 기여한다.[158] 이러한 메커니즘은 기업의 책임 공백과 이를 연결하기 위한 국제적인 노력에 대한 논의에 적합하다. 왜냐하면 그들은 업무상 발생하는 일부 인권침해를 밝히고 그중 일부를 예방하는 데 기여할 수 있기 때문이다.

결론

이 장은 인권과 국제투자 그리고 국제무역법 사이의 다양한 갈등 지점들을 강조했다. 이러한 법률 분야는 때때로 국제인권법을 포함한 다른 국제법 분야와 분리되어 발전했다고 한다. 인권이 양자간투자협정 모델에 통합되거나 관련 조직의 책임 메커니즘에 의해 고려되는 등 상황이 변화하기 시작했다. 그러나 투자 및 무역법과 정책에서 인권에 보다 중요한 역할을 부여하고 기업의 책임을 증대시키기 위해서는 해야 할 일이 더 남아 있다. 최근 몇 년 동안 개발된 연성법 이니셔티브는 기업과 인권의 다른 영역뿐만 아니라 각 국가들이 이것에 대해 더 열심히 일하도록 장려한다. 이러한 발전은 제7장에서 상세히 분석한다.

제7장

기업과 인권에 관한 국제연성법 이니셔티브

앞의 두 장에서는 기업과 인권에 관한 현재 국제 법률 체계의 한계를 강조했다. 이 장은 엄격하게 말하면 국제법에서 벗어나 있으며 지난 수십년 동안 이 분야에서 꽃피운 연성법 이니셔티브에 중점을 둔다. 구속력이 없고 권고적인 성격으로 인해 이러한 이니셔티브는 자발적 규범과 밀접한 관련이 있으며 후자에 대해서는 사적 규제 형태에 관한 다음 장에서 다룬다.

1970년대 유엔이 다국적기업의 행동 기준을 개발하기 시작했을 때, 기업과 인권은 별개의 연구 분야가 아니었다. 대신, 유엔은 다국적기업의 인권 및 기타 분야에 대한 규범을 포함한 외국인 직접 투자와 외국인 투자자 대우에 관한 투자유치국의 의무에 초점을 맞췄다. 따라서 그 범위는 단순한 '기업과 인권'보다 넓었다. 이와는 대조적으로 현재의 기업과 인권 이니셔티브는 범위가 좁다. 오늘날 외국인 투자자와 기업의 인권 책임에 대한 대우는 별개로 고려되는 경향이 있으며, 상이한 규범 프레임워크의 개발로 이어졌다. 이 장에서 볼 수 있듯이 외국인 투자가 항상 더 문제가 있었다는 점을 감안할 때 이것은 아마도 최선의 선택일 것이다. 부정적인 측면에서 두 문제를 분리하는 것은 가능하지만, 이것은 다소 인위적인 구분으로 이어진다. 상당히 겹치지만 국제투자법과 인권 분야에서의 다국적기업에 대한 국제 규정은 별개로 발전했다. 투자법과 다국적기업에 대한 국제 규범들을 두 개의 서로 다른 장에서 살펴봄으로써, 다소 인위적일 수 있지만 이 책은 두 분야를 구분하여 설명한다.[1]

인권 분야에서의 기업에 대한 국제 규범은 증가하고 있으며, 이 장에서는 해당 영역의 모든 기존 이니셔티브에 대한 전체 목록을 제공할 수는 없다. 그보다는 인권 분야에서 기업의 글로벌 지배구조의 주요 특징을 제시하고, 이러한 역사적 맥락을 바탕으로 국제적 차원에서 기업의 책임 간극을 어떻게 메우고 있는지 논의하는 것을 목표로 한다.

1970년대의 행동강령 초안 작업: 대결과 새로운 국제 경제 질서

1970년대는 기업과 인권 분야의 전환점이 되었다. 그 이전에도 기업의 인권침해가 드물었던 것은 아니지만 개발도상국에 미치는 서구 기업의 부정적인 영향에 대한 개발도상국 내의 여론을 선진국들은 거의 인식하지 못했다. 1970년대는 서구 사회에 지대한 영향을 미쳤던 일련의 위기, 추문과 갈등으로 얼룩진 커다란 변화의 시기였다. 석유 위기, 뒤이은 경제 위기, 개발도상국이 서구의 자본을 몰수하는 흐름, 고정 환율 제도의 종식, 워터게이트 사건(the Watergate scandal), 민주적으로 선출된 살바도르 아옌데(Salvador Allende) 칠레 대통령에 대한 쿠데타, 아랍-이스라엘 전쟁 그리고 결국 미군이 베트남에서 철수 하는 사건 등은 몇 가지 예에 불과하다. 미국에서는, 아우구스토 피노체트(Augusto Pinochet) 의 독재 정부 수립으로 이어진 칠레 쿠데타에서의 미국의 다국적기업인 ITT의 역할로 인해 미국 상원 외교위원회(the US Senate Foreign Relations Committee)에 처치(Church) 상원의원이 주재한 위원회가 신설되었다. 처치 위원회는 3년 동안 전 세계 곳곳에서 미국의 다국적기업이 저지른 부패와 악행 수십 건을 문서로 정리했다. 동시에 미국 증권거래위원회(the US Securities and Exchange Commission)도 기업의 해외에서의 위법행위(비리)를 조사했다. 이 모든 것은 논란이 되고 있는 해외부패방지법(Foreign Corrupt Practices Act)의 채택과 함께 미국의 입법적 대응으로 이어졌으며, 기업 문화의 초기 변화를 가져왔다. 이 변화는 제한적이었으며, 대부분의 기업 옹호자들은 입법보다는 자율 규범을 선호했다. 이러한 한계에도 불구하고 1970년대는 현대의 글로벌 기업과 관련한 개념으로서 기업의 사회적 책임에 대한 논의가 시작되었다.[2]

동시에 유엔도 다국적기업의 부정적인 영향과 기업과 인권 사안에 대한 작업을 강화했다. 하지만 당시에는 그렇게 불리지 않았다. 1960년대에 유엔은 외국인 직접 투자와 개발에 있어서 그것(외국인 직접 투자)의 역할, 그리고 천연자원에 대한 영구 주권(permanent sovereignty) 개념에 주의를 집중했다.[3] 당시는 지금 우리가 알고 있는 글로벌 기업이 번창하기 시작한 시기였다.[4] 유엔 총회에서 다수를 이루고 있었고, 종종 사회주의 경제 블록에 의지할 수 있었던 77개의 신생 독립국들은 그들이 정치적으로는 독립했지만 여전히 이전 식민지 권력의 경제적 지배하에 있다고 생각했다. 외국계 다국적기업의 증가는 이러한 상황을 뚜렷하게 보여 주었으며, 투자유치국 사이에서는 자국에 소재하는 [외국계] 기업에 대한 본국의 영토 외적 조치에 대한 특별한 우려가 있었다.[5] 따라서 새롭게 독립한 개발도상국의 목표는 경제적 측면을 포함한 진정한 독립을 달성하는 것이었고, 새로운 국제 경제 질서 조성과 국가의 경제적 권리와 의무 헌장(Charter of Economic Rights and Duties of States)[6]의 채택을 촉구하는 유엔 총회 결의[7]를 채택하여 이를 달성하는 것이었다. 이 획기적인 결의안들은 개발도상국과 선진국 사이의 경제적 불평등에 대한 도전이며, 이를 해결하기 위한 방법을 제시한다. 이날의 어조는 대립적이었고, 개발도상국들의 주장에는 그들의 영토에서 다국적기업의 투자 활동을 통제할 수 있는 절대적인 권리가 포함되었다.[8]

이러한 맥락에서, 특히 유엔 경제사회위원회(the UN Economic and Social Council, 이하 'ECOSOC')가 1971년 유엔 세계경제조사에서 언급한 다국적기업에 대한 다음과 같은 발췌문을 인용한 '중추적'[9] 결의안을 1972년 채택한 이후 UN의 다국적기업에 대한 작업이 더욱 구체적으로 진행되었다.

> 이러한 기업들은 종종 개발도상국으로 기술 및 자본 이전의 효과적인 주체가 되는 경우가 많지만, 그들의 규모와 힘은 투자유치국의 전체 경제를 능가하기 때문에 그들의 역할은 때때로 경외심을 불러일으킨다. 국제 사회는 아직 이들 기업의 활동으로 인해 제기된 문제를 처리하기 위한 적극적 정책과 체계를 마련하지 못하고 있다. [10]

ECOSOC는 이 분야에 대한 지침의 부족을 지적한 후, 유엔 사무총장에게 '다국적기업의 역할과 개발 과정에서 그들이 미치는 영향 (⋯) 그리고 국제 관계에 대한 시사점 등을 연구하기 위하여 (⋯) 공공 및 민간 부문 (⋯) 에서 저명한 사람들의 (⋯) 연구 그룹'을 지정하도록 요청했다.[11] 전문가 그룹은 1973년과 1974년에 여러 차례 만나, 세계 개발 속에서의 다국적기업(Multinational Corporations in World Development)에 관한 유엔 경제사회처(UN Department of Economic and Social Affairs, 이하 'DESA')의 보고서를 바탕으로 토론했다.[12] 이 보고서는 다양한 측면에서 획기적이었다.[13] 이 책의 목적상 두 가지 측면에 많은 주의를 기울여야 한다. 첫째, 이 보고서는 기업과 인권 분야에서 여전히 중요한 쟁점 중 하나를 지적하고 있다.

> 다국적기업이 보유하고 있는 상당한 초국가적 권력에도 불구하고, 정부와는 달리 광범위한 기반의 유권자에 대한 정책과 행동에 대해 직접적으로 책임을 지지 않는다. 또한 순수한 국내 기업과 달리 다국적기업은 그들의 경영(operations)과 공익 사이의 최대한의 조화 보장을 목표로 할 수 있는 단일 기관에 의해 통제받고 규제되는 대상이 아니다. 따라서 문제는 다국적기업의 권력 행사를 감독하고 **국제 사회에 대한 어떤 형태의 책임(accountability)**을 그들의 활동에 **도입**하게 할 수 있는 일련의 제도와 장치가 마련될 수 있느냐 하는 것이다.[14]

이 보고서는 수십 년이 되었지만, 오늘날의 관계자에게도 여전히 익숙할 것이다. 이 장에서 계속 논의하게 될 국제적 수준에서 다국적기업에 '어떤 형태의 책임을 도입'하는 방법에 대한 질문은 하나의 분야로서 기업과 인권의 공통된 특징으로 남아 있다.

둘째, 보고서는 다국적기업을 위한 '광범위한 국제 행동강령'[15]을 정교하게 다듬을 것을 제안하고 있으며, 이는 2011년 유엔 이행원칙이 채택되기 전까지 수십 년간 유엔의 핵심적인 과제였다. 보고서가 작성될 당시, 다국적기업 행동강령의 범주에 해당하는 문서는 국제 상공회의소의 국제투자지침(the International Chamber of Commerce's Guidelines for International Investment)[16] 하나만 존재했다. 국제자유노동조합연맹(The International Confederation of Free Trade Unions, ICFTU)은 1969년 강령 구상을 승인했지만 실제 개발에는 진전을 이루지 못했다.[17]

전문가 그룹의 작업 과정은, 6년의 임기 동안(2005-2011) 유엔 이행원칙의 채택을 이끌어낸 유엔 사무총장의 기업과 인권 특별 대표의 조치와 다르지 않았다. 전문가 그룹은 일련의 청문회를 개최하고 전 세계의 학계, 기업 부문, NGO와 정부의 입장을 요구했다. 피아트(Fiat), 엑손(Exxon), 이이비엠(IBM), 네슬레(Nestlé), 화이자(Pfizer), 리오 틴토(Rio Tinto), 로열 더치 석유회사(Royal Dutch Petroleum), 지멘스(Siemens), 유니레버(Unilever)와 같은 기업의 고위 경영진이 [전문가] 그룹 앞에서 증언했다.[18] 이 임원들의 대다수는 행동강령의 사상을 지지했다.[19]

협의 후, 전문가 그룹은 「다국적기업이 개발 과정과 국제 관계에 미치는 영향」이라는 제목의 보고서를 작성했다. 이 보고서는 다국적기업을 위한 행동강령 개발을 제안하면서 '강제적인 성격은 없지만 (…) 국제기구의 권위와 여론의 지원에 의해 강력해진 도덕적 설득의 문서로 작용할 것'이라고 설명했다.[20]

보고서는 강령에 대한 토론에만 국한되지 않았으며 전문가 그룹은 전체적인 접근방식을 채택했다. 이 보고서에서 그룹은 다국적기업의 역할, 투자국 및 투자유치국과의 관계, 국제 경제 체제에 어떻게 부합할지, 그것이 투자유치국의 경제와 공동체에 어떤 영향을 미치는지, 그리고 어떻게 하면 개발에 더 잘 기여할 수 있는지를 분석했다. 보고서는 또한 기업의 자율 규제의 한계와 정부 규제의 필요성을 지적했다.[21] 이들의 보고서에는 '인권'이라는 문구가 거의 언급되지 않았지만, 사회정의는 물론 인권 보호가 그룹의 접근방식에 영향을 준 것으로 보였다.[22]

전문가 그룹은 또한 유엔 내에서 이러한 문제들을 다룰 수 있는 기관의 설립을 권고했다. 이로 인해 정부 간 다국적기업위원회(CTNC)와 다국적기업에 관한 센터가 설립되었으며, 그 임무는 다국적기업(TNCs)에 대한 연구를 수행하고 정보를 수집하는 것이었다.[23] 두 기관 모두 1974년에 설립되었다.[24] 다국적기업위원회는 1975년 3월 첫 회의에서 앞으로 몇 년 동안 행동강령의 초안을 우선적으로 작성하기로 결정했다.[25] 위원회는 위에서 언급한 개발도상국과 선진국 사이의 긴장이라는 맥락에서 이에 대한 작업을 시작했다. 다른 기관들도 유사한 법률문서를 입안하고 있었기 때문에 이러한 긴장감은 이전에도 여러 차례 표면화되었다.

지역 수준에서 두 가지 이니셔티브가 눈에 띄었는데, OECD 다국적기업 가이드라인과 카르타헤나 협정 위원회의 '결정 24'(Decision 24)다. 선진국이면서 투자국인 회원이 있는 경제협력개발기구(OECD)는 1976년 몇 년간의 작업 끝에 OECD 다국적기업 가이드라인 제1판을 채택했다.[26] 현재의 가이드라인은 1976년판보다 훨씬 정교하고, 아래에서 자세히 설명하고 있는 것처럼 기업과 인권 분야의 주요 문서 중 하나로 남아 있다. 현재로서는 다음과 같은 것을 지적하는 것으로 충분하다. 즉, [가이드라인 작성에 참가한] 한 저자가 가이드라인 채택 직후에 말했던 것처럼, '상대적으로 비슷한 [회원국이 모인] OECD 조차도 법적 구속력이 있는 문서를 개발할 의지가 없거나 개발할 수 없었다는 사실은 더욱 이질적인 다국적기업위원회 내에서 의무적인 유엔 강령 (…) 제안자들이 직면하는 어려움을 시사한다.'[27]

또 다른 지역적 진전은 결정 24라고도 알려진 것으로서 외국 자본 및 상표, 특허, 라이센스 및 로열티의 공통된 대우에 관한 카르타헤나 협정 결정(the Commission of the Cartagena Agreement)이 위원회에 의해서 채택됐다.[28] 1970년에 채택된 결정 24는 제안된 투자가 개발 목표를 진전시키는 경우에만 중남미에 대한 외국인 직접 투자가 승인되도록 하는 것을 목표로 했다. 이 협정은 투자를 촉진하는 역할을 했지만 완전히 성공하지는 못했다.[29]

일부 조직은 다국적기업 활동의 모든 측면을 포괄하는 종합적인 강령과 달리 특정 영역에만 초점을 맞춘 제한된 행동강령을 개발했다. 예를 들어, 유엔 무역개발회의(the UN Conference on Trade and Development,

UNCTAD)는 기술의 이전과 특정 사업 관행에 초점을 맞췄다.[30] 1977년 국제노동기구는 노동 조건과 노사관계와 관련된 영역에 초점을 맞춘 다국적기업과 사회정책에 관한 3자 선언(The International Labour Organisation adopted the Tripartite Declaration of Principles Concerning Multinational Enterprises and Social Policy)을 채택했다.[31]

이러한 이유로 유엔 다국적기업위원회가 행동강령에 관한 작업을 시작했을 때 위원회는 다른 조직에서 사전에 수행한 상당한 분량의 작업을 활용할 수 있는 위치에 있었다. 과거의 노력은 긴장과 불일치의 지점들-특히 자본 수출국과 자본 수입국 사이의-을 담고 있었기 때문에 반드시 위원회의 작업을 촉진한 것은 아니었다. 위원회는 '행동강령 제정과 관련된 문제'라는 제목의 문서에서 당면한 과제를 요약했다.[32]

일차적 판단은 강령의 정확한 목적과 관련이 있다. 두 번째는 다루어지는 행위자가 다국적기업만인지 아니면 정부와 다국적기업 모두인지에 관한 것이고, 셋째는 강령의 포괄성, 즉 강령의 규정으로 포함될 실질적인 사안과 관련이 있다. 그리고 넷째는 그 조항의 이행에 대한 접근법 또는 엄중함과 방법, 즉 법적 성격과 감시 수단 그리고 부과될 수 있는 처벌을 포함한다.[33]

첫 번째 사항과 관련하여, 위원회는 향후 강령이 두 가지 주요 목적에 부합하기를 원했는데, 투자유치국에서의 개발 장려 그리고 모두를 위한 경쟁의 장을 평준화함으로써 투자유치국과 투자국, 그리고 투자유치국과 기업 간의 값비싼 분쟁을 방지[34]하는 것이다.

둘째, 위원회는 강령을 다국적기업에만 적용할지 다국적기업과 정부 모두에 적용할지를 결정해야 했다. 개발도상국은 그들이 제약이 필요한 강력한 다국적기업과 같이 취급되는 것에 위협을 느껴 첫 번째 안을 선호했다. 자본 수출국은 강령이 투자유치국의 외국인 투자자 대우에 관한 쟁점을 명확히 하는 데 도움이 되기를 바라면서 두 번째 안을 선호했다. 위원회는 첫 번째 안이 현실적이지 않다는 것을 정확하게 인지했고, 다음과 같이 지적했다.

> 다국적기업에 대한 행동 규칙을 조정하려는 노력은 마찬가지로 정부가 자체적 규제를 설정하는 자유를 제한할 것이다. 따라서 정부 정책을 변경하지 않고 다국적기업의 행동에 관한 강령을 채택하는 것은 절대적으로 불가능하다.[35]

따라서 위원회는 처음부터 행동강령이 기업과 정부 활동 모두를 포괄하는 것으로 보았다. 강령이 다루고 있는, 불일치가 존재하는 실질적인 문제는 많았으며, 위원회는 보고서에서 이를 상세히 논의했다. 여기에는 특히 다국적기업이 사업을 영위하는 국가의 사회적, 경제적 목적과 목표를 준수하는 것을 포함시켰다.

일반적으로 개발의 목적에 유리하도록 그러한 준수를 장려해야 한다는 점이 강조되었지만, 위원회는 정부 정책이 노골적 인종주의나 인권침해와 같이 명백히 국제법을 위반하고 있을 때 발생하는 어려움도 지적했다.[36] 이 문제는 기업과 인권 분야에서 주요 딜레마 중 하나다. 다국적기업이 인권을 침해하는 정부를 대할 때 취해야 할 적절한 행동을 결정하는 데 있어 여전히 명확한 답은 없다.[37] 이에 따른 지침 초안 작성의 어려움은 1970년대 말은 물론이고, 수십 년이 지난 지금도 여전하다.

또 다른 쟁점은 부패에 대한 정의와 투자국, 투자유치국 또는 두 국가 모두의 부패를 다뤄야 하는지에 관한 것이다.[38] 위원회는 논란의 여지가 있고, 잠재적 영향이 강하고, 상업적이고 경제적인 문제들을 나열했다. 거기에는 천연자원에 대한 영구 주권의 원칙에 위배될 가능성, 경제 부문에 대한 다국적기업의 소유권이나 통제의 문제, 서로 다른 국가에 소재한 '다양한 계열사 간에 또는 지배기업과 종속기업 간에 거래되는 재화와 용역의 가격 산정'으로 정의되는 이전가격에 대한 관행,[39] 세금, 경쟁, 기술의 이전, 소비자 및 환경 보호, 고용 및 노동 문제가[40] 포함되어 있었다.

고용과 노동에 관하여, 위원회는 투자유치국들이 '다국적기업에 대한 장려책(incentives)으로써의 반노조 조치'를 제공하는 관행을 예로 들어 문제의 심각성을 강조했다.[41]

위원회는 향후 강령의 실효성을 점검할 수 있는 핵심적인 요소라는 측면에서 다국적기업의 활동에 대한 정보 공개와 이러한 활동에 대한 정부 정책의 공개에 관한 문제를 면밀하게 검토했다. 이는 공개해야 하는 자료의 유형, 공개 빈도, 공개되지 않은 정보를 받을 수 있는 권한 등의 주제에 관련된 어려움을 제기하는 복잡한 문제다.[42] 위원회는 다국적기업을 위한 행동강령뿐만 아니라 기업과 정부 모두를 대상으로 하는 다국적기업의 활동에 대한 행동강령 초안의 선택을 고수함에 따라, 역외적 함의가 있는 법률의 제정, 국가적 대우와 수용에 관한 투자국 및 투자유치국 정부 정책과 관련한 주요 쟁점을 나열했다.[43]

그 외에도, 위원회는 강령이 채용해야 할 적절한 접근법에 대해서 논의하고 다국적기업에 관한 규범은 일반적인 것에서 구체적인 것까지, 자발적인 것에서 강행적인 것까지 포괄한다고 지적했다. 마찬가지로 이행 조치는 국내적인 것에서 국제적인 조치까지 다양할 수 있다.'[44] 그리고 다음과 같은 내용을 추가했다.

이 접근 방식의 가능한 조합은 많다. 예를 들어 일반적/구체적 공식화, 자발적/의무적 준수 및 국내적/국제적 이행을 들 수 있다. 최소한의 접근 방식은 일반적이고 자발적이며 국가적으로 구현된 강령이다. 이것은 정부와 다국적기업 모두에게 가장 큰 여지를 줄 것이다. 일반적이라는 것은 다양한 해석을 허용한다. 자발적인 준수는 다국적기업에게 상당한 행동의 자유를 허용한다. 국가적 행동을 통한 이행은 정부에 많은 재량권을 허용한다. 최대의 접근 방식, 즉 구체적이고, 의무적이며 국제적으로 구현된 강령은 다국적기업뿐만 아니라 정부의 새로운 접근 방식을 줄이도록 제한한다. 사실 그것은 국제법에 가장 가깝다. 최소 접근과 최대 접근 사이에는 연속성이 있다.[45]

위원회의 문서 작업에 참여했던 Stephan Coonrod는 다음과 같이 강조한다.

> 어떤 의미에서, (…) 받아들여질 가능성이 높은 강령의 법적 성격에 대한 강조는 잘못됐다. 형식의 의미는 규범 창조자로서 국제적 합의를 이끌어내는 데 중요할 수 있다. 그러나 아마도 더 중요한 것은 법률 문서(instrument) 뒤에 있는 국제적 합의와 관련 행위자들이 이것을 법적인 규범으로 간주할 것에 상응하는 존중이다. 행동을 이끄는 권위 있는 지침으로 인정받기 위해서 지침 이행의 합의가 [법적] 구속력을 가질 필요는 없다.[46]

그는 이어서 바로, 다국적기업의 승인을 얻는 데 있어서 실질적인 어려움 중 하나는 국제회의에 다국적기업이 참여하는 것에 대한 일부 국가들의 반대라고 지적한다. 일부 국가들은 민간 부문이 주권 국가와 동등한 위치에 놓이는 것을 원하지 않았기 때문이다.[47] 그는 민간 부문을 논의에 포함시킬 필요성에 관해 토론하는 과정에서 '기업 경영자들의 적절한 개입 없이 개발된 노골적으로 적대적인 법률 문서는 다국적기업의 투자 수준을 낮추고 그들이 취하는 형식을 바꿔 투자유치국에 해를 끼칠 뿐'이라고 경고한다.[48] 또 다른 참여자인 Wang은 다국적기업뿐만 아니라 모든 관련 민간 이해관계자, 노동조합, 소비자 단체 및 NGO가 이 과정의 일부가 되어야 하며, 이들이 실제로 작동할 수 있는 방법을 제안해야 한다고 주장한다.[49] 그에게 가장 가치 있는 것은 '내부자의 지식, 행위자 스스로의 느낌, 접근 방식과 관점, 그리고 그들 자신의 활동과 가장 가치 있는 구성원으로부터 나온 피드백'이다.[50]

결국, 위원회는 '초국적 기업에 관한 행동강령의 실효성은 (1) 그것이 구현되는 법률 문서의 공식적인 법적 성격 (2) 해당 조항의 정확한 표현 (3) 이행을 위한 기구라는 세 가지 주요 요인에 따라 좌우될 것'이라고 주장했다.[51] 법적인 성격과 관련하여 강령은 '다자간 협약, 주권 국가가 채택한 선언이나 국제기구의 결의'와 같은 형식을 취할 수 있다.[52] 표현과 관련하여, 위원회는 조항이 일반적인 방식이 아닌 구체적 방식으로 작성된다면, 강령은 공식적으로 구속력은 없지만 더 큰 영향을 미칠 수 있다고 언급했다. 또한 예를 들어 기업의 경영 분야 등에 따라 차별화된 의무를 규정하는 강령이라는 발상도 소개했다.[53] 이행 기구와 관련하여, 위원회는 분쟁해결을 위한 국제적이고, 비사법적이며 화해적인 체제를 선호하는 것처럼 보였다. 이 발상은 강령의 지속적 적용을 위해 국제기구가 다국적기업의 활동에 계속 대응하면서 강령의 적용을 감독할 수 있는 권한을 주는 것이다. 위원회는 '공식적인 법적 의사결정과 집행 체제가 없어도 실무 당사자, 사실 조사단, 정보교환 절차, 그리고 심지어 전문적인 지원의 창조적 활용이 상당한 효과를 거둘 수 있다.'고 밝혔다.[54]

마지막으로 제5장에서 논의한 바와 같이 다국적기업의 국제법 [적용] 대상의 지위를 부정하는 전통적인 입장을 고려할 때, 위원회가 기업이 강령의 규정을 준수하도록 정부에 의무를 부과하는 것뿐 아니라, 강령이 기업에 직접 의무를 부과할 수 있는 가능성을 직시했다는 점에 주목할 필요가 있다. 위원회 자체는 이 선택사항을 '일반적이지 않다.'고 보았다.[55] 이 점은 이 장에서 더 자세히 다루고 있는 기업과 인권에 관한 다른 유엔 이니셔티브 중 하나인 규범 초안(Draft Norms)에 대한 주요 비판으로 이어졌다.

다국적기업위원회 내의 강령에 관한 실무그룹은 1982년 위원회 제8차 회의에서 강령 초안을 제시했다.[56] 그 문서에는 많은 [향후 논의 과정에서 삭제되거나 수정될] 괄호안의 조항들이(bracketed provisions) 포함되어 있는데, 이것은 각 국가들이 조항의 구체적인 표현에 동의할 수 없었음을 보여 준다. 여기에는 다국적기업 자체를 대상으로 하는 '다국적기업의 활동'에 대한 부분과 국가를 대상으로 하는 '다국적기업에 대한 대우' 부분이 포함되어 있다. 다국적기업이 활동하는 각국 내에서의 일반적인 기업 활동, 국유화, 보상 및 관할권 등을 포함한 일반적인 대우에 관한 부분이 거의, 전적으로 괄호 안에 묶여 있어, 합의가 이뤄지지 않았음을 보여 준다. 확실히 외국인 투자자 대우와 관련된 부분이 가장 큰 쟁점이 되었는데, 이는 당시 이 문제와 관련한 자본 수입국과 자본 수출국 사이의 대립을 감안할 때 놀라운 일이 아니다. 다국적기업의 활동과 관련하여 더 높은 수준의 공감대가 있는 것처럼 보였지만 그 이면에는 해결되지 않은 문제도 많았다.

초안 제9조는 다국적기업의 '경제적 목적과 개발 목표, 정책과 우선순위에 대한 준수'를 다루고 있으며, 제12조는 '사회 문화적 목표와 가치의 준수'를 다뤘다. '인권과 기본적 자유에 대한 존중'이라는 제목의 제13조는 다음과 같다.

다국적기업은 기업 활동을 하는 국가에서 인권과 기본적 자유를 존중해야 한다. 사회 및 노사관계에서 다국적기업은 인종, 피부색, 성별, 종교, 언어, 소수 민족, 출신 국가 및 민족, 정치적 또는 그 외의 의견에 따른 차별을 해서는 안 된다. 다국적기업은 기회와 대우의 평등을 확대하기 위해 설계된 정부 정책을 준수해야 한다.

'남아프리카의 인종 차별적 소수 정권에 대한 다국적기업의 비협조'라는 제목의 제14조는 완전히 괄호로 묶여 있으며, 다국적기업이 남아공과 나미비아(Namibia)에서 투자를 중단하는 것뿐 아니라 여전히 그곳에서 기업 활동을 하고 있는 기업이 '아파르트헤이트 제도 아래에서 인종차별 관행을 없애는 데 기여하기 위해 적절한 활동에 참여'하도록 장려했다. 전반적으로, 강령 초안은 매우 야심 차 보인다. 첫째로, 그것은 외국인 투자자에 대한 국가의 대우와 관련하여 가장 논란이 많은 문제들을 다루려고 시도했다. 이 점이 아마도 궁극적으로는 강령의 실패로 이어졌을 것이다.[57] 둘째, 기존의 법적 틀에 맞도록 설계되었다. 실제로 제1조는 ILO 다국적기업과 사회정책에 관한 3자 선언이 '고용, 훈련, 작업장 및 생활 조건, 노사관계 영역에 적용되어야 한다.'고 명시하고 있다. 제20조는 '유엔이 채택한 불법적 금품 제공에 관한 협정(the International Agreement on Illicit Payments)이 부패 관행의 철폐 영역에 적용돼야 한다.'고 명시했다. 즉, 초안 작성자들은 다른 이니셔티브를 의식하고 중복을 피하기 위해 노력했다. 이것은 칭찬할 만한 전략이지만, 안 그래도 어려운 초안 작성 과정을 더욱 복잡하게 만든 것은 확실하다. 셋째, 강령 초안은 천연자원에 대한 영구 주권 개념(제6조), 남아공의 아파르트헤이트 정권과 해외 기업의 공조(제14조) 등 당대에 논란이 되었던 문제들을 회피하지 않았다. 마지막으로, 강령 초안에는 '국제적 제도 장치들'(international institutional machinery)이 포함되었다. 그것은 유엔체제의 공통적인 특징이면서, 오늘날의 기업과 인권 분야에서 여전히 시행되지 않고 있는 국가보고서를 기반으로 한 다국적기업위원회의 감시 기능의 구상이었다.

위원회 내에서 강령 초안에 대한 논의는 10년 이상 지속되었고 결국 1992년에 끝이 났다. 이런 상황을 초래한 몇 가지 이유는 다음과 같이 제시될 수 있다.[58] 1980년대에 세계 경제는 외국인 직접 투자를 유치하기 위한 개발도상국 간의 경쟁이 심화되면서 상당한 변화를 겪었다. 제6장에서 볼 수 있듯이 선진국은 개발도상국에서 외국인 투자자의 이익을 보호하기 위해 수많은 상호 투자 조약을 체결했다. 이미 많은 사회주의 국가에서 시장경제로의 전환이 진행되고 있었다. 규제 완화를 옹호했던 것으로 유명한 미국의 레이건 행정부와 영국의 대처 정부가 집권한 것은 다국적기업을 위한 행동강령의 이념적 기반으로부터 멀어지는 [세계적] 변화를 보여 준다.[59] 1993년, 이 사안에 대한 유엔의 작업은 UNCTAD(유엔 무역개발회의)로 이관되었고, 다국적기업위원회는 해산되었다. 무슬린스키(Muchlinski)의 표현대로,

> 주로 다국적기업과 정부에 적용되는 행동강령의 체결을 목표로 하는 협상 과정에서, 다국적기업의 활동과 개발 과정에서의 영향에 관한 더 나은 지식을 보장하고, 개발도상국 스스로가 새로운 지구적 투자 규칙의 체계에서 발생하는 주요 사안을 더 잘 인식하고 자국의 이익을 위해 대처할 수 있도록 하는 보다 분리되고 분석적인 접근 방식으로의 전환이 있었다.
>
> 이러한 변화는 국제투자 정책의 새로운 '합의'를 향한 것으로 설명할 수 있는데, 이는 이전보다 덜 적대적 태도로 다국적기업을 바라볼 수 있게 하고, 개발 문제와 함께 투자자 보호에 무게를 두는 것이다. 그러나 이것은 당초 유엔 입장에 대한 다른 해석을 전제로 한다. 1970년대 전문가 그룹의 상상력은 엄밀하게 다국적기업에 의한 직접 투자(FDI)가 개발에는 좋지만, 그렇게 되기 위해서는 어느 정도의 규제가 필요할 수 있다는 기본적 가정에 대한 합의였다.[60]

다국적기업을 위한 행동강령 초안이 무산된 이야기는 이념적 시각에서 문제에 접근하는 것의 한계를 보여 준다. 비록 그 강령은 폐기되었지만, 각 국가와 상당수의 기업은 국제 수준에서 일부 규제를 도입한다는 의견에 적대적이지 않았다. 강령의 맥락에서 논의되었던 많은 질문들이 1992년 이후 빠르게 다시 떠올랐다. 유엔 글로벌 콤팩트, 유엔 규범 초안 및 유엔 기업과 인권 이행원칙과 같은 이니셔티브는 강령 초안에 대한 작업과 기업간 책임 격차를 해소하기 위한 다국적기업위원회의 노력에서 비롯되었다.

유엔 글로벌 콤팩트

1999년 1월 31일, 다보스 세계경제포럼(the World Economic Forum of Davos)에서 코피 아난(Kofi Annan) 유엔 사무총장은 '다보스에 모인 최고경영자 여러분과 UN이 공유의 가치와 원칙의 글로벌 콤팩트를 시작하여 세계 시장에 인간의 얼굴을 선사할 것을 제안합니다.'라고 선언했다.[61] 이미 많은 유엔 기구들이 민간 부문과 협력하고 있었기 때문에 민간 부문과 가장 정치적인 정부 간 기구인 유엔의 연계는 전례가 없는 것은 아니었지만[62], 글로벌 콤팩트(The UN Global Compact, UNGC, GC)의 창안은 이런 결합을 전 지구적이고 여러 부문에 걸친 것으로 만들었다는 점에서 획기적이었다. 좀 더 근본적인 수준에서 유엔이 민간 부문에 손을 내밀었다는 것은 냉전 기간 동안 조직 초기부터 [가져왔던] 기업에 대한 적대감에서 벗어났다는 점에서 의미가 컸다.[63] 글로벌 콤팩트 이니셔티브는 유엔이 다국적기업과 관련하여 수행했던 이전 작업과 다르다. 특히 이전 장에서 설명한 것처럼 '상호 의심'[64]의 분위기에서 시작된 행동강령의 초안을 작성하려던 노력과 다르다. 강령은 기업 활동을 규제하기 위한 것이었다. 마찬가지로 글로벌 콤팩트는 기업들이 간단한 원칙을 준수하도록 장려하려고 한다. 그러나 강령 초안과 달리 글로벌 콤팩트의 주요 특징 중 하나는 기업 간, 그리고 기업과 그 외의 이해관계자 사이의 대화를 촉진하는 것을 목표로 한다는 것이다. 이런 면에서 민간 부문의 지지를 끌어들이는 핵심 요소인 규제 도구라기보다는, 원칙에 대한 기업의 참여를 촉진하는 플랫폼에 가깝다.

다보스(Davos)에서의 코피 아난의 제안은 그 맥락에 맞춰져 있었다. 1990년대 초, 냉전이 종식되면서, 1992년 리우데자네이루 유엔 정상회의에 소극적이기는 했지만 기업들이 참가한 예에서 보듯이 민간 부문에 대한 유엔의 태도가 변화하고 있었다. 1996년 유엔 사무총장으로 선출된 코피 아난은 재계와 **화해**하기 시작했다.[65] 따라서 처음부터 글로벌 콤팩트는 재계와 유엔 사이의 더 나은 관계를 향한 새로운 추세의 일부였다.[66] 유엔과 [재계라는] 민간 부문의 [적대적] 관계가 해소되고 있었지만 앞으로의 도전은 여전히 많고 복잡했다. 글로벌 콤팩트 전 사무총장인 켈(George Kell)은 2005년에 다음과 같이 말했다.

> 연설과 그에 따른 발표에 의해 생겨난 높은 기대는 [목표] 달성에 대한 엄청난 압박을 자아냈다. 존 러기(John Ruggie), 데니스 오브라이언(Denise O'Brien), 그리고 나로 구성된 글로벌 콤팩트 '임원'은 '세계화에 인간의 얼굴을 부여'(give globalization a human face)하고 이니셔티브 참여자들의 상충된 이해관계를 효율적으로 조정하기 위하여 해결책을 고안하고 운영 도구를 찾아 헤매야 했다. 이는 자금 부족과 내부 전문 지식의 부재를 감안할 때 도전적인 제안이었고, 그다지 평온하지 않았던 콤팩트 초창기에 지울 수 없는 흔적을 남겼다.[67]

코피 아난은 2000년 7월 글로벌 콤팩트를 공식 출범시켰다. 처음에 그것은 9가지 원칙에 기초했다. 부패에 관한 열 번째 내용은 2004년에 추가되었다. 이 원칙들은 인권, 노동, 환경, 반부패 분야의 주요 국제문서, 즉 세계인권선언, 노동에서의 권리와 기본원칙에 관한 ILO 선언, 환경과 개발에 관한 리우 선언, 유엔 부패방지협약에서 유래한다. 현재 그 원칙은 다음과 같다.

인권
원칙 1: 기업은 국제적으로 선언된 인권 보호를 지지하고 존중해야 한다.
원칙 2: 기업은 인권침해에 연루되지 않도록 적극 노력한다.

노동
원칙 3: 기업은 결사의 자유와 단체교섭권의 실질적인 인정을 지지하고,
원칙 4: 모든 형태의 강제노동을 배제하며,
원칙 5: 아동노동을 효율적으로 철폐하고,
원칙 6: 고용 및 업무에서 차별을 철폐한다.

환경
원칙 7: 기업은 환경문제에 대한 예방적 접근을 지지하고,
원칙 8: 환경적 책임을 증진하는 조치를 수행하며,
원칙 9: 환경친화적 기술의 개발과 확산을 촉진한다.

반부패
원칙 10: 기업은 부당 취득 및 뇌물 등을 포함하는 모든 형태의 부패에 반대한다.

기업이 글로벌 콤팩트에 가입하려면, 그 회사의 CEO가 '(i) 유엔 글

로벌 콤팩트와 그것의 10가지 원칙에 대한 약속 (ii) 광범위한 유엔의 목표를 진전시키기 위한 동반자 관계에 참여 (iii) 이행보고서(COP, a Communication on Progress)의 연례 제출의 의사를 표시한' 서한을 유엔 사무총장에게 제출해야 한다.[68] 참여 기업은 다음을 수행해야 한다.

1. 글로벌 콤팩트와 그 원칙을 경영 전략, 일상적인 운영 및 조직 문화의 필수적인 부분으로 만든다.

2. 글로벌 콤팩트와 그 원칙을 최고 수준의 거버넌스 기구(즉, 이사회)의 의사결정 과정에 통합한다.

3. 핵심적인 기업 활동, 옹호, 자선 활동 및 파트너십을 통해 광범위한 개발 목표[밀레니엄 개발(Millennium Development Goals) 목표 포함]에 기여한다.

4. (연간 보고서 또는 지속가능성 보고서와 같은 기타 공공 문서를 통해) 원칙을 구현하고 더 광범위한 개발 목표를 지원하는 방법(진전에 관한 소통이라고도 함)을 공개적으로 전달한다.

5. 직원, 사업 동업자, 고객, 소비자 및 일반 대중에게 적극적인 홍보와 지지를 통해 글로벌 콤팩트 및 책임 있는 비즈니스 관행의 명분을 발전시킨다.[69]

연간 COP의 제출은 참가 기업들이 유일하게 이행하는 확정적 책무다. 이 요건은 2003년에 도입되었다.[70] COP는 글로벌 콤팩트의 10대 원칙을 이행하기 위한 그들의 노력을 공개하는 보고서다. 글로벌 콤팩트 웹사이트는 COP를 준비하는 방법에 대한 지침을 제공한다. 초안이 작성되면 COP를 해당 웹사이트에 게시해야 한다. COP를 작성하지 않으면 기업이 '미보고'로 등록될 수 있으며 글로벌 콤팩트에서 제명될 수 있다. COP 팀은 참여 기업뿐 아니라 미보고 기업과 제명된 기업을 [포함한] 검색 가능할 수 있는 목록을 유지한다.[71] COP 작성의 의무를 준수하는 대가로, 참가 기업은 콤팩트에 참가하여 소통할 수 있으며, 엄격한 조건 하에서 공식적인 글로벌 콤팩트 로고 중 하나를 사용할 수 있다.[72]

원칙을 존중하겠다는 회사의 약속과 위에서 설명한 가벼운 점검 체계 위에 글로벌 콤팩트의 핵심은 기업이 모범 사례(good practices)를 교환할 수 있는 플랫폼을 제공하는 것이다. 이 웹사이트에는 여성의 권한, 기후, 물, 책임 있는 투자, 아동노동 그리고 공급망 관리와 같은 주제에 대해 의욕을 가진 기업들이 참여할 수 있는 다양한 기회가 나열되어 있다.[73]

또한 글로벌 콤팩트는 조직적이고 심각한 침해에 대한 초기 진정(complaint) 절차를 가지고 있다. 글로벌 콤팩트 사무소는 기업에 대한 진정을 접수한 즉시, 그리고 그것이 사소하다고 간주되지 않는 한, 기업과 직접 접촉하거나, 지역 글로벌 콤팩트 네트워크에 회부하거나, 또는 OECD 국내연락사무소와 같은 다른 체계의 사용을 제안함으로써 분쟁의 해결을 촉진할 수 있다.[74] 기업이 사무국에 회신하지 않을 경우, COP를 제출하지 않은 기업과 같은 방법으로 미보고로 기재하고 취급할 수 있다. 만약 그 혐의에 대한 기업의 답변이 아래와 같은 정도로 만족스럽지 않다면, 사무국은 다음과 같이 처리한다.

> 글로벌 콤팩트 웹사이트에 [해당 기업을] 참여 기업 목록에 남겨두는 것이 글로벌 콤팩트에 대한 평가와 완결성(진실성)에 해가 된다고 간주되면, 글로벌 콤팩트 사무국은 글로벌 콤팩트 웹사이트에서 해당 기업을 참여자 명단에서 삭제할 권리를 보유한다.[75]

이니셔티브로서의 글로벌 콤팩트가 유엔이라는 정부간 영역에서 두드러진다는 것은 과언이 아니다. 글로벌 콤팩트는 국가의 개입 없이 기능한다. 그로 인해 그것은 국가들로부터 의심을 불러일으켰다. 콤팩트가 출범한 해에 유엔의 개발도상국 연합인 77개 그룹(Group of 77)은 콤팩트에 대한 정부의 통제를 강화하고 유엔과 민간 부문의 공조에 관한 규칙을 개발할 것을 요구했다.[76] 게오르크 켈(George Kell)은 어떻게 글로벌 콤팩트가 경제적 거래의 뒷문을 통해 사회적 조건을 도입하는 은폐된 형태의 보호주의라는 개도국의 불안을 유발했는지 그리고 유럽 정부가 정부 통제의 위협으로부터 콤팩트를 구출하기 위해서 어떻게 움직여야 하는지를 설명했다.[77] 2000년 7월, 콤팩트 출범과 관련해 당시 유엔 경제사회이사회의 미국 대표였던 베티 킹(Betty King)은 이 사실을 냉혹하게 언급했다.

> 주요 다국적기업의 상위 계층의 존재는 특히 개발도상국의 유엔 회원국 대표의 부재만큼이나 주목해야 할 사안이다. 개발도상국 대표의 부재는 세계화에 대한 경멸, 기업 세계에 대한 깊은 불신, 이러한 거물들이 글로벌 콤팩트를 받아들인 열정에 대한 의심, 그리고 정부 간 시스템의 순수성에 대한 그들의 오래된 믿음을 보여 주는 명백한 증거였다.[78]

그녀의 분석에 꼭 충실하지 않더라도, 수년간의 행동강령에 대한 논의로 무너져 내린 유엔에 대한 민간 부문의 신뢰를 회복하기 위해 아마도 글로벌 콤팩트가 필요했을 것이다. 이것은 특히 개발도상국 내에서의 기업 경영의 사회적, 환경적 영향에 대한 글로벌 기업의 향상된 인식과 함께 글로벌 콤팩트가 인정받을 수 있는 주요한 성과중 하나다.[79] 이것은 세계 주요 국제기구와 민간 부문 간의 관계를 발전시키기 위한 첫 번째 시도다. 콤팩트는 인권과 환경, 부패 문제에 관해 민간과 대화에 나서는 데 성공했다. 또한 콤팩트를 둘러싼 일들은, 5장에서 재조명한,

현재 진행 중인 기업을 국제법의 잠재적 주체로 간주하는 논의에도 영향을 미친다. 콤팩트는 유엔과 민간 부문이 정부의 개입이 최소화된 상황에서 서로 대화할 수 있다는 것과 국제법의 전통적인 경계선이 실제로 바뀔 수 있다는 것의 증거다.[80]

10가지 원칙을 제시하고 있지만, 글로벌 콤팩트는 규제 규범(instrument)이 아니다. 대신에, 그것은 학습 포럼에 가깝다.[81] 따라서 콤팩트는 개발도상국에서 지역 주민의 권리에 미칠 수 있는 영향을 전혀 또는 거의 고려하지 않고 활동하는 기업의 인권침해를 해결하기 위해 할 수 있는 것이 아무것도 없다. 콤팩트가 할 수 있는 일은 기업이 해결하고자 하는 이슈에 대한 논의를 촉진하는 것이다. 이 부분에 에바리스투스 오시오네보(Evaristus Oshionebo)는 주목한다.

> 글로벌 콤팩트가 기업 행위의 규제보다, 학습 및 지배구조에 초점을 맞추는 것은 오히려 핵심을 놓친 것처럼 보인다. (…)
> 이것은 개발도상국에서 다국적기업의 사회적 무책임은 적절한 지배구조의 부재나 좋은 기업 관행(good business practices)에 대한 지식 부족에서 비롯되었다고 가정한다. 이런 경우는 드물다. 다국적기업의 무책임한 행동이 개발도상국의 규제 능력의 부족과 부패를 포함한 여러 요인에 의해 조장되는 것은 사실이지만, 이 문제는 동일하게 다국적기업이 모범 사례를 선택적이고 차별적으로 준수하는 데서도 기인한다.
> 바람직한 기업윤리를 적용할 곳과 이를 무시할 곳에 대한 다국적기업의 선택은 이상하게도 영업의 지리적 위치에 따른다. 다국적기업은 선진국에서 [사업을] 운영할 때 일반적으로 잘 행동하거나 최소한의 선을 지킨다. 이것은 다국적기업의 해로운 행동이 선진국에서 발생하지 않았거나 발생하지 않는다는 것을 의미하는 것은 아니다.
> 엔론(Enron), 월드콤(Worldcom)의 불미스러운 활동, 그리고 가장 최근

에는 인간의 건강에 악영향을 끼친다고 알려진 바이옥스(Vioxx)의 제품 판매 행위가 대표적인 예다. 그러나 그러한 해로운 행동은 예외일 뿐 규칙적이지 않다. 정반대로, 투자유치국 정부가 지원하고 장려하는 다국적기업은 개발도상국에서 기업 활동을 수행할 때 종종 무책임한 관행에 의존한다. 셸(Shell)이 미국, 캐나다 등 다른 선진국에서 기업 활동을 할 때는 우수한 기업지배구조 관행(good corporate governance practices)을 분명히 준수하면서 나이지리아와 같은 국가에서는 고의적으로 이러한 [우수한] 관행을 무시하는 것을 어떻게 달리 설명할 것인가? 이것은 정말로 걱정스러운 경향이며,[82] 모든 측면에서 가볍게 지나칠 수 있는 일로 언급되어서는 안 된다.

비평가들에게 '자발적 참여의 원형'(archetype of voluntarism)[83]인 글로벌 콤팩트의 강제력 부족은 돌이킬 수 없는 결점이다. 존 러기가 지적했듯이, '글로벌 콤팩트의 비판자들은 이것이 규제 협정, 특히 명시적인 실행 기준과 독립적인 감시 그리고 기업의 준수에 대한 강제를 포함한 법적 구속력이 있는 행동강령이 **아니**기를 바란다.'[84] 게오르크 켈은 콤팩트를 옹호하면서, 반대되는 설명들은 무시되었지만, 그것은 '단순히 몇몇 사람들이 원했던 것이 아니다.' 라고 강조한다.[85] 실제로 글로벌 콤팩트는 기업의 인권 책임 문제를 인권침해 피해자와 그들을 옹호하는 사람들이 만족할 만한 방식으로 다루지 않는다. COP도, 진정 처리 절차도 그렇게 할 수 있을 만큼 강력하지 않으며, '블루워싱'(bluewashing), 즉 부정적인 인권과 환경 기록을 깨끗하게 정리하기 위하여 글로벌 콤팩트에 참여하는 위험성은 여전히 존재한다. 때문에 문제는 글로벌 콤팩트가 기업을 전적으로 규제하지 않는데, [글로벌 콤팩트에] 시간과 노력을 투자할 가치가 있느냐 하는 것이다.

많은 저자들이 연성법 규범으로서 글로벌 콤팩트의 장점을 강조해 왔다. 첫째, 일부 사람들은 그 당시에 다른 선택이 없었기 때문에 글로벌 콤팩트는 실용적인 필요성의 결과물이라고 주장해 왔다. 2001년 존 러기는 다음과 같이 말했다.

> 총회가 의미 있는 강령을 채택할 확률은 바로 '0'에 가깝다. 현재 이러한 노력을 시작하고자 하는 국가들도 민간 부문, 인권, 노동 기준, 환경 등에 우호적이지 않다.[86]

더욱이 유엔은 전 세계 다국적기업의 활동을 감시할 능력이 없다. 결과적으로 민간 부문은 구속력 있는 행동강령을 개발한다는 유엔의 제안에 강하게 저항했을 것이다.[87] 민간 부문이 규제에 동의해야 한다는 러기의 마지막 주장은 각국이 규제의 개념을 지지하지 않는 것과 관련이 있다. 만약 각국이 기본적 인권 또는 그 외의 방법으로 기업에게 의무를 부과하기로 합의했다면, 이니셔티브에 대한 기업의 승인을 구할 필요가 없다. 그러나 국가의 의지 부족 때문에 달성할 수 있는 최선의 방법이 글로벌 콤팩트와 같은 자발적 체계인 경우 기업(민간 부문)의 승인이 필요하다.

둘째, 실용주의적인 이유에 더하여 일부는 글로벌 콤팩트가 장기적으로는 구속력 있는 규제 체계보다 기업의 인권침해 문제를 해결하는 데 더욱 성공적일 수 있다고 주장해 왔다. 예를 들어 존 러기는 콤팩트가 설정되었을 때, 인권침해에 대한 연루(complicity)와 같은 많은 개념들이 아직은 구속력 있는 행동강령에 포함시킬 수 있을 정도로 정밀하게 정의될 수 없다고 말했다. 그런 맥락에서 그는 '시행, 오류 그리고 사회적 검토를 통해 축적된 경험이 (…) 서서히 빈칸을 채워줄 것'이라고 희망했다.[88] 다른 전문가들은 글로벌 콤팩트를 연성법 이니셔티브로 확실히 지지하면서 글로벌 콤팩트가 차선책이라는 생각에 반대했다.[89] 그들은 글로벌 콤팩트의 모호한 10가지 원칙이 인권과 다른 쟁점들을 민간 부문에 알리는 영리하고 혁신적인 방법이라고 보고, 다음과 같이 결론을 내렸다.

> 콤팩트의 10대 원칙의 낮은 '정밀도' 점수는 이니셔티브에 대한 기업의 광범위한 참여를 장려한다. 콤팩트는 상세한 규칙으로 그들에게 겁주어 기업을 소외시키는 대신, 기업들에게 그들의 산업과 그들이 기업 활동을 하고 있는 관할권 내에서 가장 잘 작동하는 방식에 따라 다양한 방법으로 원칙을 실행할 수 있는 자율성을 부여한다. 유럽연합에서 운영되는 개방형 정책조정방식(OMC, the Open Method of Coordination governance system)과 비교할 수 있으며, 정책 이니셔티브의 유연한 적용도 가능하다. (…)[90]

글로벌 콤팩트 지지자들은 점진적으로 시스템을 강화하고 질적으로 향상시킬 수 있는 이점을 강조한다. 콤팩트의 짧은 역사는 글로벌 콤팩트에서 공개적으로 제명될 위험성과 같은 '완결성(integrity) 조치'가 2005년에야 도입되었다는 점에서 그들이 옳았다는 것을 증명한다. 이미 상대적으로 많은 수의 기업이 가입한 후에 도입됐다는 얘기다.[91]

수리야 데바(Surya Deva)는 10가지 원칙의 정확성 부족이 장점이라거나 글로벌 콤팩트가 규제틀이 아니라는 의견에 동의하지 않는다.

> 콤팩트 원칙의 보편성과 모호성은 성실하거나 성실하지 않은 기업 시민 모두의 관점에서 비생산적이다. 이러한 원칙의 표현은 매우 일반적이어서 불성실한 기업은 인권이나 노동 수준을 증진시키기 위한 어떠한 일을 하지 않아도 쉽게 원칙을 피해가거나 준수할 수 있다. 반면에, 노바티스(Novartis) 같은 성실한 기업시민 조차도 이행하기에는 너무

모호한 일반적인 표현이라고 생각한다.[92]

데바는 반대 주장에도 불구하고, 글로벌 콤팩트가 기업의 행동을 규제하려고 하지만 분명하게 말하지 않고, 기업에게 '방향성의 위기' 또는 최소한 불확실성을 초래한다고 주장한다. 이런 맥락에서 위험 요소 중 하나는 글로벌 콤팩트의 '자선사업화'(philanthropisation)이다. 즉, 핵심 기업 관행의 적극적인 변화 대신 자선사업에 집중한다는 것이다.[93] 자선 활동을 통해 열악한 인권 실적을 상쇄하려는 기업의 시도는 기업과 인권 세계의 안타까운 특징이다. 다행히도 글로벌 콤팩트의 불확실한 방향성은 자선 활동이 논의를 지배하고 있다고 말할 수 있을 정도로 희석되지 않았다. 글로벌 콤팩트의 발상이 유엔과 민간 부문간의 신뢰 관계를 구축하고, 민간 부문이 인권과 환경에 미칠 수 있는 악영향에 대한 인식을 높이는 것이라는 출발점을 받아들인다면, 글로벌 콤팩트가 규제나 학습 포럼 범주에 속하지 않는다는 것은 분명한 사실이다.

데바가 콤팩트에 대해 비판하는 또 다른 점은 유럽 출신 기업이 2005년 기준, 전체 참가 기업 수의 49%인 2,902개를 차지하는 등 불균형이 심하다는 점이다.[94] 비록 다양성은 개선되었지만, 콤팩트에 대한 불균형적인 참여는 여전히 쟁점으로 남아 있다. 2014년 9월, 콤팩트는 145개국에서 8,000개 이상의 기업 참가자를 확보했다. 이 중 2,169개 (27%) [기업은] G8 국가에서, 852개(약 10%) [기업은] BRICS 중 한 곳에서 참여했다.[95]

이와 같이 글로벌 콤팩트는 결점과 내재적 한계가 있는 순전히 '자발적 기업시민 이니셔티브'(voluntary corporate citizenship initiative)[96]다. 그러나 중요한 것은 글로벌 콤팩트가 기업과 인권 분야에서 기존의 국제적 이니셔티브 중 하나일 뿐이라는 것이다. 따라서 이는 기업, 특히 다국적기업의 국제 지배구조의 한 측면으로만 볼 수 있다. 윈호벤

(Ursula A. Wynhoven)은 더욱 명확한 규제 접근방식을 가진 2011년 유엔 이행원칙(아래 참조)과 유엔 글로벌 콤팩트가 서로 보완하는 방식을 보여 줬다. 한 가지 예를 들면, 유엔 이행원칙 중 원칙 15와 16은 기업들에게 인권 정책을 채택하도록 요구하고 있으며, 글로벌 콤팩트는 이를 어떻게 수행할 것인지에 대한 지침을 개발했다.[97] [유엔 기업과 인권] 이행원칙이 기업과 인권 분야의 도전에 대한 해답은 아니지만, 이행원칙과 글로벌 콤팩트는 흥미로운 조합을 만들어 낸다. 이행원칙과 콤팩트는 함께 기업의 책임(accountability) 격차를 해소하는 데 있어 더 큰 성공을 거둘 수 있다.

다국적기업과 여타 기업체의 인권 책임에 관한 규범 발의

다국적기업과 여타 기업체의 인권 책임에 관한 규범(이하 '유엔 규범') 초안의 이야기는 여러 면에서 유엔 행동강령의 내용과 유사하며 일관되게 이어진다. 앞서 살펴본 바와 같이 1992년 행동강령 협상은 중단되었다. 규범도 강령과 마찬가지로 비자발적이며 그 범위가 보편적이었다. 강령과 마찬가지로 유엔에서 국가의 지지 부족으로 폐기되었다.

1997년 유엔 인권 보호 및 증진에 관한 소위원회(이하 소위원회)는 회원 중 한 명인 엘 하지 귀세(El-Hadji Guissé)에게 인권 향유와 다국적기업의 업무 방식 및 활동과의 관계에 관한 문건 작성 임무를 맡겼다.[98] 다국적기업의 활동이 경제적·사회적 및 문화적 권리[99] 실현에 미치는 영향에 대한 그의 보고서를 받은 후 위원회는 다국적기업의 업무 방식과 활동을 검토하기 위한 실무 그룹을 구성하기로 결정했다.[100] 1999년 소위원회는 또 다른 구성원 중 한 명인 데이비드 와이스브로트(David

Weissbrod) 교수에게 다국적기업을 위한 행동강령 초안 작성을 요청했다.[101] 여러 개의 연속적인 초안이 준비되었고 다양한 이해관계자들의 피드백이 요청되었다. 2003년 소위원회는 마침내 유엔 규범을 통과시켜 인권위원회의 승인을 받기 위해 초안을 제출했다.[102] [그러나 인권위원회는] 결국 승인하지 않았다.

유엔 규범은 여러 가지 이유로 야심 찬 것이었다. 첫째, 제5장에서 언급한 것처럼, 유엔 규범은 국제인권법상 기업이 의무를 가지고 있다는, 논란의 여지가 있는 견해에 근거했다. 이러한 의무는 회사의 '영향력 범위' 내에서만 존재하도록 의도되었고, 이 모호한 개념은 법안 자체뿐 아니라 공식 논평에서도 정확하게 정의되지 않았다.[103] 둘째, 기업은 인권을 '존중'해야 한다고 명시한 2011년 글로벌 콤팩트 이행원칙과 달리, 인권과 관련하여 국가와 동일한 의무를 기업에 부과했다. 이는 민간 부문이 [인권을] 존중하는 것뿐만 아니라 '인권 존중과 보호(…)에 대한 민간부문의 확실한 이행과 증진'[104]까지 기대했다는 것을 의미한다. 셋째, 유엔 규범은 주로 다국적기업뿐만 아니라 모든 기업에 적용되었다. 물론, 영향력 범위에 대한 언급은 다국적기업의 '시장, 정부, 이해관계자 및 지역사회에 영향을 미치는 능력' 때문에 대규모인 다국적기업이 국내 소규모 기업보다 광범위한 의무를 가진다는 것을 의미했다.[105] 그럼에도 최소한 이론적으로는 유엔 규범이 전 세계 수백만 개의 기업에게 적용되었다. 넷째, 제12조는 기업에게 특정 국가가 받아들이지 않은 것을 포함하여 모든 인권, 시민적·정치적 권리, 경제적·사회적 및 문화적 권리를 존중할 것을 요구했다. 그에 대해 래리 카타 백커(Larry Catá Backer)는 아래와 같이 지적했다.

[유엔 규범의] 그 정의는 느슨하게 표현되었으며, 보편적인 법적 효력을 갖는 규범, 특정 협정의 조항을 비준하는 국가들 사이에서 법적 효력

이 제한된 규범, 법적 효력이 없는 규범을 포함한다. 유엔 **규범**(Norms)
에 따르면 이 모든 규범은 다국적기업의 **사법의**(private law)의 일부로
서 법적 효력을 갖게 될 것이다. 정말 약삭빠른 속임수다![106]

유엔 규범에는 차별금지, 안전할 권리, 강제노동, 아동 권리, 건강과
안전, 적절한 보수, 단체 교섭과 결사의 자유, 뇌물수수, 소비자 보호 그
리고 환경 보호 등의 분야에서 기업이 준수해야 하는 의무의 목록이 포
함되어 있었다. 그런 의미에서 유엔 규범은 관습 및 조약에 근거한 국제
법의 재서술을 의미했지만, 명시적으로 기업에 적용되는 것으로 했다.
그러나 이러한 주장에도 불구하고 유엔 규범은 단순히 법을 다시 서술
한 것만은 아니었다. 실제로, 국제인권법에서 비롯된 의무를 확대하려
고 노력했다. 이것이 유엔 규범이 야심 차다고 말할 수 있는 다섯 번째
이유다. 예를 들어 환경 보호에 관한 제14조에는 당시 국제법적 지위가
불명확했던 예방 원칙을 준수할 의무가 포함됐다.[107] 안전할 권리에 관
한 제3조는 기업이 국제범죄 및 기타 위반 행위에 '가담하거나 또는 그
로부터 이익을 얻어서는 안 된다.'라고 명시했다. 4장에서 논의한 바와
같이, 가담하지 않은 범죄로부터 이익을 얻는 것은 국제법상 범죄가 아
니다. 제3조는 현행 국제법에서 분명히 벗어났다.

유엔 규범의 이행에 관한 제15조는 기업이 '규범에 따라 경영에 관
한 내부 규칙을 채택, 보급 및 시행'하고, 이를 정기적으로 보고하도록
규정하고 있다. 또한 기업은 계약자, 하청업자, 공급자, 수요자, 유통업
자, 자연인 또는 기타 법인과의 계약에 유엔 규범을 포함시켜야 한다.
이것은 유엔 이행원칙이 규정한 것과 비슷하다. 그러나 유엔 규범은 더
나아가고 있다. 제16조는 기업이 '규범의 적용과 관련하여 이미 존재
하거나 아직 만들어지지 않은 기타 국제 및 국내 체제와 유엔의 정기
적인 감시와 검증을 받아야' 하며, NGO는 [규범의] 작성자가 '감시 계

획'(surveillance scheme)이라고 부르는 것을 설정하는 과정에서 의견을 제시할 수 있다고 규정하고 있다.[108] 이것은 그러한 감시 활동에 관여하기 위해 같은 생각을 가진 개인들의 집단일 수 있는 NGO의 합법성에 대한 문제를 제기한다.[109]

제17조는 국가가 기업의 인권침해에 대처하기 위해 국내 법체계를 강화할 것을 요구한다. 비록 유엔 규범과 공식 논평에 명시되어 있지 않았지만, 소위원회의 규범 채택 직후에 발표된 기사에서 와이스브로트는 이 의무가 '자국에 법적 소재지가 있고, 법률에 따라 통합되거나 설립된 각 회사의 활동, 주된 사업장이 있거나, 사업을 수행하는 곳'으로 확대된다는 것을 암시했다.[110] 즉, 그는 유엔 이행원칙 초안 작성 과정에서의 주요 쟁점 중 하나인 영토 밖 기업 활동에 대한 감시 개념을 수용하는 것처럼 보였다. 마지막으로 제18조는 기업에게 '규범을 준수하지 않아 악영향을 받은 개인, 단체와 지역사회'에 대한 배상 의무를 부과한다. NGO 공동체가 유엔 규범을 환영하고, 민간 부문의 일부 제한적인 지지가 있었지만[111], 정부 간 기구였던 인권위원회는 규범을 승인하지 않았다. 전반적으로 서구 국가들은 민간 부문과 함께 반대했고, 이를 지지한 쿠바를 제외한 개발도상국들은 침묵을 지켰다.[112] 유엔 규범은 많은 결함을 가지고 있었고, 너무 앞서 나갔으나, 이렇게 폐기될 만한 것은 아니었다. 이런 점에서 킨리(David Kinley)와 체임버스(Rachel Chambers)의 이 문제에 대한 분석은 이해를 돕는다. 유엔 규범에 대한 비판에 대해 그들은 다음과 같이 주장한다.

국제법에서 그러한 모험의 명백한 진기함, 사용된 일부 언어의 부정확성, 책임 분담에 대한 우려와 같은 이러한 비판 중 일부는 적어도 표면적으로 이해할만하고, 심지어 호소력이 있지만 어떤 것도 충분히 분석적이지 않다. 진정한 메시지를 애매하게 만들기 위한 다면적인 공격이 사용된 것이 분명하다. 그 메시지란, 간단히 말해서, 기업 공동체 (alliances)는 기본적으로 다국적기업이 저지르거나 연루된 인권침해에 대해 법적 책임을 지는 것을 원하지 않으며, 규범이 그러한 규제의 첫 걸음이라는 것이다.[113]

2004년 인권위원회는 유엔 규범이 '법적 지위를 갖지 않는다.'고 인정하는 결정을 채택했다. 이와 같은 결정에서 인권위원회는 유엔 인권최고대표사무소에(the UN Office of the High Commissioner for Human Rights) '다국적기업의 책임과 관련된 현행 시책과 기준의 범위와 법적 현황을 정리한 보고서를 작성하여 제61차 총회에서 위원회에 제출할 것'을 요청했다. [제61차 총회는] 2005년 3월로 예정되어 있었다.[114] 그 보고서에서, 사무국은 유엔 규범에 대한 찬성과 반대 주장을 요약하고, '기존의 이니셔티브와 기업과 인권에 대한 기준 사이에서 추가적인 고려 사항을 검토하고, 유엔 규범을 유지'할 것을 권고했다. 특히, 인권위원회가 당시 일부 기업이 참여한 유엔 규범의 시범운영(road-testing) 결과를 기다려야 한다고 제안했다.[115]

이 보고서를 접수한 인권위원회는 규범이나 강령, 규제 수단을 개발하지 않고 [다국적기업에 관한 국제적 이니셔티브의] 명확한 기준을 갖기 위해 유엔 사무총장에게 인권과 다국적기업 및 기타 기업체에 대한 특별 대표를 임명하도록 요청하는 결의안을 채택했다.[116] 지명된 하버드 대학의 존 러기 교수는, 자신이 임무를 시작했을 때, 인권 NGO들은 그가 규범을 계속 다듬거나 최소한 그의 작업의 기초로 사용하기를 기대했다고 저술했다.[117] 한편, 기업 조직들은 '정확히 반대되는 것을 지지' 했고, '새로운 국제적 틀은 필요 없다.'고 주장했다.[118] 그는 정부의 지지나 지침에 의지할 수 없었다. 그의 책에서 러기는 제네바에서 열린 각국 정부와의 첫 회의에서 그가 받은 유일한 조언은 '기차의 탈선은 피해주

세요.'였다고 설명한다.[119] 그의 임무는 최상의 후원 아래 시작되지 않았다.

이 암울한 맥락에서 러기는, 임무의 첫 달에 규범을 버릴 것을 촉구하는 보고서를 준비했다. 그의 말에 따르면, 그것을 둘러싼 '분쟁적 논쟁'은 '인권에 관한 기업, 시민사회, 정부 및 국제기구 간의 유망한 합의와 협력 분야를 밝히기보다는 모호하게 만든다.'[120] 놀랄 것도 없이, 이 '의도적이고 비외교적인 표현'은, 러기의 말에 따르면, 규범의 주요 설계자 중 한 명인 와이스브로트의 반발을 불러일으켰다.[121] 그는 새로운 특별 대표의 보고서에 좋은 제안이 많이 포함되어 있음을 인정하면서도 특별 대표가 규범을 강력하게 거부했던 두 개의 기업 조직인 '국제상공회의소와 국제경영자기구를 옹호하는 입장에서, 단순 모방은 아니지만 영감을 받은, 지극히 부정적이고 비생산적인 규범 비평'에 착수했다고 비판했다.[122] 와이스브로트는 보고서에서 '국제상공회의소가 제시한 주장들을 터무니없고 무비판적으로 되풀이한 것은'[123] 비생산적이며 불필요한 것이라고 비난했다. 기업과 인권 의제를 진전시키기 위해 규범을 포기할 필요가 있었는지는 여전히 논쟁의 여지가 있다. 이 대담한 [포기] 결정이 필요했을지도 모르지만, 어쩌면 그것을 좀 더 우아하게 정리할 수는 있었을 것이다.

'보호, 존중 및 구제' 프레임워크, 그리고 유엔 기업과 인권 이행원칙

유엔 이행원칙은 유엔 내에서 가장 최근의 기업과 인권의 발전이다. 그리고 [그것을] 역사적 맥락에 배치해야만 충분히 이해할 수 있다. 1970년대와 1980년대에 개발된 행동강령을 국가들이 채택하지 못한 후

1990년대 말에는 두 개의 병렬적 경로가 뒤따랐다. 첫째, 유엔은 대화의 장인 글로벌 콤팩트를 구축하여 인권, 환경 보호, 이후 부패 문제에 대한 민간 부문의 참여를 모색했다. 둘째, 인권위원회 소위원회 내에서, 소수의 인권 전문가와 학자들은 규범 초안을 작성했는데 결국 정부의 지지를 끌어내지 못했다. 이행원칙은 이러한 이니셔티브의 연속이며, 여러 가지 방법으로 두 가지 모두에서 도출된 원칙을 정교하게 기술한 것이다.

이 책이 앞서 유엔 이행원칙의 초안 작성 과정에서 포함되었거나 광범위하게 논의된 여러 문제를 이미 다루었다는 점을 염두에 두고, 이 절에서는 이행원칙의 채택과 그 내용에 대한 설명을 제공하고자 한다. 이러한 논의에는 유엔 규범으로부터의 이탈, 기업이 국제인권법에 따른 인권 의무를 가지고 있는지 여부와 만약 가지고 있다면 어떤 권리가 보장되는지, 국제인권법이 자국 영토에 소재한 기업의 해외 활동을 감시할 의무를 국가에게 부과하는지 여부, 그리고 영향력 범위의 개념 등이 포함된다. 따라서 이 절에서는 앞의 전개와 중복되지 않도록, 핵심적인 쟁점에 대해 철저히 논의하기보다는 이러한 쟁점들이 시사하는 바를 언급한다.

유엔 사무총장 특별대표(SGRS)의 6년 임무는 다양한 이해관계자들의 수많은 관심과 수십 건의 보고서와 논평을 불러일으켰다. 이것들은 런던에 본부를 둔 NGO인 기업과 인권 리소스 센터(the Business and Human Rights Resource Centre)의 전용 포털에 유용하게 정리되었다. 포털은 기업과 인권에 관한 굉장한 자원을 보유하며, 이 책 제7장의 초안을 작성하는 데 광범위하게 사용되었다.[124]

보호, 존중 및 구제 프레임워크

러기 교수는 초기 2년 동안 인권과 다국적기업 및 여타 기업체 사안에 관한 유엔 사무총장 특별대표로 임명되었으며, 이 기간 동안 인권위원회에 두 개의 보고서를 제출했다. 인권위원회는 나중에 인권이사회가 되었다. 위에서 언급했듯이, 러기는 그의 첫 번째 보고서에서 유엔 규범을 폐기할 것을 촉구했다.[125]

2007년 위원회에 제출된 두 번째 보고서는 국제범죄에 대한 기업의 책임, 국제법에 따른 기타 인권침해에 대한 기업의 책임, 연성법 체제, 그리고 자율 규제라는 다섯 가지의 표준으로 구성된다. 이 보고서는 '특별 대표가 또는 특별 대표를 위해 작성된 약 20여 개의 연구 논문'과 전 세계적인 협의를 바탕으로 작성되었다.[126] [보고서는] 이 분야의 표준을 기술하고 있지만, 특별 대표의 말에 따르면, 권고 부분이 약했다. 그래서 그는 보고서에서 인권이사회에 그의 권한을 1년 더 연장해 달라고 요청했고,[127] 요청은 몇 달 후에 승인되었다.[128]

2007년과 2008년에 특별 대표는 논의를 이어가고, 다양한 이해관계자의 참여를 요청했다. 2008년 인권이사회에 제출한 보고서에 '보호, 존중 및 구제' 프레임워크가 도입되었다.[129] 이 프레임워크는 2007년 보고서의 5가지 표준으로부터 나왔다. 그것은 별개지만 서로 밀접한 관계가 있는 세 개의 기둥에 기초한다. 국제인권법 아래, 기업의 인권침해에 대한 국가의 **보호** 의무, 사회적 기대로서 기업의 인권 **존중** 책임, 그리고 법적인지 여부에 관계 없이 효과적인 **구제**책에 대한 피해자의 권리가 그것이다. 프레임워크는 유엔 규범 당시 매우 문제가 되었던 국제법상 기업의 인권 의무와 관련된 논쟁적인 사안들을 국가만이 그러한 의무를 가지고 있다고 제시함으로써 우회한다. '국가의 보호 의무'에서 '의무(duty)'라는 단어는 법적 의무(a legal obligation) 개념을 강조하기 위해 사용되었다. 이와는 대조적으로, 기업은 인권을 존중할 **책임**(responsibility)이 있을 뿐이다. 그러므로 '책임'이라는 단어는 비법률적인 의미로 쓰인다. 또한 기업은 인권을 존중해야 하는데, 이는 단순히 '해치지 않는다.'는 의미다. 기업이 '인권을 존중하고 보호하며 (…) [이를] 확실히 이행하고 증진해야 한다.'고 요구했던 유엔 규범과 달리,[130] 이 프레임워크는 훨씬 더 좁은 범위의 책임, [즉] 인권침해를 저지르지 않고 해를 끼치지 않는 것에 관해서만 언급한다.[131]

인권을 존중하는 기업의 책임은 '사회가 기업에게 가지는 기본적인 기대'이며, 이러한 책임은 국제법에 근거하지 않는다.[132] 그렇다고 기업이 사업을 운영하는 국가의 국내법이 기업에 적용되지 않는다는 의미는 아니다. 기업이 관련 국내 법률을 존중할 법적 의무가 있지만, 국가만이 국제법에 근거한 의무를 가지고 있기 때문에, [기업은] 국제인권법을 존중할 어떠한 추가적인 법적 의무도 없다는 입장을 취한다. 백커는 '기업 활동을 하고 있는 관할 구역의 법률에 의거한 기업의 의무(obligations)와 동시에 적용하려고 의도된 기업 지배구조체계의 정교화는 이 프레임워크의 가장 큰 성과 중 하나'라고 말한다.[133] 이것은 유엔 규범이 국제법하에서 기업에게 인권 의무가 있다는 생각을 도입함으로써 복잡함을 더했다는 주장과 같다. 이와는 대조적으로, 프레임워크는 '초국가적 수준에서 법률의 더 많은 파편화를 제안하는 대신, 동시에 작동하는 공사 (公私) 지배구조체제를 구축하고, 이들을 통합하지 않고 조율하려고 시도한다.[134]

프레임워크와 이어지는 이행원칙은 '각각의 지배구조체계가 자체적으로 복잡한 무리를 구성하는' 다중심적 지배구조체계의 개념에 근거하고 있다. 러기는 공법(public law) 및 정책 체계, 시민 지배구조체계 및 기업 지배구조체계의[135] 세 가지 개별 체계를 확인했다. 그는 다음과 같이 결론지었다.

기업과 관련한 인권침해로부터 개인과 지역사회를 더 잘 보호하기 위해서는 이러한 지배구조체계 각각을 동원하고 양립할 수 있는 방향으로 나아가야 한다. 그러한 동원을 촉진하기 위해 이행원칙은 기업 행위를 규제하는 데 있어 이러한 지배구조체계가 수행하는 각각의 사회적 역할을 반영하는 다양한 담론에 의거한다.[136]

프레임워크와 이행원칙의 가장 큰 강점 중 하나는, 누구도 의문을 품지 않을 즉, 국가의 인권 보호 의무, 기업의 인권 존중 책임, 그리고 둘 모두의 구제책 제공 책임과 관련해서 [과거로] 끊임없이 돌아가서 요소들 중 어느 하나에서 이뤄진 진전에 대해 질문할 필요 없이 각 요소에 대해 더 많은 논의를 할 수 있게 한다는 것이다. 이런 이유로 러기의 말에 따르면, '기업의 인권 존중 책임' 기둥은 '인권과 관련된 기업의 독립적인 사회적 책임(⋯)에 관한 것이다. 여기서 "독립적"은 국가가 그들의 책무를 지키는지 여부에 관계없이 존재하는 것을 의미한다.'[137] 그것은 국가의 의무와 독립적으로 존재하고, 추가로 '거의 보편적인 인정'을 획득한 사회 규범이다.[138]

기업이 국제법상 인권 의무가 없다는 러기의 생각은 논쟁의 여지가 있으며, 국제범죄에 해당하는 인권침해와 관련해서는 명백히 잘못됐지만, 이 입장은 프레임워크에 대한 더욱 폭넓은 지지를 가능하게 하는 장점이 있었다. 인권이사회는 만장일치로 이 프레임워크를 환영하고 러기의 권한을 3년 연장해 그에게 프레임워크의 운영 방법을 찾는 임무를 부여했다. 이는 인권이사회의 전신인 인권위원회가 유엔 규범을 명백히 거부한 점을 감안할 때 큰 성과다.

기업과 인권 이행원칙

특별 대표인 러기는 2008년과 2011년 사이에 계속해서 협의를 진행했고, 2011년에 '보호, 존중 및 구제' 프레임워크를 이행하는 '기업과 인권 이행원칙'을 제시했다. 인권이사회는 2011년 6월 16일 이행원칙을 만장일치로 승인하면서 강력한 정치적 성명을 발표했다.[139] 위원회의 이행원칙에 대한 승인은 단순한 사회적 기대를 넘어 강화된 정당성을 존중할 기업의 책임을 부여한다. 이 과정이 국제법상 기업의 인권 의무의 인정을 의미하는 것은 아니지만 기업의 책임이라는 개념을 법적 영역에 더 가깝게 끌어 올렸다.[140]

이행원칙은 프레임워크의 각 기둥에 해당하는 세 부분으로 나뉜다. 국가의 인권 보호 의무(이행원칙 1~10), 기업의 인권 존중 책임(이행원칙 11~21), 그리고 기업으로부터 해를 입은 피해자의 구제책에의 접근(이행원칙 22~31). 각 원칙을 자세히 검토하는 것은 이 책의 범위를 벗어난다. 하지만 몇 가지 사항은 주목할 만하다.

첫째, 앞서 언급한 바와 같이 이행원칙 1은 국가의 의무가 모든 인권 의무와 관련되어 있음을 분명히 한다. 즉, 국가가 '효과적인 정책, 입법, 규정과 판결'을 통해 기업의 인권침해를 '예방, 조사, 처벌, 시정'해야 한다는 것을 의미한다. 국가의 의무의 범위는 넓다. 러기가 말했듯이, 국가의 보호 의무는 '기업의 인권침해에 대한 보호의 기반'이다.[141] 이와는 대조적으로, 기업의 존중 책임은 단순히 기업이 '다른 사람의 인권을 침해하는 것을 피해야 하고 그들과 관련된 인권에 미치는 부정적인 영향에 대처해야 한다'는 것을 의미한다.[142] 기업의 존중 책임은 기업이 기대하는 조치의 범위에 한정되어 있지만, 이행원칙 12에서 강조했듯이 사실상 모든 인권과 관련이 있다. 이것은 이행원칙의 가장 큰 성과 중 하나이며, 기업이 존중해야 할 권리의 종류에 대한 논쟁해결의 바람이다.

둘째, 이행원칙 2는 '국가는 자신의 영토 그리고/또는 관할권에 주재하는 모든 기업이 자신의 사업 활동에서 인권을 존중해야 한다는 기대를 명확하게 제시해야 한다.'라고 주장한다. 결정적으로 이것은 국제인권조약이 국가가 기업의 해외 활동을 규제하고 외국에서 인권침해에 관여하는 기업을 제재할 것을 요구한다는 의미는 아니다. 많은 평론가들은 법이 빠르게 진화하고 있기 때문에 러기가 이 부분에 대해 충분히 검토하지 않았다고 말했다.[143] 이행원칙은 각 국가가 기업의 해외 활동을 감시할 의무를 만들지는 않지만, 이 원칙의 공식 논평은 그들이 그렇게 하는 것이 금지되어 있지 않다는 것을 강조하고 심지어 그렇게 하도록 장려한다.[144] 이러한 기대치를 준수하기 위해 각국에서 채택할 수 있는 조치의 범위는 이 책의 제9장에서 다룬다.

셋째, 기업의 존중 책임에 관한 이행원칙 13은 기업이 인권침해를 피해야 하고, 이미 발생했을 때는 부정적인 영향을 예방하거나 완화하도록 노력할 것을 요구한다. 이것은 회사의 최고 경영진 수준에서 승인된 인권을 존중하겠다는 정책 서약의 채택[145]; '실제적 및 잠재적 인권 영향을 평가하는 것, 그 결과를 통합하고 그에 따라 실천하는 것, 대응을 추적하는 것, 영향에 어떻게 대처하는지에 대해 소통하는 것을 포함한' 실사 과정을 수행하는 것,[146] 그리고 '그들이 유발했거나 원인을 제공한 모든 인권에 대한 부정적 영향으로부터 구제할 수 있는 절차'의 채택을 통해 달성될 수 있다.[147] 그러므로 기업의 존중 책임은 기업이 사업 수행 방식을 바꾸도록 요구하며 인권 세계에서는 '탄소 배출권을 구매하는 것과 같은 것은 없다는 것, (…) 다시 말해 자선적 선행이 인권을 침해하는 것을 보상하지 않는다.'라는 것이 명백하게 확인되었다.[148]

마지막으로, 이행원칙은 국가가 '그들의 영토 그리고/또는 관할권 내에서 그러한 침해가 발생할 때' 그곳에서 기업의 인권침해 피해자에 대한 구제책을 제공하기 위한 사법적 및 비사법적 체계를 모두 갖추도록 요구한다.[149] 또한 국가는 비국가 기반 체계를 촉진해야 하며[150], 기업은 기업 차원의 고충 처리 절차를 확립해야 한다.[151] 기대치를 명확하게 하기 위해, 이행원칙 31은 '비사법적 고충 처리 절차에 대한 효과성 기준' 목록을 제공한다. 아마도 이행원칙의 가장 큰 결점 중 하나는 자체적인 집행이나 감시 절차를 설정하지 않는다는 것이다. 대신 집행은 국가와 기업의 손에 맡겨진다.

이 절에서 강조한 내재적 한계에도 불구하고 보호, 존중 및 구제 프레임워크와 이행원칙은 기업과 인권 분야의 실질적인 발전이며, 기업의 인권침해에 대해 지속적으로 다룰 수 있는 출발점을 제공한다는 장점이 있다. 행동강령과 유엔 규범 모두의 실패와 전적으로 자발적인 글로벌 콤팩트의 채택이라는 역사적 맥락에서 볼 때, 그것은 대단한 성과다. 많은 국가에서 이행원칙을 실행하기 위해 국가행동계획(National Action Plans)을 채택하기 시작했다.[152] 게다가 이행원칙은 기업과 인권에 관한 서로 다른 연성법 이니셔티브 내에서 전례 없는 수렴을 촉발했다. 이행원칙의 표현은 2011년판 OECD 다국적기업 가이드라인[153], 2012년판 IFC 성과 기준[154] 및 2011년 기업의 사회책임 EU 전략[155]에서 사용된다.

결정적으로, 대부분의 기업과 정부는 토론을 위한 적절한 근거로 이행원칙을 받아들였다.[156] 이행원칙과 프레임워크에 대한 NGO들의 반응은 훨씬 차가웠지만, 이제는 자신의 한계를 인정하고 더욱 강력한 체제를 요구하면서 그들의 옹호 활동에 '이행원칙'을 활용하는 경향이 있다.[157] 러기 자신도 '이행원칙'이 출발점에 불과하고, '국가와 개인뿐 아니라 기업까지 아우르는 국제 인권 체제 확대의 토대'라는 것을 인정했다.[158]

러기의 임무에 대한 후속 조치로, 유엔 인권이사회는 인권과 다국적기업 및 여타 기업에 관한 5명으로 구성된 [유엔 기업과 인권] 실무 그룹을 구성했다.[159] 실무 그룹의 역할은 이행원칙을 홍보하고 정부 및 모든 관련 주체들이 이를 이행하도록 권장하는 것이다.[160]

이행원칙은 기업의 책임 공백을 해소하는 것을 목표로 하고 있지만, 이행원칙이 기업의 인권침해로부터 가장 큰 영향을 받는 사람들의 삶에 진정으로 영향을 미칠 것인지를 말하기에는 아직 이르다. 이것은 국가와 기업이 [인권침해와 피해 등] 그것에 대해 행동하는 정도에 따라 달라질 것이다. 이 책의 마지막 부분은 기업의 침해에 대한 국가의 인권 보호 의무의 실질적인 결과를 다루고 있다. 이 절에서 보듯이, 이행원칙의 접근 방식은 기업의 인권 존중 책임을 법적 기대가 아닌 사회적 기대로 간주하는 것이다. 실질적인 관점에서 보면, 기업의 인권 존중 책임의 이행을 위한 행동은 기업 자신에게 맡겨져 있다는 의미다. 이것이 다음 장에서 기업의 자율 규제 문제를 다루는 이유다.

OECD 다국적기업 가이드라인

OECD는 1961년에 설립된 국제기구다. OECD의 전신인 유럽경제협력기구(OEEC)는 유럽의 재건을 목적으로 미국이 재정 지원을 하는 마셜 플랜을 관리하기 위해 1948년에 설립되었다. 회원국은 최초에는 오직 서방의 선진국으로만 구성되어 있었으나 점차 몇몇의 신흥국들이 포함되었다. 그러나 소위 BRICS 국가(브라질, 러시아, 인도, 중국 및 남아공)는 OECD의 회원국이 아니다.[161]

1976년에 OECD는 OECD 다국적기업 가이드라인(The OECD Guidelines for Multinational Enterprises)의 첫 번째 버전을 발간했다(이하 'OECD 가이드라인' 또는 '가이드라인'이라 한다). 가이드라인은 동시에 진행되고 있던 유엔 행동강령(Code of Conduct)에 대한 논의의 맥락에 두어야 한다. 유엔 규범은 결국 폐기되었지만, OECD 가이드라인의 초안 작성 과정은 성공적이었다. 이것은 OECD 국가들이 상대적으로 선진 국들로서 동질적인 그룹으로 구성되어 있기 때문일 것이다. 대조적으로, 앞서 보았던 것처럼, 개발도상국과 선진국은 다국적기업을 어떻게 규제할 것인가에 대해 많은 의견 차이를 보였으며, 결국 이 규범은 실패로 돌아갔다. 따라서 대니얼 플레인(Daniel Plaine)은 아래와 같이 제안했다.

> 미국은 OECD의 대부분 또는 모든 선진국이 수용할 수 있는 기업 행동의 기준이 유엔이나 미주기구(OAS)의 개발도상국들이 받아들일 수 있는 기준보다 훨씬 더 입맛에 맞을 것이라는 암묵적인 가정하에 OAS 또는 유엔 규범보다 먼저 OECD 규범의 협상을 선택했다. 다시 말해 OECD는 선택할 수 있는 가장 적절한 포럼이었다. OECD 협정은 유엔 행동강령 협상의 진행 과정에서 선진국들의 공통적인 협상안이 되어야 한다.[162]

이 2단계 계획은 성공하지 못했고, OECD 가이드라인이 채택되어 다국적기업에 대한 중요한 규제의 원천으로 남아 있는 동안 국제적 차원에서 합의를 촉발하는 데 이르지는 못했으며, 유엔 규범은 채택되지 않았다.

가이드라인은 국제투자 및 국제 기업에 관한 정부 선언에 첨부된 문서의 일부이다.[163]

가이드라인 그 자체 외에도, 이 패키지에는 다국적기업을 위한 가이드라인, 내국민 대우 및 국제투자 장려 및 억제에 관한 정부 간 협의 절차에 관한 OECD 이사회의 결정을 포함하고 있다. 유엔 행동강령과 마찬가지로 다국적기업의 인권에 대한 영향과 환경 보호에 대한 문제는 당시 외국인 직접 투자 전체와 불가분의 관계에 있다고 보았다.

가이드라인의 전문은 가이드라인의 목표가 '다국적기업이 경제적, 사회적 발전에 긍정적 기여를 하도록 장려하고, 그들의 다양한 활동으로 야기될 수 있는 어려움을 최소화하고 해결하려는 것'임을 명시하고 있다.[164] 전문은 또한 가이드라인은 구속력이 없고, 국가가 다국적기업에 제시하는 법적으로 강제할 수 없는 자발적인 권고이며 기업은 다른 무엇보다도 그들이 운영하고 있는 국가의 국내법을 준수해야 한다고 강조했다.[165] 따라서 가이드라인의 최초 버전은 채택 이후 수회 개정되었고, OECD 회원국은 구속력이 없는 연성법적인 접근을 채택하여, 기업이 가이드라인을 존중해야 하는지 여부와 그러한 경우 어떤 근거로 따라야 하는지에 대한 질문을 촉발시켰다.

미국 기업을 위한 실무적인 시사점에 초점을 맞춘 1977년의 논문에서 가이드라인의 버전에 대해 논의하면서, 대니얼 플레인은 '그것들을 무시할 수 없다'고 언급했다.[166] 그는 가이드라인 협상에서 재계가 상당한 의견을 제시한 점을 감안할 때, 특히 다국적기업에게 유리한 정부에 대한 권고 사항을 포함하는 패키지의 일부인 만큼 이를 거부하는 것은 그 자체로 성실하지 못한 것으로 간주될 것이라고 주장했다.[167] 게다가 '좋은 기업 행동에 대해 합의된 것으로 보이는 것에 대해 노골적으로 일치하지 않는 방식으로 행동하는 것은 대부분의 기업에 적합하지 않을 것이다'.[168] 그는 가이드라인을 무시하면 미국 정부가 투자유치국과의 투자 분쟁에서 미국 정부의 도움을 요청할 때 역효과를 낼 수 있는 사례를 지적했다.[169] 요컨대, 그는 '우리 회사의 망가진 이미지를 개선하고 해외에서 더 공정한 대우를 받을 가능성을 생각할 때 가이드라인의 모범적 행동 기준을 준수할 가치가 있다.'고 결론 내렸다.[170] 그의 주장은 기업 운영에 관한 사회적 기대에 대한 러기의 입장과 유사하다. 그런 식으로 표현되지는 않았지만, 플랜이 다국적기업에 대한 순수하게 자발적인 권고의 세트(Set of recommendations)보다 가이드라인에서 더 많은 것을 보았다는 것은 분명하다. 이것은 기업과 인권 분야에서 국가에 적용되는 구속력이 있는 문서와 구속력이 없는 문서에 관한 전통적인 법적 구분이, 권력과 위태로운 이해관계가 복잡하게 섞여 있는 것을 묘사하기에는 적절하지 않다는 것을 다시 한번 보여 준다.

가이드라인의 최근 버전과 비교했을 때 1976년도 버전은 상대적으로 짧으며 '인권'의 언급이 포함되어 있지 않다. 그러나 노동권을 중심으로 한 '고용 및 노사관계'에 관한 장뿐만 아니라 예컨대 사회적 진보, 환경의 보호, 지역사회와의 원만한 관계 및 비차별과 같은 문제에 대한 언급도 포함하고 있다.[171] 이에 더하여 가이드라인은 정보의 공개, 경쟁, 금융, 조세, 과학과 기술, 그리고 첫 번째 장인 '일반 정책'과 같은 다양한 주요 영역에 지침을 제공한다.

같은 패키지의 한 부분인 다국적기업 가이드라인의 정부간 협의 절차에 관한 OECD 이사회 결정은 국제투자와 다국적기업 위원회에 '정기적으로 또는 가입국의 요청에 의해 가이드라인이 규율하는 사항에 관한 의견 및 이의 적용을 통해 얻은 경험을 교환한다'는 임무를 맡긴다.[172] 이는 무엇보다도 각 국가에 이 가이드라인의 적용과 관련된 분쟁을 해결할 수 있는 기회를 주기 위한 것이었다. 이 결정은 또한 3년 후에 검토를 받을 것을 언급하고 있다.[173]

1979년 검토는 가이드라인에 오직 한 가지 변화를 가져왔다: '고용 및 노사관계'의 장에 문단 8의 조항을 추가한 것이다. 최초의 버전은 기업이 종업원들의 대표와 협상을 하는 중에 '이들 협상에 부당하게 영향을 미치거나 단결권의 행사를 방해할 목적으로 조직의 전부 또는 일부를 당해 국가로부터 이전하겠다고 위협해서는 안 된다.'고 요구했다. 1979년에 이 문단은 기업이 협상 또는 노동권의 행사에 부당하게 영향을 행사할 목적으로 '다른 나라에 소재하고 있는 기업의 지사 소속 근

로자를 전보 발령하겠다.'고 위협하는 것을 금지하도록 수정되었다.[174]

이 검토 보고서는 다국적기업의 규제에 관한 OECD 작업의 선구적인 성격과 다른 시스템의 영향력에 대해 강조한다. 이것은 또한 OECD 가이드라인과 유엔 행동강령과 ILO 선언과 같은 기타 국제 이니셔티브들 사이의 유사점을 지적한다.[175] 분명히 OECD 회원국들 사이에는 당시 다국적기업을 규제하는 유일한 국제적이고 일반적인 텍스트로서 국제적 맥락과 그 맥락 안에서 가이드라인의 중요성에 대한 인식이 있었다.

그 다음의 검토는 1984년에 이루어졌으며, 다국적기업들이 적절한 고려를 해야 하는 회원국들의 목표의 하나로서 일반정책의 문단 2에서 '소비자 이익'을 포함하게 수정되었다. 아마도 더욱 중요한 것은 이 검토를 계기로 OECD 이사회가 다음과 같이 결정했다는 것이다.

> 회원국 정부는 홍보 활동을 수행하고, 질문을 처리하고 관련 당사자들과 가이드라인과 관련된 모든 문제들에 관한 논의를 위하여 국내연락사무소(National Contact Points)를 설치해야 하며, 이와 관련하여 일어날 수 있는 문제들의 해결에 기여할 수 있다.[176]

아래에서 자세히 볼 수 있듯, 국내연락사무소는 OECD 가이드라인이 설정한 시스템의 핵심 특징을 가지고 있다.

1991년, 다음 검토 절차에서는 '환경 분야에서 개발된 중요한 관심을 반영하여' 환경의 보호에 관한 새로운 장을 가이드라인에 추가했다.[177] 1991년 검토는 다국적기업에 대한 인식과 태도 변화를 강조하고 있으며, 부분적으로 이러한 발전은 가이드라인, 직접 투자 및 국내연락사무소에 관한 OECD의 작업에 기인한다.[178] 가이드라인의 역할에 대해 검토한 저자의 인식이 어느 정도까지 정확한지 평가하기는 어렵지만, 1990년대 초까지 외국의 직접 투자에 대한 선진국과 개도국 간의 대립은 현저히 줄어들었다는 것은 분명하다.

1997년에 발표된 OECD 보고서는 다국적기업에 대한 태도 변화, 외국인 투자에 관한 개도국과 선진국 사이의 차분한 관계 그리고 이들을 둘러싼 가이드라인과 OECD 작업으로 특징을 나타내는 일관성 있는 온건한 접근 방식을 강조하고 있다.[179] 이는 OECD가 동시에 주도하던 다자간 투자협정(Multilateral Agreement on Investment, MAI)의 채택을 위한 협상이 난항을 겪으면서 1998년 개발도상국과 선진국 간 타협에 실패했기 때문에 다소 아이러니하게 보일 수 있다. 제6장에서 언급된 바와 같이 국가들은 하나의 텍스트에 합의할 수 없었지만, 그럼에도 불구하고 그들은 수백 개의 상호 투자 조약의 서명을 통해 외국인 직접 투자를 장려했는데, 이것은 진정 평화로운 관계가 발전했음을 보여 준다.

2000년 버전의 가이드라인은 제2장 일반정책에서 인권에 대한 언급을 도입했다. 다국적기업이 잠재적으로 인권에 대해 부정적 영향을 미칠 수 있다는 점을 OECD 가입국 정부들이 인정한 것은 뚜렷한 연구 분야로서 기업과 인권의 발전에 중요한 단계였다. 새로운 문단 2는 '기업은 투자유치국 정부의 국제적인 의무와 약속과 일치하도록 자신들의 기업 활동으로 영향을 받는 사람들의 인권을 존중한다.'고 언급하고 있다.[180] 이 조항의 공식 해설은 다음과 같이 서술하고 있다.

> 인권을 증진하고 유지하는 것은 주로 정부의 책임이지만, 기업은 기업 행동과 인권이 교차하는 역할을 수행하고 있으며, 따라서 다국적기업은 그들이 다루고 있는 직원들뿐만 아니라 그들의 활동에 영향을 받는 다른 사람들에 대해서도 투자유치국 정부의 국제적인 의무와 약속과 일치하는 방식으로 인권을 존중하도록 권장된다. 이러한 점에서 세계인권선언과 관련 정부의 기타 인권 의무는 특히 관련이 있다.[181]

아마도 OECD 국가들이 양자 투자조약의 서명을 통해 기업의 인권 영향과 개발도상국들의 증가하는 외국인 직접 투자에 대한 지지를, 마치 서로가 서로를 향해 한 걸음 내딛은 것처럼 상호 연결되고 상호 강화되는 발전으로 인식할 수 있을 것이다.

2000년 개정판의 OECD 다국적기업 가이드라인의 또 다른 중요한 발전은 비록 사용되는 용어가 명확하지는 않지만 다국적기업을 상대로 한 각 국가의 국내연락사무소(NCP)에 의해 관리되는 이의 제기 메커니즘의 도입이다. 앞서 살펴본 바와 같이, NCP는 1984년 가이드라인의 검토의 일부로 소개되었다. 이들의 역할은 가이드라인을 홍보하고 관련 당사자들과 논의를 촉진하는 것이나 부정확하고 다소 약한 권한이었다. 2000년 버전은 NCP가 당사자들 간의 대화를 촉진하는 데 관여할 수 있는 '구체적 사안'을 다루는 방법에 관한 '절차적 지침'을 포함하고 있다. 모호한 촉진자로부터, 각 NCP는 초기의 국가가 운영하는 비사법적 분쟁 해결 메커니즘으로 묘사될 수 있는 것을 담당하게 된다. 더 나아가 NCP는 '이들 절차의 결과를 공개'해야 한다.[182]

가이드라인의 2000년 개정은 중요한 진전이었고 의심할 여지없이 가이드라인의 국제적인 인지도를 높였다. 가이드라인을 해석하고 이를 실제 상황에 적용함으로써 NCP는 연구, 자문 및 소송의 뚜렷한 분야로 기업과 인권의 개발에 핵심적인 역할을 수행해 왔다. 전 세계 NCP가 만든 풍부하고 끊임없이 성장하는 '사례법'의 몸통을 파헤치는 것은 이 책의 범위를 벗어나지만, 관심 있는 독자들은 이의 제기의 개요와 NCP들의 처리 방법을 제공하는 OECD 웹사이트에서 검색 가능한 '구체적 사안'의 데이터베이스를 찾아볼 수 있다.[183]

가장 최근의 검토는 2011년 버전의 가이드라인 채택으로 이어졌다. 도입된 변경 사항은 상당하며 OECD가 발행한 유용한 문서에 요약되어 있다.[184] 인권과 관련하여, 3가지 변화가 강조된다. 첫 번째, 제2장 일반정책의 문단 2에서 투자유치국의 국제적인 인권 의무와 약속이 삭제되었다. 다국적기업은 현재 '자신들의 기업 활동으로 영향을 받는 사람들의 국제적으로 인정되는 인권을 존중'해야 한다. 이것은 이 요구사항이 투자유치국 의무의 범위와 관계없이, 그리고 결정적으로 이 의무의 준수 여부에 관계없이 존재한다는 것을 의미한다.

두 번째, '인권'이라는 제목의 제4장이 완전히 새롭게 도입되었다. 이 장의 용어는 유엔 기업과 인권 이행원칙에 맞추어져 있다. OECD 다국적기업 가이드라인은 인권을 보호할 국가의 의무와 인권을 존중할 기업의 책임을 언급하고 있으며, 이는 인권 정책을 보유하고 인권 실사를 수행하며, 인권침해를 다루는 구제 절차를 수립하는 것을 의미한다. 이와 같은 기업과 인권 기준의 통합은 중요한 발전이다.

세 번째, 2011년 버전의 가이드라인은 NCP에 영향을 미치는 중요한 변경 사항을 도입한다. 가이드라인의 가입국은 '국내적 예산의 우선순위 및 관행을 고려하면서, NCP에 인적·재정적 자원을 제공하여 NCP가 역할을 효과적으로 이행할 수 있도록' 해야 한다.[185] 또한 가이드라인은 NCP가 이와 같은 방법으로 설립되어 '가입국 정부에 대한 적정 수준의 책임성을 유지하면서 공정한 방법으로 운영될 수 있어야 한다.'는 점을 언급하고 있다. 아마도 이 책의 목적을 위한 가장 큰 변화는 NCP의 구체적 사안에 대한 처리에 있어 투명성에 더 많은 초점을 둔 것이다.

현재 NCP는 사례를 종결하기를 원하는 경우 그 이유를 들어야 하는 의무를 지게 되었고, 당사자 간 합의에 이르지 못하는 경우 성명서를 발표해야 한다. 이 성명서에는 왜 이러한 합의에 이르지 못했는지 이유를 포함할 수 있는데, 아마도 다국적기업 측에서의 협조가 부족하기 때문일 것이다. 실제로 이는 기업의 운영 과정에서 인권침해로 고발된 비협조적인 다국적기업이 결국 자신의 뜻에 반해 이름이 공개되면서 폭로를 당하게 되고 NCP의 보고서가 발간되는 것을 막을 수 없게 된다는 것을 의미한다. 이러한 변화들은 NCP 메커니즘을 강화시켜 왔고 더 많은 힘을 가지게 했다. 가이드라인은 다국적기업에게는 구속력이 없는 반면, NCP에 관한 가이드라인은 국가를 향해 언급되고 이들을 구속하고 있기 때문에 더욱 그렇다.

2011년에 도입된 절차적 및 실체적 개정 모두 OECD 가이드라인을 인권 분야에 있어 기업을 국제적으로 규율하는 핵심 텍스트로 보게 하는 데 기여했다. 작성 당시, NCP가 다루는 구체적 사안의 절차는 인권침해에 대한 기업의 책임을 묻기 위한 국제적 메커니즘과 가장 가까운 것으로 남아 있다. 사실, 비록 NCP가 국제기구가 아니라 국내기구일지라도, 그리고 가이드라인이 보편적인 회원국을 가진 기구가 아닌 OECD에서 나온 것이기 때문에 진정으로 국제적인 성격이 아닐지라도, NCP는 가이드라인의 국제적인 목록을 해석하고 최소한 부분적으로 국제적으로 합의된 절차에 따라 제시된 '사건'을 처리한다. OECD가 보편적인 회원국을 가지지는 않았지만 총 44개국이 이 가이드라인을 준수하고, 자신의 NCP를 설립할 의무에 구속되어 있다. 이들 국가는 34개의 OECD 회원국과 10개의 비회원국을 포함하고 있다.[186]

결론

최근 몇 년간 국제연성법 이니셔티브는 기업과 인권 분야에서 꽃을 피웠다. 초국가적 기업에 관한 유엔 강령 초안(The UN Draft Code on Transnational Corporations)과 기업과 인권에 관한 유엔 규범 초안(UN Draft Norms on Business and Human Rights)은 모두 정부의 승인을 얻는 데 실패했으나, 유엔 글로벌 콤팩트와 유엔 기업과 인권 이행원칙 그리고 OECD 다국적기업 가이드라인은 그렇게 하는 데 성공했고, 모든 것이 중요한 발전을 이루고 있다. 그들이 기업에 구속력 있는 법적 의무를 부여하지는 않지만, 이러한 다양한 이니셔티브들은 기업이 최소한 인권을 존중하도록 장려하고 있다. 존 러기와 그의 팀에 의해 고안된 유엔의 '보호, 존중 그리고 구제' 프레임워크는 법적 의무와는 달리 사회적 기대의 영역에 인권을 존중할 기업의 책임을 설정한다. 지금까지 가장 큰 잠재력을 가진 이니셔티브인 유엔 기업과 인권 이행원칙도 이러한 전제에 기초하고 있다. 변호사들에게 '사회적 기대'라는 개념은 의아하게 들릴 수도 있다. 실제로 어떠한 국내법 체계하에서도 어떤 행위는 법적이거나 법적이 아니며, 실무에서 느슨한 법적인 관념을 위한 여지는 거의 없다.

그렇다면 사회가 기업의 인권 존중을 기대한다는 주장으로 인한 실질적인 결과는 무엇일까? 냉소적인 변호사라면 인권을 존중하지 않는 기업이 그 사업에 적용되는 국내법을 벗어나지 않는 한, 그 기업에게는 어떠한 결과도 발생하지 않을 것이라고 대답할 것이다. 게다가 법적 체계가 약하거나, 법률이 잘 적용되지 않는 국가에서는 기업이 국내법을 위반하고도 여전히 기소, 소송 또는 벌금형에 처해지지 않을 수 있다. 러기는 기업의 인권 책임 개념을 사회적 기대치로 도입하여 이러한 격차를 해소하려고 시도했다. 제5장에서 제안한 바와 같이, 여기에서 이것은 차선책이며 적어도 특정 인권에 관한 한 국제법상 기업의 인권 의무를 인정하는 데 찬성해야 한다는 강한 주장이 있다.

우리가 인권을 존중해야 하는 기업의 책임을 국제법상 법적 의무로 보든, 사회적 기대만으로 보든, 이 장에서 검토한 이니셔티브들은 기업, 특히 다국적기업이 사업을 수행하는 방식에 변화를 유도하고 기업에게 보다 큰 책임감을 부여하기 위해 노력하고 있다는 것은 사실이다. 기업과 인권에 관한 국제적인 법적 프레임워크가 더 강했다 하더라도, 인권

이 그들의 관행에 뿌리내리기 위해 필요한 행동 변화를 만드는 것은 여전히 기업 스스로에게 달려 있다. 대다수의 사람들이 결코 사람을 죽이지 않는 이유가 법이 금지해서가 아니라, 그들이 그것이 잘못된 것이라고 믿고 자제할 수 있기 때문인 것과 마찬가지로, 기업들이 의식적으로 인권 존중을 선택하는 이유는 소송에 대한 두려움만이 아니다. 기업과 인권 분야에서의 기업의 규제는 상당 부분 자율적으로 이루어지고 있으며, 다음 장에서는 규제 파노라마를 완성하기 위해 행해지는 기업과 인권 분야에서의 기타 민간 규제 방식뿐만 아니라 이러한 자율 규제의 개념에 초점을 맞추고 있다.

제8장

기업과 인권에서의 민간 규제

앞 장에서는 인권 분야의 기업에 대한 국제 공공 규제에 초점을 맞추었다. 소개된 이니셔티브들은 모두 각국 정부와 유엔과 같은 정부 간 기구로부터 나온다는 점에서 사실상 공공성이 있다. 이는 유엔 기업과 인권 이행원칙 또는 ISO 26000과 같은 기타 기준의 정교화 과정에서 민간 부문의 자문을 받았을 때에도 마찬가지였다.[1] 비록 이러한 형태의 규제는 공식적으로 기업을 구속하지 않지만, 이것은 그들에게 언급되고 그들이 기꺼이 책임을 지려는 범위와 관계없이 기업의 책임을 강화하는 것을 목표로 하고 있다.

이와는 대조적으로 본 장의 초점을 이루는 민간 및 준민간 규제 방식은 민간 부문이 기준의 수립에 관여하고 그 시행에 적극적인 역할을 한다는 점에서 민간 부문으로부터 발생한다. 민간 규제 방식에 대한 바로 그 개념은 어느 정도 논쟁을 불러일으켰다. 한 저자의 집단에서 말했듯이, '일부 사람에게는 특히 어느 정도의 자율 규제가 수반되는 경우,

민간 규제의 힘에 관한 발상은 규제 완화 또는 규제의 포기와 같다.'[2] 이에 대해 해당 저자들은 다음과 같이 주장했다.

> 시장 행위자의 직접 참여와 많은 TPRERs(Transnational Private Regulatory Regimes, 초국가적 민간 규제 체제) 내에서 NGO 및 정부와 이러한 행위자들의 상호의존성의 결합은, 정부 간 체제와 비교했을 때 효과성과 정당성 모두를 위해 장점을 결합할 수 있는 잠재력을 가지고 있다고 가정하는 것은 무리가 아니다.[3]

개념 자체에 대한 이견에도 불구하고 최근 몇 년간 인권, 환경 보호, 광고 등 다양한 분야에서 민간 규제가 강화되고 있다.[4] 팀 바틀리(Tim Bartley)는 다음과 같이 서술한다.

> 기준 설정과 규제는 점점 더 민간 수단을 통해 이루어지고 있다. 이것은 산업 자율 규제의 전통적인 프로그램뿐만 아니라 비국가행위자들의 연합이 성문화, 모니터링하고, 어떤 경우에는 기업이 노동, 환경, 인권 또는 기타 책임의 기준을 준수하는 것을 인증하는 초국가적인 민간 규제 시스템을 포함한다. 예컨대, 지난 20년 동안, 노동력 착취, 아동 노동, 열대 삼림 벌채와 그 밖의 다른 문제들에 대한 논란이 수십 개의 비정부 인증 협회를 결성하는 데 원동력이 되었다.[5]

많은 저자들이 이른바 초국가적 민간 규제의 부상에 대한 설명으로 국제 수준의 공공 규제의 약화를 제기했다. 국제적인 공공 규제는 약하고 특정 기업은커녕 특정 분야에 직접 적용하기에는 너무나도 일반적이기 때문에, 기업들은 스스로 문제를 해결하고 그들만의 형태의 규제를 만드는 것에 의존한다고 주장한다.[6] 자발적으로 그들 자신을 규제하는 가장 주된 동기부여는 기업들의 인권과 환경 보호 분야에서 그들의 명성에 대한 우려다. 따라서 민간 규제의 실행에 참여하는 것은 명성에 관한 리스크를 줄이는 방법이고 결국 이윤을 증가시킨다.[7] 산토로(Santoro)는 명성에 대한 고려를 떠나 기업들이 의류 분야에서 인권 지향적 행동 규범을 채택할 수 있는 다른 두 가지 이유를 제시한다.

> 기업 임원과 그 회사가 노동력 착취 문제를 해결해야 할 도덕적 의무가 있다는 진실한 믿음, 그리고 심지어 어떤 경우에는 선행을 하는 것은 비용을 부과한다기보다 이득이 되는 것이라는 냉철한 계산, 예컨대 국제적인 노동권을 존중하는 것은 기업의 이윤을 극대화하는 데 도움이 될 것이라는 것.[8]

같은 맥락에서 포토스키(Potoski)와 프라카쉬(Prakash)는 그들이 '자발적 프로그램'이라고 부르는 환경 인증의 다른 형태에 대해 다음과 같이 서술한다.

> 참가자들에게 공공의 이익을 생산하기 위해 특정한 민간 비용을 부담하도록 요구한다. 그 대가로 참가자들은 비참가자들을 제외한 혜택을 받게 되고, 이에 따라 프로그램에 참가할 동기가 생긴다. 기업 입장에서는 일방적으로 동일한 조치를 취하는 것보다 멤버십 활동을 통해 얻을 수 있는 이점은, 멤버가 자신들의 (…) 멤버십 프로그램에 대해 공개하고 친환경 활동에 대한 공로를 주장할 수 있는 배타적인 브랜드 인증이다.[9]

이 저자들이 환경 인증에 대해 이야기하고 있는 동안에도, 아래에서 서술할 SA8000과 같은 사회 인증과 관련하여 동일한 동기부여가 확실히 적용되고 있다. 이러한 동기부여는 기업과 인권 분야에서 다른 형태의 민간 규제, 즉 기업 차원 및 부문 차원의 인권 정책 및 행동강령과 같은 '기업 자율 규제 이니셔티브'와 공공-민간 파트너십과 다수이해관계자 이니셔티브와 같은 '자발적인 감시 이니셔티브'에도 역할을 한다.[10] 다른 저자들은 민간 규제의 유형을 분류하는 방식이 다르다. 예컨대 파브리지오 카파기(Fabrizio Cafaggi)는 업계 주도형, NGO 주도형, 전문가 주도형 그리고 다수이해관계자 모델이라는 규제의 4가지 모델을 제안한다.[11] 흥미롭게도 그는 각 모델에서 규제자, 피규제자 및 '규제를 준수함으로써 이익을 얻고, 이를 위반함으로써 피해를 입는 사람들인 규제 절차의 수혜자'를 포함한 규제 관계 구조의 중요성을 보여 주고 있다.[12] 예컨대 노동권 행동 규범의 경우에는 공장 노동자가, 분쟁 지역 다이아몬드의 거래를 근절하는 것을 목표로 한 다수이해관계자 이니셔티브인 킴벌리 프로세스 인증 제도(Kimberley Process Certification Scheme)의 경우에는 분쟁의 영향을 받는 지역사회가 수혜자가 될 수 있다.

이러한 다면적인 맥락을 염두에 두고, 다음 절에서는 자율 규제 이니셔티브와 자발적 감시 이니셔티브, 기업과 인권 분야에서 인증 메커니즘의 주요 특징을 서술한다.

기업의 자율 규제 이니셔티브: 인권 정책 및 행동강령

제7장에서 살펴본 바와 같이, 유엔 기업과 인권 이행원칙 16은 모든 기업들이 '인권 정책'을 채택할 것을 권고하고 있다. 어떠한 외부 감시 메커니즘과 결합하지 않을 경우, 행동강령과 인권 정책은 가장 기본적인 형태의 자율 규제에 해당한다. 기업과 인권 리소스 센터는 인권 지향적 행동강령이나 인권 정책을 가진 기업의 목록을 보유하고 있다.[13] 이 목

록은 이들 문서의 명칭에 있어 많은 다양성을 보여 주고 있다. 예컨대, ArcelorMittal, Barclays, Chevron, Coca-Cola, Disney, Gap, GoldCorp, H&M, Marriott, Monsanto, Ritz-Carlton, Standard Chartered, Tesco는 '인권 정책' 또는 '인권 (정책) 성명서'를 선택하였고, British Airways, Chiquita, Colgate-Palmolive, Dell, Jujitsu, Glencore, Lego, Nokia, Panasonic, PepsiCo, Société Générale, Sony, Timberland, Volvo는 '행동강령'이라는 문구를 선호해 왔다. '윤리 정책', '기업 윤리 규범' 또는 '사업 윤리 규범'과 같은 문구도 예컨대 Alstom, Bouygues, Daewoo, Ericsson, Gucci, L'Oréal이 취한 인기 있는 선택이다.

행동강령의 초창기

기업들은 그들이 인권의 이념에 참여하기 전에 유엔 기업과 인권 이행원칙의 채택을 기다리지 않았다. 미국에서 제이시페니(JCPenny)는 20세기 초반에 윤리 성명서를 정식으로 채택한 첫 번째 회사들 중 하나였다. 이 회사의 설립자인 제임스 캐시 페니 주니어(James Cash Penney Jr.)는 1913년에 다수의 사업 파트너들과 함께 만나 그들이 'The Original Body of Doctrine'이라고 부르는 회사를 지도하는 원칙들에 합의했다. '페니 아이디어(Penny Idea)'로 알려진 이 7가지 원칙은 다음과 같다.

1. 대중들이 완전히 만족할 수 있도록 최선을 다해서 봉사한다. 2. 우리가 제공하는 서비스가 단지 거래 이익을 위해서가 아니라 소비자에게 공정한 보답이 되도록 해야 한다. 3. 소비자의 돈이 가치와 품질과 만족감을 얻는 데 쓰이도록 온 힘을 다해야 한다. 4. 우리 자신과 동료들을 계속 교육시켜 서비스가 더욱 훌륭하게 이루어지도록 해야 한다.

5. 우리 사업의 인적 요인을 끊임없이 발전시켜야 한다. 6. 우리의 남녀근로자들이 우리 비즈니스 생산에 참여함으로써 보상받도록 해야 한다. 7. 우리의 모든 정책, 방법과 행동에 대해 '이것이 옳고 정당한 것인가'라는 시각에서 점검해야 한다.[14]

1913년 문서에서 '인권'이라는 문구가 등장할 것 같지 않았지만, 원칙에서 구현된 가치들은 일정한 인권의 성격을 가지고 있는데, 예컨대 비차별의 분야이다. 확실히 이러한 원칙의 채택은 당시 규칙에 비해 상당히 예외적인 것이었다. 20세기 말에 이르러서야 행동강령을 채택하는 글로벌 기업의 수가 극적으로 증가했는데, 이는 의심할 여지없이 소비자들의 우려를 해소하기 위해서였다. 한 저자는 다음과 같이 말했다.

> 행동강령을 채택하는 큰 물결은 소비자 캠페인의 대응으로써 일어났다. Levi Strauss, Reebok, Liz Claiborne 그리고 이후 Nike와 같은 거대 기업들은 소비자들이 열악한 환경에서 만들어진 제품들을 거부할 수 있는 점을 두려워하여 노동 기준 문제를 다루기로 결정했다. Levi Strauss는 1991년에 종합적인 행동강령을 개발한 첫 번째 기업이었다. Levi Strauss 사례의 중요성은 제품이나 서비스와 함께 브랜드명을 공급하는 독립적인 사업 파트너였던 공급자를 위한 노동 관행에 대한 최초의 행동강령이었다는 것이다. 점점 더 많은 기업들이 그들이 어디서 사업을 하는지 그리고 그들이 그 운영을 직접 소유하는지 여부에 관계없이 노동자들에게 노동 규범을 일관성 있게 적용하기 위해 헌신했다.[15]

1990년대에 채택된 이러한 초기의 규범들은 내용 면에서 매우 혼재[16]되어 있었다. 이 시기에 기업 운영과 인권 영향을 연결시키는 아이디어는 급진적이었고 이러한 도약을 편안하게 받아들이는 기업은 거의 없었다. 아마도 내용보다 이 새로운 규범의 범위가 가장 흥미로운 특징일 것이다. 이에 앞서 기업들은 기업과 그 자회사뿐 아니라 공급자와 하도급 업체에도 간접적으로 적용하도록 되어 있는 규범을 채택하여 이 정책에 따를 것이 기대되었다. 그러한 정책의 결과는 지대한 영향을 가져올 수 있다. 실제로 다음과 같은 영향이 보고된다.

> 이러한 민간 이니셔티브의 일부는 너무나 광범위해서 많은 기업들이 계약을 취소하거나, 회사 지침을 위반한 공급자에게 개혁을 압박하거나, 노동 규범을 위반한 국가에서 사업을 철회하거나, 공급자와 지역 관료들과 건설적 대화를 하기에 이르렀다.[17]

행동강령 준수의 모니터링

기업마다 고유의 규범과 절차를 보유하고 있기 때문에, 일반적으로 행동강령과 인권 정책의 실효성 정도를 평가하기 어렵다. 기업이 공급망 전반에 걸쳐 적용되는 행동강령을 갖도록 최선을 다하는 것은 모든 공급망 아래에 있는 노동자들의 근로 조건과 삶에 변화를 줄 수 있을 것으로 보인다. 여기에는 외부감사가 필요할 수 있으며, 어떤 경우에도 문제를 식별하고 해결하며 진행 상황을 모니터링하기 위해 내부 절차가 필요하다. 감시 메커니즘을 통해 공급망에 대한 규범 적용을 감시하는 것은 기업이 관여할 수 있는 활동의 한 종류일 뿐이며, 그 자체로 근로 조건을 크게 향상시키기에는 부족하다는 연구 결과가 나왔다.[18] 이러한 결론은 유명 브랜드의 감사 기준을 충족시키고 공장의 진정한 근로 조건에 대해 거짓말을 하도록 하는 맞춤식 컴퓨터 소프트웨어를 포함한 속임수를 사용하여 데이터를 허위로 조작하는 감사 부정행위가 증가하고 있다는 점에서 더욱 강화된다.[19] 따라서 기업들은 내부든 외부든 단순한 감사 이상으로 행동강령 준수에 대한 모니터링을 할 것이 기대되며, 유엔 기업과 인권 이행원칙에서 권고하는 바와 같이 고충 처리 메커니즘과 같은 보다 정교한 정책을 시행할 것이 기대된다. 기업의 일상 업무에 인권 정책을 내재화시켜야 할 필요성이 여기서 선명하게 나타난다. 산토로는 다음과 같이 말한다.

> 행동강령과 모니터링 시스템은 인권 문제의 심각성을 파악하고 평가하는 데 도움을 줄 수 있지만, 그 자체로 그러한 문제에 대한 해결책은 아니다. 마치 금융 회계가 이윤을 창출할 수 없듯이, 모니터링도 좋은 행동을 발생시킬 수 없다. 각각의 경우에 그 과정은 단지 당신이 재정적 또는 사회적 목표를 달성하기 위해 얼마나 잘하고 있는지 또는 잘못하고 있는지를 말해 줄 수 있을 뿐이다.[20]

행동강령을 모니터링하는 것은 그것의 내용이 아무리 야심 차더라도, 예컨대 공급업체가 의류 분야의 다국적기업과 사업을 지속하기 위해 원칙을 무시할 만큼 강한 재정적인 동기를 가지고 있다면, 효율성은 항상 제한적일 것이다.[21] 이것은 기업의 책임으로부터 국가의 의무를 분리시킴으로써, 이행원칙은 기업을 운영함에 있어 가장 복잡한 문제인 정치적 법적 맥락과 관련된 문제들을 건드리지 않고 내버려 둔다는 또 다른 중요한 포인트로 이어진다. 결국 행동강령은 그들이 적용되는 맥락을 간과하는 경향이 있다. 일반적으로 서구 다국적기업의 CSR 부서는 개발도상국에 적용될 행동강령을 설계한다. 이들 국가들은 저개발, 부실한 통치, 부패로 인해 그들 자신의 수많은 규제에 관한 문제에 직면할 수 있다. 한 저자는 다음과 같이 주장했다.

기업의 행동강령은 일반적으로 초국가적인 관계를 가지고 있는 기업의 근로자들에게 적용되고, 개별 국가들을 구별하거나 그 국가들의 특수성을 고려하는 사람은 거의 없다. 같은 지역 회사에 하청하는 다른 다국적기업들이 노동자들의 고용 조건을 다르게 규제하려고 할 위험에도 불구하고, 분명히 개별 기업의 행동강령 간의 차이는 제품이 대상으로 하는 다양한 국가의 소비자층의 감성을 더 정확하게 반영하는 것처럼 보인다. 규제에 관한 연결 고리는 근로자 또는 작업장보다는 제품이다.[22]

행동강령 및 소비자 보호

결국 규범들의 주된 장점은 개발도상국의 노동 문제에 대한 대중의 인식을 높이는 데 도움이 된다는 것일 수 있다. '브랜드명에 대한 충성도가 중요하다'[23]는 의류 업계에서 규범이 보편적이라는 사실은 최소한 부분적으로는 서구의 고객들을 만족시키기 위해 규범이 존재한다는 인상을 강화시킨다. 정의상 민간 행동강령은 사회적 권리 침해를 초래하고 국가의 최우선 책임으로 남아 있는 보다 구조적인 문제들을 다루기 위해 아무것도 할 수 없거나 거의 할 수 없다. 더욱이 기업 행동강령의 개발과 관련된 위험 중 하나는 그들이 장기적으로 역효과를 낳을 수 있는 구조적인 문제를 진정성 있게 다룰 수 있는 유일한 행위자인 국가보다 기업에 관심을 집중시키는 것이다.[24] 제6장은 국제법의 다른 분야로부터 벗어나 기업과 인권 연구 분야를 고립시킬 위험성을 강조했다. 예컨대, WTO 협정의 부작용 중 하나는 개발도상국이 경쟁력을 유지하기 위하여 임금을 낮게 유지하도록 장려하는 것이다. 이것은 노동권을 더 보호할 수 있는 규제를 채택할 수 있는 국가의 능력을 제한한다. 이것이 여러 가지 사례들 중 한 가지에 불과했다는 것을 염두에 둔다면, 행동강령의 시행이 외부의 감사를 받더라도 거의 목적을 달성하지 못할 수도 있다는 것은 분명하다.

국내법하에, 행동강령의 성질과 기업들의 인권 기록에 관한 공개적인 언급은 여전히 해결되지 못한 문제로 남아 있다. Nike, Inc. v. Kasky 사건에서 미국 대법원은 Nike가 사실이 아님을 알면서도 그들의 노동 관행이 종업원들의 인권을 존중한다는 성명이 캘리포니아의 불공정한 거래 관행과 허위광고법의 위반을 구성하는지, 또는 이러한 성명이 미국 수정헌법 제1조에 의해 보호되는 비상업적 발언을 구성하는지에 관해 결정을 내릴 기회가 있었다.[25] 결국 법원은 본안에서 결정을 내리지 않았고 당사자들인 소비자권리 활동가 Marc Kasky와 Nike는 합의에 이르렀다.[26] 상대적으로 합의된 UN 기업과 인권 이행원칙을 채택한 이후 점점 더 많은 기업들이 인권 정책과 행동강령을 채택함에 따라 더 많은 유사한 사례들이 등장할 것으로 기대된다.[27]

산업 분야별 이니셔티브 및 사회적 책임 투자

현재 상태로는, 기업 차원의 행동강령은 복잡한 인권 문제들을 약하게 다루고 있는 규제의 민간 방식에 불과하다. 분야 차원의 이니셔티브는, 특히 일반적으로 공식화되는 것과는 반대로 기업의 특정한 측면에 초점을 맞추고 보고가 요구되는 시스템을 수반할 때 개별 기업 차원의 규범보다 더 많은 것을 달성할 수 있을 것이다. 예컨대 사회 및 환경 기준을 포함하는 은행 분야의 프로젝트 금융에 대한 적도 원칙이 이에 해당한다. 2003년에 채택된 적도 원칙은 참여 은행들에게 공정한 경쟁의 장을 만들어 주었을 것으로 추측되며, 적어도 이 문제에 대한 업계의 인식을 높이기는 했다. 그러나 이 원칙의 모니터링 시스템은 불완전하며 실제로 모니터링은 본질적으로 제한된 NGO의 '네이밍 앤드 셰이밍[이름을 공개하면서 폭로하는 것 - 옮긴이]'을 통해서만 이루어졌다.[28] 1987년 화학 업계는 보팔 참사 이후 업계의 이미지를 회복하기 위한 시도로 Responsible Care 이니셔티브를 통해 공통 기준에 합의한 첫 번째 분야 중 하나였다.[29]

행동강령 분야에 있어 중요한 또 다른 발전은 사회적 책임 투자 분야의 증가로, 기업 자체의 성질(예: 담배 회사)이나 업종에 관계없이 기업의 사업 수행 방식 때문에 비윤리적인 사업에 종사하는 것으로 간주되는 기업을 선별 후 배제하는 것을 포함한다.[30] 2006년에 유엔은 책임 투자를 위한 원칙(the Principles for Responsible Investment)을 제정했다.[31] 이이니셔티브에 가입한 투자자들은 자발적으로 일련의 원칙들을 약속하고 또한 그들의 진행에 관해 매년 보고할 것을 약속했다. 이 이니셔티브는 선별적이라기보다는 모든 기업들과의 포용 정책을 선호한다. 이것은 공적 행위자인 유엔이 관여하기 때문에 다음 장에서 검토되는 다수이해관계자 감시 이니셔티브에 속한다. 그러나 유엔 이니셔티브를 넘어서서 그것은 주로 내부적이고 순수하게 민간 정책에 달려 있기 때문에 책임 투자는 여기서 언급할 가치가 있다. 크게 달라질 수 있는 그들 자체의 행동강령에 따라 사회적 책임 투자 기업이나 사회적 책임 펀드의 매니저들이 사회적으로 책임 있는 결정을 내리고 부적절한 행동으로 간주되는 행위로 인해 특정 기업에서 투자를 철회하는 결정을 내릴 수도 있다. 공적자금도 역시 사회적 책임 투자에 참여한다. 영국 교회(the Church of England)와 네덜란드 연기금이 베단타 리소스(Vedanta Resources)가 인도에서 행한 기업 운영의 인권 영향에 관한 우려에 따라 그 지분을 매각하기로 결정한 것이 대표적인 투자 철회의 예다.[32]

설리반 원칙

아파르트헤이트 퇴치를 위해 헌신한 미국 시민권 운동가인 설리반 (Sullivan) 목사는 남아공에서 아파르트헤이트 정권이 여전히 자리를 잡고 있었던 1977년에 남아공 투자에 관한 설리반 원칙(The Sullivan Principles)을 제안했다. 처음에는 6개, 이후 7개가 된 이 원칙은 여기에 가입한 미국 기업 또는 그 자회사들에 의해 운영되는 남아공 내 사업장에서 백인과 비백인의 동등한 처우를 요구했다.[33] 이 원칙은 당시 남아공 내에서 시행되고 있던 인종 차별 정책과 직접적으로 충돌했다. 자기 선언적이며 장기적인 설리반 원칙의 목표는 특정한 기업에서 비백인들의 근로 조건에 미치는 즉각적이고 소소한 효과를 넘어, 아파르트헤이트 체제를 완전히 무너뜨리는 데 기여하는 것이었다. 설리반 목사 스스로 다음과 같이 언급했다.

> 원칙의 선언과 그에 따라 개발된 프로그램은 남아공에 자회사를 둔 기업들이 인종 차별 정책의 평화적인 제거를 위해 노력하고 남아공의 흑인과 비백인들의 삶의 질을 향상시키기 위해, 많은 방법 중 한 가지 수단으로 그들의 자금을 사용함으로써 도덕적인 리더십을 발휘할 수 있는 통로를 제공한다. 미국 기업들이 주도하는 모든 다국적기업들이 그들의 공장과 사업에서 차별을 끝내면, 그들은 국가에 주목할 만한 진보적인 영향력을 줄 것이라고 나는 생각한다.[34]

1983년에 147개 기업이 이 원칙에 가입했고, 보고가 요구되는 시스템이 구축됐다.[35] 보고 시스템은 여러 면에서 혁신적이었다. 가입한 기업들이 자체적으로 양적·질적 자료 모두를 수집했고, 그 후 독립된 컨설팅 회사가 평가하는 것이었다.[36] 결정적으로 그 당시에는 '기업의 사회적 책임을 그렇게 평가하는 전례가 없었다.'[37] 따라서 설리반 원칙은 연구 분야로서 기업과 인권, 그리고 특히, 진행 과정을 측정하기 위한 기업과 인권 도구로써의 보고 시스템 발전에 있어 중요한 초석이 된다.

그러나 그들이 그 분야에서 특별한 자리를 차지하고 있음에도 불구하고, 설리반 원칙은 결함이 없다고 말할 수는 없다. 일부 저자들은 원칙과 그 이행을 모니터링하기 위하여 설정된 보고 시스템을 비판해 왔다. 예컨대 1986년 카렌 폴(Karen Paul)은 다음과 같이 주장했다.

> 정확성과 객관성, 일관성과 신뢰성, 그리고 이들 보고의 유효성과 관련성은 모두 의문의 여지가 있다. 부분적으로 이러한 결함들은 감정적으로 격렬하고 정치적으로 폭발적인 환경에서 보고 시스템을 만들기 때문에 발생하는 근원적인 어려움 때문일 수도 있다. 그러나 이 사실 자체는 보고 책임자들에게 정확성, 객관성, 일관성, 신뢰성, 유효성, 그리고 관련성 있는 보고서의 필요성을 특히 염두에 두도록 했어야 했다.[38]

놀랄 것도 없이, 이 원칙은 측정 가능한 결과를 얻었지만,[39] 그들은 정책 개혁의 촉매 역할은커녕 회사 차원에서도 큰 변화를 가져오지 못했다. 현실은 남아공에서 운영한 미국, 유럽, 일본의 다국적기업들이 끔찍한 인종 정책을 이용하거나 최소한 망각하고 있었다. 심각한 인권침해의 연루를 이유로 다수의 기업들을 상대로 한 소송이 제기되었고, 이 책의 제9장은 아파르트헤이트 당시 인권침해에 대한 기업의 책임으로 되돌아간다. 현재로는 설리반 목사의 계몽적인 말로 당면한 임무의 복잡성을 설명하기에 충분할 것이다.

남아공에서 몇몇 기업들은 사회적 책임을 다하기 위해 진지하게 노력하고 있는 반면, 너무나 많은 기업들이 흑인들의 상태를 향상시키는 데 충분히 노력하지 않고 있다. 실제로 몇몇은 전혀 아무것도 하고 있지 않다. 원칙에 가입한 147개의 기업 중 절반은 공정한 발전을 위해 선전하고 있는 반면, 나머지 절반은 불명예스럽게도 흉내만 내고 있다. 더구나 남아공에 있는 미국 기업의 절반, 거의 150개에 가까운 기업이 아직 이 원칙에 가입조차 하지 않았다. 이 비열한 기업들은 남아공에서 운영할 도덕적 정당성이 없기 때문에 남아공에서 철수해야 한다.[40]

가입한 기업조차 원칙을 완전히 실천하지 않았다는 사실을 넘어, 만일 그들이 완전히 수용했을지라도 경제 및 사회생활 전체가 대규모 인권침해에 의존하는 나라에서 그렇게 많은 것을 이루기는 어려웠을 것이라는 점은 명확하다.[41]

어느 정도까지는 이 의견이 모든 기업의 자율 규제 이니셔티브에 대해 타당하다. 정교한 모니터링 메커니즘을 수반한 행동강령은 기업 거버넌스의 시스템 안에 그리고 공공의 법 시스템 밖에 철저하게 유지함으로써, 변화를 유도하고 기업이 인권을 존중하도록 격려할 수 있지만, 그 자체로는 시스템적인 사회 불평등을 항상 해소하지 못할 것이다. 따라서 공적인 규제 방식과 민간 규제 방식이 진전을 이루려면 서로 협력해야 한다. 이러한 점을 염두에 두고 아마도 설리반 원칙의 가장 분명한 기여는 1986년 미국의 종합 아파르트헤이트 금지법(US Comprehensive Anti-Apartheid Act of 1986) 제207조에 포함된 행동강령의 초안의 기초가 되었다는 점일 것이다.[42] 따라서 설리반 원칙에 포함된 규범은 순수하게 사적 형태의 규제로 그 존재가 시작되었고, 후에 입법안에 포함시킴으로써 대중의 지지와 함께 더욱 강력해졌다. 그러나 이러한 경우는 예외적이고, 대다수의 행동강령은 본질적으로 제한적인 규제 방식으로 남아 있다.

자발적인 모니터링 이니셔티브:
공공–민간 파트너십 및 다수이해관계자 이니셔티브

이론적으로 기준의 정교화부터 시행까지 다양한 단계에서 기업 이외의 행위자를 참여시켜 순수한 자율 규제를 넘어서는 이니셔티브는 행동강령과 인권 정책보다 더 큰 잠재력을 가지고 있다. 자발적인 모니터링 이니셔티브는 특히 국제기구와 같은 공적 행위자를 포함하는 경우, 자율 규제 이니셔티브보다 더 높은 수준의 정당성 또는 책임성을 누리는 것으로 보인다.[43] 게다가 한 명 이상의 행위자들이 이 기준의 정교함과 시행을 위해 일하기 때문에, 기업들이 그것을 준수할 가능성은 더욱 크다.

기업과 인권 분야에서 자발적인 모니터링 이니셔티브의 개요를 제공하는 것은 1990년대 이후 꽃을 피운 다양한 이니셔티브를 고려할 때 어려움이 없는 것은 아니다. 높은 수준의 이질성은 이러한 다양한 이니셔티브의 특징이다. 파브리지오 카파기는 다음을 언급한다.

> 다수이해관계자 기구 내에서조차도 구성 집단 사이에서 권력의 분포에 따라 차이가 있다. 몇몇에서는 주도적 집단이 있는데, 이들은 규제 체제와 집행 장치를 결정하고, 나머지 사람에게는 발언권이나 이탈을 통한 약간의 통제권만 남겨 준다. 다른 부분에서는 권력이 균등하게 분배되어 종종 보다 원칙 중심적인 규제가 만들어지는데, 이는 나중에 이행 단계에서 구체화된다.[44]

이러한 맥락에서 볼 때, 각기 다른 유형의 이니셔티브를 정밀하게 기술하려는 시도는 각 이니셔티브가 고유한 특징을 가지고 있기 때문에 다소 무의미할 것이다. 그러나 특정 이니셔티브에서 참가자들 중 국가행위자의 존재 여부는 언급할 가치가 있는 한 가지 특징이다. 국가가 관여하고 있는 이니셔티브는 안전과 인권에 관한 자발적 원칙(the Voluntary Principles on Security and Human Rights),[45] 채굴 산업 투명성 이니셔티브(the Extractive Industries Transparency Initiative)[46] 및 ILO와 민간 부문과 가나 및 코트디부아르 두 국가가 함께 초콜릿과 코코아 산업에서의 아동노동과 싸우기 위한 ILO 주도 공공-민간 파트너십과 같은 파트너십을 포함한다.[47]

국가 관여가 없이 개발된 주요 모니터링 이니셔티브로는 글로벌 리포팅 이니셔티브(Global Reporting Initiative, GRI),[48] 공정 노동 연합(Fair Labor Association, FLA),[49] 윤리무역 이니셔티브(Ethical Trading Initiative, ETI)[50] 그리고 글로벌 네트워크 이니셔티브(Global Network Initiative)[51]가 있다. 이 이니셔티브들은 모두 민간 부문과 NGO 및(또는) 노동조합이 활발한 역할을 하고 있다는 공통적인 특징이 있다. GRI, FLA 및 ETI가 어떤 특정 분야에 한정되지 않는 반면, 글로벌 네트워크 이니셔티브는 정보통신 기술 분야에 특정되어 있다. 기업들이 자발적으로 이러한 이니셔티브에 참여해야 하는 다른 이유들을 가지고 있고, 그중 평판에 관한 우려가 두드러진다. 예컨대, 한 저자는 GRI가 생긴 2002년에 이를 지지한 기업들 중 5분의 4가, 구체적으로는 포드 자동차, 제너럴 모터스, 나이키 그리고 로열 더치 셸 모두가 당시 평판 및 법적 리스크에 직면하고 있었다고 언급했다. 다시 말해 그들 모두는 '기업 책임 이니셔티브에 가입되기를 희망하는 상당히 명확한 홍보 이유'를 가지고 있었다.[52]

이 책의 범위에 포함되지 않는 연구에 참여하지 않고서 각각의 이니셔티브를 평가하기 어렵지만, 그들이 직면하고 있는 시행의 어려움과 관련한 한 저자의 논평은 언급할 가치가 있다. 공정 노동 연합과 윤리무역 이니셔티브에 관해 그녀는 아래와 같이 언급했다.

다수이해관계자 이니셔티브는 선도 기업인 다국적기업에 대한 민간 초국가적 노동 규제의 시행에 있어 현재 최첨단을 보여 주고 있다. 그러나 이들 기구의 기업 책임을 향상시키려는 노력은 자발적인 기업 가입자들을 얻기 위한 그들의 노력과 만성적인 충돌 관계에 있다. 이러한 긴장은 자발적인 민간 규제 하에서의 시행을 개선하기 위한 노력을 억제하며 민간의 초국가적 규제의 아킬레스건이 될 수 있다. 주요 다수이해관계자 조직은 다양한 수준의 약속과 함께 참여의 단계를 유지함으로써 부분적으로 긴장에 대처하려고 시도한다. 기업은 성과 향상을 위한 목표를 선언하고 규정된 기준을 충족하기 위한 진행 상황에 대한 보고에 동의함으로써 다수이해관계자 이니셔티브에 서명할 수 있다. 이것은 노동 기준의 향상을 위한 연성법적인 압력을 만들어낼 수 있기 때문에 무의미한 것은 아니지만 법적 강제의 가능성과는 거리가 멀다.[53]

그들이 법적 강제의 가능성은 미흡한 반면, 다음 절에서는 기업과 인권 분야의 인증 제도가 어쩌면 현장에서 가장 정교한 형태의 민간 규제 역할을 할 수 있음을 보여 준다.

인증 제도

인증은 회사 또는 제품이 환경 보호[54] 및 인권과 같은 분야에서 특정한 기준을 충족함으로써 독립적인 기구에 의해 인정되는 과정이다. 아마도 후자 분야에서 가장 잘 알려진 인증 제도는 공정무역 인터내셔널 (Fairtrade International)과 그 인증 기관인 FLO-CERT가 운영하는 것으로 남반구에서 생산된 특정한 제품에 공정무역 라벨을 부여한다. 공정무역 인증의 핵심은 지역 생산자들이 그들의 노동을 통해 적절한 수준의 생계를 유지할 수 있어야 한다는 생각이다. 노동권을 이행하는 것은 인증 절차의 일부를 구성한다.[55] 비록 '인권'이라는 문구가 이 제도에 관련된 문서에서 두드러지게 특징지어지지는 않더라도 공정거래 제도와 경제적, 사회적 및 문화적 인권 간의 연관성은 분명하다. 국가는 공정무역 인터내셔널에 연관되어 있지 않으며 이것은 민간에서 운영하고 있다.

유사하게, Social Accountability International (SAI)은 국가로부터 독립된 다수이해관계자 이니셔티브이다. 그것은 자체 감사 가능한 기준인 SA8000을 개발했다. FLO-CERT와는 다르게 SAI는 제품이 아닌 기업을 인증한다. 이것은 9가지 핵심 요소인 아동노동, 강제노동, 건강과 안전, 결사의 자유와 단체교섭권, 비차별, 징계 관행, 노동시간, 보수와 관리 시스템에 초점을 맞추고 있다. 마지막 요소는 '인증 획득과 유지를 추구하는 시설은 단순한 준수를 넘어 기준을 그들의 관리 시스템과 관행에 통합해야 한다.'는 것을 의미한다.[56]

이들 인증 제도는 '국제 수준에서 운영되는 가장 오래되고 가장 발전된 기업의 사회적 책임 검증 이니셔티브 중 2가지'이다.[57] 이 외에도 이 책에서 언급할 만한 최종 인증 제도는 킴벌리 프로세스 인증 제도이다. 특히 아프리카를 비롯한 심각한 인권침해에 관여하는 폭력적인 민병대에 실질적인 자금 조달원이라는 것이 입증된 '피의 다이아몬드'라고도 알려진 '분쟁지역 다이아몬드'의 무역을 근절시키기 위해 고안된 킴벌리 프로세스 인증 제도는 국가, NGO와 민간 부문이 함께 참여하는 야심찬 다수이해관계자 이니셔티브로 2000년 유엔 총회 결의안에서 요구되었다.[58] 이 전체 프로세스의 다수이해관계자 특성에도 불구하고 국가(그리고 유럽 공동체, EC)는 이 시스템의 유일한 참여자. 본래 NGO 참여자인 글로벌 위트니스, 파트너십 아프리카 캐나다와 산업 기구인 세계 다이아몬드 위원회(World Diamond Council)는 단순하게 관찰자이다. 그들의 역할은 '인증 제도의 효율성을 모니터링하는 것'과 '기술적, 행정적 전문지식을 제공하는 것'[59]이나 그들의 권한은 제한적이다. 자국 영토에서 채굴한 다이아몬드 원석의 출하에 '분쟁이 없음'이라는 인증을 교부하는 역할을 맡고 있기 때문에 다이아몬드 생산국들은 인증 절차의 핵심에 위치해 있다. 그들은 다른 참여자들과 관찰자들의 통제 없이 이 임무를 국내에서 수행하는데 이것은 큰 단점이 된다.[60]

글로벌 위트니스는 이 계획의 채택을 위해 캠페인을 벌였으며, 특히 인권 기준을 포함하는 인증 절차를 개혁하기 위한 캠페인을 계속하고 있다. 인증 제도가 다루는 유일한 측면은 특정 다이아몬드의 출하가 반란 단체에 자금을 지원했는지 여부이다. 이것은 노동권이나 기타 인권 문제를 다루지 않는다. 인권이 그 제도의 핵심이 되기로 예정되어 있었지만, 글로벌 위트니스는 '이 제도의 많은 참여자들은 인권이 킴벌리 프로세스의 권한 밖에 있다고 주장한다.'는 것을 정확하게 지적했다.[61] 더 나아가 '분쟁지역 다이아몬드'를 반란 단체에게만 자금을 조달하는 원천으로 규정하는 것은 본질적으로 결함이 있다. 실제로 다이아몬드는 유사한 인권침해와 국제범죄가 발생할 수 있는 '합법적인' 정부의 군사 활동에 자금을 대는 역할을 할 수도 있다.[62] 이 제도는 이러한 면을 다루지는 않는다.

킴벌리 프로세스가 적절하게 인권침해를 다루지 못한 것에 실망하여, 2011년 글로벌 위트니스는 이 제도에서 탈퇴했다. 그들의 설립 이사인 구치(Gooch) 의장은 킴벌리 프로세스의 짧은 발표뿐만 아니라 다음과 같은 설득력 있는 말로써 연설을 마쳤다. 이 말은 킴벌리프로세스에 대한 간단한 설명뿐만 아니라 사적 규제 방식에 관한 이 장의 결론으로서도 아주 이상적이다.

우리는 많은 좋은 의도로 시작된 이 제도가 유용한 많은 일을 했지만 궁극적으로는 결과를 내지 못했다는 것을 인식해야 한다. 기업과 국가가 광물 자원을 놓고 경쟁하는 다극적(multi-polar) 세계에서 자발적인 제도가 그것[인권침해]을 제거하지 못할 것이라는 것은 의심의 여지없이 증명되었다.

킴벌리 프로세스가 진화를 거부하고, 다이아몬드, 폭력과 폭정 사이의 명확한 연결 고리를 다루기를 거부한 것은 그것을 점점 더 시대에 뒤떨어지게 만들었다. 다이아몬드 산업계가 독립적인 제3자 감사와 정기적인 공개 등을 포함하여 광물 공급망 통제에 관한 국제 기준 준수를 시작해야 할 때이다. 각국 정부는 법에 이러한 기준들을 넣음으로써 리더십을 보여주어야 한다.[63]

결론

기업과 인권 분야에서 규제의 민간 방식은 다양하며 이해관계자들의 창의성을 반영한다. 그러나 이들 이니셔티브는 다음과 같은 한계도 보인다.

> 대부분은 거버넌스 격차를 해소하기 위해 정부가 수행해야 하는 역할을 다루지 않고, 책임 조항과 손해에 대한 구제의 측면에서 약한 경향이 있으며, 스스로 선택한 형식과 속도로 이러한 이니셔티브를 자발적으로 채택한 기업들만 포함한다.[64]

이들 이니셔티브는 특히 국가가 인권을 보호하는 법률을 채택 및 집행할 수 없거나 이를 원하지 않는 상황에서 상당히 중요한 결과를 달성할 수 있을 것이다. 공법 수단을 통해 인권침해에 대한 책임을 기업에게 지우는 것은 어려운 일이지만, 앞 장들에서 보듯이, 초국가적인 민간 규제는 인권 문제에 있어 제한적이나, 민간 부문과 협력할 수 있는 환영할 만한 틀을 제공한다. 존 러기는 자발적인 CSR 이니셔티브에 관해 이야기하면서 다음을 주장한다.

> 국제법과 같이 그들은 기업 관련 인권침해로부터 개인과 지역사회에 더 효과적인 보호를 제공하기 위해 인권 체제를 채택하기 위한 전반적인 전략에 필수적인 요소를 제공한다. 그러나 나의 연구는 또한 그들이 상당하고 체계적인 한계를 가지고 있다는 것을 보여 주었고, 따라서 기업과 인권 거버넌스 격차를 자체적으로 해소할 가능성은 낮았다.[65]

요컨대, 자발적인 이니셔티브들이 인권 문제를 다룸에 있어 쓸모없다고 말하는 것은 지나친 표현이며 그렇다고 그들이 충분하다고 하는 것 또한 거짓일 것이다. 기업과 인권 문제는 이를 해결하기 위한 다양한 방법을 요구하는 종류일 것이다. 2부는 방법의 한 가지 형태 즉, 국제법, 국제적인 규제와 그것이 명백히 요구하는 것, 민간 규제 방식에 초점을 맞추고 있다. 3부에서는 인권을 기업 관행에 포함시키기 위한 보다 확실한 방법인 국내법에 대해 살펴본다.

국제법과 정책:
기업 활동에 인권을 포함하기

BUSINESS AND HUMAN RIGHTS

2부에서는 국제법과 정책 프레임워크를 중심으로 기업의 부정적 인권 영향에 대한 더 큰 책임의 관점에서 몇몇 도전 과제를 강조했다. 기업이 국제법에 따른 인권 의무가 있다고 판단하더라도 그리 논쟁적이지 않은 것은 아니지만 이행 메커니즘이 부족하다는 사실은 남아 있다. 더 큰 문제는 국제법의 일부를 집행하고 기업에 직접 적용할 수 있는 메커니즘인 중재판정부도 인권을 불완전하게 고려한다는 것이다. 1970년대부터 기업과 인권 분야에서 꽃을 피워 온 민간 규제 이니셔티브와 다양한 연성법도 한계가 있다.

3부는 이를 살펴보면서, 기업과 인권 분야의 국내법과 정책을 중점적으로 다룬다. 국내 규제는 기업과 관련된 인권침해를 해결하고 기업 활동에 지속적으로 인권을 포함시키는 데 더 효과적이다. 그러나 국내 차원의 긍정적인 변화가 자체적으로 발생한 것은 아니다. 유엔 기업과 인권 이행원칙(UN Guiding Principles on Business and Human Rights)과 같이 2부에서 논의된 이니셔티브들과, 보다 근본적으로 기업에 인권 책임이 있다는 생각은 국내 차원에서 진전을 가져왔다. 기업과 인권 이행원칙은 기업의 인권침해를 방지할 의무가 국가에 있다고 하였다. 이는 두 가지 방식으로 달성될 수 있다. 하나는 법과 공공정책을 정비하여 영토 안팎에서 기업의 반인권적 행위의 영향을 제기하는 방식이고(제9장), 다른 하나는 기업의 인권침해 피해자들을 사법적으로 구제하는 방식이다(제10장).

기업의 인권 영향 관련 법과 공공정책 수립

기업은 다른 법인체와 같이 우선적으로 국내법에 구속된다. 일반 규제로서 회사의 국내 소재 여부, 투자 및 무역 여부와 관계없이 해당 국가의 국내법에 종속될 것이다. 국가들이 국제인권법 하에 기업의 인권침해에 노출되어 있는 잠재적 피해자들을 보호하기 위한 의무가 있는 반면, 기업 규정의 형태, 그 규정의 깊이와 범위는 국가별로 매우 다양할 수 있는데 개발도상국을 포함한 여러 국가에서 기업의 인권침해를 효과적으로 예방하는 데 가장 큰 장애물은 복잡한 법 적용 체계, 부분적으로 실행되는 규제, 부패로 인한 왜곡된 규정 적용이다.

이런 맥락에서 이 장은 전 세계 모든 정부에 의해 인권 영역에서 기업을 규제하는 모든 측면을 다룰 수는 없다. 대신에 유엔 기업과 인권 이행원칙과 국제인권법에서 요구하는 바와 같이 기업의 인권침해로부터 인권을 보호할 의무를 다하기 위해 국가가 정책을 마련하는 다양한 방법을 제시하고자 한다.[1] 회사의 개별 규정에 관련 사례들이 있었던 것처럼[2], 기업에 대한 국가의 공적 규제는 유엔 이행원칙의 채택과 함께 출발하지 않았다. 고용법, 환경 규제, 사회서비스 및 조달은 '기업과 인권'이라는 용어가 만들어지기도 훨씬 전에 수십 년 동안 국가가 규제해 온 기업과 인권 분야와 관련된 다양한 영역들이다. 이 장은 기업과 인권이라는 렌즈를 통해 이러한 정책을 검토할 계기를 마련해 주고 국가가 기업의 인권침해를 보호하기 위한 국제법적 의무를 이행하고, 기업 책임의 공백을 메우는 데 기여하고자 채택한 최근의 정책과 규제를 살펴보는 데 그 취지가 있다.

유엔 기업과 인권 이행원칙 2는 '국가는 자신의 영토 그리고/또는 관할권에 주재하는 모든 기업이 자신의 사업 활동에서 인권을 존중해야 한다는 기대를 명확하게 제시해야 한다.'고 권고한다. 이는 기업의 해외 활동을 포함하는 의미이다. 이를 고려하며 이 장은 두 부분으로 나눈다. 첫 번째 부분은 순전히 국내법과 정책을 다룬다. 이는 국가가 그 영토에서 살아가는 사람들에게 혜택을 주기 위해 법과 정책을 채택하여 그 동일한 영토에 적용하는 것을 의미한다. 두 번째 부분은 역외적 함의가 있는 법과 정책을 다룬다. 이는 법과 정책을 채택한 국가의 영토에 적용되지만, 영토 밖의 외국에서 살아가는 사람들에게 혜택을 주기 위한 법과 정책이라는 의미이다. 두 번째 부분에서 논의되는 여러 정책은 미국 또는 미국의 주 정부들에 의해 채택된 것들로 이 장을 미국 중심으로 만든다. 그렇다고 다른 나라들이 이 분야에서 한 일이 없다는 뜻은 아니다. 그러나 미국이 그런 정책을 채택하는 데 전면에 나서왔고 언론과 연구자들의 주목을 끌어온 것으로 보인다.

국내 정책

기업의 반인권적 영향을 다루는 기업의 국내 규제는 국제적 차원에서 기업과 인권에 관한 논의를 발생시킨다. 기업과 인권 프레임워크 내에 어느 정도 들어맞을 수 있는 여러 규제의 분야가 떠오른다. 그 가운데 소비자 보호, 환경 규제, 직업 안전 및 건강 등이 있다. 19세기 말 미국의 초기 기업 규제에 관해 말하자면, 한 저자는 '규제에 대한 고전적인 정당화는 공공의 이해가 오직 정부의 처방을 통해서만 제공될 수 있는 상황에서, 시장의 작동을 통해서는 구제가 이루어질 수 없는 사례들에 관한 논쟁이었다.'고 주장했다.[3] 예를 들어, 1887년 주 정부간 상법(Interstate Commerce Act of 1887)과 1890년 셔먼 반독점법(Sherman Antitrust Act of 1980)은 미국에서 '대표적인 개입주의적 법'으로, 둘 다 최소한 부분적으로 철도회사와 같은 거대 기업들의 권력 성장에 대해 소비자들의 이해를 보호할 의도가 있었다.[4]

또 다른 중요한 분야는 환경 규제이다. 미국 환경보호청(Environmental Protection Agency, EPA)은 1970년 오염 문제에 대한 대중들의 관심과 우려가 높아지면서 창설되었다.[5] 비슷한 우려로 스페인[6]과 일본[7]에서도 환경 규제가 발전하기 시작했고, 1972년 최초로 인간 환경에 관한 유엔 회의가 스톡홀름에서 개최되었다. 기업과 인권에 관련된 다른 영역과 마찬가지로 국가 차원에서 규제가 필요하다. 미국 환경보호청에서 수년간 근무했던 윌리엄은 다음과 같이 말했다.

당신은 이러한 오염 문제의 대부분을 자발적으로 준수하도록 남겨 둘 수는 없다. 그렇게 되지 않을 것이다. 경쟁자가 부과할지 알 수 없는 비용을 스스로에게만 자발적으로 부과하면서 시장 경쟁을 지속적으로 요구하는 방식은 자유로운 기업 체계를 오해하는 것이다. 기업들은 그

렇게 못한다. 그래서 정부가 법률과 규제의 틀을 경쟁이 발생하는 곳에 제공해야 한다.[8]

인권과 환경 보호 간의 관계는 명확하다. 5장에서 다루었듯이, 유럽 인권법원은 유럽인권협약 제8조 사생활과 가족생활의 권리에 관한 대표적인 판례로 로페즈 오스트라 대 스페인 사건(Lopez Ostra v Spain)에서 오염이 청구인의 권리를 부당하게 침해했다고 판시했다.[9] 아프리카의 인권 보호 체계인 인권과 민족의 권리에 관한 아프리카 헌장(African Charter of Human and Peoples' Rights)은 일반적으로 만족할 만한 환경에 대한 권리를 포함하고 있다.[10] 게다가, 오고니랜드에서 기름 오염과 관련된 나이지리아 사건에서 인권과 민족의 권리에 관한 아프리카 위원회는 나이지리아가 다른 권리들 가운데 헌장에서 보장된 건강권에 관한 의무를 위반했다고 결론 내렸다.[11]

기업과 인권에 가장 분명하게 연관된 전통적인 규제는 노동법이나 고용법 및 관련 정책일 것이다. 이 법의 본문은 기업과 피고용자들 간의 관계를 규정하며, 차별로부터 자유, 단결권, 적절한 수준의 생활에 관한 권리, 안전에 관한 권리, 건강에 관한 권리와 같은 인권을 다루고 있다. 3장에서 논의했듯이, 노동권이 인권인가에 대한 상당한 논쟁이 있지만, 노동권은 인권으로 여겨질 수 있다. 그렇기 때문에 국가가 채택하기로 선택한 고용법과 정책은 기업과 인권 논의에 적합하다.

공공정책의 다른 영역도 국내법 수준에서 기업과 인권에 관련이 있어 기업의 책임을 증가시킬 수 있지만 많은 관심을 끌지는 못했다. 여기에는 인권 기준과 관련하여 공공-민간 파트너십 및 정부 조달과 관련된 사건이 있다.[12] 예를 들어 2008년에 인도의 우타르프라데시 주(Uttar Pradesh)에서 입찰 회사가 작업장에서 카스트가 낮은 사람들을 일정 비율 고용하도록 규정을 도입했다.[13] 유사한 형태로, '평등과 인권 원칙,

그리고 법이 특정 서비스 공급에 적용되는 방법을 이해하기'는 스코틀랜드에서 돌봄과 지원 서비스를 제공할 때, 서비스 제공자를 선정하는 기준 가운데 하나이다.[14] 상품과 서비스를 조달하기 위해 공적 자금을 민간 영역으로 이전하는 분야에 인권을 지향하는 기준의 도입은 공공 기관의 강력한 도구이며, 완전히 채택된다면 중요하고 실질적인 영향력을 행사할 수 있는 수단이 될 것이다. 더욱이 이러한 규정이 채택된 국가에서 살아가는 개인과 집단의 권리에 영향력을 행사할 수 있을 뿐 아니라 해당 국가 밖에서 살아가는 사람들의 상황에도 영향을 미칠 수 있다. 이는 공적 조달 정책이 역외적 함의를 가질 때 해당하는 사례이다. 그러한 정책 사례들은 다음 절에서 역외적 함의를 갖는 다른 정책들과 함께 논의된다.

역외적 함의가 있는 정책

유엔 기업과 인권 이행원칙 중 원칙 2는 '국가는 자신의 영토 그리고/또는 관할권에 주재하는 모든 기업이 자신의 사업 활동에서 인권을 존중해야 한다는 기대를 명확하게 제시해야 한다.'고 확인하고 있다. 이 원칙의 공식적인 주석에는 '역외적 함의가 있는 국내 조치들을 채택하는 것'이 이 목표를 달성할 수 있는 한 방법이라고 언급하고 있다. 이 해석에는 ''모'회사들이 전체 기업의 세계적 경영에 관한 보고서를 제출하도록 요구하고 (…) 해외 투자를 지원하는 기구들이 요구하는 이행 기준과 같은 조치도 들어 있다.'[15] 이러한 조치들은 해당 국가의 재판소가 역외 사법권을 직접 행사하는 것과 구별되어야 하며, 이는 이 책의 다음 장에서 다루어진다.[16] 지금 이 절에서는 국가나 공공기관이 채택한 기업과 인권 분야에서 역외적 함의가 있는 조치들을 선택해서 비판적으로 보여 주는 것이 목적이다.

역외적 함의가 있는 초기 사례

1970년대 기업의 본국들은 해외에 있는 '그들의' 다국적기업들의 경영에 영향을 주어 국제적으로 주목받기 시작한 인권과 사회에 대한 부정적 영향을 피할 수 있다는 생각이 있었다. 제7장에서 살펴본 바와 같이, 이 시기는 개발도상국가에서 진행되는 다국적기업 활동에 대한 우려가 높아지고, 자연 자원에 대한 국가의 영구적 주권에 관한 논의가 이루어졌으며, 신국제경제질서(New International Economic Order)의 등장에 대한 관심이 유엔 내에서 최고조에 달했을 때이다.

1972년 남아프리카의 나미비아 점령에 대한 대응으로 아프리카 노동자들의 파업이 발생했고, 유엔 안전보장이사회는 결의문 310을 채택하여 다음과 같이 요구했다.

> [자국의 - 옮긴이] 국민과 기업이 나미비아에서 활동하는 모든 국가는 가능한 모든 수단을 사용하여 그 국민과 기업이 나미비아의 노동자를 고용하는 정책이 세계인권선언의 기본 조항들과 합치하도록 보장해야 한다.[17]

이 결의문을 채택한 뒤, 유엔 사무총장은 이를 준수하기 위해 국가가 채택한 조치들이 무엇인지를 보고하도록 했다. 사무총장의 요청에 대한 답변에서 미국은 나미비아에 미국 기업이 활동을 하고 있음을 인정했고, 나미비아 사업에 관심 있는 약 40개의 미국 사업체들에게 결의문 310과 세계인권선언 전문을 보냈다고 보고했다. 추가로 '이 문서들을 회람한 서신에서 (…) 회사들이 나미비아에서 모든 사업 활동이 세계 인권선언과 전적으로 부합하도록 보장하기 위해 가능한 모든 일에 협력할 것을 요청했다.'[18] 서신을 보내는 것이 어떤 '조치'라고 하기는 어렵고 그 효과에는 한계가 있었을 것으로 보이지만, 그럼에도 이러한 서신을 보낸다는 사실자체가 갖는 역외적 함의는 분명하다. 이를 통해 실제 추구한 것은 미국 밖에 있는 개인과 집단의 인권 보호였다. 이 이야기는 기업과 인권의 영역에서 역외적 함의가 있는 국내 조치의 초기 사례이다.

2년 뒤, 유엔 인권위원회 및 다국적기업에 관한 유엔 센터(UN Centre on Transnational Corporations)[19] 창립은 물론 유엔 다국적기업에 관한 행동강령(UN Code of Conduct on Transnational Corporations)의 협상을 권고했던, 발전과 국제적 관계에 관한 다국적기업의 역할을 연구하는 유엔 전문가 그룹(UN Group of Eminent Persons to Study the Role of Multinational Corporations on Development and on International Relations)이 남아프리카에서의 기업과 인권을 검토했다. 다국적기업에 관한 행동강령의 채택에 관한 보다 폭넓은 논의의 맥락에서, 이 전문가 그룹은 국가가 다국적기업이 개발도상국에서 활동하는 동안 인권을 침해하지 않도록 보장하기 위해 더 많은 일을 해야 한다고 권고했고, 기업과 인권 분야에서 역외적 함의가 있는 국내적 조치를 국가가 채택하도록 명시적으로 요청했다. 1974년 전문가 그룹의 보고서에는 다음과 같은 내용이 들어 있다.

> 본국의 법률은 유엔 안전보장이사회에서 부과한 제한 조치가 있는 국가들, 예를 들어 인권을 침해하고 인종주의 정책을 따르는 국가에 대한 투자를 금지하도록 해야 한다. (…) 전문가 집단은 투자국과 투자유치국들이 적절한 행동을 통해 다국적기업들이, 예를 들어 유엔안전보장이사회에서 인권을 억압하고 인종주의 정책을 실행하고 있는 나라들에게 부과한 제재를 위반하지 않도록 해야 한다고 권고한다.[20]

보고서는 또한 다음과 같이 서술하고 있다.

> 우리는 본국들이 개별적으로 그리고 집단적으로, 국가의 사법 관할 하에 기업의 해외 투자 조건으로서 다국적기업들이 국제적으로 용인된 특정 기본 원칙과 기준들을 준수하도록 주장해야 하고 이를 무시하는 기업들에게 제한 조치를 부과해야 한다는 생각을 지지한다.
>
> (…)
>
> 전문가 집단은 다국적기업들이 그 제휴사가 국제적으로 합의된 노동 기준, 즉 자유로운 단체협약, 노동자들에 대한 동등한 처우 및 인간적인 노동관계와 같은 기준들을 적용하지 않는다면, 국가는 적절한 수단을 통해, 다국적기업들이 노동자의 권리가 존중되지 않는 국가에서 사업 활동을 못하게 하도록 권고한다.
>
> 그러한 효과를 얻기 위해 투자국들이 사용할 수 있는 제한 수단은 노골적인 금지에서부터, 인권을 침해한 투자유치국에 지불한 세금에 대한 세액공제를 거부하는 것, 그런 나라들에서 생산된 생산물의 자국 영토 진입을 금지하는 것, 투자 보험과 보증의 혜택을 거부하는 것이다.[21]

전문가 그룹의 보고서에서 언급한 '투자 보험과 보증의 거부'는 1968년부터 있었던 기존의 방식에서 가져온 것일지도 모른다. 스웨덴의 법은 개발도상국에서 스웨덴 회사가 직접 투자를 할 때 정부의 보험 조건으로 일정 수준의 노동권을 존중하도록 했다.[22] 이 법이 도입한 조건은 차별금지, 노조 활동, 교육, 사회보장 및 사회복지 등의 분야와 관련되어 있다.[23] 스웨덴 회사가 대상 국가 노동자들의 노동권을 침해하지 않으면서도 상당한 수준의 유연성을 갖도록 보장하는 것을 목적으로 했다. 문서에는 다음과 같은 조건을 명시하고 있다.

투자자는 조사를 실시하고 대상 국가의 법에 따라 요구되는 위의 조치에 관한 계획을 설명하며, 외국 회사 노동자들을 위하여 채택하려고 계획하는 추가 조치들도 설명할 것이다. 이러한 정보를 바탕으로 지원 회사와 스웨덴수출신용보증기관(EKN, Swedish Export Credits Guarantee Board)은 협상을 통해 이를 보장하기 위한 조건으로 어떤 구체적인 조치를 고려할지 결정할 것이다.[24]

더욱이 이 조건들은 산업 형태와 해당 지역의 맥락에 따라 채택되어야 했다.[25] 이 계획이 성공한 것 같지는 않다. 1979년 출판된 글에서 한 저자는 이 계획이 효과가 없었다고 비판했고 '이 보험을 활용한 적이 있는 스웨덴의 회사가 없고 회사들은 조건을 충족하기보다는 보험프로그램을 무시한다.'고 지적했다.[26] 성공하지는 못한 것 같지만, 1968년 스웨덴의 투자보장계획에 들어 있던 사회 조건은 역외적 함의가 있는 조치의 형태를 띠고 있는 기업과 인권 정책에 관한 최초의 사례를 제공한다. 그 후 다른 나라들이 여러 분야에서 이를 따랐다.

1970~80년대 미국 지방 정부와 아파르트헤이트의 싸움

남아프리카공화국[이하 '남아공': 1990년 3월 남아공으로부터 독립한 나미비아공화국 포함 - 옮긴이]의 아파르트헤이트 정권(Apartheid regime)은 미국의 반응을 촉발시켰다. 1986년 미국 의회는 레이건 대통령의 거부권을 무시하고 포괄적인 반(反)아파르트헤이트법을 채택했다. 이 법의 3편은 남아공 정부에 대한 대출뿐 아니라 특정 상품에 대한 남아공과의 무역을 금지했다. 전반적으로 이 법은 남아공에 대한 대출, 그 밖의 투자와 기타 특정 활동을 금지하는 것을 목표로 했다.[27]

이 법의 통과는 중요한 단계였지만 미국 연방정부가 아파르트헤이트 정권에 대한 반대를 표시하고, 정권의 붕괴에 기여하기 위해 채택한 유일한 조치는 아니었다. 오히려 1970년대 후반과 1980년에 '강력한 자치주와 지역의 입법 및 비입법적 반남아공조치'가 채택되었을 때, 일부 평론가들은 이전까지 미국에서 특정 국가를 겨냥한 그렇게 많은 비-연방 법률이 있었던 적이 없었다고 주장했다. 미국의 자치주와 카운티 및 도시는 장기적으로 남아프리카의 정권을 종식시키는 것을 목표로 다양한 조치를 채택했다.[28] 이러한 흥미로운 법률의 역사와 관련한 에피소드는 특히 이 책의 목적과 관련이 있다. 왜냐하면 그것은 영토 밖에서 다양한 기업과 인권에 대한 조치로 인해 생겨난 어려움을 평가하고 검토하며, 전체적인 효과를 논의할 수 있는 기회를 제공하기 때문이다. 프리차르트(Pritchardt)와 라데시치(Radesich)는 (기업과 인권)조치에 대한 그들의 연구에서 [남아공 정부에 대한 미국의 기업과 인권 관련 조치를] 매각 조치(투자 철회), 투자 금지, 예금 금지 및 조달(제한) 조치 등 4가지 범주로 분류했다.[29]

매각 조치는 부분적일 수도 있고 전체일 수도 있다. 부분적 또는 조건부 매각은 주(州) 또는 공공기관이 남아공과 거래하는 특정 사업체가 일반적으로 설리반 원칙과 같은 특정한 표준을 준수하는 경우에만 해당 기업의 증권을 보유할 수 있다는 것을 의미한다.[30] 부분 매각 조치는 '주 차원에서 가장 인기 있는 반남아공 조치'[31]이자 노벨 평화상 수상자 데즈먼드 투투(Desmond Tutu) 대주교가 선호하는 유형이었다.[32] 전량 매각 조치는 남아공에서 사업을 하는 업체로부터 모든 공공 자산을 제거(회수)하는 것을 목적으로 한다. 투자 금지는 '남아공 관련 업체 또는 남아공에 전반적으로 신규 자금이나 자산 투자를 금지하는 것이다.'[33] 예금 금지는 일반적으로 은행이나 금융기관이 공채나 공적 자금의 보관인(수탁자)으로 지정되지 않도록 배제하는 것이다.[34] 마지막으로, 조달(제한) 조치는 다음과 같다.

(1) 입찰 계약(예: 뉴욕시)

(2) 남아프리카 관련 상품 및/또는 서비스 구매(예: 뉴욕시)

(3) 남아프리카 공화국과 거래하는 사업체의 재화 및/또는 서비스 구매(예: 뉴욕시)

(4) 남아프리카 공화국과 연결되어 있는 예술가들의 공연(예: 뉴어크, 뉴저지)[35]

프리차르트와 라데시치는 이후 모든 주와 지역의 반아파르트헤이트 조치들을 지도화했다. 이 작업의 결과는 거의 150페이지를 차지하기 때문에 책에서 다룰 수 없다.[36] 조치는 38개 주와 워싱턴 DC와 미국령 버진아일랜드 등 2개의 영토에서 취해졌다. 4개 주에서는 오직 지방정부만이 조치를 채택했고, 주 차원은 아니었다.[37] 당시 미국이 채택한 역외 적용 논란을 담은 남아공에 대한 다양한 기업과 인권에 관한 조치는 한편으로는 그 유효성에 대한, 다른 한편으로는 미국 연방헌법과의 정합성에 대한 두 가지 문제를 제기한다. 이러한 문제 제기는 기업과 인권 분야에서 역외적 함의성에 대한 공공정책과 관련하여 일반적인 일이다.

백인이 지배하는 남아공을 옹호하는 사람들은 위와 같은 조치들을 지지하지 않았고, 그들이 그러한 견해를 유지하는 분명한 이유를 가지고 있었다는 데는 의심할 여지가 없다. 그들은 정권의 장기적 유지 가능성에 대한 상업적, 정치적 고립과 관련된 위험을 알았다. 이러한 맥락에서 '투자 중단은 남아공 정부가 아파르트헤이트를 해체하도록 강제하는 수단으로써 강력한 영향력을 제공한다.'[38] 그렇다면 이론적으로는 이러한 조치들이 정권 붕괴에 기여하는 좋은 방법이 될 것 같았다. [그러나] 정권 붕괴에 대한 조치의 효과와는 관계없이, 반아파르트헤이트 운동 진영 내의 일부는 [이러한 조치들이] 산업을 위축시키며 단기적으로는 물론 장기적으로도 남아공의 백인이 아닌 사람들의 상황을 악화시킬 수 있다고 주장했다. 마크 오킨(Mark Orkin)은 다음과 같이 말한다.

> 있을 수 있는 부작용에 대해 일반인들뿐 아니라 전문가들 사이에서도 상당한 의견 차이가 있다. 투자 철회의 비용은 얼마나 될 것인가? 감당할 능력이 가장 적어 보이는 흑인들이 대가를 치를 것인가? 그렇다면 그들은 기꺼이 희생할 의향이 있는가?[39]

1985년에 남아공의 백인이 아닌 사람들을 대상으로 실시한 설문 조사에 따르면, 비백인 과반수 정도가 실업률이 미미하게 또는 심지어 상당히 증가하더라도 투자 철회를 지지하는 것으로 나타났다.[40]

설문조사의 핵심 질문은 백인이 아닌 남아공 사람들의 투자 철회에 대한 지지 여부였다. 이 질문과 관련하여 마크 오킨은 전부 또는 부분적 (조건부적) 투자 철회 사이의 근본적인 차이에 주목했다. 그는 투자 철회에 관한 질문을 찬성과 반대 [중 하나를 선택하는] 방식으로 해서는 안 되며, 따라서 이러한 질문에 기반한 설문조사에는 결함이 있다고 주장했다. 그에 따르면, [설문이] 자유로운 투자, 투자 철회 중 하나를 선택하는 것이 아니라, 오히려 질문은 자유로운 투자, 완전한 투자 철회, 부분적 투자 철회 사이에 있어야 한다. 참가자들에게 두 가지 대신 세 가지 선택지를 제공한 결과 백인이 아닌 남아공 사람들 중 73%가 완전(24%) 또는 부분(49%) 투자 철회를 지지하는 것으로 나타났다. 이 결과는 바로 전년도에 실시한 다른 설문조사와는 뚜렷한 대조를 이루었다. 이는 비백인 남아공 사람들이 [완전한] 투자 철회를 거부하고 있다는 것을 시사했고, 그리하여 미국에서 채택된 조치가 엘리트 주도적이며 지역의 현실과 단절되어 있다는 아파르트헤이트 지지자들의 주장을 촉발시켰다.[41] 특정한 [나라의] 지역주민의 보호를 목적으로 하는 역외적 영향을 갖는 조치에 대한 지지는 이러한 조치에 대한 평가의 한 측면에 불과하며, 그러한 지지는 그 효과를 평가할 때 명확한 기준이 아니지만 고려해야 할 중요한 요소다. 역외적 함의성이 있는 조치로 인하여 최종적으로 영향을 받는 사람의 의견이 거의 알려지지 않는다는 사실은 이 요소를 더욱 중요하게 만든다. 다음 절에서 볼 수 있듯이 조치와 그 조치가 보호하려는 주민 사이의 연결은 종종 미약하다. 따라서 비백인 남아공 사람들 사이의 여론조사와 그것들이 촉발시킨 열띤 토론은 이 여론조사가 통상의 경우보다 더 확고하게 조치와 주민을 연결하는 데 기여했기 때문에 특히 흥미롭다.

정권의 붕괴에 있어서 이러한 조치의 효과와 미국 이외의 국가에서 채택한 유사한 조치에 대한 다른 견해가 있다. 한편에서는, '국내외 많은 관측통들은 이러한 제재가 남아공의 대통령 프레데리크 빌렘 데 클레르크(F.W. De Klerk)가 1990년 초 착수한 정치적 변화를 시작하는 데 중요한 역할을 했다고 생각한다.'고 말한다.[42] 1990년, 남아공 교회협의회 지도자인 앨런 보삭(Allan Boesak) 박사는 '정부를 바꾸는 데 있어 가장 중요한 하나의 요소는 제재'라고 주장했다.[43] 하지만 이 견해가 만장일치로 통용되는 것은 아니다.[44] 미국정부가 채택한 영토 밖에 영향이 있는 조치가 아파르트헤이트 정권을 무너뜨리는 데 기여했는지 여부 또는 그 정도를 정확하게 판단하는 것은 이 책의 목표가 아니다. 어쨌든 그것은 현실적으로 불가능한 작업일 수 있다. 1986년 피터 스피로(Peter J. Spiro)는 다음과 같이 말했다.

최근 미국과 남아공 사이의 상업 및 외교 관계가 국가적 매각 및 조달(제한) 조치로 인해 어려움을 겪고 있다고 안정적으로 결론 내릴 수 있지만, 이 조치들이 이러한 쇠퇴에 기여한 방법이나 정도를 정확하게 측정하는 것은 불가능하다. 그 상관관계에 다른 요소가 [함께] 작용했다는 사실은 의심할 여지가 없다.[45]

결국, 아파르트헤이트의 종말을 보고 싶어 했던 사람들은 아래에서 논의되는 바와 같이 미국 헌법 및 원칙에 위배될 가능성이 있음에도 불구하고 이러한 조치를 지지했다. 반대로 남아공 정권을 지지했던 백인 재계 엘리트들은 이러한 조치를 비판했다. 근본적으로 남아공의 인종주의 정책에 눈감고 거기에서 사업을 하고 싶어 했던 사람들로부터도 비판을 받았다. 후자에는 서구의 일부 기업 엘리트들과 주로 미국 공화당과 영국 보수당 지지자들이 포함된다.

이러한 조치가 정권 붕괴에 기여했는지 여부와 그 정도에 대해서는 명확하게 결론을 내리기 어렵지만, 그 대신에 즉각적인 결과를 살펴볼 수 있다. [일반적으로 기업과 인권과 관련한] 이런 조치는 일련의 인과 관계가 존재한다는 생각에 근거한다. 이러한 생각은 남아공 정부와 남아공 기업을 곤경에 빠뜨리면 스스로 개혁할 수밖에 없다는 것이다. 개혁은 이 연결고리의 마지막 목표였다. 이 연결고리의 일차적 목표는 남아공에서 활동하는 기업, 특히 설리번 원칙과 같은 계획을 준수하지 않고 사업을 수행하는 기업을 어려운 상황에 빠뜨려 그들이 행동을 변경하거나 남아공과의 거래를 전적으로 중단하도록 유도하는 것이었다. 구체적인 목표와 관련하여 이러한 조치들은 의심할 여지없이 약간의 성공을 거두었다. 1990년 **뉴욕타임스**는 남아공에 대한 미국의 직접 투자를 다음과 같이 적었다.

미국의 남아공 직접 투자는 1966년 4억 9,000만 달러에서 1981년 26억 달러로 증가했다. 그 이후로 미국 324개 기업 중 214개 기업이 [남아공에서] 철수했으며, 현재 투자액은 미국에 대한 남아공의 직접 투자

보다 훨씬 낮은 7억 1,100만 달러로 감소했다.[46]

물론, '남아공 내의 악화되는 경제 및 정치 상황' 같은 다른 요인들도 영향을 미쳤지만, 다음과 같은 상황도 있었다.

적어도 두 개의 대기업 (…) 은 주와 도시의 투자철회정책이 이탈의 주요 요인이라는 것을 인정했고, 기업의 경영진들은 주식의 매각으로 나타난 점증하는 국내적 압력이 남아공에서 지속적으로 사업을 하는 것이 타당한지에 대한 의구심을 증가시켰다고 인정했다. 많은 사람들이 남아공에 남아 있는 것을 '번거로운 요소'로 인식했다.[47]

이러한 [조치의] 효과에 대한 의문 외에 미국 지방정부가 채택한 조치들은 헌법상의 우려를 불러왔다. 이것은 중요한 논점이며, [향후] 미국의 지역 차원에서 채택한 역외적 함의가 있는 다른 유형의 조치와 관련하여 역할을 할 가능성이 있다.[48] 반아파르트헤이트에 대한 지역 조치는 미국 연방의회에 해외 및 [다른] 자치주와의 상업(interstate commerce)을 규제할 수 있는 독점적 권한을 부여한 미국 헌법의 '상업 조항'(Commerce Clause)과 충돌할 가능성이 있다. 이 조항은 헌법 제1조 및 제2조에 포함된 원칙에 따라 외교 정책은 주정부기관은 말할 것도 없이 주가 아닌 연방정부의 책임일 뿐 아니라, 심지어 [연방] 의회가 조치를 취하지 않은 지역에 대해 자치주가 그런 행동을 할 수 없다는 것을 의미한다.[49] 또한 연방법우선원칙에 근거하여 세 번째 관련 주장이 제기될 수 있다.[50] 선점주의는 일반적인 원칙으로 지방 법률은 상충되는 연방 법률에 의해 미리 금지된다. 반아파르트헤이트 관련 연방 법률은 없었지만, 초기 지방의 조치는 레이건 행정부가 수용한, 정확히 입법화되지는 않았던 남아공과의 건설적인 참여 정책에 위배되는 것이라고 말할 수 있다.[51] 다시 말해서, 연방법의 정면 위반은 아니지만 연방의 침묵 정책에 위반하는 주의 행위도 금지되는지에 관한 질문을 낳는다. 포괄적인 반아파르헤이트 연방법률(the federal Comprehensive Anti-Apartheid Act,)이 채택된 후에는 더욱 직접적인 연방법 우위에 대한 주장이 제기될 수 있었다. 관련 저자들은 두 가지 주장 모두에 동의하지 않았다.[52]

볼티모어시에서 채택한 조례를 위반하여 남아공에서 사업을 수행하고 있는 기업에 대해 도시 노동자의 연금기금을 매각(투자 회수)하도록 요청한, 헌법 적용 사건에서 메릴랜드 항소 법원은 '의회는 연방법을 무시할 의도가 없었다.'고 주장하며 연방법 우위 주장을 기각했다.[53] 나아가 법원은 조례가 외교 정책에 관한 연방정부의 권한을 방해한다는 생각에 동의하지 않았다. 이 결론에 도달하기 위해 그들은 이 조치의 의도를 다음과 같이 이해했다.

> 시의 연금기금이 많은 볼티모어 주민들과 연금기금의 수혜자들에게 도덕적으로 비난받을 수 있는 방식으로 투자되지 않도록 하는 것이었다. 또한 (…), 남아프리카공화국에 대한 조례의 영향 (…) [은] 아주 미미하고 간접적이었다.[54]

따라서, 그들은 연방 권력에 대한 큰 간섭이 없다고 주장했다. 즉, 흥미롭게도, 법원은 위와 같은 결론을 위해, 조례의 역외적 함의는 무시될 만하며, 아마도 이 조치의 **존재이유(raison d'être)**는 [볼티모어] 지역 주민을 만족시키는 것이지, [기업과 인권을 위한 조치의] 영향권의 가장자리에 있는 사람들의 삶의 질까지 향상시키기 위한 것은 아니라고 판단했다. 마지막으로 법원은 상거래 조항에 근거한 청구인의 주장을 기각하고, 지방정부가 시장 규제자가 아닌 시장 참여자로서 활동할 때 비현지 상거래(non-local commerce)에 간섭할 수 있다는 소위 시장참여법리를 적용했다.[55] 따라서, '민간 상인이 남아공에서 사업을 하지 않기로 선택할 수 있는 것처럼, 지방정부 역시 남아공 기업과 거래를 하지 않기로 선택할 수 있다.'[56]

공공조달

공공조달 정책은 기업이 해외에서 활동하는 방식에 영향을 주기 때문에 주나 지방정부가 잠재적으로 인권에 영향을 미칠 수 있는 강력한 도구이다. 미국 일부 지역의 반아파르트헤이트 법안에는 조달의 형식이 포함되었다. 순수 국내 조달정책에도 인권 기준이 포함될 수 있다.[57] 그러나 이 절에서는 역외적 함의가 있는 다양한 공공조달 정책에 중점을 둔다.

인권 기준은 본질적으로 다양하다. 기준은 [기업이] 구매 중인 제품에도 적용될 수 있다. 이는 공급망 과정에 대해 얼마나 알고 있는지를 의미하며, 그것을 어떻게 평가할 수 있는가에 대한 문제를 제기한다. 이 기준은 구매 제품과는 상관없이 기업의 인권 보고서에 적용될 수 있다.[58] 또한, 이것은 이러한 보고서에 대한 평가 방법과 평가자에 대한 질문을 제기한다. 보다 급진적으로 반아파르트헤이트 조치의 경우처럼, 인권이 일상적으로 침해되는 국가에서 기업이 '기업 활동'을 하는지 여부를 살펴보는 것으로 이어질 수 있다. 이것은 단순히 독재정권이 지배하는 국가에서 그들의 기업 활동 여부에 근거하여 기업에 대한 포괄적인 평가를 내리는 것을 의미한다. 미국에서 이러한 후자와 같은 [기준에 따른] 정책 시행의 예는 각 자치주나 그 하위 차원 모두에서 풍부하다. 1990년대에는 이른바 '선택적 구매법'이 유행했다. 1999년 한 시사 비평가는 다음과 같이 언급했다.

미국에서는 주 또는 시정부에 의해 다수의 선택적 구매법이 제정되었다. 대부분은 버마(미얀마)의 인권 상황으로 인해 해당 주 및 시정부가 버마에서 사업을 하는 기업과 거래하는 것을 제한한다. 버마에 대한 선택적 구매법이 있는 주는 매사추세츠와 버몬트이다. 1995년 버클리(캘리포니아), 매디슨(위스콘신), 샌타모니카(캘리포니아)를 시작으로 20개 이상의 도시에서 버마에 대한 법을 제정했으며 현재는 뉴욕시, 로스앤젤레스, 포틀랜드, 샌프란시스코, 오클랜드도 포함된다. 최근 호주의 여러 지역에서 비슷한 조치를 취했다. 버마가 유일한 표적은 아니다. 버클리, 오클랜드, 알라메다 카운티는 나이지리아의 군부 통치 기간 동안 나이지리아에 대한 선택적 구매법을 채택했으며, 버클리는 기업 활동이 티베트 망명정부의 비판을 받았다면 티베트에서 영업 중인 그 기업도 역시 문제삼는다.[59]

역외적 함의가 있는 이러한 조치들 중에서 매사추세츠 주에서 1996년 채택한 '버마(미얀마)와 거래하는 기업과의 주계약 규제법'('Act Regulating State Contracts with Companies Doing Business with or in Burma (Myanmar)')이 가장 주목을 받았다.[60] '버마와의 기업 활동'(버마와의 거래, 'Doing business with Burma')은 널리 인식되었다. 그 나라에서 기업 활동을 한다는 것은 법의 영향을 받기에 충분했다.[61] 법은 해당 범주에 속하는 기업의 목록을 제공하고, 주정부는 그 구매가 '필수적인' 경우의 몇 가지 예외를 제외하고, 목록에 있는 회사로부터 상품이나 서비스를 구매할 수 없었다.[62] 매사추세츠는 미국 대법원 판결에 따라 법을 철회할 수밖에 없었다. 볼티모어 반아파르트헤이트 매각 조례에 관한 메릴랜드 항소법원의 판단과 달리 미국 대법원은 버마에 대한 제재를 신설한 연방 법률이 매사추세츠 법에 우선한다고 결정했다.[63]

철회되기 전까지 이 법은 2년 동안 유효했다. 그 짧은 기간 동안 애플과 휴렛 팩커드와 같은 저명한 기업들은 목록에 오르지 않기 위해 버마에서 철수했다. 많은 다른 회사들은 비록 명단에 이름이 오르지 않을 것 같았지만, 그들에 대한 불매운동 증가에 대응하여 버마에서 철수했는데, 아마도 그 법률이 발생시킨 이슈에 대한 홍보 때문일 것이다.[64] 제6장에서 논의된 바와 같이, 이 법은 일본과 유럽 연합이 매사추세츠 법의 영향을 받는 자국 기업을 대신하여 미국에 대해 제기한 세계 무역기구 분쟁해결 메커니즘에서의 청구 이유가 됐다. 법이 철회된 후 EU와 일본은 청구를 취하했다.[65]

유럽에서 유럽집행위원회는 회원국이 공공조달 정책에 인권 기준을 도입하도록 권장하는 두 가지 이상의 중요한 문서를 발행했다. 공공조달(…)을 포함하여 책임 있는 기업경영을 위해 시장 보상을 촉진할 필요성을 언급한 2010년 사회책임조달 가이드라인[66]과 2011년 기업의 사회적 책임(CSR)에 관한 통보가 그것이다.[67] 이는 공공조달이 EU GDP의 17%를 차지한다는 점을 감안할 때 큰 잠재력을 가지고 있다.[68] 이 문서들은 본질적으로 권고 사항일 뿐이다. 그러나 2014년 2월에 새로운 지침이 채택되었다. 이 지침은 회원국에 다음을 요구한다.

> 공공 계약의 이행에 있어 경제 운영자(economic operators)가 유럽연합법, 국내법, 단체 협약 또는 부록 10에 나열된 국제 환경, 사회 및 노동 조항에 의해 규정된 환경, 사회 및 노동법 분야에서 적용 가능한 의무를 준수할 수 있도록 적절한 조치를 취할 것을 명시적으로 요구한다.[69]

많은 사람들이 인권의 관점에서 이 지침의 한계를 강조했다.[70] 이것이 실제로 어떻게 현실화될지는 지켜봐야 한다. 역외적 함의가 있는 조달 정책에 기업과 인권의 요구사항을 포함시키는 것에 어려움이 없는 것은 아니며, 전 세계적으로 공공부문의 명확한 지지를 지금까지 이끌어 내지 못하고 있다. 공정하게 말하면 매사추세츠 법과 같은 포괄적인 규제는 아마도 변화를 유도하고 인권을 보호하는 최선의 방법이 아닐 것이다. 이런 조치들은 결국 인권 상황이 열악한 나라들이 다시 외국인 투자를 유치하기 위해 변화하도록 유도하기보다는 특정 국가에서 기업이 사업을 하는 것을 막는 결과를 낳는다. 매사추세츠 법에 대한 경험에서 알 수 있듯이 선택적 구매법은 주로 대상 국가의 기업과 노동자에게 타격을 입혔다. 특정 기업이 돈을 벌면서 폭력적인 정권에 자금을 제공하는 것이 도덕적으로 의심스러울 수 있지만, 이러한 조치가 해결하려는 근본적인 문제는 정부나 어떤 집단의 손에 의해 지역 주민들이 겪는 인권침해다. 선택적 구매법은 도덕적 문제를 다루며, 그러한 점에서 일부 납세자들에게 위안을 줄 수 있는데, 이는 볼티모어시가 채택한 반아파르트헤이트 조례와 관련하여 메릴랜드 항소법원이 강조한 점이다.[71] 그러나 이러한 조치들이 보호하려는 사람들에게 영향을 미치는지 여부는 여전히 논쟁의 여지가 있다. 요컨대, 이러한 조치가 '없는 것보단 낫다'고 볼 수 있지만, 조치가 진정으로 변화를 촉구하기에는 그 조치와 인권침해 사이의 연관성이 너무 약할 수 있다.

수출 신용

이미 살펴본 바와 같이, 외국인 직접 투자(FDI)에 대한 정부 재정 보증 및 보험 정책을 인권 요건에 연결하는 것은 새로운 것이 아니다. 1960 년대 말 스웨덴에 이미 존재했다. 그 이후로 상황은 극적으로 변했다. 제6장에서는 지난 수십 년간 FDI의 엄청난 성장을 다루었다. 다국적기업에 대한 정부 지원 수출 신용이 필수적이 되면서, FDI의 성장에 수반되는 재정적 위험을 감안할 때, 각국이 오직 인권을 옹호하는 기업의 이익을 위해서만 공적 자금을 사용하거나 또는 최소한 인권침해를 초래하지 않는 사업에 지출하도록 하는 것을 목적으로 하는 조치들을 채택할 기회를 증가시켰다.[72] 간단히 말하면, 조달과 마찬가지로 수출 신용은 국가가 자국 영토에 등록된 기업이 해외에서 활동하는 방식에 영향을 미치는 강력한 도구다.

국제 차원에서 OECD는 각국이 환경 보호와 뇌물 수수의 분야에서 수출금융 자격 기준을 도입할 수 있도록 가이드라인을 개발했다. 2012년 OECD 이사회는 유엔 기업과 인권 이행원칙을 참조하여 환경과 사회적 실사에 대한 권고를 채택하고 공식적으로 지원되는 수출 신용 신청을 평가할 때 국가가 '사회적 영향'을 고려하도록 권고했다.[73] OECD 수출 신용 부서의 장은 2010년에 다음과 같이 언급했다.

> 환경 보호와 뇌물 수수는 모두 ECA(Export Credit Agencies, 수출신용기관)의 전통적인 전문지식의 범위 밖이었으며, 상당한 제도적 저항에 부딪혔다. 이는 주로 이런 문제들을 전통적인 수출금융 사무 및 절차와 결합시키는 방법을 둘러싼 경험의 부족과 불확실성에 근거한 것이었다.[74]

인권을 명시적으로 언급하는 2012년 권고안의 채택은 비재무적 기준 도입 의견이 현재 자본 수출국의 대다수를 구성하는 OECD 국가들 사이에서 공유되고 있음을 보여 준다. 덧붙여서, 이러한 추세는 세계은행(World Bank)과 국제금융공사(IFC, International Finance Corporation)와 같은 국제 대출 기관의 프로젝트 파이낸스(PF) 분야에서의 활동을 반영한다. 실제로 이 권고는 주정부가 국내 수준에서 신청을 평가하는 데 사용해야 하는 기준으로 IFC 성과 기준(IFC Performance Standards)과 세계은행 보호정책(the World Bank Safeguard Policies)을 모두 언급한다.

OECD는 사실상 각국이 개개의 신청서를 세 가지 범주 중 하나로 분류하도록 권장한다. 카테고리 A 프로젝트는 '다양하고, 되돌릴 수 없으며, 전례가 없는 심각한 환경적·사회적 영향 또는 사회적으로 심각한 영향을 미칠 가능성이 있는 프로젝트'다.[75] 카테고리 B 프로젝트는 A 프로젝트의 범주보다 '덜 심각한 환경적·사회적 영향 가능성이다. 전형적으로 이러한 영향은 그 [발생]수가 적고, 현장마다 다르며, 돌이킬 수 없는 정도는 아니며 그리고 완화 조치를 더 쉽게 사용할 수 있다.'[76] 마지막으로 C 프로젝트 범주는 '환경과 사회에 미치는 영향이 아주 적거나 전혀 발생하지 않는 것이다.'[77] 또한 OECD는 [이러한 분류와 관련한] 평가 단계에서 각국이 또한 'OECD 다국적기업 가이드라인에 따른 구체적 사안(specific instance) 절차의 결론에서, 국내연락사무소(NCP)가 일반인에 공개한 모든 진술 또는 보고서'를 고려하도록 요구했다.[78]

영국 정부는 권고안을 지지하고 영국 국제통상부는 이를 일상 업무에 적용했다.[79] 2010년에 캐나다 하원에서는 140표 대 134표로 법안[C-300 법안]이 부결되었다. C-300 법안의 목적은 '광업, 석유 또는 가스 활동에 종사하고 캐나다 정부의 지원을 받는 기업이 국제 환경 관련 모범 사례와 국제 인권 표준에 대한 캐나다의 공약에 부합하는 방식으로 활동하도록 하는 것'이었다.[80] 이 법안은 캐나다 정부의 재정 지원에 대한 적격 기준을 제시했다. [법에 따르면, 정부의] 지원을 받기 위해 기업은 국제금융공사 성과 기준(IFC 성과 기준), 보안 및 인권에 관한 자발적 원칙, '기업이 국제 인권 기준에 부합하는 방식으로 운영되도록 보장하는 인권 조항' 및 국제 인권 표준과 일치하는 기타 표준 등 '모든 것'을 준수해야 한다.[81] C-300 법안의 부결은 일부에게 수출 신용을 부여하기 위한 인권 요건의 도입이 여전히 수용되기 어렵다는 것을 보여 준다. 아마도 이는 해외 취약 계층의 권리를 보호할 수 있는 인권 요구사항의 높은 잠재력 때문일 것이다. 실제로 역외적 함의가 있는 조달 정책과 달리 수출 신용 분야에서 취한 조치(자금조달)와 투자유치국에서 [기업의] 영업 활동의 영향 사이의 연관성은 훨씬 명확하다. 요컨대, 인권 상황과 신용을 체계적으로 연계시키는 것은 인권적 영향의 측면에서 상당한 차이를 만들 수 있다.

보고 및 투명성 요건

보고는 인권 분야에서 기업의 책임을 장려하는 측면에서 많은 진전이 이루어진 마지막 영역이다. 보고는 사회적 공시, 비재무 공시, 기타 재무 보고, 삼중결산(tripple bottom line) 보고, 기업의 사회적 투명성 및 지속 가능성 보고로 다양하게 알려져 있다.[82] 예를 들어 기업이 앞 장에서 언급한 글로벌 보고 이니셔티브(GRI)에 참여하는 경우, 보고는 전적으로 자발적이며 사적인 규제 방법에 속할 수 있다. 그러나 유럽연합뿐만 아니라 일부 국가에서는 기업이 환경, 사회 및 인권적 성과에 대해 정기적으로 보고하도록 요구하는 법률을 채택했다.[83] 일부 국가에서는 증권거래소가 별도의 보고 요건을 도입했으며[84], 홍콩증권거래소는 인권에 중심을 둔 공시를 채굴 기업이 상장되기 위한 전제 조건으로 만들었다.[85] 보고 및 투명성 요건은 기업이 공급망을 포함한 글로벌 기업 운영에 대한 정보를 보고하고 공개하도록 요구하기 때문에 역외적 함의가 있는 조치의 더 큰 범주에 속한다. 예를 들어, 유럽과 미국 모두에서 인권적 이행에 대한 더욱 일반적인 보고 요건 외에도, 기업에게 그들의 공급망에 '노예 없음'[86] 또는 '분쟁과 무관함'을 증명하는 성명서 발표 강제를 목표로 하는 창조적인 법률이 통과되었다.[87]

결론

이 장에서는 국가와 공공기관이 관할 영역 내에 등록된 기업들이 미칠 부정적 인권 영향을 피하고 기업의 책임을 강화시키기 위한 운영에 긍정적인 영향을 줄 수 있는 여러 방법을 개괄했다. 이는 회사의 국내 운영과 관련되어 영향이 있을 수 있고, 회사의 해외 운영으로 그 영향이 확장될 수도 있다. 후자의 경우 정책은 국경을 넘어서까지 미친다는 점에서 '역외적 함의'를 갖는다고 말할 수 있다.

여기서 개괄한 내용이 결코 전부가 아니며, 유엔 기업과 인권 이행 원칙에서 제시한 인권을 보호하는 국가 의무의 일부임이 분명하기 때문에, 이 분야에서 대중의 창의성이 더욱 장려되어야 한다.[88] 인권을 보호하는 국가의 의무 중 또 다른 중요한 측면은 인권침해의 피해자에게 사법적 구제를 비롯한 구제책을 제공할 의무이다. 이 내용은 다음 장에서 다룬다.

제10장

국내 법원에서의 기업과 인권 소송: 진전과 잔존의 장애물

법원은 다양한 방식으로 인권침해에 대한 기업의 책임을 설정할 수 있다. 그러한 인권침해가 범죄에 해당하는 경우, 기업 또는 경영진 개인이 기소되기도 한다. 이때 피해자는 부차적인 역할로 밀려나는 경향이 있다. 다만 영미법 국가보다는 대륙법 국가에서 형사 고소인(partie civile)의 지위를 통해 피해자에게 더욱 중요한 역할을 부여한다.[1] 다른 방법은 피해자를 소송 절차의 중심에 두는 방법이다. 이때 피해자는 민사적 구제로서 해당 기업을 상대로 금전적 보상을 청구한다. 이러한 민사 청구 중 다수가 명시적인 기업과 인권 청구는 아니지만 해당 청구인의 생활에 영향을 끼치는 개인 상해 또는 재산상 손해에 대한 보상 청구이다. 그 청구원인은 불법행위법, 환경법, 또는 기타 법률 영역에서 유래할 수 있다. 다만, 실제 청구원인의 명칭과는 별개로 관련 민사 청구를 그 중요성이 점점 커지고 있는 기업과 인권 소송의 일환으로 간주하는 경향이 뚜렷하다.

해당 인권침해를 민사적 방법과 형사적 방법 중 어떤 방식으로 구제할 것인지는 다양한 법률적 고려 사항에 의해 결정된다. 해당 침해 소송이 진행되고 있는 국가 역시 중요하다. 대륙법 중심의 유럽 국가에서는 형사 사건이 될 확률이 높은 반면, 미국에서는 민사소송을 강조한다. 미국 내 기업과 인권 민사소송에서 매우 중요한 역할을 차지하는 연방 법률인 ATS(Alien Tort Statute, ATS)[2]과 관련하여 카엡(Kaeb)과 셰페르(Scheffer)는 다음에 주목한다.

> 미국에서 사인의 소송이 사회 변화의 수단으로서 중요한 역할을 수행한 반면, 유럽 내 대다수 사법제도에서는 민사소송을 그저 개별 사건에서의 사적 분쟁의 해결로 인식한다. 이처럼 유럽은 그 법률 체계가 ATS에 가까워지는 것을 반기지 않고 있다. 그러나 이는 기업이 많은 경우 국제범죄로 이어지는 해외에서의 국제법 위반에 대한 책임으로부터 자유로워야 한다는 정서가 유럽 내에 있음을 의미하는 것은 아니다. 오히려 그 반대이다.
>
> 유럽의 사법권은 잘못된 것을 바로잡기 위하여 주로 형사 절차에 의존하는데 바로 이 점이 미국과 유럽의 주요 차이점이다. 이러한 관행은 공익을 위해 처벌과 도덕적 비난의 표현이 이루어지고, 형사 절차에 의해 비로소 그 효력이 발생하는 유럽의 법률 문화와 일치한다.[3]

대부분의 형사 및 민사 사건은 모두 해당 사건이 제기된 국가에서 발생한 인권침해에 대한 시정을 다룬다. 그런데 대다수의 논쟁과 법률적 어려움은 그러한 침해가 발생한 국가가 아닌 혐의를 받는 해당 기업인이 거주 또는 소재하는 국가에서 기소되거나, 해당 기업이 등록 또는 사업을 영위하는 국가에서 고소되는 경우에 야기된다. 일반적인 북미 또는 유럽의 법원에서 이러한 사건을 다루고 있으며, 서구 국가에 본사를 둔 다국적기업 한 곳과 개발도상국에 거주하는 복수의 피해자로 구성된 경우가 많다. 이러한 사건들이 유럽이나 북미 법원에 제기되는 것은 주로 자금 부족, 타성, 부패, 취약 계층의 사법 접근권 제한 등 개발도상국의 사법제도가 적절하지 않다는 인식 때문이다. 따라서 서구 국가가 이러한 사건을 맡는다는 것은 어느 정도의 역외 관할권을 행사하게 됨을 의미한다. 이러한 관행에는 아래에서 논하는 바와 같이 다소 논란의 여지가 있다.[4]

본 장의 목적은 모든 국가의 기업과 인권 소송에 의해 제기되는 이슈들에 대한 체계적 접근이 아니며, 그러한 목적은 이 책의 범위를 벗어난다. 대신 본 장에서는 주요 판례를 통해 형사와 민사라는 두 가지 구제 방식의 주요 특성 그리고 역외 관할권을 수반하는 사건을 다루는 선택된 관할권 내 재판을 방해하는 여러 법률적 장애물을 소개한다. 이 장에서 논의되는 모든 사례는 기업 및 개인이 법정에서 책임을 지도록 하고, 더 나아가 다른 기업과 개인이 유사한 행위를 하지 않도록 경각심을 일깨워 줌으로써 과거는 물론 오늘날에도 여전히 책임을 강화하는 잠재력을 가지고 있다. 첫 번째 절에서는 기업과 인권 민사소송을, 두 번째 절에서는 형사 사건을 살펴본다.

기업과 인권 민사 청구

법원은 미국 안팎에서 인권침해에 연루된 혐의로 다국적기업에 제기된 민사 청구를 처리해야 했다. 이들 청구 중 명시적으로 '기업과 인권' 민사 청구로 분류된 바는 없지만, 청구인은 실제로 해당 인권침해 혐의에 대한 보상을 추구했다. 미국의 경우, 1789년 제정된 고유 법률인 ATS에 의해 주요 기업과 인권 청구가 제기되었다. ATS를 활용한 원고의 전반적인 경험을 성공이라고 묘사하기는 어렵지만, ATS 소송은 기업과 인권 분야에서 큰 주목을 받았다. 그런데 ATS에 의한 방식이 여러 난관에 봉착하자, 특히 유럽을 비롯한 다른 국가의 기업과 인권 소송으로 관심이 쏠렸다. 흥미롭게도 미국 외에서 제기되는 기업과 인권 소송은 미국에서 제기되는 기업과 인권 소송과 동일하지는 않지만 비슷한 쟁점을 다루고 있다.

미국의 ATS 소송

본 단락은 ATS의 특성 및 그에 근거한 주요 판례를 제시하는 것으로 시작한다. 그런 다음 기업과 인권 소송의 핵심 질문으로서 개발도상국에서 운영하는 해외 자회사의 행위에 대한 모회사의 책임을 다룬다. 그리고 불편한 법정의 법리를 포함하여 ATS 사건의 청구인이 직면하는 관할권 및 재판 가능성을 개괄적으로 제시한다. 마지막으로 기업의 연루 책임의 경계, 특히 정범의 범죄를 인지하는 것만으로 ATS에 의거한 민사적 책임을 초래하는지 아니면 목적의 공유, 나아가 의도의 공유가 반드시 필요한지 여부를 대략적으로 살펴본다.

주요 특성과 핵심 판례

ATS는 연방 사법제도를 구성하는 법원조직법(Judiciary Act)의 일환으로 1789년 미국의 초대 의회가 채택했다. ATS는 연방 법원에 특정 청구에 대한 관할권을 부여하는 법률의 축약본이라 할 수 있다. 해당 관할권은 다음의 문장 하나로 구성된다. '지방법원은 국제법 또는 미국의 조약을 위반하여 행한 불법행위에 한하여 외국인이 제기한 모든 민사소송의 제1심 관할권을 가진다.'[5] 다시 말해 외국 국적자('외국인')가 미국 연방 법원에서 불법행위에 대한 보상을 청구하도록, 즉 계약에 의하지 않은 민사적 부정으로서 '국제법 또는 미국의 조약'을 위반한 행위에 대한 보상을 청구하도록 하는 것이다. 국제법(law of nations)이란 18세기에 국제관습법을 지칭하는 표현이었다. 그러므로 여기에서 불법행위란 관습에 의하거나 미국을 당사자로 하는 국제 조약에서 파생된 국제법을 위반한 것이다.[6] ATS의 기원과 그 정확한 의도가 분명하지는 않으나, 당시 입법자들은 '통행증 또는 여권 위반, 대사의 권리 침해, 해적행위' 등의 범죄를 염두에 두었던 것으로 판단된다.[7]

이 법률은 1978년, 파라과이 시민 두 명이 방문 비자로 미국에 입국한 파라과이 경찰관을 상대로 청구를 제기하기 전까지 사실상 동면 상태였다.[8] 1976년 조엘 필라티가(Joel Filartiga) 박사와 그의 딸 돌리(Dolly Filartiga)는 파라과이 아순시온의 전 경감인 아메리코 노베르토(Americo Norberto Pena-Irala)가 17세의 조엘리토(Joelito Filartiga)를 납치 및 고문하여 죽음에 이르게 했다고 주장했다.[9] 이들의 청구는 ATS의 요건을 충족했다. 이는 외국인(미국 시민이 아닌 자)가 불법행위(부당한 죽음)이자 국제관습법(고문)을 위반한 행위에 대하여 미연방 뉴욕동부 지방법원에 제기한 민사소송이었다. 그러나 해당 지방법원은 '국제법'은 '자국민에 대한 국가의 대우에 관한 법률'을 포함하지 않음을 근거로 이들의 청구를 각하했다.[10] 이는 1945년 이후 국제인권법이 발전한 바를 고려할 때 꽤나 보수적인 결정이었다.[11] 항소심에서 미국 제2연방순회 항소법원은 해당 지방법원의 결정을 뒤집고 원고의 손을 들어 주었다. 해당 판결문은 다음의 강력한 표현으로 끝을 맺는다.

모든 국가가 공포한 보편적 권리 중에는 (…) 신체적 고문으로부터 자유로울 권리가 있다. 실제로 민사적 책임상, 고문을 가한 자는 해적과 노예무역상 등과 같은 인류의 적(hostis humani generis)이 되었다. 오늘의 판결은 미국의 초대 의회가 제정한 관할권 조항을 시행하며, 모든 이가 무자비한 폭력에서 벗어나도록 하는 염원의 실현을 위한 작지만 중요한 걸음이다.

미국 제2연방순회 항소법원은 Kadic 대 Karadžic 사건을 통해 본 장의 목적에 부합하는 또 다른 중요한 결정을 내렸다.[12] 이전의 ATS 사건들은 국가 공무원이나 공권력 행위에 연관된 개인을 상대방으로 한 반면, 이 사건의 법원은 국제법의 범위가 '(…) 공권력 행위에 국한되지 않는다.'고 판결했다. 그리고 덧붙이기를 '그 대신 특정 형태의 행위는 그 주체가 국가의 후원을 기초로 행동하는 자이든, 또는 한 개인이든 국제법을 위반하는 것으로 본다.'고 했다.[13] 해당 항소법원은 특정 상황에서는 개인 등 비국가행위자가 국제법을 위반할 수 있다는 인식 하에 향후 ATS에 의한 기업과 인권 소송을 가능케 하는 문을 열었다.

1996년 버마의 주민들이 제기한 청구 역시 주목할 만하다. 청구 상대방은 Unocal이라는 캘리포니아의 에너지 기업으로 버마 파이프라인 프로젝트 수행 시 버마 정권의 비호 아래 인권침해, 특히 강제노동에 연루되었다는 주장이었다.[14] 해당 청구 당사자들은 결국 법정 외 합의에 이르렀으나, 당시 이 사건은 재판 직전까지 간 상황이었다. 이는 처음으로 연방 법원에서 기업이 국제법을 위반할 수 있음을 인정한 것이었다. 이 청구를 시작으로 법인 피고의 연루 책임을 묻는 ATS 청구가 줄을 이었다.[15] 2013년까지 이런 종류의 청구는 약 180건 제기되었다.[16]

청구 건수는 이토록 높았고, 관련 법률은 확고히 자리를 잡은 듯 보였다. 하지만 그로부터 15년 후, 미국 제2연방순회 항소법원은 키오벨 (Kiobel) 대 로열 더치 석유회사(Royal Dutch Petroleum) 사건에서 기업이 비국가행위자임에도 국제법을 위반할 수 있다는 주장을 다시금 각하했다.[17] 해당 사건이 연방 대법원에 이르자, 이러한 불확실성을 명확히 검토하도록 사건이송명령(certiorari)이 내려졌으나, 법원은 결국 이를 실행하지 않았다.[18] 이는 미국 법원 내에서 여전히 기업이 국제법을 위반할 수 있는지 여부가 확실하지 않음을 의미하는 것이기도 하지만, 연방대법원은 해당 Kiobel 사건의 항소법원 판결을 유일한 판결로 보았다는 것이 가장 유력한 해석이다. 연방법원은 예컨대 '기업의 단순 존재'만으로는 역외 관할권에 대한 추정을 번복하기에는 부족하다고 판결함으로써 만약 기업이 단순히 존재하는 것 이상일 때에는 ATS에 의거하여 사건을 심리할 수 있다는 반대해석(a contrario)을 시사했다.[19] 연방 법원이 기업은 국제법을 위반할 수 없다고 생각했다면 이러한 견해를 낼 수 없다. 한 논평처럼, '사실상 연방 법원의 이러한 처분은 제2연방순회 항소법원을 뜨는 법원으로 만들었다. 해당 이슈를 다루는 그 외 모든 항소법원은 기업의 국제법 자유 지대를 인정하지 않기 때문이다'.[20]

Sosa 대 Alvarez-Machain 사건 역시 ATS의 메커니즘 이해에 중요하다. 2004년 해당 사건을 판결한 미국 대법원은 ATS이 국제법을 참조함을 밝히면서 그 범위를 크게 한정했다. 그러면서 이를 너무 제약하지 않되, 1789년 ATS 최초 입안자들의 취지대로 국제 규범에 엄격히 구속되지 않음을 분명히 했다.[21] 그러나 초대 의회가 'ATS가 국제법 위반이 될 수 있는 행위에 대하여 상대적으로 제한된 관할권을 부여하도록 의도했다'[22]고 판단했고, 다음과 같이 간주했다.

(…) [ATS]에 의거한 (…) 관할권 내 청구원인 인정의 궁극적 기준이 무엇이든, 연방 법원은 보통법을 근거로 (…) [ATS가] 제정된 당시 익숙했던 과거의 패러다임보다 불확실하고 문명국의 인정도 미흡한 모든 국제 규범 위반에 대한 사적 청구를 인정하면 안 된다.[23]

법원은 이렇듯 비교적 높은 기준선을 바탕으로 하루 동안 엄격한 감시 하에 구금된 해당 사건은 1789년 ATS 입안자들이 염두에 두었을 해적 행위 또는 대사에 대한 범죄와 같은 수준으로 볼 수 없다고 결론지었다. 이처럼 모든 (불법행위에 해당하는) 국제 규범의 위반이 ATS에 의한 청구를 제기할 수 있도록 하는 것은 아니다. 이렇게 해당 법원의 결정은 ATS에 의거하여 제기할 수 있는 청구의 유형을 크게 제한했다.

해외 자회사의 행위에 대한 모회사의 책임 설정

ATS에 의거하여 기업을 상대로 소송을 제기할 때 원고는 기업 지배구조라는 주요 장애물을 만나게 된다. 초국적 기업은 단일 경제 주체임에도, 복잡한 법률적 고리에 의해 상호 연계된 복수의 자회사와 계열사, 파트너로 구성된 경우가 많다. 기업법에 대한 연구를 하는 한 석학은 이를 다음과 같이 설명한다.

> 대중과 경제학자들에게 다국적기업은 하나의 기업, 즉 '회사'이다. 그런데 법률에서는 영국 석유회사(British Petroleum)처럼 겹겹의 중간 지주회사와 1,200개 이상의 자회사를 둔 다국적기업을 1,200개의 별개 독립 주체로 본다. 전통적인 법률의 관점에서는 이렇게 밀접하게 엮인 영국 석유회사의 각 부문이 해당 그룹의 다른 구성원과 함께 전체 사업을 구성하고, 그중 일부를 그룹의 지시에 따라 수행하지만, 모회사 및 계열사로부터 분리 및 구분되는 고유의 법적 의무와 책임을 가진 개별적 법인격으로 본다. 이를 법인법(entity law)이라 하는데 이는 분명 시대착오적인 법률 개념으로 경제적 현실성과는 거리가 있다.[24]

분리된 기업 법인격 개념은 '시대착오적'일지 몰라도, 로마법에서 파생되어 서구사회의 사법제도에 뿌리 깊게 자리하고 있다.[25] 인권침해에 대한 기업의 책임을 규정하는 이러한 개념은 실질적으로 중요한 결과를 낳는다. 물론 미국에 본사를 둔 기업에 대해서는 미국 법원이 속인적 관할권을 가지지만, 미국 모회사의 해외 자회사이든, 또는 모회사가 외국 기업이든 외국 기업에 대한 관할권도 미국 법원에 있는지 논하기는 쉽지 않다.[26] 해외 자회사에 대한 관할권 문제와는 별개로 청구인과 인권 활동가는 모회사를 상대방으로 하는 청구를 지지한다. 모회사의 재정적 건전성이 낫고, 모회사를 상대로 할 때 미디어와 여론의 주목을 끌 수 있으며, 따라서 잠재적인 억제 효과가 커지기 때문이다.[27]

기업의 인권침해는 국외 개발도상국에서 사업을 영위하는 모회사의 하위 법인으로서 모회사와 법적으로 분리된 법인에 의해 자행되는 경우가 많다. 법인격 분리의 원칙으로 인해, 그리고 연방 대법원이 미국 대 Bestfoods 사건(ATS 사건은 아님)에서 주장한 바와 같이, '모회사(…)에게 그 자회사의 행위에 대한 책임을 지우지 않는 것은 "미국의 경제 및 사법제도에 뿌리 깊게 위치한" 회사법의 일반 원칙이다'.[28] 이러한 주장은 기업과 인권 소송에서 자회사의 행위에 대해 그 모회사에 책임을 묻고자 하는 청구인의 의도를 방해한다.

다만 이 원칙을 우회하는 세 가지 방식이 가능하다. 그 중 '법인격부인론'은 흔히 사용되는 방식은 아니다. 이 방식에서는 기본적으로 법원이 법인격을 부인한다. 다시 말해 법원은 모회사가 자회사의 활동에 대하여 매우 높은 수준의 통제를 행사하는 것으로 여겨지는 경우 모회사와 그 자회사 간의 엄격한 분리를 묵살하는 것이다. 이러한 법리는 통제의 수준이 너무 높은 나머지 자회사가 고유의 분리된 독자성을 갖지 못하는 때에만 적용 가능하다.[29] 이에 따라 캘리포니아 북부지구 연방지방법원의 수전 일스턴(Susan Illston) 판사는 ATS에 의거한 2004년의 Bowoto 대 Chevron 사건에서 주 피고인 셰브론 텍사코사(Chevron Texaco Corp.)에게 그 자회사인 셰브론 나이지리아 유한회사(Chevron Nigeria Limited ,CNL)가 범한 것으로 주장된 행위에 대한 책임을 물을 수 없다고 판단했다. 그는 기업의 법인격 분리 개념에 근거하여 해당 사건이 법인격부인론의 조건을 충족하지 못한 것으로 본 것이다.[30]

두 번째로 자회사가 모회사의 대리인으로서 활동하고 있다고 간주하는 방식이 가능하다. 일명 대리 책임론으로 기업이 그 직원이 한 행위에 대한 책임을 지는 사용자 책임과 마찬가지로 모회사는 그 대리인인 자회사의 행위에 대한 책임을 질 수 있다. 일스턴 판사는 Bowoto 대 Chevron의 재판 시 사실관계에 대한 신중한 검토를 거쳐 '원고는 충분한 사실을 제시했고 합리적인 배심원이라면 이를 통해 대리관계가 존재하고, 문제의 사건 동안 CNL이 행한 것으로 주장되는 행위가 대리관계의 범위 안에 있음을 알 수 있다.'고 결론지었다.[31] 이처럼 일스턴 판사는 기업의 법인격 부인을 거부하는 대신 대리 책임 원칙을 수용했다.

세 번째는 기업의 인권침해에 대한 ATS 소송의 청구인에게 유리하게 작용할 여지가 있는 사업체 책임론(enterprise liability)이다. 이 이론은 다국적기업은 하나의 경제 주체이고, 하나의 법인으로 보아야 한다는 생각에 기초한다. 이는 신성한 법인격 분리의 원칙에는 정면 배치되나, '기업 형식보다는 현실의 경제'에 집중한다.[32] 이를 ATS 소송에 적용할 수 있을지 여부는 분명치 않으며 Bowoto 대 Chevron 사건에서는 일스턴 판사가 해당 원칙을 바로 기각했다.[33]

연방 법원에 해외 자회사의 행위는 곧 미국 모회사에 의한 것임을 납득시키지 못하는 경우, 청구인에게는 ATS에 의거하여 해당 해외 자회사를 고소할 수 있는 선택지가 남는다. 이는 외국 모회사에 대한 청구와 마찬가지로 다양한 관할권 및 재판 가능성 문제를 초래한다.

관할권 및 재판 가능성 문제

본 장의 도입부에서 언급한 바와 같이 기업의 인권침해에 대한 일반적인 ATS 소송은 미국 밖에서 행해진 행위를 다루는 것이다. 전통적으로 각 국가는 고유한 영토 내 행위에 대해서만 관할권을 행사하며 다른 주권국의 영토 내 행위에 대한 관할권 주장은 피한다. 그러나 ATS 소송은 그 법 자체의 내용상 해외에서 발생한 행위를 주로 다뤄왔다.[34] 2013년 연방 대법원의 Kiobel 대 Royal Dutch Petroleum Co. 사건 판결 전까지 이러한 상황은 비교적 뚜렷했다. 미국 연방 법원은 ATS에 의거하여 외국 영토에서 발생한 국제법 위반에 대한 관할권을 행사했다. 이러한 관할권 행사에는 불편한 법정(forum non conveniens)의 법리, 정치문제, 국가행위, 예양이론 등 확고한 제한이 따른다.[35]

ATS에 의한 기업과 인권 민사소송의 원고는 이처럼 다양한 장애물을 마주하는데 그중에서도 불편한 법정의 법리는 가장 피하기 어렵다. 해당 법리는 사실상 자유재량에 의한다. 즉, 특정 사건에서 법원은 더 나은 법정이라고 판단되는 외국 법원이 재판을 진행하도록 재판을 속행하지 않기로 결정할 수 있음을 의미한다. 이는 관할권을 배타적으로 법률의 문제로 보아 재량권을 인정하지 않는 대륙법의 전통과 극명하게 대립되는 영미법 전통이다.[36] 미국의 법률에서는 사건의 수용 여부를 결정하기 위해 법원이 우선 대안적 재판지가 존재하고, 적절한지 확인해야 한다. 만일 그러한 대안적 재판지가 있는 경우, 해당 법원은 사건을 어느 법정에서 다루는 것이 좋을지 결정하기 위해 사건 당사자들의 사익과 양쪽 법정의 사회적 공익을 저울질한다. 불편한 법정의 법리는 판사에게 굉장한 힘을 부여한다. 일반적으로 이는 폭주하는 소송으로부터 미국의 사법제도를 보호하고 법정지 쇼핑을 피하기 위해 사용되어 왔다.[37]

1993년 한 무리의 에콰도르인이 텍사코(Texaco)를 상대로 제기한 청구는 불편한 법정 법리 적용의 흥미로운 예시를 보여 준다. 해당 청구인들은 텍사코(Texaco)의 독성물질 대량 투기 및 부적절한 석유 유출 대처로 인해 '중독 및 전암 병변의 발생을 포함하여 다양한 신체적 상해'가 발생했다고 주장했다.[38] 이 사건은 연방 법원이 몇 차례 판결을 내린 후, 결국 불편한 법정의 법리를 근거로 미국 제2연방순회 항소법원에 의해 각하되었다.[39] 제2연방순회 항소법원은 에콰도르 법원이 해당 고소 건을 심리할 수 있다고 판단했다.[40] 대부분의 대안적 재판지도 법원이 있기 마련이므로 이러한 판단이 그렇게 놀라운 것은 아니다. 다만 많은 국가가 이른바 '보복 입법'을 채택하여 일단 미국 법원에 청구가 제기된 후에는 자국에서 진행되지 않도록 해 왔다.[41] 여기에는 암시적으로 판결을 외국의 법원으로 미룬다는 뜻이 내포되기 때문에 그 적절성을 논하기 민감하다. 특히 기업이 연루된 인권침해 사건의 주요 가해자가 정부인 경우에는 더욱 그러하다.[42] 관련 검토는 이해관계에 놓인 사익과 공익에 대한 조사로 이뤄진다. 다만 이익 하나만으로 결론이 나는 것은 아니다. 시작점은 원고의 법정지 선택에 유리한 추정이다. 원고가 미국 시민인 경우에는 그러한 추정이 더욱 강력해지고, 외국인인 경우에는 약해진다. 법률 조문의 표현상, 후자는 항상 ATS 소송에 해당한다. 미국 시민이 아닌 미국 거주인은 이러한 분류의 중간 즈음에 속한다. 피고의 거주지와 국적 역시 중요하다. 그 외 중요한 요인으로는 해당 사건이 발생한 장소, 정보에 대한 접근, 증인 확보 여부, 미국의 최종 판결이 해당 사건이 발생한 국가에서 집행될 가능성 등이 있다.[43] 미국 법원은 공익에 대한 검토 시 사법제도를 혼잡하게 하거나 미국 시민에 과도한 배심원 의무를 부과하지 않기 위해 노력한다. 또한 해당 대안적 재판적(籍)의 사회가 전반적으로 해당 사건에 관심을 가지고 있으며, 현지에서 소송을 제기할 자격이 있다고 판단할 수 있다.[44] 그렇지만 미국 제2연방순회 항소법원은 Wiwa 대 Royal Dutch Petroleum Co. 사건에서 ATS와 같은 법률이 '연방 정부의 정책적 관심에 의해 다양한 국제 인권침해에 사법제도를 제공하는 것'으로 해석될 수 있고, 따라서 청구를 경솔하게 기각해서는 아니됨을 인정했다.[45]

국가행위, 정치문제, 예양이론 등 재판불가성 문제도 기업의 인권침해에 대한 ATS 소송에 일조하고 있다.[46] 이들은 각각 별개의 문제이나 모두 ATS 소송을 야기한 행위가 다른 국가의 영토에서 행해졌을 가능성이 높다는 사실과 관련되어 있다. 이러한 국가행위론에서 법원은 청구에 대한 심리가 다른 주권 국가의 행위에 대한 판단으로 비칠 수 있는 경우, 해당 심리를 하지 않기로 결정할 수 있다. 필라티가(Filartiga) 사건에서는 이 이론을 짧게 검토하고 기각했다. '국가 공무원이 파라과이 공화국의 헌법 및 법률을 위반하여, 정부의 재가 없이 수행한 활동을 국가행위로 볼 수 있다'는 주장을 제2연방순회 항소법원이 각하한 것이다.[47] 이와 반대로 캘리포니아 중부지구 연방지방법원의 모로(Morrow) 판사는 Sarei 대 Rio Tinto 사건에서 해당 사건의 심리에는 필연적으로 파푸아뉴기니의 공무 행위에 대한 검토가 필요하다고 판결했다. 따라서 이 사건은 국가행위론에 의해 차단되었다.[48]

정치문제 법리는 정치적 성격을 띠는 이슈나 사법부가 아니라 행정부가 처리해야 하는 이슈로 판단되는 경우, 법원이 청구를 각하할 수 있도록 한다. ATS 사건에서는 더욱 그러하다. 미국 헌법이 사법부에 권한을 부여하는가를 두고 외교정책의 관점이 포함될 수 있기 때문이다. 무엇이 정치적이고 무엇은 그렇지 않은 지 판단이 쉽지 않은 데다가 그러한 판단은 해당 사건의 상황과 해당 판사의 개인 성향에 의존하는 바, 예상처럼 이 법리에는 많은 논란이 있다.[49] 정치문제 법리는 ATS 사건으로서 파푸아뉴기니 부건빌 섬 출신의 원고들이 Rio Tinto의 대규모 채굴 사업과 관련하여 파푸아뉴기니 정부를 상대로 싸움을 시작한 Sarei 대 Rio Tinto 사건에서 1심의 청구를 기각하기 위한 근거 중 하나로 활용되었다.[50]

마지막으로 법원은 청구의 기각을 위해 예양이론에 기댈 수 있다. 예양은 국가 간 우호관계와 관련된 국제적 법률 개념이다.[51] 요컨대, 미국 법원은 청구의 심리가 외국에 무례가 되는 경우에는 Sarei 대 Rio Tinto 사건의 1심 판사가 그랬듯 해당 청구를 심리하지 않는다.[52] 미국 정부가 해당 외국 정부와 어떠한 관계에 있는지가 이러한 법리의 실제 이행에서 중요한 역할을 할 가능성이 크다. 이를 한 평론가는 다음과 같이 설명했다.

> 아파르트헤이트 소송처럼 남아프리카공화국 정부와 미국 정부가 모두 반대하는 일부 경우에는 그 근거가 행정부에 대한 경의이든, 외국 정부에 대한 국제 예양이든, 청구 기각을 위해 강한 '외교관계' 주장이 따를 것이다. 그러나 유노칼(Unocal) 등 다른 사건에서는 해당 외국 정부가 버마의 잔인한 독재정권인 경우에는 이러한 주장이 의미 없다.[53]

ATS 소송이 시작된 첫 20년간 미국 연방 행정부가 재판불가성 문제를 제기한 일은 없었다. 그러나 조지 W. 부시 행정부에서는 달랐다(2000~2008).[54] 부시 정권은 집권 초기 '이해성명(Statements of Interest)'을 제시하며 기업을 상대로 한 ATS 인권 소송을 공격하려 했고, 이와 같은 시도가 Sarei 사건에서는 성공을 거두기도 했다.[55] 평론가들은 정부가 인권침해 피해자들을 뒤로 하고 기업의 편에 섰다며 이를 크게 비판했다.[56]

비판에도 불구하고 이들 법리와 관련 판례는 ATS 소송당사자에게 길잡이가 되어 준다는 점에서 유익한 측면이 있다. 위에서 언급한 바와 같이 2013년 Kiobel 사건에서 대법원이 내린 판결은 다소 '예상을 뒤엎는' 것이었다.[57] 해당 법원은 기존의 법리나 판례에 의존하는 대신 ATS가 미국 법원에 일명 완전히 외국적인(foreign-cubed) 사건, 즉 외국인 피해자가 외국인 피고를 상대로 미국이 아닌 국가에서 발생한 인권침해에 대하여 제기한 소송에 대한 관할권을 부여하는 것은 아니라고 판단하여 해당 사건을 각하하였다. 다만 만약 그 청구가 '미국 영토와 관련 및 관계되어 있는 경우' 그리고 '역외 관할권 추정을 대체할 충분한 힘이 있는 경우' 이러한 추정이 번복될 수 있다는 주장이었다.[58] 나아가 해당 재판부는 '기업이 여러 나라에 진출한 경우가 많기 때문에 기업의 단순 존재만으로 충분히 [역외 관할권 추정을 대체]할 수 있다고 말하기는 어렵다.'고 판단했다.[59] 그리고 해당 청구 건에서 피고는 미국 내에 오직 제한적으로 존재하였으므로 역외 관할권 추정이 대체되지 않는다고 보았다. 놀랍게도 재판부는 불편한 법정의 법리, 정치문제 법리, 국가행위론, 예양이론을 고려조차 하지 않았다. 이 사건의 주 변호인이었던 폴 호프먼(Paul Hoffman)은 다음을 언급했다.

> Kiobel 사건의 재판부가 이 새로운 추정과 ATS 사건에서 흔히 다툼의 대상이 되는 기존의 제한적 법리(예컨대, 불편한 법정, 정치문제, 국제예양)와의 관계를 어떻게 보는지는 분명하지 않다. 새로운 Kiobel 추정은 법원이 전통적인 심사의 법리 결과에 만족하지 못할 때마다 ATS 청구의 마지막 보루가 될 것인가? 미국 전역의 법원은 이 새로운 추정의 해석을 위한 방법을 마련해야 할 것이다. Kiobel 사건 분석에서 가장 중요한 점은 이렇게 새로운 추정의 향후 적용을 예측할 수 없다는 것일지 모른다.[60]

연방 대법원이 판결한 소사(Sosa) 사건 등 여러 기타 ATS 사건 역시 완전히 외국적인 사건이었기 때문에 이러한 판결이 더더욱 당혹스럽다. Sosa 사건과 Kiobel 사건을 일치시키는 것은 어려워 보임에도 폴 호프먼은 이것이 '실현 가능'하다고 판단했다. 그는 연방 대법원의 판결이 선고되고 얼마 지나지 않아 Kiobel 사건은 제한적인 사실관계에 한정되어 있었으며, 해당 판결을 국외에서 발생하는 모든 행위에서 비롯된

ATS 청구 전체에 대한 차단으로 해석해서는 안 된다고 주장했다.[61] 말하자면 대법원이 이 문제에 별도의 언급을 하지 않은 바, Kiobel 사건이 미래에 미국 피고인을 상대로 제기될 청구를 차단하지 않기를 바랐다. Kiobel 사건 이후의 판례는 두 가지 방향으로 나뉜다.

Kiobel 판결로부터 몇 개월 지나 제2연방순회 항소법원은 Kiobel 사건이 외국인 피고는 물론 미국인 피고에 의해 국외에서 발생한 행위('외국 발생' 사건)에 대한 청구를 차단했다고 판단했다.[62] 그리고 하급 법원들이 기타 사건에서 이와 유사한 논리를 채택했다.[63] 이들은 Kiobel 판결이 그러한 청구를 기각할 분명한 근거를 제시한 것이라고 결론짓고 이를 너무 엄격하게 해석한 것으로 보인다. 그러나 해당 연방 대법원은 기업의 단순 존재만으로는 ATS 사건에서의 역외 관할권 추정을 대체하기에 충분치 않다고 했을 뿐이었다. 다만 명시적으로 기업의 존재에 반대되는 개념으로서 기업의 국적이 해당 추정을 대체하기에 충분치 않다고 하지도 않았다. 즉, Kiobel 판결에 따르면 미국 기업을 상대로 한 청구에서는 역외 관할권 추정이 대체 가능하다.[64] 이것이 2014년 제4연방순회 항소법원이 Al Shimari 대 CACI 사건에서 도달한 결론이다. 이는 이라크의 악명 높은 아부그라이브교도소(Abu Ghraib Prison)에서 미국 기업이 자행한 고문 행위에 대해 ATS를 근거로 제기된 사건으로 해당 항소법원은 해당 청구가 미국 영토와 관련 및 관계되어 있고, '역외 관할권을 대체할 충분한 힘'이 있다고 주장했다.[65] 이러한 이유로 Kiobel 판결은 미국 기업이 ATS에 의해 고소당할 수 없는 외국의 경쟁사 대비 불리한 입장에 처하게 할 수 있다. 그렇지만 미국 기업이 공개적으로 이를 불평하는 모습을 상상하기는 어렵다. 이에 대해 불평한다는 것은 결국 이들 기업이 중대한 인권침해를 하도록 용납해야 한다고 주장하는 것이 되기 때문이다.[66]

기업의 연루책임: 인권침해 방조

기업의 인권침해 관여와 그에 따른 책임은 사실상 간접적인 경우가 많다. Sosa 사건에 언급된 '국제법' 표현에 엄격한 정의를 적용하기 때문이다. 이미 보았듯이 Sosa 사건은 ATS 소송에서 국제법의 범위를 크게 제한했다. ATS 관할인 청구의 경우 1789년 해적행위 금지가 그랬듯이 동일한 특성의 국제법 규범 위반과 동일한 수준의 인정이 필요하다. 주로 국가 또는 반대 세력 등 일부 국가의 특성을 보유한 주체가 그러한 국제법 규범의 위반에 주로 관여한다. ATS 상 기업의 직접 책임은 Sosa 사건 이전에 발생한 Aguinda 대 텍사코(Texaco)[67] 사건에서 에콰도르인 청구인이 주장한 것처럼 이론적으로는 가능하지만 실제로 그러한 책임을 물을 가능성이 없음을 의미한다.[68]

가장 가능성이 높은 시나리오는 다국적기업 또는 그 자회사 중 하나가 다른 행위자, 국가 또는 반대 세력이 자행한 인권침해에 관여하는 것이다. 형법상 이러한 간접 책임 형태를 연루 또는 방조라 한다.[69] 이들은 주로 형법상 표현이지만, '방조' 책임은 기업을 상대방으로 하는 ATS 소송, 즉 형사절차가 아닌 민사 청구에서 사용하게 되었다. 민사 청구는 민사적 구제의 영역에 속하지만, ATS는 '(…) 인권침해 시정을 위한 효과적인 수단이 되기 위하여 반드시 불법행위법과 국제형사법의 경계 틀을 모두 따라야 한다'[70]는 설명이 가능하다.

연루책임의 설정을 위해서는 해당 기업의 행위 또는 태만에 대한 증거(범죄적 행위 또는 actus reus), 필요한 정신상태(범죄적 정신상태 또는 mens rea)에 대한 증거, 충분한 근접성이 필요하다.[71] 이때 범죄적 정신상태는 특히 논란의 여지가 크다. 문제는 책임을 설정하기 위해 인식 기준, 목적 기준, 의도 기준 중 무엇을 활용할 것인가이다. ATS를 적용하려면 국제법의 위반이 필요한 바, 국제법에서 요구하는 기준을 활용하는 것이 타당할 것이다. 안타깝게도 그 기준은 명확하지 않다.[72] 제4장에서 논한

바와 같이 제2차 세계대전 후 독일 기업에 대한 소송에도 어떤 기준을
활용한 것인가에 대한 불확실성이 있었다. 일부 전후 소송은 인식 기준
쪽에 기울어져 있지만, 모든 전후 소송이 이 문제에 대해 명확한 것은
아니다. 1998년, 르완다 국제형사재판소(ICTR)는 아카예수(Akayesu)
판결에서 오로지 인식 기준을 채택했다.[73] 몇 달 후 구 유고슬라비아 국
제형사재판소(ICTY)도 프룬디지아(Furundzija) 판결에서 인식 기준을
따랐다.[74] 이와 반대로, 국제형사재판소(ICC) 규정은 다음을 명시하고
있다.

> (…) 개인이 범죄 행위를 조장할 목적으로 범죄의 자행이나 시도를 방
> 조, 또는 범죄 행위의 수단 제공 등 다른 방식으로 도운 경우, 형사상
> 책임을 져야 한다.[75]

이는 일명 목적 기준으로, 인식 기준과 의도 기준의 절충안으로서
인식 기준보다는 엄격하지만 의도 기준보다는 엄격하지 않은 것으로
알려져 있다.[76] 그런데 개인의 무리가 자행한 범죄에 개인이 미친 영향
을 다루는 해당 국제형사재판소 규정의 다음 조항에서 해당 그룹의 범
죄 의도를 아는 것만으로도 형사상 책임을 묻기에 충분하다고 명시하
고 있어 상황이 복잡하다. 다만 이 점에 대해서는 논란이 있다.[77]

요약하자면, 국제형사법상 연루책임을 판단하는 기준이 분명하게
목적 기준이라고 보는 것은 과도한 해석이다. 국제형사재판소 규정 제
25(3)(c)항에 목적 기준이 등장하지만, 제25(3)(d)항과 여러 국제형사
재판소의 판례는 단순한 인식 기준 쪽에 가깝다. 일부 연구자는 이것이
국제관습법상으로는 인식 기준이 유효함을 보여 주는 기준이라고 주장
한다.[78] 다시 말해 국제범죄의 연루책임은 행위와 태만, 근접성 외에도
해당 피고가 주요 가해자가 해당 범죄를 자행하였다는 사실을 인지할

때 발생한다고 보는 것이다. 이때 피고는 해당 범죄를 조장할 의도는 고사하고, 해당 범죄를 '조장하기 위한 목적으로' 행동할 필요조차 없다. 이에 대한 카셀(Cassel) 교수의 결론은 다음과 같다.

> 나아가, 미국의 ATS 상 관습법의 더욱 엄격한 해석이 필요하다고 하더라도(…), 그리고 이것이 더욱 엄격한 국제형사재판소 규정 제25(3)(c)항 기준 채택으로 이어진다 하더라도 해당 범죄의 방조자는 반드시 어떤 범죄를 조장하기 위한 '목적'을 위해 그렇게 해야 하며, 그러한 목적은 배타적이거나 일차적인 것일 필요가 없다. 이윤이라는 일차적 목적을 위해 알고도 가스를 가스실 운영자에게 판매하는 자는 사람을 죽이려는 2차적 목적을 가진 것으로 추론할 수 있다. 그리하여 더 많은 사람을 죽이는 가스를 더 많이 계속해서 판매하려는 것이다. 이 죽음의 상인(merchant of death)은 살인의 정범을 방조한다. 국제형사재판소 규정이나 국제법의 기타 조항이 이와 달리 해석되어서는 안된다.[79]

국제법은 인식 기준에 가깝지만, 미국의 법원이 항상 그와 동일한 방식으로 사안을 본 것은 아니다. 그리고 ATS가 기업의 연루책임에 대하여 인식 기준을 요구하는지, 목적 기준을 요구하는지 분명하지 않다. 많은 논란을 일으킨 수단 장로교단(Presbytarian Church of Sudan) 대 탈리스만(Talisman) 사건에서 제2연방순회 항소법원은 목적 기준을 채택했으며, 다음과 같이 국제법 상 적용 가능한 기준임을 밝혔다.

> 본 항소법원은 국제법 적용 시, ATS 행위에 대한 방조 책임을 판단하는 범죄적 정신상태(mens rea) 기준을 인식 기준보다는 목적 기준으로 판단한다. **의도**를 가지고 국제법 위반을 방조한 개인에게 책임을 지우는 것에 대해서는 충분한 국제적 합의가 있다 하더라도 (…) **알고도**

(그러나 의도는 가지지 않고) 국제법 위반을 방조한 개인에 책임을 지우는 것에 대한 합의는 없다. (…) 오로지 목적 기준만이 (…) ATS 상 행위에 적용하기 위한 '문명 국가의 인정'을 충족한다. (…) 이에 따라 지방법원이 Talisman에 내린 사실심리생략판결을 검토 시, 원고의 증거가 Talisman이 '의도'를 가지고 수단 정부의 인권침해를 촉진하기 위해 행동했다는 추론을 뒷받침하는지 확인하기 위해 반드시 해당 증거를 분석해야 한다.[80]

이처럼 제2연방순회 항소법원은 해당 사건의 사실관계에 목적 기준을 적용하여 'Talisman이 국제인도법 위반을 촉진하고자 하는 목적을 가지고 행동했다.'는 입장을 지지할 증거가 불충분하다고 결론지었다.[81] 해당 기준을 모든 ATS 사건에 적용하면 기업에 대한 ATS 소송이 끝날 것이 자명하다. 대다수 기업은 법의 위반을 촉진하려는 목적을 가지고 행동하지 않는다. 오히려 기업은 그 결과를 알면서 정부에 물질적 원조를 제공하는 방식으로 연루될 수 있다. 공동의 목적이 있어야 한다는 요건은 비현실적이고, 민사적 책임의 개념을 잘못 적용한 것이다. 이에 대해 한 연구자는 다음과 같이 썼다.

해당 형사 기준은 사실의 인지와 의도 사이의 미세한 차이가 큰 차이로 이어질 수 있는 개인을 겨냥하고 있다. 기업의 불법행위 책임 맥락에서는 기업의 활동이 범죄 행위를 조장하는 효과를 가질 수 있다는 사실을 공통적으로 인지하는 것 이상을 바라기는 어렵다. (…) 불법적인 행위의 경우, 기업 피고가 해당 기업의 행위가 그러한 결말에 이를 가능성이 있다는 사실을 인지하고, 실제로 그 결과에 영향을 미친 것만으로 충분하다.[82]

인식 기준과 목적 기준의 차이는 학계의 논의에 머물지 않는다. 인식 기준 대신 목적 기준을 선택한 결과, ATS 청구인들은 구제책을 빼앗겼다. 일례로, Talisman 사건의 법원은 회사가 '그러한 인프라가 민간인 공격에 활용될 가능성이 있음을 알면서도 전천후 도로 건설 및 공항 시설 개선을 도왔음'을 인징했다.[83] 그러나 해당 법원은 '책임을 판단하는 적절한 기준은 인식 기준이 아닌 목적 기준이므로 이렇게 사실을 인지했다는 모든 증거가 (…) Talisman의 책임을 입증하지 못한다.'고 밝혔다.[84]

ATS 청구인들에게 다행스러운 점은 모든 항소법원이 위와 같은 제2연방순회 항소법원의 의견에 동의하는 것은 아니라는 것이다. 2011년, DC 항소법원은 석유 재벌 엑손 모빌(Exxon Mobil)을 상대로 한 사건에서 목적 기준과 관련한 Talisman 사건의 결론을 받아들이지 않았다. 목적 기준에 '결함'이 있다고 판단, 인식 기준을 지지한 것이다.[85] 2013년 12월, 제9연방순회 항소법원 역시 이 문제에 대해 확실한 입장을 밝힌 것은 아니나, 인식 기준을 택한 것으로 보인다.[86] 따라서 이 문제에 대해 법원이 혼란을 겪고 있다고 말하기는 어렵다. 미국 대법원 또는 미국 의회가 이 문제를 명확히 밝히기 전에는 현 상태가 유지될 가능성이 크다.

미국 이외 지역에서의 기업과 인권 민사소송

Talisman 판결과 Kiobel 판결 그리고 그에 따른 ATS에 의한 방식에 대한 불확실성으로 인하여 미국 이외의 지역에서 법적 구제에 대한 고찰이 새롭게 이루어지고 있다. 미국 외 지역에서 청구는 오래되었거나, 복잡하게 얽힌 법률에 의존하지 않는다. 유럽 내 기업과 인권 민사소송은 EU의 법에 따른 명확한 관할 원칙과 모회사 책임을 둘러싼 법리학 및 법률적 발전 덕분에 탄력을 받고 있는 것일 수 있다. 이러한 점에서 중요한 발전은 캐나다에서도 일어났다. 이렇게 유럽이 비교적 긍정적인 환경이기는 하나, 그 법적 구조에 단점이 없는 것은 아니다.

첫째, EU의 법은 민사소송에 적용되는 법률을 피해(즉, 인권침해)가 발생한 국가의 법률로 규정한다. 이는 승소한 원고에 특히 관대한 미국과 비교했을 때 얻을 수 있는 손해배상금이 훨씬 적음을 의미한다. 집단구제제도의 부재 등 유럽 국가 대다수 법이 가진 기타 특성도 아래에서 논하는 바와 같이 문제가 된다. 둘째, 해당 영역의 소송은 불법행위법을 근거로 한다. 관련 청구에 인권 관련 내용이 있을 수 있으나, 기본적으로는 개인 상해 청구이며 그 소송 과정 중 국제인권법은 언급조차 되지 않는다. 이는 피해자에게, 예컨대 법률에 국제(인권)법의 구체적인 위반이 반드시 파악되어야 한다고 명시된 ATS 청구 등의 예에 비해 도움이 되지 않는다. 이에 따라 미국에서는 기업과 인권 소송에 대해 분명하게 이야기할 수 있는 반면, 유럽에서는 그다지 분명하지 않다.

브뤼셀 I 규정, 민사적 보편관할권 및 보충관할지의 법리

EU는 법정지 쇼핑은 줄이고 동일성은 높이고자, EU 회원국 법원의 법률 및 관할권 충돌 문제 접근방식에 확실성을 부여하기 위한 목적으로 다양한 법률 문서를 개발했다. 소위 '브뤼셀 I 규정('Brussels I' Regulation)'은 이 책의 목적과 특히 관련성이 높다.[87] 해당 규정은 법인 피고(corporate defendant)를 포함한 피고가 회원국에 소재 시 민사 및 상사에 관한 관할권 행사를 자세히 설명하는 틀을 제시한다. 제4조 제1항에 따라 '회원국에 소재하는 이는 국적 불문하여 해당 회원국의 법원에 기소된다.'[88] 결정적으로 이는 피해가 발생한 국가 및 청구인의 국적 및/또는 소재지와 무관하며, EU가 아닌 개발도상국이 될 수 있다. 즉, 회원국에 소재한 회사는 관할권 주장에 저항할 수 없다. 이는 불편한 법정의 법리가 미국의 ATS 사건의 관할권에는 분명한 장애물이지만, EU 회원국에서는 해당 법인 피고가 EU 국가에 소재하는 한 적용되지 않음을 의미한다. 2005년 유럽사법재판소가 이를 확인한 바 있다.[89]

더욱이 EU 집행위원회는 이제 브뤼셀 I 규정을 넘어 국제법에 따라 민사적 보편관할권의 원칙이 존재한다고 간주한다. 이 점은 해당 위원회가 Kiobel 사건 당시 미국 대법원에 제출한 법정 조언자 의견서(amicus curiae brief)의 핵심이었다.[90] 보편적 관할권은 국제법에서 인정하는 관할권의 근거 중 하나이며 전통적으로 형사 문제에 국한되어 있다. 이는 특정 범죄는 매우 심각하기 때문에 세계 어느 나라이든지 해당 국가의 영토에서 범죄가 발생하지 않았더라도 그리고 피해자나 혐의자가 해당 국적자인지 여부와 관계없이 기소할 수 있고, 경우에 따라 반드시 기소해야 한다는 주장이다. 위원회가 의견서에서 주장한 바와 같이, 형사적 보편관할권은 국제법에 잘 정립되어 있다. 위원회는 민사적 보편관할권이 덜 정립되어 있다는 것을 인정하면서도, 다음과 같은 견해를 제시했다.

> 보편적 민사관할권의 주장은 보편적 형사관할권의 장소 제한에 의해 한정될 경우 국제법과 일치한다. 따라서 보편관할권에 기초한 ATS 소송은 보편적 관심사인 잔혹 범죄의 피해자에게 민사 구제를 제공하기 위한 용도로만 개시해야 한다.[91]

즉, 위원회는 민사적 보편관할권의 독립적 개념을 옹호하는 것이 아니다. 위원회가 이를 옹호한다면 민사적 보편관할권의 개념이 과도하게 확장될 것이다. 위원회는 인권침해 피해자에 대한 보편적 민사관할권을 옹호하는 입장이며, 이는 보편적 형사관할권으로도 이어질 것이다. 이를 위해 몇 년 전 소송자들이 제기한 다음의 주장에 의존하고 있다.

(…) 비록 태동 단계였으나 관대한 관습 규범으로서 보편적 민사관할권의 행사를 옹호하는 국가 관행이 등장하기 시작했다고 할 수 있다. (…) 다만 이러한 전개에 대해서는 보편관할권을 행사하여 형사 처벌을 부과하는 현대의 일반 논리가 그러한 관할권 행사를 통한 민사적 구제의 제공에도 적용된다는 인식의 확산으로 설명하는 것이 더욱 정확할 수 있다. 즉, 보편적 민사관할권 원칙의 부상에 대한 개별 및 독립 증거만을 우선적으로 찾기 보다는 보편적 관할권에 대한 기존의 이해에 민사적 측면이 포함되는지, 만약 그렇다면 그의 적절한 범주와 한계에 대해서 숙고해 보는 것이 나을 수 있다.[92]

어쨌든 미국 대법원은 Kiobel 판결에서 '이러한 국제적 추세'를 수용하지 않았다.[93] 따라서 이러한 추세는 부상하는 중일 수 있으나, 보편적 민사관할권이라는 발상은 아직 보편적 인식에 도달하지 못했다.

해당 법률 영역과 관련하여 보충관할지(forum necessitatis)라는 개념의 출현 또한 관심을 끌었다. 해당 법리에 의하면 이용 가능하거나 적절한 법정의 부재로 인해 법원은 관할권 행사를 위한 일반적인 조건이 모두 충족되지 않는 경우에도 사건을 수락할 수 있다. 이에 대해 한 연구자는 다음과 같이 지적했다.

따라서 보충관할지는 불편한 법정지와 대조되는 법리로서, 이는 관할권에 대한 기준이 충족되었음에도 불구하고 피고가 다양한 자유재량 요인을 바탕으로 법원이 청구를 심리하지 못하도록 주장할 수 있게 한다. 두 가지 법리 모두 유사한 원칙을 바탕으로 작용하는데, 불편한 법정의 법리는 피고가 사건을 무력화할 추가 기회를 제공하는 반면, 보충관할지의 법리는 원고가 해당 사건을 유지할 추가 기회를 제공한다.[94]

보충관할지 법리의 적용 시 어떤 국가에서는 청구인이 타국에서 청구를 제기하는 것이 불가능해야 한다고 간주하는 반면, 더욱 유연한 입장에서 청구인이 소송을 타지로 옮기는 것이 불합리할 때 관할권이 행사되어야 한다고 간주하는 국가도 있다.[95] 이러한 법리가 보편적으로 수용된 것은 아니나, 그럼에도 불구하고 미국 이외 지역에서는 민사관할권의 제한보다 민사관할권 행사의 강화가 힘을 얻는 추세라는 점은 주목할 만하다. EU 회원국에서 현격한 전개가 이루어진 또 다른 영역은 모회사 책임이다.

모회사의 책임

앞서 살펴본 바와 같이 개별 기업의 법인격에 대한 강력하면서도 시대착오적일 수 있는 개념이 모회사에 그 해외 자회사의 행위에 대한 책임을 지우는 데 방해가 되기도 한다. 그러나 영국의 법원은 모회사에 그 자회사의 직원에게 발생한 피해에 대해 책임을 물을 수 있는 방법을 찾아왔다. 남아프리카 석면 노동자들이 제기한 청구로 종국에는 합의로 마무리된 Lubbe 대 Cape plc 사건에서 영국 상원은 모회사가 자회사 직원들에 대한 안전관리 의무를 가질 가능성을 검토했으나 이 문제를 명확하게 해결하지는 못했다.[96]

2012년 케이프사(Cape Plc)의 자회사인 케이프빌딩사(Cape Building Products Limited)의 전 직원 데이비드 챈들러(David Chandler)가 획기적인 사건을 제기했고, 영국 항소법원이 모회사가 자회사 직원에 대한 안전관리 의무가 있음을 인정하며 법인격 분리의 원칙을 예외적으로 적용하지 않았다.[97] 데이비드 챈들러는 이미 폐업한 케이프빌딩사에서 근무한 과거 몇 년간 석면에 노출되었고 추후 석면증을 앓게 되었다. 해당 자회사는 해외에 소재한 회사는 아니었지만, 적용된 논리는 국적이 아니라 안전관리 의무가 발생했는지 여부에 근거했다. 즉, '적절한 상황'

이 존재하는 한, 챈들러(Chandler) 사건에서 설정된 원칙이 영국 모회사와 해외 자회사와 관련된 사건에 적용되지 않을 이유가 없다. 그 적절한 상황에 대해 해당 항소법원은 다음과 같이 밝혔다.

> 적절한 상황에는 다음이 포함된다. (1) 모회사와 자회사의 사업이 동일한 관련성을 가진다. (2) 모회사는 특정 산업의 건강 및 안전에 관한 상당한 수준의 지식을 보유하거나 보유해야 한다. (3) 자회사의 업무 시스템은 모회사가 알고 있거나 알았어야 했던 만큼 안전하지 않다. (4) 모회사는 자회사 또는 그 직원이 직원 보호를 위해 회사의 상당한 지식 사용에 의존함을 알고 있었거나 예견했어야 했다. 이때 (4)의 목적을 위하여 모회사가 자회사의 건강 및 안전 정책에 개입하고 있음을 보여줄 필요는 없다. 법원은 그 회사 간의 관계를 좀 더 폭넓게 검토할 것이다. 법원은 모회사가 생산 및 자금조달 문제 등 자회사의 영업에 개입하는 관행이 있음을 보여 주는 증거가 있는 경우, (4)의 상황이 확립된 것으로 확인할 수 있다.[98]

법원은 법인격을 부인하는 것이 아님을, 즉 모회사와 자회사는 분리된 법인이며 '한 회사가 다른 회사의 모회사라는 이유만으로 책임을 부과하거나 가정하지 않는다.'는 점을 분명히 했다.[99] 그러나 실제로 해당 법원의 판결이 가져온 효과는 법적으로 제3자인 분리된 법인격, 즉 자회사의 직원에게 발생한 피해에 대해 모회사에 책임을 물을 수 있다는 점에서 법인격부인론과 유사하다.[100]

이 책의 목적상 상당한 중요성이 있음에도 챈들러(Chandler) 사건에서 확립된 원칙은 직원의 건강과 안전에 국한되며, 일반적으로 피해자가 직원이 아니라 제3자인 미국의 ATS 사건에는 적용되지 않을 가능성이 높다. 실제로 안전관리 의무가 적용되기 위해서는 예측 가능성, 근접성 및 공정성이라는 3가지 기준을 반드시 모두 충족해야만 한다.[101] 논리상 두 번째와 세 번째 기준을 충족하는 사건은 직원 관련 사건일 가능성이 훨씬 높다.

나아가 네덜란드 법원은 모회사가 자회사 직원이 아닌 자회사의 행위 혹은 무행위로 인해 피해자들에 대한 안전관리 의무를 가질 가능성을 인정했다. 2013년 악판(Akpan) 사건에서 헤이그 지방법원은 로열 더치 셸(Royal Dutch Shell, RDS)의 자회사인 셸 석유 개발 나이지리아사(Shell Petroleum Development Company of Nigeria, SPDC)에 원유 유출로 청구인에 발생한 피해에 대한 책임이 있다고 판단했다. 해당 법원은 모회사에 대한 청구를 기각했다. 소위 EU 규정(로마II)에 따라 적용해야 하는 나이지리아 법률 상,[102] '대개 RDS와 같은 모회사는 SPDC와 같은 (하위) 자회사가 사업 운영을 통해 타사에 피해를 주지 못하도록 막을 (…) 의무가 없기 때문이다'.[103] 한 평론가는 논평처럼, '만약 나이지리아 불법행위법이 다른 법률 관점을 가졌더라면, 모회사는 더 큰 문제에 봉착했을 것이다'.[104] 2년 후 네덜란드 항소법원은 지방법원의 판결을 뒤집고 RDS에 그 자회사의 기름 유출에 대한 책임이 있다고 판결했다.[105] 이렇게 네덜란드 법률 상 모회사에 자회사의 행위에 대한 책임을 물을 수 있다는 원칙이 확립되었다.[106]

2012년 프랑스 대법원(Cour de Cassation)은 자회사의 행위에 대한 형사책임이 모회사인 프랑스 거대 석유기업 토탈(Total)에 있다고 판단했다. 해당 모회사가 자발적으로 선박 안전 감독 책임을 맡은 이후였다.[107] 해당 사건은 유조선 에리카(Erika)호의 침몰과 그로 인한 프랑스 대서양 해안의 비극적인 기름 유출에 관한 것으로 민사가 아닌 형사 사건이지만, 모회사의 책임을 점검해 보고자 하는 이 책의 취지를 봤을 때 중요한 의미를 가진다. 이렇게 고무적인 판결을 초석으로 만약 청구인이 모회사가 피해 방지를 위해 충분한 노력을 하지 않았음을 입증하는 경우 그 모회사에게 자회사 및 협력사, 하도급인의 행위에 대한 법적 책임을 부과하는 법안이 프랑스 의회에 제출되었다.[108] 2015년 3월 프랑스 하원(Assemblée Nationale)이 해당 법안을 채택했으나,[109] 같은 해 11월 상원(Sénat)에서 부결되었다.[110] 여전히 법으로 제정될 가능성은 있지만, 이 책을 쓰고 있는 현 시점에서 그 미래가 불확실하다.

준거법의 문제

악판(Akpan) 사건에서 보듯이 유럽의 법은 손해가 발생한 국가의 법이 준거법이 될 것을 규정하고 있고, 이는 기업의 인권침해 피해자가 유럽 내에서 재판을 통해 보상을 받는 것을 방해하는 문제들 중 하나이다. 이른바 'EU 규정(로마 II)'의 제4조 제1항의 일반규칙은 다음과 같다.

> 불법/위법행위로부터 발생하는 계약 외 채무의 준거법은 피해를 초래하는 사건이 발생한 국가와 무관하게, 그리고 그 사건으로 인해 간접적 결과가 발생한 국가(들)과 무관하게 해당 피해가 발생한 국가의 법이다.[111]

악판(Akpan) 사건에서 이는 나이지리아 법이 모회사의 안전관리 의무를 규정하고 있지 않기 때문에 하급 법원이 모회사에 책임을 지우지 않았음을 의미한다. 청구인에게는 장애물이 될 수 있지만, 전체적으로 봤을 때 피해가 발생한 국가의 법을 분쟁의 준거법으로 정하는 것이 논리적임을 우선 인정해야만 한다. 만약 특정 행위가 해당 국가에서 불법이 아닌 경우에는 그에 대한 책임이 수반되어서는 안 된다. 게다가 로마 II의 일반규칙은 청구인이 미국의 ATS에 의해 발생하는 문제들 중 하나를 우회할 수 있도록 사실상 허용하고 있다. ATS에 의한 소송은 한 서방 국가가 다른 국가, 특히 빈곤한 개발도상국에 자국의 법 적용을 조장했다는 비난을 불러올 수 있다. 인권이라는 명목으로 행해지기는 하지만, 최소한 정치적으로 부정적인 영향이 없는 것은 아니다.[112] 로마 II 규정의 투자유치국의 법(host state law) 적용 조항은 투자유치국의 주권, 또는 최소한 투자유치국의 정치적 선택을 존중하는 것으로 보인다. 다만 분쟁에 법정지가 아닌 투자유치국의 법을 적용 시 하급 법원의 악판(Akpan) 판결에서와 같이 모회사들의 행동에 대한 책임을 묻는 것을 방해할 수 있다는 단점이 있다. 그렇지만 유럽 국가에서도 모회사 책임의 원칙은 여전히 잘 확립되어 있지 않다. 이는 악판(Akpan) 판결에서는 아주 중요한 문제였지만, 가장 중요한 문제는 아닐 것이다. 로마 II에는 그보다 심각한 문제가 있으니 바로 피해액의 산정이다. 이는 유럽보다 개발도상국에서 훨씬 더 낮을 수 있다.[113]

제4조 제1항의 일반규칙에도 불구하고, 로마 II는 기업과 인권 소송의 중심점이 될 수 있는 유연성을 어느 정도 허용하고 있다. 제26조는 '이 규정에 명시된 모든 국가의 법률 조항의 적용은 그 적용이 법정지의 공공정책(ordre public)과 명백히 호환되지 않는 경우에만 거부될 수 있다.'고 규정하고 있다.[114] 서문 32 항에서는 '(…) 과도한 성격의 징벌적 손해 배상금을 초래하는 효과가 있는' 법률 조항을 공공정책을 이유로 법원이 무시할 수 있는 조항의 예로 들고 있다.[115] 그러한 경우 해당 규정에 따라 법원은 제4조 제1항의 일반규칙을 무시하고, 법정지의 법을 적용할 수 있게 된다. 일각에서는 유럽 국가의 법원도 해당 조항을 적용하는 것이 인권침해를 시정하지 않는 것으로 이어질 때에는 피해 발생 국가의 법을 무시하도록 해야 한다고 주장해 왔다.[116] 유럽의 법원이 기업 인권침해의 피해자들이 구제책 없이 방치될 수 있다는 사유로 피해가 발생한 국가의 법 적용을 거부하는 경우, 이는 기업과 인권 민사소송에서 중요한 국면이 될 것이다. 그러나 '지금까지 이러한 예외 적용 가능성은 공식적으로 확인된 바 없다'.[117]

로마 II의 세부 사항 외에도 유럽 국가의 법률에는 미국보다도 유럽에서 기업과 인권 민사소송을 어렵게 만드는 특성이 있다. 첫째, 손해배상금이 미국보다 유럽에서 훨씬 적다. 대부분의 유럽 국가에 징벌적 손해배상금 자체가 존재하지 않는다.[118] 둘째, 조건부 보수 제도, 즉 패소한 청구인이 피청구인의 법률 비용을 지불하는 제도의 부재는 개발도상국에 진출한 유럽 다국적기업들의 인권침해 피해자가 유럽 법원에서 재판을 받는 것을 방해하는 또 다른 요인이다. 이는 패소한 청구인이 피청구인의 법적 비용을 지불해야 한다는 것을 의미한다.[119] 마지막으로 대규모 인권침해에 특히 도움이 되는 집단 소송 등의 집단구제제도는 유럽 내에서 여전히 발전이 미흡한 상황이다.[120]

불법행위 소송 대 인권 소송

유럽 내 기업과 인권 민사소송의 여러 특징 중 특히 미국과 다른 점이 있다면 유럽에서는 청구가 불법행위법에 근거하고 있다는 사실이다. 유럽에서는 '인권'이라는 표현이 청구는 물론 소송 절차에서도 사용되지 않는다. 한 연구자의 말처럼, "'불법행위'라는 표현은 인권침해의 피해자와 생존자들에게 가해진 공포에 비하면 너무 절제된 표현이다".[121] 관련 사건들을 인권이라는 렌즈를 통해 볼 수는 있지만, 이들이 실제 인권 사건은 아니다. 이는 피해자의 영향력을 저해하는 것으로 볼 수 있는 중요한 상징점이다. 자신의 권리가 침해되었음이 인정되는 성공적인 인권 청구는 일부 모호한 건강 및 안전 규정에 근거한 손해보상금보다 훨씬 더 만족스러울 것으로 보인다. 또한 인권 사건을 통해 권리 옹호를 강조하고, 피청구인을 넘어 기업의 관행 변화를 유도할 가능성이 더 높다.[122] 따라서 인권 소송과 계약 외 채무 민사소송은 본질적으로 같은 사실관계에 입각하지만, 장기적으로는 인권 소송이 단순 계약 외 채무 민사소송보다 인권의 사업 관행 내재화에 더욱 효과적일 수 있다.

국제인권법에 대한 언급이 없으므로 기업과 인권 영역의 민사소송은 미국보다 유럽에서 더 유연한 경향이 있다는 점은 긍정적이다. ATS는 미국 대법원이 Sosa 사건에서 해당 법의 조문을 제한적으로 해석한 것과 함께 국제법을 명시적으로 참조하는 바, 해당 법률은 심각한 인권 침해만을 구제할 수 있으며, 때문에 기업과 인권 소송자는 기업이 국제법 상 인권을 침해할 수 있는지 여부 등 까다로운 문제에 봉착하게 된다. 이러한 논의는 소송의 중심이 과실로 인한 불법행위나 건강 및 안전 문제인 경우에는 발생 가능성이 적다. 그러나 유럽의 법원이 '적절한' 기업과 인권 소송에 직면하게 되면 미국에서 제기되는 것과 유사한 질문을 하게 될 것이다. 예컨대, 민간 기업의 국제인도법 위반 가능 여부를 묻는 질문에 프랑스 베르사유 항소법원의 답변은 부정적이었다. 민간 기업은 국제법의 대상이 아니므로 국제법에 구속되지 않으며, 따라서 국제공법의 보수적 해석을 채택한다는 주장이었다.[123]

이러한 맥락에서 기업과 인권 영역의 사법적 구제에 관한 유럽과 미국의 주요 차이점은 미국에서는 민사소송에 의존하는 반면, 유럽에서는 형법에 호소하는 경향이 큰 것이 아닐까 한다.[124]

기업의 인권침해에 대한 형사 기소

기업의 인권침해 중 특히 법정지 외의 국가에서 발생한 기업의 형사책임 입증은 '관할권 및 기소 재량, 기업 또는 개인의 책임 발생 여부 혹은 양측 모두의 책임 발생 여부, 그리고 연루책임'이라는 세 가지 주요 문제를 제기한다. 모두 이 책에서 이미 언급하였으므로 이번 절에서는 간략히 기술하고자 한다.

관할권 문제와 기소재량

앞서 살펴보았듯이 기업과 인권 민사소송에서는 관할권 문제가 핵심이다. 이는 많은 사건의 재판이 인권침해가 발생한 국가 외의 법원에서 열리기 때문이다. 일반적으로 북미 법원과 유럽 법원이 개발도상국에서 발생한 인권침해의 재판을 진행한다. 그 결과 상당 수의 청구가 법원의 관할권 없음으로 일찌감치 종료된다. 관할권은 기업과 인권 형사 기소에서도 중요한 부분이다.

(영국과는 달리) 네덜란드와 프랑스 등 특정 유럽 국가의 법률은 영토 외의 지역에서 발생한 행위에 대한 기소를 허용하고 있지만, 일부 제한 사항이 있다. 구체적으로 벨기에와 독일, 그리고 프랑스를 살펴보자면 관련 연구는 '전통적으로 유럽 대륙 국가들은 역외관할권으로 형법을 적용했지만, 국적 및 결합 관계의 다양한 요구사항으로 인하여 역외관할권이 제한되기 때문에 그들의 법으로 완전히 외국적인 사건까지 다룰 수는 없었다.'라고 강조한다.[125] 완전히 외국적인 사건을 다시 설명하자면 외국인 피고와 외국인 피해자가 연루된 외국에서 발생한 침해 사건이다. 상기 세 국가에서는 그러한 사건에 대해 피해자가 사소 당사자(parties civiles)로서 스스로 형사 절차를 개시할 수 있다. 물론 이러한 사건을 담당하고자 하는 공소 기관의 통제가 뒤따른다. 벨기에나 독일과 달리 프랑스에는 피고는 국제형사재판소의 관할권 내 범죄에 대한 기소 대상이 되기 위해 프랑스 내 거주(habitual residency)가 필요하다는 또 다른 장애물이 있다. 2012년 도입 후, 2013년 상원이 채택한 법률을 통해 해당 조건을 삭제하고자 시도 중이다. 해당 법안은 작성 당시에도 프랑스 하원에 의해 검토되고 있었다.[126]

비교적 피해자에게 우호적인 환경임에도 불구하고 기업과 인권침해에 대한 기소는 흔하지 않다. 실제로 검찰은 수사를 꺼려왔다.[127] 네덜란드에서 리마 지주(Lima Holding BV)회사를 상대로 한 사건이 대표적이다. 리마 지주는 리왈(Riwal)의 모기업으로서 이스라엘에 점령당한 팔레스타인 영토의 분리 장벽 건설에 관여하고 있으며, 이 벽은 2004년 국제사법재판소에서 국제법 위반으로 판결된 바 있다.[128] 사소 당사자는 이들을 상대로 전쟁범죄 및 반인륜적 범죄 연루에 대한 소송을 제기했다. 네덜란드 검찰청은 사건의 복잡성과 이스라엘 당국의 협조 부족 가능성을 들어 이 사건을 각하했다.[129] 이러한 요인들은 모든 기업과 인권 사건까지는 아니더라도 대부분의 사건에 존재하는 편이다. 또 다른 예로 프랑스에서는 고문 연루 혐의로 프랑스 소프트웨어 회사인 아메시스(Amesys)를 고소한 사건이 여전히 진행중이다. 사건은 담당 수사판사의 끈기 덕분에 여전히 종결되지 않고 있다.[130] 해당 회사는 카다피 정권에 정적을 추적할 수 있는 감시장비 소프트웨어를 제공했고, 이후 해당 정적들은 체포되어 고문을 당한 것으로 알려졌다.

기업의 책임 대 개인의 책임

제5장에서 논한 바와 같이 국제형사재판소 규정 채택을 위한 협상이라는 맥락에서 기업의 인권침해에 대한 기소는 법인(인권침해에 책임이 있는 회사) 그리고(또는) 단일 혹은 다수의 자연인(담당 임원)을 기소하는 것으로 구성된다. 일부 국가는 기업의 형사상 책임이라는 개념을 인정하는 것을 꺼려왔으며 개인에 대한 기소를 더 편하게 여긴다.[131] 오랜 반대에도 불구하고 유럽 내에서 이에 대한 일치 작업이 진행되고 있으며, 지역별로 기업의 책임이 점점 더 인정되는 추세이다.[132] 기업 형사책임의 개념에 의구심을 갖는 이들은 개인만이 범죄를 저지를 수 있으며, 기업의 책임을 인정하는 것이 범죄에 실제로 책임이 있는 사람을 보호하

게 될 수도 있다고 주장한다. 뉘른베르크 국제군사재판소(International Military Tribunal at Nuremberg)의 주장처럼 '국제법 위반 범죄는 추상적인 단체가 아니라 사람이 저지르는 것이며, 그러한 범죄를 저지른 개인들을 처벌해야만 국제법의 조항을 집행할 수 있다'.[133] 해당 재판소는 국가만이 국제법을 위반할 수 있고 개인이 국제재판소에 의한 재판에 회부되어서는 안 된다는 피고들의 주장을 숙고했다. 비슷한 논리로 기업 책임이라는 개념은 인간일 수밖에 없는 '실제' 범죄자들에 대한 주의를 돌리고, 기업 책임은 불처벌을 조장한다는 주장도 가능하다. 그러나 기업의 형사책임 인정은 개인의 기소에도 방해가 되지 않기 때문에 해당 주장을 쉽게 반박할 수 있다. 기소 대상이 둘 중 하나일 필요는 없고 오히려 기업과 선택된 개인 둘 다 기소될 수 있다.[134] 기업이 기소될 때 직원들과 같은 제3자에 미칠 영향에 대한 우려가 더욱 설득력이 있을 것으로 보인다.

실제로 기업 자체를 기소할지 아니면 회사에 근무하는 개인을 기소할지 여부는 복잡한 문제로 판명되었으며, 제4장에서 상세히 다룬 제2차 세계대전 이후 기업에 대한 기소 과정에서 드러났듯이 두 가지 접근 방식의 경계가 모호해지는 경우가 많다. 일례로 파르벤(Farben) 판결에서 해당 재판소는 다음과 같이 밝혔다.

> 파르벤 조직은 기업으로서 범죄혐의로 기소된 바 없으며, 따라서 이 사건에서는 기소 대상이 아니지만, 검찰의 이론은 피고들이 개별적으로 그리고 집단적으로 파르벤 조직을 공소장에 열거된 범죄를 저지르는 도구로 사용했다는 것이다.[135]

이처럼 이들 재판 중 적용된 접근법은 어느 정도 제도의 문제이다. '공식적으로 기업의 책임이 중하지 않더라도' 기업은 물론 기업의 이사와 관리자 역시 목표로 삼았다.[136] 이처럼 '본사만을 겨냥한 것이 아니라 다양한 의사결정 차원에 대한 책임'을 추적한 것은 기소 과정에 좀더 글로벌한 접근법이 채택되었음을 보여 준다.[137] 예를 들어 크루프(Krupp) 재판은 부분적으로 '크루프의 기업 정체성'에 대한 것이었다.[138] 간단히 말해 기업인 개인을 상대로 한 사건일지라도 기업과 개인의 책임을 실제로 분리할 수 없음을 인식하게 되었다. 의견이 분분하지만 관련 범죄들을 완전히 폭로하기 위해서는 두 가지 형태의 책임을 모두 물을 수 있어야 한다.

기업 형사책임의 개념과 그것이 어떻게 잠재적으로 불처벌을 조장하고 심지어 집단 처벌로 이어질 수 있는지에 대한 우려는 존중하지만, 여기서는 기업의 형사책임의 개념을 인정하는 것의 이점이 그러한 우려보다 더 크다고 주장한다. 이러한 인식은 책임의 격차를 해소할 뿐만 아니라 장기적으로 기업과 인권침해에 대한 개인의 기소보다 효율적일 수 있다. 첫째, 여론과 소비자는 기업과 브랜드를 알고 있지만 그렇다고 경영진 개개인을 알고 있는 것은 아니다. 따라서 권리 옹호 활동을 위해서는 기업을 대상으로 하는 것이 더 합리적이다. 둘째, 개인에 대한 기소는 선별적이며 이를 통해 항상 해당 기업의 문화를 정확하게 파악할 수 있는 것은 아니다.[139] 궁극적으로 기업과 인권 소송의 목표 중 하나는 기업 관행에 인권이 뿌리내리도록 하는 것이다. 처벌도 중요하지만 특별한 사건을 제외하고는 기업의 전반적 책임을 확대하는 데 기여하는 것이 훨씬 더 중요하다. 기업을 (해당되는 경우 개인도 함께) 꼭 짚어 지적하는 것이 특정 관행에 더 많은 관심을 끄는 데 보다 도움이 될 수 있다. 예컨대 프랑스 소프트웨어 회사 아메시스의 고문 연루 혐의가 인정된다면 이는 특정 사업의 윤리적 측면에 대해 더 광범위한 논쟁을 일으킬 수 있다.

마지막으로 기업은 일반적으로 개인보다 더 많은 자산을 보유하고 있다. 법인에는 개인보다 더 많은 액수의 벌금이 부과될 수 있다. 형사 기소가 피해에 대한 금전적 보상에 관한 것은 아니지만(민사소송은 해당됨), 성공적인 기소에 의한 벌금은 배상 목적으로 활용될 수 있다.

형법상의 연루책임 입증

앞서 민사소송에 관한 섹션에서 다루었듯이 재계(기업과 개인 모두)가 인권침해에 연관될 때 한 가지 특징이 있다면 기업은 주요 가해자이기보다는 인권침해 행위에 연루되는 경우가 많다는 것이다. 특히 형법 분야에서 인권침해에 대한 기업의 책임은 보통 연루책임의 한 형태이다. 민사소송 후 보상을 받기 위한 연루책임과 형사재판에서 유죄를 확정하기 위한 연루책임 간의 중요한 차이점은 각각을 입증하는 데 필요한 설득의 기준이다. 이러한 차이는 미국, 영국, 기타 영연방 국가 등의 영미법 국가에서 두드러진다. 이들 국가에서 민사 청구인들은 그들의 주장을 뒷받침하기 위해 '증거의 우월성(preponderance of evidence)'을 증명해야 한다. 달리 표현하면 청구인이 '개연성의 균형(balance of probabilities)' 법칙에 따라 자신의 사건을 입증해야 한다는 것이다. 요약하자면 이 두 가지 기준 모두 청구인이 피고에 대항하여 정당한 청구권을 가질 가능성이 '더 높다'는 것을 해당 청구인으로 하여금 증명하도록 요구한다. 이와 달리 이들 국가의 형사소송에는 피고의 유죄가 반드시 '합리적인 의심을 넘어' 입증되도록 하는 매우 높은 기준이 적용된다. 유럽 대륙의 모델을 따르는 대륙법 국가에서는 이와 관련한 민법과 형법 간의 차이가 상대적으로 크지 않다. 한 연구자는 이에 대해 다음과 같이 설명한다.

대부분의 대륙법 관할권에는 (…) 민사 및 형사소송 절차에 동일한 설득의 기준을 적용한다는 가정이 존재한다. 다만 이러한 기준이 일반적인 것은 맞지만 보편적인 것은 아니다. 형사 사건의 검사는 물론 민사 사건의 원고는 특정 상황의 문제에 대한 사실관계의 진실 여부를 사실관계 결정권자가 납득하기에 충분한 증거를 반드시 제시해야 한다. 이와 관련하여 프랑스와 일부 국가에서는 사실관계 결정권자가 '내적 확신', 즉 사실관계의 진실 여부에 대한 내적, 개인적, 주관적 확신 또는 믿음을 가지는 것을 필수조건으로 표현한다.[140]

사실을 증명하는 **방법**(설득의 기준)에는 차이가 있을 수 있지만 책임을 설정하기 위해 증명해야 하는 사실의 유형과 그 윤곽을 둘러싼 불확실성은 두 가지 법적 전통을 고수하는 국가 모두에서 유사하다. 제4장 및 민사소송을 다룬 이전 절에서 살펴본 바와 같이 연루책임을 입증하기 위해 인식, 의도, 목적 기준 중 무엇을 사용할지는 민사소송과 마찬가지로 형사소송에서도 핵심 논쟁이다.

반 안라트(Van Anraat) 사건에서 피고는 단순히 자신의 행위의 결과가 무엇일지 완벽하게 알고 있었다는 사실만으로 전쟁 범죄 연루에 대하여 유죄 판결을 받았다. 이는 네덜란드 형사 사건으로 한 기업인이 머스터드 가스 제조에 사용되는 화학 물질을 이라크의 사담 후세인 정권에 판매하여 대량 학살과 전쟁 범죄에 연루된 혐의를 받았다. 2007년 헤이그 항소 법원은 프란스 반 안라트(Frans Van Anraat)가 해당 화학 물질을 판매했으며 그 중 특정 물질이 이후 전쟁 범죄에 사용된 무기의 제작에 활용된 것(범죄적 행위)으로 판단했다. 또한 해당 재판부는 피고가 그러한 화학 물질이 다른 목적지가 아닌 이라크로 이동할 것이며, 염료가 아닌 무기를 만드는 데 사용될 것을 알고 있었다고 보았다. 그는 또한 이라크의 정치적 상황과 당시 이라크 정권의 잔혹성을 알고 있었다.

따라서 재판부는 피고가 그러한 무기들이 전쟁 범죄에 사용될 가능성이 있음을 알았다(범죄적 정신상태)는 결론을 내렸다.[141] 이 사건은 개발도상국에서의 인권침해와 유럽의 기업인이 관련된 기업과 인권 분야의 몇 안되는 현대 형사 사건 중 하나이다.[142]

결론

이 장에서는 인권침해(에 연루)에 대한 민사적 또는 형사적 책임을 설정하기 위하여 기업과 인권 소송에 주목했다. 그러나 책임 설정에 주목하지 않는 다른 형태의 기업과 인권 소송이 존재한다. 제8장에서 논한 Kasky 대 Nike 사건은 미국 법원에서 소송이 진행되어 기업과 인권 소송의 흥미로운 예시를 제시한다. 해당 사건의 청구인인 한 소비자운동가는 캘리포니아의 불공정경쟁법(Unfair Competition Law)과 허위광고법(False Advertising Law)을 근거로 Nike를 고소했다. 캘리포니아 대법원은 청구인의 손을 들어 주었고, 연방 대법원이 해당 사건의 심리를 거부하면서 결국 합의에 이르렀다.[143] 삼성의 프랑스 지사(Samsung France)를 상대로 한 유사 사건도 2014년 프랑스 법원에서 진행된 바 있다.[144]

이러한 사건을 통해 인권에 대한 기록을 알게 되었다. 이들 사건은 인권침해에 대한 책임을 설정하거나 인권침해를 구제하기 위한 것이라고 하기 보다는 광의의 기업과 인권 사건에 가깝다. 이러한 사건은 특정 기업 관행을 드러냄으로써 인식 제고를 도울 수 있고, 권리 옹호에도 중요하다. 모든 기업과 인권 소송의 목표는 기업의 관행을 바꾸고, 인권이 그러한 관행에 뿌리내리도록 돕는 것이 되어야 한다. 이를 고려하면 실패한 사건 역시 중요하다. 이에 대해 한 연구자는 다음과 같이 언급했다.[145]

ATS 사건들은 인권에 대한 의식을 크게 높였고, 여기에 가격을 매길 수는 [없다]. 보통 사람부터 기업의 경영진까지 마음이 움직였다. 기업의 책임을 강화하기 위한 새롭고, 어쩌면 더욱 효과적인 법률 전략들이 싹트고 서로 강화됐다.[146]

본 장에서 살펴본 바와 같이 국외에서 서구 다국적기업이 자행한 인권침해에 대한 책임 설정을 목표로 하는 기업과 인권 소송은 현재 여러 장애물을 마주하고 있다. 특히 ATS에 의한 방식이 사라질 수 있는 미국에서는 더더욱 그러하다. 하지만 이것이 끝은 아니다. 일례로 '유럽 내 중요한 지점들에 변화의 바람이 불고 있다'.[147] 나아가 이러한 다툼이 점차 투자유치국의 법원에서 다뤄질 것으로 기대되는 점이 더욱 중요하다.

마지막으로 기업과 인권 민사소송은 기업에 의한 인권침해의 피해자에게 불확실성이 큰 방식으로 보인다. 소송에서 승소를 한들 어떠한 형태의 보상도 받지 못할 수 있다. 이렇듯 씁쓸한 현실에도 스테인하트(Steinhardt) 교수는 왜 인권 사건이 여전히 싸울 만한 가치가 있는지 다음의 글로 상기시켜 준다.

실제로 돈이 지급될 가능성이 미미한데 그렇게 큰 지급판정 금액이 무슨 소용인가? 하고 자문할 수 있다. 이러한 의문에 ATS에 의해 처음 본격적으로 시행된 인권 재판이자 인권 소송이었던 페르디난드 마르코스(Ferdinand Marcos)의 유산(In re Estate of Ferdinand Marcos) 사건에 얽힌 개인적 일화로 답하고자 한다. 당시 나는 폴 호프먼(Paul Hoffman)과 함께 필리핀의 인권침해에서 살아남은 수많은 생존자를 변호할 수 있는 영광을 누렸다. 그리고 수백만 달러의 지급판정이 내려졌다. 하지만 그중 단 한 푼도 받지 못할 수 있다는 말을 전하자 상상조차 못할 인권침해를 겪은 한 생존자는 내가 이후 20년간 잊지 못할 한마디를 건넸다. '괜찮아요. 세상이 우리를 믿어 주는 것으로 충분해요.' **세상이 믿어 주는 것만으로 충분하다.**

제11장

기업과 인권의 미래

기업 분야와 인권 분야의 상호작용은 새로운 것이 아니지만, 비록 다면
적이긴 할지라도 뚜렷이 구별되는 영역으로서 기업과 인권 분야는 상대
적으로 새로운 것이다. 이 분야에 종사하는 사람들에게 당면한 과제 중
하나는 실재하고 상이한 중심 영역들을 기업과 인권의 문제로서 구축
하는 것이다. 그러한 영역으로서 공급망에서 건강과 안전, 사회적 및 환
경적 위험 평가, 기업의 복무규정, 비국가행위자의 국제인권법상 의무,
국내법상 비재무적 보고 요구 그리고 해외 직접 투자를 주관하는 국가
에서 기업과 인권 이슈와 같은 정책적 여지를 들 수 있다. 이러한 중심
영역들은 종래 관련이 없는 것으로 여겨졌지만, 이들을 기업과 인권이
라는 렌즈를 통해 바라본다면 그러한 영역 모두는 사실 같은 분야의 연
구와 실무라는 사실이 드러나는데, 그것은 두 개의 간단한 아이디어에
기초하고 있다. 첫째, 기업은 인권을 침해하지 않아야 한다. 둘째, 만일
기업이 인권을 침해하는 결과에 이른다면, 피해자들에겐 반드시 구제책

이 제공되어야 한다. 본질적으로 이 모두는 이 영역이 기업 부문에 의한 인권침해를 예방하고 대처하는 데에 관련된다.

　법적 관점을 채택함으로써 이 책은 이러한 두 부분의 기획이 존재했던 방식과 더 나아가 미래에 수행되어야 할 다양한 방식을 보여 주었다. 경성 및 연성 국제법 모두, 사적 규제, 정부 규제, 예컨대 네이밍 앤드 셰이밍을 통한 옹호 활동, 그리고 때로는 소송이 그러한 다양한 방식의 전개이다. 각각의 이러한 방법은 그 나름의 장점과 단점을 가지며, 또한 그것만으로는 그렇게나 광범위한 잠재적 침해에 대응할 수는 없다. 기업과 인권에 관한 유엔 사무총장의 특별대표였던 존 러기는 조치를 '현명하게 배합(smart mix)'할 필요가 있다고 주장했다.[1] 이는 기업이 인권을 침해하는 유일한 이유가 존재하지는 않기 때문에 더욱 그렇다. 역사적 및 현대적 측면 모두에서 기업과 인권 관련 침해를 바라보면 수 많은 요소들이 작용한다는 점이 드러난다. 즉, 기회주의, 무지, 취약한 거버넌스, 법의 집행 결손, 부패, 과도하게 경쟁하는 시장, 경영 지도력의 부족, 그리고 비록 드물다는 점을 인정하지만, 진정으로 사악한 자들이 요소로서 작용한다.

　이 분야에서 가장 괄목할 만한 발전 중 하나는 국제적 규제의 중요성이 점증했다는 점이다. 유엔과 OECD는 연성 규범을 개발했으며, 그 내용이 여전히 불명확하게 남았지만, 기업과 인권에 관한 국제 조약을 채택하는 것이 유엔 인권이사회의 의제가 되었다.[2] 제안된 조약에 관하여 말하자면, 기대치를 관리하는 것이 중요하다. 그 채택을 위한 협상이 성공적이고 조약이 시행된다고 할지라도, 구속력 있는 기업과 인권 조약을 가지는 것이 그 자체로 기업과 인권 관련 침해를 예방하지는 못한다. 조약은 중요한 시금석이지만, 그것이 기업과 인권 문제에 대처하는 유일한 방법일 수는 없으며 그래서도 안 된다.[3]

　기업의 존재 이유는 이윤을 발생시키는 것이다. 이윤 창출과 때때로 이에 대립하는 인권 기준에 대한 존중을 조화시키는 방법은, 특히 법의 지배가 일반적으로 존중되지는 못한 곳에서는, 기업과 인권 영역에서 제기되는 핵심 문제 중 하나이다. 여담이지만, 이것이 최근에야 출현한 물음은 아니라는 점에 주목할 가치가 있다. 비록 완전히 같은 잣대를 들이댈 수는 없지만, 17세기 노예무역상의 도덕적 딜레마는 21세기 채광 프로젝트 경영자들이 직면한 딜레마와 비교해서 그러한 프로젝트가 지역 공동체의 권리를 침해하려 한다는 점에서 근본적으로 유사했다. 기업과 인권에서 이러한 딜레마들은 현실적이며 복잡하다. 이 문제에 대처하기 위한 달성하기 어려운 기성의 해결책을 제공하자고 이 책이 주장하지는 않았다. 오히려 그 배경을 제공해 주고, 이 분야가 가진 복잡성의 윤곽을 그려냄으로써, 결과적으로 기업 경영진과 정책입안자들이 충분한 근거에 기반을 둔 결정을 내릴 수 있도록 했다.

인권에 대한 존중을 높이는 방향으로의 기업 활동 변화는 인권 영역에서 기업 책임의 증가로부터 비롯될 것이다. 더 많은 개인들과 기업들이 그 문제를 인정할 필요가 있다. 그러한 책임은 법적 책임의 형태를 취할 수 있다. 국내 수준에서 볼 때, 개발도상국에서의 인권침해에서 기업 또는 기업 경영진의 역할을 대상으로 하는 고소 및 공소제기가 서구에서 점차 증가하고 있다. 그러나 고소와 공소제기가 아무리 현저하더라도 이는 빙산의 일각을 보여줄 뿐이다. 기업과 인권이라는 이상이 견인력을 획득하려면 별개의 책임 기구가 요청된다. 그것은 OECD 국내 연락사무소와 같은 국가 기반의 비사법적 기구에서부터 이미 정해진 기업의 인권 정책을 따르는 내부적 분쟁 조정 기구까지에 걸친다. 책임을 강화하는 데에 자율 규제 내지 사적 규제의 역할도 역시 무시되어서는 안 된다. 인정하건대, 행동강령과 같은 자율 규제는 때로 무의미할 수 있다. 마찬가지로 단지 기업과 대화에 참여하는 것만으로 기업과 인권에 관한 침해를 예방 및 대처할 수 있다고 추산하는 것은 순진한 생각이다.[4] 그럼에도 거대 다국적기업을 향한 체계적 적대감을 전략으로 내세우다면 그 결과는 제한적일 것이다.

법적 프레임워크 바깥에서 볼 때, 기업 최고위 수준에서의 지도력이 수행됨으로써 그리고 경제 부문들에 의해 기업의 도덕적 연합이 일어남으로써 기업문화는 변화할 수 있다. 비록 그것이 구체화할 것이라는 희망은 제한적이었지만, 이미 1840년에 프랑스 의사이자 활동가 루이 르네 빌레르메(Louis René Villermé)가 제안했던 '신성한 연맹(holy alliance)'과 같은 것이 그러한 것이다.[5] 피고용인, 노동조합, NGO, 정부와 국제기구들도 기업이 인권을 존중하도록 보장하는 데에 그들의 역할을 수행할 수 있다. 이 야심찬 목표를 달성하기 위해서는 지식이 핵심 요소이다. 이 책의 집필에는 바로 이 점을 염두에 두었다.

기업, 인권 및 기후실사:
은행(금융업)의 책임에 대한 이해

*이 글은 원서에는 없는 것으로, 기후실사(Climate Due Diligence, CDD)를 다룬 키아라 마키와 나디아 베르나즈의 공동 논문이다.(Macchi, C.; Bernaz, N., "Business, Human Rights and Climate Due Diligence: Understanding the Responsibility of Banks," Sustainability 2021, 13, 8391) 원서 출간 후 수년이 지나 본 번역서가 발간되었기 때문에 원서가 담고 있는 논의의 시의성을 높이기 위해 최근 실사법제의 주요 쟁점 중 하나인 기후실사를 다룬 최근 논문을 추가하여 소개한다. 기후실사는 기후 변화의 맥락에서 기업에게 요구되는 존중 책임을 실천하는 방식이다. ─ 옮긴이

기업, 인권 및 기후실사:
은행(금융업)의 책임에 대한 이해[*]

키아라 마키, 나디아 베르나즈

요약

2011년의 유엔 기업과 인권 이행원칙(이하 이행원칙; UNGPs)에 따라, 은행(금융업)은 모든 기업들과 동일하게 인권을 존중하고 기후실사를 수행할 책임이 있다.

　기후실사가 이행원칙에 명시적으로 포함되어 있지는 않지만, 기업의 직·간접적인 기후변화에 대한 영향에 대처하는 것은 인권을 존중해야 하는 기업 책임의 차원이며 인권실사 과정의 일부로서 구성되어야 한다.

　현재로서는 기후변화에 통상 간접적으로 원인을 제공하는 은행에 그러한 책임이 어떻게 적용되는지가 불분명하다. 본 논문은 다음과 같은 연구 질문을 다루고자 한다. 은행에 대한 일관된 기후실사 기준을 수립하기 위해 법은 어떻게 해석되어야 하는가? 이를 다루기 위해, 본 논문은 우선 국제연성법 기준을 기초로 은행의 기후 책임을 수립하고, 민간에서 개발한 지침(guidance)을 평가하고자 한다.

그런 다음 기후변화에 대한 책임을 지금은 잘 확립된 기업의 인권 존중 책임으로 포섭해 해석하며, 이러한 책임이 이행원칙에 확고히 구체화된 것으로 보고 기후실사라는 새로운 개념을 설명하고자 한다. 마지막으로 이러한 규범적 기준이 은행에 어떻게 적용되는지를 설명하고 은행의 기후실사 과정에 포함되어야 할 핵심 요소를 분석하고자 한다.

핵심어: 기후변화, 인권, 실사, 은행, 유엔 기업과 인권 이행원칙

1. 도입

1.1. 배경: 은행과 기후변화

은행은 필연적인 에너지 전환의 핵심 행위자이며 지속가능발전목표와 파리 협정의 목표를 달성하는 데 크게 기여할 수 있다. 제21차 유엔기후변화협약 당사국총회(COP21)는 '온실가스 감축 및 기후변화 회복탄력적 발전을 향한 경로와 양립할 수 있는 재원의 흐름'을 조성하는 것이 중요하다고 인식했다.[1]

은행은 시민사회, 중앙은행 및 여러 규제 기관으로부터 그들의 사업 운영과 사업 관계에서의 기후변화 영향에 대처하라는 압력을 더 많이 받고 있다. 입법, 자발적, 기업 주도의 이니셔티브가 증가하고 있는 반면, 기후변화와 그 인권 영향과 관련된 은행의 책임에 대한 국제법 상의 개념화는 결여되어 있다. 본 논문은 국제적 수준에서 존재하는 가장 권위 있는 기업 책무성에 관한 문서, 즉 유엔 기업과 인권 이행원칙을 기반으로 관련 쟁점을 탐색할 것을 제안한다. 이행원칙을 근거로 한 기업의 인권 존중 책임이 은행을 포함한 기업에 우리 시대의 가장 큰 인권 위협 중 하나인 기후변화에 대한 직·간접적인 영향을 평가하고 대처할

것을 요구하고 있음은 분명하다.

우리는 현재 세계가 직면한 기후비상사태에 비추어 기후와 인권 문제가 밀접하게 연결되어 있다는 인식에서 출발한다. 유엔환경계획(이하 UNEP)은 2015년에 발간된 보고서에서 기후변화가 인권에 미치는 영향을 제시한다. 그들은 기후변화에 관한 정부 간 협의체(이하 IPCC)의 제5차 평가 보고서가 관측 및 예측한 기후변화가 수백만 명의 사람들과 그들이 의존하는 생태계, 천연자원 및 물리적 기반 시설에 어떻게 악영향을 미칠 것인지에 대해 구체적으로 설명한다.[2]

IPCC 보고서를 기초로 UNEP 보고서는 어떤 인권이 기후변화와 기후변화 적응(adaptation) 및 완화(mitigation) 전략에 의해 영향을 받는지 설명한다. 예를 들어, 해수면 상승을 초래하는 기후변화는 무엇보다도 해안 지역사회의 주거, 적정한 삶의 기준, 식량에 대한 권리에 영향을 미친다.[3]

이행원칙에 따라 모든 기업은 인권을 존중할 책임이 있으며 기후변화는 범지구적 인권 위협이라는 점을 감안할 때, 본 논문은 기업이 적절한 기후실사를 수행함으로써 기후에 대한 그들의 직·간접적인 영향에 대처해야 한다고 주장한다.

우리는 특히 금융권의 중요한 역할과 책임에 초점을 두되, 주로 은행에 관한 논의에 집중하고자 한다. 포브스(Forbes)가 지적한 바와 같이, '은행들은 화석연료 사업에 자금을 지원해 기후변화에 원인을 제공했다는 비판을 받아 왔다'(60개의 거대 은행들이 2016년부터 2020년까지 화석연료 프로젝트에 38억 달러를 투자했다).[4] 몇 가지 근거들은 '기후변화 관련 리스크에 대한 인식 개선과 더욱 엄격한 정책들에 대한 기대가 아마도 은행들을 기후에 민감한 부문에서 더욱 친환경적인 사업으로 전환하도록 하고 있음'을 보여 준다.[5]

그러나 은행들이 기후에 미치는 영향의 정확한 정도를 식별하고 대처하는 데 여전히 주요한 어려움들이 존재한다. 특히 '스코프 3'의 탄소 배출량, 즉 공급망에서 발생하는 간접 배출량을 평가하는 데 있어서 어려움이 있다.[6] 사실, 기후변화에 대한 은행의 영향은 대부분 간접적인 것이기 때문에, 이에 관한 은행의 정확한 책임을 규정하는 것은 어렵다. 다가오는 규제 개발, 떠오르는 기후변화 소송은 물론 주주의 행동주의, 전환하는 시장 역학관계로 인해 그러한 책임의 범위를 명확히 규정하는 것이 그 어느 때보다 시급한 상황이다. 본 논문은 이행원칙의 규범적 설계를 기축으로 위와 같은 문제를 해결하고자 한다. 본 논문과 특히 관련이 있는 것은 소위 '스코프 3' 배출량, 즉 기업의 투자와 연결된 것을 포함하여 기업의 공급망에서 발생하는 모든 간접 배출량(구매한 에너지의 발전에서 생성되지 않은)이다.

본 논문은 편의상 은행이란 주체에 초점을 두고 있지만, 결론의 많은 부분은, 예를 들어, 국부펀드나 기후변화에 영향을 미치는 회사의 주식을 보유한 다른 투자자들에게도 적용된다.

1.2. 규범적 프레임워크와 연구 질문

본 논문의 목적상, 책임이라는 용어는 이행원칙에 명시된 대로 기업의 인권 존중 책임으로 이해하고자 한다. 이행원칙은 연성 규범이지만 그럼에도 불구하고 핵심 인권 및 노동 기준을 행동 기준으로 사용한다(이행원칙 12).[7] 우리는 이행원칙이 국제법에 기초하여 기업의 인권 의무를 창설하지 않더라도 인권을 존중해야 할 기업의 책임은 국제인권법에 비추어 해석되어야 한다고 주장한다.

따라서 우리의 규범적 틀은 이행원칙 및 관련 인권법을 포함한다. 우리는 이행원칙이 인권법과 명시적으로 연결된 기업에 대한 가장 정교하고 널리 수용된 행동 기준이기 때문에 이행원칙을 선택했다. 지속가능발전목표 및 업계 주도의 책임투자원칙과 같은 기타 국제 규범에서는 기후변화의 대처에 관해 금융기관을 포함한 민간 부문의 기후변화에 대처하는 역할을 고찰하고 있다.

그러나 이러한 규범들은 본질적으로 규범적이지 않으며, 인권법과 거의 관련이 없다. 그러므로 우리는 그 규범들이 지나치게 맥락에 의존적이며 현재의 기후 비상 상황이 요구하는 견고한 형태의 기후실사를 구성하기 위한 기축이 될 수 없다고 본다.

추가적인 연구를 통해 본 논문에서 제안하는 기후실사 기준과 기존의 여타 규범들 사이의 관계를 탐구할 수 있겠으나, 본 논문에서는 은행에 적용되는 기후 차원에서의 기업의 인권 존중 책임을 이해하는 데 초점을 두고자 한다. 본 논문의 주제는 기업과 인권이라는 발전 중인 분야이자 '기업이 어떻게 인권에 부정적 영향을 미치는 지와 기업에게 어떻게 책임(accountability)을 물을 수 있는지를 포함하여 이러한 인권침해를 예방하고 대처할 수 있는 다양한 방법에 대한 연구'로 정의되는 연구 분야에 기반을 두고자 한다.[8]

법학에서의 선행 연구는 이행원칙과 인권법에 기초하여 유사한 주체의 인권 책임을 보다 개괄적으로 검토해 왔다.[9] 해당 연구는 기후 차원의 논의를 추가하고 은행의 책임에 대해 주력하여 전개할 것이다. 대부분 논문의 결론은 기관 투자자와 금융 부문의 다른 주체에도 적용될 수 있다.[10]

본 논문의 접근법은 평가적이며 규범적이다. 먼저, 국제연성법 기준에 기초하여 은행의 기후 책임을 구체화하고 기후변화와 관련하여 이러한 기준의 공백을 파악한다. 이를 통해 기존 법적 체계에 대한 질적 평가를 수행하고 그 적합성에 의문을 제기한다. 그리고 본 논문이 해결하고자 하는 주요 연구 주제에 관해 답을 내리고자 하며, 이 규범적 주제는 "은행에 대한 일관된 실사 기준을 수립하려면 법은 어떻게 해석되어야 하나?"이다.

1.3. 연구 방법과 데이터

법학 연구의 관례에 따라, 본 논문의 데이터 자료에는 법률 문서와 공공 및 민간 주체의 공식 문서와 같은 1차 자료가 포함된다. 위에서 언급한 규범적 틀에 명시된 바와 같이, 은행의 기후 책임을 구체화하기 위해, 주로 이행원칙과 OECD 다국적기업 가이드라인을 참고했다.

또한 Thun 그룹의 논고 및 적도 원칙(Equator Principles)과 같은 민간 개발 지침도 포함했다. 후자는 다른 성격을 가지고 있지만, 그럼에도 불구하고 이러한 사적 주체들이 어떻게 사적 영역 스스로 자신의 책임을 바라보고 있는지 이해하는 데 도움이 된다. 1차 자료 외에도 관련이 있는 경우 학술 및 회색 문헌도 참고했다. 법적 맥락을 설명한 후, 우리는 더 넓은 사회적 목표에 초점을 맞춘 목적론적인 방식으로 해석했는데, 이 경우 인류를 위협하는 기후 비상 상황을 대처하는 것을 가리킨다. 이는 Macchi의 연구를 기반으로 하여 기후실사라는 새로운 개념을 설명하는 것으로 이어진다.[11] 개념을 명확히 한 후, 은행 부문에서 실제로 이것이 의미하는 바를 검토하고자 한다.

1.4. 구조

해당 논문의 규범적 체계를 설정하기 위해 먼저 국제연성법 기준에 기초한 은행의 기후 책임을 구체화하고 Thun 그룹의 논고 및 적도 원칙

(섹션 2)과 같은 기존의 민간 개발 지침을 평가한다. 둘째, 세 번째 섹션에서는 기후실사라는 새로운 개념을 설명하고, 기후변화 책임을 이행원칙(섹션 3)에서 권위 있게 설명된 기업의 인권 존중 책임으로 포섭하여 해석한다. 셋째, 이러한 규범적 기준이 은행에 어떻게 적용되는지 살펴보고 은행의 기후실사 절차에 포함되어야 하는 핵심 요소를 검토한다(섹션 4). 마지막으로 간단히 결론을 내린다(섹션 5).

2. 은행의 기후 책임에 대한 명확한 규정

본 섹션은 인권 및 기후 영역에서 은행에 책임을 부과하는 적용 가능한 수단(instrument)을 제시한다. 아래에서 볼 수 있듯이 기업과 인권에 관한 핵심 규범인 이행원칙은 인권에 중점을 두고 있으나 환경 또는 기후 관련 문제를 명시적으로 언급하지 않는다. 공공 및 민간 규제 범주에 모두 속하는 다른 규범도 기후에 대해 가볍게 언급하는 정도에 그치고 있다. 규범적 관점에서 보면 기후변화는 고사하고 환경 보호 분야에서 이행원칙과 같은 것은 없다.

따라서 이 섹션에서는 기후 관련 문제가 관련 인권 문서에 어떻게 통합되는지, 그리고 더 중요한 것은 명시적 조항이 포함되어 있지 않은 경우 기후 문제를 어떻게 해석할 수 있는지 살펴본다. 섹션 2.1은 이행원칙과 OECD 다국적기업 가이드라인과 같은 공적 규범을 주로 다룬다. 섹션 2.2에서는 은행 부문에 적용할 수 있는 민간 개발 지침, 즉 Thun 그룹의 토론 문서와 적도 원칙에 중점을 둔다.

2.1. 국제기준

기업과 인권에 관한 두 가지 주요 국제 문서는 이행원칙과 OECD 다국적기업 가이드라인이다.[12] 이들 중 어느 것도 기후변화에 대한 강력한 기준을 제시하고 있지 않지만, OECD 다국적기업 가이드라인은 배출량 감소에 대해 언급했다는 측면에서 이행원칙보다는 근소하게 나은 편이라고 볼 수 있다.

이행원칙은 2011년 유엔 인권이사회의 승인을 받았으며 기업과 인권에 관해 가장 정교하고 보편적으로 적용할 수 있는 규범이다. 이행원칙에 따르면 전 산업군의 모든 기업은 인권을 존중할 책임이 있다(이행원칙 14).

실제로 이것은 은행이 (a) 자체 사업 활동을 통해 부정적인 인권 영향을 야기하거나 영향을 미치는 것을 피해야 하고 그러한 영향이 발생했을 때에는 대처해야 함을 의미하고, (b) 그들의 사업 관계에 의한 운영, 제품 또는 서비스와 직접 연결되어 있는 부정적 인권 영향을 예방하거나 경감하기 위해 노력해야 하며, 이는 비록 원인 제공을 하지 않았더라도 마찬가지이다(이행원칙 13).

2018년의 논문에서 Van Ho와 Alshaleel은 상호펀드 산업에서의 이행원칙 적용을 검토하고 본 논문과 관련된 중요한 점을 발견했다. 상호펀드는 'FDI, 은행 대출, 프로젝트 파이낸싱의 맥락에서 활용되는 것과는 다른 인권에의 접근'을 요구한다. 이와 관련하여 상호펀드가 인권에 미칠 수 있는 영향은 통상 간접적인 것임을 확인했다.[13]

이행원칙은 기업이 '야기하고', '원인을 제공하고' 또는 '연결될 수' 있는 영향을 구분한다. Van Ho가 만든 각 '참여 용어'는 해당 기업에 별개의 전략을 요구한다. 금융 부문의 경우 기업이 피해를 야기하거나 원인을 제공하기(직접적 영향) 보다는 직접적으로 연결(간접적 영향)되어 있다.[14] 본 논문에서는 인권 그 자체를 넘어 사유하고 특히 기후변화에 초점을 맞추고자 한다.

이행원칙에 따르면, 기업은 그들의 인권 존중 책임을 충족하기 위해 '인권에 미치는 그들의 영향을 식별, 예방, 완화 및 설명하는' 인권실사를 수행해야 한다(이행원칙 15).

이행원칙은 기업의 인권 존중 책임에 대한 비교적 구체적인 조문과 인권실사를 수행하는 방법에 대한 지침을 포함하나 기후에 대해서는 언급하고 있지 않다. 그러나 기후변화와 연관성을 고려하지 않고 이행원칙을 해석하는 것은 기후변화가 '우리 시대를 정의하는 위기'이고,[15] '많은 심각한 인권 영향이 기후변화로 이어지는 점'을 고려할 때[16], 이 두 문제는 필연적으로 관련성이 있기 때문에 이 규범의 관련성에 대해 의문을 제기할 수 있다.[17] 더욱이, 기후변화에 대한 민간 부문의 영향은 부인할 수 없으며 이는 특히 채굴 산업에만 국한되지 않는다.[18]

이 위기를 해결하기 위해서는 글로벌 거버넌스의 모든 행위자가 도덕적 명령에 따라 참여해야 한다. 도덕적 관점에서 기업의 책임에 접근하면서 Høyer Toft는 기업이 이행원칙의 '무해(do no harm)' 원칙의 접근법을 넘어 기후변화 분야에서 전방위적(backward- and forward-looking) 의무를 가지고 있다고 설득력 있게 주장한다.[19] 섹션 3에서 설명하는 것처럼 기업의 기후변화 책임은 관련 법적 원칙에 비추어 이행원칙에 대한 일관된 해석에서도 나타난다. 헤이그 지방법원(네덜란드)은 2021년 5월의 Milieudefensie et al. v Royal Dutch Shell PLC 판결에서 이러한 해석을 명확히 보여 준 바 있다.[20] 법원은 Royal Dutch Shell이 '많은 주의 배출량을 초과하고 네덜란드와 Wadden 지역(…)의 지구 온난화와 위험한 기후변화와 네덜란드 거주자와 바덴 지역 주민들의 인권에 대한 심각하고 돌이킬 수 없는 결과와 위험(…)'에 영향을 미치는 상당한 양의 CO2 배출에 대한 책임이 있다고 판결했다.[21]

환경, 기후 및 인권 문제가 상호 연결되어 있다는 사실은 2017년 프랑스의 실사의무화법(French Duty of Vigilance Law)과[22] 기업실사 및 기업 책임(accountability)에 관한 유럽연합 의회 입법 제안에도 반영되어 있다.[23] 2011년에 개정된 OECD 다국적기업 가이드라인은 기업과 인권 분야의 또 다른 핵심 규범이다. 규모, 유형, (산업)부문에 관계 없이 모든 기업에 적용되는 이행원칙과 달리, 가이드라인은 수락 참여국(현재 OECD 38개 회원국, 비OECD 12개국) 내 또는 수락 참여국으로부터 활동하는 다국적기업에만 적용된다.[24] 실제로 OECD 가이드라인은 미주, 유럽, 일본, 호주 등 주요 자본 수출국에 기반을 둔 대기업의 글로벌 활동에 적용된다. 따라서 지침의 범위는 보편적이지는 않지만 여전히 상당히 넓다.

이행원칙의 언어가 밀접하게 일치하는 인권에 관한 장과 함께 본 지침에는 환경에 관한 장이 포함되어 있다. 기후변화라는 용어는 해당 장이나 실제로 지침에 명시적으로 언급되지 않았다. 그러나 본문 전체에서 사용되는 '환경 영향'이라는 용어는 기후와 관련된 영향을 포함하는 것으로 해석하는 것이 합리적이다. 상호 대체되지는 않으나 환경 피해와 기후변화 피해는 밀접하게 관련되어 있다. 모든 환경적 영향이 기후변화의 결과인 것은 아니다. 예를 들어, 기름 유출 오염과 같은 산업 오염은 기후변화와 관련이 없지만 생물 다양성 손실, 명백한 환경 피해 및 부정적인 인권 영향으로 이어진다. 기후변화는 종종 환경에 심각한 피해를 주고, 그 자체로 문제가 될 뿐만 아니라 인권에 피해를 준다. 따라서 현 개정 가이드라인에 기후변화에 대한 구체적인 언급이 없는 경우, 가이드라인이 환경에 대한 다국적기업의 책임을 명시하는 방법을 기초로 그들의 기후 책임을 설명하는 것이 합리적이다.

환경 장에서는 비록 매우 약한 언어를 사용하지만 온실가스 배출 감소에 대해 언급하고 있다. 제6항은 기업이 다음을 하도록 규정하고 있다.

'(b) 온실가스 배출을 줄이는 제품 또는 서비스의 개발 및 제공(⋯)과 같은 활동을 장려함으로써 (c) 환경 관련 고객의 높은 수준의 인식을 촉진함으로써 기업 및 공급망의 기업 환경 성과를 지속적으로 개선하고자 한다. 기업의 제품 및 서비스를 사용하는 경우, 제품에 대한 정확한 정보 제공(예: 온실 가스 배출(⋯)), (d) 장기적인 기업 환경 성과 개선 방법 탐색 및 평가(예: 배출 감소를 위한 전략 개발)를 포함한다.'

　　'성과 향상' 및 '활동 장려'라는 용어는 지구와 취약 인구에 대한 기후 문제의 핵심적인 중요성을 충분히 담아내지는 못한다. 긍정적인 측면에서는, 첫 번째 단계로 다국적기업이 배출량을 줄이도록 권장하는 것은 가이드라인이 다음에 개정될 때 더 강력한 권고로 이어질 수 있다고 본다. 이 가이드라인은 또한 직간접적인 온실가스 배출의 경우와 같이 '보고 기준이 여전히 발전하고 있는 영역에서' 정보를 공개하라는 권고를 세 번째 장에 포함하고 있다. 또한 가이드라인을 보완하기 위해 금융업의 기업책임경영(RBC)에 대한 지침을 제공하는 추가 문서가 발행되었다.[25] 특히 기관 투자자를 위한 OECD 지침은 투자자들이 기업책임경영 정책에 기후변화 위험이 '기후변화 영향의 상당한 규모, 범위 및 회복할 수 없는 특성을 고려할 때' 우선순위로 취급할 것을 권장한다.[26]

　　또한 탄소정보공개 프로젝트(Carbon Disclosure Project, CDP)와 같은 기존 산업 이니셔티브에 참여하고 기업의 온실가스 배출 및 기후 관련 위험에 대한 정보를 제공할 것을 장려하고 있다.[27] 이행원칙과 완벽하게 일치하지는 않지만, 은행을 위한 OECD 실사 지침은 은행이 어떻게 잠재적으로 부정적인 영향에 '기여'할 수 있는지를 설명한다.[28] 즉, 고객의 활동이나 프로젝트의 악영향을 예측할 수 있는 경우, 수익금이 고객의 고위험 활동에 사용된 것으로 알려졌거나 그럴 가능성이 있는 경우, 그리고 은행의 '금융 또는 유가증권 인수 서비스 제공이 적절한 실사 없이 이뤄진' 경우에 대한 내용이다.[29]

이 문서는 '기후변화와 같이 본질적으로 집단적이고 확산적이고 초국경적인 부정적 영향에 대해 자금 조달과 피해를 야기하는 고객의 특정 활동 사이의 관계를 이해하기 위해 더욱 미묘한 분석이 필요할 수 있음'을 인식한다.[30]

전반적으로 규범 자체에 초점을 맞추면 이행원칙과 OECD 가이드라인 및 기타 관련 문서 모두 기후변화와 관련된 명시적이고 야심찬 기준을 수립하고 있지는 않다. 그러나 인권과 기후 문제는 밀접하게 관련되어 있기 때문에 이러한 문서는 기후 차원을 포함하는 방식으로도 해석될 수 있다. 더욱이, 이러한 주요 국제 규범을 보완하면서 금융업 자체가 인권 및 환경 영향을 다루기 위한 자체 지침을 개발하기도 했다.

2.2. 은행에 적용되는 인권 및 기후에 관한 민간 지침

위에서 살펴보았듯이 이행원칙과 OECD 다국적기업 가이드라인은 여러 산업에 걸쳐 적용된다. 이러한 문서를 기반으로 은행 부문 자체에서도 몇 가지 지침을 개발했다. 프로젝트 파이낸스의 협소한 영역 내에서 금융기관이 자체적으로 개발하고 국제금융공사의 성과 기준을 기반으로 하는 적도원칙은 몇 가지 중요한 지침을 제공한다.[31] 적도원칙은 '프로젝트의 환경 및 사회적 위험을 결정, 평가 및 관리하기 위한 금융 산업 벤치마크'이다.[32] 사회 및 환경 평가에 대한 두 번째 원칙은 적도원칙 금융기관(EPFI)에 고객이 '제안된 프로젝트의 관련 환경 및 사회적 위험과 영향 규모를 EPFI가 만족할 수 있도록 처리하기 위한 적절한 평가 프로세스'를 수행하도록 요구한다. 평가에는 인권 및 기후변화 위험이 포함되어야 한다(원칙 2). '기후변화: 온실가스 배출량의 대안 분석, 정량화 및 보고'라는 제목의 부록 A는 주어진 프로젝트의 온실가스 배출량을 계산하고 소통하는 방법에 대한 추가 지침을 이러한 프로젝트별 접근 방식 외에도 은행 부문의 일부 주요 참여자로 구성된 Thun 그룹은 2013년과[33] 2017년에 논고 형식으로 광범위한 지침을 개발했다. 그러나 그 논고들은 기업의 인권 존중 책임을 잘못 해석했다.[34] 예를 들어, 은행은 일반적으로 고객을 통해 인권 영향을 '야기'하거나 '기여'할 수 없으며 은행이 그러한 영향에 '직접 연결'되었다고 언급하는 것이 최대한의 조치라고 언급하고 있다. 이행원칙에 대한 이러한 협소하고 잘못된 해석은 '기업과 인권' 분야의 핵심 인사, 특히 이행원칙의 설계자인 존 러기 교수의 반발을 샀다.[35] 논고의 두 버전(2013년, 2017년) 모두 기후변화나 온실가스 배출 감소에 대해 언급하지 않는다. 그것은 후자에 대해 더 자세히 설명하지 않고 사회적 및 환경적 위험만을 언급한다.

공공 및 민간 성격의 금융 부문에 적용할 수 있는 가장 관련성이 높은 기준에 대한 이 간략한 개관은 기후 차원이 해당 기준에 잘 통합되지 않았음을 강조한다. 그러나 다음 섹션에서 볼 수 있듯이 기후실사는 인권실사에 내재된 차원이다.

3. 인권실사의 내재된 차원으로서의 기후실사

이행원칙은 국제인권법에 기반을 두고 있으며, 다양한 행위자들이 인정한 바와 같이 기업의 책임과 관련하여 현재까지 국제적 수준에서 가장 권위 있는 규범적 기준이다.[36] 본 논문은 비록 그것이 연성법적 수단이기는 하지만 이행원칙의 명백한 법적 언어와 규범적 목적은 (국제인권법) 법적 범주에서 이행원칙의 내용을 해석해야 한다는 견해를 취한다.

국가의 국제 인권 의무가 공백 상태로 존재하지 않는 것과 마찬가지로, 기업의 인권 존중 책임은 관련되는 경우 국제 환경법 및 기후법을 포함한 다른 법령을 참고하여 해석되어야 한다.[37]

'안정된 기후에 대한' 자립적 권리가 현재 국제법에서 인정되지는 않지만, 앞서 언급한 바와 같이 기후변화의 인권 영향은 논쟁의 여지가 없으며[38] 국가와 기업의 법적 의무에 대한 사법적 결정에 영향을 끼치기 시작했다.[39] 국가가 국제인권조약에 따른 의무의 일부로 기후변화와 그 해로운 영향을 다룰 필요가 있다는 것이 점점 더 분명해지고 있으며, 여기에는 민간 부문을 규제하는 실사 의무도 수반된다.[40] 환경적 영향과 관련하여 국가의 인권 의무에 대해 상당한 판례를 만들어 온 유럽인권재판소는 현재 첫 번째 기후변화 관련 적용을 검토하고 있으며,[41] 인권위원회 또한 유사한 문제를 다루고 있다.[42]

국가의 인권 의무는 때때로 환경법과 기후법 원칙의 관점에서 해석되어야 하고 최신 기후 과학의 징후를 검토해야 하므로 기업의 인권 존중 책임도 기업이 연루된 기후변화와 관련된 인권 영향을 다루어야 한다. 실제로 기업의 인권 존중 책임의 규범적 범위에서 인간에 의한 지구 온난화로의 인권 피해와 위협을 제외하는 것은 이행원칙의 수립 목적 중 하나, 즉 '세계화로 인한 (법적) 지배구조의 공백', 즉 경제적 힘과 행위자의 영향과 범위, 그리고 그들의 부정적인 결과를 관리할 수 있는 사회의 능력을 좁히는 것과 모순된다.[43]

이러한 이유로 여기에서는 조약법에 관한 비엔나 협약에서 파생된 '체계적 통합' 원칙을[44] 적용하여 환경법 및 기후법 원칙을 포함하여 국제법의 모든 관련 규칙에 비추어[45] 이행원칙의 두 번째 기둥(기업의 인권 존중 책임)을 해석해야 한다고 주장한다. 이것은 이행원칙의 인권실사가 기후변화 차원을 포함하고 있다는 인식을 수반하며, 본 논문에서는 이를 기후실사라고 정의한다. 이행원칙에서 이 원칙의 기본 규범적 기반은 국제인권법이지만 이행원칙의 규범적 기반에 따라 기후실사는 또한 파리 협정과 같은 국제 문서 그리고 기후 과학(특히 IPCC의 연구) 및 국제 환경법의 관련 원칙(예, 예방)에 기반한다.

현재의 규제 및 사법적 발전을 고려할 때 이 개념을 행동 기준 및 비즈니스 프로세스로서 명확히 하는 것이 특히 시급하다.[46] 기업의 기후변화 책임은 전 세계적으로 면밀한 검토가 이뤄지고 있으며 점점 더 기후변화 소송의 대상이 되고 있다.[47] 이행원칙은 국제적 수준에서 가장 권위 있는 기업 책임 기준으로서 기업을 대상으로 한 기후변화 소송에서 활용되고 있으며, 위에서 보았듯이 이미 헤이그 지방법원에서 Shell의 법적 의무와 관련하여 기후변화 관련 법률을 해석하는 데 사용되었다.[48]

인권 및 환경 실사 의무화에 관한 유럽연합 지침은 2021년 4분기에 유럽연합 집행위원회(European Commission)에 의해 상정되어야 하며, 기후변화 차원을 포함할 가능성이 높고 기후실사를 은행을 포함하여 유럽연합 시장에서 활동하는 기업에 대한 구속력 있는 요건이 되도록 할 것이다.[49] 실제로 위원회는 유럽 그린딜의 지속 가능성 목표를 실현하기 위한 노력의 일환으로 지침을 채택할 계획이며 유럽 의회는 지침 초안을 제시하는 2021년 자체 제안에서 실사에 기후변화 차원을 포함하는 것으로 명시했다.[50]

사업 활동 과정으로서의 기후실사는 인권실사의 주요 특징, 즉 식별된 위험의 심각성, 회사 규모 또는 특성과 회사 운영의 맥락 같은 요소에 따라 내용이 달라지는 유연하고 적응 가능한 장치이다. 따라서 인권실사 프로세스와 마찬가지로 기후실사는 반드시 위험 평가와 함께 시작된다. 인권실사가 이해관계자의 인권에 대한 위험에 초점을 맞추는 반면, 기후실사는 기후에 대한 기업의 직간접적 영향에 중점을 둔다.

다른 곳에서 논의된 바와 같이 두 프로세스는 독립적으로 이루어지는 것이 아니라 서로 소통하고 보완해야 한다.[51] 기후실사를 수행할 때

은행은 우선 은행 자체의 운영 또는 사업 관계가 기후변화를 야기하거나 영향을 미치는 방식을 이해하고 그러한 위험에 대처하기 위해 필요한 조치를 취해야 한다. 그러나 이 중요한 단계는 수많은 공공 및 민간 행위자들의 결합된 행동(및 부작위)에 의해 수십 년 동안 발생한 현상인 인위적인 지구 온난화에 영향을 미치는 것이 무엇을 의미하는지를 이해해야 하기 때문에 논란의 여지가 없지 않다.

에너지 전환에서 역할을 수행하고 향후 정책 및 규제 개발을 준수하기 위해 은행은 자체 운영뿐만 아니라 대출 및 투자 포트폴리오에 속한 회사의 운영이 어떻게 인위적인 지구 온난화와 그에 따른 부정적인 인권 영향에 영향을 미치는지 명확하게 이해해야 한다. 이러한 문제는 다음 섹션에서 다룰 것이다.

4. 기후실사: 은행의 책임 이해

은행 또는 기관 투자자는 일반적으로 대출 또는 소수 지분 소유와 같은 다른 회사와의 금융 거래를 통해 기후변화 영향에 관여한다. 따라서 해당 투자가 이행원칙에 따른 기업 책임의 위반을 구성할 수 있는지 여부를 결정하려면 포트폴리오에 포함된 기업이 기후변화에 영향을 미칠 수 있는 시기를 이해하는 것이 중요하다. 이 평가는 현상의 세계적 범위와 시간이 지남에 따라 이에 영향을 미친 많은 주제를 고려할 때 문제가 될 수 있다. 이 섹션은 은행의 책임을 보다 구체적으로 탐구하고 기후실사 프로세스의 주요 요소를 풀어내기 전에 문제를 명확히 하는 것을 목표로 한다.

4.1. 관련 영향 식별

인권실사 과정의 첫 번째 단계는 기업이 '자체 활동을 통해 또는 사업 관계의 결과로' 연관될 수 있는 실제 또는 잠재적인 부정적 인권 영향을 식별하고 평가하는 것이다. 은행의 경우 이는 이중적인 어려움을 내포하는데, 즉 고객의 활동이 기후에 미치는 영향을 식별하고 결과적으로 해당 고객에 대한 자금 조달 또는 대출을 통해 이러한 영향에 대한 자체의 관여를 평가하는 것을 수반한다. 이행원칙의 '영향' 및 '위험' 개념은 회사나 주주의 이익을 보호하는 것이 아니라 권리 보유자를 초점으로 한다. 이행원칙에 명시되어 있지는 않지만, 인권에 영향을 미치는 환경 피해는 인권실사 평가 단계의 관련 부분을 구성한다. 인권 위험 평가의 중요성은 아무리 강조해도 지나치지 않다. 실재적 및 잠재적 영향의 식별과 기업이 이러한 영향에 대해 갖는 관련 유형에 따라 기업이 취해야 할 조치가 결정되고, 일부 경우, 피해자에 대한 구제책 또한 결정되기 때문이다.

그러나 실사 프로세스의 해당 단계는 기후변화에 대한 기업의 기여와 관련하여 기후변화 현상의 세계적 규모와 인위적인 지구 온난화와 특정 인권 영향을 연결하는 복잡한 인과 관계를 고려할 때 특히 어려운 것으로 보일 수 있다. 무엇보다도 기후변화의 '피해자'를 식별하는 것이 가능한지 여부를 궁금해하는 것은 타당한데, 이는 기후변화와 특정 인권침해 사이의 인과 관계 확립을 요구한다. 기후변화의 영향 중 일부는 실제로 극도로 광범위하고 '배상을 요구할 수 있는 식별될 수 있는 피해자 그룹'이 있는 인권침해로 규정하기 어렵다.[52]

그러나 기후 과학의 발전 덕분에 빙하가 녹거나 해수면 상승과 같은 인위적인 지구 온난화의 일부 결과는 오늘날 예방 측면과 실제적 및 잠재적인 인권 영향에 대한 시정 차원에서 특정 국가의 의무를 야기할 정도로 대체로 예측할 수 있고 측정할 수 있다.[53] 따라서 기후변화는 확산 효과를 일으킬 뿐만 아니라 피해자에 대한 식별 가능한 영향을 발생시킨다.[54] [55]

그러나 이것을 고려하더라도 기후변화의 인권 영향은 일반적으로 시간이 지남에 따라 침전된 수많은 공적 및 사적 행위자의 행동과 무활동의 결과라는 점에서 두 번째 난관이 나타난다. 따라서 기업이 기후변화에 대한 자신의 기여와 특정 기후변화 관련 부정적인 영향 간의 연관성을 식별하는 것이 항상 간단한 것은 아니다. 은행이 고객의 활동에 대한 운영 통제를 유지하지 않고 회사나 프로젝트에 대출하는 경우에는 더욱 그렇다. 인권 위험 평가의 목표는 '기업이 관련될 수 있는' 영향을 식별하고 '특정 운영 맥락을 고려할 때 특정 사람들에 대한 특정 영향을 이해'하는 것이지만, 기업이 항상 기후변화에 대한 영향으로 인해 관련된 특정 기후변화 관련 인권 영향을 식별할 수 있는 것은 아니다.

그러나 본 글에서는 이러한 불확실성 요소가 기업이 자체 기후변화 영향을 평가하고 해결하는 것에서 기업을 배제할 수 없다고 주장한다. 그 이유로는 두 가지가 있으며, 아래와 같다.

(i) 기후변화의 인권에 대한 부정적인 영향이 언제 어디서 나타날지 확실히 예측할 수는 없지만, 그 발생은 거의 확실하며 이러한 영향 중 일부는 이미 발생하고 있다. (ii) 기후변화와 관련된 인권 영향은 이행원칙에 따라 실사 조치의 우선순위를 요구하는 대규모이거나 복구 불가능한 상황인 경향이 있다.

유럽 의회가 EU 차원의 지침에 대한 권장 사항에서 언급했듯이 '실사는 주로 예방 메커니즘이다'.[56] 일단 해로운 영향이 구체화되면 완화 및 개선의 책임이 떠오를 수 있지만, 실사 표준은 또한 '잠재적' 영향과 관련되어 예측할 수 있는 위험이 발생하기 전에 식별하고 예방할 기업의 책임을 부과한다. 이러한 예방적 역할은 이행원칙에 따라 '규모, 범위 및 회복 불가능한 성격'에 의해 정의되는 '심각한' 인권 영향의 경우 더욱 중요하다. 기후변화의 인권 영향 중 일부는 이미 명백하여 전 세계 공동체가 국가와 기업의 책임을 활용하여 이미 겪은 피해 또는 기후변화 관련 위협에 대한 대비책의 비용에 대한 보상을 얻으려고 노력하고 있다.[57]

위에서 언급했듯이, 귀인 과학(attribution science)은 이제 인류에 의한 지구 온난화에서 전체 공동체의 생계 및 복지를 위험에 빠뜨리는 극단적인 기상 현상 및 기타 현상의 원인을 식별할 수 있다.[58] 지구 온난화가 심화됨에 따라 이러한 유해한 영향이 더욱 빈번해질 것이라는 증거도 증가하고 있다.[59] 그 결과 기후변화에 기여하는 기업은 기후변화의 부정적 영향이 언제, 어디서 특정 인권침해를 초래할지 엄격하고 정확하게 예측할 수 없지만, 일부는 이미 실현되고 있고 그러한 영향이 실제로 발생한다는 점은 사실상 확실할 수 있다.[60]

이것이 기후변화와 관련된 인권 영향에 대한 법적 책임(liability)을 법원에서 입증하기에 충분하지는 않지만 이행원칙에 따른 책임은 유발한다. 이행원칙의 실사 개념의 예방 논리는 (예측할 수 있는) '위험'의 평가에 따라 달라지며, 정의에 따라 어느 정도의 불확정성을 수반한다. 실제로 '예방조치가 인과 관계가 이미 알려진 위험을 피하기 위한 […]인 것이 사실이라면 '불확실성은 위험의 개념에 내재되어 있음'과 '예상된 영향의 가능성과 특성이 상대적으로 "확정된" 정량화 가능한 위험의 경우도 여전히 어느 정도의 불확실성을 수반한다는 것'도 동일하게 사실이다.

이러한 불확실성 요소에도 불구하고, 온실가스 배출, 지구 온난화 및 인권 영향 사이의 인과 관계에 대한 과학적 증거는 이행원칙하의 '합리적이고 신중한 기업'이 기후변화에 기여하는 위험을 식별하고 해결할 것이라고 주장할 수 있게 한다. [61]이행원칙은 행동의 우선순위가 필요할 때, 기업들은 기후변화의 잘 알려진 많은 결과처럼, "먼저 가장 심각하거나 지연된 대응이 그들을 구제할 수 없게 만드는 [영향]을 예방하고 완화해야 한다."고 권고한다.

4.2. 기업 책임의 범주:
기후변화에 '기여'한다는 것은 무엇을 의미하는가?

이행원칙은 '모든 국가와 기업이 인권을 수호하기 위해 취해야 할 조치에 대한 청사진을 제공하는 권위 있는 글로벌 표준'을 구성한다.[62] 따라서 그들은 법적 책임(liability)의 기준이 아니라 책임(Responsibility)의 기준을 설정하는 데 관심이 있다. 따라서 이행원칙에 따른 책임은 특정 조치 또는 부작위에 대해 법원에서 법적 책임을 설정할 수 있는지 여부와 무관하게 발생할 수 있다. 기업의 인권 존중 책임은 이행원칙에서 인권 침해를 '야기', '기여', '연관'의 세 가지 범주로 구분하여 명시하고 있다. 이행원칙은 이러한 범주를 사용하여 기업이 환경에 미치는 영향이 아닌 인권침해에 대한 관여를 정의한다. 그러나 앞서 설명한 바와 같이 기후변화는 인권에 영향을 미치고 있는 지구적 현상임에 틀림이 없으며, 그 빈도와 심각도는 앞으로 더욱 증가할 것이 뻔하여 우리 시대의 주요 인권 위협 중 하나를 구성하고 있다.

기후변화와 과학적으로 인위적인 지구 온난화에 기인할 수 있는 예측 가능하고 측정 가능한 (심각한) 인권 영향 사이의 불가분의 관계를 고려할 때, 이 세 가지 범주는 기후변화와 관련하여 기업, 특히 금융 부문의 책임을 설명하는 데 사용될 수 있다. 이행원칙의 분류에 따르면 단일 기업(또는 국가)이 기후변화를 '야기'하지 않는다는 것은 의심의 여지가 없다. '은행의 조치와 결정이 고객이나 다른 기업의 기여 없이 인권에 악영향을 미치기에 충분할 때' 야기 책임(causing responsibility)이 나타난다.[63] 이 시나리오는 인위적인 지구 온난화의 본질에 의해 배제되며, 이는 여러 주체의 누적 배출량뿐만[64] 아니라 정부가 취한 불충분한 예방 및 완화 조치에서 비롯된다. 따라서 다음 하위 섹션은 '기여'와 '연결' 책임에 관한 것이다.

이 논문의 앞부분에서 언급한 Thun 그룹의 해석은 기여가 은행 자체 활동에서만 발생할 수 있고 다른 기업에 대한 재정 지원에서는 발생할 수 없다는 '야기'와 '기여'의 두 범주를 통합한다.[65]

기여 책임은 은행과 고객 간의 관계에서도 비롯될 수 있으므로, 이 해석은 정확하지 않다. 은행의 '행동과 결정이 인권에 부정적인 영향을 미칠 가능성이 더 높아지는 방식으로 고객에게 영향을 미쳤을 때' 은행은 인권침해에 '기여'할 수 있다.[66] 이행원칙에서 기여는 인과 관계의 요소를 내포하는 개념이다. 기여의 예로는 은행이 '강제 이주 위험이 있다는 것을 알았거나 알고 있었어야 했지만, 고객이 이를 방지하거나 완화하도록 하는 조치를 취하도록 하지 않은 경우'를 통해 강제 이주를 초래하는 사회기반시설 프로젝트에 대한 자금 지원을 제공하는 것 등이 있다.[67]

중요한 것은 -그리고 특정 유형의 대출이 본질적으로 더 문제가 많고 더 큰 실사가 필요하다는 Thun 그룹의 주장과는 달리- 기여를 유발하는 자금조달 유형이나 규모에 대해 미리 정해진 벤치마크가 없다는 것이다.[68] 유엔인권최고대표사무소(이하 'OHCHR')가 제시한 유일한 지표는 '요구되는 인과 관계의 요소가 고객에게 "사소한" 영향을 미치는 활동은 제외할 수 있다'는 것이다.[69]

기후변화의 경우, 이행원칙의 의미 내에서 기업이 기후변화에 '기여'하는 것이 일반적으로 가능한지 먼저 질문해야 한다. 이 질문은 두 부분으로 다루어지는데, 먼저 소위 '대량 배출자'의 책임에 초점을 맞춘 다음, 더 일반적으로 파리 협정에 따른 국가 및 비국가책임의 성격에 초점을 맞춘다.

기여의 개념은 '그 자체로는 그 영향을 초래하기에 충분하지 않을지라도 발생한 특정 영향의 위험을 실질적으로 증가시키는' 작위 및 부작위를 나타낸다.[70] 기여 책임(contribution responsibility)의 존재를 확실하게 결정하는 배출 수준을 정의할 수는 없지만, 우리는 인류가 만들어낸 온실가스 배출에 대해 역사적으로 가장 큰 책임을 지고 있는 기업, 즉 세계의 '대규모 배출자' 또는 '탄소 메이저(Carbon Majors)'에 대해 추론할 수 있다. 필리핀의 소위 '탄소 메이저 청원'은 기후 과학에 의존하여 1751년에서 2010년 사이의 개별 배출량을 자세히 설명하는 세계 50대 최고 배출 기업을 나열했다.[71] 이 목록에 있는 상위 10개 기업 각각은 0.5%에서 3.5% 범위의 역사적인 인위적 배출량의 몫을 차지한다.

필리핀 인권위원회에 제출된 탄원서는 '지침 원칙에 따라 탄소메이저들의 활동이 기후변화 관련 인권침해에 기여했거나 관련되어 있다고 주장한다.' 배출을 통해 이 기업들은 '지속적으로 상승된 수준의 대기 중 이산화탄소에 기여'했으며, 이에 따라 '사람들의 권리 침해를 초래했거나 초래할 가능성이 있는 현재 또는 예측되는 기후변화 영향에 대한 책임'이 있다.[72] 위원회의 최종 보고서는 아직 공개되지 않았으나, 2019년 12월 성명에서 기후변화에 대한 탄소 메이저의 기여가 잠재적으로 필리핀에서 법적 책임을 질 수 있다는 견해를 표명했다.[73]

1988년 이후 세계 상위 100대(민간 및 공공) 화석연료 생산자를 언급한 기후책임연구소(Climate Accountability Institute)와 탄소정보공개 프로젝트(CDP)가 공동으로 작성한 2017년 보고서는 '이 생산자와 관련된 역사적 배출량 규모가 기후변화에 크게 영향을 미칠 만큼 충분히 크다.'고 지적했다. 따라서 이러한 생산자들의 중장기적인 조치는 글로벌 에너지 전환에 중추적인 역할을 할 수 있고, 그렇게 해야 한다.[74] 위에서 언급한 바와 같이 대부분 정의되지 않은 기여 개념이 확실히 인과 관계의 요소를 수반하고 '사소한' 효과를 제외한다면, 적어도 세계 대형 배출업체의 역시적으로 중요한 기여는 이 범주에 속해야 할 것으로 보인다. 따라서 이들 기업의 화석연료 생산 및 신규 매장지 탐사에 대한 지속적인 투자는 이행원칙에 따른 존중 책임과 양립할 수 없어 보인다.

프랑스에서 진행 중인 소송에서 토탈(Total)은 파리 협정의 목표와 정책을 일치시키지 못했으며, 무엇보다도 새로운 석유 매장지 탐사에 계속 투자했다는 혐의를 받고 있다.[75] 이러한 기업들의 투자가 이행원칙과 양립할 수 없다는 점은 이러한 기업들이 수십 년 동안 자신들의 활동이 기후에 미치는 해로운 영향을 알고 있었고, 파리 완화 목표를 실현하려면 그들의 배출량을 대폭 줄여야 한다는 것을 확실히 알고 있다는 사실에서 확인된다.[76] 다음 하위 섹션에서 더 자세히 설명하겠지만, 은행 또는 기관 투자자가 포트폴리오에 '탄소 메이저'를 유지하는 것은 위험 신호이며, 기후변화와 직간접적으로 연결될 위험을 실사 과정을 통해 신중히 평가할 것을 요구한다.

'대량 배출업체'는 특히 핵심 사업의 심각한 기후변화 영향 때문에 고위험으로 간주되어야 하지만, 모든 프로젝트(특히 새로운 프로젝트 또는 프로젝트 확장)는 상당한 양의 온실가스 배출을 유발하고 지속 불가능한 에너지 생산 모델을 영속화하는 것은 이행원칙의 의미 내에서 기후변화에 잠재적으로 기여할 수 있음을 명시하는 것이 중요하다. 실제로, 현재의 기후 과학에 따르면, 2020년부터 2030년까지[77] 배출량을 연간 7.6%(1.5 C 목표)[78] 또는 최소 2.7%(2 C 목표)로 감축해야 하는 긴급성을 감안할 때, 어느 영향으로 이 목표를 향한 프로젝트와 투자를 지연시키는 것은 기후변화의 부정적인 영향을 더욱 증대시킬 것으로 보인다.

따라서 그러한 프로젝트에 자금을 지원하는 은행은 이행원칙에 따른 책임을 위반하는 기후 영향의 조력자가 될 위험을 인식해야 한다. 그러나 그렇다고 해서 모든 화석연료 프로젝트와 투자를 한 번에 중단할 수 있는 것은 아니다. 에너지 전환의 시급성과 불가피성에도 불구하고 화석연료 에너지를 갑자기 포기하는 것은 인권과 개발에 부정적인 영향을 미치기 때문에 이는 하룻밤 사이에 달성할 수 없다.

이와 관련해 협정의 당사국이 '지구 온도 상승의 섭씨 2도 이하 유지'라는 협정의 목표를 달성하기 위해 자신의 책임과 최선의 능력에 따라 모든 적절하고 충분한 기후 조치를 이행할 것'이라는 협정 내에 함의된 진행의 원칙을 살펴보는 것이 유용할 수 있다.[79] 파리 협정에 따라 진행의 원칙과 '가능한 최고 수준의 목표'가 결합되어 당사국은 모든 연속적인 국가 온실가스 감축목표(NDC)와 함께 '이전의 노력을 뛰어넘을 것'을 요구한다.[80] 당사국은 각자의 실사 책임의 이행을 위해 충분한 방안의 선택을 유지하면서도, 진행의 원칙과 가능한 최고 수준의 목표 달성 과정을 멈추거나 후퇴시키는 '퇴행적' 조치와 양립할 수 없다.

여기서 퇴행 금지의 원칙이란 경제적·사회적·문화적 권리위원회(CESCR)의 강령에서 차용된 것으로 모든 권리 신장의 진보와 관련한 퇴행적 조치는 명백히 경제적·사회적·문화적 권리의 원칙과 양립할 수 없으며 가능한 모든 자원의 완전한 사용이라는 상황 내에서 충분하게 정당화되어야 한다.[81] 그것은 또한 목표를 향한 진보는 구체적이고 측정할 수 있는 대상에 기반해야 함을 뜻한다. 예를 들어, 역사적인 우르헨다(Urgenda) 판결에서는 법원이 기후변화에 대항하기 위한 네덜란드의 정책이 요구되는 정도의 포부에 미치지 못한다고 판단했으며, 국가에 이를 수정하도록 지시했다.[82] 이는 결국 네덜란드에 현존하는 화력발전소 철수를 가속화하는 것을 요구한다.[83] 예를 들어 '세계가 지구온난화로부터 안전하고 2050년까지 탄소 중립이라는 목적을 달성하기 위해서는 신연료와 가스전의 착취와 개발은 올해[2021년]로 멈춰야 하며 새로운 화력발전소는 설립될 수 없다.'는 최근 국제 에너지 기구의 경고처럼, 국가와 사업에 구체적인 조치가 요구된다는 점점 더 명확한 증거는 기후 과학으로부터 기인한다.[84]

결론적으로, 글로벌 에너지 전환은 점진적으로 이루어지지만, (i) 국가는 파리 협정 및 기후 과학에 따라 배출량을 억제하기 위해 즉각적으로 구체적이고, 목표지향적이며, 더 야심찬 조치를 취해야 한다. (ii) 배출 감소와 에너지 수요 충족 간의 균형은 각 국가의 개발 수준과 상황에 따라 다르게 결정된다.[85] (iii) 어떤 경우에는 그러한 균형은 특정 대량 방출 활동의 신속한 해체와 새로운 활동에 대한 투자/승인의 자제를 요구한다. 오슬로 원칙은 '최빈개발도상국의 상황처럼 그러한 활동이 현상에 필수 불가결한 경우가 아니라면, 상쇄 조치 없이 화력발전소를 설립, 확장하는 것과 같이 과도한 온실가스 배출을 유발하는 새로운 활동의 시작을 국가와 기업이 삼가야 한다.'는 것을 주장한다.[86] 대기 중 이산화탄소를 제거하는 기술을 아직 대규모로 이용할 수 없다는 점을 감안할 때 '상쇄 조치'에 대한 언급은 현재로서는 거의 관련성이 없어 보인다.[87]

이러한 관점에서, 보이드(Boyd) 특별보고관이 확인한 바와 같이 이행원칙에 따라 기업이 사후 실사 책임이 있음을 인정한다면, 이는 또한 '기업은 기후변화를 효과적으로 해결하기 위한 공공정책을 반대하기보다는 지지해야 함'을 의미하기도 하며,[88] 기업은 기후변화에 영향을 미친 수준에 따라 다음과 같은 책임이 있을 수 있다. 즉 (i) 2021년 Shell 판결에서 네덜란드 법원의 판결에 따라 배출량 감축 (Shell이 2030년까지 규정된 비율의 배출량 감축과 관련해 엄격한 의무를 내포함을 감안).[89] 이를 위해서 기존 프로젝트를 단계적으로 중단하고 새로운 프로젝트에 대한 투자 자제; (ii) 회사 및/또는 그룹 정책을 파리 협정의 목표에 맞추는 것; (iii) 기후실사 노력에 반응하지 않고 기후변화에 지속적으로 영향을 미치는 사업 파트너와의 상업적 관계 단절.

진보적 달성의 관점에서 기후변화에 대한 기여도를 보는 것은 이행원칙에서의 기여 책임(contribution responsibility)이 탄소 메이저에 의해 역사적으로 생산된 특정 대규모의 방출에서만 유래한다는 잠재적 오해를 해소할 수 있다. 실제로, 이행원칙에 의거, 규모는 평가 과정에 고려되는 많은 요소 중 하나일 뿐이다.

위 언급된 이유에 기반해, 자신들의 포트폴리오가 기후변화에 미친 영향을 평가하는 은행 또는 기관 투자자는 그러한 모든 활동에 파리 협정 실현을 위한 감축 목표의 진보적 성과를 저해하는 '기여'가 있다는 강한 전제와, 가능한 모든 자원과 차선책, 인권과 지속가능한개발 고려 사항들에 비추어 그것이 정당화되지 않는다는 점을 고려해야 한다. 그러므로 자신의 포트폴리오를 평가함에 있어서 은행은 '2050 이전 탄소 중립을 위해 부문별 포트폴리오 내 상세한 중간 목표와 구체적인 타임 라인'을 대비해야 하며[90], 앞서 명시된 바와 같이 지구온난화에 기여하고 있는 기업과 프로젝트에 대한 투자를 철회하는 것을 우선시해야 한다.

이행원칙에 따르면, 기여는 구제 책임을 증가시킬 수 있다. 현실에서 해당 쟁점이 법원에서 다루어질 경우, 적용할 수 있는 법과 사건의 모든 경우에 근거해 문제를 평가하는 것은 판사들의 몫이다. 이것이 제기할 법적 이의에도 불구하고, 기업을 상대로 한 기후변화 소송이 (전형적으로 '대기업'을 상대로 한) 신속히 개발되어 향후 몇 년 안에 기후변화 관련 책임과 법적 책임 간의 연관성을 명확히 할 수 있다는 점을 상기하는 것이 중요하다.[91] 이전에 언급된 바와 같이, 네덜란드에서 Shell을 상대로 한 2021년의 획기적 판결은 2030년까지 2019년 기업 그룹 배출량의 45%를 감소할 것을 지시했으며, 이는 기후변화에 대한 기업의 책임이 법적 책임으로 이어질 수 있음을 보여 준 사례이다. 흥미롭게도 법원은 국제 인권법(생명권, 사생활 및 가족 생활에 대한 권리), 이행원칙 및 기타 기업 및 인권 연성법 기준에 근거하여 네덜란드 민법에 따른 Shell의 불문(不文)의 주의의무(unwritten standard of care)를 해석했다. 공적으로 명시된 Shell의 이행원칙 지지를 인식하면서도, 법원은 '보편적으로 장려되는 이행원칙의 내용 때문에, Royal Dutch Shell PLC가 이행원칙에 충실했는가는 관련성이 없다.'고 지적하며, 자발적이고 선택적 성격을 갖는 기업의 사회적 책임 이니셔티브와 구분되는 이행원칙의 사실상의 규범적 성격을 강조했다. 이행원칙 권한이 기업 활동에 대한 황금률(Golden Standard)이라는 증가하는 인식은, 국내에서 법적 구속력이 있는 규범에 대한 해석을 알리고, 재정 분야를 포함해 사업들이 그들의 활동을 그러한 기준에 맞추도록 독려할 수 있다.

4.3. 은행: 기후변화에 대한 '기여' 또는 '연관'?

금융 부문의 경우 문제는 은행이나 투자자가 기후변화에 기여하는 회사 및 프로젝트에 투자하거나 대출을 통해 기후변화에 '기여'할 수 있는지 여부이다. 이애 대한 짧은 대답은 '가능하다'는 것이다. 그러나 이 단락의 앞부분에서 설명한 것처럼 기여가 발생한다고 할 수 있는 사전 정의된 투자 금액은 없으며 평가는 사례별로 이루어져야 한다. 금융 거래가 부정적인 영향과 인과 관계가 있는 경우, 즉 고객에 영향을 미쳐 부정적인 영향의 가능성이 증가한다면, 은행은 기여하는 위치에 있을 수 있다. 이와 관련하여 평가되는 상황은 거래의 상대적 규모에 국한되지 않고 투자 유형 및 은행이 고객에 대해 행사하는 영향력의 정도, 피해의 심각성 및 예측 가능성(이는 일반적으로 기후변화의 경우 높음), 그리고 아래에서 논의될 바와 같이 은행이 특정 프로젝트와 관련된 기후변화 위험을 알고 그러한 위험을 예방하고 완화하기 위한 합리적인 조치를 취하는지 여부를 포함한다. 또한 법적 책임이 법원에서 설립될 수 있는지의 여부와는 관계없이 이행원칙에 따른 책임이 존재할 수 있다는 점을 강조할 필요가 있다.

OHCHR에서 지적한 바와 같이 '실제로 은행의 금융 상품 및 서비스와 관련된 많은 영향은 직접적인 연결 범주에 속할 수 있다.'[92] 이행원칙에서는 실제로, 기업이 갖는 존중의 책무는 인과 관계가 기업의 활동 또는 누락과 인권에 대한 구체적 책임 간에 인과 관계가 구성되는 경우뿐만 아니라 (인권 영향을 '야기하는' 또는 '기여하는' 범주와 같이), 기업이 발생에 상당한 영향을 미치지 않은 실제 또는 잠재적 인권에 대한 영향에 '연관되어 있는' 경우도 포함한다. 전형적인 시나리오는 착취적 노동 관행을 채택하는 공급업체로부터 제품이나 생산물을 관행적으로 독립 기업 간 조달하는 것이다. 구매자 회사는 공급업체를 통제하지는 않지만, 착취와 관련해 공급업체와의 사업 관계로 연관되어 있으므로 인권실사 조치를 취해야 할 책임이 있다. OHCHR은 비지배적 소수 주주라도 GP13(b)의 목적에 따라 관련 '사업관계'를 발생시킨다고 명시했다.[93] 이는 기후변화에 영향을 주는 포트폴리오 내 기업 또는 프로젝트의 존재로 인해 '기여'의 위험뿐만 아니라 단순 '연관성'의 위험 역시 고려한다면, 은행이 '그들의 전반적인 위험에 대한 이해를 발전'시킬 책임이 있음을 의미한다.[94] '연관성'을 가진 책임은 조치를 취하고 식별된 실제 또는 잠재적 영향을 방지하거나 완화하기 위한 조치를 취해야 하며, 가장 심각한 영향에 우선순위를 둔다. 이행원칙에 따르면 이러한 책임 범주가 반드시 구제 책임을 초래하는 것은 아니지만 은행이 대출을 제공하는 특정 회사 또는 프로젝트가 기후변화에 기여하고 있음을 알고 있지만 '시간이 지나면서 영향을 방지하거나 완화하기 위한 목적의 합당한 조치를 취하지 않는 것(…)은 결국 상황의 지속을 촉진하는 것으로 간주되어 위반에 "기여"되는 상황'이 될 수 있다. 즉, 부정적인 영향에 대한 '연계'와 '기여'는 책임 연속체에 놓이고, 은행이 구조적으로 실사를 수행하지 않으면 전자에서 후자로 이동할 수 있다. 이행원칙은 기후실사를 명시적으로 다루지 않지만, 은행을 위한 이 프로세스의 기본 요소는 인권실사 개념에서 필요한 차이와 함께 추론할 수 있다.

4.4. 은행의 기후실사

앞서 언급했듯이 실사 과정에서는 위험요소 평가가 우선적으로 요구된다. 이러한 맥락에서 금융 부문의 은행 및 기타 행위자는 자체 활동을 통해 또는 대출이나 투자 포트폴리오를 포함한 사업 관계를 통해 기후변화에 기여할 위험을 평가해야 한다. OHCHR이 지적한 바와 같이, 그러한 포트폴리오가 크고 복잡할 수 있다는 점을 감안할 때 은행이나 투자자는 '모든 유형의 활동에 대한 최소 수준의 심사를 보장하며, 더 상세한 분석은 고위험 고객 또는 거래를 우선하는 시스템'을 갖추고 있어야 한다. 위에서 언급한 바와 같이 기후변화는 심각한 인권 영향의 실제적이고 잠재적인 원인이므로 은행은 포트폴리오의 일부 기업이 활동의 성격이나 기타 상황적 요소로 인해 이에 기여하고 있는지 신중하게 평가한 다음 참여를 평가해야 한다(기여 또는 연계성). 앞서 설명한 바와 같이 탄소 메이저를 투자 포트폴리오에 유지하는 것은 고위험으로 간주되어야 하며, 이러한 투자는 기후실사 시 우선적으로 고려되어야 한다. 새로운 화석연료 프로젝트에 대한 대출 또는 프로젝트 확장이 배출량 증가로 이어질 것임을 인지하고 대출하는 것 역시 고위험 활동이며 이행원칙 목적에 대한 '기여'에 포함될 수 있다.

    금융 부문에 있어서 기업이 해결해야 할 과제 중 하나는 이러한 위험을 적절하게 측정, 해결 및 전달하기 위한 방법론과 절차를 개발하는 것이다. 일부 지침이 이미 존재하지만,[95] [96] 이것이 불충분할 경우 은행은 ING 은행과 관련해 네덜란드 OECD 연락사무소(OECD National Contact)에서 결정한 바와 같이 직간접적(또는 '스코프 3') 배출량을 모두 측정할 수 있는 특정 지표를 개발할 책임이 있다.[97] 많은 유럽의 은행들이 '유럽중앙은행이 그들의 대출 장부를 조사하고 과도한 기후 위험이 있는 대상에 더 높은 자본 요구사항을 부과하기 때문에 화석연료 산업에 대한 대출 등과 연관된 기준' 관련 데이터를 게시하기 위한 노력을 강화하고 있다는 증거가 있다.[98] 그러나 공개는 은행 업무의 제한된 부분에만 해당하며 일관된 기준이나 방법을 준수하지 않는다.[99]

또 다른 과제는 실사 프로세스 전반에 이해 당사자의 참여가 기후실사의 경우에 그 큰 규모와 국제적 성격을 고려한다면, 문제가 된다는 점이다. 이와 관련해 OECD 일반 실사 지침(2018)은 실사 활동의 개발과 이행 방법에 대한 조언을 위해 '신뢰할 수 있는 이해 당사자 대표 또는 대리 조직(NGO, 대표 공공 기관 등)'과 NGO, 또는 지역단체와 같은 '구체적 이슈 또는 맥락에 관한 전문가'와의 교류를 권장한다.[100]

기후변화 위험 평가와 인권 위험 평가가 별도로 존재해서는 안 되며, 오히려 일관성과 상호 강화를 보장하는 방식으로 서로에게 영향을 미쳐야 한다는 점을 강조하는 것이 중요하다. 실제로, 예를 들어 에너지 전환을 촉진하기 위한 프로젝트는 바이오 연료 생산의 식량 안보 영향에서와 같이 부정적인 인권 영향을 미칠 수 있다.[101] 낮은 배출량으로 인해 기후변화를 완화할 수 있는 수력 발전 프로젝트는 '종종 지역 주민들의 이동과 그들이 의존하는 생태계의 파괴로 이어질 수 있으며, 또한 하천을 감소시켜 프로젝트 하류에 사는 사람들의 건강과 생계에 해를 끼칠 수 있다.' 인권의 관점에서 이러한 영향을 살펴보면 주거에 대한 권리, 적정한 삶의 수준에 대한 권리, 식량에 대한 권리를 비롯한 여러 권리의 침해 가능성을 식별할 수 있다. 동시에 인권 위험 평가는 활동 또는 프로젝트의 실제 및 잠재적 부정적인 영향과 심각성을 완전히 파악하기 위해 이해관계자의 기후변화 관련 취약성을 고려해야 한다.

이행원칙에 따르면 인권실사는 사업 파트너가 야기하거나 기여하는 유해한 영향을 방지하거나 완화하기 위해 사업 파트너에 대한 영향력(Leverage) 행사를 요구한다. 사업 파트너의 관행을 변화시킬 수 있는 능력으로 구성된 영향력은 의결권 행사, 총회 참석, 고객 또는 투자 대상 기업과의 직접 접촉, 레버리지 증가를 목표로 다른 은행 및 투자자와의 협력 등 여러 방법으로 은행 또는 투자자에 의해 행사될 수 있다.[102] 주주와 관련한 최근 사례는 기업이 기후변화 전략을 채택하도록 압력을 가할 수 있음을 보여 준다. 엑손 모빌(ExxonMobil) 주주 중 하나인 행동주의 헤지 펀드 Engine No. 1은 미국 3대 연기금을 포함한 다른 주주들의 지지를 모았고 12명으로 구성된 회사 이사회에 2명의 사외이사를 배치했다.[103] '쿠데타'는 이행원칙에 따른 기업 책임과 양립할 수 없을 뿐만 아니라 재정적 관점에서 더 위험해지는 기후변화와 연관된 회사의 전략, 재생 가능 에너지로의 점진적 전환에 대한 저항 등에 대한 주주들의 불만족에서 비롯되었다.[104] 은행에 대한 실사에 관한 OECD 문서는 은행이 고객과 함께 이른바 '사업 사례'를 제기함으로써 영향력을 행사할 수 있는 방법을 예시한다.

'증권 인수의 경우, 탄소 집약적 산업에 속한 기업이 기후 변화가 회사에 단기적으로 예측 가능한 영향이 없기 때문에 리스크로 간주하지 않는 경우, 은행은 고객에게 기후 변화가 초래하는 중대한 환경 및 사회적 위험과 투자자의 정서 변화 및 규제 강화 등으로 인해 고객에게 중대한 영향을 미칠 수 있는 방법을 설명하는 역할을 할 수 있다.'[105]

또한, 사회 환경적 기준(또는 OECD의 용어에 따르면 RBC)과 관련한 은행의 예측은 고객의 동의를 촉진하기 위해 '가능한 경우 재정 계약과 약정 서명에 포함'될 수 있으며 이를 목적으로 한 교육에도 포함될 수 있다.

은행은 영향력을 시도하고 행사할 수 있는 많은 방법을 가지고 있지만, 그들의 노력이 고객의 행동에 영향을 미치는 데 성공하지 못할 때 최후의 수단은 사업 관계를 끝내는 것이다. 실제로 실사의 개념은 국제 인권법과 '이행원칙 13(b)에 정의되었듯이 행동 기준을 구성하는 동안 명확히 의도된 결과를 달성하는 것을 목표로 해야 한다.'[106] 따라서 은행은 특히 식별된 영향이 심각할 경우, 개선여부를 모니터링하지 않고 무한정 수행하는 형식적 점검의 관행(box-ticking exercise)에 국한하여 조치해서는 안된다.[107] 기후변화에 기여하는 사업 및 프로젝트로부터의 투자 회수는 '수천 이상의 주요 투자자, 연금 계획 및 대출이 연관된 14조 5천억 달러의 움직임'을 구성하는 화석연료 투자 회수율과 함께 증가하는 추세이다. 물론 재정적 고려를 포함하여 다양한 동기가 매각 결정을 유도할 수 있지만, 부정적 영향에 대한 투자자의 직접적 연계 또는 기여에 대한 기후실사를 통해 효과적으로 해결될 수 없는 경우, 이행원칙 하에서 투자 회수는 책임이 된다. 이행원칙에 따르면 부정적인 영향 해결에 회사가 실패하는 경우, 이는 다른 분야에서 병행하는 긍정적인 이니셔티브에 의해 상쇄될 수 없다는 점도 주목할 가치가 있다. 예를 들어, 은행이나 투자자가 포트폴리오에서 고배출 기업에 대한 레버리지를 행사하지 않는 경우 (또는 매각하지 않는 경우) '녹색' 투자를 늘리거나 기후 적응 프로젝트에 자금을 조달함으로써 이러한 실패를 보상할 수 없다. 즉 '지속되어온 과도한 약속과 불이행'된 프로젝트들뿐만[108] 아니라 이행원칙을 따를 기업의 책임은 아웃소싱 될 수 없기 때문에 배출 기업은 그들의 책임을 이행원칙 하에서 탄소 상쇄를 구매함으로써 면제할 수

없다.[109]

마지막으로, 이행원칙은 위험 평가 결과, 착수된 실사 단계들과 효과성에 대해 대중과의 정직한 소통을 요구한다. 기후변화 소송의 맥락에서 관련 정보 공개 실패 또는, 더 안 좋게는 기후변화에 대한 기업 활동의 영향에 관해서 대중 그리고/또는 기업의 주주들을 적극적으로 잘못 인도하는 것은 법적 책임으로 이어질 수 있다. 공개는 기업의 활동뿐만 아니라 '모든 주요 자회사와 계열사,' 그리고 가능하다면, 기업의 공급망 또는 투자와 포트폴리오 대출과 연관된 위험 또한 다루어야 한다.[110]

5. 결론

본 논문은 이행원칙 하에서 기후변화에 대해 은행이 갖는 책임의 개념화를 제공했다. 이행원칙 하에서 지구온난화의 악화와 그로 인한 피할 수 없는 인권 상황을 야기하는 결과에 은행이 그들의 직간접적 참여를 식별, 측정하고 다룰 책임이 있음을 주장했다. 최근 국제 환경법, 기후법과 관련된 기준에 의거해 해석되어, 현재 널리 받아들여지는 이행원칙에 의해 상술된 인권실사 기준은 본 논문 섹션 4에 기술된 바와 같이 기후실사 원칙에 가장 강력한 규범적 토대와 명확한 정의를 제공한다.

해당 책임에 정확한 명암을 이해하는 것은 은행들이 앞으로 적용될 규제적 개발, 의무적 실사와 공개, 그리고 에너지 전환에 있어서 주요한 조장자의 역할을 함에 있어서 필수적이다. 본 논문을 통해 은행이 현재 이중적 과제에 당면해 있으며 그들 고객이 기후변화에 미치는 영향을 식별하고, 결과적으로 그들의 고객을 대상으로 하는 금융거래를 통해 그들 자신이 어느 정도로 기여 또는 연계되어 있는지를 평가할 필요가 있음을 보였다. 이러한 위험 평가 단계는 상당한 어려움이 있으며, 특히 간접적 배출을 측정하기 위한 보편적 방법론의 부재에 따른 어려움이 가장 크다. 본 논문은 이행원칙의 목적을 위해 몇몇 활동과 프로젝트는 파리 협정이 강조하는 진행의 원칙과 가장 최고 수준의 목표, 그리고 이행원칙 하 기업의 책임과 양립할 수 없다는 전제하에 있음을 강조하며, 기후변화에 '기여'하는 것이 무엇을 의미하는지를 설명했다.

포트폴리오 내의 기업이 기후변화에 기여하고 있는지를 아는 것은 은행으로 하여금 그들의 참여를 평가하고 '기여'의 종류와 '직접 연결된' 종류의 책임을 구별하도록 한다. 고배출 기업과 프로젝트를 은행의 포트폴리오 내에 유지하는 것은 위험 신호이며 금융거래를 통해 기후변화에 직접적으로 연결되어 있거나 기여하고 있는지 면밀히 평가하고 다루는 실사 단계를 이행할 것을 요구한다. 비록 대부분의 경우에 은행은 금융거래를 통해 해당 영향에 간접적 관여만을 하고 있을 것이지만, 예를 들어 고배출 프로젝트를 상대로 한 그들의 금융이 매우 필수적이거나 그들 고객에의 영향이 매우 연관성이 높아 그들의 금융거래와 부정적 영향 간의 인과 관계가 성립하는 경우가 있을 수 있다('기여' 종류의 참여). 그들의 직접적 연관이 있기만 한 경우에도 그들에게는 고객 대상의 레버리지 행사가 요구되며 그들의 노력이 고객의 활동에서 비롯되는 기후변화 영향을 약화시키지 못할 경우 사업 관계 종료(투자 철회)가 요구된다.

예를 들어, 현재의 기후 과학에 기반했을 때, 포트폴리오를 파리 협정과 합치시키고 이행원칙을 따르기 위해서는 은행들이 새로운 화석연료 프로젝트 또는 '화석연료 추출 또는 사회기반시설의 확장, 또는 새로운 매장 탐색을 하는 기업'에 재정을 조달하는 것을 지양해야 함이 명확하다.[111] 현대 귀인 과학은 '지구온난화를 폭풍의 강도와 연관짓고, 역사적 배출 추적과 함께 해수면 상승과 열파의 악화를 산업혁명 이전의 개인 기업과 연관지을 수 있는 능력'을 갖고 있으며, 이는 과거에 비해 고객이 기후변화에 갖는 영향력을 측정하기 용이하게 한다.[112] 단계적으로 석탄에 대해 재정 조달을 감소시키고 믿을 수 있는 전환 계획이 부재한 탄소 주범들로부터 투자를 철회하는 등, 몇몇 은행은 이미 그들의 포트폴리오를 파리 협정과 합치시키려는 계획을 발표했다. 그러나 대부분의 경우에 이와 같은 서약은 매우 모호하며 구체적인 목표와 지표가 부족해 화석연료 프로젝트 투자의 중단을 위한 구체적 약속의 수립에 실패하고 있다. 이에 비추어 보았을 때, 은행은 사실에 의거하고 목표지향적인 단계는 은행을 미래의 재정적 위험으로부터 보호할 뿐만 아니라 이행원칙 하 그들의 책임을 다할 수 있는 유일한 방법임을 인지해야 한다. 그들은 증가하는 국제적 지침을 기반으로 발전하고 더 나아가 그들의 포트폴리오와 기후변화 사이의 관계성을 파악할 수 있는 방법론과 지표를 정의하기 위한 협력적 방안을 채택해야 한다.

주(註)

제1장 서론

1 이 책에서 논의하고 있듯이, 기업과 인권은 국가가 소유하는 기업과 개개인의 사업자들에게도 영향을 미친다.

2 Brent D Beal, *Corporate Sosicial Responsibility, Definition, Core Issues, and Recent Development*, Los Angeles, London, New Delhi, Singapore, Washington DC: Sage(2014), p. 2.

3 Ibid., p. 13.

4 마이클 산토로(Michael Santoro)는 '법률적 접근의 제안자들은 때때로 윤리적인 시각과 "연성적인" 도덕적인 접근과 모호한 사회적 정의와 다르게, 법은 "강행적인"이고 명확하다는 입장을 가진다, 윤리학자로부터 받는 느낌과는 물론 공통점이 있다.'는 점도 지적한다. Michael A. Santoro, 'Business and Human Rights in Historical Perspective', 14 *Journal of Human Rights* 155, p. 158.

5 Archie B. Carrol, 'Corporate Social Responsibility, Evolution of a Definition Construct', 38(3) *Business and Society* 269(1999), pp 268-269.

6 Ibid., p. 270.

7 Howard R. Bowen, *Social Responsibilities of the Businessman,* Iowa City, University of Iowa City: University of Iowa Press (reprinted in 2013 from 1953 original), p, 52.

8 Milton Friedman, *Capitalism and Freedom*, Chicago: the University of Chicago Press (2nd edition 2002), p. 133.

9 Elaine Sternberg, *Just Business. Business Ethics in Action,* Oxford: Oxford University Press(2nd edition 2000), p. 41.

10 David Henderson, *Misguided Virtue. False Notions of Corporate Social Responsibility,* London: The Institute of Economic Affairs (2001), p. 63 또한

Aneel Karnani, 'The Case against Corporate Social Responsibility', *The Wall Street Journal*, 23 August 2010. 참조.

11 CSR 정책·집행은 서구에서만 발전한 것이 아니라 아시아와 같은 새로운 시장에서도 발전해 왔다. Yan Leung Cheung et al., 'Does Corporate Social Responsibility Matter in Asian Emerging Markets?', 92 *Journal of Business Ethincs* 401 (2010); and Wendy Chapple and Jeremy Moon, 'Corporate Social Responsibility (CSR) in Asia A Seven-Country Study of CSR Web Site Reporting', 44 *Business and Society* 415.

12 Brent D Beal, *Corporate Sosicial Responsibility, Definition, Core Issues, and Recent Development,* Los Angeles, London, New Delhi, Singapore, Washington DC: Sage(2014), p. 12.

13 Ibid., pp 12~13.

14 Ibid., p. 29.

15 John Mackey and Raj Sisodia, *Conscious Capitalism*, Boston: Harvard Business School Publishing Corporation (2012), p. 46.

16 Ibid., p. 69.

17 Ibid., p. 72.

18 Ibid., p. 153.

19 Ibid.

20 Ibid., p. 177.

21 Ibid., p. 215.

22 Michael E. Porter and Mark R. Kramer, Strategy and Society, 'The Link between Compettive Advantage and Corporate Social Responsibility', 84 *Harvard Business Review* 78 (2006).

23 Michael E. Porter and Mark R. Kramer, 'Creating Shared Value', 89 *Harvard Business Review* 62 (2011), p. 64 [인용문의 강조표시는 저자에 의한 것이다. - 옮긴이]].

24 John Mackey and Raj Sisodia, *Conscious Capitalism*, Boston: Harvard Business School Publishing Corporation (2012), p. 294.

25 Brent D Beal, *Corporate Sosicial Responsibility, Definition, Core Issues, and Recent Development*, Los Angeles, London, New Delhi, Singapore, Washington

DC: Sage(2014), p. 76-80.

26 John Elkington, *Cannibalism with Forks. The Triple Bottom Line of 21st Century Business*, Oxford: Capstone (1997), p. 397.

27 이 같은 논의의 캐롤 교수 문헌으로는 Archie B. Carroll, 'Corporate Social Responsibility, Evolution of a Definitional Construct', 38 (3) *Business and Society* 268 (1999); and Benedict Sheehy, 'Defining CSR: Problems and Solutions', 131 *Journal of Business Ethics* 625 (2015).

28 EU Commission, Promoting a European Framework for Corporate Social Responsibility, COM(2001) 366.

29 EU Commission, A renewed EU strategy 2011-14 for Corporate Social Responsibility, COM(2011) 681 final.

30 두 가지 관념들에 대한 흥미로운 토론은 앤드루 페이건의 논문에 반영되어 있음. Andrew Fagan's reflective piece, ' Defending Corporate Social Responsibility: Myanmar and the Lesser Evil's 19 *The International Journal of Human Rights* 867 (2015).

31 *Kiobel v. Royal Dutch Petroleum Co.*, 133 S. Ct. 1659 (2013). 이 사건의 세부적인 사항은 제10장에 서술.

32 역사적인 맥락에서의 분석을 포함하여 분석을 한 연구는 Archie B. Carroll and Kareem M. Shabana, 'The Business Case for Corporate Social Responsibility: A Review of Concepts, Research and Practice', 12 *International Journal od Management Review* 85 (2010)와 함께 Manuela Weber, 'The Business Case for Corporate Social Responsibility: A Company-Level Measurement Approach for CSR', 26 *European Management Journal* 247 (2008).

33 Surya Deva, 'Human Rights Violations by Multinational Corporations and International Law: Where from here?', 19 *Connecticut Jouranal of International Law* 1 (2003-2004), p. 19.

34 Andrew Keay and Joan Loughrey, 'The Framework for Board Accountability in Corporate Governance', 35(2) *Legal Studies* (2015), p. 266.

35 Mark Bovens, 'Two Concepts of Accountability: Accountability as a Virtue and as a Mechanism', 33(5) *West European Politics* (2010), pp. 947-948

36 Ibid., p. 949.

37 Ibid., p. 948.

38 또 다른 예를 보면, African Commission on Human and People's Rights, 155/96: *Social and Economic Rights Action Center (SERAC) and Center for Economic and Social Rights (CESR) v Nigeria*, 27 October 2001.

39 예를 들어 보면, Ruggie, 'Opening Remarks at Consultation on operationalizing the framework for business and human rights presented by the Special Representative of the Secretary-General on the issue of human rights and transnational corporations and other business enterprises' (2009) at 3.

40 Gwynne Skinner, Robert McCorquodale, Olivier De Schutter and Andie Lambe, *The Third Pillar: Access to Judicial Remedies for Human Rights Violations by Transnational Business*, ICAR, CORE and ECCJ report (2013).

41 OECD 다국적기업 가이드라인의 이행(2011)은 인권 장(제4장, 31쪽)을 별도로 포함하고, 각 OECD 국가의 국내연락사무소(NCP)를 통하여 감시된다. 비록 NCP의 적용이 국제문서(가이드라인)에 기한 것이라도, 이들은 국내적인 층위로 별도의 행정 작용을 한다. 즉, NCP는 국제적인 메커니즘으로 제정된 것이 아니라는 것이다.

42 John Ruggie, Sir Geoffrey Chandler Speaker Series, 11 January 2011, www.youtube.com (마지막 검색: 2016. 3. 21.). 또한 살펴볼 것은 John Elkington, Cannibalism with Forks. The Tripple Bottom Line of 21st Century Business, Oxford: Capstone (1997), p. 79: 'The social agenda for business probably has a longer history than the environmental agenda. Think of the early controversies around slavery, child labor, and working conditions.'

43 Mark Ferro, Colonization: A Global History, London and New York: Routledge (1997), p. 6.

44 Mario Levi, book review of Henri Brunschwig, *Mythes et realities de l'imperialisme colonial francais(1871-1914)*, 25(4) *Politique etrangere* (1960), p. 417.

45 Mare Ferro, *Colonization: A Global History*, London and New York: Routledge (1997) p. 7.

46 Andrew Clapham, *Human Rights Obligation of Non State Actors*, Oxford: Oxford University Press (2006); Surya Deva and David Bilchitz (eds), *Human Rights Obligations of Business: Beyond the Corporate Responsibility to Respect?*, Cambridge: Cambridge University Press (2013); Jernej Letnar Cernic and Tara

Van Ho (eds), *Human RIghts Business: Direct Corporate Accountability for Human Rights, Nijmegen:* Wolf Legal Publishers (2015).

제2장 대서양의 노예무역: 기업과 인권 읽기

1 David Brion Davis, *Inhuman Bondage. The Rise and Fall of Slavery in the New World*, Oxford: Oxford University Press (2006), 제2장 'The Ancient Foundations of Modern Slavery'.
2 당시 유럽에서 질병, 극빈 상태, 높은 사망률, 종교적 광신주의 및 끔찍할 정도의 위생 결핍은 흔한 일이었다. 따라서 유럽 대중이나 심지어 교육받은 엘리트층이 아프리카 운명에 대한 공감의 부재는 놀랄 일이 아니다. 데이비스(David Brion Davis)는 이렇게 말한다.

> 당시 신세계 노예는 세상이 매우 잔인하고, 죄스럽고, 끔찍한 장소임을 당연시 여겼던 때에 부상했다. 18세기 후반까지 (…), 유럽의 대중은 무감각했을 뿐 아니라 고문과 사지 절단, 그리고 죽음이라는 가장 무서운 광경을 목격하러 달려갔다. 이 냉혈 문화의 관점에서 보면, 떠오르는 노예무역이 그랬던 것만큼 용감한 불을 지폈던 것은 주목할 만한 일일 것이다.

David Brion Davis, *Inhuman Bondage. The Rise and Fall of Slavery in the New World*, Oxford: Oxford University Press (2006), p. 96.
3 Hugh Thomas, *The Slave Trade, The History of the Atlantic Slave Trade 1440-1870*, London: Picador (1997), Appendix 3.
4 Paul Gordon Lauren, *The Evolution of International Human Rights*, Philadelphia: University of Pennsylvania Press, 2nd edition (2003), pp. 29-30.
5 그 예로 휴 토머스(Hugh Thomas)를 보라. *The Slave Trade, The History of the Atlantic Slave Trade 1440-1870*, London: Picador (1997), p. 97. 몇몇 연구자들은 이 분석에 동의하지 않는다. 예를 들어 에릭 윌리암스(Eric Williams)는 백인 노동자들이 그 일을 할 수 없었기 때문에 아프리카인들을 아메리카로 데리고 왔다는 생각을 비판하며 노예가 된 아프리카인들이 대량으로 수입되기 전에 '백인 노예'가 수십 년 동안 존재했음을 보여 준다. Eric Williams, *Capitalism and Slavery*

(1944), Chapel Hill: the University of North Carolina Press (1994), pp. 1822를 보라.

6   Eric Williams, *Capitalism and Slavery* (1944), Chapel Hill: the University of North Carolina Press (1994), p. 22.

7   Marc Ferro, *Colonization: A Global History*, London and New York: Routledge (1997), p. 6.

8   David Eltis, *The Rise of African Slavery in the Americas*, Cambridge: Cambridge University Press (2000), P. 2.

9   Seymour Drescher의 *Capitalsim and Autislavery*, London: Macmillan (1986)과 Eric Williams의 *Capitalsim and Slavery* (1944), Chapel Hill: the University of North Carolina Press (1994) 간의 논쟁을 그 예로 보라. 또한 Richard S. Dunn, *Sugar and Slaves: The Rise of the Planter Class in the English West Indies, 1624-1713*, Chapel Hill: the University of North Carolina Press (1972)를 보라.

10 이에 관해서는 *Jenny Martinez, The Slave Trade and the Origins of International Human Rights Law*, Oxford: Oxford University Press (2012)를 보라.

11 Hugh Thomas, *The Slave Trade, The History of the Atlantic Slave Trade 1441-1870*, London: Picador (1997), p. 51.

12 Ibid., p. 52.

13 Ibid., p. 65.

14 Ibid., p. 70.

15 Ibid., p. 71.

16 Ibid., p. 76.

17 Ibid., p. 83.

18 Ibid., p. 86.

19 Ibid., p. 93.

20 Ibid., pp. 89-92.

21 Ibid., p. 96.

22 Ibid., p. 99.

23 David Brion Davis, *Inhuman Bondage. The Rise and Fall of Slavery in the New World*, Oxford: Oxford University Press (2006), p. 87.

24 Hugh Thomas, *The Slave Trade, The History of the Atlantic Slave Trade 1440-1870*, London: Picador (1997), p. 103.

25 David Brion Davis, *Inhuman Bondage. The Rise and Fall of Slavery in the New World*, Oxford: Oxford University Press (2006), p. 87.

26 Hugh Thomas, *The Slave Trade, The History of the Atlantic Slave Trade 1440-1870*, London: Picador (1997), p. 368.

27 Ibid., pp. 371-376.

28 Ibid., p. 377.

29 Ibid., p. 404.

30 Ibid., pp. 408-409.

31 Eric Williams, *Capitalism and Slavery (1944), The History of the Atlantic Slave Trade 1440-1870*, London: Picador (1997), p. 414.

32 Ibid., p. 14.

33 Hugh Thomas, *The Slave Trade, The History of the Atlantic Slave Trade 1440-1870*, London: Picador (1997), p. 414.

34 Herbert S. Klein, *The Middle Passage*, Princeton: Princeton University Press (1978), pp. 64-65 and 198.

35 David Brion Davis, *Inhuman Bondage. The Rise and Fall of Slavery in the New World*, Oxford: Oxford University Press (2006), p. 93.

36 Hugh Thomas, *The Slave Trade, The History of the Atlantic Slave Trade 1440-1870*, London: Picador (1997), p. 415.

37 Ibid., p. 416. 데이비스(David Brion Davis)는 성별로 분리시킨 이유 중 하나가 선원들이 아프리카 여성들을 강간하도록 조성해 주는 것이었다고 지적한다. David Brion Davis, *Inhuman Bondage. The Rise and Fall of Slavery in the New World*, Oxford: Oxford University Press (2006), p. 93.

38 Hugh Thomas, *The Slave Trade, The History of the Atlantic Slave Trade 1440-1870*, London: Picador (1997), pp. 422-423.

39 Ibid., pp. 308-309.

40 Roser Anstey, *The Atlantic Slave Trade and British Abolition 1760-1810*, London: Macmillan (1975), p. 31.

41 Ibid., p.32.

42 Hugh Thomas, *The Slave Trade, The History of the Atlantic Slave Trade 1440-1870*, London: Picador (1997), p. 312.

43 Ibid., p. 421.

44   Ibid., p. 411.

45   Ibid., p. 437.

46   Ibid., p. 432.

47   Ibid., p. 440.

48   Ibid., p. 114.

49   Ibid., p. 135.

50   David Brion Davis, *Inhuman Bondage. The Rise and Fall of Slavery in the New World*, Oxford: Oxford University Press (2006), pp. 87-88.

51   Hugn Thomas, *The Slave Trade, The History of the Atlantic Slave Trade 1440-1870*, London: Picador (1997), p. 147.

52   Ibid., pp. 153-161, 그리고 pp. 222-223을 보라.

53   Ibid., p. 183.

54   Ibid., p. 185.

55   인권과 기업 딜레마 포럼은 유엔 글로벌 콤팩트와 민간 컨설턴트 메이플크로 프트사가 운영하는 웹사이트이다. 이 사이트는 '다국적 회사가 경제가 부흥하는 곳에서 사업 활동을 할 때 인권을 존중하고 지지하는 노력에 기울이는 데 있어 직면하는 딜레마'를 논의하는 사례연구와 기회를 제공한다(http://human-rights.unglobalcompact.org/, 최종방문: 2016년 4월 15일).

56   Henk Den Heijer, 'The Dutch West India Company, 16211791', in Johannes Postma and Victor Enthoven, *Riches from Atlantic Commerce, Dutch Transatlantic Trade and Shipping 1585-1817*, Leiden: Brill (2003), pp. 79-80.

57   Wille F. Page, *The Dutch Triangle: The Netherlands and the Atlantic Slave Trade 1621-1664*, London: Garland Publishing (1997), p. 22.

58   Ibid.

59   Hugh Thomas, *The Slave Trade, The History of the Atlantic Slave Trade 14401870*, London: Picador (1997), p. 162.

60   J. Franklin Jameson, 'Willem Usselinx, Founder of the Dutch and Swedish West India Companies', *Papers of the American Historical Association*, Vol. II No 3 (1887), p. 191.

61   Cornelius Goslinga, *The Dutch in the Caribbean and the Wild Coast, 1580-1680*, Gainsville: University of Florida Press (1971), p. 40.

62   J. Franklin Jameson, 'Willem Usselinx, Founder of the Dutch and Swedish West

India Companies', *Papers of the American Historical Association*, Vol. II No 3 (1887), p. 257.

63 Johannes Postma, *The Dutch in the Atlantic Slave Trade 1600-1815*, Cambridge: Cambridge University Press (1990), pp. 11, 14.

64 Ibid., p. 17.

65 Cornelius Goslinga, *The Dutch in the Caribbean and the Wild Coast, 1580-1680*, Gainsville: University of Florida Press (1971), p. 146.

66 Hugh Thomas, *The Slave Trade, The History of the Atlantic Slave Trade 1440-1870*, London: Picador (1997), p. 201.

67 Janet Mclean, 'The Transnational Corporation in History: Lessons for Today?', 79 *Indiana Law Journal* 363 (2004), p. 365.

68 Hugh Thomas, *The Slave Trade, The History of the Atlantic Slave Trade 1440-1870*, London: Picador (1997), p. 229.

69 Ibid., pp. 225, 227.

70 Ibid., p. 235.

71 Ibid., p. 241.

72 Ibid.

73 Ibid., p. 242.

74 Ibid., p. 243.

75 Ibid., pp. 250, 255.

76 Ibid., p. 265.

77 Ibid., pp. 246, 248.

78 Ibid., p. 249.

79 Ibid., p. 268.

80 Eric Williams, *Capitalism and Slavery (1944)*, Chapel Hill: the University of North Carolina Press (1994), p. 46.

81 Ibid., p. 47.

82 Hugh Thomas, *The Slave Trade, The History of the Atlantic Slave Trade 1440-1870*, London: Picador (1997), p. 298.

83 David Owen, *English Philanthropy 1660-1960*, Cambridge: Harvard University Press, (1965), p. 12.

84 노예무역 가족들이 기부하여 설립한 리버풀의 건물들에 관한 상세한 내용은

로런스(Laurence Westgaph)의 'Built on Slavery' *Context*, Institute of Historic Building Conservation No 108, March 2009, pp. 27-29를 보라.

85 Hugh Thomas, *The Slave Trade, The History of the Atlantic Slave Trade 1440-1870*, London: Picador (1997), p. 300.

86 Fox Bourne, *English Merchants: Memoirs in Illustration of the Progress of British Commerce*, London: Chatto (1898), p. 201.

87 Ibid., p. 139.

88 Hugh Thomas를 보라. *The Slave Trade, The History of the Atlantic Slave Trade 1440-1870*, London: Picador (1997), 14장.

89 Roger Anstey, *The Atlantic Slave and Trade and British Abolition 1760-1810*, London: Macmillan (1975), pp. 46-47.

90 Hugh Thomas, *The Slave Trade, The History of the Atlantic Slave Trade 1440-1870*, London: Picador (1997), p. 283.

91 Ibid., p. 284.

92 Ibid., p. 286.

93 Ibid., p. 443.

94 기업 사례에 관한 논의는 Peter T. Muchlinski를 보라. 'Human Rights and Multinationals: Is There a Problem?', 77 *International Affairs* 31 (2001), pp. 10-11.

95 이 책의 제5장, 제9장, 제10장을 보라.

96 외국노예무역법 (23 May 1806), 46th Georgii Ⅲ cap. LII.

97 노예무역법 (25 March 1807), 47th Georgii Ⅲ, Session 1, cap. XXXVI.

98 노예폐지법 (28 August 1833), 3rd & 4th Gulielmi IV, cap. LXXIII.

99 당시 노예를 폐지한 유일한 다른 나라는 아이티였다.

100 Paul Gordon Lauren, *The Evolution of International Human Rights*, Philadelphia: University of Pennsylvania Press (2003), p. 38.

101 Christopher Leslie Brown, *Moral Capital. Foundations of British Abolitionism*, Chapel Hill: the University of North Carolina Press (2006), p. 30.

102 David Brion Davis, *Inhuman Bondage. The Rise and Fall of Slavery in the New World*, Oxford: Oxford University Press (2006), p. 233.

103 Eric Williams, *Capitalism and Slavery (1944)*, Chapel Hill: the University of North Carolina Press (1994), p.120.

104 Ibid., pp. 152-153.

105 Ibid., p. 136.

106 Ibid., p. 169.

107 Seymour Drescher, *Econocide, British Slavery in the Era of Abolition*, Chapel Hill: the University of North Carolina Press, 2nd edition (2010), p. 30.

108 David Eltis, *Economic Growth and the Ending of the Transatlantic Slave Trade*, Oxford: Oxford University Press (1987), p. 15.

109 David Brion Davis, *Inhuman Bondage. The Rise and Fall of Slavery in the New World*, Oxford: Oxford University Press (2006), p. 236.

110 Ibid., p.235.

111 Roger Anstey, The Atlantic Slave Trade and British Abolition, London: Macmillan (1975), pp. 367-376.

112 노예무역폐지에 관한 법, An Act for the Abolition of the Slave Trade (25 March 1807), 47th Georgii III, Session 1, cap. XXXVI.

113 Roger Anstey, *The Atlantic Slave Trade and British Abolition*, London: Macmillan (1975), pp. 386-387 and 395.

114 Ibid., p.401.

115 Seymour Drescher, *Econocide, British Slavery in the Era of Abolition*, Chapel Hill: the University of North Carolina Press, 2nd edition (2010), p. 124.

116 Adam Smith, *The Wealth of Nations, 1776*, London: Penguin Classics (1986), p. 184.

117 Seymour Drescher, *Capitalism and Antislavery*, London: Macmillan (1986), p. 134.

118 Seymour Drescher, *The Mighty Experiment*, Oxford: Oxford University Press (2002), p. 23.

119 Seymour Drescher, *Econocide, British Slavery in the Era of Abolition*, Chapel Hill: the University of North Carolina Press, 2nd edition (2010), p. 165.

120 이에 관해서는 Christopher Leslie Brown을 보라.

121 노예폐지법 (28 August 1833), 3rd & 4th Gulielmi IV, cap. LXXIII.

122 노예무역 폐지에 관한 권력의 선언 (8 February 1815), British and Foreign State Papers, Vol. 3, p. 971.

123 Additional Convention between Great Britain and Portugal, for the Prevention of the Slave Trade (28 July 1817) and Separate Article (11 September 1817), 67

Consolidated Treaty Series 398 (1817); British and Foreign State Papers, vol. 4, pp. 85 and 115; Treaty between Great Britain and Spain, for the Abolition of the Slave Trade (23 September 1817), 68 Consolidated Treaty Series 45 (1817-18); British and Foreign State Papers, vol. 4, p. 33; Treaty between his Britannic Majesty and His Majesty the King of the Netherlands, for preventing their Subjects from engaging in any traffic in Slaves (4 May 1818), British and Foreign State Papers, vol. 5, p. 125.

124 아프리카 노예무역의 억제를 위한 오스트리아, 대영제국, 프러시아, 러시아간의 조약은 1841년 12월 20일 서명, 92 Consolidated Treaty Searies 437. 프랑스는 서명했지만 비준한 적은 없음.

125 Jenny Martinez, The Slave Trade and the Origins of International Human Rights Law, Oxford: Oxford University Press (2012).

126 General Act of the Brussels Conference Relating to the African Slave Trade between Austria-Hungary Belgium, Congo, Denmark, France, Germany, Great Britain, Italy, the Netherlands, Persia, Portugal, Russia, Spain, Sweden-Norway, Turkey, the United States and Zanzibar, signed 2 July 1890, 173 Consolidated Treaty Series 293.

127 Frederick Cooper, Thomas C. Holt, Rebecca J. Scott, Beyond Slavery, Explorations of Race, Labor, and Citizenship in Postemancipation Societies, Chapel Hill and London: the University of North Carolina Press (2000), p. 7.

128 Convention to Suppress the Slave Trade and Slavery (1926) 60 LNTS 253.

129 Frederick Cooper, Thomas C. Holt and Rebecca J. Scott, Beyond Slavery, Explorations of Race, Labor, and Citizenship in Postemancipation Societies, Chapel Hill and London: The University of North Carolina Press (2000), p. 8.

130 Ibid., p. 115.

131 Ibid., p. 108.

제3장 국제노동법: 기업과 인권 분야의 초기 발전과 현대적 중요성

1 Lenard R. Berlanstein, 'General Introduction', in Lenard R. Berlanstein (ed.), The Industrial Revolution and Work in Nineteenth Century Europe, London and

New York: Routledge (1992), pp. xivxv. See also, in the same book, Christopher H. Johnson, 'Patterns of Proletarianization', pp. 81-101.

2 산업혁명은 18세기 후반 영국에서 시작되었다고 한다. See Kenneth Morgan, *The Birth of Industrial Britain 1750-1850*, Harlow: Pearson, 2nd edition (2011), pp. 3 and 11.

3 그러나 엄격한 법적인 관점에서 보면, 노동 기준은 국가가 기업에게 영향을 주기 위해 국내 입법을 채택할 것이 기대되지만, 기업을 직접적으로 구속하지 않는다. 기업의 직접-간접 의무 구별에 관한 논의는 제5장을 참조.

4 이 시의 처음 두 개의 4행은 다음과 같다:

아득한 옛날 저들의 발길은
잉글랜드의 푸른 산 위를 거닐었는가?
거룩하신 주의 어린 양이
잉글랜드의 기쁨의 들판 위에 보였는가!

그 성스러운 얼굴이
정녕 구름낀 우리의 언덕에 빛을 비추셨는가?
정말로 예루살렘이 이 땅 위에,
이 어두운 사탄의 맷돌들 사이에 세워졌단 말인가?

'From Milton' in Blake. *Collected Poems edited by W.B. Yeats*, London and New York: Routledge Classics (2002), p. 211.

5 Lenard R. Berlanstein, 'General Introduction', in Lenard R. Berlanstein (ed.), *The Industrial Revolution and Work in Nineteenth Century Europe*, London and New York: Routledge (1992), p. xi. For a first-hand account see for example Louis René Villermé, *Tableau de l'état physique et moral des ouvriers employés dans les Manufactures de Coton, de Laine, et de Soie*, Paris: Jules Renouard et Cie, Vol. II (1840).

6 Antony Alcock, *History of the International Labour Organisation*, London: Macmillan Press Limited (1971), p. 5.

7 Jean-Michel Servais, *International Labour Law*, Third Revised Edition (2011), London: Kluwer Law International, p. 21; John William Follows, *Antecedents of*

the International Labour Organization*, London: Oxford University Press (1951) pp. v and 10.

8   Ibid., p. 21.

9   John William Follows, *Antecedents of the International Labour Organization*, London: Oxford University Press (1951), p. 6.

10   Ibid., p. 10.

11   Examinations taken by Mr Tufnell, Factories Enquiry Commission, Report from Commissioners, Vol. XXI, 1833, D2, p. 50.

12   면방적 공장 소유자는 자신과 비슷한 시설이 도처에 있더라도 혼자서는 아무것도, 전혀 아무것도 할 수 없다. 그가 사는 지역뿐만 아니라 그의 상품이 판매되는 나라들의 모든 공장주들은 그와 성스러운 동맹을 맺어 우리를 차지하고 있는 악을 저지해야 한다. 이윤을 위해 그를 착취할 것이 아니라. 물론, 우리는 그러한 무사무욕을 믿을 수 없다. 지금까지 프랑스나 다른 어느 곳에서도, 사회의 어떤 계층도 모범을 보이지 않았다.

Louis René Villermé, *Tableau de l'état physique et moral des ouvriers employés dans les Manufactures de Coton, de Laine, et de Soie*, Paris: Jules Renouard et Cie, Vol. II (1840), p. 93.

13   John William Follows, *Antecedents of the International Labour Organization*, London: Oxford University Press (1951), p. 24. Follows adds: 'It is probable, however that Villermé derived his 'international' idea from Hindley.'

14   Ibid., p. 26. 제롬 아돌프 블랑키는 사회주의자이자 정치활동가로 잘 알려진 그의 동생 Louis Auguste Blanqui와 혼동하지 말아야 할 것이다.

15   Ibid., p. 65.

16   Ibid., p. 34. See also Édouard Ducpétiaux, *De la Condition Physique et Morale des Jeunes Ouvriers et des Moyens de l'améliorer,* Bruxelles: Meline, Cans et Cie (1843), pp. 310-311: '따라서 각국이 과거에 흑인 노예무역을 중단하기로 합의했던 것처럼 이 점에 대해 협력하고 합의하는 것이 중요하다. 백인 노동자는 모든 면에서 흑인 노예만큼의 가치가 있으며, 어떤 면에서는 백인 노동자의 조건이 흑인 노예의 조건보다 훨씬 열악하다.' Ibid, p. 320: '오늘날의 분열된 민족을 다시 연결하기 위한 관대하고 인도적인 정책의 도래는 분명 백인 노동자들의 해방을 위한 국제 조약의 채택으로 이어질 것이다. 과거 흑인 노예해방을 위해 그랬던 것처럼.'

17 John William Follows, *Antecedents of the International Labour Organization*, London: Oxford University Press (1951), p. 59.

18 Ibid., p. 62.

19 On this see Antony Alcock, *History of the International Labour Organisation*, London: Macmillan Press Limited (1971), p. 7. See also Micheline R. Ishay, *The History of Human Rights. From Ancient Times to the Globalization Era*, Berkeley, Los Angeles, London: University of California Press (2008), pp. 149-150.

20 Antony Alcock, *History of the International Labour Organisation*, London: Macmillan Press Limited (1971), p. 8.

21 Ibid., p. 10.

22 Jean-Michel Servais, *International Labour Law, Third Revised Edition* (2011), London: Kluwer Law International, p. 23.

23 Antony Alcock, *History of the International Labour Organisation*, London: Macmillan Press Limited (1971), p. 11. 이에 대한 자세한 것은 다음을 참조. Alexandre Millerand, 'Intervention au Congrès International pour la Protection Légale des Travailleurs', Séance d'ouverture – Mercredi 25 juillet 1900 (extract from *Les cahiers du Chatefp* n°7, March 2007).

24 John William Follows, Antecedents of the International Labour Organization, London: Oxford University Press (1951), p. 185.

25 International Convention on the subject of the Prohibition of the Use of White (Yellow) Phosphorus in the Manufacture of Matches (1906). 협약의 문구는 the ILO Recommendation concerning the Application of the Berne Convention of 1906 on the Prohibition of the Use of White Phosphorus in the Manufacture of Matches (1919) 참조. International Convention respecting the prohibition of night work for women in industrial employment (1906), reprinted in 4 *American Journal of International Law* 328 (1910), and John William Follows, *Antecedents of the International Labour Organization*, London: Oxford University Press (1951), p. 163를 참조. 스위스는 양 협약을 공식적으로 보관하고 있다. 1906년 이전에 국가들은 양자간 노동 협약에 서명하기 시작했다. 예컨대, 1904년에 프랑스와 이탈리아는 프랑스 내에서의 이탈리아 노동자들에 관한 양자간 협약을 체결하였다. John William Follows, *Antecedents of the International Labour Organization*, London: Oxford University Press (1951), pp. 170-171 참조. 알콕

(Alcock)은 1915년까지 양자간 조약과 유사한 것들이 20개가 넘게 있었다고 한다. Antony Alcock, *History of the International Labour Organisation*, London: Macmillan Press Limited (1971), p. 13.

26 Antony Alcock, History of the *International Labour Organisation*, London: Macmillan Press Limited (1971), p. 14.

27 Ibid., p. 17.

28 Ibid., pp. 27-28. ILO Constitution (Part XIII, Treaty of Peace with Germany (1919) 225 Consol. TS 188), Article 3 참조. 조약 전문은 예일대 로스쿨의 아발론 프로젝트(Avalon Project) 홈페이지에서 볼 수 있다.

29 Antony Alcock, *History of the International Labour Organisation*, London: Macmillan Press Limited (1971), p. 36.

30 C001 Hours of Work (Industry) Convention, 1919 (No. 1) Convention Limiting the Hours of Work in Industrial Undertakings to Eight in the Day and Forty-eight in the Week; C002 Unemployment Convention, 1919 (No. 2) Convention concerning Unemployment; C003 Maternity Protection Convention, 1919 (No. 3) Convention concerning the Employment of Women before and after Childbirth; C004 Night Work (Women) Convention, 1919 (No. 4) Convention concerning Employment of Women during the Night; C005 Minimum Age (Industry) Convention, 1919 (No. 5) Convention Fixing the Minimum Age for Admission of Children to Industrial Employment; C006 Night Work of Young Persons (Industry) Convention, 1919 (No. 6) Convention concerning the Night Work of Young Persons Employed in Industry.

31 법의 개념에 대한 흥미로운 논의는 Custos, 'The International Labour Code', 13 *The Political Quarterly* 303 (1942) 참조.

32 The Forced Labour Convention, 1930 (No 30), the Recruiting of Indigenous Workers Convention, 1936 (No 50), the Contracts of Employment (indigenous workers) Convention, 1939 (No 64) and the Penal Sanctions (indigenous workers) Convention, 1939 (No 65).

33 이 선언의 채택의 중요성에 관한 논의는 Philip Alston, 'Core Human Rights and the Transformation of the International Labour Rights Regime', 15 *European Journal of International Law* 457 (2004), pp. 458-460 참조. 이어지는 내용도 참조.

34 The Certification of Ships' Cooks Convention, 1946 (No. 69).

35 Tripartite Declaration of Principles concerning Multinational Enterprises and Social Policy, adopted by the Governing Body of the International Labour Office at its 204th Session (Geneva, November 1977) as amended at its 279th (November 2000) and 295th Session (March 2006).

36 제7장에서 논의되는 바와 같이 이 선언은 특히 UN과 유럽의 OECD와 같은 국제기구들이 다국적기업에게 직접 적용되는 행동강령을 채택하는 작업을 할 때 채택되었다.

37 Kevin Kolben, 'Labor Rights as Human Rights?', 50 *Virginia Journal of International Law* 449 (2009-2010), p. 452.

38 Ibid.

39 이 논의의 예시로는 Virginia Mantouvalou, 'Are Labour Rights Human Rights?', 3 *European Labour Law Journal* 151 (2012) 참조.

40 Kevin Kolben, 'Labor Rights as Human Rights?', 50 Virginia Journal of International Law 449 (2009-2010), p. 452.

41 Article 23(4). 예컨대, 세계노동조합연맹(World Federation of Trade Unions) 과 미국 노동총동맹(American Federation of Labor)이 UN사무총장에게 보낸 편지를 참조, UN Doc. E/C.2/28 (28 February 1947) and UN Doc. E/C.2/32 (13 March 1947), 이는 William A. Schabas (ed.), *The Universal Declaration of Human Rights*, the Travaux Préparatoires Volume I, Cambridge: Cambridge University Press (2013) pp. 232, 237에 재인쇄 되었음.

42 Philip Alston, 'Labour Rights as Human Rights: The Not So Happy State of the Art', in Philip Alston (ed.), *Labour Rights as Human Rights*, Oxford: Oxford University Press (2008), p. 2.

43 As Kevin Kolben put it, 'an ethos of individualism substantially grounds human rights': Kevin Kolben, 'Labor Rights as Human Rights?', 50 *Virginia Journal of International Law* 449 (2009-2010), p. 470.

44 Virginia Mantouvalou, 'Are Labour Rights Human Rights?', 3 *European Labour Law Journal* 151 (2012), p. 162.

45 Jay Youngdahl, 'Solidarity First: Labor Rights Are Not the Same as Human Rights', (2009) 18 *New Labor Forum* 31, p. 31.

46 Lance Compa, 'Solidarity and Human Rights, A Response to Youngdahl', 18

New Labor Forum 38 (2009), p. 39.

47 Ibid., p. 42.

48 Kevin Kolben, 'Labor Rights as Human Rights?', 50 *Virginia Journal of International Law* 449 (2009-2010), p. 462.

49 Ibid., pp. 475-476.

50 Ibid., p. 479.

51 Ibid., pp. 480-481.

52 Ibid. pp. 456-460.

53 Ibid., p. 464.

54 Ibid., p. 465.

55 C169 Indigenous and Tribal Peoples Convention, 1989 (No. 169) Convention concerning Indigenous and Tribal Peoples in Independent Countries.

56 Hillary Kellerson, 'The ILO Declaration of 1998 on Fundamental Principles and Rights: A Challenge for the Future', 137 *International Labour Review* 223 (1998). See also Kevin Kolben, 'Labor Rights as Human Rights?', 50 *Virginia Journal of International Law* 449 (2009-2010), p. 454.

57 유럽 국제법 저널(European Journal of International Law)에서 필립 알스톤 (Philip Alston) 교수와 브라이언 랑길(Brian Langille) 교수 간의 흥미로운 논의를 참조: Philip Alston, 'Core Human Rights and the Transformation of the International Labour Rights Regime', 15 *European Journal of International Law* 457 (2004), pp. 485-495; Brian A Langille, 'Core Labour Rights The True Story (Reply to Alston)', 16 *European Journal of International Law* 409 (2005).

58 이에 대한 초기의 견해로는 C. Wilfred Jenks, *Human Rights and International Labour Standards*, London: Steven and Sons (1960), pp. 127-128. See also Kevin Kolben, 'Labor Rights as Human Rights?', 50 *Virginia Journal of International Law* 449 (2009-2010), p. 450 참조.

59 Virginia Mantouvalou, 'Are Labour Rights Human Rights?', 3 *European Labour Law Journal* 151 (2012), p. 172.

60 제5장 이하의 국제인권법의 정의를 참조.

61 Philip Alston, 'Core Human Rights and the Transformation of the International Labour Rights Regime', 15 *European Journal of International Law* 457 (2004), p. 477.

62 Virginia Mantouvalou, 'Are Labour Rights Human Rights?', 3 *European Labour Law Journal* 151 (2012), p. 169.

63 Philip Alston, 'Core Human Rights and the Transformation of the International Labour Rights Regime', 15 *European Journal of International Law* 457 (2004), pp. 485-495; Brian A Langille, 'Core Labour Rights The True Story (Reply to Alston)', 16 *European Journal of International Law* 409 (2005).

64 Philip Alston, 'Core Human Rights and the Transformation of the International Labour Rights Regime', 15 *European Journal of International Law* 457, p. 476.

65 Ibid., p. 477.

66 구글 북스 엔그램 뷰어에서 'business and human rights'를 검색함.

67 이들에 관한 상세한 논의는 제7장을 참조.

68 'Materials by Topic' on the UN Special Representative's portal of the Business and human Rights Resource Centre's website, http://business-humanrights. org/en/un-secretary-generals-special-representative-on-business-human-rights/ materials-by-topic (lastaccessed 15 June 2016) 참조.

69 서양에서 노동조합의 쇠퇴에 관하여는 다음을 참조하라. Bruce Western and Jake Rosenfeld, 'Workers of the World Divide. The Decline of Labor and the Future of the Middle Class', 91 *Foreign Affairs* 88 (May-June 2012); Cheol-Sung Lee, 'Migration, Deindustrialization and Union Decline in 16 Affluent OECD Countries, 1962-1997', 84 *Social Forces* 71 (2005-2006); Craig Becker, 'The Pattern of Union Decline, Economic and Political Consequences, and the Puzzle of a Legislative Response', 98 *Minnesota Law Review* 1637 (2013-2014); Sharon Rabin Margalioth, 'The Significance of Worker Attitudes: Individualism as a Cause for Labor's Decline', 16 *Hofstra Labor & Employment Law Journal* 133 (1998-1999); John Godard, 'The Exceptional Decline of the American Labor Movement', 63 *Industrial & Labor Relations Review* 82 (2009-2010); Micheline R. Ishay, *The History of Human Rights. From Ancient Times to the Globalization Era*, Berkeley, Los Angeles, London: University of California Press (2008), pp. 294-295.

70 Micheline R. Ishay, *The History of Human Rights. From Ancient Times to the Globalization Era*, Berkeley, Los Angeles, London: University of California Press (2008), p. 263.

71 앰네스티 인터내셔널에서 어떻게 이러한 일들이 발생하였는지에 관한 설명은, David Petrasek, 'The Indivisibility of Rights and the Affirmation of ESC Rights', *in* Carrie Booth Walling and Susan Waltz (eds), *Human Rights: From Practice to Policy* (2011), pp. 21-25 참조.

72 인권과 노동 전문가들 사이의 구별에 관해서는, Kevin Kolben, 'Labor Rights as Human Rights?', 50 *Virginia Journal of International Law* 449 (2009-2010), pp. 480-481 참조.

제4장 나치와 거래하기: 제2차 세계대전 이후 독일 기업가들에 대한 형사소추

1 Statute of the International Criminal Court, 2187 UNTS 90, Article 5.
[역자주] 국제형사재판소에 관한 로마규정 제5조 제1항은 다음과 같다. 동 조항에 규정된 네 가지 범죄를 국제형사법학계에서는 핵심국제범죄(core international crimes) 또는 핵심범죄(core crimes)라고도 부른다(대법원 국제형사법연구회, 『국제형사법과 절차』, 사법발전재단, 2018, 6쪽).
제5조 재판소의 관할범죄1. 재판소의 관할권은 국제공동체 전체의 관심사인 가장 중대한 범죄에 한정된다. 재판소는 이 규정에 따라 다음의 범죄에 대하여 관할권을 가진다. (a) 집단살해죄, (b) 인도에 반한 죄, (c) 전쟁범죄, (d) 침략범죄

2 Grietje Baars, 'Capitalism's Victor's Justice? The Hidden Stories Behind the Prosecution of Industrialists Post-WWII', *in* Kevin Jon Heller and Gerry Simpson (eds), *The Hidden Histories of War Crimes Trials*, Oxford: Oxford University Press (2013), pp. 188-189.

3 Jonathan Bush는 미국이 기업인들에 대해 대부분의 재판을 수행하려는 결정을 이끌어낸 수개월 동안에 관한 상세한 해설을 제공한다. 한동안, 기업가들을 겨냥한 제2차 국제재판에 관한 방안도 고려되었다. Jonathan A. Bush, 'The Prehistory of Corporations and Conspiracy in International Criminal Law: What Nuremberg Really Said', 109 *Columbia Law Review* 1094 (2009), pp. 1112-1130을 참고.

4 기업인의 개인적 책임에 초점을 맞춘 형사재판을 넘어서, 기업이 나치 체제에 관여한 것에 대한 기업의 책임은 1990년대 말 홀로코스트 생존자들이 미국에서 제기한 다수의 민사소송에서 기초를 형성했다. 이에 관하여는 Michael J. Bazyler, 'The Holocaust Restitution Movement in Comparative Perspective', 20 *Berkeley*

Journal of International Law 11 (2002); Steven Whinston, 'Can Lawyers and Judges be Good Historians? A Critical Examination of the Siemens Slave- Labor Cases', 20 *Berkeley Journal of International Law* 160 (2002)을 참조.

5   Henry Ashby Turner Jr, *German Big Business and the Rise of Hitler*, New York, Oxford: Oxford University Press (1985), pp. 340-341; Joseph Borkin, *The Crime and Punishment of I.G. Farben*, London: Andre Deutsch (1978), p. 2; Gerald D. Feldman, 'Financial Institutions in Nazi Germany: Reluctant or Willing Collaborators?', *in* Francis R. Nicosia and Jonathan Huerner (eds), *Business and Industry in Nazi Germany*, New York, Oxford: Berghahn Books (2004), pp. 18-21; Harold James, 'Banks and Business Politics in Nazi Germany', *in* Francis R. Nicosia and Jonathan Huerner (eds), *Business and Industry in Nazi Germany*, New York, Oxford: Berghahn Books (2004), p. 43; Jonathan Wiesen, *West Germany Industry and the Challenge of the Nazi Past 1945-1955*, Chapel Hill and London: the University of North Carolina Press (2001), pp. 12-13.

6   Henry Ashby Turner Jr, *German Big Business and the Rise of Hitler*, New York, Oxford: Oxford University Press (1985), pp. 342-348.

7   Ibid., p. 348.

8   Joseph Borkin, *The Crime and Punishment of I.G. Farben*, London: Andre Deutsch (1978), p. 2.

9   Harold James, 'Banks and Business Politics in Nazi Germany', *in* Francis R. Nicosia and Jonathan Huerner (eds), *Business and Industry in Nazi Germany*, New York, Oxford: Berghahn Books (2004), p. 43.

10   Henry Ashby Turner Jr, *German Big Business and the Rise of Hitler,* New York, Oxford: Oxford University Press (1985), pp. 349-355; Joseph Borkin, *The Crime and Punishment of I.G. Farben*, London: Andre Deutsch (1978), p. 2; Peter Hayes, 'The Chemistry of Business-State Relations in the Third Reich', *in* Francis R. Nicosia and Jonathan Huerner (eds), *Business and Industry in Nazi Germany*, New York, Oxford: Berghahn Books (2004), p. 73.

11   Joseph Borkin, *The Crime and Punishment of I.G. Farben*, London: Andre Deutsch (1978), pp. 2-3.

12   Henry Ashby Turner Jr, *German Big Business and the Rise of Hitler*, New York, Oxford: Oxford University Press (1985), p. 349.

13   Gerald D. Feldman, 'Financial Institutions in Nazi Germany: Reluctant or Willing Collaborators?', *in* Francis R. Nicosia and Jonathan Huerner (eds), *Business and Industry in Nazi Germany*, New York, Oxford: Berghahn Books (2004), p. 32.

14   Jonathan Wiesen, *West Germany Industry and the Challenge of the Nazi Past 1945-1955*, Chapel Hill and London: the University of North Carolina Press (2001), p. 16.

15   Grietje Baars, 'Capitalism's Victor's Justice? The Hidden Stories Behind the Prosecution of Industrialists Post-WWII', *in* Kevin Jon Heller and Gerry Simpson (eds), *The Hidden Histories of War Crimes Trials*, Oxford: Oxford University Press (2013), pp. 165-167.

16   Henry Morgenthau, *Suggested Post-Surrender Program for Germany* (1944), Digitalized and available on the Franklin D. Roosevelt Library and Museum Website, http://docs.fdrlibrary.marist.edu/PSF/BOX31/T297A04.HTML, para. 1. The plan was wide-ranging and included the partitioning of Germany (para. 2) and taking over school and university programmes, as well as the media (para. 5).

17   Ibid.

18   Potsdam Agreement (1945), 145 BFSP 864, Part II(B).

19   Grietje Baars, 'Capitalism's Victor's Justice? The Hidden Stories Behind the Prosecution of Industrialists Post-WWII', in Kevin Jon Heller and Gerry Simpson (eds), *The Hidden Histories of War Crimes Trials*, Oxford: Oxford University Press (2013), p. 171. 또한 다음도 참조. Kim C. Priemel, 'Tales of Totalitarianism: Conflicting Narratives in the Industrialist Cases at Nuremberg', *in* Kim C. Priemel and Alexa Stiller (eds), *Reassessing the Nuremberg Military Tribunals: Transitional Justice, Trial Narratives, and Historiography*, New York, Oxford: Berghahn Books (2012), p. 164.

20   Telford Taylor, *The Anatomy of the Nuremberg Trials*, *A Personal Memoir*, London: Bloomsbury (1993), p. 80.

21   Ibid., pp. 80-81.

22   Kim C. Priemel, 'Tales of Totalitarianism: Conflicting Narratives in the Industrialist Cases at Nuremberg', *in* Kim C. Priemel and Alexa Stiller (eds), *Reassessing the Nuremberg Military Tribunals: Transitional Justice, Trial*

Narratives, and Historiography, New York, Oxford: Berghahn Books (2012), p. 165.

23 Ibid.

24 Ibid.

25 이 시점에 구스타프 크루프는 '오스트리아 블륀바흐(Bluhnbach)에 있는 크루프의 별장에서 몸져누워 있었고, 망령 들어 노쇠함이 악화된 상태였고, 제대로 표현을 못 하고, 대소변을 가리지 못 하고, 전혀 법정에 설 수 없는 상태에, 재판을 받을 수없는 상태'였다.: ibid.

26 Ibid., pp. 153-158.

27 구스타프 크루프의 사건의 기각과 비-국제적 재판을 수행키로 한 결정 사이에 발생한 일에 대한 자세한 설명에 대해서는 다음을 참조하라. Jonathan A. Bush, 'The Prehistory of Corporations and Conspiracy in International Criminal Law: What Nuremberg Really Said', 109 Columbia Law Review 1094 (2009), pp. 1112-1130.

28 Grietje Baars, 'Capitalism's Victor's Justice? The Hidden Stories Behind the Prosecution of Industrialists Post-WWII', in Kevin Jon Heller and Gerry Simpson (eds), The Hidden Histories of War Crimes Trials, Oxford: Oxford University Press (2013), pp. 189-191.

29 Ibid., p. 182.

30 Trials of War Criminals Before the Nuernberg Military Tribunals Under Control Council Law No 10, vol. VI 'The Flick Case', Washington: United States Government Printing Office (1952).

31 Trials of War Criminals Before the Nuernberg Military Tribunals Under Control Council Law No 10, vol. VII and VIII 'The I.G. Farben Case', Washington: United States Government Printing Office (1952).

32 Trials of War Criminals Before the Nuernberg Military Tribunals Under Control Council Law No 10, vol. IX 'The Krupp Case', Washington: United States Government Printing Office (1952).

33 Trials of War Criminals Before the Nuernberg Military Tribunals Under Control Council Law No 10, vol. XII, XIII and XIV 'The Ministries Case', Washington: United States Government Printing Office (1952).

34 기업의 공모가 어떻게 발생하는지에 대한 이해를 돕는 서술은 다음을 참조하

라. International Commission of Jurists, Report of the ICJ Expert Legal Panel on Corporate Complicity in International Crimes, Vol. 1, pp. 8-26.

35 평화에 반한 죄의 공소사실에 대해서는, 요구된 인식의 수준은 다른 공소사실에 비해 더 높았다. 이 점에 대해서는 다음을 참조하라. the concurring opinion of Judge Hebert, Trials of War Criminals Before the Nuernberg Military Tribunals Under Control Council Law No 10, vol. VIII 'The I.G. Farben Case', Washington: United States Government Printing Office (1952), Concurring opinion of Judge Hebert on the charges of crimes against peace; Concurring opinion on counts one and five of the indictment, p. 1217.

36 Ibid., pp. 1168-1169.

37 그러한 것의 분석으로는 다음을 참조하라. Michael J. Kelly, 'Prosecuting Corporations for Genocide under International Law', 6 Harvard Law and Policy Review 339 (2012) pp. 351-353.

38 Doug Cassel, 'Corporate Aiding and Abetting of Human Rights Violations: Confusion in the Courts', 6 Northwestern University Journal of International Human Rights 304 (20072008), p. 309.

39 United States Court of Appeals for the Second Circuit, Presbyterian Church of Sudan v. Talisman Energy, Inc., 582 F.3d 244, 259 (2d Cir. 2009)을 참조.

40 Trials of War Criminals Before the Nuernberg Military Tribunals Under Control Council Law No 10, vol. XIV, 'The Ministries Case', Washington: United States Government Printing Office (1952), p. 622.

41 Sabine Michalowski, 'Complicity Liability for Funding Gross Human Rights Violations?', 30 Berkeley Journal of International Law 451 (2012), p. 472.

42 이에 대한 논의는 다음을 참조하라. Kim C. Priemel, 'Tales of Totalitarianism: Conflicting Narratives in the Industrialist Cases at Nuremberg', in Kim C. Priemel and Alexa Stiller (eds), Reassessing the Nuremberg Military Tribunals: Transitional Justice, Trial Narratives, and Historiography, New York, Oxford: Berghahn Books (2012), p. 177.

43 Trials of War Criminals Before the Nuernberg Military Tribunals Under Control Council Law No 10, vol. VI 'The Flick Case', Washington: United States Government Printing Office (1952), p. 1200.

44 Ibid., p. 1201.

45 Trials of War Criminals Before the Nuernberg Military Tribunals Under Control Council Law No 10, vol. VIII 'The I.G. Farben Case', Washington: United States Government Printing Office (1952), p. 1175.

46 Trials of War Criminals Before the Nuernberg Military Tribunals Under Control Council Law No 10, vol. VIII 'The I.G. Farben Case', Washington: United States Government Printing Office (1952), Dissenting opinion of Judge Hebert on the charges of slave labour, dissenting opinion on count three of the indictment, pp. 1309-1310.

47 the Prosecution of Industrialists Post-WWII', in Kevin Jon Heller and Gerry Simpson (eds), *The Hidden Histories of War Crimes Trials*, Oxford: Oxford University Press (2013), pp. 184-185.

48 As reported in Kim C. Priemel, 'Tales of Totalitarianism: Conflicting Narratives in the Industrialist Cases at Nuremberg', in Kim C. Priemel and Alexa Stiller (eds), *Reassessing the Nuremberg Military Tribunals: Transitional Justice, Trial Narratives, and Historiography*, New York, Oxford: Berghahn Books (2012), pp. 161-162.

49 Trials of War Criminals Before the Nuernberg Military Tribunals Under Control Council Law No 10, vol. IX 'The Krupp Case', Washington: United States Government Printing Office (1952). p. 1444.

50 Ibid., pp. 1444-1445.

51 Ibid., p. 1446.

52 International Commission of Jurists, *Report of the ICJ Expert Legal Panel on Corporate Complicity in International Crimes*, Vol. 1, pp. 17-18 참조.

53 S. Jonathan Wiesen, *West Germany Industry and the Challenge of the Nazi Past 1945-1955*, Chapel Hill and London: the University of North Carolina Press (2001), pp. 23; Kim C. Priemel, 'Tales of Totalitarianism: Conflicting Narratives in the Industrialist Cases at Nuremberg', in Kim C. Priemel and Alexa Stiller (eds), *Reassessing the Nuremberg Military Tribunals: Transitional Justice, Trial Narratives, and Historiography*, New York, Oxford: Berghahn Books (2012), pp. 174-182.

54 Kim C. Priemel, 'Tales of Totalitarianism: Conflicting Narratives in the Industrialist Cases at Nuremberg', *in* Kim C. Priemel and Alexa Stiller (eds),

Reassessing the Nuremberg Military Tribunals: Transitional Justice, Trial Narratives, and Historiography, New York, Oxford: Berghahn Books (2012), p. 178.

55 Ibid.

56 Ibid., p. 179.

57 Ibid., pp. 175-177.

58 Jonathan A. Bush, 'The Prehistory of Corporations and Conspiracy in International Criminal Law: What Nuremberg Really Said' 109 *Columbia Law Review* 1094 (2009), pp. 1197, 1232 and 1239. 또한 다음도 참조. Grietje Baars, 'Capitalism's Victor's Justice? The Hidden Stories Behind the Prosecution of Industrialists Post-WWII', *in* Kevin Jon Heller and Gerry Simpson (eds), *The Hidden Histories of War Crimes Trials*, Oxford: Oxford University Press (2013), p. 189.

59 이에 대한 논의는 다음을 참조하라. Grietje Baars, 'Capitalism's Victor's Justice? The Hidden Stories Behind the Prosecution of Industrialists Post-WWII', in Kevin Jon Heller and Gerry Simpson (eds), *The Hidden Histories of War Crimes Trials*, Oxford: Oxford University Press (2013), p. 178.

60 Francis R. Nicosia and Jonathan Huerner (eds), *Business and Industry in Nazi Germany*, New York, Oxford: Berghahn Books (2004), pp. 11-12.

제5장 기업, 국제인권법, 그리고 국제형사법: 경계선의 이동

1 Universal Declaration of Human Rights, GA Res. 217A (III), 10 December 1948.

2 세계인권선언 전문의 첫 문장. 그 선언은 보편적이지 국가 사이의 것은 아니라는 사실에 대해서는 다음을 참조하라. Johannes Morsink, *Inherent Human Rights. Philosophical Roots of the Universal Declaration*, Philadelphia: University of Pennsylvania Press (2009), pp. 57 and 148-149.

3 다른 두 나라는 이집트와 에티오피아였다. 남아프리카는 기권한 8개국 가운데에 속한다. 보편 선언 채택을 위한 투표에 대해 자세한 것은 *Yearbook of the United Nations* 1948-1949, p. 535를 참조.

4 William A. Schabas (ed.), *The Universal Declaration of Human Rights, the*

Travaux Preparatoires Volume I, Cambridge: Cambridge University Press (2013), p. cxxi.

5   Hurst Hannum, 'The Status of the Universal Declaration of Human Rights in National and International Law', 25 *Georgia Journal of International and Comparative Law* (1995), p. 287.

6   Preamble, Universal Declaration of Human Rights, GA Res. 217A (III), 10 December 1948.

7   Louis Henkin 'The Universal Declaration at 50 and the Challenge of Global Markets', 25 *Brooklyn Journal of International Law* 17 (1999), p. 25.

8   A/C.3/345, 17 November 1948.

9   A/C.3/SR.155, 24 November 1948. 이 서술은 국가들이 실제로 유일하지는 않더라도 주된 인권침해 주체이기 때문에 이상하다.

10   A/C.3/SR.156, 25 November 1948.

11   Ibid.

12   기업과 인권 리소스 센터(the Business and Human Rights Resource Centre)에 따른 인권에 관한 기업 정책 성명들의 목록을 참조, http://business-humanrights. org/en/company-policystatements-on-human-rights (최종방문일: 2016.3.21.).

13   *Yearbook of the United Nations* (1948-1949), p. 538.

14   International Covenant on Civil and Political Rights (1966) 999 UNTS 171.

15   International Covenant on Economic, Social and Cultural Rights (1966) 993 UNTS 3.

16   International Convention on the Elimination of All Forms of Racial Discrimination (1965) 660 UNTS 195.

17   Convention on the Elimination of All Forms of Discrimination against Women (1979) 1249 UNTS 13.

18   Convention on the Rights of the Child (1989) 1577 UNTS 3.

19   International Convention on the Protection of the Rights of All Migrant Workers and Members of their Families (1990) 2220 UNTS 3.

20   Convention on the Rights of Persons with Disabilities (2006) 2515 UNTS 3.

21   Convention against Torture and Other Cruel, Inhuman or Degrading Treatment or Punishment (1984) 1465 UNTS 85.

22   International Convention for the Protection of All Persons from Enforced

Disappearance (2006) UN Doc. A/61/488.

23 Convention for the Protection of Human Rights and Fundamental Freedoms (1950), CETS No.005.

24 American Convention on Human Rights (1969), OAS TS No 36.

25 African Charter on Human and People's Rights (1981), 21 ILM 58 (1982).

26 Johannes Morsink, *Inherent Human Rights. Philosophical Roots of the Universal Declaration*, Philadelphia: University of Pennsylvania Press (2009), p. 41.

27 United Nations Declaration on the Rights of Indigenous Peoples (2007), A/RES/61/295.

28 이러한 견해는 그 분야의 주요 교과서들에서 서술된다. Antonio Cassese, *International Law*, 2nd edition, Oxford: Oxford University Press (2005), p. 71; Malcolm Shaw, *International Law*, 6th edition, Cambridge: Cambridge University Press (2008), p. 197; Martin Dixon, *Textbook on International Law*, 7th edition, Oxford: Oxford University Press (2013), p. 115; Jan Klabbers, *International Law*, Cambridge: Cambridge University Press (2013), p. 67을 참조.

29 Charter of the United Nations (1945), 1 UNTS XVI, Article 2(1).

30 Philip Alston, 'The 'Not-a-Cat' Syndrome: Can the International Human Rights Regime Accommodate Non-State Actors?', in Philip Alston (ed.), Non State Actors and Human Rights, Oxford: Oxford University Press (2005), p. 7.

31 이에 대한 초기의 논의에 대해서는 Philip Jessup, *A Modern Law of Nations*, New York: the MacMillan Company (1948), pp. 19-20을 참조.

32 Rafael Domingo, 'Gaius, Vattel, and the New Global Law Paradigm', *European Journal of International Law* (2011), p. 641.

33 Rafael Domingo, 'The Crisis of International Law', 42 *Vanderbilt Journal of Transnational Law* 1543 (2009), p. 1551. 또한 Benjamin R Barber, 'Global Democracy or Global Law: Which Comes First', 1 *Indiana Journal of Global Legal Studies* 119 (1993), pp. 119-138; the special issue of *L'Observateur des Nations Unies*, Volume 31, 2011-2012; 그리고 the special issue of the *Tilburg Law Review* Vol. 17, Issue 2 (2012) 참조.

34 예컨대 Menno T. Kamminga and Martin Scheinin (eds), *The Impact of Human Rights Law on General International Law*, Oxford: Oxford University Press

(2009); Scott Sheeran, 'The Relationship of International Human Rights Law and General International Law: Hermeneutic Constraint, or Pushing the Boundaries?', in Scott Sheeran and Sir Nigel Rodley (eds), *Routledge Handbook of International Human Rights Law*, Abingdon and New York: Routledge (2013), p. 79 참조.

35 Jean d'Aspremont, 'Introduction', in Jean d'Aspremont (ed.), *Participants in the International Legal System. Multiple Perspectives on Non-State Actors in International Law*, London and New York: Routledge (2011), p. 2.

36 *Reparation for Injuries Suffered in the Service of the United Nations*, Advisory Opinion: ICJ Reports 1949, p. 178.

37 Ibid., p. 179.

38 예컨대 Jonathan L. Charney, 'Transnational Corporations and Developing Public International Law', 1983 *Duke Law Journal* 748 (1983); Rosalyn Higgins, *Problems and Process: International Law and How We Use It*, Oxford: Oxford University Press (Clarendon), pp. 49-50 (1994); Nicola Jägers,, 'The Legal Status of the Multinational Corporation under International Law', in Michael K. Addo (ed.), *Human Rights Standards and the Responsibility of Transnational Corporations*, The Hague, London, Boston: Kluwer Law International (1999), pp. 260-270; Peter Muchlinski, 'Multinational Enterprises as Actors in International Law: Creating "Soft Law" Obligations and "Hard Law" Rights', in Math Noortmann and Cedric Ryngaert (eds), *Non-State Actor Dynamics in International Law*, Burlington: Ashgate (2010), pp. 10-13을 참조.

39 예컨대 제10조와 관련하여 영국 일간지인 가디언(The Guardian)과 옵저버 (The Observer)에 관한 소송들에 대해선 European Court of Human Rights, *Guardian and Observer v United Kingdom*, 26 November 1991을 참조. 또한 European Court of Human Rights, *Pine Valley Development Ltd and Others v Ireland*, 29 November 1991도 참조. 이에 대해서는 Michael K. Addo, 'The Corporation as a Victim of Human Rights Violations', *in* Michael Addo (ed.), *Human Rights Standards and the Responsibility of Transnational Corporations*, The Hague, London, Boston: Kluwer Law International (1999), pp. 187-196을 참조.

40 그 가운데에서 다음을 참조. Nicola Jägers, *Corporate Human Rights*

Obligations: In Search of Accountability, Antwerpen, Oxford, New York: Intersentia (2002); Jennifer Zerk, *Multinationals and Corporate Social Responsibility Limitations and Opportunities in International Law*, Cambridge: Cambridge University Press (2006); Philip Alston, *Non-State Actors and Human Rights*, Oxford: Oxford University Press (2005); Andrew Clapham, *Human Rights Obligations of Non State Actors*, Oxford: Oxford University Press (2006); Doreen McBarnet, Aurora Voiculescu and Tom Campbell (eds), *The New Corporate Accountability, Corporate Social Responsibility and the Law*, Cambridge: Cambridge University Press (2007); David Kinley (ed.), *Human Rights and Corporations*, Burlington: Ashgate (2009); Jernej Letnar Černič, *Human Rights Law and Business: Corporate Responsibility for Fundamental Human Rights*, Groningen: Europa Law Publishing (2010); Radu Mares, *The UN Guiding Principles on Business and Human Rights*, Leiden: Martinus Nijhoff (2011); Marie-Jose Van der Heijden, *Transnational Corporations and Human Rights Liabilities*, Antwerpen, Oxford, New York: Intersentia (2012); Surya Deva, *Regulating Corporate Human Rights Violations: Humanizing Business*, London: Routledge (2012).

41 또한 기업은 해양법에 관한 국제연합 협약(the United Nations Convention on the Law of the Sea) 아래에서 의무를 부담하고, 비록 아직 발생하진 않았지만, 기업은 국제해양법재판소의 해저분쟁재판부에 제소될 수 있다. 1982년 해양법에 관한 국제연합 협약(1833 UNTS 3) 제187조 및 제291조 제2항을 참조. 이 글이 집필된 시점에서, 해저분쟁재판부는 분쟁 사건에서 권고적 의견을 공표할 뿐이고 결정하지 못한다.

[역자 주] 해저분쟁재판부가 권고적 의견만 제시한다는 사정은 지금도 같다 (제191조). 저자가 인용한 조항의 내용은 다음과 같다.

제187조 (해저분쟁재판부의 관할권) 해저분쟁재판부는 이 부 및 이 부와 관련된 부속서에 따라 다음 범주에 속하는 심해저 활동 관련 분쟁에 대한 관할권을 가진다.

(a) 이 부 및 이 부와 관련된 부속서의 해석 또는 적용에 관한 당사국 사이의 분쟁 (b) 다음 사항에 관한 당사국과 해저기구 사이의 분쟁 (i) 이 부 또는 이 부와 관련된 부속서 또는 이에 따라 채택된 해저기구의 규칙, 규정 및 절차를 위반한 것으로 주장되는 해저기구나 당사국의 작위나 부작위 (ii) 관할권의 일탈 또는

권한남용이라고 주장되는 해저기구의 행위

(c) 당사국, 해저기구 또는 심해저공사, 국영기업 및 제153조 제2항 (b)에 규정된 자연인이나 법인 등 계약당사자 사이의 다음 사항에 관한 분쟁 (i) 관련 계약이나 사업계획의 해석 또는 적용 (ii) 다른 계약당사자를 대상으로 하거나 또는 그의 적법한 이익에 직접적으로 영향을 미치는 심해저활동에 관한 계약당사자의 작위나 부작위

(d) 제153조 제2항 (b)의 규정에 따라 국가가 보증하고 제3부속서 제4조 제6항 및 제13조 제2항에 규정된 조건을 적절하게 이행한 계약예정자와 해저기구 사이의 분쟁으로서 계약의 거부 또는 계약의 협상중에 발생하는 법적 문제에 관한 분쟁

(e) 해저기구가 제3부속서 제22조에 규정된 책임을 지게 되었다고 주장되는 경우, 해저기구와 당사국, 국영기업 또는 제153조 제2항 (b)의 규정에 따라 당사국이 보증한 자연인이나 법인 사이의 분쟁

(f) 해저분쟁재판부의 관할권에 속하는 것으로 이 협약에 특별히 규정된 그 밖의 분쟁제291조 (분쟁해결절차의 개방) 2. 이 부에 규정된 분쟁해결절차는 이 협약에 특별히 규정된 경우에만 당사국이외의 주체에게 개방된다.

42 이에 대해서는 Andrew Clapham, *Human Rights Obligations of Non State Actors*, Oxford: Oxford University Press (2006), p. 79 참조. '관습국제법과 국제인권법 아래에서 개인이 권리와 의무를 갖는다는 점을 우리가 받아들이는 한, 법인도 또한 이러한 권리의 일부를 향유하고 역으로 중대한 국제적 의무 위반으로 소추되는 데에 필요한, 국제법상 인격을 보유한다는 점을 받아들여야만 한다.'

43 David Weissbrodt and Muria Kruger, 'Human Rights Responsibilities of Businesses as Non-State Actors', *in* Philip Alston (ed.), *Non State Actors and Human Rights*, Oxford: Oxford University Press (2005), p. 337. 원문은 다음과 같다. '기업이 갖는 하나이며 유일한 사회적 책임은 다음과 같다. 즉, 게임의 규칙 안에서, 다시 말해 속임수나 사기 없이 개방되고 자유로운 경쟁에 머무르는 한, 기업이 그 자원을 이용해서 그 이윤을 증대시키도록 고안된 활동에 종사하는 것이다.' in Milton Friedman, *Capitalism and Freedom*, Chicago: the University of Chicago Press (2nd edition 2002), p. 133.

44 우리와 유사한 논증으로는 다음을 참조. Nicola Jägers, 'The Legal Status of the Multinational Corporation under International Law', in Michael K. Addo (ed.), *Human Rights Standards and the Responsibility of Transnational Corporations*,

The Hague, London, Boston: Kluwer Law International (1999), pp. 263-267 ('이 독립체들이 국제법의 주체가 아니라는 진술은 더 이상 유효하지 않다는 점이 입증되었다').

45 Surya Deva, 'Human Rights Violations by Multinational Corporations and International Law: Where from Here?', 19 *Connecticut Journal of International Law* 1 (2003-2004), pp. 50-52.

46 Rosalyn Higgins, *Problems and Process: International Law and How We Use It*, Oxford: Oxford University Press (1994), p. 50.

47 Ibid., p. 49.

48 Andrew Clapham, *Human Rights Obligations of Non State Actors*, Oxford: Oxford University Press (2006), p. 60.

49 Ibid., pp. 68-69.

50 Ibid., p. 80.

51 Jean d'Aspremont, 'Non-State Actors from the Perspective of Legal Positivism. *The Communitarian Semantics for the Secondary Rules of International Law*', in Jean d'Aspremont (ed.), *Participants in the International Legal System. Multiple Perspectives on Non-State Actors in International Law*, London and New York: Routledge (2011), pp. 25-26.

52 Ibid., pp. 26-27.

53 Jonathan L. Charney, 'Transnational Corporations and Developing Public International Law', 1983 *Duke Law Journal* 748 (1983), pp. 754-755.

54 제7장 참조.

55 이에 대한 논의에 관해서는 제7장을 참조.

56 David Kinley and Rachel Chambers, 'The UN Human Rights Norms for Corporations: The Private Implications of Public International Law', 6 *Human Rights Law Review* 447 (2006), p. 479. 또한 Maurice Mendelson, 'In the Matter of the Draft "Norms on the Responsibilities of Transnational Corporations and Other Business Enterprises with Regard to Human Rights"', Appended to the Confederation of British Industry submission to the UN High Commissioner for Human Rights (2004), para. 7도 참조.

57 Andrew Clapham, 'The 'Drittwirkung' of the Convention', *in* R. St. J. Mc Donald et al. (eds), *The European System for the Protection of Human Rights*,

Deventer: Martinus Nijhoff (1993), p. 163.

58   Ibid.

59   European Court of Human Rights, *López Ostra v Spain*, 9 December 1994.

60   European Court of Human Rights, *Tatar v Romania*, 21 January 2009.

61   African Commission on Human and People's Rights, 155/96: *Social and Economic Rights Action Center (SERAC) and Center for Economic and Social Rights (CESR) v Nigeria*, 27 October 2001.

62   그러한 사례로 Inter-American Commission on Human Rights, Report N 40/04, Case 12.053, Merits, *Maya Indigenous Communities of the Toledo Districts v Belize*, 12 October 2004 참조. 벨리즈(Belize)에서의 상황에 대한 최근의 정부에 대해서는 Inter-American Commission on Human Rights, 'IACHR Urges Belize to Guarantee the Rights of Maya Indigenous Communities', Press release No. 32/13, 6 May 2013 참조.

63   Human Rights Committee, L nsman v. Finland (511/1992), ICCPR, A/50/40 vol. II (26 October 1994) 66 (CCPR/C/52/D/511/1992) at paras. 9.1-9.8 and 10. 이 사례에서 자유권규약 제27조의 위반이 발견되진 않았다. (제27조 종족적, 종교적 또는 언어적 소수민족이 존재하는 국가에 있어서는 그러한 소수민족에 속하는 사람들에게 그 집단의 다른 구성원들과 함께 그들 자신의 문화를 향유하고, 그들 자신의 종교를 표명하고 실행하거나 또는 그들 자신의 언어를 사용할 권리가 부인되지 아니한다. - 옮긴이)

64   UN Human Rights Council, Elaboration of an international legally binding instrument on transnational corporations and other business enterprises with respect to human rights, A/HRC/26/L.22/Rev.1 (25 June 2014).

65   Committee on Economic, Social and Cultural Rights, General Comment No. 14 (2000), The Right to the Highest Attainable Standard of Health (Article 12 of the International Covenant on Economic, Social and Cultural Rights), E/C.12/2000/4, 11 August 2000, Para 39; Committee on Economic, Social and Cultural Rights, General Comment No. 15 (2003), The Right to Water (Articles 11 and 12 of the International Covenant on Economic, Social and Cultural Rights), E/C.12/2002/11, 20 January 2003, para. 33; General Comment No. 17 on the Right of Everyone to Benefit from the Protection of the Moral and Material Interests resulting from any Scientific, Literary or Artistic Production of

which He or She is the Author (Article 15, paragraph 1 (c), of the Covenant), E/C.12/GC/17, 12 January 2006, para. 55; and General Comment No. 19 on the Right to Social Security (Article 9 of the Covenant), E/C.12/GC/19, 4 February 2008, para. 54.

66 Concluding observations of the Committee on the Elimination of Racial Discrimination, Canada, CERD/C/CAN/CO/18, 25 May 2007, para. 17; Concluding observations of the Committee on the Elimination of Racial Discrimination, Canada CERD/C/CAN/CO/19-20, 9 March 2012, para. 14; Committee on the Elimination of Racial Discrimination, CERD/C/GBR/CO/18-20, 14 September 2011, para. 29.

67 UN Committee on the Rights of the Child, General Comment No 16 on State Obligations Regarding the Impact of the Business Sector on Children's Rights, CRC/C/GC/16, 15 March 2013, para. 43.

68 Human Rights Committee, Concluding observations on the sixth periodic report of Germany, November 2012.

69 Guiding Principles on Business and Human Rights: Implementing the United Nations 'Protect, Respect and Remedy' Framework, A/HRC/17/31, Official Commentary to GP 2. 이 주제에 관하여는 Nadia Bernaz, 'State Obligations with regard to the Extraterritorial Activities of Companies Domiciled on their Territories', in Carla Buckley, Alice Donald and Philip Leach (eds), *Towards Coherence in International Human Rights Law: Approaches of Regional and International Systems*, Leiden: Brill, forthcoming 2016 참조.

70 Draft Articles on the Responsibility of States for internationally wrongful acts, A/RES/56/83, 12 December 2001. [국제위법행위에 대한 국가책임초안의 제5조 내지 제8조는 사인이 관여된 경우로서 구체적 조항은 다음과 같다. 제5조(정부권력 요소를 행사하는 개인 또는 실체의 행위) 제4조에 의한 국가기관은 아니지만 당해 국가의 법에 의하여 정부권한(공권력)을 행사할 권한을 부여받은 개인 또는 실체의 행위는 국제법상 당해 국가의 행위로 간주된다. 다만, 이는 그 개인 또는 실체가 구체적 경우에 있어서 그러한 자격으로 행동하는 경우에 한한다. 제6조(타국에 의하여 한 국가의 통제 하에 놓여진 기관의 행위) 타국에 의하여 한 국가의 통제 하에 놓여진 기관의 행위는, 그 기관이 자신이 그 통제에 놓여진 국가의 정부권한(공권력)의 행사로서 행동하는 경우, 국제법상 통제국

의 행위로 간주된다. 제7조(권한초과 또는 지시위반) 국가기관 또는 정부권한 (공권력)을 행사하도록 권한을 위임받은 개인 또는 실체의 행위는 그 기관, 개인 또는 실체가 그 자격으로 행동하는 경우, 그 행위자가 자신의 권한을 넘어서거나 또는 지시를 위반한다 하더라도, 국제법상 그 국가의 행위로 간주된다. 제8조(국가에 의하여 감독되거나 통제된 행위) 개인 또는 집단의 행위는 그들이 그 행위를 수행함에 있어서 사실상 한 국가의 지시를 받거나 그 지시 또는 통제 하에서 행동하는 경우 국제법상 그 국가의 행위로 간주된다. - 옮긴이]]

71 사례의 출처는 다음과 같다. Philip Alston, 'The 'Not-a-Cat' Syndrome: Can the International Human Rights Regime Accommodate Non-State Actors?', *in* Philip Alston (ed.), *Non State Actors and Human Rights*, Oxford: Oxford University Press (2005), p. 10.

72 이에 관한 논의에 대해서는 Middlesex University Law Department, *Guidance on Business and Human Rights: A Review*, London: Equality and Human Rights Commission (2011), section 4.1 참조.

73 the OECD Convention on Combating Bribery of Public Officials in International Business Transactions (1997), 37 ILM 1 참조. 이 조약에 관하여 Steven Ratner 는 다음과 같이 적는다. '국제법 아래에서 정부의 의무와 국내법 아래에서 기업의 의무 사이의 전통적 구분을 고수함에도 불구하고, 그 조약은 기업의 책임이 국제법에 의해 승인되며 규제될 수 있다는 점을 분명히 한다.' Steven C. Ratner, 'Corporations and Human Rights: A Theory of Legal Responsibility', 111 *Yale Law Journal 443* (20012002), p. 482.

74 UN Convention on the Suppression of the Financing of Terrorism (1999), 2178 UNTS 197.

75 International Convention on Civil Liability for Oil Pollution Damage (1969), 973 UNTS 3; Convention on Civil Liability for Damage Resulting from Activities Dangerous to the Environment (1993), 32 ILM 1228.

76 예컨대 Sir Nigel Rodley, 'Non State Actors and Human Rights', in Scott Sheeran and Sir Nigel Rodley (eds), *Routledge Handbook of International Human Rights Law*, Abingdon and New York: Routledge (2013), p. 540을 참조.

77 Menno T. Kamminga, Saman Zia-Zarifi, 'Liability of Multinational Corporations Under International Law: An Introduction', *in* Menno T. Kamminga, Saman Zia-Zarifi (eds), *Liability of Multinational Corporations*

Under International Law, The Hague London Boston: Kluwer Law International (2000), p. 10.

78 Steven C. Ratner, 'Corporations and Human Rights: A Theory of Legal Responsibility', 111 *Yale Law Journal* 443 (2001-2002), p. 480.

79 Ibid., p. 488. David Weissbrodt and Muria Kruger, 'Human Rights Responsibilities of Businesses as Non-State Actors', in Philip Alston (ed.), *Non State Actors and Human Rights*, Oxford: Oxford University Press (2005), p. 329도 참조.

80 이러한 견해에 대해서는 예컨대 다음을 참조. Carlos M. Vazquez, 'Direct vs. Indirect Obligations of Corporations under International Law', 43 *Columbia Journal of Transnational Law* 927 (2004-2005), pp. 932-938.

81 Steven C. Ratner, 'Corporations and Human Rights: A Theory of Legal Responsibility', 111 *Yale Law Journal* 443 (2001-2002), p. 481. 그의 결론은 특히 기업이 이 조약들의 초안에 관련되었다는 사실을 고려하면 타당해 보인다. 기업, 노동자, 국가가 대표하는 그 기구의 3자간의 성격으로 인해 이는 ILO협약에서도 흔한 일이지만, 뇌물수수에 관한 국제규범을 개발하는 데에서도 기업은 '중요'했다. Menno T. Kamminga and Saman Zia-Zarifi, 'Liability of Multinational Corporations Under International Law: An Introduction' *in* Menno T. Kamminga and Saman Zia-Zarifi (eds), *Liability of Multinational Corporations Under International Law*, The Hague, London, Boston: Kluwer Law International (2000), p. 8을 참조.

82 Andrew Clapham, *Human Rights Obligations of Non State Actors*, Oxford: Oxford University Press (2006), p. 31.

83 S/RES/1306 (2000), paras 1 and 10.

84 Security Council Committee pursuant to Resolutions 1267 (1999) and 1989 (2011) concerning Al-Qaida and associated individuals and entities, 'List established and maintained by the 1267 Committee with respect to individuals, groups, undertaking and other entities associated with Al-Qaida'.

85 S/RES/1904 (2009), para. 3.

86 Security Council Committee established pursuant to Resolution 1718 (2006), 'Consolidated List of Entities and Individuals'.

87 *Accordance with International Law of the Unilateral Declaration of*

Independence in Respect of Kosovo, Advisory Opinion, I.C.J. Reports 2010, p. 403, para. 116-117. (Para. 116: '재판소는 이와 관련하여 안보리가 유엔 회원국이 아닌 행위자와 정부간 기구에게 요구하는 것은 통상적이지 않다는 점을 상기시킨다.'); *Legal Consequences of the Construction of a Wall in the Occupied Palestinian Territory*, I.C.J. Reports 2004, p. 136. 또한 Jean-Marie Kamatali, 'The New Guiding Principles on Business and Human Rights' Contribution in Ending the Divisive Debate over Human Rights Responsibilities of Companies: Is it Time for an ICJ Advisory Opinion?', 20 *Cardozo Journal of International and Comparative Law* 437 (2011-2012), pp. 460-461 참조.

88   Carlos M. Vazquez, 'Direct vs. Indirect Obligations of Corporations under International Law', 43 *Columbia Journal of Transnational Law* 927 (2004-2005), p. 939.

89   Steven C. Ratner, 'Corporations and Human Rights: A Theory of Legal Responsibility', 111 Yale Law Journal 443 (2001-2002), p. 468.

90   Preambles, International Covenant on Civil and Political Rights (1966) 999 UNTS 171; International Covenant on Economic, Social and Cultural Rights (1966) 993 UNTS 3.

91   이 점에 대해서는 the position of the Committee on Economic, Social and Cultural Rights, (the body monitoring the implementation of the International Covenant on Economic, Social and Cultural Rights)을 참조. 이는 다음과 같이 주장한다.

> 국가만이 규약의 당사국이며 따라서 그 준수에 대해 근본적으로 책임이 있지만, 사회의 모든 구성원은 개인, 가족, 지역공동체, 비정부기구, 조직, 시민사회조직, 게다가 사기업 부문은 적합한 음식에의 권리에 책임이 있다. (…) 국가적 및 초국가적 – 사기업 부문은 적합한 음식에의 권리를 존중하는 데에 도움이 되는, 정부와 시민사회가 공동으로 합의한 행동강령의 프레임워크 안에서 그 활동을 추구해야 한다.

Committee on Economic, Social and Cultural Rights, General Comment 12 (The Rights to Adequate Food), E/C.12/1999/5, 12 May 1999, para. 20을 참조.

92   David Weissbrodt and Muria Kruger, 'Human Rights Responsibilities of

Businesses as Non-State Actors', *in* Philip Alston (ed.), *Non State Actors and Human Rights*, Oxford: Oxford University Press (2005), p. 331.

93 UN Human Rights Council, Elaboration of an international legally binding instrument on transnational corporations and other business enterprises with respect to human rights, A/HRC/26/L.22/Rev.1 (25 June 2014).

94 Vienna Declaration, A/CONF.157/23, 12 July 1993, para. 5.

95 예컨대 John Gerard Ruggie, Just Business, New York and London: W. W. Norton & Company Inc. (2013), p. xxxii 참조.

96 2011년 개정판에선 더 이상 '유치국의 국제적 의무와 약속'을 언급하지 않는다. OECD, 2011 Update of the OECD Guidelines for Multinational Enterprises Comparative table of changes made to the 2000 text (2012) p. 13. 본서의 제7장 참조.

97 이에 관하여는 Steven C. Ratner, 'Corporations and Human Rights: A Theory of Legal Responsibility', 111 *Yale Law Journal* 443 (2001-2002), p. 511 참조.

98 William A. Schabas (ed.), *The Universal Declaration of Human Rights, the Travaux Preparatoires Volume I*, Cambridge: Cambridge University Press (2013), p. cxv.

99 Andrew Clapham, *Human Rights Obligations of Non State Actors*, Oxford: Oxford University Press (2006), p. 86.

100 David Weissbrodt and Muria Kruger, 'Human Rights Responsibilities of Businesses as Non-State Actors', *in* Philip Alston (ed.), *Non State Actors and Human Rights*, Oxford: Oxford University Press (2005), p. 337.

101 아래 내용을 참조.

102 Report of the Special Representative of the Secretary-General (SRSG) on the issue of human rights and transnational corporations and other business enterprises, A/HRC/4/035, 9 February 2007, para. 21.

103 이 점에 대해서는 Larissa van den Herik and Jernej Letnar Černič, 'Regulating Corporations under International Law. From Human Rights to International Criminal Law and Back Again', 8 *Journal of International Criminal Justice* 725 (2010) 참조. 또한 Steven C. Ratner, 'Corporations and Human Rights: A Theory of Legal Responsibility', 111 *Yale Law Journal* 443 (2001-2002), p. 495도 참조.

104 제7장 참조.

105 유엔 이행원칙 12. 국제 권리장전은 세계인권선언, 시민적 및 정치적 권리에 관한 국제규약과 경제적 사회적 및 문화적 권리에 관한 국제규약으로 구성되어 있다.

106 John Gerard Ruggie, *Just Business*, New York and London: W. W. Norton & Company Inc. (2013), p. 101.

107 영국-포르투갈 조약 제8조 및 영국-스페인 조약 제12조는 다음과 같이 규정한다. '불법적 노예 거래에 이용되어 억류되어야 할 선박에 대해서 지연과 비효율을 최소화하여 판결하기 위해서, 이 협약의 비준한 때로부터 1년 내에, 양국 동수의 개인들로 구성되며 그들의 국왕 각각에 의해 이 목적을 위해 명명된 두 개의 공동위원회를 설립하여야 한다.' 영국과 포르투갈 사이의 다음 사항에 관한 추가적 협약 참조. the Prevention of the Slave Trade (28 July 1817) and Separate Article (11 September 1817), 67 Consolidated Treaty Series 398 (1817); British and Foreign State Papers, vol. 4, pp. 85 and 115; Treaty between Great Britain and Spain, for the Abolition of the Slave Trade (23 September 1817), 68 Consolidated Treaty Series 45 (1817-18); British and Foreign State Papers, vol. 4, p. 33.
     영국-네덜란드 조약의 제7조는 유사하게 규정되었지만, '공동위원회'가 아니라 '공동사법재판소'라고 언급한다. 다음 조약을 참조. Treaty between his Britannic Majesty and His Majesty the King of the Netherlands, for preventing their Subjects from engaging in any traffic in Slaves (4 May 1818), British and Foreign State Papers, vol. 5, p. 125.

108 Jenny Martinez, *The Slave Trade and the Origins of International Human Rights Law*, Oxford: Oxford University Press (2012), p. 69.

109 Ibid., p. 79.

110 Ibid., p. 75.

111 더욱이 1862년까지 유사한 협정을 미국과 체결하려는 영국의 모든 시도는 미국도 노예무역을 불법화했음에도 불구하고 실패했다. Jenny Martinez, *The Slave Trade and the Origins of International Human Rights Law*, Oxford: Oxford University Press (2012), Chapter 3 참조.

112 Ibid., p. 74.

113 그러한 개인들 중 다수는, 특히 이미 신대륙에 있던 이들은, 결정을 지지해줄

메커니즘의 부재와 그들을 아프리카로 돌려보낼 재정지원의 부재로 인해 결국 노예 또는 준-노예로서의 삶에 처해졌다. Jenny Martinez, *The Slave Trade and the Origins of International Human Rights Law, Oxford*: Oxford University Press (2012), Chapter 5 참조.

114 Ibid., pp. 76-77. 많은 이들은 승무원에 대한 형사재판 관할권의 부재를 비판했지만, 이는 변하지 않았다. 즉, 이들 중 일부만이 실제로 국내 법원에서 재판을 받았다 (ibid. pp. 92-93).

115 Ibid., p. 85. 전례가 없을 뿐만 아니라 그 판결에 영향을 받은 많은 사람들도 타의 추종을 불허한다. Ibid., pp. 94-95 참조.

116 Ibid., p. 99.

117 Ibid., pp. 150-151.

118 Ibid., p. 162.

119 Ibid., p. 163.

120 이에 대해서는 Jonathan A. Bush, 'The Prehistory of Corporations and Conspiracy in International Criminal Law: What Nuremberg Really Said', 109 *Columbia Law Review* 1094 (2009) 참조.

121 UN Doc. A/CONF.183/2/Add.1, p. 49.

122 Ibid., note 3.

123 UN Doc. A/CONF.183/C.1/SR.1, p. 8.

124 이에 대해서는 Reinhold Gallmetzer, 'Prosecuting Persons Doing Business with Armed Groups in Conflict Areas', 8 *Journal of International Criminal Justice* 947 (2010) 참조. 기업인과 관련된 상황에 대해 검사의 주의를 환기시키려 일부 단체들이 노력했지만 당시에는 성공적이지 않았다. Nadia Bernaz, 'Complaint to the International Criminal Court against the CEO of Chevron', *Rights as Usual* (2014), http://rightsasusual.com/?p=895 (last accessed 21 March 2016) 참조.

125 국제재판소 이전의 기업의 형사책임에 관한 레바논 특별재판소에서의 전개에 대해서는 또한 다음을 참조. Nadia Bernaz, 'Corporate Criminal Liability under International Law: The New TV S.A.L. and Akhbar Beirut S.A.L. Cases at the Special Tribunal for Lebanon', 13 *Journal of International Criminal Justice* 313330 (2015).

126 Manfred Nowak, 'The Need for a World Court of Human Rights', 7 *Human Rights Law Review* 251 (2007).

127 Ibid., pp. 256-257. 또한 Manfred Nowak, 'On the Creation of World Court of
     Human Rights', 7 *National Taiwan University Law Review* 257 (2012), p. 269
     참조.
128 Julia Kozma, Manfred Nowak and Martin Scheinin, 'A World Court of Human
     Rights: Consolidated Statute and Commentary' in Swiss Federal Department
     of Foreign Affairs and Geneva Academy of International Humanitarian Law
     and Human Rights, *Protecting Dignity: An Agenda for Human Rights* (2011).
     제4조 아래에서 "'독립체'라는 용어는 제51조와 관련한 재판소의 관할권을
     승인한 모든 정부간 조직, 또는 모든 기업을 포함한 국가행위비국가행위자들
     을 의미한다.' Martin Scheinin, 'International Organizations and Transnational
     Corporations at a World Court of Human Rights', 3 *Global Policy* 488 (2012)
     도 참조.
129 제7장 참조.
130 Swiss Federal Department of Foreign Affairs and Geneva Academy of
     International Humanitarian Law and Human Rights, *Protecting Dignity: An
     Agenda for Human Rights* (2011), p. 62.

제6장 인권과 국제경제법: 점들의 연결

1   Philip Alston, 'The 'Not-a-Cat' Syndrome: Can the International Human Rights
    Regime Accommodate Non-State Actors?', *in* Philip Alston (ed.), *Non State Actors
    and Human Rights*, Oxford: Oxford University Press (2005), p. 7. 또한 국제 연합
    이 초국가적 기업을 대상으로 한 초기 작업에 관해서는 이 책의 제7장 참조.
2   Chris Brummer, *Soft Law and the Global Financial System. Rule Making in the
    21st Century*, Cambridge: Cambridge University Press (2012), p. 11.
3   Mary Dowell-Jones and David Kinley, 'Minding the Gap: Global Finance and
    Human Rights', 25 *Ethics & International Affairs* 183 (2011), p. 184.
4   예컨대 다음을 참조하라. Adam McBeth, *International Economic Actors and
    Human Rights*, London and New York: Routledge (2010).
5   Report of the Study Group of the International Law Commission, 'Difficulties
    arising from the diversification and expansion of international law', UN Doc. A/

CN.4/L.682 (2006) Para. 15.

6   Report of the Study Group of the International Law Commission, 'Difficulties arising from the diversification and expansion of international law', UN Doc. A/CN.4/L.682 (2006) Para. 15. 그러나 국제법위원회 최종보고서의 결론은 더욱 미묘한 차이가 있다. 예컨대 최종보고서는 다음을 지적한다. '국제법은 법체계이다. 그 규칙과 원칙 (다시 말해 국제법 규범)은 다른 규칙과 원칙의 배경과 관련하여서 작동하고 또한 이에 대항하여 해석되어야 한다. 하나의 법체계로서 국제법은 그러한 규범의 무작위 집합이 아니다. 그것들 사이에는 의미있는 연관이 존재한다.' (p. 7).

7   Cornelia Woll, 'Global Companies as Agenda Setters in the World Trade Organization', in John Mikler (ed.), The Handbook of Global Companies, Chichester: John Wiley and Sons Ltd (2013), p. 265. 또한 Sorcha Macleod and Douglas Lewis, 'Transnational Corporations: Power, Influence and Responsibility', 4 Global Social Policy 77 (2004), p. 82. 참조.

8   Sheldon Leader, 'Human Rights and International Trade', in Scott Sheeran and Sir Nigel Rodley (eds), Routledge Handbook of International Human Rights Law, Abingdon and New York: Routledge (2013), p. 246. 때로는 국가가 인권에 우선권을 부여하고 자발적으로 특정 제품의 거래 전면 금지와 같은 무역의 장애물을 조성한다는 점에 주목할 필요가 있다. 이는 사형, 고문 또는 기타 잔인하고 비인도적이거나 굴욕적인 대우 또는 처벌에 사용될 수 있는 특정 상품의 거래에 관한 2005년 6월 27일자 EU위원회 규정 (EC) No 1236/2005의 경우이다.

9   Philip M. Nichols, 'Trade Without Values', 90 Northwestern University Law Review 658 (19951996), pp. 661-667.

10   Holger Hestermeyer, Human Rights and the WTO. The Case of Patents and Access to Medicine, Oxford: Oxford University Press (2007) 사례 참조.

11   Report of the Special Rapporteur on the Right to Food, UN Doc. E/CN.4/2006/44, 16 March 2006, para. 40.

12   Jeff Waincymer, 'The Trade and Human Rights Debate: Introduction to an Interdisciplinary Analysis', in Sarah Joseph, David Kinley and Jeff Waincymer (eds), The World Trade Organization and Human Rights. Interdisciplinary Perspectives, Cheltenham: Edward Elgar (2009), p. 3.

13   Ibid.

14 2015년에는 2,926건의 양자간투자협정을 포함하여 3,271건의 국제투자협정이 시행되었다. 다음을 참조하라. United Nations Conference on Trade and Development, World Investment Report, July 2015, p. 106.

15 Rudolf Dolzer and Christoph Schreuer, Principles of International Investment Law, Oxford: Oxford University Press (2008), p. 8.

16 Sheldon Leader, 'Human Rights, Risks, and New Strategies for Global Investment', 9 Journal of International Economic Law 657 (2006), p. 666.

17 투자와 인권에 유용한 문서인 the London School of Economics Investment & Human Rights Learning Hub, http://blogs.lse.ac.uk/investment-and-human-rights/ (last accessed 21 March 2016) 참조.

18 재산에 대한 인권과 수용에 대한 투자자의 권리 사이의 유사성에 대한 논의를 위해 Pierre-Marie Dupuy, 'Unification Rather than Fragmentation of International Law? The Case of International Investment Law and Human Rights Law', in Pierre-Marie Dupuy, Francesco Francioni and Ernst-Ulrich Petersmann (eds), Human Rights in International Investment Law and Arbitration, Oxford: Oxford University Press (2009), p. 52 참조.

19 Jan Wouters and Nicolas Hachez, 'When Rules and Values Collide: How Can a Balanced Application of Investor Protection Provisions and Human Rights Be Insured?', 3 Human Rights and International Legal Discourse 301 (2009) 참조.

20 Moshe Hirsch, 'Investment Tribunals and Human Rights: Divergent Paths', in Pierre-Marie Dupuy, Francesco Francioni and Ernst-Ulrich Petersmann (eds), Human Rights in International Investment Law and Arbitration, Oxford: Oxford University Press (2009), pp. 112-113.

21 Stephen Schwebel, 'The Overwhelming Merits of Bilateral Investment Treaties', 32 Suffolk Transnational Law Review 263 (20082009), p. 268 참조.

22 Moshe Hirsch, 'Investment Tribunals and Human Rights: Divergent Paths', in Pierre-Marie Dupuy, Francesco Francioni and Ernst-Ulrich Petersmann (eds), Human Rights in International Investment Law and Arbitration, Oxford: Oxford University Press (2009), p. 107.

23 International Centre for the Settlement of Investment Disputes, Azurix Corp. v the Argentine Republic, No. ARB/01/12 (2006), para 261. 국제투자 분쟁해결 센터는 세계 은행 그룹의 일부인 분쟁해결 기관이다.

24 International Centre for the Settlement of Investment Disputes, Siemens A.G. v The Argentine Republic, No. ARB/02/8 (2007), para 79.

25 International Centre for the Settlement of Investment Disputes, Sempra Energy International v. The Argentine Republic, ARB/02/16 (2007), para. 332. See also the discussion on necessity in International Centre for the Settlement of Investment Disputes, CMS Gas Transmission Company v. The Argentine Republic, ARB/01/8 (2005), paras. 304-394.

26 Stephen Schwebel, 'The Overwhelming Merits of Bilateral Investment Treaties', 32 Suffolk Transnational Law Review 263 (2008-2009), p. 268. 또한 다음을 참조하라. James D. Fry, 'International Human Rights Law in Investment Arbitration: Evidence of International Law's Unity', 18 Duke Journal of Comparative & International Law 77 (2007-2008).

27 James Harrison, The Human Rights Impact of the World Trade Organisation, Oxford and Portland: Hart Publishing (2007), pp. 188-189. 원문의 인용은 A국이 제기한 항변으로 언급한다. 추측컨대 이는 인쇄상 오류이므로 수정키로 했다.

28 Convention of the International Centre for Settlement of Investment Disputes (1965), 575 UNTS 159, Article 42. 적용 가능한 법의 문제에 관하여는 다음을 참조하라. Pierre-Marie Dupuy, 'Unification Rather than Fragmentation of International Law? The Case of International Investment Law and Human Rights Law', in Pierre-Marie Dupuy, Francesco Francioni and Ernst-Ulrich Petersmann (eds), Human Rights in International Investment Law and Arbitration, Oxford: Oxford University Press (2009), p. 56 그리고 같은 책에서, Clara Reiner and Christoph Schreuer, 'Human Rights and International Investment Arbitration', p. 85.

29 Clara Reiner and Christoph Schreuer, 'Human Rights and International Investment Arbitration', in Pierre-Marie Dupuy, Francesco Francioni and Ernst-Ulrich Petersmann (eds), Human Rights in International Investment Law and Arbitration, Oxford: Oxford University Press (2009), p. 83.

30 Pierre-Marie Dupuy, 'Unification Rather than Fragmentation of International Law? The Case of International Investment Law and Human Rights Law', in Pierre-Marie Dupuy, Francesco Francioni and Ernst-Ulrich Petersmann (eds), Human Rights in International Investment Law and Arbitration, Oxford:

Oxford University Press (2009), p. 59.

31 Reports of International Arbitral Awards, The Creole v. Great Britain, Volume XXIX, p. 52.

32 Pierre Lalive, 'Ordre public transnational (ou r ellement international) et arbitrage international', Revue de l'arbitrage (1986) No. 3, p. 336.

33 ICC Award No. 1110 of 1963, Yearbook of Commercial Arbitration, 1996, p. 52.

34 Ibid., p. 51.

35 Pierre Lalive, 'Ordre public transnational (ou reellement international) et arbitrage international', Revue de l'arbitrage, 1986, No. 3, p. 337.

36 Pierre-Marie Dupuy, 'Unification Rather than Fragmentation of International Law? The Case of International Investment Law and Human Rights Law', in Pierre-Marie Dupuy, Francesco Francioni and Ernst-Ulrich Petersmann (eds), Human Rights in International Investment Law and Arbitration, Oxford: Oxford University Press (2009), pp. 60-61.

37 Rudolf Dolzer and Christoph Schreuer, Principles of International Investment Law, Oxford: Oxford University Press (2008), p. 119.

38 Mexico-USA Claims Commissions, L. F. H. Neer and Pauline Neer (U.S.A.) v. United Mexican States, 15 October 1926, Reports of International Arbitral Awards, Vol. IV, pp. 61-62.

39 ICSID, Tecnicas Medioambientales Tecmed S.A. v The United Mexican States, Case No. ARB (AF)/00/2 (2003), para. 154.

40 Jan Wouters and Nicolas Hachez, 'When Rules and Values Collide: How Can a Balanced Application of Investor Protection Provisions and Human Rights Be Insured?', 3 Human Rights and International Legal Discourse 301 (2009), p. 328.

41 Rudolf Dolzer and Christoph Schreuer, Principles of International Investment Law, Oxford: Oxford University Press (2008), p. 75.

42 Jan Wouters and Nicolas Hachez, 'When Rules and Values Collide: How Can a Balanced Application of Investor Protection Provisions and Human Rights Be Insured?', 3 Human Rights and International Legal Discourse 301 (2009), pp. 329-330. Pierre-Marie Dupuy, 'Unification Rather than Fragmentation of International Law? The Case of International Investment Law and Human Rights Law', in Pierre-Marie Dupuy, Francesco Francioni and Ernst-Ulrich Petersmann

(eds), Human Rights in International Investment Law and Arbitration, Oxford: Oxford University Press (2009), p. 54

43 UNCITRAL, Saluka Investments BV v The Czech Republic, para. 305.

44 Rudolf Dolzer and Christoph Schreuer, Principles of International Investment Law, Oxford: Oxford University Press (2008), p. 91.

45 ICSID, Metalclad Corporation v United Mexican States, Case No. ARB(AF)/97/1 (2000), para. 111.

46 ICSID, Compañía del Desarrollo de Santa Elena S.A. v The Republic of Costa Rica, Case No. ARB/96/1 (2000), para. 72.

47 Jan Wouters and Nicolas Hachez, 'When Rules and Values Collide: How Can a Balanced Application of Investor Protection Provisions and Human Rights Be Insured?', 3 Human Rights and International Legal Discourse 301 (2009), p. 325.

48 ICSID, Occidental Petroleum Corporation Occidental Exploration and Production Company v The Republic of Ecuador, Case No. ARB/06/11 (2012), para. 687.

49 이 원칙은 단지 국제투자법에서만 유효한 것이 아니라 일반적인 국제법에서도 그러하다. 그러한 결론에 도달하기 위해서, **옥시덴탈** 판정부는 국제법위원회가 기초한 국제위법행위에 대한 국가책임 초안 제31조와 제39조에 의존했다. (paras 665-668).

50 Jan Wouters and Nicolas Hachez, 'When Rules and Values Collide: How Can a Balanced Application of Investor Protection Provisions and *Human Rights Be Insured?*', *3 Human Rights and International Legal Discourse* 301 (2009), p. 310, note 35.

51 이에 관하여는 다음을 참조하라. Sheldon Leader, 'Human Rights, Risks, and New Strategies for Global Investment', 9 *Journal of International Economic Law* 657 (2006), p. 690.

52 Jan Wouters and Nicolas Hachez, 'When Rules and Values Collide: How Can a Balanced Application of Investor Protection Provisions and Human Rights Be Insured?', 3 *Human Rights and International Legal Discourse* 301 (2009), p. 310.

53 Sarah Joseph, *Blame It on the WTO*, Oxford: Oxford University Press (2011), p. 51.

54 예컨대 EU Council Regulation (EC) No 1236/2005 of 27 June 2005을 참조. 이

는 사형, 고문 또는 기타 잔혹하고 비인도적이거나 모멸적인 대우나 형벌에 사용될 수도 있는 특정한 제품의 무역에 대해 규정한다.

55　Sarah Joseph, *Blame It on the WTO*, Oxford: Oxford University Press (2011), pp. 96-97. 외부조치의 위험성에 대해 Sheldon Leader, 'Human Rights and International Trade', *in* Scott Sheeran and Sir Nigel Rodley (eds), *Routledge Handbook of International Human Rights Law*, Abingdon and New York: Routledge (2013), pp. 250-252 참조.

56　일부 저자들은 그것이 그렇게 사용되어야 한다고 주장한다. Salman Bal, 'International Free Trade Agreements and Human Rights: Reinterpreting Article XX of the GATT', 10 *Minnesota Journal of Global Trade* 62 (2001) 참조.

57　Sarah Joseph, *Blame It on the WTO*, Oxford: Oxford University Press (2011), p. 107.

58　Ibid., pp. 113-114.

59　정부조달협정, 재23조(2): 이러한 조치가 동일한 조건이 우세한 국가간에 자의적이거나 부당한 차별을 구성하는 방식으로 적용되지 않거나 국제 무역에 대한 위장 제한이 적용되지 않는다는 요구 사항에 따라, 본 협정의 어떠한 내용도 당사국이 조치를 부과하거나 시행하는 것을 방지하는 것으로 해석되지 않는다.: 공중도덕, 질서 또는 안전, 인간, 동물 또는 식물의 생명, 건강 또는 지적 재산을 보호하기 위해 필요한 것; 또는 장애인, 자선 기관 또는 교도소 노동력의 제품 또는 서비스와 관련된 것.

60　1996 Mass. Acts 239, ch. 130.

61　Ibid. 240.

62　United States Supreme Court, *Crosby, Secretary of Administration and Finance of Massachusetts, et al. v. National Foreign Trade Council* 530 U.S. 363.

63　Mark B. Baker, 'Flying over the Judicial Hump: A Human Rights Drama featuring Burma, the Commonwealth of Massachusetts, the WTO and the Federal Courts', 32 *Law and Policy in International Business* 51, pp. 93-94.

64　United States—Measure Affecting Government Procurement, WT/DS 88 and DS 95, terminated on 11 February 2000.

65　Christopher Avery, *Business and Human Rights at a Time of Change* (1999), chapter 2.8, http://198.170.85.29/Chapter2.htm#2.8 (last accessed 15 June 2016).

66　논증을 위해, 그 법이 명백히 겉으로 보여지는 것은 아마도 3단계 시험을 통과하

지 못했을 것임을 의미한다.

67 Moshe Hirsch, 'Investment Tribunals and Human Rights: Divergent Paths', *in* Pierre-Marie Dupuy, Francesco Francioni and Ernst-Ulrich Petersmann (eds), *Human Rights in International Investment Law and Arbitration*, Oxford: Oxford University Press (2009), p. 112. 스티븐 슈웨벌(Stephen Schwebel)은 다음과 같이 썼다.

> 문맥에 있는 국제중재 과정은 비대칭적이지 않다. 투자대상국 투자자에 대한 반소를 제기할 수 있다. 그러나 그 이상으로, 국가 정부는 합법적이든 아니든 외국 투자자에게 압력을 가할 수 있는 많은 수단을 가지고 있다. 정부는 경찰력뿐만 아니라 경찰 조직도 가지고 있다. 그것은 관료주의와 정치인들의 무게를 견딜 수 있게 한다. 그것은 규정, 지연, 법령, 세금, 선동, 압력을 가할 수 있다. 외국인 투자가가 분쟁의 국제 중재를 요구할 수 있는 것은 통상적으로 투자 대상 정부에 유리하게 기울어진 균형을 바로잡기 위한 어떤 방법일 뿐이다.

> Stephen Schwebel, 'The Overwhelming Merits of Bilateral Investment Treaties', 32 *Suffolk Transnational aw. Review* 263 (2008-2009), p. 268.

68 Pierre-Marie Dupuy, 'Unification Rather than Fragmentation of International Law? The Case of International Investment Law and Human Rights Law', in Pierre-Marie Dupuy, Francesco Francioni and Ernst-Ulrich Petersmann (eds), *Human Rights in International Investment Law and Arbitration,* Oxford: Oxford University Press (2009), p. 47.

69 Francesco Francioni, 'Access to Justice, Denial of Justice and International Investment Law', in Pierre-Marie Dupuy, Francesco Francioni and Ernst-Ulrich Petersmann (eds), *Human Rights in International Investment Law and Arbitration*, Oxford: Oxford University Press (2009), p. 65.

70 드물지만 기업의 인권 주장은 특정 국제 인권 문서에 따라 가능하다. Protocol 1 to the European Convention on Human Rights on the right to property; European Court of Human Rights, *Guardian and Observer v United Kingdom*, 26 November 1991; Pine Valley Development Ltd and Others v Ireland, 29 November 1991; Inter-American Court of Human Rights, *Cantos v Argentina*,

7 September 2001 (Preliminary Objections) 참조. 이와 함께 대법원은 미국 수정헌법 제1조가 기업을 보호한다고 판결하면서 미국에서 흥미로운 발전이 있었다(*Citizens United v Federal Election Commission*, 558 U.S. 310). 이와는 대조적으로 시민적 정치적 권리에 관한 국제규약 선택 의정서는 기업 조직이 아닌 개인만이 유엔 인권이사회에 국가에 대한 청구를 제기할 수 있음을 분명히 한다. 유엔 인권이사회는 여러 사례에서 이 점을 거듭 강조했다.: 참조사례 *S.M. v Barbados*, Communication No. 502/1992 (decision on inadmissibility), 31 March 1994; *Lamagna v Australia*, Communication No. 737/1997 (decision on inadmissibility), 7 April 1999.

71 Clara Reiner and Christoph Schreuer, 'Human Rights and International Investment Arbitration', *in* Pierre-Marie Dupuy, Francesco Francioni and Ernst-Ulrich Petersmann (eds), *Human Rights in International Investment Law and Arbitration*, Oxford: Oxford University Press (2009), p. 88. 그에 반대되는 사례로는 다음을 참조. Paula F. Henin, 'The Jurisdiction of Investment Treaty Tribunals over Investors' Human Rights Claims: The Case Against Roussalis v. Romania', 51 *Columbia Journal of Transnational Law* 224 (2012-2013).

72 ICSID, Tecnicas Medioambientales Tecmed S.A. v The United Mexican States, Case No. ARB (AF)/00/2 (2003), para. 122.

73 European Court of Human Rights, *James and Others v United Kingdom* (1986), para. 63.

74 ICSID, Mondev International Limited v United States of America, Case No. ARB (AF)/99/2 (2002), para. 144.

75 UNCITRAL, *Lauder v The Czech Republic* (2001), para. 200.

76 Jan Wouters and Nicolas Hachez, 'When Rules and Values Collide: How Can a Balanced Application of Investor Protection Provisions and Human Rights Be Insured?', 3 *Human Rights and International Legal Discourse* 301 (2009), p. 308. 또한 Todd Weiler, 'Balancing Human Rights and Investor Protection: A New Approach for a Different Legal Order' (2004) 27 *Boston College International and Comparative Law Review* 429, pp. 430-431. 참조

77 Jan Wouters and Nicolas Hachez, 'When Rules and Values Collide: How Can a Balanced Application of Investor Protection Provisions and Human Rights Be Insured?', 3 Human Rights and International Legal Discourse 301 (2009), p. 313.

78 여기에 예외가 있다. 예를 들어 제10장에서 논의된 에콰도르의 Texaco / Chevron에 대한 오염 혐의에 대해 진행중인 사법 기사를 참조.

79 Francesco Francioni, 'Access to Justice, Denial of Justice and International Investment Law', in Pierre-Marie Dupuy, Francesco Francioni and Ernst-Ulrich Petersmann (eds), *Human Rights in International Investment Law and Arbitration*, Oxford: Oxford University Press (2009), pp. 71-72.

80 Clara Reiner and Christoph Schreuer, 'Human Rights and International Investment Arbitration', in Pierre-Marie Dupuy, Francesco Francioni and Ernst-Ulrich Petersmann (eds), *Human Rights in International Investment Law and Arbitration*, Oxford: Oxford University Press (2009), p. 89.

81 Francesco Francioni, 'Access to Justice, Denial of Justice and International Investment Law', *in* Pierre-Marie Dupuy, Francesco Francioni and Ernst-Ulrich Petersmann (eds), *Human Rights in International Investment Law and Arbitration*, Oxford: Oxford University Press (2009), p. 72.

82 African Commission on Human and People's Rights, 155/96: *Social and Economic Rights Action Center (SERAC) and Center for Economic and Social Rights (CESR) v Nigeria*, 27 October 2001. 사례 참조.

83 Supplemental Brief for the United States as Amicus Curiae in Partial Support of Affirmance, *Kiobel v Royal Dutch Petroleum Co.*, 133 S.Ct. 1659 (2013) (No. 10-1491) 사례 참조.

84 ICSID, AES Summit Generation Ltd. and AES-Tisza Erömü Kft. v. Republic of Hungary, Case No. ARB/07/22 (2010), para. 3.22.

85 UNCITRAL, *Glamis Gold v United States*, Decision on Application and Submission by Quechan Indian Nation, 16 September 2005.

86 ICSID, *Aguas del Tunari SA v Republic of Bolivia*, Case No. ARB/02/3 (2005), para. 17.

87 NAFTA Free Trade Commission, Statement of the Free Trade Commission on Non-Disputing Party Participation (2003).

88 ICSID Convention, Regulation and Rules, Rule 37(2).

89 Eugenia Levine, 'Amicus Curiae in International Investment Arbitration: The Implications of an Increase in Third-Party Participation', 29 *Berkeley Journal of International Law* 200 (2011), p. 208.

90 UNCITRAL, *Methanex Corp. v United States*, Decision of the Tribunal on Petitions from Third Persons to Intervene as Amici Curiae, 15 January 2001.

91 UNCITRAL, *United Parcel Service of America v Canada*, Decision of the Tribunal on Petitions for Intervention and Participation as Amici Curiae, 17 October 2001.

92 ICSID, *Biwater Gauff (Tanzania) Ltd. v United Republic of Tanzania*, Case No. ARB/05/22, Procedural Order No. 5 (2 February 2007).

93 Andrew de Lotbinière McDougall and Ank Santens, 'ICSID Tribunals Apply New Rules on Amicus Curiae', White and Case LLP, March 2007 참조.

94 *Aguas Argentinas, S.A., Suez, Sociedad General de Aguas de Barcelona, S.A. and Vivendi Universal, S.A. v The Argentine Republic*, ICSID Case No. ARB/03/19, Order in Response to a Petition for Transparency and Participation as Amicus Curiae (19 May 2005), para. 19.

95 Eugenia Levine, 'Amicus Curiae in International Investment Arbitration: The Implications of an Increase in Third-Party Participation', *29 Berkeley Journal of International Law* 200 (2011), pp. 210-212.

96 Francesco Francioni, 'Access to Justice, Denial of Justice and International Investment Law', in Pierre-Marie Dupuy, Francesco Francioni and Ernst-Ulrich Petersmann (eds), *Human Rights in International Investment Law and Arbitration*, Oxford: Oxford University Press (2009), pp. 74-75.

97 Eugenia Levine, 'Amicus Curiae in International Investment Arbitration: The Implications of an Increase in Third-Party Participation', 29 *Berkeley Journal of International Law* 200 (2011), p. 217. 또한 M. Orellana *et al., Bringing Community Perspectives to Investor-State Arbitration: The Pac Rim Case*, London: IIED (2015) 참조.

98 For a useful summary of the critics see Eugenia Levine, 'Amicus Curiae in International Investment Arbitration: The Implications of an Increase in Third-Party Participation', 29 *Berkeley Journal of International Law* 200 (2011), pp. 219-221.

99 Stephen Schwebel, 'The Overwhelming Merits of Bilateral Investment Treaties', 32 *Suffolk Transnational Law Review* 263 (2008-2009), pp. 265-266. 참조

100 다자간 투자협정에서 NGOs 역할 관련, Stephen J. Kobrin, 'The MAI and the

Clash of Globalizations', *Foreign Policy* (Fall 1998), p. 97 참조. 대서양 횡단 무역 및 투자 파트너십에 대해 진행중인 논의는 캐나다, 미국 및 EU에 국한 되고 본질적으로 글로벌하지 않지만, 인권 고려에 대한 중심 역할이 아니라 는 것을 보여 준다. 이에 대한 의견 모음은 기업과 인권 자원 센터(the Business and Human Rights Resource Centre)의 전용 페이지 참조 http://business-humanrights.org/en/ transatlantic-trade-and investment-partnership-ttip-background-commentaries-on-socialenvironmental-impacts-0(최종방문: 2016년 3월 21일).

101 Patrick Dumberry, 'Corporate Investors' International Legal Personality and their Accountability for Human Rights Violations under International Investment Agreements', *in* Armand de Mestral and C line L vesque (eds), *Improving International Investment Agreements*, Abingdon: Routledge (2013), p. 191.

102 Kate M. Supnik, 'Making Amends: Amending the ICSID Convention to Reconcile Competing Interests in International Investment Law', 59 *Duke Law Journal* 343 (2009-2010), pp. 365-366.

103 Patrick Dumberry, 'Corporate Investors' International Legal Personality and their Accountability for Human Rights Violations under International Investment Agreements', *in* Armand de Mestral and C line L vesque (eds), *Improving International Investment Agreements*, Abingdon: Routledge (2013), p. 191.

104 유엔 기업과 인권 이행원칙 9 다음 제7장 참조. 또한 'Principles for Responsible Contracts: Integrating the Management of Human Rights Risks into State-Investor Contract Negotiations: Guidance for Negotiators', UN Document A/ HRC/17/31/Add.3 (25 May 2011) 참조. 이 문서는 기업과 인권에 관한 유엔 사무총장 특별대표가 UN의 이행원칙과 동시에 유엔 인권이사회에 제출한 것이다.

105 US Model Bilateral Investment Treaty (2012), 미국 국무부 웹사이트에서 이용 가능 www.state.gov/documents/organization/188371.pdf (last accessed 21 March 2016), preamble.

106 Vienna Convention on the Law of Treaties, 1155 UNTS 331, Articles 31(1) and (2).

107 제5장에서의 직접 및 간접 의무 이분법에 대한 논의 참조.

108 Patrick Dumberry, 'Corporate Investors' International Legal Personality and their Accountability for Human Rights Violations under International Investment Agreements', *in* Armand de Mestral and Céline Lévesque (eds), *Improving International Investment Agreements*, Abingdon: Routledge (2013), p. 191.

109 이행원칙에 대한 자세한 설명은 제7장을 참조.

110 US Model Bilateral Investment Treaty (2012), available on the United States Department of State website at www.state.gov/documents/organization/188371. pdf (최종방문: 2016년 3월 21일), Article 12.

111 Ibid., Article 24.

112 Catharine Titi, 'The Evolving BIT: A Commentary on Canada's Model Agreement', (26 June 2013), International Institute for Sustainable Development, www.iisd.org/itn/2013/06/26/the-evolving -bit-a-commentary-on-canadas-modelagreement/ (최종방문: 2016년 3월 21일) 참조.

113 Agreement between the Government of Canada and the Government of the United Republic of Tanzania for the Promotion and Reciprocal Protection of Investments, available on the Government of Canada's website, www.international.gc.ca/trade-agreementsaccords-commerciaux/agr-acc/fipa-apie/tanzania-text-tanzanie.aspx?lang=eng (최종방문: 2016년 3월 21일).

114 Damon Vis-Dunbar, 'Norway Shelves its Draft Model Bilateral Investment Treaty', 8 June 2009, International Institute For Sustainable Development.

115 Jan Wouters, Sanderijn Duquet and Nicolas Hachez, 'International Investment Law: The Perpetual Search for Consensus', in Olivier De Schutter, Johan Swinnen and Jan Wouters (eds), *Foreign Direct Investment and Human Development. The Law and Economics of International Investment Agreements*, Abingdon: Routledge (2013), p. 49. 또한 ibid, p. 57 참조.

116 이에 대해서는 다음의 인상적인 논문을 참조 : T Weiler, 'Balancing Human Rights and Investor Protection: A New Approach for a Different Legal Order', 27 Boston *College International and Comparative Law Review* 429 (2004).

117 Patrick Dumberry, 'Corporate Investors' International Legal Personality and their Accountability for Humans Rights Violations under International

Investment Agreements', *in* Armand de Mestral and C line L vesque (eds), *Improving International Investment Agreements*, Abingdon: Routledge (2013), p. 193.

118 *John Gerard Ruggie, Just Business*, New York and London: W. W. Norton and Company Ltd (2013), p. 87. 또한 ibid., p. 182 참조.

119 Ernst-Ulrich Petersmann, 'Time for a United Nations "Global Compact" for Integrating Human Rights into the Law of Worldwide Organizations: Lessons from European Integration', 13 *European Journal of International Law* 621 (2002), p. 624.

120 Sarah Joseph, *Blame It on the WTO*, Oxford: Oxford University Press (2011), p. 131.

121 James Harrison, *The Human Rights Impact of the World Trade Organisation*, Oxford and Portland: Hart Publishing (2007), pp. 77-80.

122 Philip Alston, 'Core Human Rights and the Transformation of the International Labour Rights Regime', 15 *European Journal of International Law* 457 (2004), pp. 471-474.

123 Adam McBeth, *International Economic Actors and Human Rights*, Abingdon and New York: Routledge (2010), p. 161.

124 Kaushik Basu, 'Compacts, Conventions and Codes: Initiatives for Higher International Labor Standards', 34 *Cornell International Law Journal* 487 (2001), pp. 492-494; Jagdish Bhagwati, 'The Boundaries of the WTO. Afterword: The Question of Linkage', 96 *American Journal of International Law* 126 (2002), pp. 131-134; Adelle Blackett, 'Whither Social Clause? Human Rights, Trade Theory and Treaty Interpretation', 31 *Columbia Human Rights Law Review* 1 (1999).

125 Singapore Declaration (1996), WT/MIN(96)/DEC.

126 Sarah Joseph, *Blame It on the WTO*, Oxford: Oxford University Press (2011), p. 271.

127 2014년 유럽연합 사법재판소는 유럽연합의 인권에 관한 유럽 협약 비준에 반대의견을 제시했다: Opinion 2/13 of the Court of Justice of the European Union, 18 December 2014.

128 Sigrun Skogly, *Human Rights Obligations of the World Bank and the*

International Moneraty Fund, London and Sydney: Cavendish Publishing (2001), pp. 19-23 사례 참조.

129 Adam McBeth, *International Economic Actors and Human Rights*, Abingdon and New York: Routledge (2010), p. 67.

130 General Comment 15 para. 36 and General Comment No. 19: UN Doc. E/C.12/GC/19 (4 February 2008), para. 58 참조. 또한 Philip Alston, 'The 'Not-a-Cat' Syndrome: Can the International Human Rights Regime Accommodate Non-State Actors?', *in* Philip Alston (ed.), *Non State Actors and Human Rights*, Oxford University Press (2005), p. 29 참조.

131 Ibid, p. 65. 또한 다음을 참조. Peter T. Muchlinski, 'International Finance and Investment and Human Rights', *in* Scott Sheeran and Sir Nigel Rodley (eds), *Routledge Handbook of International Human Rights Law*, Abingdon and New York: Routledge (2013), pp. 265-275.

132 예를 들어, IMF의 전 총재인 Fran ois Gianviti는 2005년에 경제, 사회 및 문화적 권리에 관한 국제 규약이 관습적인 법적 지위를 얻지 못했기 때문에 IMF는 이 국제 규약에 구속되지 않았다고 주장했다. Fran ois Gianviti, 'Economic, Social, and Cultural Human Rights and the International Monetary Fund', in Philip Alston (ed.), *Non State Actors and Human Rights*, Oxford: Oxford University Press (2005), pp. 120-122.

133 눈에 덜 띄는 다른 메커니즘이 다른 기관에 존재하며 조사 패널(Inspection Panel) 및 IFC 옴부즈맨(IFC Ombudsman)과 유사한 방식으로 작동한다. 그런 메커니즘은 다음과 같다. the Independent Consultation and Investigation Mechanism (ICIM) of the Inter-American Development Bank; the Accountability Mechanism (AM) of the Asian Development Bank; the Project Complaint Mechanism (PCM) of the European Bank for Reconstruction and Development; and the Independent Review Mechanism (IRM) of the African Development Bank. 이러한 메커니즘에 대해서는 일반적으로 Arnaud Poitevin 참조, 'Des 'pr requis' pour la lev e de fonds sur les march s internationaux: les normes environnementales et sociales des institutions financi res internationales et leurs sanctions', 142 Journal du droit international 527 (2015).

134 World Bank Group은 5개의 다른 기관으로 구성되어 있다: the International Bank for Reconstruction and Development (IBRD), the International

Development Association (IDA), the International Finance Corporation (IFC), the Multilateral Investment Guarantee Agency (MIGA) and the International Centre for the Settlement of Investment Disputes (ICSID). 'World Bank'란 용어는 보건 교육 인프라 등 분야의 개발사업에 자금을 조달하기 위해 개발도상국에 대출을 해 주는 IBRD(개발 신흥국 중심)와 IDA(최빈국 중심) 등 처음 두 기관을 말한다. IFC는 개발도상국의 프로젝트를 위해 민간 부문에 대출과 같은 금융 상품과 서비스를 제공한다. MIGA는 개인 투자자와 대출 기관에게 전쟁이나 수용과 같은 투자와 관련된 위험을 완화하기 위해 다양한 보증을 제공한다. 세계은행 조사 패널은 정의 된대로 세계은행이 자금을 지원하는 프로젝트와 관련된 진정사건을 처리한다. IFC Compliance Advisor Ombudsman(CAO)은 IFC가 재정 및 / 또는 MIGA가 지원하는 프로젝트와 관련된 진정사건을 처리한다. 금융과 인권 프로젝트에 관한 주제는 일반적으로 Sheldon Leader, 'Project Finance and Human Rights', *in* Juan Pablo Bohoslavsky and Jernej Letnar Černič (eds), *Making Sovereign Financing and Human Rights Work*, Oxford: Hart Publishing, (2014), p. 199 참조.

135 World Bank, Accountability at the World Bank. The Inspection Panel at 15 Years (2009), p. 3.

136 Ibid., pp. 35.

137 World Bank, OP 4.10 Indigenous Peoples (2005).

138 World Bank, Accountability at the World Bank. The Inspection Panel at 15 Years (2009), p. 17.

139 Ibid., p. 30.

140 Kay Treakle, Jonathan Fox and Dana Clark, 'Lessons Learned', in Dana Clark, Jonathan Fox and Kay Treakle (eds), *Demanding Accountability. Civil Society Claims and the World Bank Inspection Panel*, Lanham, Boulder, New York, Oxford: Rowman & Littlefield Publishers (2003), pp. 267-268.

141 World Bank, Accountability at the World Bank. The Inspection Panel at 15 Years (2009), p. 41.

142 Kay Treakle, Jonathan Fox and Dana Clark, 'Lessons Learned', in Dana Clark, Jonathan Fox and Kay Treakle (eds), *Demanding Accountability. Civil Society Claims and the World Bank Inspection Panel*, Lanham, Boulder, New York, Oxford: Rowman & Littlefield Publishers (2003), p. 258.

143 Enrique R. Carrascott and Alison K. Guernsey, 'The World Bank's Inspection Panel: Promoting True Accountability Through Arbitration', 41 *Cornell International Law Journal* 577 (2008), pp. 598-599.

144 Ibid., p. 599.

145 Panel Resolution, Resolution IBRD 931 (1993), para. 14(c).

146 Kay Treakle, Jonathan Fox and Dana Clark, 'Lessons Learned', in Dana Clark, Jonathan Fox and Kay Treakle (eds), *Demanding Accountability. Civil Society Claims and the World Bank Inspection Panel*, Lanham, Boulder, New York, Oxford: Rowman & Littlefield Publishers (2003), p. 267.

147 Ibid.

148 Benjamin M. Saper, 'The International Finance Corporation's Compliance Advisor/Ombudsman (CAO): An Examination of Accountability and Effectiveness from a Global Administrative Law Perspective', 44 *New York University Journal of International Law and Policy* 1279 (2011-2012), p. 1290.

149 CAO Operational Guidelines 2.2.1.

150 Benjamin M. Saper, 'The International Finance Corporation's Compliance Advisor/Ombudsman (CAO): An Examination of Accountability and Effectiveness from a Global Administrative Law Perspective', 44 *New York University Journal of International Law and Policy* 1279 (2011-2012), p. 1291.

151 Elisa Morgera, 'Human Rights Dimensions of Corporate Environmental Accountability', in Pierre-Marie Dupuy, Francesco Francioni and Ernst-Ulrich Petersmann (eds), *Human Rights in International Investment Law and Arbitration*, Oxford: Oxford University Press (2009), p. 519

152 Ibid., p. 520.

153 실행 기준은 다음과 같다.: 실행 기준 1: 환경 및 사회적 위험과 영향평가 및 관리; 실행 기준 2: 노동 및 근로 조건; 실행 기준 3: 자원효율성 및 오염방지; 실행 기준 4: 지역사회 보건, 안전 및 보안; 실행 기준 5: 토지 취득과 비자발적 재정착; 실행 기준 6: 생물다양성 보전 및 생활자원의 지속 가능한 관리; 실행 기준 7: 현지 주민; 실행 기준 8: 문화유산. IFC Performance Standards on Environmental and Social Sustainability, 1 January 2012, www.ifc.org/wps/wcm/connect/115482804a0255 db96fbffd1a5d13d27/PS_English_2012_Full-Document.pdf MOD=AJPERES (last accessed 15 June 2016) 참조.

154 CAO Operational Guidelines, 4.4.6.

155 IFC Response to CAO Audit of IFC investments in Mozal, Mozambique (C-I-R4-YI2-F156), 13 March 2013, p. 1.

156 Final IFC Management Group Response to CAO's Audit Report on Wilmar, 4 August 2009, p. 1.

157 Monitoring and Closure Report: IFC's response to the CAO Audit of IFC's Investments in Wilmar Trading (IFC No. 20348), Delta-Wilmar CIS (IFC No. 24644), Wilmar WCap (IFC No. 25532) and Delta-Wilmar CIS Expansion (IFC No. 26271), 27 March 2013.

158 이에 대한 초기 설명은 Dinah Shelton, 'Protecting Human Rights in a Globalized World', 25 *Boston College International and Comparative Law Review* 273 (2002), p. 290 참조. 이러한 책임 메커니즘의 상세한 분석은 Caitlin Daniel, Kristen Genovese, Mariëtte van Huijstee and Sarah Singh (eds), *Glass Half Full? The State of Accountability in Development Finance*, Amsterdam: SOMO (January 2016) 참조.

제7장 기업과 인권에 관한 국제연성법 이니셔티브

1 제6장의 상당 부분은 국제투자법에 관한 것이었던 반면 이번 장은 기업과 인권 규범에 관한 것이다. 그 구분에 대해서는 이하를 참조: Seymour J. Rubin, 'Harmonization of Rules: A Perspective on the UN Commission on Transnational Corporations' 8. *Law and Policy International in Business* 875 (1976), p. 882.

2 이러한 변화와 발전에 대한 흥미진진한 설명을 위하여 다음 참조. Tagi Sagafi-Nejad and John Dunning, The UN and Transnational Corporations. From Code of Conduct to Global Compact, Bloomington and Indianapolis: Indiana University Press (2008), pp. 41-49.

3 UN General Assembly Resolution 1803 (XVII) Permanent Sovereignty over natural resources.

4 George W. Ball의 다국적기업에 대한 초기 분석을 참조. 'Cosmocorp: The Importance of Being Stateless', 2 *Columbia Journal of World Business* 25 (1967).

5 Stephan Coonrod, 'The United Nations Code of Conduct for Transnational

Corporations', 18 *Harvard International Law Journal* 273 (1977), pp. 282-285.

6   UN General Assembly Resolution 3281 (XXIX) Charter of Economic Rights and Duties of States, 12 December 1974.

7   UN General Assembly Resolutions 3201 (S-VI) and 3202 (S-VI), 1 May 1974.

8   Ibid.. Article 2(2)(a).

9   Tagi Sagafi-Nejad and John Dunning, *The UN and Transnational Corporations. From Code of Conduct to Global Compact*, Bloomington and Indianapolis: Indiana University Press (2008), p. 52.

10   UN Department of Economic and Social Affairs, *World Economic Survey 1971, Current Economic Developments*, UN Doc. E/5144 (1972), p. 10.

11   ECOSOC Resolution 1721 (LIII), 1972 in UN Doc. E/5209, p. 4. 1721호 결의안의 제목은 '다국적기업이 개발의 전개와 국제관계에 미치는 영향(The impact of multinational corporations on the development process and on international relations)'이다.

12   이는 the Group of Eminent Persons' final report, *The Impact of Multinational Corporations on the Development Process and on International Relations*, UN Doc. E/5500/Add.1 (Part I) (24 May 1974) 13 ILM. 800 (1974), pp. 801-802에 기술되어 있다. 해당 보고서는 다음을 참고한다. UN DESA, *Multinational Corporations in World Development*, UN Doc. ST/ECA/190 (1973).

13   보고서의 요점에 관한 유용한 요약으로는 다음을 참조. Tagi Sagafi-Nejad and JohnDunning, The UN and Transnational Corporations. From Code of Conduct to Global Compact, Bloomington and Indianapolis: Indiana University Press (2008), pp. 59-64.

14   UN DESA, *Multinational Corporations in World Development* UN Doc. ST/ECA/190(1973), p. 2. 강조는 인용자가 추가하였음. 또한 보고서는 다음을 언급한다. '많은 이들은 다국적기업이 국제 공동체에 대한 책임을 지는 것 중 어떤 것은 반드시 도입되어야 한다는 데에 동의할 것이다' (p. 3).

15   UN DESA, Multinational Corporations in World Development UN Doc. ST/ECA/190(1973), p. 102.

16   가이드라인의 노동정책은 다음 문헌에 수록되어 있다. David H. Blake, 'International Labor and the Regulation of Multinational Corporations: Proposals and Prospects', 11 *San Diego Law Review* 179 (1973-1974), p. 203.

17 이에 관하여는 다음을 참고하라. ibid., pp. 195-197.

18 DESA, Summary of the Hearings Before the Group of Eminent Persons to Study the Impact of Multinational Corporations on Development and on International Relations, UN Doc. ST/ESA/15, pp. iiiiv.

19 Ibid., pp. 34-35, 37; 42, 59, 69, 117, 122, 150, 155, 186, 283, 299-300, 308, 384, 416, 443, 445, 455.

20 Group of Eminent Persons' final report, The Impact of Multinational Corporations on the Development Process and on International Relations, UN Doc. E/5500/Add.1 (Part I) (24 May 1974) 13 ILM 800 1974, p. 833.

21 Ibid., pp. 810-812.

22 Ibid., p. 816 참조.

23 Ibid., pp. 830-832.

24 ECOSOC Resolution 1913 (LVII), December 1974; ECOSOC Resolution 1908 (LVII), December 1974.

25 Commission on Transnational Corporations, Report on the First Session, E/5655 and Corr. 1; E/C.10/6 and Corr.1 and Add.1.

26 Daniel J. Plaine, 'The OECD Guidelines for Multinational Enterprises', 11 International Lawyer 339 (1977), p. 340.

27 Stephan Coonrod, 'The United Nations Code of Conduct for Transnational Corporations', 18 Harvard International Law Journal 273 (1977), p. 289.

28 번역문은 다음에 수록되어 있다. 10 International Legal Materials 152 (1971). 당시 안데스 협약(the Andean Pact. 이것은 1969년 카르타헤나 협정에 서명함으로써 성립되었다)에는 볼리비아, 칠레, 콜롬비아, 에콰도르 그리고 페루의 5개 나라가 회원국이었다.

29 Stephan Coonrod, 'The United Nations Code of Conduct for Transnational Corporations', 18 Harvard International Law Journal 273 (1977), p. 292.

30 Transnational Corporations: Issues Involved in the Formulation of a Code of Conduct, UN Doc. E/C.10/17, 20 July 1976, para. 19. Despite its name, UNCTAD is an organi sation and not a conference.

31 이 책의 제3장을 보라.

32 Transnational Corporations: Issues Involved in the Formulation of a Code of Conduct, UN Doc. E/C.10/17, 20 July 1976.

33 Ibid., para. 22.

34 Transnational Corporations: Issues Involved in the Formulation of a Code of Conduct, UN Doc. E/C.10/17, 20 July 1976, para. 27-32.

35 Ibid., para. 54.

36 Ibid., para. 72-73.

37 예컨대, 남아공의 진실과 화해위원회와 같은 기구들은 인종주의적인 아파르트 헤이트 체제로부터 단순히 이익을 얻은 기업에 관한 도덕적 잘못을 강조했다. South African Truth and Reconciliation Commission Report, Vol IV, Chapter 2, para. 161.

38 Transnational Corporations: Issues Involved in the Formulation of a Code of Conduct, UN Doc. E/C.10/17, 20 July 1976, para. 77-78.

39 Ibid., para. 98.

40 Ibid., para. 87-123.

41 Ibid., para. 116.

42 Ibid., para. 124-125.

43 Ibid., para. 130-141.

44 Ibid., para. 56.

45 Ibid., para. 58-59.

46 Stephan Coonrod, 'The United Nations Code of Conduct for Transnational Corporations', 18 Harvard International Law Journal 273 (1977), p. 297.

47 Ibid., pp. 298-299.

48 Ibid., p. 304.

49 Nian Tzu Wang, 'The Design of an International Code of Conduct for Transnational Corporations', 10 Journal of International Law and Economics 319 (1975), pp. 322-327.

50 같은 책, p. 325.

51 Transnational Corporations: Issues Involved in the Formulation of a Code of Conduct, UN Doc. E/C.10/17, 20 July 1976, para. 151.

52 Ibid., para. 153.

53 Transnational Corporations: Issues Involved in the Formulation of a Code of Conduct, UN Doc. E/C.10/17, 20 July 1976, para. 159.

54 Ibid., para. 165-166.

55   Ibid., para. 147.

56   U.N. Document E/C.l0/1982/6, 5 June 1982, reprinted in 22 ILM 192 (1983).

57   Peter Muchlinski, 'Attempts to Extend the Accountability of Transnational Corporations: The Role of UNCTAD', *in* Menno T Kamminga and Saman Zia-Zarifi (eds), *Liability of Multinational Corporations under International Law*, The Hague, London, Boston: Kluwer Law International (2000), p. 102.

58   Ibid., p. 101.

59   Ibid., p. 103. 강령이 실패한 배경에 대한 상세한 논의는 다음을 참조. Karl P. Sauvant, 'The Negotiations of the United Nations Code of Conduct on Transnational Corporations Experience and Lessons Learned', 16 The Journal of World Investment & Trade 11 (2015), pp. 56-62. 또한 다음을 참조. Tagi Sagafi-Nejad and John Dunning, *The UN and Transnational Corporations. From Code of Conduct to Global Compact*, Bloomington and Indianapolis: Indiana University Press (2008), pp. 110-111.

60   Peter Muchlinski, 'Attempts to Extend the Accountability of Transnational Corporations: The Role of UNCTAD', *in* Menno T Kamminga and Saman Zia-Zarifi (eds), *Liability of Multinational Corporations under International Law*, The Hague, London, Boston: Kluwer Law International (2000), pp. 114-115.

61   Press Release, Secretary-General, 'Secretary-General Proposes Global Compact on Human Rights, Labour, Environment, in Address to World Economic Forum in Davos', UN Doc. SG/SM/6881, 1 February 1999.

62   Betty King, 'The U.N. Global Compact: Responsibility for Human Rights, Labor Relations, and the Environment in Developing Nations', 34 *Cornell International Law Journal* 481 (2001), p. 482.

63   Jean-Philippe Th rien and Vincent Pouliot, 'The Global Compact: Shifting the Politics of International Development?', 2 *Global Governance 55* (2006), pp. 56-59; Georg Kell, 'The Global Compact: Selected Experiences and Reflections', 59 *Journal of Business Ethics* 69 (2005), p. 70.

64   Georg Kell, 'The Global Compact: Selected Experiences and Reflections', 59 *Journal of Business Ethics* 69 (2005), p. 70.

65   Ibid., p. 71.

66   Jean-PhilippeThérien and Vincent Pouliot, 'The Global Compact: Shifting the

Politics of International Development?', 2 *Global Governance* 55 (2006), p. 60.

67 Georg Kell, 'The Global Compact: Selected Experiences and Reflections', 59 *Journal of Business Ethics* 69 (2005), p. 69.

68 Global Compact Website, Apply Now section.

69 Global Compact Website, Business Participation section.

70 Surya Deva, 'Global Compact: A Critique of the UN's "PublicPrivate" Partnership for Promoting Corporate Citizenship', 34 *Syracuse Journal of International Law and Commerce* 107 (2006-2007), p. 120.

71 Global Compact Website, Communication on Progress Section.

72 Global Compact Website, Policy on the Use of the Global Compact Name and Logos.

73 Global Compact Website, Engagement Opportunities Section.

74 아래 참조.

75 Global Compact Website, Integrity Measures section.

76 Ministerial Statement adopted by the Twenty-Fourth Annual Meeting of the Ministers of Foreign Affairs of the Group of 77, 15 September 2000, para. 13.

77 Georg Kell, 'The Global Compact: Selected Experiences and Reflections', 59 Journal of Business Ethics 69 (2005), p. 76.

78 Betty King, 'The U.N. Global Compact: Responsibility for Human Rights, Labor Relations, and the Environment in Developing Nations', 34 *Cornell International Law Journal* 481 (2001), pp. 482-483.

79 Ibid.

80 Surya Deva, 'Global Compact: A Critique of the UN's "PublicPrivate" Partnership for Promoting Corporate Citizenship', 34 *Syracuse Journal of International Law and Commerce* 107 (20062007), pp. 149-150.

81 John Ruggie, 'The Global Compact as a Learning Network', 7 *Journal of Corporate Citizenship* 371 (2001), p. 372.

82 Evaristus Oshionebo, 'The UN Global Compact and Accountability of Transnational Corporations: Separating Myth from Realities', 19 *Florida Journal of International Law* 1. 2007, pp. 20-21.

83 John Gerard Ruggie, *Just Business*, New York and London: W. W. Norton and Company Ltd (2013), pp. xxviixxviii.

84 John Ruggie, 'The Global Compact as a Learning Network', 7 *Journal of Corporate Citizenship* 371 (2001), p. 372.

85 Georg Kell, 'The Global Compact: Selected Experiences and Reflections', 59 *Journal of Business Ethics* 69 (2005), p. 72.

86 John Ruggie, 'The Global Compact as a Learning Network', 7 *Journal of Corporate Citizenship* 371 (2001), p. 373.

87 Ibid.

88 Ibid.

89 Roya Ghafele and Angus Mercer, '"Not Starting in Sixth Gear": An Assessment of the UN Global Compact's Use of Soft Law as a Global Governance Structure for Corporate Social Responsibility', 17 *University of California Davis Journal of International Law and Policy* 41 (20102011), pp. 48-49.

90 Ibid., p. 54.

91 같은 책, pp. 51-53.

92 Surya Deva, 'Global Compact: A Critique of the UN's "PublicPrivate" Partnership for Promoting Corporate Citizenship', 34 *Syracuse Journal of International Law and Commerce* 107 (2006-2007), p. 129.

93 Evaristus Oshionebo, 'The UN Global Compact and Accountability of Transnational Corporations: Separating Myth from Realities', 19 Florida Journal of International Law 1. 2007, p. 29.

94 Surya Deva, 'Global Compact: A Critique of the UN's "PublicPrivate" Partnership for Promoting Corporate Citizenship', 34 *Syracuse Journal of International Law and Commerce* 107 (2006-2007), p. 136.

95 G8 Countries: US, 307 (Active: 230); UK, 239 (Active: 181); France, 935 (Active: 710); Germany, 270 (Active 241); Canada, 55 (Active 42); Italy, 113 (Active: 93); Japan, 215 (Active: 194); Russian Federation, 35 (Active: 22). BRICS: Brazil, 400 (Active: 302); Russian Federation, 35 (Active: 22); India, 155 (Active: 88); China, 209 (Active: 139); South Africa, 53 (Active: 46).

96 Georg Kell, 'The Global Compact: Selected Experiences and Reflections', 59 *Journal of Business Ethics* 69 (2005), p. 69.

97 Ursula A. Wynhoven, 'The Protect-Respect-Remedy Framework and the United Nations Global Compact', 9 *Santa Clara Journal of International Law* 81 (2011),

pp. 87-89.

98 UN Sub-Commission, E/CN.4/Sub.2/1997/50, 1997/11. 소위원회는 2006년 인 권이사회로 대체되어 이제는 존재하지 않는 유엔 인권위원회의 부속기구였다.

99 UN Sub-Commission, Working Document on the Impact of the Activities of Transnational Corporations on the Realization of Economic, Social and Cultural Rights, UN Doc. E/CN.4/Sub.2/1998/6.

100 UN Sub-Commission, UN Doc. E/CN.4/Sub.2/1998/45 (20 August 1998).

101 Sub-Commission, Report of the Sessional Working Group on the Working Methods and Activities of Transnational Corporations on Its First Session, UN Doc. E/CN.4/Sub.2/1999/9, para. 32.

102 UN Sub-Commission, Resolution 2003/16, E/CN.4/Sub.2/2003/L.11, para. 1 and 2. 규범은 UN Doc. E/CN.4/Sub.2/2003/12/Rev.2 (26 August 2003)에 서 볼 수 있다. 규범을 기초한 상세한 역사에 관해서는 다음을 참조하라. David Weissbrodt and Muria Kruger, 'Norms on the Responsibilities of Transnational Corporations and Other Business Enterprises with Regard to Human Rights', 97 American Journal of International Law 901 (2003), pp. 904-907.

103 유엔 규범에 대한 논평으로는 다음을 참조하라. UN Doc. E/CN.4/ Sub.2/2003/38/Rev.2.

104 Article 1, Draft Norms.

105 David Weissbrodt and Muria Kruger, 'Norms on the Responsibilities of Transnational Corporations and Other Business Enterprises with Regard to Human Rights', 97 *American Journal of International Law* 901 (2003), p. 912.

106 Larry Cat Backer, 'Multinational Corporations, Transnational Law: The United Nations' Norms on the Responsibilities of Transnational Corporations as Harbinger of Corporate Responsibility in International Law', 37 *Columbia Human Rights Law Review* 287 (2006), p. 340.

107 John Gerard Ruggie, 'Business and Human Rights: The Evolving International Agenda', 101 *American Journal of International Law* 819 (2007), p. 825.

108 Larry Cat Backer, 'Multinational Corporations, Transnational Law: The United Nation's Norms on the Responsibilities of Transnational Corporations as Harbinger of Corporate Responsibility in International Law', 37 *Columbia Human Rights Law Review* 287 (2006), p. 335.

109 Ibid., pp. 384-388.

110 David Weissbrodt and Muria Kruger, 'Norms on the Responsibilities of Transnational Corporations and Other Business Enterprises with Regard to Human Rights', 97 *American Journal of International Law* 901 (2003), p. 921

111 Ibid., pp. 906-907.

112 Pini Pavel Miretski and Sascha-Dominik Bachmann, 'UN Norms on the Responsibility of Transnational Corporations and other Business Enterprises with Regard to Human Rights: A Requiem', 17 *Deakin Law Review* 5 (2012), pp. 31-32. 또한 다음을 참조. David Kinley and Rachel Chambers, 'The UN Human Rights Norms for Corporations: The Private Implications of Public International Law', 6(3) *Human Rights Law Review* 447 (2006), pp. 457-459.

113 David Kinley and Rachel Chambers, 'The UN Human Rights Norms for Corporations: The Private Implications of Public International Law', 6(3) *Human Rights Law Review 447* (2006), p. 491.

114 UN Commission on Human Rights, Decision 2004/116, 'Responsibilities of transnational corporations and related business enterprises with regard to human rights', 20 April 2004.

115 UN Doc. E/CN.4/2005/91, p. 18.

116 Commission on Human Rights, UN Doc. E/CN.4/2005/L.87, 15 April 2005.

117 John Gerard Ruggie, *Just Business*, New York and London: W. W. Norton and Company Ltd (2013), pp. xixxx.

118 Ibid., p. xx.

119 Ibid.

120 Interim report of the Special Representative of the Secretary-General on the issue of human rights and transnational corporations and other business enterprises, UN Doc. E/CN.4/2006/97, 22 February 2006, para. 69. 또한 다음을 참조. John Gerard Ruggie, 'Business and Human Rights: The Evolving International Agenda', 101 *American Journal of International Law* 819 (2007). 유엔 규범을 포기한 러기 교수의 입장은 강하게 비판받았다. 예컨대 다음을 참조. David Kinley and Rachel Chambers, 'The UN Human Rights Norms for Corporations: The Private Implications of Public International Law', 6(3) *Human Rights Law Review* 447 (2006), p. 461.

121 John Gerard Ruggie, *Just Business*, New York and London: W. W. Norton and Company Ltd (2013), p. 54.

122 Commission on Human Rights, UN Doc. E/CN.4/2005/L.87, 15 April 2005. 117 David Weissbrodt, 'UN Perspectives on "Business and Humanitarian and Human Rights Obligations"', 100 American Society of International Law Proceedings 129 (2006), p. 138.

123 Ibid., p.139

124 Business and Human Rights Resource Centre, Portal on the SGSR, www.business-human rights.org/SpecialRepPortal/Home (최종방문: 2016년 3월 21일).

125 Interim report of the Special Representative of the Secretary-General on the issue of human rights and transnational corporations and other business enterprises, UN Doc. E/CN.4/2006/97, 22 February 2006.

126 Report of the Special Representative of the Secretary-General (SRSG) on the issue of human rights and transnational corporations and other business enterprises, A/HRC/4/035, 9 February 2007, para. 7.

127 Ibid., paras. 9 and 88.

128 John Gerard Ruggie, 'Business and Human Rights: The Evolving International Agenda', 101 *American Journal of International Law* 819 (2007), p. 838.

129 Report of the Special Representative of the Secretary-General on the issue of human rights and transnational corporations and other business enterprises, John Ruggie, A/HRC/8/5, 7 April 2008.

130 UN Norms, Article 1.

131 해악을 행하지 않을 원칙을 책임과 동일시하는 태도를 비판하는 것으로 다음을 참조. David J. Karp, Responsibility for Human Rights, Transnational Corporations in Imperfect States, Cambridge: Cambridge University Press (2014), pp. 82-87.

132 Report of the Special Representative of the Secretary-General on the issue of human rights and transnational corporations and other business enterprises, John Ruggie, A/HRC/8/5, 7 April 2008, Para. 9.

133 Larry Catá Backer, 'On the Evolution of the United Nations' "Protect-Respect-Remedy" Project: The State, the Corporation and Human Rights in a Global

Governance Context', 9 *Santa Clara Journal of International Law* 37 (2011), p. 43.

134 Ibid.

135 John Gerard Ruggie, Just Business, New York and London: W. W. Norton & Company Inc. (2013), p. xliii.

136 Ibid., p. xliv.

137 Ibid., p. 83.

138 Ibid., pp. 91-92.

139 UN Human Rights Council, 17/4 Human rights and transnational corporations and other business enterprises, A/HRC/RES/17/4, para. 1. See John Gerard Ruggie, Just Business, New York and London: W. W. Norton & Company Inc. (2013), pp. 120-121.

140 John Gerard Ruggie, Just Business, New York and London: W. W. Norton & Company Inc. (2013), p. 125.

141 Ibid., p. 90.

142 142 유엔 기업과 인권 이행원칙 11.

143 이에 대한 논의로는 다음을 참조. Nadia Bernaz, 'Enhancing Corporate Accountability for Human Rights Violations: Is Extraterritoriality the Magic Potion?', 117 *Journal of Business Ethics* 493 (2013), pp. 503-508.

144 Guiding Principles on Business and Human Rights: Implementing the United Nations 'Protect, Respect and Remedy' Framework, A/HRC/17/31, Official Commentary to GP 2.

145 유엔 기업과 인권 이행원칙 15와 16.

146 유엔 기업과 인권 이행원칙 17.

147 유엔 기업과 인권 이행원칙 15와 22.

148 John Gerard Ruggie, *Just Business*, New York and London: W. W. Norton & Company Inc. (2013), p. 95.

149 유엔 기업과 인권 이행원칙 25 그리고 26-27.

150 유엔 기업과 인권 이행원칙 28.

151 유엔 기업과 인권 이행원칙 29.

152 이에 대해서는 기업과 인권 정보 센터(Business and Human Rights Resource Centre)의 다음 전용 페이지를 보라. http://business-humanrights.org/en/

un-guiding-principles/implementation-tools examples/implementation-by-governments/by-type-of-initiative/national-action-plans (최종방문: 2016년 4월 12일). 또한 다음을 참조. Damiano de Felice and Andreas Graf, 'The Potential of National Action Plans to Implement Human Rights Norms: An Early Assessment with Respect to the UN Guiding Principles on Business and Human Rights', 7 *Journal of Human Rights Practice* 40 (2015).

153 아래 내용 참조.

154 International Finance Corporation, Performance Standards on Environmental and Social Sustainability, 1 January 2012.

155 Communication from the Commission to the European Parliament, the Council, the European Economic and Social Committee and the Committee of the Regions, 'A renewed EU strategy 201114 for Corporate Social Responsibility', COM(2011) 681 final, 25 October 2011.

156 다음을 참조. International Organisation of Employers (IOE), the International Chamber of Commerce (ICC) and the Business and Industry Advisory Committee (BIAC) to the OECD, 'Joint Statement on Business & Human Rights to the United Nations Human Rights Council Geneva', 30 May 2011. 또한 이행원칙이 지지 되던 당시 인권이사회에서 정부들의 진술들을 기업과 인권 정보 센터 웹사이트에서 참조하라.

157 예컨대 다음을 참조. Jens Martens, Global Policy Forum, 'Problematic Pragmatism. The Ruggie Report 2008: Background, Analysis and Perspectives', June 2008. 또한 다음을 참조. Amnesty International, ESCR-Net, Human Rights Watch, International Commission of Jurists, International Federation for Human Rights (FIDH), Rights and Accountability in Development (RAID), 'Joint Civil Society Statement to the 17th Session of the Human Rights Council', 30 May 2011.

158 John Gerard Ruggie, *Just Business*, New York and London: W. W. Norton & Company Inc.(2013), p. 124.

159 UN Human Rights Council, Resolution in resolution A/HRC/17/4, 6 July 2011, para. 6.

160 워킹그룹에 관한 정보는 유엔 홈페이지상의 공식 웹페이지에서 볼 수 있다. www.ohchr.org/EN/Issues/Business/Pages/WGHRandtransnationalcorporatio

nsandoth erbusiness.aspx (최종방문: 2016년 6월 15일).

161 OECD Membership, OECD Website, www.oecd.org/about/ membersandpartners/ (최종방문: 2016년 6월 15일).

162 Daniel J. Plaine, 'The OECD Guidelines for Multinational Enterprises', 11 *International Lawyer* 339 (1977), p. 340.

163 OECD, Declaration on International Investment and International Enterprises, 21 June 1976.

164 가이드라인 전문(Preamble), para. 2.

165 Ibid., para. 6-7.

166 Daniel J. Plaine, 'The OECD Guidelines for Multinational Enterprises', 11 International Lawyer 339 (1977), p. 343.

167 Ibid., p. 345.

168 Ibid., p. 344.

169 Ibid.

170 Ibid., pp. 345-346.

171 일반 정책(General policies) 2, 4, 6 및 6장.

172 Decision of the OECD Council on Inter-Governmental Consultation procedures on the Guidelines for Multinational Enterprises, para. 1 (1976).

173 Decision of the OECD Council on Inter-Governmental Consultation procedures on the Guidelines for Multinational Enterprises, para. 5.

174 OECD, 'International Investment and Multinational Enterprises, Review of the 1976 Declaration and Decisions', pp. 37-38.

175 OECD, 'International Investment and Multinational Enterprises, Review of the 1976 Declaration and Decisions', pp. 26-27.

176 OECD, 'The Guidelines for Multinational Enterprises, Second revised decision of the Council', May 1984, para. 1.

177 OECD, 'The OECD Declaration and Decisions on International Investment and Multinational Enterprises. 1991 Review', Paris: OECD (1992), pp. 38 and 52-54.

178 OECD, 'The OECD Declaration and Decisions on International Investment and Multinational Enterprises. 1991 Review', Paris: OECD (1992), pp. 39 and 41-42.

179 OECD, 'The OECD Guidelines for Multinational Enterprises', OCDE/ GD(97)40, 24 March 1997, pp. 7-8.

180 OECD Guidelines, 2000 version.

181 OECD, Commentary on the OECD Guidelines for Multinational Enterprises, 2008, pp. 38-39. Although dated 2008, this version is the 2000 version.

182 OECD Guidelines, Procedural Guidance, 2000.

183 이 데이터베이스는 http://mneguidelines.oecd.org/database/ 에서 확인할 수 있다. (최종방문: 2014년 8월 29일). 사례에 대한 논의로는, OECD Watch, Remedies Remain Rare (2015); John G. Ruggie and Tamaryn Nelson, 'Human Rights and the OECD Guidelines for Multinational Enterprises: Normative Innovations and Implementation Challenges', *Corporate Social Responsibility Initiative Working Paper No. 66*, Cambridge, MA: John F. Kennedy School of Government, Harvard University (2015) 참조.

184 OECD, 2011 Update of the OECD Guidelines for Multinational Enterprises, Comparative table of changes made to the 2000 text, 2012.

185 OECD, Amendment of the Decision of the Council on the OECD Guidelines for Multinational Enterprises.

186 이들은 브라질, 아르헨티나, 콜롬비아, 이집트, 라트비아, 리투아니아, 모로코, 페루, 루마니아, 튀니지이다.

제8장 기업과 인권에서의 민간 규제

1 무역을 촉진하기 위하여 자발적 국제 기준 개발의 역할을 수행하는 정부간 기구인 국제표준화기구(The International Organization for Standardization)는 2010년에 기관의 사회적 책임에 관한 국제 지침 표준(International Guidance Standard on Organizational Social Responsibility, ISO 26000)을 채택하였다. 그러나 감사를 할 수 있고 인증(인증 제도에 관한 발전은 아래를 참조)을 할 수 있는 ISO 표준과는 달리 ISO 26000은 관리 시스템 표준이 아니다. 기구는 ISO 26000이 '인증 목적, 규제, 계약에서의 사용을 위해 의도되었거나 적절하지는 않다'는 점을 명확히 하였다.(ISO 26000, www.iso.org/iso/iso26000, 최종방문: 2016년 4월 23일); 이는 기업들에게 기업의 사회적 책임을 제공하기 위한 것이

라고 단순하게 여겨진다. ISO 26000에 관해서는 Halina Ward, 'The ISO 26000 International Guidance Standard on Social Responsibility: Implications for Public Policy and Transnational Democracy', 2 Theoretical Inquiries in Law 665 (2011) 참조. John Gerard Ruggie, Just Business, New York and London: W. W. Norton & Company Inc. (2013), pp. 163-165 참조.

2   Colin Scott, Fabrizio Cafaggi and Linda Senden, 'The Conceptual and Constitutional Challenge of Transnational Private Regulation', 38 *Journal of Law and Society* 1 (2011), p. 5.

3   Ibid., p. 19.

4   Ibid., p. 6.

5   Tim Bartley, 'Institutional Emergence in an Era of Globalization: The Rise of Transnational Private Regulation of Labor and Environmental Conditions', 113 *American Journal of Sociology* 297 (2007), pp. 297-298. Fabrizio Cafaggi, 'New Foundations of Transnational Private Regulation', 38 *Journal of Law and Society* 20 (2011), pp. 23 and 26-27 참조.

6   Tim Bartley, 'Institutional Emergence in an Era of Globalization: The Rise of Transnational Private Regulation of Labor and Environmental Conditions', 113 *American Journal of Sociology* 297 (2007), p. 298.

7   다른 요소들에 대한 분석으로는, Jonathan C. Borck and Cary Coglianese, 'Beyond Compliance: Explaining Business Participation in Voluntary Environmental Programs', in Christine Parker and Vibeke Lehman Nielsen, *Explaining Compliance. Business Responses to Regulation*, Cheltenham (UK) and Northampton (MA, USA): Edward Elgar (2011), pp. 139-169 참조.

8   Michael A. Santoro, 'Beyond Codes of Conduct and Monitoring: An Organizational Integrity Approach to Global Labor Practices', 25 *Human Rights Quarterly* 407 (2003), p. 409.

9   Matthew Potoski and Aseem Prakash, 'Green Clubs and Voluntary Governance: ISO 14001 and Firms' Regulatory Compliance', 49 *American Journal of Political Science* 235 (2005), p. 236.

10   '기업 자율 규제 이니셔티브'와 '자발적인 감시 이니셔티브' 문구는 Adelle Blackett, 'Global Governance, Legal Pluralism and the Decentered State: A Labor Law Critique of Codes of Corporate Conduct', 8 Indiana Journal of Global Legal

Studies 401, (2000-2001), p. 401에서 차용하였다.

11 Fabrizio Cafaggi, 'New Foundations of Transnational Private Regulation', 38 *Journal of Law and Society* 20 (2011), pp. 31-38.

12 Ibid., p. 32.

13 Business and Human Rights Resource Centre, 'Company policy statement on human rights', http://business-humanrights.org/en/company-policy-statements-on-humanrights (최종방문: 2016년 6월 14일).

14 Mary Elizabeth Curry, Creating an American Institution. The Merchandising Genius of J.C. Penney, New York and London: Garland Publishing Inc. (1993), p. 152. 흥미롭게도 현재 J.C.페니의 기업 윤리 성명서는 이 원칙들을 여전히 언급하고 있다.

15 Anke Hassel, 'The Evolution of a Global Labor Governance Regime', 21 Governance: An International Journal of Policy, *Administration and Institutions* 231 (2008), p. 239.

16 Cynthia Estlund, 'Enforcement of Private Transnational Labor Regulation: A New Frontier in the Anti-Sweatshop Movement?', in Fabrizio Cafaggi (ed.), *Enforcement of Transnational Regulation. Ensuring Compliance in a Globalized World*, Cheltenham (UK) and Northampton (MA, USA): Edward Elgar (2012), p. 241.

17 Elisa Westfield, 'Globalization, Governance and Multinational Enterprise Responsibility: Corporate Codes of Conduct in the 21st Century', 42 *Virginia Journal of International Law* 1075 (2002), p. 1098.

18 예를 들면 Richard M. Locke, Fei Qin and Alberto Brause, 'Does Monitoring Improve Labor Standards? Lessons from Nike', 61 *Industrial and Labour Relations Review* 3 (2007-2008), pp. 20-21 참조.

19 Ethical Trading Initiative, Auditing Working Conditions, www.ethicaltrade.org/issues/auditing-working-conditions (last accessed 23 April 2016).

20 Michael A. Santoro, 'Beyond Codes of Conduct and Monitoring: An Organizational Integrity Approach to Global Labor Practices', 25 *Human Rights Quarterly* 407 (2003), p. 410.

21 Cynthia Estlund, 'Enforcement of Private Transnational Labor Regulation: A New Frontier in the Anti-Sweatshop Movement?', *in* Fabrizio Cafaggi (ed.),

Enforcement of Transnational Regulation. Ensuring Compliance in a Globalized World, Cheltenham (UK) and Northampton (MA, USA): Edward Elgar (2012), p. 246.

22 Adelle Blackett, 'Global Governance, Legal Pluralism and the Decentered State: A Labor Law Critique of Codes of Corporate Conduct', 8 *Indiana Journal of Global Legal Studies* 401, (2000-2001), p. 412.

23 Ibid., p. 425.

24 Ibid., pp. 425-426 and 427-431. Cynthia Estlund, 'Enforcement of Private Transnational Labor Regulation: A New Frontier in the Anti-Sweatshop Movement?', *in* Fabrizio Cafaggi (ed.), *Enforcement of Transnational Regulation. Ensuring Compliance in a Globalized World*, Cheltenham (UK) and Northampton (MA, USA): Edward Elgar (2012), p. 249 참조.

25 이 사례에 대한 방대한 문헌 중 Tamara R. Piety, 'Grounding Nike: Exposing Nike's Quest for a Constitutional Right to Lie', 78 *Temple Law Review* 151 (2005) 참조.

26 Duncan Campbell, 'Nike's Big Ticking-off: How America's First Amendment on Free Speech Kept Accurate Corporate Reporting away from Company Spin', London: The Guardian, 17 November 2003, p. 25.

27 2013년에 몇몇의 NGO들은 유사한 주장을 하며 프랑스 법원에 삼성을 상대로 소송을 제기하였다. Simon Mundy, 'Samsung Rejects Child Labour Allegations', London: The Financial Times, 27 February 2013 참조. 이 사례는 2015년 9월에 HEC School에서 발행한 블로그에서 알려진 바와 같이 2015년 1월에 프랑스 법원에서 기각되었다. Arnaud Van Waeyenberge, 'Les codes de conduite, nouvel outil juridique pour la protection des consommateurs', www.hec.fr/Knowledge/ Environnement-des-Entreprises/Droit-Regulation- et-Institution/Les-codes-de-conduite-nouvel-outil-juridique-pour-laprotection-des-consom mateurs (최종방문: 2016년 3월 21일).

28 원칙에 대한 명쾌한 개관을 위해서는 다음을 참조. Joshua A. Lance, 'Equator Principles III: A Hard Look at Soft Law', 17 *North Carolina Banking Institute* 175 (2013), p. 197.

29 Cynthia A. Williams, 'A Tale of Two Trajectories', 75 *Fordham Law Review* 1629 (2006 -2007), p. 1640.

30 환경적 영향에 초점을 맞추었음에도 불구하고, 아래의 논문은 책임 투자의 주요한 측면에 대하여 좋은 개요를 주고 있다. Gail E. Henderson, 'Making Companies Environmentally Sustainable: The Limits of Responsible Investing', 13 *German Law Journal* 1412 (2012).

31 UN Principles for Responsible Investment, www.unpri.org/ (최종방문: 2016년 4월 23일).

32 Rhys Blakely, 'Church of England Sells Vedanta Stake over Records on Human Rights', London: *The Times*, 6 February 2010, p. 56.

33 John Christopher Anderson, 'Respecting human Rights: Multinational Corporations Strike Out', 2 *University of Pennsylvania Journal of Labor and Employment Law* 463 (1999-2000), p. 477에 이 원칙이 모두 재인쇄 되었다.

34 Reverend Leon Sullivan, 'Agents for Change: The Mobilization of Multinational Companies in South Africa', 15 *Law and Policy in International Business* 427 (1983), p. 430.

35 Ibid., p. 429. 1986년에는 200개가 있었다. Karen Paul, 'The Inadequacy of Sullivan Reporting', 57 *Business & Society Review* 61 (1986), p. 61 참조.

36 D. Reid Weedon, Jr., 'The Evolution of Sullivan Principle Compliance', 57 Business & Society Review 56 (1986), pp. 57-58.

37 Ibid., p. 58.

38 Karen Paul, 'The Inadequacy of Sullivan Reporting', 57 *Business & Society Review* 61 (1986), p. 62.

39 Reverend Leon Sullivan, 'Agents for Change: The Mobilization of Multinational Companies in South Africa', 15 *Law and Policy in International Business* 427 (1983), pp. 431434. D. Reid Weedon, Jr., 'The Evolution of Sullivan Principle Compliance', 57 *Business & Society Review* 56 (1986), pp. 58-59 참조.

40 Reverend Leon Sullivan, 'Agents for Change: The Mobilization of Multinational Companies in South Africa', 15 *Law and Policy in International Business* 427 (1983), pp. 434-435.

41 Ibid., p. 438.

42 Comprehensive Anti-Apartheid Act of 1986, 2 U.S.C. 5001 (1988 & Supp. III 1991). Jorge F. Perez-Lopez, 'Promoting International Respect for Worker Rights through Business Codes of Conduct', 17 *Fordham International Law Journal* 1

(1993-1994), pp. 26-29 참조.

43 초국적 사적 규제의 정당성과 책임에 대한 논의로는 다음을 참조. Deirdre Curtin and Linda Senden, 'Public Accountability of Transnational Private Regulation: Chimera or Reality?', 38 *Journal of Law and Society* 163 (2011).

44 Fabrizio Cafaggi, 'New Foundations of Transnational Private Regulation', 38 *Journal of Law and Society* 20 (2011), p. 35.

45 Voluntary Principles on Security and Human Rights, www.voluntaryprinciples. org/ (최종방문: 2016년 4월 23일).

46 Extractive Industries Transparency Initiative, http://eiti.org/ (최종방문: 2016년 4월 23일).

47 International Labour Organisation Factsheet, 'A partnership to combat child labour in the chocolate and cocoa industry'.

48 Global Reporting Initiative, www.globalreporting.org/ (최종방문: 2016년 4월 24일).

49 Fair Labor Association, www.fairlabor.org/ (최종방문: 2016년 4월 2일). 또한 다음을 참조. Michael A. Santoro, 'Beyond Codes of Conduct and Monitoring: An Organizational Integrity Approach to Global Labor Practices', 25 *Human Rights Quarterly* 407 (2003), pp. 415-416.

50 Ethical Trading Initiative, www.ethicaltrade.org/ (최종방문: 2016년 4월 24일). 또한 다음을 참조. Michael A. Santoro, 'Beyond Codes of Conduct and Monitoring: An Organizational Integrity Approach to Global Labor Practices', 25 *Human Rights Quarterly* 407 (2003), p. 416.

51 Global Network Initiative, http://globalnetworkinitiative.org/ (최종방문: 2016년 4월 24일).

52 Cynthia A. Williams, 'A Tale of Two Trajectories', 75 *Fordham Law Review* 1629 (2006-2007), p. 1643.

53 Cynthia Estlund, 'Enforcement of Private Transnational Labor Regulation: A New Frontier in the Anti-Sweatshop Movement?', *in* Fabrizio Cafaggi (ed.), *Enforcement of Transnational Regulation. Ensuring Compliance in a Globalized World*, Cheltenham (UK) and Northampton (MA, USA): Edward Elgar (2012), pp. 243-244.

54 예컨대 the Forest Stewardship Council certifications, www.fsc-uk.org/fsc-

certificate-types.93.htm (최종방문: 2016년 4월 24일) 참조.

55 Fairtrade International, www.fairtrade.net/ (최종방문: 2016년 4월 24일).

56 Social Accountability International, 'SA8000 Standard', www.sa-intl.org/ (최종 방문: 2016년 4월 24일).

57 Sasha Courville, 'Social Accountability Audits: Challenging or Defending Democratic Governance?', 25 *Law & Policy* 269 (2003), p. 277.

58 United Nations General Assembly, A/RES/55/56, 29 January 2001.

59 Kimberley Process, FAQ section, www.kimberleyprocess.com/en/faq (최종방문: 2016년 4월 24일).

60 Jan Eric Wetzel, 'Targeted Economic Measures to Curb Armed Conflict? The Kimberley Process on the Trade of "Conflict Diamonds"', in Noëlle Quénivet and Shilan Shah-Davis (eds), *International Law and Armed Conflict. Challenges in the 21st Century*, The Hague: T.M.C. Asser Press (2010), pp. 175-176.

61 Global Witness, The Kimberley Process, www.globalwitness.org/campaigns/conflict/conflict-diamonds/kimberley-process.

62 Jan Eric Wetzel, 'Targeted Economic Measures to Curb Armed Conflict? The Kimberley Process on the Trade of 'Conflict Diamonds," in No lle Qu nivet and Shilan Shah-Davis (eds), *International Law and Armed Conflict. Challenges in the 21st Century*, The Hague: T.M.C. Asser Press (2010), pp. 173-174.

63 Global Witness, 'Why we are leaving the Kimberley Process a message from Global Witness Founding Director Charmian Gooch', 5 December 2011 (최종 방문: 2016년 4월 24일).

64 John Gerard Ruggie, *Just Business*, New York and London: W. W. Norton & Company Inc. (2013), p. xxviii.

65 Ibid., p. 77.

제9장 기업의 인권 영향 관련 법과 공공정책 수립

1 유엔의 기업과 인권 이행원칙에 관한 논의는 제7장을 참고하라.

2 민간 규제는 제8장을 보라.

3 Robert F. Himmelberg, 'Series introduction', in Robert F. Himmerlberg (ed.), *The*

Rise of Big Business and the Beginnings of Antitrust and Railroad Regulation (1870-1900), New York and London: Garland Publishing, Inc. (1994), p.viii.

4   Robert F. Himmerlberg, 'Introduction' in Robert F. Himmerlberg (ed.), *The Rise of Big Business and the Beginnings of Antitrust and Railroad Regulation* (1870-1900), New York and London: Garland Publishing, Inc. (1994), p. xviii. 특히 셔면 반독점법이 정말로 공공의 이해를 보호할 의도가 있었든 없었든 간에, 특정 사적 이해에는 반했기 때문에, 사실상 논쟁거리였다. 이에 관해서는 Robert F. Himmerlberg (ed.), *The Rise of Big Business and the Beginnings of Antitrust and Railroad Regulation* (1870-1900), New York and London: Garland Publishing, Inc. (1994)에 재수록된 디로렌조(Thomas J. DiLorenzo)의 'The Origins of Antitrust: An Interest-Group Perspective', (1985)를 보라.

5   William d. Ruckelshaus, 'Environmental Protection: a Brief History of the Environmental Movement in American and the Implications Abroad', 15 Environmental Law 455 (1984-1985), pp. 455-457.

6   George Matthew Silvers, 'The Natural Environment in Spain: A Study of Environmental History, Legislation and Attitudes', 5 *Tulane Environmental Law Journal* 285 (1991-1992), p. 290.

7   Chao-chan Cheng, 'Comparative Study of the Formation and Development of Air and Water Pollution Control Laws in Taiwan and Japan', 3 *Pacific Rim Law and Policy Journal* S-43 (1993-1995), pp. S-57-58.

8   William D. Ruckelashaus, 'Environmental Protection: A Brief History of the Environmental Movement in American and the Implications Abroad', 15 *Environmental Law* 455 (1984-1985), p. 468.

9   *ECtHR, Lopez Ostra v Spain* (1994).

10   African Charter on Human and Peoples' Rights (1981),

11   African Commission on Human and Peoples' Rights, 155/96: *Social and Economic Rights Action Center (SERAC) and Center for Economic and Social Rights (CESR) v Nigeria (2001).*

12   이 사건에 관해서는, Claire Methven O'Brien, 'Essential Services, Public Procurement and Human Rights in Europe', University of Groningen Faculty of Law Research Paper No. 22/2015, 24 January 2015.

13   Naren Karunakaran, 'Bite the Caste Bullet', *Outlook Business*, 2 May 2009.

14 Scottish Government, 'Procurement of Care and Support Services', 2010, p. 61.

15 UN Doc. A/HRC/17/31, p. 7.

16 역외성의 다양한 정도를 밝혀 주는 논의는, Jeniffer A. Zerk, *Extraterritorial Jurisdiction: Lessons for the Business and Human Rights Sphere from Six Regulatory Areas*, Corporate Social Responsibility Initiative Working Paper No. 59, Cambridge, MA: John F. Kennedy School of Government, Harvard University를 보라.

17 UN Security Council Resolution 310(1972), para. 5.

18 Report by the Secretary-General on the Implementation of Security Council Resolution 310 (1972), S/10752, 31 July 1972, p. 14.

19 제7장을 보라.

20 Group of Eminent Persons' final report, *The Impact of Multinational Corporations on the Development Process and on International Relations*, UN Doc. E/5500/Add. 1(part I) (24 May 1974) 13 ILM. 800 (1974), pp. 828-829.

21 Ibid., pp. 854-855.

22 이 법은 Rudy J. Cerone, 'Regulation of the Labor Relations of Multinational Enterprises: A Comparative Analysis and a Proposal for NLRA Reform', 2 *Boston College International and Comparative Law Review* 371 (1979), p. 379, note 33에서 다음과 같이 인용되었다. 'Law of July 17, 1968, [1968] Sverges Forfattmingssamling [SFS] 447 (Swed.) (Social Conditions Attached to the Swedish Investment Guarantee Scheme).' 그러나 본서의 저자는 이 문서를 찾을 수 없었다. 그 대신에 Rudy J. Cerone도 또한 그랬듯이, 우리는 다음의 저서에 번역된 내용을 사용했다. David H. Blake, 'International Labor and the Regulation of Multinational Corporations: Proposals and Prospects', 11 San Diego Law Review 179 (19731974), pp. 192-195.

23 'Social conditions attached to the Swedish Investment Guarantee Scheme' *in* David H. Blake, 'International Labor and the Regulation of Multinational Corporations: Proposals and Prospects', 11 *San Diego Law Review* 179 (1973-1974), pp. 192-195, paras. 510.

24 Ibid., para. 11.

25 Ibid., para. 12.

26 Rudy J. Cerone, 'Regulation of the Labor Relations of Multinational Enterprises:

A Comparative Analysis and a Proposal for NLRA Reform', 2 *Boston College International and Comparative Law Review* 371 (1979), p. 379.

27 Comprehensive Anti-Apartheid Act of 1986, 2 U.S.C. 5001 (1988 & Supp. III 1991). 이 법률에 관해서는 다음을 참조하라. Jeff Walker, 'Economic Sanctions: United States Sanctions Against South Africa - Comprehensive Anti- Apartheid Act of 1986', 28 *Harvard International Law Journal* 117 (1987).

28 Anton P. Pritchardt and Giorgio A. M. Radesich, *Divestment, Disinvestment, Divesture, Disengagement: A Survey of United States State and Local Anti-South African Legislation*, Faculty of Law, University of the Orange Free State, 1989, p. 5. 그밖에 Peter J. Spiro, 'State and Local Anti-South Africa Action as an Intrusion upon the Federal Power in Foreign Affairs', 2 *Virginia Law Review* 813 (1986), p. 815도 참조. 지역의 반아파르트헤이트 조치는 외교 정책에 참여하려는 지방당국의 첫 번째 사건이 아니며, 또한 정권 변경을 촉진하기 위한 것이다. 1960년대에 많은 지역의 권위자들은 '지역 상인들이 동유럽산 상품을 판매하는 것을 막기 위한 조례를 제정했다.' 이러한 소위 '공산주의 상품' 조례는 공산주의 국가에서 생산된 상품의 판매를 금지하거나 그러한 상품의 판매를 위해서는 값비싼 자격 시스템을 적용하고, 어떤 경우에는 다음과 같은 표시를 상점에 게시할 의무를 부여한다. Richard B. Bilder, 'East-West Trade Boycotts: A Study in Private, Labor Union, State, and Local Interference with Foreign Policy', 118 *University of Pennsylvania Law Review* 841 (1970), pp. 841 and 882을 참조. 또한 다음도 참조. 'Ordinances Restricting the Sale of "Communist Goods"', 65 *Columbia Law Review* 310 (1965).

29 Anton P. Pritchardt and Giorgio A. M. Radesich, Divestment, Disinvestment, Divesture, Disengagement: 미국 주 및 지역 반 남아프리카 법안 조사, 오렌지 프리 스테이트 대학교 법학부, 1989, p. 9. 설문 조사는 또한 유용한 정의를 제공한다. (pp. 7-8). 매각 (또는 분할)은 '일반적으로 남아프리카에서 또는 남아프리카와 사업을하는 미국 기업의 투자가가 주식을 판매하는 행위를 말한다.' 탈 투자는 '미국 기업이 남아프리카에서 사업을 폐쇄 또는 매각하고 그들이 할 수있는 물리적 자산을 철회하는 행위를 의미한다.' 매각과 투자 취소라는 용어는 의미가 다르지만 서로 바꿔서 사용하는 경향이 있다.

30 On the Sullivan Principles. 제8장 참조.

31 Anton P. Pritchardt and Giorgio A. M. Radesich, *Divestment, Disinvestment,*

Divesture, Disengagement: *A Survey of United States State and Local Anti-South African Legislation*, Faculty of Law, University of the Orange Free State, 1989, p. 9.

32 Mark Orkin, Disinvestment, *the Struggle and the Future. What Black South Africans Really Think*, Johannesburg: Ravan Press (1986), p. 7.

33 Anton P. Pritchardt and Giorgio A. M. Radesich, Divestment, Disinvestment, Divesture, Disengagement: *A Survey of United States State and Local Anti-South African Legislation*, Faculty of Law, University of the Orange Free State, 1989, p. 10. 남아프리카 관련 기업체는 다음과 같이 정의된다. '금융기관 은행의 경우 〈남아프리카 공화국 관련〉은 남아공, 남아공 기업, 또는 남아공에서 또는 남아공과 거래하는 사업체에 대한 대출여부를 결정. 기업체의 경우 〈남아공 관계〉란 남아공 또는 남아공과의 전략적 제품과의 거래를 기반. 기업은 은행이나 금융기관으로 나눌 수 있으며, 자회사와 계열사를 포함한 기업도 있음.' Ibid., p.9, 각 주 1 및 2.

34 Ibid., P.10.

35 Ibid.

36 Ibid., pp. 11-159. 그들은 그것을 반남아프리카(anti-South Africa)라고 부른다.: 그것은 오히려 '반아파르트헤이트'였다. 어떤 조치도 취하지 않은 주는 Alabama, Alaska, Hawaii, Idaho, Kentucky, Mississippi, Montana, Nevada, New Mexico, South Dakota, Utah 그리고 Wyoming. 다른 자료에 따르면 Hawaii는 실제로 매 각 관련 법률을 제정했다.: Eric Taylor, 'The History of Foreign Investment and Labor Law in South Africa and the Impact on Investment of the Labour Relations Act 66 of 1995', 9 *Transnational Law* 611 (1996), note 47, p. 620 참조.

37 Arizona, Georgia, North Carolina and Texas.

38 Mark Orkin, *Disinvestment, the Struggle and the Future. What Black South Africans Really Think*, Johannesburg: Ravan Press (1986), p. 2.

39 Ibid.

40 Ibid., pp. 14-15.

41 Ibid., pp. 6-10. 다양한 조사의 결과는 다음의 글과 실질적으로 비교되며 반대된다. Meg Voorhes, *Black South African Views on Disinvestment*, Investor Responsibility Research Center Inc. (1986).

42 Lynn Berat, 'Undoing and Redoing Business in South Africa: The Lifting of the

Comprehensive Anti- Apartheid Act of 1986 and the Continuing Validity of State and Local Anti-Apartheid Legislation', 6 *Connecticut Journal of International Law* 7 (1990), p. 12.

43 James S. Henry, 'Even if Sanctions are Lifted, Few will Rush to South Africa', New York: *The New York Times*, 28 October 1990.

44 Anton P. Pritchardt and Giorgio A. M. Radesich, Divestment, Disinvestment, Divesture, Disengagement: *A Survey of United States State and Local Anti-South African Legislation*, Faculty of Law, University of the Orange Free State, 1989, pp. 164 and 166-168.

45 Peter J. Spiro, 'State and Local Anti-South Africa Action as an Intrusion upon the Federal Power in Foreign Affairs', 2 *Virginia Law Review* 813 (1986), p. 824.

46 James S. Henry, Even if Sanctions are Lifted, Few will Rush to South Africa, New York: *The New York Times*, 28 October 1990.

47 Peter J. Spiro, 'State and Local Anti-South Africa Action as an Intrusion upon the Federal Power in Foreign Affairs', 2 *Virginia Law Review* 813 (1986), p. 826.

48 버마에 관한 선택적 구매 법에 대한 헌법상의 문제에 대한 논의는 아래를 참조.

49 미국 헌법, Article I, Section 8, Clause III.. 이를 '휴면 상업 조항'이라고 하며 다음과 같이 설명한다. 상업 조항은 '상충되는 조치를 방지한다. 이 긍정적인 힘에 수반되는 것은 주정부가 자치주 간 상업의 흐름을 방해하지 못하도록 제한하는 의회의 암묵적인 권한이다. 따라서 국가가 한 지역에서 또는 의회 행위와 직접적으로 충돌하지 않는 방식으로 자치주 간 상업에 영향을 미치는 매각 법령을 제정 할 때, 자치주 간의 자유무역 원칙을 위반하는 경우에도 국가 행위는 비결정적일 수 있다.' Kevin P. Lewis, 'Dealing with South Africa: The Constitutionality of State and Local Divestment Legislation', 61 *Tulane Law Review* 469 (1987), pp. 475-476.

50 세 번째 주장은 관련한 미국 대법원 판례와 함께 다음의 책에서 자세히 검토됨. Peter J. Spiro, 'State and Local Anti-South Africa Action as an Intrusion upon the Federal Power in Foreign Affairs', 2 *Virginia Law Review* 813 (1986).

51 Ibid., p. 828

52 Ibid., p. 848. 그는 또한 외교 영역 내에서 의도적으로 연방 정책을 훼손하는 모든 법률은 폐기되어야한다고 주장했다. 건설적 참여와 일치하지 않는 입법은 미국-남아프리카 관계에 대한 연방 계획을 크게 방해 할 가능성이 있다. 연방 정책

의 무결성을 유지하기 위해 법원은 주정부 매각 조치를 선점해야 한다(p.849). Christine Walsh, 'The Constitutionality of State and Local Governments' Response to Apartheid : Divestment Legislation', 13 *Fordham Urban Law Journal*763 (1985), pp. 786-787 참조.

이와는 대조적으로 Kevin P. Lewis는 휴면 연방 외교 조항을 사용하지 않음으로써 법원이 연방 특권을 진정으로 방해하는 특정 입법을 선점할 의회의 권리를 손상시키지 않으면서 지역정부의 합법적인 표현에 냉담한 것을 피할 수 있다고 주장한다. 이전에는 폴리스의 관심에서 멀리 떨어진 문제에 대한 지역 시민의 관심이 증가하고 있다는 점을 고려할 때 그러한 접근 방식에 대해 많은 의견이 있다.

53 *Board of Trustees of the Employees Retirement Sys. Baltimore v. Mayor and City Council of Baltimore City*, 317 Md. 72, 562 A.2d 720 (Md. Ct. App. 1989), p. 743. 또한 다음을 참조. Cynthia Golomb, 'Maryland Counters Apartheid: Board of Trustees v City of Baltimore', 14 Maryland Journal of International Law and Trade 251 (1990), p. 259.

54 *Board of Trustees of the Employees Retirement Sys. Baltimore v. Mayor and City* Council of Baltimore City, 317 Md. 72, 562 A.2d 720 (Md. Ct. App. 1989), p. 746. 또한 다음을 참조. Cynthia Golomb, 'Maryland Counters Apartheid: Board of Trustees v City of Baltimore', 14 Maryland Journal of *International Law and Trade* 251 (1990), pp. 260-261.

55 *Board of Trustees of the Employees Retirement Sys. Baltimore v. Mayor and City Council of Baltimore City*, 317 Md. 72, 562 A.2d 720 (Md. Ct. App. 1989), p. 753.

56 Cynthia Golomb, 'Maryland Counters Apartheid: Board of Trustees v City of Baltimore', 14 *Maryland Journal of International Law and Trade* 251 (1990), p. 261.

57 위와 같음.

58 이것은 영국에서 선호되는 접근 방식이다. HM Government, 'Good Business: Implementing the UN Guiding Principles on Business and Human Rights', September 2013, pp. 9-10.

59 Christopher Avery, *Business and Human Rights at a Time of Change* (1999), chapter 2.8, http://198.170.85.29/Chapter2.htm#2.8.

60 1996 Mass. Acts 239, ch.130.

61 Ibid., ch. 240.

62 Ibid., ch. 241.

63 *Crosby, Secretary of Administration and Finance of Massachusetts, et al. v National Foreign Trade Council* 530 U.S. 363. 위의 내용과 함께 *Board of Trustees of the Employees Retirement Sys. Baltimore v Mayor and City Council of Baltimore City,* 317 Md. 72, 562 A.2d 720(Md. Ct. App. 1989) 참조.

64 Mark B. Baker, 'Flying over the Judicial Hump: a Human Rights Drama featuring Burma, the Commonwealth of Massachusetts, the WTO and the Federal Courts', 32 *Law and Policy in International Business* 51 (2000), pp. 93-94.

65 United States—Measure Affecting Government Procurement, WT/DS 88 and DS 95, terminated on 11 February 2000.

66 European Commission, Guide to Taking Account of Social Considerations in Public Procurement, October 2010.

67 Final Communication from the Commission to the European Parliament, the Council, the European Economic and Social Committee and the Committee of the Regions, A renewed EU strategy 2011 14 for Corporate Social Responsibility, COM(2011) 681, 25 October 2011, p. 5.

68 European Commission, COM(2010) 546 final,6 October 2010, p. 16.

69 Directive 2014/24/EU of the European Parliament and of the Council of 26 February 2014 on public procurement and repealing Directive 2004/18/EC, Article 18(2). Annex X lists the following conventions: ILO Convention 87 on Freedom of Association and the Protection of the Right to Organise; ILO Convention 98 on the Right to Organise and Collective Bargaining; ILO Convention 29 on Forced Labour; ILO Convention 105 on the Abolition of Forced Labour; ILO Convention 138 on Minimum Age; ILO Convention 111 on Discrimination (Employment and Occupation); ILO Convention 100 on Equal Remuneration; ILO Convention 182 on Worst Forms of Child Labour; Vienna Convention for the protection of the Ozone Layer and its Montreal Protocol on substances that deplete the Ozone Layer; Basel Convention on the Control of Transboundary Movements of Hazardous Wastes and their Disposal (Basel Convention); Stockholm Convention on Persistent Organic Pollutants (Stockholm POPs Convention); Convention on the Prior Informed Consent

Procedure for Certain Hazardous Chemicals and Pesticides in International Trade (UNEP/FAO) (The PIC Convention) Rotterdam, 10 September 1998 and its three regional Protocols.

70 Institute for Human Rights and Business, 'Protecting Rights by Purchasing Right: The Human Rights Provisions, Opportunities and Limitations Under the 2014 EU Public Procurement Directives' (2015).

71 *Board of Trustees of the Employees Retirement Sys. Baltimore v Mayor and City Council of Baltimore City*, 317 Md. 72, 562 A.2d 720 (Md. Ct. App. 1989), p. 746.

72 John Evans, 'Human Rights and Labour Standards: The Duty of Export Credit Agencies', in OECD, *Smart Rules for Fair Trade: 50 Years of Export Credits*, Paris: OECD Publishing (2010), p. 66.

73 OECD, Recommendation of the Council on Common Approaches for Officially Supported Export Credits and Environmental and Social Due Diligence, TAD/ECG(2012)5 28 June 2012; OECD Council Recommendation on Bribery and Officially Supported Export Credits, 18 December 2006. On this see Roel Nieuwenkamp, 'Evolving Expectations: The Role of Export Credit Agencies in Promoting and Exemplifying Responsible Business Practices' (2016), Institute of Human Rights and Business.

74 Steve Tvardek, 'Smart Rules for Fair Trade: Why Export Credit Matters', *in* OECD, *Smart Rules for Fair Trade: 50 Years of Export Credits*, Paris: OECD Publishing (2010), pp.15-16.

75 OECD, Recommendation of the Council on Common Approaches for Officially Supported Export Credits and Environmental and Social Due Diligence, TAD/ECG(2012)5 28 June 2012, para. 11.

76 Ibid.

77 Ibid.

78 OECD, Recommendation of the Council on Common Approaches for Officially Supported Export Credits and Environmental and Social Due Diligence, TAD/ECG(2012)5 28 June 2012, para. 15.

79 HM Government, 'Good Business: Implementing the UN Guiding Principles on Business and Human Rights', September 2013, p. 10.

80 Corporate Accountability of Mining, Oil and Gas Corporations in Developing Countries Act, C-300 Bill, Article 3.

81 Ibid., Article 5.

82 Aaron A. Dhir, The Politics of Knowledge Dissemination: Corporate Reporting, Shareholder Voice, and Human Rights', 47 *Osgoode Hall Law Journal* 47 (2009), p. 50, note 9.

83 예를 들어 UK Companies Act 2006 (Strategic Report and Directors' Report) Regulations 2013, specifically Chapter 414C(7)(b)(iii); and Directive 2014/95/ EU of the European Parliament and of the Council, amending Directive 2013/34/EU as regards disclosure of non-financial and diversity information by certain large undertakings and groups, 22 October 2014. For an overview of different countries' requirements see Shift, 'Update to John Ruggie's Corporate Law Project: Human Rights Reporting Initiatives', November 2013. See also Damiano de Felice, 'Business and Human Rights Indicators to Measure the Corporate Responsibility to Respect: Challenges and Opportunities', 37 *Human Rights Quarterly* 511, pp. 544-545. 이 기사에서 de Felice는 '자체보고의 불완전 성과 비신뢰성에 대한 부분적인 해결책은 기업의 지속가능성 정보 공개를 요구 하는 최근의 지속적인 규제 혁신에서 비롯될 수 있다.'라고 주장한다.

84 Shift, 'Update to John Ruggie's Corporate Law Project: Human Rights Reporting Initiatives', November 2013.

85 On this see Nadia Bernaz, 'Enhancing Corporate Accountability for Human Rights Violations: Is Extraterritoriality the Magic Potion?', 117 *Journal of Business Ethics* 493(2013), pp. 497-498.

86 California Transparency in Supply Chains Act of 2010, SB 657 (SB stands for Senate Bill); Section 54, UK Modern Slavery Act 2015, ch. 30. For a clear description of the relevant Section of the UK Modern Slavery Act, see Paul Henty and Simon Holdsworth, 'Big Businesses and Modern Slavery: What Your Organisation Should Be Doing', 4(4) *Compliance & Risk* 11. On the California Act, see Alexandra Prokopets, 'Trafficking inInformation: Evaluating the Efficacy of the California Transparency in Supply Chains Act of 2010', 37 *Hastings International and Comparative Law Review* 351 (2014). See also pieces on proposed similar federal legislation in the United States: Sophia Eckert, 'The

Business Transparency on Trafficking and Slavery Act: Fighting Forced Labor in Complex Global Supply Chains', 12 Journal of International Business and Law 383 (2013); Galit A. Sarfaty, 'Shining Light on Global Supply Chains', 56 *Harvard International Law Journal* 419 (2015). 2016 년 2월에 기업 및 인권 자원 센터는 캘리포니아 법을 준수하기 위해 공개한 전체 정보를 사용하여 기업을 상대로 여러 소송이 제기되었다고 보고했다. 그들은 법의 '잠재적으로 왜곡된 결과'와 '투명성 요구 사항의 완전한 시행 필요성'에 주목했다. In the Courtroom & Beyond: New Strategies to Overcome Inequality and Improve Access to Justice. Corporate Legal Accountability Annual Briefing, February 2016, p. 5.

87 Section 1502, Dodd-Frank Wall Street Reform and Consumer Protection Act (Pub. L. 111-203). This provisions concerns 'conflict minerals' only and no other goods. Among a substantial literature on Section 1502, see Karen E. Woody, 'Conflict Minerals Legislation: the SEC's New Role as Diplomatic and Humanitarian Watchdog', 81 *Fordham Law Review* 1315 (2012-2013). She argues that the Act will do more harm than good in the Democratic Republic of the Congo (pp. 1345-1347). See also McKay S. Harline, 'Can We Make Them Obey: U.S. Reporting Companies, their Foreign Suppliers, and the Conflict Minerals Disclosure Requirement of Dodd-Frank', 35 *Northwestern Journal of International Law and Business* 439 (2014-2015). He concludes that 'until the interna tional community demonstrates greater commitment to solving the conflict minerals trade, legislative schemes like § 1502 and the SEC conflict minerals rule will not succeed in ending the abuses they aim to prevent' (pp. 466-467).

88 미국의 글로벌 온라인 자유 법(the US Global Online Freedom Act)과 같은 또 다른 공적 이니셔티브는 여기에서 논의하지 않는다. John Gerard Ruggie, *Just Business*, New York and London: W. W. Norton & Company Inc. (2013), p. 15를 참조.

제10장 국내 법원에서의 기업과 인권 소송: 진전과 잔존의 장애물

1 Vivian Grosswald Curran and David Sloss, 'Reviving Human Rights Litigation after Kiobel' 107 *American Journal of International Law* 858 (2013), p. 859.

2   28 U.S. Code § 1350.

3   Caroline Kaeb and David Scheffer, 'The Paradox of Kiobel in Europe', 107
     American Journal of International Law 852 (2013), p. 855. 그리고 George P.
     Fletcher, *Tort Liability for Human Rights Abuses*, Oxford and Portland: Hart
     Publishing (2008). George P. Fletcher는 다음을 주장한다.

> 형법보다 불법행위법을 선호하는 현상은 미국에서 두드러진다. 유럽, 아시아,
> 중남미 등 사실상 미국을 제외한 세계 각국의 법학자들과 달리, 미국의 인권
> 변호사들은 여러 이유에서 '형법'이 아닌 '불법행위법'에 주목한다. 불법행위
> 법은 정부 관료제의 결정보다는 사적 동기를 기반으로 한다. 이는 정부 관료
> 제의 행위에 의존하지 않고 사적 행위에 나서는, 나아가 사적 복수까지도 추
> 구하는 미국인의 기질과 어울린다. (…중략…) 유럽에서는 형사적 제재를 최
> 후의 수단(ultima ratio)이라 칭할지 모르나, 실제로는 오염과 위험 제품, 심지
> 어는 사기와 기만 등 사소한 문제 등의 해결을 위해 미국보다 자주 형사적 제
> 재를 활용한다. 이처럼 미국에서 불법행위에 대한 구제가 힘을 얻는 이유는
> 무엇인가? 답은 아주 간단하다. 돈이다. 배심제도와 성공보수의 결합은 곧 불
> 법행위에 대한 보상금이 커지고 불법행위 변호사가 받는 금전적 보상이 일
> 반적 변호사 수임료보다 훨씬 높아진다는 것을 의미한다. 그리고 타인의 인
> 권을 박탈한 악의적 행위에 대한 사건들을 잊지 말자. 이러한 사건들로 인해
> 보상적 손해배상 금액을 크게 웃도는 징벌적 손해배상이 불가피하게 도입되
> 었다. 미국을 제외하고는 그 어떤 국가도 형사 기소를 통한 처벌을 기다리지
> 않고 불법행위 소송에 이러한 동기를 제공하지 않는다. 물론 불법행위 소송
> 의 변호사들은 사건의 조사에 반드시 자원을 투자해야 하고 돈을 잃을 위험
> 을 무릅써야 하지만 여전히 기회는 매력적이다. 이들은 변호사로서 성공할
> 수 있고 동시에 세계를 위해 좋은 일을 할 수 있다. 불법행위 구제에 배심제도
> 와 성공보수, 징벌적 손해배상이 결합되면서 인권침해 소송에 동기를 부여하
> 는 강력한 체제가 탄생했다(pp. 9-10).

그리고 Robert McCorquodale, 'Waving Not Drowning: Kiobel outside the United
States', 107 *American Journal of International Law* 846 (2013), p. 849.

4   이러한 사건이 반드시 유럽과 미국의 법원에서 처리되는 것은 아니다. 예컨대,
     2015년 9월 브라질 법원이 브라질에 본사를 둔 다국적기업 Odebrecht에 대해 내

린 판결을 보자. Odebrecht는 회사가 Sonangol, Damer Ind stria와 공동 소유한 앙골라 소재 기업 Biocom의 바이오 연료 공장 건설과 관련하여 앙골라에서 노동을 강요한 혐의로 고발당했다. 기업과 인권 리소스 센터(Business and Human Rights Resource Centre)가 언급하는 바와 같이 '이 사건은 브라질 기업에게 역외 인권침해에 대한 책임을 물은 첫 사례 중 하나로, 브라질 기업에게 글로벌 기업 운영 시의 책임에 대한 중요한 선례를 남겼다'. Business and Human Rights Resource Centre, *In the Courtroom & Beyond: New Strategies to Overcome Inequality and Improve Access to Justice. Corporate Legal Accountability Annual Briefing,* 2016년 2월, p. 5.

5   28 U.S. Code §1350.

6   실제 미국은 비준을 마친 인권 조약에 유보 조항을 더하여 해당 조약이 자동으로 시행되는 것을 막고자 하였다(Louis Henkin, 'U.S. Ratification of Human Rights Conventions: The Ghost of Senator Bricker', 89 *American Journal of International Law* 341 (1995), p. 348 참조). 이는 관습적 규범의 위반만을 고려하는 ATS 사건에서 조약의 조항 활용을 막기 위한 관행이었다.

7   Anne-Marie Burley, 'The Alien Tort Statute and the Judiciary Act of 1789: A Badge of Honor', 3 *American Journal of International Law* 461 (1989), p. 469.

8   *Filartiga,* 630 F.2d 876 (1980년 6월 30일).

9   Ibid., p. 878.

10   Ibid., p. 880.

11   제5장 참고.

12   *Kadic and Doe v Karadžic,* 70 F.3d 232 (2d Cir. 1995).

13   Ibid., p. 239.

14   *Doe v Unocal,* 395 F.3d 932 (2002년 9월 18일).

15   Robert C. Thompson, Anita Ramasastry and Mark B. Taylor, 'Translating Unocal: The Expanding Web of Liability for Business Entities Implicated in International Crimes', 40 *George Washington International Law Review* 841 (2008-2009), p. 842.

16   ATS 사건 중 피고가 하나 이상의 법인으로 구성된 사건의 전체 목록은 다음을 참고한다. Michael D. Goldhaber, 'Corporate Human Rights Litigation in Non-US Courts A Comparative Scorecard', 3 *University of California Irvine Law Review* 127 (2013), Appendix A, pp. 137-149 (목록 취합은 Jonathan Drimmer).

17 *Kiobel v Royal Dutch Petroleum Co.*, 621 F.3d 111 (2d Cir. 2010), p. 145.

18 *Kiobel v Royal Dutch Petroleum Co.*, 133 S. Ct. 1659 (2013). 이는 Ralph G. Steinhardt의 글('Kiobel and the Weakening of Precedent: A Long Walk for a Short Drink', 107 *American Journal of International Law* 841 (2013), p. 844.)에 언급되었듯이 '매우 놀라운' 일이었다.

19 아래 참고.

20 Ralph G. Steinhardt, 'Kiobel and the Multiple Futures of Corporate Liability for Human Rights Violations', 28 *Maryland Journal of International Law* 1 (2013), p. 22.

21 US Supreme Court, *Sosa v Alvarez-Machain*, 542 U.S. 692 (2004), 재인쇄 43 ILM 1390 (2004), p. 1396.

22 Ibid, p. 1399.

23 Ibid, p. 1403.

24 Philip I. Blumberg, 'Accountability of Multinational Corporations: The Barriers Presented by Concepts of the Corporate Juridical Entity', 24 *Hastings International and Comparative Law Review* 297 (2000-2001), p. 303.

25 Ibid., pp. 300-301.

26 외국 기업에 대한 관할권에 의해 제기된 의문은 아래에서 논한다.

27 Michael Koebele, *Corporate Responsibility under the Alien Tort Statute, Enforcement of International Law through US Torts Law*, Leiden and Boston: Martinus Nijhoff Publishers (2009), p. 279.

28 *United States v Bestfoods*, 524 US 51 (1998), p. 61.

29 Philip I. Blumberg, 'Accountability of Multinational Corporations: The Barriers Presented by Concepts of the Corporate Juridical Entity', 24 *Hastings International and Comparative Law Review* 297 (2000-2001), pp. 304-307.

30 *Bowoto v Chevron*, 312 F. Supp. 2d 1229 (N.D. Cal. 2004), p. 1247.

31 Ibid., p. 1246.

32 Ibid., p. 1237.

33 Ibid.

34 Paul L. Hoffman, 'Kiobel v. Royal Dutch Petroleum Co.: First Impressions', 52 *Columbia Journal of Transnational Law* (2013-2014), pp. 29-30. 그리고 Ralph G. Steinhardt, 'Kiobel and the Multiple Futures of Corporate Liability for Human

Rights Violations', 28 *Maryland Journal of International Law* 1 (2013), p. 10.

35 Ralph G. Steinhardt, 'Kiobel and the Multiple Futures of Corporate Liability for Human Rights Violations', 28 *Maryland Journal of International Law* 1 (2013), p. 10.

36 Michael Koebele, *Corporate Responsibility under the Alien Tort Statute, Enforcement of International Law through US Torts Law*, Leiden and Boston: Martinus Nijhoff Publishers (2009), p. 330.

37 Ibid., p. 325.

38 *Jota v Texaco, Inc.*, 157 F3d 153 (1998), p. 156.

39 *Aguinda v. Texaco, Inc.*, 303 F.3d 470 (2d Cir. 2002), p. 480.

40 Ibid., pp. 476-479.

41 Winston Anderson, 'Forum Non Conveniens Checkmated? The Emergence of Retaliatory Legislation', 10 *Journal of Transnational Law and Policy* 183 (2000-2001), 더욱 명확한 개괄은 특히 P. 186를 참고.

42 Michael Koebele, *Corporate Responsibility under the Alien Tort Statute, Enforcement of International Law through US Torts Law*, Leiden and Boston: Martinus Nijhoff Publishers (2009), pp. 330-333.

43 Ibid., pp. 334-336.

44 Ibid., p. 337.

45 Ibid., p. 341.

46 그 역할이 크지 않은 이유는 ibid., pp. 355-356.

47 *Filartiga*, 630 F.2d 876 (1980), p. 889.

48 *Sarei v Rio Tinto PLC.*, 221 F. Supp. 2d 1116 (C.D. Cal. 2002), p. 1193.

49 Michael Koebele, *Corporate Responsibility under the Alien Tort Statute, Enforcement of International Law through US Torts Law*, Leiden and Boston: Martinus Nijhoff Publishers (2009), pp. 349-353.

50 *Sarei v Rio Tinto PLC.*, 221 F. Supp. 2d 1116 (C.D. Cal. 2002), pp. 1198-1199.

51 해당 법리에 대한 개요는 Joel R. Paul, 'Comity in International Law', 32 *Harvard International Law Journal* 1 (1991).

52 *Sarei v Rio Tinto PLC.*, 221 F. Supp. 2d 1116 (C.D. Cal. 2002), p. 1208

53 Doug Cassel, 'Corporate Aiding and Abetting of Human Rights Violations: Confusion in the Courts, 6 *Northwestern University Journal of International*

Human Rights 304 (2007-2008), p. 324.

54   다만 1987년 레이건 정부가 최소 한 건의 ATS 소송 종결을 시도한 바 있다. Anne-Marie Burley, 'The Alien Tort Statute and the Judiciary Act of 1789: A Badge of Honor', 3 *American Journal of International Law* 461 (1989), pp. 463, pp.489.

55   기업 관련 사건에 국한하지 않고 해당 전략에 대한 추가 정보는 다음을 참고한 다. Beth Stephens, 'Upsetting Checks and Balances: The Bush Administration's Efforts To Limit Human Rights Litigation', 7 *Harvard Human Rights Journal* 169 (2004). 그리고 Brian C. Free, 'Awaiting Doe v Exxon Mobil Corp.: Advocating the Cautious Use of Executive Opinions in Alien Tort Claims Act Litigation', 12 *Pacific Rim Law & Policy Journal* 467 (2003).

56   예시는 다음을 참고. 'Oily Diplomacy', Editorial, *New York Times*, 2002년 8월 9일.

57   Ralph G. Steinhardt, 'Kiobel and the Multiple Futures of Corporate Liability for Human Rights Violations', 28 *Maryland Journal of International Law* 1 (2013), p. 10.

58   *Kiobel v Royal Dutch Petroleum Co.*, 133 S. Ct. 1659 (2013), p. 1669.

59   Ibid.

60   Paul L. Hoffman, 'Kiobel v. Royal Dutch Petroleum Co.: First Impressions', 52 *Columbia Journal of Transnational Law* 28 (2013-2014), p. 41.

61   Ibid., pp. 39-40.

62   *Balintulo v Daimler AG*, 727 F.3d 174 (2d Cir. 2013).

63   그 목록은 다음의 사례 분석을 참고. 27 *Harvard Law Review* 1493 (20132014), note 39, p. 1497.

64   Ibid., p. 1498.

65   *Al Shimari v CACI*, United States Court of Appeals for the Fourth Circuit, No. 13-1937 (30 June 2014).

66   이에 대한 추가 논의는 다음을 참고. Anupam Chander, 'Unshackling Foreign Corporations: Kiobel's Unexpected Legacy', 107 American Journal of International Law 829 (2013). 그리고 John Gerard Ruggie, Just Business, New York and London: W. W. Norton & Company Inc. (2013), p. 199. Kiobel 기준의 분석과 기타 하급 법원의 적용 방식은 다음을 참고. Ranon Altman,

'Extraterritorial Application of the Alien Tort Statute After Kiobel', 24 *University of Miami Business Law Review* 111 (2016), pp. 127-138.

67 *Aguinda v Texaco, Inc.*, 303 F.3d 470 (2d Cir. 2002).

68 Alan O. Sykes, 'Corporate Liability for Extraterritorial Torts Under the Alien Tort Statute and Beyond: An Economic Analysis', 100 *Georgetown Law Journal* 2161 (20112012), p. 2170.

69 기업이 국제법을 위반할 수 있는 세 번째 가설은 국가 권력을 구실로 위반 행위를 하는 것이다. 이에 대해 Sykes는 '수많은 ATS 소송에서 주요 범법행위를 한 것은 기업의 대리인이지만 어느 정도의 국가 관여 또는 지원이 사실상 그러한 범법행위가 "국가행위"가 되도록 한다고 주장되었다'고 썼다 (ibid.).

70 George P. Fletcher, *Tort Liability for Human Rights Abuses*, Oxford and Portland: Hart Publishing (2008), p. 163.

71 International Commission of Jurists, *Report of the ICJ Expert Legal Panel on Corporate Complicity in International Crimes*, Vol. 1, pp. 8-26.

72 게다가 국제법에는 민사상 방조에 대한 인정이 없기 때문에 그러한 기준이 형사상 방조에 국한되어 있다. Alan O. Sykes, 'Corporate Liability for Extraterritorial Torts Under the Alien Tort Statute and Beyond: An Economic Analysis', 100 *Georgetown Law Journal* 2161 (2011-2012), p. 2171.

73 *Akayesu*, Case No. ICTR-96-4-T, Trial Chamber, Judgement, para. 545.

74 *Furundzija*, Case No. IT-95-17/1-T, Trial Chamber, Judgment, para. 249.

75 Statute of the International Criminal Court, 2187 UNTS 90, Article 25(3)(c).

76 '목적'의 내용(travaux) 및 적절한 의미는 다음을 참고. Doug Cassel, 'Corporate Aiding and Abetting of Human Rights Violations: Confusion in the Courts', 6 *Northwestern University Journal of International Human Rights* 304 (2007-2008), pp.310-315.

77 Article 25(3)(d) in ibid., P. 313 and Andrea Reggio, 'Aiding and Abetting In International Criminal Law: The Responsibility of Corporate Agents And Businessmen For "Trading With The Enemy" of Mankind', 5 *International Criminal Law Review 623* (2005), pp. 646-647.

78 Doug Cassel, 'Corporate Aiding and Abetting of Human Rights Violations: Confusion in the Courts', 6 *Northwestern University Journal of International Human Rights* 304 (2007-2008), p. 315.

79 Ibid.

80 *Presbyterian Church of Sudan v. Talisman Energy Corp.*, 582 F.3d 244 (2d Cir. 2009), pp. 259-260.

81 Ibid., p. 264.

82 George P. Fletcher, *Tort Liability for Human Rights Abuses*, Oxford and Portland: Hart Publishing (2008), p. 168.

83 *Presbyterian Church of Sudan v. Talisman Energy Corp.*, 582 F.3d 244 (2d Cir. 2009), p.262.

84 Ibid.

85 *Doe VIII v. Exxon Mobil Corp.*, 654 F.3d 11 (D.C. Circ. 2011), pp. 42, 50.

86 *Doe v Nestlé*, 738 F.3d 1048 (9th Cir. 2013).

87 처음에는 민사 및 상사 사건의 재판관할과 재판의 집행에 관한 이사회 규정 [Council Regulation (EC) 44/2001 of 22 December 2000]이었다. 이후 민사 및 상사 사건의 재판관할과 재판의 집행에 관한 규정[Regulation (EU) No 1215/2012 of 20 December 2012]으로 새롭게 구성되었다.

88 Regulation (EU) No 1215/2012 of 20 December 2012, Article 4(1).

89 ECJ, Case C-281/02 *Owusu v Jackson* [2005] 2 WLR 942, Para. 46. 이 사건은 이러한 문제와 관련하여 발효된 1968년 브뤼셀 협약의 이전 문구를 의미한다.

90 Supplemental Brief of the European Commission on Behalf of the European Union in Support of Neither Party, *Kiobel v Royal Dutch Petroleum Co.*, 133 S.Ct. 1659 (2013) (No.10-1491).

91 Ibid., pp. 17-18.

92 Donald Francis Donovan and Anthea Roberts, 'The Emerging Recognition of Universal Civil Jurisdiction', 100 *American Journal of International Law* 142 (2006), p. 153.

93 Julian G. Ku, 'Kiobel and the Surprising Death of Universal Jurisdiction under the Alien Tort Statute', 107 *American Journal of International Law* 835 (2013), p. 838.

94 Michael D. Goldhaber, 'Corporate Human Rights Litigation in Non-US. Courts A Comparative Scorecard', 3 *University of California Irvine Law Review* 127 (2013), p. 135.

95 Arnaud Nuyts, 'Study on Residual Jurisdiction' (Review of the Member

States' Rules concerning the 'Residual Jurisdiction' of their courts in Civil and Commercial Matters pursuant to the Brussels I and II Regulations), Service Contract with the European Union, JLS/C4/2005/07-30-CE)0040309/00-37, General report (2007년 9월 3일 최종 버전). 그 예시는 온타리오 항소법원이 보충관할지의 개념을 인정한 [*Van Breda v Village Resorts*, 2010 ONCA 84, [2010] 316 D.L.R. 4th 201 (Can. Ont. CA.)]을 참고. 캐나다 대법원이 이의를 제기하지 않았다는 인정이다(*Club Resorts Ltd. v Van Breda*, 2012 SCC 17, [2012] 1 S.C.R. 572). 이와 관련하여 다음을 참고. Michael D. Goldhaber, 'Corporate Human Rights Litigation in Non-US Courts A Comparative Scorecard', 3 *University of California Irvine Law Review* 127 (2013), PP. 135-136. 네덜란드 법원 사례는 다음을 참고. *El-Hojouj v. Unnamed Libyan Officials*, Arrondissementsrechtbank Den Haag, 2012년 3월 21일, Case No.400882/HA ZA 11-2252 (ECLI:NL:RBSGR:2012:BV9748), 다음 문서에 언급. Nicola Jägers, Katinka Jesse and Jonathan Verschuuren, 'The Future of Corporate Liability for Extraterritorial Human Rights Abuses: the Dutch Case against Shell', *American Journal of International Law Unbound* (web exclusive) (2014년 1월), pp. e-39-40.

96   *Lubbe v Cape Plc* [2000] UKHL 4.

97   *Chandler v Cape PLC*, No. [2012] EWCA Civ 525.

98   Ibid., para. 80.

99   Ibid., para. 69.

100   Robert McCorquodale, 'Waving Not Drowning: Kiobel outside the United States', 107 *American Journal of International Law* 846 (2013), p. 848.

101   *Caparo Industries plc v Dickman* [1990] UKHL 2.

102   아래 참고.

103   District Court of The Hague, *Akpan and Milieudefensie v Royal Dutch Shell Plc and Shell Petroleum Development Company of Nigeria*, No. 337050/IIA ZA 09-1580, para. 4.26 (2013년 1월 30일). 영어: Milieudefensie's website, www.milieudefensie.nl/Publicaties/bezwaren-uitsPraken/final-judgment-akpan-vs-shell-oil-sPill-ikot-ada-udo/at_download/file (최종방문: 2016년 6월 15일).

104   Evelyne Schmid, 'A Glass at Least Half Full: The Dutch Court Ruling on Akpan v Royal Dutch Shell/Shell Nigeria', *Rights as Usual* (2013년 2월 26일), http://rightsasusual.com/?p=265 (최종방문: 2016년 4월 25일).

105 'Dutch Appeals Court Says Shell May Be Held Liable for Oil Spills in Nigeria', *The Guardian*, 2015년 12월 18일.

106 For discussions on this, see Nicola Jägers, Katinka Jesse and Jonathan Verschuuren, 'The Future of Corporate Liability for Extraterritorial Human Rights Abuses: The Dutch Case against Shell', *American Journal of International Law Unbound* (web 전용) (2014년 1월), p. e-41. 그리고 Robert McCorquodale, 'Waving Not Drowning: Kiobel outside the United States', 107 *American Journal of International Law* 846 (2013), p. 850. 이 두 건의 자료는 모두 항소법원의 판결 이전에 발표되었다.

107 French Cour de Cassation, arrêt Erika, No 3439, 2012년 9월 25일, www.courdecassation.fr/IMG///Crim_arret3439_20120925.Pdf (최종방문: 2016년 6월 15일). 해당 판결에 대한 흥미로운 논평은 다음을 참고(붙어). Emmanuel Daoud, Clarisse Le Corre, 'L'évolution de la responsabilité pénale des enterprises', Droit de l'environnement, No 205 (2012) pp. 286. 그리고 BBC News, 'France Upholds Total Verdict over Erika Oil Spill', 2012년 9월 25일, www.bbc.co.uk/news/world-euroPe-19712798 (최종방문: 2016년 6월 15일).

108 Assemblée nationale, Proposition de loi relative au devoir de vigilance des sociétés mères et des entreprises donneuses d'ordre, No 1519 and No 1524, 2013년 11월 6일.

109 Assemblée nationale, Proposition de loi relative au devoir de vigilance des sociétés mères et des entreprises donneuses d'ordre, adoptée Par l'Assemblée Nationale en première lecture, 2015년 3월 30일.

110 Sénat, Proposition de loi relative au devoir de vigilance des sociétés mères et des entreprises donneuses d'ordre, 2015년 11월 18일.

111 Regulation (EC) No 864/2007 on the Law Applicable to Non-Contractual Obligations.

112 다음 사례 참고. V. Rock Grundman, 'The New Imperialism: The Extraterritorial Application of United States Law', 14 *The International Lawyer* 257 (1980); P. M. Roth, 'Reasonable Extraterritoriality: Correcting the Balance of Interests', 41 *International and Comparative Law Quarterly* 245 (1992); Ugo Mattei and Jeffrey Lena, 'US Jurisdiction over Conflicts Arising outside of the United States: Some Hegemonic Implications', 24 *Hastings International & Comparative Law*

Review 381 (20002001); Austen L. Parrish, 'Reclaiming International Law from Extraterritoriality', 93 Minnesota Law Review 815 (2008-2009), 특히 Section III 'The Extraterritoriality Threat'. 다음도 참고. Robert McCorquodale, 'Waving Not Drowning: Kiobel outside the United States', 107 *American Journal of International Law* 846 (2013), p. 847.

113 Michael D. Goldhaber, 'Corporate Human Rights Litigation in Non-US Courts A Comparative Scorecard', 3 *University of California Irvine Law Review* 127 (2013), p. 132.

114 Regulation (EC) No 864/2007 on the Law Applicable to Non-Contractual Obligations, Article 26.

115 Ibid., Preamble.

116 영국 상원(House of Lords)의 판결 참고. *Kuwait Airways Corp. v Iraq Airways Co.*, [2002] 2 A.C. 883, para. 18.

117 Gwynne Skinner, Robert McCorquodale and Olivier De Schutter, 'The Third Pillar: Access to Judicial Remedies for Human Rights Violations by Transnational Business' (2013), p.8.

118 영국, 웨일스, 아일랜드, 사이프러스에서 일부 제한적인 예외가 있었다. Lotte Meurkens, 'The Punitive Damages Debate in Continental Europe: Food for Thought', *Maastricht European Private Law Institute Working Paper No 2014/01,* p. 10.

119 이 주제에 대한 자세한 사항은 다음을 참고. Gwynne Skinner, Robert McCorquodale and Olivier De Schutter, 'The Third Pillar: Access to Judicial Remedies for Human Rights Violations by Transnational Business' (2013), pp. 51-53.

120 Ibid., pp. 57-59.

121 Beth Stephens, 'Conceptualizing Violence Under International Law: Do Tort Remedies Fit the Crime?', 60 *Albany Law Review* 579 (1997), p. 603.

122 Robert McCorquodale, 'Waving Not Drowning: Kiobel outside the United States', 107 *American Journal of International Law* 846 (2013), p. 851.

123 민간 기업이 국제법의 대상인지 여부에 대한 자세한 설명은 제5장을 참고. 프랑스 판례에 대한 검토와 판결의 링크는 다음 참고. Valentina Azarov, 'Backtracking on Responsibility: French Court Absolves Veolia for Unlawful

Railway Construction in Occupied Territory', *Rights as Usual* (2013년 5월 1일), http://rightsasusual.com/?P=414 (최종방문: 2016년 4월 25일).

124 이 건에 관한 장문의 논의 참고. Caroline Kaeb and David Scheffer, 'The Paradox of Kiobel in Europe', 107 *American Journal of International Law* 852 (2013), p. 855.

125 Vivian Grosswald Curran and David Sloss, 'Reviving Human Rights Litigation after Kiobel' 107 *American Journal of International Law* 858 (2013), p. 859.

126 Proposition de loi de tendant à modifier l'article 689-11 du code de procédure pénale relatif à la compétence territoriale du juge français concernant les infractions visées par le statut de la Cour Pénale internationale, n° 753, déposée le 6 septembre 2012, www.senat.fr/leg/tas12-101.html (최종방문: 2016년 6월 15일).

127 Business and Human Rights Resource Centre, *Annual Briefing on Corporate Legal Accountability* (2013년 11월) p. 5.

128 *Legal Consequences of the Construction of a Wall in the Occupied Palestinian Territory*, Advisory Opinion, ICJ Reports 2004, para. 167.

129 검찰청(Public Prosecutor's Office) 서한 참고. Valentina Azarov, 'Investigative or Political Barriers? Dutch Prosecutor Dismisses Criminal Complicity Case Against Riwal', *Rights as Usual* (2013년 5월 29일), httP://rightsasusual.appspot.com/?P=543 (최종방문: 2016년 6월 15일).

130 Fédération des Ligues des Droits de l'Homme (FIDH), 'Amesys Case: The investigation Chamber Green Lights the Investigative Proceedings on the Sale of Surveillance Equipmentby Amesys to the Khadafi Regime', 2013, www.fidh.org/en/region/north-africa-middle-east/libya/Amesys-Case-The-Investigation-12752 (최종방문: 2016년 6월 15일).

131 독일이 바로 이러한 국가 중 하나라고 일컬어지지만, 자세히 살펴보면 더 미묘한 차이를 볼 수 있다. 이에 대해 Markus D. Dubber는 다음과 같이 기술했다.

독일의 일반적인 입장은 기업의 형사책임이 존재하지도 않고, 존재할 수도 없고, 당연히 과거에도 존재하지 않았으며, 반드시 이런 순서일 필요는 없다는 것이다. 다만 독일 법사학을 좀 더 자세히 살펴본 사람들은 그 입장이 그렇게 간단하지 않다고 말한다. 과거 기업의 형사책임이 존재한 시점이 있었기 때문이다. 더욱 복잡한 점은 독일의 기업 형사책임이 어느 시점에는 존재했을 수 있으나 더 이상 존재하지 않는다는 것이다.

Markus D. Dubber, 'The Comparative History and Theory of Corporate Criminal Liability', 16 *New Criminal Law Review* 203 (2013), p. 204.

132 인신매매 영역의 사례는 다음을 참고. Council Framework Decision 2002/629/ JHA, art. 6(2), 2002 O.J. (L 203) 1.

133 International Military Tribunal (Nuremberg), Judgement and Sentences (1946년 10월 1일), 재인쇄 41 *American Journal of International Law* 172 (1947), p. 221.

134 예를 들어 콩고민주공화국에서 진행된 논란의 여지가 있는 형사재판을 들 수 있는데, 다른 피고들 중에서도 Anvil Mining Congo 회사의 직원 3명과 기업 자체에 대한 형사재판의 경우가 이 사례이다. 판결은 Asser Institute의 웹사이트 참고: www.internationalcrimesdatabase.org/Case/766 (최종방문: 2016년 6월 15일).

135 Trials of War Criminals Before the Nuernberg Military Tribunals Under Control Council Law No 10, vol. VIII 'The I.G. Farben Case', Washington: United States Government Printing Office (1952), p. 1108.

136 Kim C. Priemel, 'Tales of Totalitarianism: Conflicting Narratives in the Industrialist Cases at Nuremberg', in Kim C. Priemel and Alexa Stiller (eds), *Reassessing the Nuremberg Military Tribunals: Transitional Justice, Trial Narratives, and Historiography*, New York, Oxford: Berghahn Books (2012), p. 170.

137 Ibid.

138 Ibid., p. 173.

139 Tara L. Van Ho, 'Transnational Civil and Criminal Litigation', in Sabine Michalowski (ed.), *Corporate Accountability in the Context of Transitional Justice*, Abingdon: Routledge (2013), p. 57.

140 Richard W. Wright, 'Proving Facts: Belief versus Probability', 79 (2009), ScholarlyCommons@IITChicago-KentCollegeofLaw,httP://scholarshiP. kentlaw.iit.edu/fac_schol/709 (최종방문: 2016년 6월 15일), p. 80.

141 *Van Anraat*, Paras 12 and. 11.16, 영어는 다음에서 다운로드 가능하다. www.

asser.nl/upload/documents/DomCLIC/Docs/NLP/Netherlands/vanAnraat_ Appeal_Judgment_09-05-2007_EN.pdf (최종방문 2016년 4월 16일)

142 현재 기준 계속 진행 중인 네덜란드의 Guus Kouwenhoven 사건 참고. www. haguejusticeportal.net/index.php?id=6412 (최종방문: 2016년 4월 25일).

143 해당 사건에 관한 방대한 문헌 중 다음을 참고. Tamara R. Piety, 'Grounding Nike: Exposing Nike's Quest for a Constitutional Right to Lie', 78 *Temple Law Review* 151 (2005).

144 Simon Mundy, 'Samsung Rejects Child Labour Allegations', London: *The Financial Times*, 2013년 2월 27일.

145 Michael D. Goldhaber, 'Corporate Human Rights Litigation in Non-US Courts A Comparative Scorecard', 3 *University of California Irvine Law Review* 127 (2013), p. 129.

146 Caroline Kaeb and David Scheffer, 'The Paradox of Kiobel in Europe', 107 *American Journal of International Law* 852 (2013), p. 857.

147 Ralph G. Steinhardt, '*Kiobel* and the Multiple Futures of Corporate Liability for Human Rights Violations', 28 *Maryland Journal of International Law* 1 (2013), p. 4. 강조표시는 원문에 의함.

제11장 기업과 인권의 미래

1 the Report of the UN Special Representative, 'Human Rights and Corporate Law: Trends and Observations from a Crossnational Study Conducted by the Special Representative', UN Doc. A./HRC/17/31/Add.2 (2011) para. 206의 부록. 이 때에 러기는 단지 채택할 수 있는 다양한 수단에 관해서만 말하고 있다. 그러나 그의 논평은 기업의 인권침해를 예방하고 다루려는 모든 형태의 구제로 확대될 수 있다.

2 UN Human Rights Counil, Elaboration of an international legally binding instrument on transnational corporations and other business enterprises with respect to human rights, A/HRC/26/L.22/Rev.1 (25 June 2014).

3 이 조약의 찬반 논의에 관해서는 the Business and Human Rights Resource Centre, http://business-humanrights.org/en/binding-treaty (최종방문: 2016년 4월 25일)의 특별 페이지를 참조.

4 이에 관하여는 Evaristus Oshionebo, 'The UN Global Compact and Accountability of Transnational Corporations: Separating Myth form Realities', 19 *Florida Journal of International Law* I 2007, pp. 20-21을 참조.

5 Louis René Villermé, *Tableau de l'etat [hysique et moral des ouvriers employés dans les Manufactures de Coton, de Laine, et de Soie*, Paris: Jules Renouard et Cie, Vol. II (1940), p. 93. 제3장. 또한 은행 부문에서는 Thun [스위스의 도시 이름 – 옮긴이]] Group의 법안 발의(initiative)를 참조. 이에 관하여는 Damiano de Felice, 'Bank and Human Rights Due Diligence: a Critical Analysis of the Thun Group's Discussion Paper on the UN Guiding Principles on Business and Human Rights', 19 *The International Journal of Human Rights* 319 (2015)를 참조.

[부록] 기업, 인권 및 기후실사: 은행(금융업)의 책임에 대한 이해

* Macchi, C.; Bernaz, N. Business, Human Rights and Climate Due Diligence: Understanding the Responsibility of Banks. Sustainability 2021, 13, 8391. https://doi.org/10.3390/su13158391.

1 Paris Agreement. 2016. Art. 2.1(c). Available online: https://unfccc.int/files/ essential_background/convention/application/ pdf/english_paris_agreement.pdf (최종방문: 2021년 7월 8일).

2 UNEP. Climate Change and Human Rights. 2015. Available online: https://wedocs. unep.org/bitstream/handle/20.500.11822/9 530/-Climate_Change_and_Human_ Rightshuman-rights-climate-change.pdf.pdf?sequence=2&amp%3BisAllowed= (최종방문: 2021년 7월 8일).

3 Ibid.

4 Culp, S. Banks Increasingly See Climate Risk as Top Priority. Forbes, 29 June 2021. Available online: https://www.forbes.com/ sites/steveculp/2021/06/29/ banks-increasingly-see-climate-risk-as-top-priority/?sh=30c51f4258fe (최종방문: 2021년 7월 8일).

5 Reghezza, A.; Altunbas, Y.; Marques-Ibanez, D.; Rodriguez d'Acri, C.; Spaggiari, M. Do Banks Fuel Climate Change? European Central Bank Working Papers Series. Available online: https://www.ecb.europa.eu/pub/pdf/scpwps/ecb.

wp2550~{}24c25d579 1.en.pdf (최종방문: 2021년 7월 8일).

6   Culp, S. Banks Increasingly See Climate Risk as Top Priority. Forbes, 29 June 2021. Available online: https://www.forbes.com/ sites/steveculp/2021/06/29/ banks-increasingly-see-climate-risk-as-top-priority/?sh=30c51f4258fe (최종방문: 2021년 7월 8일).

7   United Nations (UN). Guiding Principles on Business and Human Rights: Implementing the United Nations 'Protect, Respect and Remedy' Framework; A/ HRC/17/31; United Nations: New York, NY, USA, 2011.

8   Bernaz, N. Business and Human Rights. History Law and Policy. Bridging the Accountability Gap; Routledge: Abington, PA, USA, 2017.

9   Macchi, C.; Van Ho, T.L.; Yanes, F. Investor Obligations in Occupied Territories: A Report on the Norwegian Government Pension Fund—Global. Essex Business and Human Rights Project, 24 April 2019. Available online: https://www.essex. ac.uk/-/media/documents/research/ebhr/investor-obligations-in-occupied-territories--report-on-thenorwegian-government-pension-fund--globa.pdf (최종방문: 2021년 7월 8일).

10 Dowell-Jones, M. International finance and human rights: Scope for a mutually beneficial relationship. Glob. Policy 2012, 3, 467470. [CrossRef]

11 Macchi, C. The climate change dimension of business and human rights: The gradual consolidation of a concept of 'climate due diligence. Bus. Hum. Rights J. 2021, 6, 93119. [CrossRef]

12 OECD. Guidelines on Multinational Enterprises; OECD Publishing: Paris, France, 2011.

13 Van Ho, T.L.; Alshaleel, M.K. The mutual fund industry and the protection of human rights. Hum. Rights Law Rev. 2018, 18, 1-29. [CrossRef]

14 Van Ho, T.L. Defining the relationships: 'cause, contribute, and directly linked to' in the UN Guiding Principles on Business and Human Rights. Hum. Rights Q. 2021, 43. in press.

15 United Nations Website, UN at 75. Available online: https://www.un.org/en/ un75/climate-crisis-race-we-can-win (최종방문: 2021년 7월 1일).

16 Birchall, D. Corporate power over human rights: An analytical framework. Bus. Hum. Rights J. 2021, 6, 58. [CrossRef].

17 Van de Venis, J.; Feiring, B. Climate Change—A Human Rights Concern; The Danish Institute for Human Rights: Copenhagen, Denmark, 2016; Available online: https://www.humanrights.dk/sites/humanrights.dk/files/media/migrated/final_dihr_hr_ and_cc_paper_3_11_16.pdf (최종방문: 2021년 7월 1일).

18 Griffin, P. The Carbon Majors Database: CDP Carbon Majors Report 2017. Available online: https://climateaccountability.org/ pdf/ CarbonMajorsRpt2017%20Jul17.pdf (최종방문: 2021년 7월 1일).

19 Toft, K.H. Climate change as a business and human rights issue: A proposal for a moral typology. Bus. Hum. Rights J. 2020, 5, 127. [CrossRef]

20 District Court of The Hague, Milieudefensie et al v Royal Dutch Shell PLC C/09/571932/HA ZA 19-379, 26 May 2021. English Version. Available online: https://uitspraken.rechtspraak.nl/inziendocument?id=ECLI:NL:RBD HA:2021:5339 (최종방문: 2021년 7월 1일).

21 Ibid.

22 French Parliament. Loi No 2017-399 du 27 Mars 2017 Relative au Devoir de Vigilance des Soci t s M res et des Entreprises Donneuses d'ordre; French Parliament: Palais, France, 2017.

23 European Parliament, Resolution of 10 March 2021 with Recommendations to the Commission on Corporate Due Diligence and Corporate Accountability (2020/2129(INL)). Available online: https://www.europarl.europa.eu/doceo/document/TA-9-2021-0 073_EN.html (최종방문: 2021년 7월 26일).

24 OECD. OECD Declaration and Decisions on International Investment and Multinational Enterprises. Available online: https://www.oecd.org/investment/mne/oecddeclarationanddecisions.htm (최종방문: 2021년 7월 1일).

25 OECD. Responsible Business Conduct in the Financial Sector. Available online: https://mneguidelines.oecd.org/rbc-financialsector.htm (최종방문: 2021년 6월 1일).

26 OECD. Responsible Business Conduct for Institutional Investors. Key Considerations for Due Diligence under the OECD Guidelines for Multinational Enterprises. 2017. Available online: https://mneguidelines.oecd.org/RBC-for-InstitutionalInvestors.pdf (최종방문: 2021년 7월 8일).

27   Ibid.

28   OECD. Due Diligence for Responsible Corporate Lending and Securities Underwriting Key Considerations for Banks Implementing the OECD Guidelines for Multinational Enterprises. 2019. Available online: http://mneguidelines.oecd.org/due-diligencefor-responsible-corporate-lending-and-securities-underwriting.pdf (최종방문: 2021년 7월 8일).

29   Ibid.

30   Ibid.

31   International Finance Corporation. Performance Standards on Environmental and Social Sustainability. 2012. Available online: https://www.ifc.org/wps/wcm/connect/24e6bfc3-5de3-444d-be9b-226188c95454/PS_English_2012_Full-Document.pdf?MOD=AJPERES&CVID=jkV-X6h (최종방문: 2021년 6월 1일).

32   Equator Principles. 2020. Available online: https://equator-principles.com/wp-content/uploads/2020/05/The-EquatorPrinciples-July-2020-v2.pdf) (최종방문: 2021년 6월 1일).

33   The Thun Group of Banks. UN Guiding Principles on Business and Human Rights, Discussion Paper for Banks on Implications of Principles 16-21. 2013. Available online: https://www.skmr.ch/cms/upload/pdf/131002_Thun_Group_Discussion_Paper_Final.pdf (최종방문: 2021년 6월 1일).

34   The Thun Group of Banks. Paper on the Implications of UN Guiding Principles 13b & 17 in a Corporate and Investment Banking Context. 2017. Available online: https://media.business-humanrights.org/media/documents/files/documents/2017_12_Thun_ Group_of_Banks_Paper_UNGPs_13b_and_17.pdf (최종방문: 2021년 6월 1일).

35   Ruggie, J. Comments on the Thun Group of banks' Discussion Paper on the Implications of UN Guiding Principles 13 and 17 in a Corporate and Investment Banking Context. 21 February 2017. Available online: https://media.business-humanrights.org/ media/documents/files/documents/Thun_Final.pdf (최종방문: 2021년 7월 8일).

36   Ramasastry, A. Advisors or enablers? bringing professional service providers into the Guiding Principles fold. Bus. Hum. Rights J. 2021, 1-19.

37   Expert Group on Global Climate Obligations. Oslo Principles on Global Climate Obligations; Eleven International Publishing: The Hague, The Netherlands, 2015.

38   UN International Human Rights Instruments. Statement on Human Rights and Climate Change, 2020. HRI/2019/1, para 10. Available online: https://www.ohchr.org/Documents/HRBodies/CESCR/HRI_2019_1_AEV.docx (최종방문: 2021년 7월 26일).

39   The State of the Netherlands v Urgenda Foundation, Judgment of 20 December 2019, ECLI:NL:HR:2019:2007, 19/00135.

40   UN General Assembly. Human Rights Obligations Relating to the Enjoyment of a Safe, Clean, Healthy and Sustainable Environment, 2019. A74/161, paras 58, 61. Available online: https://undocs.org/en/A/74/161 (최종방문: 2021년 7월 26일).

41   Sabin Center for Climate Change Law. Youth for Climate Justice v Austria et al.; 2020. Available online: http://climatecasechart.com/non-us-case/youth-for-climate-justice-v-austria-et-al/ (최종방문: 2021년 6월 1일).

42   Sabin Center for Climate Change Law. Petition of Torres Strait Islanders to the United Nations Human Rights Committee Alleging Violations Stemming from Australia's Inaction on Climate Change. 2019. Available online: http://climatecasechart.com/non-us-case/petition-of-torres-straitislanders-to-the-united-nations-human-rights-committeealleging-violations-stemming-from-australias-inaction-onclimate-change/ (최종방문: 2021년 6월 1일).

43   Human Rights Council. Protect, Respect and Remedy: A Framework for Business and Human Rights, 2008. A/HRC/8/5, para. 3. Available online: https://www2.ohchr.org/english/bodies/hrcouncil/docs/8session/A-HRC-8-5.doc (최종방문: 2021년 7월 26일).

44   UN General Assembly. Fragmentation of International Law: Difficulties Arising from the Diversification and Expansion of International Law, 2006. A/CN.4/L.682. Available online: https://legal.un.org/ilc/documentation/english/a_cn4_l682.pdf (최종방문: 2021년 7월 8일).

45   Vienna Convention on the Law of Treaties, 1155 UNTS 331, 1969.

46   Bonnitcha, J.; McCorquodale, R. The concept of 'due diligence' in the UN Guiding Principles on business and human rights. Eur. J. Int. Law 2017, 28, 899-919.

47 Sabin Center for Climate Change Law. Climate Change Litigation Databases. Available online: http://climatecasechart.com/ climate-change-litigation/ (최종방문: 2021년 6월 1일).

48 District Court of The Hague, Milieudefensie et al v Royal Dutch Shell PLC C/09/571932/HA ZA 19-379, 26 May 2021. English Version. Available online: https://uitspraken.rechtspraak.nl/inziendocument?id=ECLI:NL:RBD HA:2021:5339 (최종방문: 2021년 7월 1일).

49 European Parliament, Resolution of 10 March 2021 with Recommendations to the Commission on Corporate Due Diligence and Corporate Accountability (2020/2129(INL)). Available online: https://www.europarl.europa.eu/doceo/ document/TA-9-2021-0 073_EN.html (최종방문: 2021년 7월 26일).

50 Fox, B. New Human Rights Laws in 2021, Promises EU Justice Chief Euractiv. 30 April 2020. Available online: https:// www.euractiv.com/section/global-europe/ news/new-human-rights-laws-in-2021-promises-eu-justice-chief/ (최종방문: 2021년 7월 19일).

51 Olawuyi, D.S. The Human Rights-Based Approach to Carbon Finance; Cambridge University Press: Cambridge, UK, 2016; p. 407.

52 Farber, D.A. Basic Compensation for Victims of Climate Change. 155 U. PA. L. Rev. 2007, 155, 1605-1656.

53 Ibid.

54 Otto, F.; James, R.; Allen, M. The Science of Attributing Extreme Weather Events and Its Potential Contribution to Assessing Loss and Damage Associated with Climate Change Impacts; Environmental Change Institute: Oxford, UK, 2014; Available online:https://unfccc.int/files/adaptation/workstreams/loss_ and_damage/application/pdf/attributingextremeevents.pdf (최종방문: 2021년 7월 21일).

55 Marzeion1, B.; Cogley, J.G.; Richter, K.; Parkes, D. Attribution of global glacier mass loss to anthropogenic and natural causes. Science 2014, 345, 919-921.

56 European Parliament, Resolution of 10 March 2021 with Recommendations to the Commission on Corporate Due Diligence and Corporate Accountability (2020/2129(INL)). Available online: https://www.europarl.europa.eu/doceo/ document/TA-9-2021-0 073_EN.html (최종방문: 2021년 7월 26일).

57 Sabin Center for Climate Change Law. Lliuya v RWE AG, Case No. 2 O 285/15 Essen Regional Court. Available online: http://climatecasechart.com/non-us-case/lliuya-v-rwe-ag/ (최종방문: 2021년 6월 1일).

58 56. CarbonBrief. Attributing Extreme Weather to Climate Change. Available online: https://www.carbonbrief.org/mapped-howclimate-change-affects-extreme-weather-around-the-world (최종방문: 2021년 6월 1일).

59 Jordan, R. Stanford Researcher Reveals Influence of Global Warming on Extreme Weather Events Has Been Frequently Underestimated. Stanford News. 2020. Available online: https://news.stanford.edu/2020/03/18/climate-change-means-extremeweather-predicted/ (최종방문: 2021년 6월 1일).

60 Trouwborst, A. The relationship between the precautionary principle and the preventative principle in international law and associated questions. Erasmus Law Rev. 2009, 2, 105.

61 Office of the UN High Commissioner for Human Rights. The Corporate Responsibility to Respect Human Rights: An Interpretive Guide; United Nations: Geneva, Switzerland, 2012; p. 4.

62 Ruggie, J.G.; Sherman, J.E. The Concept of 'Due Diligence' in the UN Guiding Principles on Business and Human Rights: A Reply to Jonathan Bonnitcha and Robert McCorquodale. Eur. J. Int. Law 2017, 28, 921.

63 Office of the UN High Commissioner for Human Rights. Response to Request from BankTrack for Advice Regarding the Application of the UNGP in the Context of the Banking Sector; 2017; p. 8. Available online: https://www.ohchr.org/Documents/ Issues/Business/InterpretationGuidingPrinciples.pdf (최종방문: 2021년 6월 1일).

64 Frumhoff, P.C.; Heede, R.; Oreskes, N. The climate responsibilities of industrial carbon producers. Clim. Change 2015, 132, 157-171.

65 Ruggie, J. Comments on the Thun Group of banks' Discussion Paper on the Implications of UN Guiding Principles 13 and 17 in a Corporate and Investment Banking Context. 21 February 2017. Available online: https://media.business-humanrights.org/ media/documents/files/documents/Thun_Final.pdf (최종방문: 2021년 7월 8일).

66 Office of the UN High Commissioner for Human Rights. Response to Request

from BankTrack for Advice Regarding the Application of the UNGP in the Context of the Banking Sector; 2017; p. 8. Available online: https://www.ohchr. org/Documents/ Issues/Business/InterpretationGuidingPrinciples.pdf (최종방문: 2021년 6월 1일).

67 Ibid.

68 Ruggie, J. Comments on the Thun Group of banks' Discussion Paper on the Implications of UN Guiding Principles 13 and 17 in a Corporate and Investment Banking Context. 21 February 2017. Available online: https://media.business-humanrights.org/ media/documents/files/documents/Thun_Final.pdf (최종방문: 2021년 7월 8일).

69 Office of the UN High Commissioner for Human Rights. Response to Request from BankTrack for Advice Regarding the Application of the UNGP in the Context of the Banking Sector; 2017; p. 8. Available online: https://www.ohchr. org/Documents/ Issues/Business/InterpretationGuidingPrinciples.pdf (최종방문: 2021년 6월 1일).

70 Debevoise & Plimpton; Enodo Rights. Practical Definitions of Cause, Contribute and Directly Linked to Inform Business Respect for Human Rights. Discussion Draft. 2017. Available online: https://media.business-humanrights. org/media/documents/files/ documents/Debevoise-Enodo-Practical-Meaning-of-Involvement-Draft-2017-02-09.pdf (최종방문: 2021년 6월 1일).

71 Greenpeace Southeast Asia and Philippine Rural Reconstruction Movement. Petition—Requesting for Investigation of the Responsibility of the Carbon Majors for Human Rights Violations or Threats of Violations Resulting from the Impacts of Climate Change. 2015. Available online: https://storage.googleapis. com/planet4-philippines-stateless/2019/05/5a38951a-5a38951acc-hr-petition_ public-version.pdf (최종방문: 2021년 6월 1일).

72 Ibid.

73 Sabin Center for Climate Change Law. In re Greenpeace Southeast Asia and Others. Available online: http://climatecasechartcom/climate-change-litigation/ non-us-case/in-re-greenpeace-southeast-asia-et-al/(최종방문: 2021년 6월 1일).

74 Griffin, P. The Carbon Majors Database: CDP Carbon Majors Report 2017. Available online: https://climateaccountability.org/ pdf/CarbonMajorsRpt2017%20Jul17.

pdf(최종방문: 2021년 7월 1일).

75   Notre Affaire A Tous; Sherpa; Les Eco Maires; ZEA. 13 French Local Authorities and 4 NGOs Ask the French Oil Company Total to Prevent Global Warming. 2018. Available online: https://notreaffaireatous.org/wp-content/ uploads/2018/10/Dossier-dePress-2F-Englishversion.pdf (최종방문: 2021년 6월 1일).

76   Grasso, M. Towards a broader climate ethics: Confronting the oil industry with morally relevant facts. Energy Res. Soc. Sci. 2020, 62, 101383.

77   IPCC. Global Warming of 1.5 °C. An IPCC Special Report on the Impacts of Global Warming of 1.5 °C Above Pre-Industrial Levels and Related Global Greenhouse Gas Emission Pathways, in the Context of Strengthening the Global Response to the Threat of Climate Change, Sustainable Development, and Efforts to Eradicate Poverty—Summary for Policymakers. 2018. Available online: https://www.ipcc.ch/site/assets/uploads/sites/2/2019/05/SR15_SPM_version_report_LR.pdf (최종방문: 2021년 6월 1일).

78   UNEP. Emissions Gap Report 2019; UNEP: Nairobi, Kenya, 2019; p. 26. Available online: https://wedocs.unep.org/bitstream/ handle/20.500.11822/30797/ EGR2019.pdf?sequence=1&isAllowed=y (최종방문: 2021년 6월 1일).

79   Voigt, C.; Ferreira, F. 'Dynamic Differentiation': The Principles of CBDR-RC, Progression and Highest Possible Ambition in the Paris Agreement. Transnatl. Environ. Law 2016, 5, 285-303.

80   Ibid.

81   CESCR. General Comment 3—The Nature of States Parties Obligations; 1990. E/1991/23; para 9. Available online: https://www.refworld.org/pdfid/4538838e10. pdf (최종방문: 2021년 7월 26일).

82   The State of the Netherlands v Urgenda Foundation, Judgment of 20 December 2019, ECLI:NL:HR:2019:2007, 19/00135.

83   Karagiannopoulos, L. Dutch Government Tells Vattenfall to Shut 650 mw Coal Plant by End-2019. Reuters, 8 March 2019. Available online: https://www.reuters. com/article/us-netherlands-coal-vattenfall/dutch-government-tells-vattenfall-toshut-650-mw-coal-plant-by-end-2019-idUSKCN1QP1ZI (최종방문: 2021년 6월 1일).

84 Harvey, F. No New Oil, Gas or Coal Development if World Is to Reach Net Zero by 2050, Says World Energy Body. The Guardian. 18 May 2021. Available online: https://www.theguardian.com/environment/2021/may/18/no-new-investment-in-fossil-fuelsdemands-top-energy-economist (최종방문: 2021년 6월 1일).

85 Pieter Pauw, P.; Mbeva, K.; van Asselt, H. Subtle differentiation of countries' responsibilities under the Paris Agreement. Palgrave Commun. 2019, 5, 86. [CrossRef] 76. Shepherd, J. Can't We Just Remove Carbon Dioxide from the Air to Fix Climate Change? Not Yet. The Conversation, 3 August 2015. Available online: https://theconversation.com/cant-we-just-remove-carbon-dioxide-from-the-air-to-fix-climate-changenot-yet-45621 (최종방문: 2021년 7월 8일).

86 Expert Group on Global Climate Obligations. Oslo Principles on Global Climate Obligations; Eleven International Publishing: The Hague, The Netherlands, 2015.

87 76. Shepherd, J. Can't We Just Remove Carbon Dioxide from the Air to Fix Climate Change? Not Yet. The Conversation, 3 August 2015. Available online: https://theconversation.com/cant-we-just-remove-carbon-dioxide-from-the-air-to-fix-climate-changenot-yet-45621 (최종방문: 2021년 7월 8일).

88 United Nations (UN). Safe Climate—A Report of the Special Rapporteur on Human Rights and the Environment; 2019. A/74/161; para 72. Available online: https://www.ohchr.org/Documents/Issues/Environment/SREnvironment/Report.pdf (최종방문: 2021년 7월 8일).

89 District Court of The Hague, Milieudefensie et al v Royal Dutch Shell PLC C/09/571932/HA ZA 19-379, 26 May 2021. English Version. Available online: https://uitspraken.rechtspraak.nl/inziendocument?id=ECLI:NL:RBD HA:2021:5339 (최종방문: 2021년 7월 1일).

90 Rothstein, S.M.; Saccardi, D. Climate Change Threatens U.S. Banks far More Than They're Disclosing. CNBC. Available online: https://www.cnbc.com/2020/10/19/climate-change-threatens-banks-far-more-than-theyre-disclosing.html (최종방문: 2021년 6월 1일).

91 Savaresi, A.; Hartmann, J. Using Human Rights Law to Address the Impacts of Climate Change: Early Reflections on the Carbon Majors Inquiry. 2018. Available online: https://ssrn.com/abstract=3277568 (최종방문: 2021년 6월 1일).

92 Office of the UN High Commissioner for Human Rights. Response to Request

from BankTrack for Advice Regarding the Application of the UNGP in the Context of the Banking Sector; 2017; p. 8. Available online: https://www.ohchr. org/Documents/ Issues/Business/InterpretationGuidingPrinciples.pdf (최종방문: 2021년 6월 1일).

93 OECD. Scope and Application of 'Business Relationships' in the Financial Sector under the OECD Guidelines for Multinational Enterprises; OECD: Paris, France, 2014; Available online: https://mneguidelines.oecd.org/global-forum/ GFRBC-2014-financial-sectordocument-2.pdf (최종방문: 2021년 6월 1일).

94 Office of the UN High Commissioner for Human Rights. Response to Request from BankTrack for Advice Regarding the Application of the UNGP in the Context of the Banking Sector; 2017; p. 8. Available online: https://www.ohchr. org/Documents/ Issues/Business/InterpretationGuidingPrinciples.pdf (최종방문: 2021년 6월 1일).

95 Greenhouse Gas Protocol. Technical Guidance for Calculating Scope 3 Emissions Supplement to the Corporate Value Chain (Scope 3)—Accounting & Reporting Standard; World Resources Institute & World Business Council for Sustainable Development: 2013; p. 136. Available online: https://ghgprotocol. org/sites/default/files/standards/Scope3_Calculation_Guidance_0.pdf (최종방문: 2021년 6월 1일).

96 Teubler, J.; Kühlert, M. Financial Carbon Footprint: Calculating Banks' Scope 3 Emissions of Assets and Loans. In ECEEE Industrial Summer Study Proceedings; Wuppertal Institute for Climate, Environment and Energy: Wuppertal, Germany, 2020; p. 381. Available online: https://epub.wupperinst. org/frontdoor/deliver/index/docId/7587/file/7587_Teubler.pdf (최종방문: 2021년 6월 1일).

97 Dutch NCP. Final Statement—Oxfam Novib, Greenpeace Netherlands, BankTrack and Friends of the Earth Netherlands (Milieudefensie) versus ING; 2019; p. 5. Available online: https://www.oecdguidelines.nl/documents/ publication/2019/04/19 /ncp-final-statement-4-ngos-vs-ing (최종방문: 2021년 7월 8일).

98 Halftermeyer, M.; Comfort, N.; Pogkas, D. European Banks' Next Big Problem? The CO 2 in Their Loan Books. Bloomberg. Available online: https://www.

bloomberg.com/graphics/2021-european-banks-fossil-fuels-climate-change-green-financing/ (최종방문: 2021년 7월 8일).

99   Ibid.

100   OECD. Due Diligence Guidance for Responsible Business Conduct. 2018. Available online: Http://mneguidelines.oecd.org/ OECD-Due-Diligence-Guidance-for-Responsible-Business-Conduct.pdf (최종방문: 2021년 7월 8일).

101   Choidas, E.; Cunha, L.; Owens, R. Human rights and green finance: Friends or foes? EurActiv, 22 August 2019. Available online:https://www.euractiv.com/section/energy-environment/opinion/human-rights-and-green-finance-friends-or-foes/ (최종방문: 2021년 6월 1일).

102   OECD. Responsible Business Conduct for Institutional Investors. Key Considerations for Due Diligence under the OECD Guidelines for Multinational Enterprises. 2017. Available online: https://mneguidelines.oecd.org/RBC-for-InstitutionalInvestors.pdf (최종방문: 2021년 7월 8일).

103   Mufson, S. A Bad Day for Big Oil. The Washington Post, 27 May 2021. Available online: https://www.washingtonpost.com/ climate-environment/2021/05/26/exxonmobil-rebel-shareholders-win-board-seats/ (최종방문: 2021년 6월 1일).

104   Helman, C. Shareholders Rebuke Exxon Mobil on Climate, in a Wake-Up Call for Big Oil. Forbes, 27 May 2021. Available online: https://www.forbes.com/sites/christopherhelman/2021/05/27/shareholders-rebuke-exxonmobil-on-climate-in-awake-up-call-for-big-oil/?sh=1946a6751e41 (최종방문: 2021년 6월 1일).

105   OECD. Due Diligence for Responsible Corporate Lending and Securities Underwriting Key Considerations for Banks Implementing the OECD Guidelines for Multinational Enterprises. 2019. Available online: http://mneguidelines.oecd.org/due-diligencefor-responsible-corporate-lending-and-securities-underwriting.pdf (최종방문: 2021년 7월 8일).

106   Macchi, C.; Bright, C. Hardening soft law: The implementation of Human Rights Due Diligence requirements in domestic legislations. In Legal Sources in Business and Human Rights: Evolving Dynamics in International and European Law; Magi, L., Buscemi, M., Russo, D., Lazzerini, N., Eds.; Brill: Leiden, The Netherlands, 2020; pp. 218-247.

107   Carlin, D. The Case for Fossil Fuel Divestment. Forbes, 20 February 2021. Available online: https://www.forbes.com/sites/ davidcarlin/2021/02/20/the-case-for-fossil-fuel-divestment/?sh=7d09c6bc76d2 (최종방문: 2021년 6월 1일).

108   Irfan, U. Can You Really Negate Your Carbon Emissions? Carbon Offsets, Explained. Vox, 27 February 2020. Available online: https://www.vox.com/2020/2/27/20994118/carbon-offset-climate-change-net-zero-neutral-emissions (최종방문: 2021년 6월 1일).

109   Seck, S.L. Climate Change, Corporate Social Responsibility, and the Extractive Industries; SSRN: 2017; p. 11. Available online: https://papers.ssrn.com/sol3/papers.cfm?abstract_id=3244047 (최종방문: 2021년 6월 1일).

110   International Bar Association. Achieving Justice and Human Rights in an Era of Climate Disruption—Climate Change Justice and Human Rights Task Force Report; IBA: London, UK, 2014; p. 17.

111   Kuiper, E.J. Five Years Since the Paris Agreement, Are Banks' 2050 Pledges Enough to Reign in Fossil Fuel Finance? Banktrack, 2020. Available online: https://www.banktrack.org/blog/five_years_since_the_paris_agreement_bank_pledges_are_coming_ thick_and_fast_but_will_they_hit_fossil_fuel_finance (최종방문: 2021년 7월 8일).

112   Colman, Z. The New Science Fossil fuel Companies Fear. Politico, 22 August 2019. Available online: https://www.politico.com/agenda/story/2019/10/22/attribution-science-fossil-fuels-climate-change-001290/(최종방문: 2021년 6월 1일).

제1장 서론

단행본

Beal, Brent D., Corporate Social Responsibility, Definition, Core Issues, and Recent Developments, Los Angeles, London, New Delhi, Singapore, Washington DC: Sage (2014).

Bowen, Howard R., Social Responsibilities of the Businessman, Iowa City: University of Iowa Press (reprinted in 2013 from 1953 original).

Clapham, Andrew, Human Rights Obligations of Non State Actors, Oxford: Oxford University Press (2006).

Deva, Surya and Bilchitz, David (eds), Human Rights Obligations of Business: Beyond the Corporate Responsibility to Respect?, Cambridge: Cambridge University Press (2013).

Elkington, John, Cannibalism with Forks. The Triple Bottom Line of 21st Century Business, Oxford: Capstone (1997).

Ferro, Marc, Colonization: A Global History, London and New York: Routledge (1997).

Friedman, Milton, Capitalism and Freedom, Chicago: the University of Chicago Press (2nd edition 2002).

Henderson, David, Misguided Virtue. False Notions of Corporate Social Responsibility, London: The Institute of Economic Affairs (2001).

Letnar Černič, Jernej and Van Ho, Tara (eds), Human Rights and Business: Direct Corporate Accountability for Human Rights, Nijmegen: Wolf Legal Publishers (2015).

Mackey, John and Sisodia, Raj, Conscious Capitalism, Boston: Harvard Business School Publishing Corporation (2012).

Sternberg, Elaine, Just Business. Business Ethics in Action, Oxford: Oxford University

Press (2nd edition 2000).

학술지 수록 논문

Bovens, Mark, 'Two Concepts of Accountability: Accountability as a Virtue and as a Mechanism', 33(5) West European Politics (2010).

Carroll, Archie B., 'Corporate Social Responsibility, Evolution of a Definitional Construct', 38(3) Business and Society 268 (1999).

Carroll, Archie B. and Shabana, Kareem M., 'The Business Case for Corporate Social Responsibility: A Review of Concepts, Research and Practice', 12 International Journal of Management Reviews 85 (2010).

Chapple, Wendy and Moon, Jeremy, 'Corporate Social Responsibility (CSR) in Asia A Seven-Country Study of CSR Web Site Reporting', 44 Business and Society 415.

Cheung, Yan Leung, Tan, Weiquang, Ahn, Hee-Joon and Zhang, Zheng, 'Does Corporate Social Responsibility Matter in Asian Emerging Markets?', 92 Journal of Business Ethics 401 (2010).

Deva, Surya, 'Human Rights Violations by Multinational Corporations and International Law: Where from Here?', 19 Connecticut Journal of International Law 1 (2003– 2004).

Fagan, Andrew, 'Defending Corporate Social Responsibility: Myanmar and the Lesser Evil', 19 The International Journal of Human Rights 867 (2015).

Keay, Andrew and Loughrey, Joan, 'The Framework for Board Accountability in Corporate Governance', 35 (2) Legal Studies (2015).

Porter, Michael E. and Kramer, Mark R., 'Strategy and Society. The Link between Competitive Advantage and Corporate Social Responsibility', 84 Harvard Business Review 78 (2006).

Porter, Michael E. and Kramer, Mark R., 'Creating Shared Value', 89 Harvard Business Review 62 (2011).

Santoro, Michael A., 'Business and Human Rights in Historical Perspective', 14 Journal of Human Rights 155.

Sheehy, Benedict, 'Defining CSR: Problems and Solutions', 131 Journal of Business Ethics 625 (2015).

Weber, Manuela, 'The Business Case for Corporate Social Responsibility: A Company-

Level Measurement Approach for CSR', 26 European Management Journal 247 (2008).

신문 기사

Karnani, Aneel, 'The Case against Corporate Social Responsibility', The Wall Street Journal, 23 August 2010.

공식문서

EU Commission, Promoting a European Framework for Corporate Social Responsibility, COM(2001)366.

EU Commission, A renewed EU Strategy 2011–14 for Corporate Social Responsibility, COM(2011) 681 final.

OECD Guidelines on Multinational Enterprises (2011).

판례

Kiobel v Royal Dutch Petroleum Co., 133 S.Ct. 1659 (2013).

African Commission on Human and People's Rights, 155/96: Social and Economic Rights Action Center (SERAC) and Center for Economic and Social Rights (CESR) v Nigeria, 27 October 2001.

보고서 및 기타

Levi, Mario, book review of Henri Brunschwig, Mythes et réalités de l'impérialisme colonial français (1871–1914), 25(4) Politique étrangère (1960).

Ruggie, John G., 'Opening Remarks at Consultation on operationalizing the framework for business and human rights presented by the Special Representative of the Secretary-General on the issue of human rights and transnational corporations and other business enterprises' (2009).

Ruggie, John G., Sir Geoffrey Chandler Speaker Series, 11 January 2011, available on YouTube, www.youtube.com/watch?v=__fhV3j4hlE (last accessed 21 March 2016).

Skinner, Gwynne, McCorquodale, Robert, De Schutter, Olivier and Lambe, Andie, The Third Pillar: Access to Judicial Remedies for Human Rights Violations by Transnational Business, ICAR, CORE and ECCJ report (2013).

제2장 대서양의 노예무역: 기업과 인권 읽기

단행본

Anstey, Roger, The Atlantic Slave Trade and British Abolition 1760–1810, London: Macmillan (1975).

Bourne, Fox, English Merchants: Memoirs in Illustration of the Progress of British Commerce, London: Chatto (1898).

Brown, Christopher Leslie, Moral Capital. Foundations of British Abolitionism, Chapel Hill: The University of North Carolina Press (2006).

Cooper, Frederick, Holt, Thomas C. and Scott, Rebecca J., Beyond Slavery, Explorations of Race, Labor, and Citizenship in Postemancipation Societies, Chapel Hill and London: the University of North Carolina Press (2000).

Davis, David Brion, Inhuman Bondage. The Rise and Fall of Slavery in the New World, Oxford: Oxford University Press (2006).

Drescher, Seymour, Capitalism and Antislavery, London: Macmillan (1986).

Drescher, Seymour, The Mighty Experiment, Oxford: Oxford University Press (2002).

Drescher, Seymour, Econocide, British Slavery in the Era of Abolition, Chapel Hill: the University of North Carolina Press, 2nd edition (2010).

Dunn, Richard S., Sugar and Slaves: The Rise of the Planter Class in the English West Indies, 1624–1713, Chapel Hill: the University of North Carolina Press (1972).

Eltis, David, The Rise of African Slavery in the Americas, Cambridge: Cambridge University Press (2000).

Eltis, David, Economic Growth and the Ending of the Transatlantic Slave Trade, Oxford: Oxford University Press (1987).

Ferro, Marc, Colonization: A Global History, London and New York: Routledge (1997).

Goslinga, Cornelius, The Dutch in the Caribbean and the Wild Coast, 1580–1680, Gainsville: University of Florida Press (1971).

Klein, Herbert S., The Middle Passage, Princeton: Princeton University Press (1978).

Lauren, Paul Gordon, The Evolution of International Human Rights, Philadelphia: University of Pennsylvania Press, 2nd edition (2003).

Martinez, Jenny, The Slave Trade and the Origins of International Human Rights Law, Oxford: Oxford University Press (2012).

Owen, David, English Philanthropy 1660–1960, Cambridge: Harvard University Press (1965).

Page, Willie F., The Dutch Triangle: The Netherlands and the Atlantic Slave Trade 1621–1664, London: Garland Publishing (1997).

Postma, Johannes, The Dutch in the Atlantic Slave Trade 1600–1815, Cambridge: Cambridge University Press (1990).

Smith, Adam, The Wealth of Nations, 1776, London: Penguin Classics (1986).

Thomas, Hugh, The Slave Trade, The History of the Atlantic Slave Trade 1440–1870, London: Picador (1997).

Williams, Eric, Capitalism and Slavery (1944), Chapel Hill: the University of North Carolina Press (1994).

학술지 수록 논문

McLean, Janet, 'The Transnational Corporation in History: Lessons for Today?', 79 Indiana Law Journal 363 (2004).

Muchlinski, Peter T., 'Human Rights and Multinationals: Is There a Problem?', 77 International Affairs 31 (2001).

Westgaph, Laurence, 'Built on Slavery', Context, Institute of Historic Building Conservation No 108, March 2009.

단행본 수록 논문

Den Heijer, Henk, 'The Dutch West India Company, 1621–1791', in Johannes Postma and Victor Enthoven, Riches from Atlantic Commerce, Dutch Transatlantic Trade and Shipping 1585–1817, Leiden: Brill (2003), pp. 77–112.

Jameson, J. Franklin, 'Willem Usselinx, Founder of the Dutch and Swedish West India Companies', Papers of the American Historical Association, Vol. II No 3 (1887), pp. 149–382.

법률

Foreign Slave Trade Act (23 May 1806), 46th Georgii III cap. LII.

Slave Trade Act (25 March 1807), 47th Georgii III, Session 1, cap. XXXVI.

Slavery Abolition Act (28 August 1833), 3rd & 4th Gulielmi IV, cap. LXXIII.

조약 및 선언

Declaration of the Powers, on the abolition of the Slave Trade (8 February 1815), British and Foreign State Papers, Vol. 3, p. 971.

Additional Convention between Great Britain and Portugal, for the Prevention of the Slave Trade (28 July 1817) and Separate Article (11 September 1817), 67 Consolidated Treaty Series 398 (1817); British and Foreign State Papers, vol. 4, pp.85 and 115.

Treaty between Great Britain and Spain, for the Abolition of the Slave Trade (23 September 1817), 68 Consolidated Treaty Series 45 (1817–18); British and Foreign State Papers, vol. 4, p. 33.

Treaty between his Britannic Majesty and His Majesty the King of the Netherlands for preventing their Subjects from engaging in any traffic in Slaves (4 May 1818), British and Foreign State Papers, vol. 5, p. 125.

Treaty between Austria, Great Britain, Prussia and Russia for the Suppression of the African Slave Trade, signed at London, 20 December 1841, 92 Consolidated Treaty Series 437.

General Act of the Brussels Conference Relating to the African Slave Trade between Austria-Hungary, Belgium, Congo, Denmark, France, Germany, Great Britain, Italy, the Netherlands, Persia, Portugal, Russia, Spain, Sweden-Norway, Turkey, the United States and Zanzibar, signed 2 July 1890, 173 Consolidated Treaty Series 293.

Convention to Suppress the Slave Trade and Slavery (1926) 60 LNTS 253.

기타

Human Rights and Business dilemmas forum, http://human-rights.unglobalcompact.org/ (last accessed 15 April 2016).

제3장 국제노동법: 기업과 인권 분야의 초기 발전과 현대적 중요성

단행본

Alcock, Antony, History of the International Labour Organisation, London: Macmillan

Press Limited (1971).

Blake. Collected Poems edited by W.B. Yeats, London and New York: Routledge Classics (2002).

Ducpétiaux, Édouard, De la Condition Physique et Morale des Jeunes Ouvriers et des Moyens de l'améliorer, Bruxelles: Meline, Cans et Cie (1843).

Follows, John William, Antecedents of the International Labour Organization, London: Oxford University Press (1951).

Ishay, Micheline R., The History of Human Rights. From Ancient Times to the Globalization Era, Berkeley, Los Angeles, London: University of California Press (2008).

Morgan, Kenneth, The Birth of Industrial Britain 1750–1850, Harlow: Pearson, 2nd edition (2011).

Servais, Jean-Michel, International Labour Law, London: Kluwer Law International Third Revised Edition (2011).

Villermé, Louis René, Tableau de l'état physique et moral des ouvriers employés dans les Manufactures de Coton, de Laine, et de Soie, Paris: Jules Renouard et Cie, Vol. II (1840).

학술지 수록 논문

Alston, Philip, 'Core Human Rights and the Transformation of the International Labour Rights Regime', 15 European Journal of International Law 457 (2004).

Becker, Craig, 'The Pattern of Union Decline, Economic and Political Consequences, and the Puzzle of a Legislative Response', 98 Minnesota Law Review 1637 (2013–2014).

Compa, Lance, 'Solidarity and Human Rights, A Response to Youngdahl', 18 New Labor Forum 38 (2009).

Custos, 'The International Labour Code', 13 The Political Quarterly 303 (1942).

Godard, John, 'The Exceptional Decline of the American Labor Movement', 63 Industrial & Labor Relations Review 82 (2009–2010).

Jenks, C. Wilfred, Human Rights and International Labour Standards, London: Steven and Sons (1960).

Kellerson, Hillary, 'The ILO Declaration of 1998 on Fundamental Principles and Rights: A Challenge for the Future', 137 International Labour Review 223 (1998).

Kolben, Kevin, 'Labor Rights as Human Rights?', 50 Virginia Journal of International Law 449 (2009–2010).

Langille, Brian A, 'Core Labour Rights – The True Story (Reply to Alston)', 16 European Journal of International Law 409 (2005).

Lee, Cheol-Sung, 'Migration, Deindustrialization and Union Decline in 16 Affluent OECD Countries, 1962–1997', 84 Social Forces 71 (2005–2006).

Mantouvalou, Virginia, 'Are Labour Rights Human Rights?', 3 European Labour Law Journal 151 (2012).

Margalioth, Sharon Rabin, 'The Significance of Worker Attitudes: Individualism as a Cause for Labor's Decline', 16 Hofstra Labor & Employment Law Journal 133 (1998–1999).

Western, Bruce and Rosenfeld, Jake, 'Workers of the World Divide. The Decline of Labor and the Future of the Middle Class', 91 Foreign Affairs 88 (May–June 2012).

Youngdahl, Jay 'Solidarity First: Labor Rights Are Not the Same as Human Rights' (2009) 18 New Labor Forum 31.

단행본 수록 논문

Alston, Philip, 'Labour Rights as Human Rights: The Not So Happy State of the Art', in Philip Alston (ed.), Labour Rights as Human Rights, Oxford: Oxford University Press (2008), pp. 1–24.

Berlanstein, Lenard R., 'General Introduction', in Lenard R. Berlanstein (ed.), The Industrial Revolution and Work in Nineteenth Century Europe, London and New York: Routledge (1992), pp. x–xv.

Johnson, Christopher H., 'Patterns of Proletarianization' in Lenard R. Berlanstein (ed.), The Industrial Revolution and Work in Nineteenth Century Europe, London and New York: Routledge (1992), pp. 84–103.

Petrasek, David, 'The Indivisibility of Rights and the Affirmation of ESC Rights', in Carrie Booth Walling and Susan Waltz (eds), Human Rights: From Practice to Policy (2011), pp. 21–25.

조약

International Convention on the subject of the Prohibition of the Use of White (Yellow)

Phosphorus in the Manufacture of Matches (1906).

International Convention respecting the prohibition of night work for women in industrial employment (1906).

ILO Constitution, Part XIII, Treaty of Peace with Germany (1919) 225 Consolidated Treaty Series 188.

C001 – Hours of Work (Industry) Convention (1919).

C002 – Unemployment Convention (1919).

C003 – Maternity Protection Convention (1919).

C004 – Night Work (Women) Convention (1919).

C005 – Minimum Age (Industry) Convention (1919).

C006 – Night Work of Young Persons (Industry) Convention (1919).

C030 – Forced Labour Convention (1930).

C050 – Recruiting of Indigenous Workers Convention (1936).

C064 – Contracts of Employment (indigenous workers) Convention (1939).

C065 – Penal Sanctions (indigenous workers) Convention (1939).

C069 – Certification of Ships' Cooks Convention (1946).

C169 – Indigenous and Tribal Peoples Convention (1989).

공식문서

UN Doc. E/C.2/28 (28 February 1947).

UN Doc. E/C.2/32 (13 March 1947).

Tripartite Declaration of Principles concerning Multinational Enterprises and Social Policy, adopted by the Governing Body of the International Labour Office at its 204th Session (Geneva, November 1977) as amended at its 279th (November 2000) and 295th Session (March 2006).

기타

Examinations taken by Mr Tufnell, Factories Enquiry Commission, Report from Commissioners, Vol. XXI, 1833, D2, p. 50.

Millerand, Alexandre, 'Intervention au Congrès International pour la Protection Légale des Travailleurs', Séance d'ouverture – Mercredi 25 juillet 1900 (extract from Les cahiers du Chatefp n°7, March 2007).

제4장 나치와 거래하기: 제2차 세계대전 이후 독일 기업가들에 대한 형사소추

단행본

Borkin, Joseph, The Crime and Punishment of I.G. Farben, London: Andre Deutsch (1978).

Nicosia, Francis R. and Huerner, Jonathan (eds), Business and Industry in Nazi Germany, New York, Oxford: Berghahn Books (2004).

Taylor, Telford, The Anatomy of the Nuremberg Trials, A Personal Memoir, London: Bloomsbury (1993).

Turner, Henry Ashby Jr, German Big Business and the Rise of Hitler, New York, Oxford: Oxford University Press (1985).

Wiesen, Jonathan, West Germany Industry and the Challenge of the Nazi Past 1945–1955, Chapel Hill and London: the University of North Carolina Press (2001).

학술지 수록 논문

Bazyler, Michael J., 'The Holocaust Restitution Movement in Comparative Perspective', 20 Berkeley Journal of International Law 11 (2002).

Bush, Jonathan A., 'The Prehistory of Corporations and Conspiracy in International Criminal Law: What Nuremberg Really Said', 109 Columbia Law Review 1094 (2009).

Cassel, Doug, 'Corporate Aiding and Abetting of Human Rights Violations: Confusion in the Courts', 6 Northwestern University Journal of International Human Rights 304 (2007–2008).

Kelly, Michael J., 'Prosecuting Corporations for Genocide under International Law', 6 Harvard Law and Policy Review 339 (2012) pp. 351–353.

Michalowski, Sabine, 'Complicity Liability for Funding Gross Human Rights Violations?', 30 Berkeley Journal of International Law 451 (2012).

Whinston, Steven, 'Can Lawyers and Judges be Good Historians? A Critical Examination of the Siemens Slave-Labor Cases', 20 Berkeley Journal of International Law 160 (2002).

단행본 수록 논문

Baars, Grietje, 'Capitalism's Victor's Justice? The Hidden Stories Behind the Prosecution of Industrialists Post-WWII', in Kevin Jon Heller and Gerry Simpson (eds), The Hidden Histories of War Crimes Trials, Oxford: Oxford University Press (2013), pp. 163–192.

Feldman, Gerald D., 'Financial Institutions in Nazi Germany: Reluctant or Willing Collaborators?', in Francis R. Nicosia and Jonathan Huerner (eds), Business and Industry in Nazi Germany, New York, Oxford: Berghahn Books (2004), pp. 15–42.

Hayes, Peter, 'The Chemistry of Business-State Relations in the Third Reich', in Francis R. Nicosia and Jonathan Huerner (eds), Business and Industry in Nazi Germany, New York, Oxford: Berghahn Books (2004), pp. 66–80.

James, Harold, 'Banks and Business Politics in Nazi Germany', in Francis R. Nicosia and Jonathan Huerner (eds), Business and Industry in Nazi Germany, New York, Oxford: Berghahn Books (2004), pp. 43–65.

Priemel, Kim C., 'Tales of Totalitarianism: Conflicting Narratives in the Industrialist. Cases at Nuremberg', in Kim C. Priemel and Alexa Stiller (eds) Reassessing the Nuremberg Military Tribunals: Transitional Justice, Trial Narratives, and Historiography, New York, Oxford: Berghahn Books (2012), pp. 161–193.

조약

Potsdam Agreement, 145 BFSP 864, Part II(B) (1945).

Statute of the International Criminal Court, 2187 UNTS 90 (1998).

판례

Trials of War Criminals Before the Nuernberg Military Tribunals Under Control Council Law No 10, vol. VI 'The Flick Case', Washington: United States Government Printing Office (1952).

Trials of War Criminals Before the Nuernberg Military Tribunals Under Control Council Law No 10, vol. VII and VIII 'The I.G. Farben Case', Washington: United States Government Printing Office (1952).

Trials of War Criminals Before the Nuernberg Military Tribunals Under Control Council Law No 10, vol. IX 'The Krupp Case', Washington: United States Government

Printing Office (1952).

Trials of War Criminals Before the Nuernberg Military Tribunals Under Control Council Law No 10, vol. XII, XIII and XIV, 'The Ministries Case', Washington: United States Government Printing Office (1952).

United States Court of Appeals for the Second Circuit, Presbyterian Church of Sudan v. Talisman Energy, Inc., 582 F.3d 244, 259 (2d Cir. 2009).

보고서

International Commission of Jurists, Report of the ICJ Expert Legal Panel on Corporate Complicity in International Crimes, Vol. 1 (2008).

Morgenthau, Henry, Suggested Post-Surrender Program for Germany (1944), Digitalized and available on the Franklin D. Roosevelt Library and Museum Website, http://docs.fdrlibrary.marist.edu/psf/box31/t297a01.html (last accessed 15 June 2016).

제5장 기업, 국제인권법, 그리고 국제형사법: 경계선의 이동

단행본

Alston, Philip, Non-State Actors and Human Rights, Oxford: Oxford University Press (2005).

Cassese, Antonio, International Law, 2nd edition, Oxford: Oxford University Press (2005).

Clapham, Andrew, Human Rights Obligations of Non State Actors, Oxford: Oxford University Press (2006).

Deva, Surya, Regulating Corporate Human Rights Violations: Humanizing Business, London: Routledge (2012).

Dixon, Martin, Textbook on International Law, 7th edition, Oxford: Oxford University Press (2013).

Friedman, Milton, Capitalism and Freedom, Chicago: the University of Chicago Press (2nd edition 2002).

Jägers, Nicola, Corporate Human Rights Obligations: In Search of Accountability, Antwerpen, Oxford, New York: Intersentia (2002).

Jessup, Philip, A Modern Law of Nations, New York: the MacMillan Company (1948).

Kamminga, T. and Scheinin, Martin (eds), The Impact of Human Rights Law on General International Law, Oxford: Oxford University Press (2009).

Kinley, David, (ed.), Human Rights and Corporations, Burlington: Ashgate (2009).

Klabbers, Jan, International Law, Cambridge: Cambridge University Press (2013).

Kozma, Julia, Nowak, Manfred and Scheinin, Martin/Swiss Federal Department of Foreign Affairs and Geneva Academy of International Humanitarian Law and Human Rights, A World Court of Human Rights: Consolidated Statute and Commentary (2011).

Letnar Černič, Jernej, Human Rights Law and Business: Corporate Responsibility for Fundamental Human Rights, Groningen: Europa Law Publishing (2010).

Mares, Radu, The UN Guiding Principles on Business and Human Rights, Leiden: Martinus Nijhoff (2011).

Martinez, Jenny, The Slave Trade and the Origins of International Human Rights Law, Oxford: Oxford University Press (2012).

McBarnet, Doreen, Voiculescu, Aurora and Campbell, Tom (eds), The New Corporate Accountability, Corporate Social Responsibility and the Law, Cambridge: Cambridge University Press (2007).

Morsink, Johannes, Inherent Human Rights. Philosophical Roots of the Universal Declaration, Philadelphia: University of Pennsylvania Press (2009).

Ruggie, John Gerard, Just Business, New York and London: W. W. Norton & Company Inc. (2013).

Schabas, William A. (ed.), The Universal Declaration of Human Rights, the Travaux Preparatoires Volume I, Cambridge: Cambridge University Press (2013).

Shaw, Malcolm, International Law, 6th edition, Cambridge: Cambridge University Press (2008).

Van der Heijden, Marie-Jose, Transnational Corporations and Human Rights Liabilities, Antwerpen, Oxford, New York: Intersentia (2012).

Zerk, Jennifer, Multinationals and Corporate Social Responsibility Limitations and Opportunities in International Law, Cambridge: Cambridge University Press (2006).

학술지 수록 논문

Barber, 'Benjamin R., Global Democracy or Global Law: Which Comes First', 1 Indiana

Journal of Global Legal Studies 119 (1993).

Bernaz, Nadia, 'Corporate Criminal Liability under International Law: The New TV S.A.L. and Akhbar Beirut S.A.L. Cases at the Special Tribunal for Lebanon', 13 Journal of International Criminal Justice 313–330 (2015).

Bush, Jonathan A., 'The Prehistory of Corporations and Conspiracy in International Criminal Law: What Nuremberg Really Said', 109 Columbia Law Review 1094 (2009).

Charney, Jonathan L., 'Transnational Corporations and Developing Public International Law', 1983 Duke Law Journal 748 (1983).

Deva, Surya, 'Human Rights Violations by Multinational Corporations and International Law: Where from Here?', 19 Connecticut Journal of International Law 1 (2003–2004).

Domingo, Rafael, 'The Crisis of International Law', 42 Vanderbilt Journal of Transnational Law 1543 (2009).

Domingo, Rafael, 'Gaius, Vattel, and the New Global Law Paradigm', European Journal of International Law (2011), p. 641.

Gallmetzer, Reinhold, 'Prosecuting Persons Doing Business with Armed Groups in Conflict Areas', 8 Journal of International Criminal Justice 947 (2010).

Hannum, Hurst, 'The Status of the Universal Declaration of Human Rights in National and International Law', 25 Georgia Journal of International and Comparative Law (1995).

Henkin, Louis, 'The Universal Declaration at 50 and the Challenge of Global Markets', 25 Brooklyn Journal of International Law 17 (1999).

Kamatali, Jean-Marie, 'The New Guiding Principles on Business and Human Rights' Contribution in Ending the Divisive Debate over Human Rights Responsibilities of Companies: Is It Time for an ICJ Advisory Opinion?', 20 Cardozo Journal of International and Comparative Law 437 (2011–2012).

Kinley, David, and Chambers, Rachel, 'The UN Human Rights Norms for Corporations: The Private Implications of Public International Law', 6 Human Rights Law Review 447 (2006).

Nowak, Manfred, 'The Need for a World Court of Human Rights', 7 Human Rights Law Review 251 (2007).

Nowak, Manfred, 'On the Creation of World Court of Human Rights', 7 National Taiwan University Law Review 257 (2012).

Ratner, Steven C., 'Corporations and Human Rights: A Theory of Legal Responsibility', 111 Yale Law Journal 443 (2001–2002).

Scheinin, Martin, 'International Organizations and Transnational Corporations at a World Court of Human Rights', 3 Global Policy 488 (2012).

van den Herik, Larissa and Letnar Černič, Jernej, 'Regulating Corporations under International Law. From Human Rights to International Criminal Law and Back Again', 8 Journal of International Criminal Justice 725 (2010).

Vazquez, Carlos M., 'Direct vs. Indirect Obligations of Corporations under International Law', 43 Columbia Journal of Transnational Law 927 (2004–2005).

단행본 수록 논문

Addo, Michael K., 'The Corporation as a Victim of Human Rights Violations', in Michael Addo (ed.), Human Rights Standards and the Responsibility of Transnational Corporations, The Hague, London, Boston: Kluwer Law International (1999), pp. 187–196.

Alston, Philip, 'The 'Not-a-Cat' Syndrome: Can the International Human Rights Regime Accommodate Non-State Actors?', in Philip Alston (ed.), Non State Actors and Human Rights, Oxford: Oxford University Press (2005), pp. 3–36.

Bernaz, Nadia, 'State Obligations with regard to the Extraterritorial Activities of Companies Domiciled on their Territories', in Carla Buckley, Alice Donald and Philip Leach (eds), Towards Coherence in International Human Rights Law: Approaches of Regional and International Systems, Leiden: Brill, forthcoming 2016.

Clapham, Andrew, 'The 'Drittwirkung' of the Convention' in R. St. J. MacDonald, F. Matscher and H. Petzold (eds), The European System for the Protection of Human Rights, Deventer: Martinus Nijhoff (1993), pp. 163–206.

d'Aspremont, Jean, 'Introduction', in Jean d'Aspremont (ed.), Participants in the International Legal System. Multiple Perspectives on Non-State Actors in International Law, London and New York: Routledge (2011), pp. 1–21.

d'Aspremont, Jean, 'Non-State Actors from the Perspective of Legal Positivism. The Communitarian Semantics for the Secondary Rules of International Law', in

Jean d'Aspremont (ed.), Participants in the International Legal System. Multiple Perspectives on Non-State Actors in International Law, London and New York: Routledge (2011), pp. 23–40.

Jägers, Nicola, 'The Legal Status of the Multinational Corporation under International Law', in Michael K. Addo (ed.), Human Rights Standards and the Responsibility of Transnational Corporations, The Hague, London, Boston: Kluwer Law International (1999), pp. 259–270.

Kamminga, Menno T. and Zia-Zarifi, Saman, 'Liability of Multinational Corporations Under International Law: An Introduction' in Menno T. Kamminga and Saman Zia-Zarifi (eds), Liability of Multinational Corporations Under International Law, The Hague, London, Boston: Kluwer Law International (2000), pp. 1–13.

Muchlinski, Peter, 'Multinational Enterprises as Actors in International Law: Creating "Soft Law" Obligations and "Hard Law" Rights', in Math Noortmann and Cedric Ryngaert (eds), Non-State Actor Dynamics in International Law, Burlington: Ashgate (2010), pp. 9–39.

Rodley, Sir Nigel, 'Non State Actors and Human Rights', in Scott Sheeran and Sir Nigel Rodley (eds), Routledge Handbook of International Human Rights Law, Abingdon and New York: Routledge (2013), pp. 523–544.

Sheeran, Scott, 'The Relationship of International Human Rights Law and General International Law: Hermeneutic Constraint, or Pushing the Boundaries?', in Scott Sheeran and Sir Nigel Rodley (eds), Routledge Handbook of International Human Rights Law, Abingdon and New York: Routledge (2013), pp. 79–108.

Weissbrodt, David and Kruger, Muria, 'Human Rights Responsibilities of Businesses as Non-State Actors', in Philip Alston (ed.), Non State Actors and Human Rights, Oxford: Oxford University Press (2005), pp. 315–350.

특별 이슈

Special issue of L'Observateur des Nations Unies, Volume 31, 2011–2012.
Special issue of the Tilburg Law Review Vol. 17, Issue 2 (2012).

조약

Additional Convention between Great Britain and Portugal, for the Prevention of the Slave Trade (28 July 1817) and Separate Article (11 September 1817), 67 Consolidated Treaty Series 398 (1817); British and Foreign State Papers, vol. 4, pp. 85 and 115.

Treaty between Great Britain and pain, for the Abolition of the Slave Trade (23 September 1817), 68 Consolidated Treaty Series 45 (1817–18); British and Foreign State Papers, vol. 4, p. 33.

Treaty between his Britannic Majesty and His Majesty the King of the Netherlands, for preventing their Subjects from engaging in any traffic in Slaves (4 May 1818), British and Foreign State Papers, vol. 5, p. 125.

Charter of the United Nations (1945), 1 UNTS XVI.

Convention for the Protection of Human Rights and Fundamental Freedoms (1950), CETS No.005.

International Convention on the Elimination of All Forms of Racial Discrimination (1965), 660 UNTS 195.

International Covenant on Civil and Political Rights (1966), 999 UNTS 171.

International Covenant on Economic, Social and Cultural Rights (1966), 993 UNTS 3.

American Convention on Human Rights (1969), OAS TS No 36.

International Convention on Civil Liability for Oil Pollution Damage (1969), 973 UNTS 3.

Convention on the Elimination of All Forms of Discrimination against Women (1979), 1249 UNTS 13.

African Charter on Human and People's Rights (1981), 21 ILM 58 (1982).

United Nations Convention on the Law of the Sea (1982), 1833 UNTS 3.

Convention against Torture and Other Cruel, Inhuman or Degrading Treatment or Punishment (1984), 1465 UNTS 85.

Convention on the Rights of the Child (1989), 1577 UNTS 3.

International Convention on the Protection of the Rights of All Migrant Workers and Members of their Families (1990), 2220 UNTS 3.

Convention on Civil Liability for Damage Resulting from Activities Dangerous to the Environment (1993), 32 ILM 1228.

OECD Convention on Combating Bribery of Public Officials in International Business Transactions (1997), 37 ILM 1.

UN Convention on the Suppression of the Financing of Terrorism (1999), 2178 UNTS 197.

Convention on the Rights of Persons with Disabilities (2006), 2515 UNTS 3.

International Convention for the Protection of All Persons from Enforced Disappearance (2006), UN Doc. A/61/488.

공식문서

A/C.3/345, 17 November 1948.

A/C.3/SR.155, 24 November 1948.

A/C.3/SR.156, 25 November 1948.

Universal Declaration of Human Rights (1948), GA Res. 217A (III).

Vienna Declaration (1993), A/CONF.157/23.

Draft Statute for the International Criminal Court and Draft Final Act (1998), UN Doc. A/CONF.183/2/Add.1.

United Nations Diplomatic Conference of Plenipotentiaries on the Establishment of an International Criminal Court (1998), UN Doc. A/CONF.183/C.1/SR.1.

Resolution on the Situation in Sierra Leone (2000), S/RES/1306.

Draft Articles on the Responsibility of States for Internationally Wrongful Acts (2001), A/RES/56/83.

United Nations Declaration on the Rights of Indigenous Peoples (2007), A/RES/61/295.

S/RES/1904 (2009).

Report of the Special Representative of the Secretary-General (SRSG) on the issue of human rights and transnational corporations and other business enterprises (2007), A/HRC/4/035.

Guiding Principles on Business and Human Rights: Implementing the United Nations 'Protect, Respect and Remedy' Framework (2011), A/HRC/17/31.

Elaboration of an international legally binding instrument on transnational corporations and other business enterprises with respect to human rights (2014), A/HRC/26/L.22/Rev.1.

유엔 조약기구의 일반논평

UN Committee on the Rights of the Child, General Comment No 16 (2013), State

Obligations Regarding the Impact of the Business Sector on Children's Rights, CRC/C/GC/16.

COMMITTEE ON ECONOMIC, SOCIAL AND CULTURAL RIGHTS

General Comment No. 12 (1999), The Right to Adequate Food, E/C.12/1999/5, 12 May 1999.

General Comment No. 14 (2000), The Right to the Highest Attainable Standard of Health (Article 12 of the International Covenant on Economic, Social and Cultural Rights), E/C.12/2000/4, 11 August 2000.

General Comment No. 15 (2003), The Right to Water (Articles 11 and 12 of the International Covenant on Economic, Social and Cultural Rights), E/C.12/2002/11, 20 January 2003.

General Comment No. 17 on the Right of Everyone to Benefit from the Protection of the Moral and Material Interests resulting from any Scientific, Literary or Artistic Production of which He or She is the Author (Article 15, paragraph 1 (c), of the Covenant), E/C.12/GC/17, 12 January 2006.

General Comment No. 19 on the Right to Social Security (Article 9 of the Covenant), E/C.12/GC/19, 4 February 2008.

United Nations Treaty Bodies' Concluding Observations

Committee on the Elimination of Racial Discrimination, Canada, CERD/C/CAN/CO/18, 25 May 2007.

Committee on the Elimination of Racial Discrimination, United Kingdom, CERD/C/GBR/CO/18-20, 14 September 2011.

Committee on the Elimination of Racial Discrimination, Canada CERD/C/CAN/CO/19-20, 9 March 2012.

Human Rights Committee, Germany, CCPR/C/DEU/6, November 2012.

판결 및 권고의견

Reparation for Injuries Suffered in the Service of the United Nations, Advisory Opinion: ICJ Reports 1949, p. 178.

Guardian and Observer v United Kingdom, [1991] 14 EHRR 153. Pine Valley

Development Ltd and Others v Ireland, [1992] 14 EHRR 319.

Länsman v Finland [1992] CCPR/C/52/D/511/1992.

López Ostra v Spain, [1995] 20 EHRR 277.

African Commission on Human and People's Rights, 155/96: Social and Economic Rights Action Center (SERAC) and Center for Economic and Social Rights (CESR) v Nigeria, 27 October 2001.

Inter-American Commission on Human Rights, Report N° 40/04, Case 12.053, Merits, Maya Indigenous Communities of the Toledo Districts v Belize, 12 October 2004.

Legal Consequences of the Construction of a Wall in the Occupied Palestinian Territory, Advisory opinion: ICJ. Reports 2004, p. 136.

European Court of Human Rights, Tatar v Romania [2009], Application No 67021/01.

Accordance with International Law of the Unilateral Declaration of Independence in Respect of Kosovo, Advisory Opinion, ICJ Reports 2010, p. 403.

기타

Nadia Bernaz, 'Complaint to the International Criminal Court against the CEO of Chevron', Rights as Usual (2014), http://rightsasusual.com/?p=895 (last accessed 21 March 2016).

Inter-American Commission on Human Rights, 'IACHR Urges Belize to Guarantee the Rights of Maya Indigenous Communities', Press release No. 32/13, 6 May 2013.

List of company policy statements on human rights compiled by the Business and Human Rights Resource Centre, http://businesshumanrights. org/en/company-policy-statements-on-human-rights (last accessed 21 March 2016).

Maurice Mendelson, 'In the Matter of the Draft "Norms on the Responsibilities of Transnational Corporations and Other Business Enterprises with Regard to Human Rights"', Appended to the Confederation of British Industry submission to the UN High Commissioner for Human Rights (2004).

Middlesex University Law Department, Guidance on Business and Human Rights: A Review, London: Equality and Human Rights Commission (2011).

OECD, 2011, Update of the OECD Guidelines for Multinational Enterprises Comparative table of changes made to the 2000 text (2012).

Security Council Committee pursuant to Resolutions 1267 (1999) and 1989 (2011) concerning Al-Qaida and associated individuals and entities, 'List established and maintained by the 1267 Committee with respect to individuals, groups, undertaking and other entities associated with Al-Qaida'.

Security Council Committee established pursuant to Resolution 1718 (2006), 'Consolidated List of Entities and Individuals'.

Swiss Federal Department of Foreign Affairs and Geneva Academy of International Humanitarian Law and Human Rights, Protecting Dignity: An Agenda for Human Rights (2011).Yearbook of the United Nations 1948–1949.

제6장 인권과 국제경제법: 점들의 연결

단행본

Brummer, Chris, Soft Law and the Global Financial System. Rule Making in the 21st Century, Cambridge: Cambridge University Press (2012).

Dolzer, Rudolf and Schreuer, Christoph, Principles of International Investment Law, Oxford: Oxford University Press (2008).

Harrison, James, The Human Rights Impact of the World Trade Organisation, Oxford and Portland: Hart Publishing (2007).

Hestermeyer, Holger, Human Rights and the WTO. The Case of Patents and Access to Medicine, Oxford: Oxford University Press (2007).

Joseph, Sarah, Blame It on the WTO, Oxford: Oxford University Press (2011).

McBeth, Adam, International Economic Actors and Human Rights, London and New York: Routledge (2010).

Ruggie, John Gerard, Just Business, New York and London: W. W. Norton and Company Ltd (2013).

Skogly, Sigrun, Human Rights Obligations of the World Bank and the International Monetary Fund, London and Sydney: Cavendish Publishing (2001).

학술지 수록 논문

Alston, Philip, 'Core Human Rights and the Transformation of the International Labour Rights Regime', 15 European Journal of International Law 457 (2004).

Baker, Mark B. 'Flying over the Judicial Hump: A Human Rights Drama featuring Burma, the Commonwealth of Massachusetts, the WTO and the Federal Courts', 32 Law and Policy in International Business 51.

Bal, Salman, 'International Free Trade Agreements and Human Rights: Reinterpreting Article XX of the GATT', 10 Minnesota Journal of Global Trade 62 (2001).

Basu, Kaushik, 'Compacts, Conventions and Codes: Initiatives for Higher International Labor Standards', 34 Cornell International Law Journal 487 (2001).

Bhagwati, Jagdish, 'The Boundaries of the WTO. Afterword: The Question of Linkage', 96 American Journal of International Law 126 (2002).

Blackett, Adelle, 'Whither Social Clause? Human Rights, Trade Theory and Treaty Interpretation', 31 Columbia Human Rights Law Review 1 (1999).

Carrascott, Enrique R. and Guernsey, Alison K., 'The World Bank's Inspection Panel: Promoting True Accountability Through Arbitration', 41 Cornell International Law Journal 577 (2008).

Dowell-Jones, Mary and Kinley, David, 'Minding the Gap: Global Finance and Human Rights', 25 Ethics & International Affairs 183 (2011).

Fry, James D., 'International Human Rights Law in Investment Arbitration: Evidence of International Law's Unity', 18 Duke Journal of Comparative & International Law 77 (2007–2008).

Henin, Paula F., 'The Jurisdiction of Investment Treaty Tribunals over Investors' Human Rights Claims: The Case Against Roussalis v. Romania', 51 Columbia Journal of Transnational Law 224 (2012–2013).

Kobrin, Stephen J., 'The MAI and the Clash of Globalizations', Foreign Policy (Fall 1998).

Lalive, Pierre, 'Ordre public transnational (ou réellement international) et arbitrage international', Revue de l'arbitrage (1986) No. 3, p. 329.

Leader, Sheldon, 'Human Rights, Risks, and New Strategies for Global Investment', 9 Journal of International Economic Law 657 (2006).

Levine, Eugenia, 'Amicus Curiae in International Investment Arbitration: The Implications of an Increase in Third-Party Participation', 29 Berkeley Journal of International Law 200 (2011).

Macleod, Sorcha and Lewis, Douglas, 'Transnational Corporations: Power, Influence and

Responsibility', 4 Global Social Policy 77 (2004).

Nichols, Philip M., 'Trade Without Values', 90 Northwestern University Law Review 658 (1995–1996).

Petersmann, Ernst-Ulrich, 'Time for a United Nations "Global Compact" for Integrating Human Rights into the Law of Worldwide Organizations: Lessons from European Integration', 13 European Journal of International Law 621 (2002).

Poitevin, Arnaud, 'Des "prérequis" pour la levée de fonds sur les marchés internationaux: les normes environnementales et sociales des institutions financières internationales et leurs sanctions', 142 Journal du droit international 527 (2015).

Saper, Benjamin M., 'The International Finance Corporation's Compliance Advisor/ Ombudsman (CAO): an Examination of Accountability and Effectiveness from a Global Administrative Law Perspective', 44 New York University Journal of International Law and Policy 1279 (2011–2012).

Schwebel, Stephen, 'The Overwhelming Merits of Bilateral Investment Treaties', 32 Suffolk Transnational Law Review 263 (2008–2009).

Shelton, Dinah, 'Protecting Human Rights in a Globalized World', 25 Boston College International and Comparative Law Review 273 (2002).

Supnik, Kate M., 'Making Amends: Amending the ICSID Convention to Reconcile Competing Interests in International Investment Law' 59 Duke Law Journal 343 (2009–2010).

Weiler, Todd, 'Balancing Human Rights and Investor Protection: A New Approach for a Different Legal Order', 27 Boston College International and Comparative Law Review 429 (2004).

Wouters, Jan and Hachez, Nicolas, 'When Rules and Values Collide: How can a Balanced Application of Investor Protection Provisions and Human Rights be Insured?', 3 Human Rights and International Legal Discourse 301 (2009).

단행본 수록 논문

Alston, Philip, 'The 'Not-a-Cat' Syndrome: Can the International Human Rights Regime Accommodate Non-State Actors?', in Philip Alston (ed.), Non State Actors and Human Rights, Oxford: Oxford University Press (2005), pp. 3–36.

Dumberry, Patrick, 'Corporate Investors' International Legal Personality and their

Accountability for Human Rights Violations under International Investment Agreements', in Armand de Mestral and Céline Lévesque (eds), Improving International Investment Agreements, Abington: Routledge (2013), pp. 179–194.

Dupuy, Pierre-Marie, 'Unification Rather than Fragmentation of International Law? The Case of International Investment Law and Human Rights Law', in Pierre-Marie Dupuy, Francesco Francioni and Ernst-Ulrich Petersmann (eds), Human Rights in International Investment Law and Arbitration, Oxford: Oxford University Press (2009), pp. 45–62.

Francioni, Francesco, 'Access to Justice, Denial of Justice and International Investment Law', in Pierre-Marie Dupuy, Francesco Francioni and Ernst-Ulrich Petersmann (eds), Human Rights in International Investment Law and Arbitration, Oxford: Oxford University Press (2009), pp. 63–81.

Gianviti, François, 'Economic, Social, and Cultural Human Rights and the International Monetary Fund', in Philip Alston (ed.), Non State Actors and Human Rights, Oxford: Oxford University Press (2005), pp. 113–138.

Hirsch, Moshe, 'Investment Tribunals and Human Rights: Divergent Paths', in Pierre-Marie Dupuy, Francesco Francioni and Ernst-Ulrich Petersmann (eds), Human Rights in International Investment Law and Arbitration, Oxford: Oxford University Press (2009), pp. 97–114.

Leader, Sheldon, 'Human Rights and International Trade', in Scott Sheeran and Sir Nigel Rodley (eds), Routledge Handbook of International Human Rights Law, Abingdon and New York: Routledge (2013), pp. 245–262.

Leader, Sheldon, 'Project Finance and Human Rights', in Juan Pablo Bohoslavsky and Jernej Letnar Černič (eds), Making Sovereign Financing and Human Rights Work, Oxford: Hart Publishing, (2014), pp. 199–212.

Morgera, Elisa, 'Human Rights Dimensions of Corporate Environmental Accountability', in Pierre-Marie Dupuy, Francesco Francioni and Ernst-Ulrich Petersmann (eds), Human Rights in International Investment Law and Arbitration, Oxford: Oxford University Press (2009), pp. 511–524.

Muchlinski, Peter T., 'International Finance and Investment and Human Rights', in Scott Sheeran and Sir Nigel Rodley (eds), Routledge Handbook of International Human Rights Law, Abingdon and New York: Routledge (2013), pp. 263–284.

Reiner, Clara, and Schreuer, Christoph, 'Human Rights and International Investment Arbitration', in Pierre-Marie Dupuy, Francesco Francioni and Ernst-Ulrich Petersmann (eds), Human Rights in International Investment Law and Arbitration, Oxford: Oxford University Press (2009), pp. 82–96.

Treakle, Kay, Fox, Jonathan and Clark, Dana, 'Lessons Learned', in Dana Clark, Jonathan Fox and Kay Treakle (eds), Demanding Accountability. Civil Society Claims and the World Bank Inspection Panel, Lanham, Boulder, New York, Oxford: Rowman & Littlefield Publishers (2003), pp. 247–277.

Waincymer, Jeff, 'The Trade and Human Rights Debate: Introduction to an Interdisciplinary Analysis', in Sarah Joseph, David Kinley and Jeff Waincymer (eds), The World Trade Organization and Human Rights. Interdisciplinary Perspectives, Cheltenham: Edward Elgar (2009), pp. 1–38.

Woll, Cornelia 'Global Companies as Agenda Setters in the World Trade Organization', in John Mikler (ed.), The Handbook of Global Companies, Chichester: John Wiley and Sons Ltd (2013), pp. 257–271.

Wouters, Jan, Duquet, Sanderijn and Hachez, Nicolas, 'International Investment Law: The Perpetual Search for Consensus', in Olivier De Schutter, Johan Swinnen and Jan Wouters (eds), Foreign Direct Investment and Human Development. The Law and Economics of International Investment Agreements, Routledge (2013), pp. 25–69.

법률

1996 Mass. Acts 239, ch. 130.

조약

Convention of the International Centre for Settlement of Investment Disputes (1965), 575 UNTS 159.

Vienna Convention on the Law of Treaties (1969), 1155 UNTS 331.

Agreement on Government Procurement (1994), 1915 UNTS. 103.

공식문서

Panel Resolution, Resolution IBRD 93–1 (1993).

Singapore Declaration (1996), WT/MIN(96)/DEC.

NAFTA Free Trade Commission, Statement of the Free Trade Commission on Non-Disputing Party Participation (2003).

Committee on Economic, Social and Cultural Rights, General Comment No. 15 (2003), The Right to Water (Articles 11 and 12 of the International Covenant on Economic, Social and Cultural Rights), E/C.12/2002/11, 20 January 2003.

EU Council Regulation (EC) No 1236/2005 of 27 June 2005 concerning trade in certain goods which could be used for capital punishment, torture or other cruel, inhuman or degrading treatment or punishment.

World Bank, OP 4.10 – Indigenous Peoples (2005).

Report of the Special Rapporteur on the Right to Food, UN Doc. E/CN.4/2006/44, 16 March 2006.

Report of the Study Group of the International Law Commission, 'Difficulties arising from the diversification and expansion of international law', UN Doc. A/CN.4/L.682 (2006).

ICSID Convention, Regulation and Rules, ICSID/15 (2006).

Committee on Economic, Social and Cultural Rights, General Comment No. 19 on the Right to Social Security (Article 9 of the Covenant), E/C.12/GC/19, 4 February 2008.

Final IFC Management Group Response to CAO's Audit Report on Wilmar, 4 August 2009.

'Principles for Responsible Contracts: Integrating the Management of Human Rights Risks into State-Investor Contract Negotiations: Guidance for Negotiators', UN Document A/HRC/17/31/Add.3 (25 May 2011).

IFC Performance Standards on Environmental and Social Sustainability, 1 January 2012, www.ifc.org/wps/wcm/connect/115482804a0255db96fbffd1a5d13d27/PS_English_2012_Full-Document.pdf?MOD=AJPERES (last accessed 15 June 2016).

US Model Bilateral Investment Treaty (2012), available on the United States Department of State website at www.state.gov/documents/organization/188371.pdf (last accessed 21 March 2016).

Supplemental Brief for the United States as Amicus Curiae in Partial Support of Affirmance, Kiobel v. Royal Dutch Petroleum Co., 133 S.Ct. 1659 (2013) (No. 10-1491).

CAO Operational Guidelines (2013).

IFC Response to CAO Audit of IFC investments in Mozal, Mozambique (C-I-R4-YI2-F156), 13 March 2013.

Monitoring and Closure Report: IFC's response to the CAO Audit of IFC's Investments in Wilmar Trading (IFC No. 20348), Delta-Wilmar CIS (IFC No. 24644), Wilmar WCap (IFC No. 25532) and Delta-Wilmar CIS Expansion (IFC No. 26271), 27 March 2013.

United Nations Conference on Trade and Development, World Investment Report, July 2015.

Agreement between the Government of Canada and the Government of the United Republic of Tanzania for the Promotion and Reciprocal Protection of Investments, available on the Government of Canada's website, www.international.gc.ca/trade-agreements-accords-commerciaux/agr-acc/fipa-apie/tanzaniatext-tanzanie.aspx?lang=eng (last accessed 21 March 2016).

판례 및 의견

The Creole v Great Britain (1853), Reports of International Arbitral Awards, Volume XXIX, p. 26.

L. F. H. Neer and Pauline Neer (U.S.A.) v United Mexican States (1926), Reports of International Arbitral Awards, Vol. IV, p. 60.

James and Others v United Kingdom, [1986] 8 EHRR 123.

Guardian and Observer v United Kingdom, [1991] 14 EHRR 153.

Pine Valley Development Ltd and Others v Ireland, [1992] 14 EHRR 319.

Citizens United v Federal Election Commission, 558 U.S. 310 (2010).

S.M. v Barbados [1994], CCPR/C/50/D/502/1992.

ICC Award No. 1110 of 1963, Yearbook of Commercial Arbitration, 1996, p. 52.

Lamagna v Australia [1997], CCPR/C/65/D/737/1997.

Crosby, Secretary of Administration and Finance of Massachusetts, et al. v National Foreign Trade Council 530 U.S. 363 (2000).

WTO Panel Report, United States—Measure Affecting Government Procurement, WT/DS 88 and DS 95, terminated on 11 February 2000.

Metalclad Corporation v United Mexican States, International Centre for the Settlement of Investment Disputes, No. ARB(AF)/97/1 (2000).

Compaa del Desarrollo de Santa Elena S.A. v The Republic of Costa Rica, International Centre for the Settlement of Investment Disputes, Case No. ARB/96/1 (2000).

Lauder v The Czech Republic (2001), UNCITRAL.

African Commission on Human and People's Rights, 155/96: Social and Economic Rights Action Center (SERAC) and Center for Economic and Social Rights (CESR) v Nigeria, 27 October 2001.

Cantos v Argentina, Preliminary objections, IACHR Series C no 85, [2001] IACHR 15.

Methanex Corp. v United States, Decision of the Tribunal on Petitions from Third Persons to Intervene as Amici Curiae (2001), UNCITRAL.

United Parcel Service of America v Canada, Decision of the Tribunal on Petitions for Intervention and Participation as Amici Curiae (2001), UNCITRAL.

Mondev International Limited v United States of America, International Centre for the Settlement of Investment Disputes, ARB (AF)/99/2 (2002).

Tecnicas Medioambientales Tecmed S.A. v The United Mexican States, International Centre for the Settlement of Investment Disputes, ARB (AF)/00/2 (2003).

CMS Gas Transmission Company v The Argentine Republic, International Centre for the Settlement of Investment Disputes, ARB/01/8 (2005).

Glamis Gold v United States, Decision on Application and Submission by Quechan Indian Nation, (2005), UNCITRAL.

Aguas del Tunari SA v Republic of Bolivia, International Centre for the Settlement of Investment Disputes, ARB/02/3 (2005).

Aguas Argentinas, S.A., Suez, Sociedad General de Aguas de Barcelona, S.A. and Vivendi Universal, S.A. v The Argentine Republic, International Centre for the Settlement of Investment Disputes, ARB/03/19, Order in Response to a Petition for Transparency and Participation as Amicus Curiae (2005).

Saluka Investments BV v The Czech Republic (2006), UNCITRAL.

Azurix Corp. v the Argentine Republic, International Centre for the Settlement of Investment Disputes, ARB/01/12 (2006).

Siemens A.G. v The Argentine Republic, International Centre for the Settlement of Investment Disputes, ARB/02/8 (2007).

Sempra Energy International v The Argentine Republic, International Centre for the

Settlement of Investment Disputes, ARB/02/16 (2007).

Biwater Gauff (Tanzania) Ltd. v United Republic of Tanzania, International Centre for the Settlement of Investment Disputes, ARB/05/22, Procedural Order No. 5 (2007).

AES Summit Generation Ltd. and AES-Tisza Er m Kft. v Republic of Hungary, International Centre for the Settlement of Investment Disputes, ARB/07/22 (2010).

Occidental Petroleum Corporation Occidental Exploration and Production Company v The Republic of Ecuador, International Centre for the Settlement of Investment Disputes, ARB/06/11 (2012).

Opinion 2/13 of the Court of Justice of the European Union, 18 December 2014.

기타

Avery, Christopher, Business and Human Rights at a Time of Change (1999), chapter 2.8, http://198.170.85.29/Chapter2.htm#2.8 (last accessed 15 June 2016).

Daniel, Caitlin, Genovese, Kristen, van Huijstee, Mariëtte and Singh, Sarah (eds), Glass Half Full? The State of Accountability in Development Finance, Amsterdam: SOMO (January 2016).

de Lotbinière McDougall, Andrew and Santens, Ank, 'ICSID Tribunals Apply New Rules on Amicus Curiae', White and Case LLP, March 2007.

London School of Economics Investment & Human Rights Learning Hub, http://blogs.lse.ac.uk/investment-and-human-rights/ (last accessed 21 March 2016).

Orellana, M., Baños, S. and Berger, T., Bringing Community Perspectives to Investor-State Arbitration: the Pac Rim Case, London: IIED (2015).

Titi, Catharine, 'The Evolving BIT: A Commentary on Canada's Model Agreement', (26 June 2013), International Institute for Sustainable Development, www.iisd.org/itn/2013/06/26/the-evolving-bit-a-commentary-on-canadasmodel-agreement/ (last accessed 21 March 2016).

Transatlantic Trade and Investment Partnership, Business and Human Rights Resource Centre, http://business-humanrights.org/en/transatlantic-trade-andinvestment-partnership-ttip-background-commentaries-on-social-environmental-impacts-0 (last accessed 21 March 2016).

Vis-Dunbar, Damon, 'Norway Shelves its Draft Model Bilateral Investment Treaty', 8 June 2009, International Institute For Sustainable Development.

World Bank, Accountability at the World Bank. The Inspection Panel at 15 Years (2009).

제7장 기업과 인권에 관한 국제연성법 이니셔티브

단행본

Karp, David J., Responsibility for Human Rights, Transnational Corporations in Imperfect States, Cambridge: Cambridge University Press (2014).

Ruggie, John G., Just Business, New York and London: W. W. Norton and Company Ltd (2013).

Tagi Sagafi-Nejad and John Dunning, The UN and Transnational Corporations. From Code of Conduct to Global Compact, Bloomington and Indianapolis: Indiana University Press (2008).

학술지 수록 논문

Ball, George W., 'Cosmocorp: The Importance of Being Stateless', 2 Columbia Journal of World Business 25 (1967).

Bernaz, Nadia, 'Enhancing Corporate Accountability for Human Rights Violations: Is Extraterritoriality the Magic Potion?', 117 Journal of Business Ethics 493 (2013).

Blake, David H., 'International Labor and the Regulation of Multinational Corporations: Proposals and Prospects', 11 San Diego Law Review 179 (1973–1974).

Catá Backer, Larry, 'Multinational Corporations, Transnational Law: The United Nations' Norms on the Responsibilities of Transnational Corporations as Harbinger of Corporate Responsibility in International Law', 37 Columbia Human Rights Law Review 287 (2006).

Catá Backer, Larry, 'On the Evolution of the United Nations' 'Protect-Respect-Remedy' Project: The State, the Corporation and Human Rights in a Global Governance Context', 9 Santa Clara Journal of International Law 37 (2011).

Coonrod, Stephan 'The United Nations Code of Conduct for Transnational Corporations', 18 Harvard International Law Journal 273 (1977).

de Felice, Damiano and Graf, Andreas, 'The Potential of National Action Plans to Implement Human Rights Norms: an Early Assessment with Respect to the UN

Guiding Principles on Business and Human Rights', 7 Journal of Human Rights Practice 40 (2015).

Deva, Surya, 'Global Compact: A Critique of the UN's "Public–Private" Partnership for Promoting Corporate Citizenship', 34 Syracuse Journal of International Law and Commerce 107 (2006–2007).

Ghafele, Roya, and Mercer, Angus, '"Not Starting in Sixth Gear": An Assessment of the UN Global Compact's Use of Soft Law as a Global Governance Structure for Corporate Social Responsibility', 17 University of California Davis Journal of International Law and Policy 41 (2010–2011).

Kell, Georg, 'The Global Compact: Selected Experiences and Reflections', 59 Journal of Business Ethics 69 (2005).

King, Betty, 'The U.N. Global Compact: Responsibility for Human Rights, Labor Relations, and the Environment in Developing Nations', 34 Cornell International Law Journal 481 (2001).

Kinley, David and Chambers, Rachel, 'The UN Human Rights Norms for Corporations: The Private Implications of Public International Law', 6(3) Human Rights Law Review 447 (2006).

Miretski, Pini Pavel and Bachmann, Sascha-Dominik, 'UN Norms on the Responsibility of Transnational Corporations and other Business Enterprises with Regard to Human Rights: a Requiem', 17 Deakin Law Review 5 (2012).

Oshionebo, Evaristus, 'The UN Global Compact and Accountability of Transnational Corporations: Separating Myth from Realities', 19 Florida Journal of International Law 1 2007.

Plaine, Daniel J., 'The OECD Guidelines for Multinational Enterprises', 11 International Lawyer 339 (1977).

Rubin, Seymour J, 'Harmonization of Rules: A Perspective on the UN Commission on Transnational Corporations', 8 Law and Policy International in Business 875 (1976).

Ruggie, John G., 'The Global Compact as a Learning Network', 7 Journal of Corporate Citizenship 371 (2001).

Ruggie, John G., 'Business and Human Rights: The Evolving International Agenda', 101 American Journal of International Law 819 (2007).

Sauvant, Karl P., 'The Negotiations of the United Nations Code of Conduct on

Transnational Corporations Experience and Lessons Learned', 16 The Journal of World Investment & Trade 11 (2015).

Thérien, Jean-Philippe and Pouliot, Vincent, 'The Global Compact: Shifting the Politics of International Development?', 2 Global Governance 55 (2006).

Wang, Nian Tzu, 'The Design of an International Code of Conduct for Transnational Corporations', 10 Journal of International Law and Economics 319 (1975).

Weissbrodt, David and Kruger, Muria, 'Norms on the Responsibilities of Transnational Corporations and Other Business Enterprises with Regard to Human Rights', 97 American Journal of International Law 901 (2003).

Weissbrodt, David, 'UN Perspectives on "Business and Humanitarian and Human Rights Obligations"', 100 American Society of International Law Proceedings 129 (2006).

Wynhoven, Ursula A., 'The Protect-Respect-Remedy Framework and the United Nations Global Compact', 9 Santa Clara Journal of International Law 81 (2011).

단행본 수록 논문

Muchlinski, Peter, 'Attempts to extend the Accountability of Transnational Corporations: The Role of UNCTAD', in Menno T Kamminga and Saman Zia-Zarifi (eds) Liability of Multinational Corporations under International Law, The Hague, London, Boston: Kluwer Law International (2000), pp. 97–117.

공식문서

UN General Assembly Resolution 1803 (XVII) Permanent Sovereignty over natural resources, 14 December 1962.

Common Regime of Treatment of Foreign Capital and of Trademarks, Patents, Licenses, and Royalties (Decision 24) 10 ILM 152 (1971).

UN Department of Economic and Social Affairs, World Economic Survey 1971, Current Economic Developments, UN Doc. E/5144 (1972).

ECOSOC Resolution 1721 (LIII), 1972 in UN Doc. E/5209.

UN DESA, Multinational Corporations in World Development, UN Doc. ST/ECA/190 (1973).

UN General Assembly Resolution 3201 (S-VI) and 3202 (S-VI), 1 May 1974.

The Impact of Multinational Corporations on the Development Process and on

International Relations, UN Doc. E/5500/Add.1 (Part I) (24 May 1974) 13 ILM. 800 (1974).

DESA, Summary of the Hearings Before the Group of Eminent Persons to Study the Impact of Multinational Corporations on Development and on International Relations, UN Doc. ST/ESA/15 (1974).

UN General Assembly Resolution 3281 (XXIX) Charter of Economic Rights and Duties of States, 12 December 1974.

ECOSOC Resolution 1913 (LVII), December 1974.

ECOSOC Resolution 1908 (LVII), December 1974.

Commission on Transnational Corporations, Report on the First Session, E/5655 and Corr. 1; E/C.10/6 and Corr.1 and Add.1 (1975).

OECD, Declaration on International Investment and International Enterprises, 21 June 1976.

Decision of the OECD Council on Inter-Governmental Consultation procedures on the Guidelines for Multinational Enterprises (1976).

Transnational Corporations: Issues Involved in the Formulation of a Code of Conduct, UN Doc. E/C.10/17, 20 July 1976.

OECD, 'International Investment and Multinational Enterprises, Review of the 1976 Declaration and Decisions' (1979).

UN Document E/C.l0/1982/6, 5 June 1982, reprinted in 22 ILM 192 (1983).

OECD, 'The Guidelines for Multinational Enterprises, Second revised decision of the Council', May 1984.

OECD, 'The OECD Declaration and Decisions on International Investment and Multinational Enterprises. 1991 Review', Paris: OECD (1992).

OECD, 'The OECD Guidelines for Multinational Enterprises', OCDE/GD(97)40, 24 March 1997.

UN Sub-Commission, E/CN.4/Sub.2/1997/50 (1997).

UN Sub-Commission, UN Doc E/CN.4/Sub.2/1998/45 (1998).

South African Truth and Reconciliation Commission Report, Vol IV (1998).

UN Sub-Commission, Working Document on the Impact of the Activities of Transnational Corporations on the Realization of Economic, Social and Cultural Rights, UN Doc. E/CN.4/Sub.2/1998/6 (1998).

Press Release, Secretary-General, 'Secretary-General Proposes Global Compact on Human Rights, Labour, Environment, in Address to World Economic Forum in Davos', U.N. Doc. SG/SM/6881, 1 February 1999.

Sub-Commission, Report of the Sessional Working Group on the Working Methods and Activities of Transnational Corporations on Its First Session, UN Doc. E/CN.4/Sub.2/1999/9 (1999).

Ministerial Statement adopted by the Twenty-Fourth Annual Meeting of the Ministers of Foreign Affairs of the Group of 77 (2000), available at www.g77.org/doc/docs.html (last accessed 23 April 2016).

OECD Guidelines, Procedural Guidance, 2000.

OECD Guidelines, 2000 version.

UN Sub-Commission, Resolution 2003/16, E/CN.4/Sub.2/2003/L.11 (2003).

UN Doc. E/CN.4/Sub.2/2003/12/Rev.2 (2003).

Commentary on the Norms on the Responsibilities of Transnational Corporations and Other Business Enterprises with Regard to Human Rights, U.N. Doc. E/CN.4/Sub.2/2003/38/Rev.2 (2003).

UN Commission on Human Rights, Decision 2004/116, 'Responsibilities of transnational corporations and related business enterprises with regard to human rights (2004).

Report of the United Nations High Commissioner on Human Rights on the Responsibilities of Transnational Corporations and Related Business Enterprises with Regard to Human Rights, UN Doc. E/CN.4/2005/91 (2005).

Human Rights and Transnational Corporations and Other Business Enterprises, UN Doc. E/CN.4/2005/L.87 (2005).

Interim report of the Special Representative of the Secretary-General on the issue of human rights and transnational corporations and other business enterprises, UN Doc. E/CN.4/2006/97 (2006).

Report of the Special Representative of the Secretary-General (SRSG) on the issue of human rights and transnational corporations and other business enterprises, A/HRC/4/035 (2007).

Report of the Special Representative of the Secretary-General on the issue of human rights and transnational corporations and other business enterprises, John Ruggie, A/

HRC/8/5 (2008).

OECD, Commentary on the OECD Guidelines for Multinational Enterprises (2008).

UN Human Rights Council, Resolution 17/4 Human rights and transnational corporations and other business enterprises, A/HRC/RES/17/4 (2011).

Guiding Principles on Business and Human Rights: Implementing the United Nations 'Protect, Respect and Remedy' Framework, A/HRC/17/31 (2011).

Communication from the Commission to the European Parliament, the Council, the European Economic and Social Committee and the Committee of the Regions, 'A renewed EU strategy 2011-14 for Corporate Social Responsibility', COM(2011) 681 final, 25 October 2011.

International Finance Corporation, Performance Standards on Environmental and Social Sustainability, 1 January 2012.

기타

Amnesty International, ESCR-Net, Human Rights Watch, International Commission of Jurists, International Federation for Human Rights (FIDH), Rights and Accountability in Development (RAID), 'Joint Civil Society Statement to the 17th Session of the Human Rights Council', 30 May 2011.

Business and Human Rights Resource Centre, http://business-humanrights.org/ (last accessed 21 March 2016).

Global Compact website, www.unglobalcompact.org/ (last accessed 23 April 2016).

International Organisation of Employers (IOE), the International Chamber of Commerce (ICC) and the Business and Industry Advisory Committee (BIAC) to the OECD, 'Joint Statement on Business & Human Rights to the United Nations Human Rights Council Geneva', 30 May 2011.

Martens, Jens, Global Policy Forum, 'Problematic Pragmatism. The Ruggie Report 2008: Background, Analysis and Perspectives', June 2008.OECD, 2011, Update of the OECD Guidelines for Multinational Enterprises, Comparative table of changes made to the 2000 text (2012).

OECD website, www.oecd.org (last accessed 23 April 2016).

OECD Watch, Remedies Remain Rare (2015).

Ruggie, John G., and Nelson, Tamaryn, 'Human Rights and the OECD Guidelines for

Multinational Enterprises: Normative Innovations and Implementation Challenges',
Corporate Social Responsibility Initiative Working Paper No. 66, Cambridge, MA:
John F. Kennedy School of Government, Harvard University (2015).

제8장 기업과 인권에서의 민간 규제

단행본

Curry, Mary Elizabeth, Creating an American Institution. The Merchandising Genius of
J.C. Penney, New York and London: Garland Publishing Inc. (1993).

Ruggie, John Gerard, Just Business, New York and London: W. W. Norton & Company
Inc. (2013).

학술지 수록 논문

Anderson, John Christopher, 'Respecting Human Rights: Multinational Corporations
Strike Out', 2 University of Pennsylvania Journal of Labor and Employment Law 463
(1999 –2000).

Bartley, Tim, 'Institutional Emergence in an Era of Globalization: The Rise of
Transnational Private Regulation of Labor and Environmental Conditions', 113
American Journal of Sociology 297 (2007).

Blackett, Adelle, 'Global Governance, Legal Pluralism and the Decentered State: A Labor
Law Critique of Codes of Corporate Conduct', 8 Indiana Journal of Global Legal
Studies 401 (2000–2001).

Cafaggi, Fabrizio, 'New Foundations of Transnational Private Regulation', 38 Journal of
Law and Society 20 (2011).

Courville, Sasha, 'Social Accountability Audits: Challenging or Defending Democratic
Governance?', 25 Law & Policy 269 (2003).

Curtin, Deirdre and Senden, Linda, 'Public Accountability of Transnational Private
Regulation: Chimera or Reality?', 38 Journal of Law and Society 163 (2011).

Hassel, Anke, 'The Evolution of a Global Labor Governance Regime', 21 Governance: an
International Journal of Policy, Administration and Institutions 231 (2008).

Henderson, Gail E., 'Making Companies Environmentally Sustainable: The Limits of

Responsible Investing', 13 German Law Journal 1412 (2012).

Lance, Joshua A., 'Equator Principles III: A Hard Look at Soft Law', 17 North Carolina Banking Institute 175 (2013).

Locke, Richard M., Qin, Fei and Brause, Alberto, 'Does Monitoring Improve Labor Standards? Lessons from Nike', 61 Industrial and Labour Relations Review 3 (2007–2008).

Paul, Karen, 'The Inadequacy of Sullivan Reporting', 57 Business & Society Review 61 (1986).

Perez-Lopez, Jorge F., 'Promoting International Respect for Worker Rights through Business Codes of Conduct', 17 Fordham International Law Journal 1 (1993–1994).

Piety, Tamara R., 'Grounding Nike: Exposing Nike's Quest for a Constitutional Right to Lie', 78 Temple Law Review 151 (2005).

Potoski, Matthew and Prakash, Aseem, 'Green Clubs and Voluntary Governance: ISO 14001 and Firms' Regulatory Compliance', 49 American Journal of Political Science 235 (2005).

Reverend Sullivan, Leon, 'Agents for Change: The Mobilization of Multinational Companies in South Africa', 15 Law and Policy in International Business 427 (1983).

Santoro, Michael A., 'Beyond Codes of Conduct and Monitoring: An Organizational Integrity Approach to Global Labor Practices', 25 Human Rights Quarterly 407 (2003).

Scott, Colin, Cafaggi, Fabrizio, and Senden, Linda, 'The Conceptual and Constitutional Challenge of Transnational Private Regulation', 38 Journal of Law and Society 1 (2011).

Ward, Halina, 'The ISO 26000 International Guidance Standard on Social Responsibility: Implications for Public Policy and Transnational Democracy', 2 Theoretical Inquiries in Law 665 (2011).

Weedon, D. Reid Jr., 'The Evolution of Sullivan Principle Compliance', 57 Business & Society Review 56 (1986).

Westfield, Elisa, 'Globalization, Governance and Multinational Enterprise Responsibility: Corporate Codes of Conduct in the 21st Century', 42 Virginia Journal of International Law 1075 (2002).

Williams, Cynthia A., 'A Tale of Two Trajectories', 75 Fordham Law Review 1629 (2006–

2007).

단행본 수록 논문

Borck, Jonathan C. and Coglianese, Cary, 'Beyond Compliance: Explaining Business Participation in Voluntary Environmental Programs', in Christine Parker and Vibeke Lehman Nielsen (eds), Explaining Compliance. Business Responses to Regulation, Cheltenham (UK) and Northampton (MA, USA): Edward Elgar (2011), pp. 139–169.

Estlund, Cynthia, 'Enforcement of Private Transnational Labor Regulation: a New Frontier in the Anti-Sweatshop Movement?', in Fabrizio Cafaggi (ed.), Enforcement of Transnational Regulation. Ensuring Compliance in a Globalized World, Cheltenham (UK) and Northampton (MA, USA): Edward Elgar (2012), pp. 237–262.

Wetzel, Jan Eric, 'Targeted Economic Measures to Curb Armed Conflict? The Kimberley Process on the Trade of "Conflict Diamonds"', in Noëlle Quénivet and Shilan Shah-Davis (eds), International Law and Armed Conflict. Challenges in the 21st Century, The Hague: T.M.C. Asser Press (2010), pp. 161–181.

신문 기사

Blakely, Rhys, 'Church of England Sells Vedanta Stake over Records on Human Rights', London: The Times, 6 February 2010, p. 56.

Campbell, Duncan, 'Nike's Big Ticking-off: How America's First Amendment on Free Speech Kept Accurate Corporate Reporting Away from Company Spin', London: The Guardian, 17 November 2003, p. 25.

Mundy, Simon, 'Samsung Rejects Child Labour Allegations', London: The Financial Times, 27 February 2013.

법령

Comprehensive Anti-Apartheid Act of 1986, 2 U.S.C. 5001 (1988 & Supp. III 1991).

공식문서

United Nations General Assembly Resolution, A/RES/55/56, 29 January 2001.

UN Principles for Responsible Investment, www.unpri.org/ (last accessed 23 April 2016).

웹사이트

ISO 26000, www.iso.org/iso/iso26000 (last accessed 23 April 2016).

Ethical Trading Initiative, Auditing Working Conditions, www.ethicaltrade.org/issues/auditing-working-conditions (last accessed 23 April 2016).

Kimberley Process, www.kimberleyprocess.com/en/faq (last accessed 24 April 2016).

Voluntary Principles on Security and Human Rights, www.voluntaryprinciples.org/ (last accessed 23 April 2016).

Extractive Industries Transparency Initiative, http://eiti.org/ (last accessed 23 April 2016).

Global Reporting Initiative, www.globalreporting.org/ (last accessed 24 April 2016).

Fair Labor Association, www.fairlabor.org/ (last accessed 24 April 2016).

Ethical Trading Initiative, www.ethicaltrade.org/ (last accessed 24 April 2016).

Global Network Initiative, http://globalnetworkinitiative.org/ (last accessed 24 April 2016).

Forest Stewardship Council certifications, www.fsc-uk.org/en-uk/business-area/fsccertificate-types (last accessed 24 April 2016).

Fairtrade International, www.fairtrade.net/ (last accessed 24 April 2016).

Social Accountability International, 'SA8000 Standard', www.sa-intl.org/ (last accessed 24 April 2016).

기타

Business and Human Rights Resource Centre, 'Company policy statement on humanrights', http://business-humanrights.org/en/company-policy-statements-onhuman-rights (last accessed 14 June 2016).

Global Witness, 'Why we are leaving the Kimberley Process - A message from Global Witness Founding Director Charmian Gooch', 5 December 2011, www.globalwitness.org/en/archive/why-we-are-leaving-kimberley-process-message-globalwitness-founding-director-charmian-gooch/ (last accessed 24 April 2016).

Global Witness, The Kimberley Process (2013), www.globalwitness.org/campaigns/conflict/conflict-diamonds/kimberley-process (last accessed 24 April 2016).

International Labour Organisation Factsheet, 'A partnership to combat child labour in the chocolate and cocoa industry', IVC/12/01/MAS[ILO_REF] (2015).

Van Waeyenberge, Arnaud, 'Les codes de conduite, nouvel outil juridique pour la protection des consommateurs' (2015), www.hec.fr/Knowledge/Environnement-des-Entreprises/Droit-Regulation-et-Institution/Les-codes-deconduite-nouvel-outil-juridique-pour-la-protection-des-consommateurs (last accessed 21 March 2016).

제9장 기업의 인권 영향 관련 법과 공공정책 수립

단행본

Orkin, Mark, Disinvestment, the Struggle and the Future. What Black South Africans Really Think, Johannesburg: Ravan Press (1986).

Pritchardt, Anton P., Radesich, Giorgio A. M., Divestment, Disinvestment, Divesture, Disengagement: A Survey of United States State and Local Anti-South African Legislation, Faculty of Law, University of the Orange Free State, 1989.

Ruggie, John Gerard, Just Business, New York and London: W. W. Norton & Company Inc. (2013).

학술지 수록 논문

Anonymous, 'Ordinances Restricting the Sale of "Communist Goods"', 65 Columbia Law Review 310 (1965).

Baker, Mark B., 'Flying over the Judicial Hump: A Human Rights Drama featuring Burma, the Commonwealth of Massachusetts, the WTO and the Federal Courts', 32 Law and Policy in International Business 51 (2000).

Berat, Lynn, 'Undoing and Redoing Business in South Africa: The Lifting of the Comprehensive Anti- Apartheid Act of 1986 and the Continuing Validity of State and Local Anti-Apartheid Legislation', 6 Connecticut Journal of International Law 7 (1990).

Bernaz, Nadia, 'Enhancing Corporate Accountability for Human Rights Violations: Is Extraterritoriality the Magic Potion?', 117 Journal of Business Ethics 493 (2013).

Bilder, Richard B., 'East–West Trade Boycotts: A Study in Private, Labor Union, State, and Local Interference with Foreign Policy', 118 University of Pennsylvania Law

Review 841 (1970).

Blake, David H., 'International Labor and the Regulation of Multinational Corporations: Proposals and Prospects', 11 San Diego Law Review 179 (1973–1974).

Cerone, Rudy J., 'Regulation of the Labor Relations of Multinational Enterprises: A Comparative Analysis and a Proposal for NLRA Reform', 2 Boston College International and Comparative Law Review 371 (1979).

Cheng, Chao-chan, 'Comparative Study of the Formation and Development of Air and Water Pollution Control Laws in Taiwan and Japan', 3 Pacific Rim Law and Policy Journal S-43 (1993–1995).

de Felice, Damiano, 'Business and Human Rights Indicators to Measure the Corporate Responsibility to Respect: Challenges and Opportunities', 37 Human Rights Quarterly 511.

Dhir, Aaron A., 'The Politics of Knowledge Dissemination: Corporate Reporting, Shareholder Voice, and Human Rights', 47 Osgoode Hall Law Journal 47 (2009).

Eckert, Sophia, 'The Business Transparency on Trafficking and Slavery Act: Fighting Forced Labor in Complex Global Supply Chains', 12 Journal of International Business and Law, 383 (2013).

Golomb, Cynthia, 'Maryland Counters Apartheid: Board of Trustees v City of Baltimore', 14 Maryland Journal of International Law and Trade 251 (1990).

Harline, McKay S., 'Can We Make Them Obey: U.S. Reporting Companies, their Foreign Suppliers, and the Conflict Minerals Disclosure Requirement of Dodd–Frank', 35 Northwestern Journal of International Law and Business 439 (2014–2015).

Henty, Paul, and Holdsworth, Simon, 'Big Businesses and Modern Slavery: What Your Organisation Should Be Doing', 4(4) Compliance & Risk 11.

Lewis, Kevin P., 'Dealing with South Africa: The Constitutionality of State and Local Divestment Legislation', 61 Tulane Law Review 469 (1987).

Prokopets, Alexandra, 'Trafficking in Information: Evaluating the Efficacy of the California Transparency in Supply Chains Act of 2010', 37 Hastings International and Comparative Law Review 351 (2014).

Ruckelshaus, William D., 'Environmental Protection: A Brief History of the Environmental Movement in American and the Implications Abroad', 15 Environmental Law 455 (1984–1985).

Sarfaty, Galit A., 'Shining Light on Global Supply Chains', 56 Harvard International Law Journal, 419 (2015).

Silvers, George Matthew, 'The Natural Environment in Spain: a Study of Environmental History, Legislation and Attitudes', 5 Tulane Environmental Law Journal 285 (1991–1992).

Spiro, Peter J., 'State and Local Anti-South Africa Action as an Intrusion upon the Federal Power in Foreign Affairs', 2 Virginia Law Review 813 (1986).

Taylor, Eric, 'The History of Foreign Investment and Labor Law in South Africa and the Impact on Investment of the Labour Relations Act 66 of 1995', 9 Transnational Law 611 (1996).

Walker, Jeff, 'Economic Sanctions: United States Sanctions Against South Africa – Comprehensive Anti-Apartheid Act of 1986', 28 Harvard International Law Journal 117 (1987).

Walsh, Christine, 'The Constitutionality of State and Local Governments' Response to Apartheid: Divestment Legislation', 13 Fordham Urban Law Journal 763 (1985).

Woody, Karen E., 'Conflict Minerals Legislation: the SEC's New Role as Diplomatic and Humanitarian Watchdog', 81 Fordham Law Review 1315 (2012–2013).

단행본 수록 논문

DiLorenzo, Thomas J., 'The Origins of Antitrust: An Interest-Group Perspective', (1985) reprinted in Robert F. Himmelberg (ed.), The Rise of Big Business and the Beginnings of Antitrust and Railroad Regulation (1870–1900), New York and London: Garland Publishing, Inc. (1994), pp. 63–80.

Himmelberg, Robert F., 'Series Introduction', in Robert F. Himmelberg (ed.), The Rise of Big Business and the Beginnings of Antitrust and Railroad Regulation (1870–1900), New York and London: Garland Publishing, Inc. (1994), pp. vii–xiv.

Himmelberg, Robert F., 'Introduction', in Robert F. Himmelberg (ed.), The Rise of Big Business and the Beginnings of Antitrust and Railroad Regulation (1870–1900), New York and London: Garland Publishing, Inc. (1994), pp. xv–xvi.

Evans, John, 'Human Rights and Labour Standards: The Duty of Export Credit Agencies', in OECD, Smart Rules for Fair Trade: 50 Years of Export Credits, Paris: OECD Publishing (2010), pp. 66–70.

Tvardek, Steve, 'Smart Rules for Fair Trade: Why Export Credit Matters', in OECD, Smart Rules for Fair Trade: 50 Years of Export Credits, Paris: OECD Publishing (2010), pp. 12–17.

법령 및 법안

Constitution of the United States, Article I, Section 8, Clause 3 (1787).

Law of 17 July 1968, [1968] Sverges Forfattmingssamling [SFS] 447 (Swed.) (Social Conditions Attached to the Swedish Investment Guarantee Scheme).

Comprehensive Anti-Apartheid Act of 1986, 2 U.S.C. 5001 (1988 & Supp. III 1991).

1996 Mass. Acts 239, ch. 130.

Corporate Accountability of Mining, Oil and Gas Corporations in Developing Countries Act, C-300 Bill (2009).

Dodd–Frank Wall Street Reform and Consumer Protection Act (Pub.L. 111–203) (2010).

UK Companies Act 2006 (Strategic Report and Directors' Report) Regulations 2013.

California Transparency in Supply Chains Act of 2010, SB 657.

UK Modern Slavery Act 2015.

조약

African Charter on Human and People's Rights (1981), 21 ILM 58 (1982).

판례

Board of Trustees of the Employees Retirement Sys. Baltimore v. Mayor and City Council of Baltimore City, 317 Md. 72, 562 A.2d 720 (Md. Ct. App. 1989).

López Ostra v Spain, [1995] 20 EHRR 277.

Crosby, Secretary of Administration and Finance of Massachusetts, et al. V. National Foreign Trade Council 530 U.S. 363 (2000).

United States—Measure Affecting Government Procurement, WT/DS 88 and DS 95, terminated on 11 February 2000.

African Commission on Human and People's Rights, 155/96: Social and Economic Rights Action Center (SERAC) and Center for Economic and Social Rights (CESR) v Nigeria (2001).

공식문서

UN Security Council Resolution 310, Situation in Namibia (1972).

Report by the Secretary-General on the Implementation of Security Council Resolution 301 (1972), S/10752, 31 July 1972.

Group of Eminent Persons' final report, The Impact of Multinational Corporations on the Development Process and on International Relations, UN Doc. E/5500/Add.1 (Part I) (24 May 1974) 13 ILM. 800 (1974).

OECD Council Recommendation on Bribery and Officially Supported Export Credits, 18 December 2006.

European Commission, COM(2010) 546 final,6 October 2010.

Guiding Principles on Business and Human Rights: Implementing the United Nations Final Communication from the Commission to the European Parliament, the Council, the European Economic and Social Committee and the Committee of the Regions, A renewed EU strategy 2011-14 for Corporate Social Responsibility, COM(2011) 681, 25 October 2011.

'Protect, Respect and Remedy' Framework, UN Doc. A/HRC/17/31 (2011).

OECD, Recommendation of the Council on Common Approaches for Officially Supported Export Credits and Environmental and Social Due Diligence, TAD/ECG(2012)5 28 June 2012.

OECD, Recommendation of the Council on Common Approaches for Officially Supported Export Credits and Environmental and Social Due Diligence, TAD/ECG(2012)5 28 June 2012.

HM Government, 'Good Business: Implementing the UN Guiding Principles on Business and Human Rights', September 2013.

Directive 2014/24/EU of the European Parliament and of the Council of 26 February 2014 on public procurement and repealing Directive 2004/18/EC.

Directive 2014/95/EU of the European Parliament an of the Council, amending.

Directive 2013/34/EU as regards disclosure of non-financial and diversity information by certain large undertakings and groups, 22 October 2014.

기타

Avery, Christopher, Business and Human Rights at a Time of Change (1999), chapter 2.8, http://198.170.85.29/Chapter2.htm#2.8 (last accessed 15 June 2016).

Business and Human Rights Resource Centre, In the Courtroom & Beyond: New Strategies to Overcome Inequality and Improve Access to Justice. Corporate Legal Accountability Annual Briefing, February 2016.

European Commission, Guide to Taking Account of Social Considerations in Public Procurement, October 2010.

Institute for Human Rights and Business, 'Protecting Rights by Purchasing Right: The Human Rights Provisions, Opportunities and Limitations Under the 2014 EU Public Procurement Directives' (2015).

Methven O'Brien, Claire, 'Essential Services, Public Procurement and Human Rights in Europe', University of Groningen Faculty of Law Research Paper No. 22/2015, 24 January 2015.

Nieuwenkamp, Roel, 'Evolving Expectations: The Role of Export Credit Agencies in Promoting and Exemplifying Responsible Business Practices' (2016), Institute of Human Rights and Business.

Scottish Government, 'Procurement of Care and Support Services', 2010.

Shift, 'Update to John Ruggie's Corporate Law Project: Human Rights Reporting Initiatives', November 2013.

Voorhes, Meg, Black South African Views on Disinvestment, Investor Responsibility Research Center Inc. (1986).

Zerk, Jennifer A., Extraterritorial Jurisdiction: Lessons for the Business and Human Rights Sphere from Six Regulatory Areas, Corporate Social Responsibility Initiative Working Paper No. 59, Cambridge, MA: John F. Kennedy School of Government, Harvard University (2010).

신문 및 잡지 기사

Henry, James S., 'Even if Sanctions are Lifted, Few will Rush to South Africa', New York: The New York Times, 28 October 1990.

Naren Karunakaran, 'Bite the Caste Bullet', Outlook Business, 2 May 2009.

제10장 국내 법원에서의 기업과 인권 소송: 진전과 잔존의 장애물

단행본

Fletcher, George P., Tort Liability for Human Rights Abuses, Oxford and Portland: Hart Publishing (2008).

Koebele, Michael, Corporate Responsibility under the Alien Tort Statute, Enforcement of International Law through US Torts Law, Leiden and Boston: Martinus Nijhoff Publishers (2009).

Ruggie, John Gerard, Just Business, New York and London: W. W. Norton & Company Inc. (2013).

학술지 수록 논문

Altman, Ranon, 'Extraterritorial Application of the Alien Tort Statute After Kiobel', 24 University of Miami Business Law Review 111 (2016).

Anderson, Winston, 'Forum Non Conveniens Checkmated? – The Emergence of Retaliatory Legislation', 10 Journal of Transnational Law and Policy 183 (2000–2001).

Anonymous, Case analysis of Balintulo, 27 Harvard Law Review 1493 (2013–2014).

Blumberg, Philip I., 'Accountability of Multinational Corporations: The Barriers Presented by Concepts of the Corporate Juridical Entity', 24 Hastings International and Comparative Law Review 297 (2000–2001).

Burley, Anne-Marie, 'The Alien Tort Statute and the Judiciary Act of 1789: A Badge of Honor', 3 American Journal of International Law 461 (1989).

Cassel, Doug, 'Corporate Aiding and Abetting of Human Rights Violations: Confusion in the Courts, 6 Northwestern University Journal of International Human Rights 304 (2007–2008).

Chander, Anupam, 'Unshackling Foreign Corporations: Kiobel's Unexpected Legacy', 107 American Journal of International Law 829 (2013).

Daoud, Emmanuel and Le Corre, Clarisse, 'L'évolution de la responsabilité pénale des entreprises', Droit de l'environnement, No 205 (2012).

Donovan, Donald Francis and Roberts, Anthea, 'The Emerging Recognition of Universal Civil Jurisdiction', 100 American Journal of International Law 142 (2006).

Dubber, Markus D., 'The Comparative History and Theory of Corporate Criminal Liability', 16 New Criminal Law Review 203 (2013).

Free, Brian C., 'Awaiting Doe v Exxon Mobil Corp.: Advocating the Cautious Use of Executive Opinions in Alien Tort Claims Act Litigation', 12 Pacific Rim Law & Policy Journal 467 (2003).

Goldhaber, Michael D., 'Corporate Human Rights Litigation in Non-US. Courts – A Comparative Scorecard', 3 University of California Irvine Law Review 127 (2013).

Grosswald Curran, Vivian and Sloss, David, 'Reviving Human Rights Litigation after Kiobel' 107 American Journal of International Law 858 (2013).

Grundman, V. Rock, 'The New Imperialism: The Extraterritorial Application of United States Law', 14 The International Lawyer 257 (1980).

Henkin, Louis, 'U.S. Ratification of Human Rights Conventions: The Ghost of Senator Bricker', 89 American Journal of International Law 341 (1995).

Hoffman, Paul L., 'Kiobel v. Royal Dutch Petroleum Co.: First Impressions', 52 Columbia Journal of Transnational Law 28 (2013–2014).

Jägers, Nicola, Jesse, Katinka and Verschuuren, Jonathan 'The Future of Corporate Liability for Extraterritorial Human Rights Abuses: The Dutch Case against Shell', American Journal of International Law Unbound (web exclusive) (January 2014).

Kaeb, Caroline and Scheffer, David, 'The Paradox of Kiobel in Europe', 107 American Journal of International Law 852 (2013).

Ku, Julian G., 'Kiobel and the Surprising Death of Universal Jurisdiction under the Alien Tort Statute', 107 American Journal of International Law 835 (2013).

Mattei, Ugo and Lena, Jeffrey, 'US Jurisdiction over Conflicts Arising outside of the United States: Some Hegemonic Implications', 24 Hastings International & Comparative Law Review 381 (2000–2001).

McCorquodale, Robert, 'Waving Not Drowning: Kiobel outside the United States', 107 American Journal of International Law 846 (2013).

Parrish, Austen L., 'Reclaiming International Law from Extraterritoriality', 93 Minnesota Law Review 815 (2008–2009).

Paul, Joel R., 'Comity in International Law', 32 Harvard International Law Journal 1 (1991).

Piety, Tamara R., 'Grounding Nike: Exposing Nike's Quest for a Constitutional Right to

Lie', 78 Temple Law Review 151 (2005).

Reggio, Andrea, 'Aiding and Abetting In International Criminal Law: The Responsibility of Corporate Agents And Businessmen For "Trading With The Enemy" of Mankind', 5 International Criminal Law Review 623 (2005).

Roth, P. M., 'Reasonable Extraterritoriality: Correcting the Balance of Interests', 41 International and Comparative Law Quarterly 245 (1992).

Steinhardt, Ralph G., 'Kiobel and the Weakening of Precedent: A Long Walk for a Short Drink', 107 American Journal of International Law 841 (2013).

Steinhardt, Ralph G., 'Kiobel and the Multiple Futures of Corporate Liability for Human Rights Violations', 28 Maryland Journal of International Law 1 (2013).

Stephens, Beth, 'Upsetting Checks and Balances: The Bush Administration's Efforts To Limit Human Rights Litigation', 7 Harvard Human Rights Journal 169 (2004).

Stephens, Beth, 'Conceptualizing Violence under International Law: Do Tort Remedies Fit the Crime?', 60 Albany Law Review 579 (1997).

Sykes, Alan O., 'Corporate Liability for Extraterritorial Torts Under the Alien Tort Statute and Beyond: An Economic Analysis', 100 Georgetown Law Journal 2161 (2011–2012).

Thompson, Robert C., Ramasastry, Anita and Taylor, Mark B., 'Translating Unocal: the Expanding Web of Liability for Business Entities Implicated in International Crimes', 40 George Washington International Law Review 841 (2008–2009).

단행본 수록 논문

Priemel, Kim C., 'Tales of Totalitarianism: Conflicting Narratives in the Industrialist Cases at Nuremberg', in Kim C. Priemel and Alexa Stiller (eds), Reassessing the Nuremberg Military Tribunals: Transitional Justice, Trial Narratives, and Historiography, New York, Oxford: Berghahn Books (2012), pp. 161–193.

Van Ho, Tara L., 'Transnational Civil and Criminal Litigation', in Sabine Michalowski (ed.), Corporate Accountability in the Context of Transitional Justice, Abingdon: Routledge (2013), pp. 52–72.

신문 기사

'Oily Diplomacy', Editorial, New York Times, 9 August 2002.

Mundy, Simon, 'Samsung Rejects Child Labour Allegations', London: The Financial
Times, 27 February 2013.

'Dutch Appeals Court Says Shell May Be Held Liable for Oil Spills in Nigeria', The
Guardian, 18 December 2015.

법령

28 U.S. Code § 1350.

조약

Statute of the International Criminal Court (1998), 2187 UNTS 90.

공식문서

Council Regulation (EC) 44/2001 of 22 December 2000 on jurisdiction and the
recognition and enforcement of judgments in civil and commercial matters.

Council Framework Decision 2002/629/JHA, art. 6(2), 2002 O.J. (L 203) 1.

Regulation (EC) No 864/2007 on the Law Applicable to Non-Contractual Obligations.

Regulation (EU) No 1215/2012 of 20 December 2012 on jurisdiction and the
recognition and enforcement of judgments in civil and commercial matters (recast).

Proposition de loi de tendant à modifier l'article 689-11 du code de procédure pénale
relatif à la compétence territoriale du juge français concernant les infractions visées
par le statut de la Cour pénale internationale, n° 753, déposée le 6 septembre 2012,
www.senat.fr/leg/tas12-101.html (last accessed 14 June 2016).

Assemblée nationale, Proposition de loi relative au devoir de vigilance des sociétés mères
et des entreprises donneuses d'ordre, No 1519 and No 1524, 6 November 2013.

Assemblée nationale, Proposition de loi relative au devoir de vigilance des sociétés mères
et des entreprises donneuses d'ordre, adoptée par l'Assemblée Nationale en première
lecture, 30 mars 2015.

Sénat, Proposition de loi relative au devoir de vigilance des sociétés mères et des
entreprises donneuses d'ordre, 18 novembre 2015.

판례 및 의견

International Military Tribunal (Nuremberg), Judgement and Sentences (1 October

1946) reprinted in 41 American Journal of International Law 172 (1947).

Trials of War Criminals Before the Nuernberg Military Tribunals Under Control Council Law No 10, vol. VIII 'The I.G. Farben Case', Washington: United States Government Printing Office (1952).

Filartiga, 630 F.2d 876 (1980).

Caparo Industries plc v Dickman [1990] UKHL 2.

Kadic and Doe v Karadžic, 70 F.3d 232 (2d Cir. 1995).

Jota v Texaco, Inc., 157 F3d 153 (1998).

Akayesu, Case No. ICTR-96-4-T, Trial Chamber, Judgement (1998).

Furundzija, Case No. IT-95-17/1-T, Trial Chamber, Judgement (1998).

United States v Bestfoods, 524 US 51 (1998).

Lubbe v Cape Plc [2000] UKHL 4.

Aguinda v Texaco, Inc., 303 F.3d 470 (2d Cir. 2002).

Kuwait Airways Corp. v Iraq Airways Co., [2002] 2 A.C. 883.

Doe v Unocal, 395 F.3d 932 (2002).

Sarei v Rio Tinto PLC., 221 F. Supp.2d 1116 (C.D. Cal. 2002).

Legal Consequences of the Construction of a Wall in the Occupied Palestinian Territory, Advisory Opinion, ICJ Reports 2004.

Sosa v Alvarez-Machain, 542 U.S. 692 (2004).

Bowoto v Chevron, 312 F. Supp. 2d 1229 (N.D. Cal. 2004).

ECJ, Case C-281/02 Owusu v Jackson [2005] 2 WLR 942.

Court of Appeal of The Hague, Van Anraat (2007), available on the Asser Institute's website: www.asser.nl/upload/documents/DomCLIC/Docs/NLP/Netherlands/vanAnraat_Appeal_Judgment_09-05-2007_EN.pdf (last accessed 25 April 2016).

Cour militaire du Katanga, arrêt Kilwa (2007), available on the Asser Institute's website. www.asser.nl/upload/documents/DomCLIC/Docs/NLP/DRC/.

Kilwa_Arret_All_28-6-2007.pdf (last accessed 25 April 2016).

Presbyterian Church of Sudan v Talisman Energy Corp., 582 F.3d 244 (2d Cir. 2009).

Van Breda v Village Resorts, 2010 ONCA 84, [2010] 316 D.L.R. 4th 201 (Can. Ont. CA.).

Kiobel v Royal Dutch Petroleum Co., 621 F.3d 111 (2d Cir. 2010).

Doe VIII v Exxon Mobil Corp., 654 F.3d 11 (D.C. Circ. 2011).

Club Resorts Ltd. v Van Breda, 2012 SCC 17, [2012] 1 S.C.R. 572.

El-Hojouj v Unnamed Libyan Officials, Arrondissementsrechtbank Den Haag, Mar. 21, 2012, Case No.400882/HA ZA 11-2252 (ECLI:NL:RBSGR:2012:BV9748).

French Cour de Cassation, arrêt Erika, No 3439, 25 September 2012, www. courdecassation.fr/IMG///Crim_arret3439_20120925.pdf.

Chandler v Cape PLC, No. [2012] EWCA Civ 525.

Doe v Nestlé, 738 F.3d 1048 (9th Cir. 2013).

District Court of The Hague, Akpan and Milieudefensie v Royal Dutch Shell Plc and Shell Petroleum Development Company of Nigeria, No. 337050/IlA ZA 09-1580 (30 January 2013).

Kiobel v Royal Dutch Petroleum Co., 133 S. Ct. 1659 (2013).

Balintulo v Daimler AG, 727 F.3d 174 (2d Cir. 2013).

Al Shimari v CACI, United States Court of Appeals for the Fourth Circuit, No. 13-1937 (30 June 2014).

기타

Azarov, Valentina, 'Backtracking on Responsibility: French Court Absolves Veolia for Unlawful Railway Construction in Occupied Territory', Rights as Usual (2013), http://rightsasusual.com/?p=414 (last accessed 25 April 2016).

BBC News, 'France Upholds Total Verdict over Erika Oil Spill', 25 September 2012, www.bbc.co.uk/news/world-europe-19712798.

Business and Human Rights Resource Centre, In the Courtroom & Beyond: New Strategies to Overcome Inequality and Improve Access to Justice. Corporate Legal Accountability Annual Briefing, February 2016.

Business and Human Rights Resource Centre, Annual Briefing on Corporate Legal Accountability (November 2013).

Fédération des Ligues des Droits de l'Homme (FIDH), 'Amesys Case: The investigation Chamber Green Lights the Investigative Proceedings on the Sale of Surveillance Equipment by Amesys to the Khadafi Regime', (2013), www.fidh.org/spip. php?page=article_pdf&id_article=12752.

International Commission of Jurists, Report of the ICJ Expert Legal Panel on Corporate Complicity in International Crimes, Vol. 1 (2008).

Meurkens, Lotte, 'The Punitive Damages Debate in Continental Europe: Food for Thought', Maastricht European Private Law Institute Working Paper No 2014/01 (2014).

Nuyts, Arnaud, 'Study on Residual Jurisdiction' (Review of the Member States' Rules concerning the 'Residual Jurisdiction' of their courts in Civil and Commercial Matters pursuant to the Brussels I and II Regulations), Service Contract with the European Union, JLS/C4/2005/07-30-CE)0040309/00-37, General report (final version dated 3 September 2007).

Schmid, Evelyne, 'A Glass at Least Half Full: The Dutch Court Ruling on Akpan v Royal Dutch Shell/Shell Nigeria', Rights as Usual (2013), http://rightsasusual.com/?p=265 (last accessed 25 April 2016).

Skinner, Gwynne, McCorquodale, Robert and De Schutter, Olivier, 'The Third Pillar: Access to Judicial Remedies for Human Rights Violations by Transnational Business' (2013).

Special page on the prosecution of Guus Kouwenhoven in the Netherlands, www.haguejusticeportal.net/index.php?id=6412 (last accessed 25 April 2016).

Supplemental Brief of the European Commission on Behalf of the European Union in Support of Neither Party, Kiobel v. Royal Dutch Petroleum Co., 133 S.Ct. 1659 (2013) (No. 10-1491).

Wright, Richard W., 'Proving Facts: Belief versus Probability', 79 (2009), Scholarly Commons @ IIT Chicago-Kent College of Law, http://scholarship.kentlaw.iit.edu/fac_schol/709.

제11장 기업과 인권의 미래

단행본

Villermé, Louis René, Tableau de l'état physique et moral des ouvriers employés dans les Manufactures de Coton, de Laine, et de Soie, Paris: Jules Renouard et Cie, Vol. II (1840).

학술지 수록 논문

de Felice, Damiano, 'Banks and Human Rights Due Diligence: a Critical Analysis of the Thun Group's Discussion Paper on the UN Guiding Principles on Business and Human Rights;, 19 The International Journal of Human Rights 319 (2015).

Oshionebo, Evaristus, 'The UN Global Compact and Accountability of Transnational Corporations: Separating Myth from Realities', 19 Florida Journal of International Law 1 2007.

공식문서

Addendum to the Report of the UN Special Representative, "Human Rights and Corporate Law: Trends and Observations from a Crossnational Study Conducted by the Special Representative", UN Doc. A/HRC/17/31/Add.2 (2011).

Human Rights Council, Elaboration of an international legally binding instrument on transnational corporations and other business enterprises with respect to human rights, A/HRC/26/L.22/Rev.1 (2014).

기타

Special page on the binding treaty, Business and Human Rights Resource Centre, http://business-humanrights.org/en/binding-treaty (last accessed 25 April 2016).

감사의 말

케이티 카펜터(Katie Carpenter), 조슈아 카스텔리노(Joshua Castellino), 앤서니 컬렌(Anthony Cullen), 셰인 다시(Shane Darcy), 엘비라 도밍게스-레돈도(Elvira Dominguez Redondo), 에리카 조지(Erika George), 타일러 쥐니니(Tyler Giannini), 제레미 질베르(Jérémie Gilbert), 데이비드 캔(David Keane), 로랑 페쉬(Laurent Pech), 윌리엄 페티그루(William Pettigrew), 셉 포터(Seb Potter), 윌리엄 샤바스(William Schabas), 태라 반 호(Tara Van Ho) 그리고 아이슬링 월쉬(Aisling Walsh)에게 감사의 말을 전한다.

영국 국립도서관 직원 여러분께 특별한 감사를 드린다.